Stefan Hradil (Hrsg.)

Deutsche Verhältnisse. Eine Sozialkunde

Schriftenreihe Band 1260

Deutsche Verhältnisse.
Eine Sozialkunde

herausgegeben von Stefan Hradil
in Zusammenarbeit mit Adalbert Hepp

Bonn 2012

Lektorat und Redaktion: Adalbert Hepp

Die Rechtschreibung folgt der Schreibweise in den der Edition zugrunde liegenden Dokumenten; die verbindenden Texte benutzen die neue Rechtschreibung.

Umschlaggestaltung: Michael Rechl, Kassel
Umschlagfoto: © Jochen Tack Fotografie: Einkaufstraße in Essen, Dezember 2011
Satzherstellung: Naumilkat, Düsseldorf
Druck: CPI books GmbH, Leck

ISBN 978-3-8389-0260-9

www.bpb.de

Inhalt

Kapitel 1

Sozialkunde Deutschlands
Einleitung

Stefan Hradil

1 Was ist eine »Sozialkunde«?

Die vorliegende Schrift wurde verfasst für Leser, die sich einen Überblick über Gesellschaft, Wirtschaft und Politik der Bundesrepublik verschaffen und dabei auf den aktuellen Stand sozialwissenschaftlicher Forschung gebracht werden wollen.

Jedes Kapitel ist von einem besonders gut ausgewiesenen Wissenschaftler verfasst. Alle Autoren wurden gebeten, die zentralen historischen Entwicklungen und die wichtigsten gegenwärtigen Strukturen auf ihrem Feld zu umreißen. Über Fakten hinaus informieren die Beiträge auch über aktuelle Probleme und zeigen, mit welchen künftigen Entwicklungen zu rechnen ist.

Eine Sozialkunde ist gedacht für einen breiten Leserkreis. Deswegen vermeiden Autoren und Herausgeber Fachbegriffe oder erklären sie. Die Darstellungen sind an den realen Gegebenheiten, Problemen und Wahrnehmungen ausgerichtet. Sozialwissenschaftliche Theorien, Ansätze und Methoden werden nur dann aufgeführt, wenn es zum Verständnis von Befunden nötig ist. Im Unterschied zu wissenschaftlichen Lehr- und Handbüchern gehen die Autoren in der Regel nicht auf die einzelnen Studien und ihre Urheber ein. Was zählt, ist das Gesamtbild der Befunde und ihre Bedeutung für die Bürger.

Die Sozialkunde erscheint sowohl als gedruckte Ausgabe als auch im Internet (*bpb.de/sozialkunde*). Die Printversion enthält nur die nötigsten Daten und Belege. Denn sie soll Grundinformationen und Übersicht in flüssig lesbarer Form vermitteln. Die Internetversion dagegen umfasst außer dem Buchtext viele zusätzliche Materialien: empirische Nachweise, Gesetzestexte, Interviews, Übersichten etc. Diese Materialien werden regelmäßig aktualisiert und verlängern so die Nutzungsdauer der Buchausgabe.

2 Die Bedingungen der neuen Sozialkunde

Eine umfassende »Sozialkunde« der Bundesrepublik Deutschland wurde zum letzten Mal in den 1980er Jahren veröffentlicht (Claessens/Klönne/Tschoepe 1985). Dabei handelte es sich um die aktualisierte Ausgabe des Buches, das schon 1965 geschrieben wurde.

Hintergrund der damaligen Sozialkunde war eine schnell wohlhabend werdende Nachkriegsgesellschaft. Die Verfasser sahen Deutschland denn auch als eine primär nachfaschistische Gesellschaft. Vieles wurde von der Vergangenheit Deutschlands und von den Mühen her analysiert, sich davon zu lösen. Der neue Wohlstand wurde als umwälzende Kraft begriffen, die die Lösung von den alten Schatten indessen nicht immer erleichterte. Die »Industrialisierung im Obrigkeitsstaat« erschien so als Verheißung und Problem zugleich.

Seither hat sich viel verändert. Die meisten äußeren Gegebenheiten haben sich gewandelt. Aber auch deren Wahrnehmung, die zentralen Problemdefinitionen und die öffentlichen Diskussionsgegenstände sind andere geworden. Damit wird eine Sozialkunde auch ein anderes Publikum, andere Bedürfnisse und andere Rezeptionen in Rechnung stellen, sich insgesamt andere Ziele setzen müssen. Beispielsweise zeigt sich dies in folgenden Erscheinungen:

So lässt es die *Globalisierung* nicht mehr zu, eine Sozialkunde auf Deutschland zu beschränken. Auch dann nicht, wenn sie sich, ihrem Titel zufolge, auf Deutschland konzentriert. So beendete ein weitgehend deregulierter globaler Finanzmarktkapitalismus in Deutschland den nationalen »Rheinischen Kapitalismus«, manche sagen sogar: die Soziale Marktwirtschaft. Mag die wirtschaftliche Entwicklung Deutschlands davon profitiert haben, so sind doch die Konflikte härter geworden. Eine Sozialkunde wird daher auf eine Leserschaft treffen, deren Überzeugungen wesentlich weiter auseinander gehen als noch vor wenigen Jahrzehnten. An die Überzeugungskraft der dargestellten Befunde stellt das hohe Anforderungen.

Zudem engen vielfältige Transnationalisierungsprozesse die Wirksamkeit gewählter nationaler Regierungen immer mehr ein. Supranationale Entscheidungsträger sind jedoch in aller Regel kaum demokratisch legitimiert. Dies trägt zur Empfindung bei, dass die Einwirkungsmöglichkeiten der Menschen schrumpfen. Kein Wunder also, dass politische Instanzen vermehrt unter Rechtfertigungsdruck geraten und eine Sozialkunde mit einer oftmals skeptischen Leserschaft zu rechnen hat.

Neue *Informationstechnologien* verwandelten in den letzten Jahrzehnten das Alltagsleben, das Informationsverhalten, die Kommunikationsstile, einschließlich der Wege politischer Kommunikation und sozialer Kontrolle. Eine Sozialkunde muss diese Veränderungen als Gegenstand ihrer Darstellungen, aber auch als Kommunikationsmittel und als Erwartungshaltung ihrer Leser berücksichtigen. In einer Zeit, in der eine Fülle von Einzelinformationen mühelos im Internet greifbar ist, wird von einer Sozialkunde nicht erwartet, die Informationsflut zu vermehren, sondern Wissen zu vermitteln. Das heißt: Informationen von großem Gewicht hervorzuheben, sie in Zusammenhang zu bringen und ihre Bedeutung für die Bürger herauszustellen.

Computer und Internet verbinden die Menschen, treiben sie aber auch auseinander. So entstanden wirtschaftliche Sektoren mit hoher Produktivität, hohen Qualifikationsanforderungen, hohen Einkommen und hohen Partizipationserwartungen. Andere Sektoren blieben von alldem jedoch weitgehend unberührt. Die Disparitäten wuchsen dementsprechend. Nach jahrzehntelanger Angleichung wurde die Sozialstruktur Deutschlands, aber auch die anderer Gesellschaften, wieder ungleicher. Auch dies veränderte nicht nur die Darstellungsobjekte, auch die Leserschaft einer neuen Sozialkunde rückte auseinander.

Eine Facette des Auseinanderrückens zeigt sich darin, dass den Gebildeten und Erfolgreichen die vorhandenen Partizipationschancen einer repräsentativen Demokratie immer weniger ausreichen. Die Gewinner erhöhen den Druck, direktere Einflusskanäle zu eröffnen. Dagegen sinkt die Bereitschaft der weniger Erfolgreichen, auch nur an Wahlen, der Basis einer jeden Demokratie, teilzunehmen.

Wird eine Sozialkunde trotz aller Bemühungen um Eingängigkeit und weite Verbreitung vorrangig von Gebildeten und Partizipationsbereiten zur Kenntnis genommen – und das liegt zumal dann nahe, wenn sich die Publikation auf sozialwissenschaftliche Resultate stützt –, so läuft heute eine Sozialkunde mehr denn je Gefahr, die sich aufbauende Kluft des Wissens und der Partizipation noch zu verstärken.

Dass in letzter Zeit immer mehr Menschen armutsgefährdet, aber auch immer mehr Menschen sehr wohlhabend sind, hat auch mit *veränderten Lebensformen* zu tun. Noch lebt eine knappe Bevölkerungsmehrheit durchaus »konventionell« als Verheiratete, mit oder ohne Kinder. Die Menschen, die als Singles, Alleinerziehende, nichteheliche und gleichgeschlechtliche Lebensgemeinschaften oder in anderen »unkonventionellen« Beziehungsformen leben, machen aber schon weit mehr als kleine Minderheiten aus. Die einen leben ihre Lebensform fraglos und selbstverständlich, die anderen ringen mit ihrer sozialen Identität und um gesellschaftliche Anerkennung. Vor allem letztere erwarten von einer Sozialkunde auch gesellschaftliches Orientierungswissen.

Die demografisch bedingte Schrumpfung und Alterung der Bevölkerung entwickelter Gesellschaften, aber auch die wachsenden internationalen Ungleichheiten fördern *Zuwanderungen*. Viele Zielländer, auch und gerade Deutschland, versäumten es aber schon in der Vergangenheit, sich auf das Bleiben der Zuwanderer rechtzeitig einzustellen. Kulturelle Heterogenität, Vorurteile und die oftmals geringe Qualifikation von Migranten kulminierten in wachsenden *Integrationsproblemen*. Von differenzierter Sachkenntnis wenig getrübte, emotional vereinfachende Reaktionen hierauf waren und sind eher die Regel als die Ausnahme. In dieser Situation ist eine Sozialkunde aufgefordert, Ideologie durch Empirie einzudämmen. Es geht um die Verbreitung von Wissen, auch von Wissen über Fehlentwicklungen, die nach allgemein gültigen Maßstäben (zum Beispiel des Grundgesetzes) festzustellen sind. Es geht in einer Sozialkunde nicht um Dramatisierungen, Anklagen, persönliche Bewertungen und Parteinahmen.

Trotz wachsenden Reichtums hatte die Sozialpolitik in den letzten Jahren wachsende Aufgaben. Zugleich gerät der Sozialstaat aber unter Druck, unter anderem weil seine Finanzierungsbasis nicht entsprechend wächst und in Zukunft zu erodieren droht. Wenn Problemlasten die Lösungsmöglichkeiten überwiegen, liegt es nahe, von einer Sozialkunde nicht nur Aufklärungen über gegebene Sachverhalte zu erwarten, sondern auch Diskussionsangebote hinsichtlich alternativer Lösungen. Diese durchaus berechtigten Erwartungen kann die vorliegende Veröffentlichung jedoch nur in engen Ausschnitten erfüllen. Die öffentliche Diskussion durch Lösungsvorschläge und deren Analyse anzuregen, erforderte eine zusätzliche, weit umfangreichere Sozialkunde, zudem eine, die nicht nur von Sozialwissenschaftlern geschrieben ist.

Überblickt man die erwähnten Veränderungen, so stellen sich die Zielsetzungen einer Sozialkunde heute sehr komplex dar. Im Folgenden sollen einige wesentliche herausgegriffen werden.

3 Zu den Zielen der neuen Sozialkunde

Leitbild der politischen Bildung ist nicht nur der wissende, sondern auch der kritische, urteilsfähige Bürger (Hilligen 1957, zit. n. Patzelt 2007: 346).

Er soll nicht nur zum Sehen befähigt werden, sondern auch zum Beurteilen und – mehr noch – zum Handeln. Gemessen daran, halten sich die Ziele einer Sozialkunde notwendigerweise in Grenzen. Zum Sehen soll eine Sozialkunde auf jeden Fall befähigen. Was das Beurteilen betrifft, so kann und sollte sie immerhin Kriterien hierfür anbieten und Reflexionen in Gang setzen. Jedoch wird eine Sozialkunde kaum Handlungsanleitungen und -kompetenzen vermitteln können. Dies zu leisten bleibt Schulen, öffentlichen Diskussionen, Netzwerken und politischen Akteuren vorbehalten.

Aber schon die Wissensvermittlung und das dementsprechende Erkennen von Strukturen, Entwicklungen und Problemen gelingen in einer pluralisierten, ungleicheren und nicht selten skeptischen Gesellschaft nicht leicht: Inwieweit lässt sich mittels einer Sozialkunde gegen politische Ideologien, verfestigte Alltagstheorien, tief sitzende Überzeugungen und routinisierte Lebensstile etwas ausrichten? Wie kann das vermittelte Wissen also individuell in die Tiefe dringen? Inwieweit kann eine Sozialkunde angesichts immer ungleicherer sozialer Schichten mit ihren divergierenden Interessen und angesichts immer unterschiedlicherer sozialer Milieus mit ihren heterogenen Mentalitäten darauf hoffen, gesellschaftsweite Wirkung zu erzielen? Wie kann sozialkundliches Wissen also die nötige Breite erlangen?

Wie viele Wirkungen, auf die Sozialwissenschaftler hoffen, so stellen sich auch diese mentalen Effekte beim Leser nur selten direkt ein. Zwar sollte es gelingen, dass die in dieser Sozialkunde enthaltenen Informationen individuell und momentan zur Kenntnis genommen werden. Inwieweit sie dabei aber – seien sie auch eingängig formuliert und leicht zugänglich publiziert – komplexe Wissenssysteme verändern und wie nachhaltig dieser Wandel ist, steht auf einem anderen Blatt. Ganz zu schweigen davon, ob sich Einstellungen, Werthaltungen und diesbezügliche Urteile verändern und sich sogar eingeschliffene politische und alltägliche Verhaltensstile wandeln.

Die sozialwissenschaftliche Praxisforschung (Beck/Bonß 1989) machte deutlich, dass dies erst dann der Fall ist, wenn Diskussionen angeregt werden und sich dadurch gesellschaftliche Diskussionshorizonte insgesamt verschieben, wenn ferner praxisnahe Einübungen (beispielsweise in der Schule) stattfinden, wenn also indirekte Wirkungen erzeugt werden.

Die vorliegende Sozialkunde kann und soll den Sozialkundeunterricht in der Schule nicht ersetzen, und schon gar nicht die rege Diskussion einer politischen Öffentlichkeit. Aber sie sollte beides beeinflussen und mit dieser Hilfe praktische Wirkungen erzeugen.

Jede Sozialkunde muss über bloße Sachinformationen hinaus Interpretationen anbieten. Fakten und Daten allein (zum Beispiel zum Ausmaß der relativen Armut in Deutschland) werden den Lesern nur bedingt die damit einhergehenden Probleme verdeutlichen. Auch diese Interpretationen (zum Beispiel zu den Folgen der Armut) werden in einer wissenschaftlich fundierten Sozialkunde so weit wie möglich durch objektive Daten verdeutlicht werden. Dennoch kann eine Sozialkunde nicht den Anspruch erheben, »richtige« und »vollständige« Probleminterpretationen zu vermitteln. Wie »schlimm« ein gesellschaftliches Problem (zum Beispiel relative Armut) ist, wird nur der beurteilen können, der sich an praktischen Aktivitäten der Zivilgesellschaft (möglicherweise an einer Tafel oder einer Hausaufgabenhilfe) praktisch beteiligt.

In einer Sozialkunde sollen keine persönlichen Werturteile gefällt und erst Recht keine politischen Handlungsempfehlungen gegeben werden. Es ist Aufgabe der politischen Willensbildung herauszufinden, welche Gesellschaft wir haben wollen und was wir tun sollen, um die jeweils gewollte Gesellschaft zu erreichen. Aber eine Sozialkunde kann sehr wohl über unterschiedliche Vorstellungen von einer »besseren« Gesellschaft informieren (zum Beispiel in Gestalt von Gerechtigkeitskonzeptionen), eine Sozialkunde kann auch über Urteile informieren, die sich aus bestimmten Wertvorstellungen ergeben (sie kann beurteilen, ob zum Beispiel aus der Sicht der Chancengerechtigkeit die schulische Auswahl in Deutschland gerecht ist), und eine Sozialkunde kann über die Konsequenzen informieren, die zu erwarten sind, wenn bestimmte Maßnahmen (zum Beispiel eine bestimmte Armutsbekämpfung) getroffen werden.

Die Verfügbarkeit differenzierter Informationen erzeugt leider keineswegs automatisch differenzierteres Wissen und sachgerechtes Handeln. Vielmehr droht ausführliche Information im Gegenteil nicht selten zur Ideologisierung beizutragen. Je komplexer nämlich die angebotenen Informationen sind, und wissenschaftliche Spezialisierung trägt hierzu ebenso bei wie die Informationsverbreitung durch das Internet, desto eher neigen Menschen dazu, radikale Vereinfachungen vorzunehmen, um Übersicht und Handlungsfähigkeit zu erhalten. Einer Sozialkunde fällt in dieser Situation die Aufgabe zu, einerseits Komplexität im Dienste ihrer Handhabbarkeit zu reduzieren, andererseits die Bürger vor »schrecklichen Vereinfachungen« zu schützen. Ein wesentliches Ziel einer Sozialkunde ist erreicht, wenn es auf diese Weise gelingt, sozialwissenschaftlich fundiertes Wissen bereitzustellen, das tatsächlich in politische Argumentation Eingang findet, und somit eine Versachlichung gesellschaftlicher Interessens- und Bewertungskämpfe zu erreichen. Dies ist vor allem wichtig in einer ungleicher und heterogener werdenden Gesellschaft, in der die Verteilungskämpfe härter werden und die politischen Lager sich verfestigen.

Was man sich als Herausgeber einer Sozialkunde erhoffen darf, ist nicht die deduktive, flächendeckende Anwendung »wahrer« Erkenntnisse durch die Bürger, sondern Prozesse des induktiven, situativen Umgehens mit Kenntnissen und Deutungsangeboten, produziert von Wissenschaftlern, die dem unmittelbaren politischen oder alltäglichen Rechtfertigungs- und Handlungsdruck weitgehend enthoben sind. Politiker, aber vielfach auch »einfache Bürger« stehen häufig unter unmittelbarem Legitimationsdruck. Politische Korrektheit und Pragmatismus engt so häufig die Bandbreite ihrer Fragen und Antworten ein. Wissenschaftler haben mehr Freiheit, heterogene Fragen zu stellen und kontroverse Antworten zu vermitteln. Dies kommt, so ist zu hoffen, einer Sozialkunde zugute (Beck/Bonß 1989: 27).

4 Wie wird versucht, die Ziele der neuen Sozialkunde zu erreichen?

Wie eingangs erwähnt, wird diese Sozialkunde sowohl in Form einer gedruckten Ausgabe als auch in einer Internet-Version (*bpb.de/sozialkunde*) erscheinen. Die Printversion enthält nur die nötigsten empirischen Belege, denn sie hat die Aufgabe, Übersicht zu vermitteln. Die Website hingegen umfasst außer dem Buchtext viele zusätzliche Materialien. Auf diese wird in der Buchausgabe in den Fußzeilen lediglich pauschal verwiesen, weshalb es sich empfiehlt, sich vor Beginn der Lektüre jeweils einen kapitelbezogenen Überblick über den Inhalt der Website zu verschaffen. Zusätzlich stehen auf der Website aber auch weiterführende Materialien zur Verfügung, die Hintergrundwissen zu den einzelnen Kapiteln vermitteln. Auf sie wird im Buch in jedem Aufsatz pauschal hingewiesen.

Die auf der Website eingestellten Materialien werden regelmäßig aktualisiert. Der Leser muss also nicht mit veralteten Druckauflagen leben bzw. lange auf die Aktualisierung seines Buches warten, sondern kann den Vorteil von Internetinformationen nutzen, die schnell zu verändern sind.

Jedes Kapitel der vorliegenden Sozialkunde wurde von einem besonders ausgewiesenen und erfahrenen Spezialisten geschrieben. Dennoch ist die vorliegende Sozialkunde kein Band, der einzelne Aufsätze versammelt, sondern ein systematisch aufgebautes Werk. Das kommt schon äußerlich zum Ausdruck, indem die einzelnen Beiträge »Kapitel« genannt und durchnummeriert sind. Zwar können die Kapitel der einzelnen Autoren insgesamt keine durchgehende Argumentation hervorbringen, wohl aber ergänzen die einzelnen Darstellungen einander und vermitteln insgesamt einen Überblick.

Dank vieler Abstimmungen sind die einzelnen Kapitel vergleichbar in Diktion, Aufbau und Anlage geworden. Die Kapitel sind aber nicht einheitlich geraten. Das ist bis zu einem gewissen Grade auch gewollt: Die je besonderen Stärken und Eigenarten der Autoren sollten durchaus erhalten bleiben. Das gilt in Ansätzen auch für die politischen und weltanschaulichen Grundüberzeugungen der einzelnen Verfasser. Die vorliegende Sozialkunde enthält zwar keine Meinungsartikel, sondern sozialwissenschaftlich fundierte, in ihren Aussagen durchgehend empirisch belegte Darstellungen. Die objektive Darstellung der Gegebenheiten und Probleme steht im Vordergrund. Probleme definieren die Autoren nicht aufgrund ihrer persönlichen Bewertung, sondern weil faktische Gegebenheiten von allgemein akzeptierten Sollvorstellungen abweichen. Gleichwohl wird dem aufmerksamen Leser nicht verborgen bleiben, dass die politischen Grundeinstellungen der Autoren teilweise auseinander gehen. Dies zeigt sich bei der Auswahl der Inhalte im Einzelnen, den Interpretationen von Befunden und insbesondere in den Ausblicken, die naturgemäß nur bedingt empirisch zu belegen sind. Auf diese Weise kommt in der vorliegenden Sozialkunde zugleich ein Spektrum von legitimen Bewertungsmaßstäben gesellschaftlicher Entwicklungen zum Ausdruck.

Man kann sicher darüber streiten, welche Themenbereiche in einer Sozialkunde zur Darstellung kommen sollen. Hier gilt es auf der einen Seite, die unerlässlichen, konventionellen Basisinformationen zu vermitteln, die aus gutem Grund in allen schulischen Lehrplänen und in allen universitären grundständigen Studiengängen der einschlägigen sozialwissenschaftlichen Fächer enthalten sind, also etwa: Grundinformationen zum politischen System, zur Sozialstruktur sowie zur Wirtschaftsordnung Deutschlands. Auf der anderen Seite erfordern es neuere Entwicklungen und Verschiebungen der öffentlichen Diskussion, auch bislang in Sozialkunden wenig berücksichtigte Themen darzustellen: So sind der Medienentwicklung, der Supranationalisierung, der Zivilgesellschaft und der sozialen Kontrolle (einschließlich des Datenschutzes) jeweils eigene Kapitel gewidmet. Der Herausgeber hätte gerne weitere Beiträge in diese Sozialkunde aufgenommen, so etwa zu Fragen der Ökologie, der Jugend und zum Zusammenhalt der Gesellschaft insgesamt. Der Umfang dieser Sozialkunde wäre dann aber kaum noch handhabbar geworden, oder aber die einzelnen Beiträge wären zu reinen Skizzen verkürzt worden.

Ausführungen zum Verhältnis von Frauen und Männern werden die Leser jedoch nicht vermissen. Die Lage und die sozialen Beziehungen der Geschlechter sind heute in Gesellschaft, Wirtschaft und Politik so bedeutend geworden, dass dieser Aspekt quer zur Gliederung in vielen Kapiteln dargestellt wird, unter anderem in den Kapiteln Bildung, Soziale Ungleichheit, Arbeitsmarkt, private Lebensformen.

Kapitel 2

Sozialer Wandel

Wohin geht die Entwicklung?

Uwe Schimank

1 Die Vielfalt sozialen Wandels

Sozialer Wandel*, d.h. nachhaltige Veränderungen gesellschaftlicher Strukturen, kann schneller oder langsamer vor sich gehen und bleibt den Gesellschaftsmitgliedern mitunter über längere Zeit mehr oder weniger verborgen. Viele dieser Veränderungen berühren lediglich begrenzte Teilbereiche der Gesellschaft, etwa das Familienleben oder die Kunst; andere betreffen tendenziell die gesamte Gesellschaft, wie z.B. die Transformation der staatssozialistischen Gesellschaften Mittel- und Osteuropas nach 1990. In diesem Kapitel geht es um gesellschaftsweite Entwicklungen.

Kleine Chronologie der Veränderungen seit dem 2. Weltkrieg

Wer nach dem Ende des Zweiten Weltkriegs in Westdeutschland aufwuchs, erlebte eine Phase vielfältigen sozialen Wandels:

- den rasanten Wiederaufbau der westdeutschen Gesellschaft und das »Wirtschaftswunder« der 1950er-Jahre
- die in den 1960er-Jahren einsetzende Bildungsexpansion
- die Studentenbewegung und das Aufkommen der Bürgerinitiativen und der »Grünen«
- die »Ölkrise« und das Ende der Vollbeschäftigung seit Mitte der 1970er-Jahre
- den Zusammenbruch der DDR 1989 und die deutsche Wiedervereinigung
- die rapide Verdichtung der weltweiten kommunikativen Vernetzung in allen Lebensbereichen durch das Internet
- die Einführung des Euro als gemeinsame Währung von immer mehr europäischen Ländern im Jahr 2002 nach einem jahrzehntelangen Prozess des europäischen Zusammenwachsens seit Gründung der Montanunion von Frankreich, Italien, den Beneluxstaaten und Westdeutschland im Jahr 1951

- die von Menschen gemachte drohende »Klimakatastrophe«
- »9/11« und den islamistischen Terrorismus
- die demographische Entwicklung hin zu einer stetig alternden Gesellschaft
- die im Herbst 2008 explosiv ausbrechende Weltfinanzkrise, die die Weltwirtschaft und die Staatsfinanzen noch auf Jahre tiefgreifend prägen wird.

Die »Naturwüchsigkeit« sozialen Wandels

Diese sehr unvollständige Auflistung von Problemen und Chancen macht deutlich, in welchem Maße zahlreiche sich gleichzeitig vollziehende und in oftmals komplexen Wechselwirkungen miteinander verknüpfte Veränderungsdynamiken den sozialen Wandel kennzeichnen. Manche Zeitdiagnostiker gehen davon aus, dass eine immer größere Beschleunigung des Wandels aller Lebensverhältnisse zum Signum der Gegenwartsgesellschaft geworden sei, womit wir alle irgendwie zurechtkommen müssen. Dem widerspricht auf den ersten Blick eine ebenfalls immer wieder geäußerte Sichtweise, die auf Stillstand, Reformstaus, Blockaden hinweist: Vieles müsse sich grundlegend ändern, aber nichts passiere – so z. B. die verbreitete Stimmung in der Endphase der DDR. Der scheinbare Gegensatz löst sich auf, wenn man sich klar macht, dass sozialer Wandel einerseits »naturwüchsig« geschieht, zwar als Ergebnis des handelnden Zusammenwirkens vieler Menschen, aber von keinem geplant – dass wir andererseits aber in der Moderne* der Idee anhängen, diesen Wandel mit Blick auf bestimmte Zielvorstellungen, die wir unter der Generalformel »Fortschritt« bündeln, gestalten zu können. Dass »nichts« passiert, kann dann eben bei genauerem Hinsehen auch heißen: Es passiert nicht das »Richtige«, das als notwendig Erachtete. Was uns also offensichtlich zunehmend Probleme bereitet, ist ein sozialer Wandel, der aus dem Ruder läuft – wobei wir nicht wissen, ob der Wandel tatsächlich immer ungesteuerter passiert oder ob wir immer unrealistischere Steuerungsambitionen hegen.

2 Die Unaufhörlichkeit sozialen Wandels in der Moderne

Optimistische und pessimistische Sichtweisen

Ist das, was wir an sozialem Wandel erleben, eher gut oder eher schlecht? Und haben wir den sozialen Wandel noch im Griff, oder ist er uns entglitten? Diese beiden Fragen – Fortschrittsoptimismus oder -pessimismus und Gestaltungsoptimismus oder -pessimismus – bestimmen unser Bild des sozialen Wandels. Wenn Fortschritts- und Gestaltungsoptimismus zusammenkommen, fühlen wir uns gut. Das ist immer wieder über längere Zeiträume, wie auch in den 1950er- und 1960er-Jahren in Westdeutschland, die Grundstimmung der Moderne gewesen. Gut können wir uns auch fühlen, wenn wir zwar gestaltungspessimistisch, aber fortschrittsoptimistisch sind. Denn dann gehen wir davon aus, dass eine wohltätige »unsichtbare Hand«, etwa die des Marktes, richten wird, was wir geplant nie schaffen würden. Schlecht fühlen wir uns hingegen, wenn wir aufgrund von Gestaltungspessimismus Fortschrittspessimisten sind: Weil wir die überkomplexen gesellschaftlichen Verhältnisse nicht oder nicht mehr in den Griff bekommen, brechen sie – so kommt es vielen vor – unkontrolliert wie ein Wirbelsturm über uns herein.

Sozialer Wandel – eine Grundkonstante der Moderne

Wenn Letzteres nicht bloß zeitweise, sondern dauerhaft zur gesellschaftlichen Grundstimmung würde, liefe das auf einen radikalen Selbstzweifel der Moderne hinaus. Denn – paradox formuliert: Sozialer Wandel ist eine Grundkonstante der Moderne. Natürlich gab es sozialen Wandel auch in früheren Gesellschaften. Doch diese verstanden sich viel stärker als prinzipiell stabile Ordnungen, in denen Wandel entweder als – zumeist von außen, etwa durch Kriege oder Naturkatastrophen auferlegte – De-Stabilisierung und Verfall oder als Re-Stabilisierung, also als Gegenreaktion vorkommt. Zum Selbstverständnis der Moderne gehört hingegen, dass es keine dauerhafte Ordnung gibt, vielmehr sämtliche gesellschaftlichen Strukturen immer nur als Provisorien gelten. Entweder erweisen sie sich früher oder später als schlecht eingerichtet; dann bemüht man sich darum, sie zu verbessern. Oder sie funktionieren gut; dann setzt genau deshalb eine Anspruchssteigerung derart ein, dass man sie sich noch besser vorstellen könnte und dahingehend umgestaltet. Das kann wiederum glücken, was die nächste Anspruchssteigerung nach sich zieht; und wenn es nicht glückt, zieht man aus der Enttäuschung den Schluss, wieder neue Umgestaltungen zu versuchen.

Dieses Bild wird noch viel komplexer, wenn man berücksichtigt, dass die Vorstellungen verschiedener gesellschaftlicher Gruppen darüber, wann bestimmte gesellschaftliche Strukturen gut bzw. schlecht sind, stark divergieren können. Unternehmern beispielsweise kann ein Sozialstaat schon viel zu weit gehen, den ärmere Bevölkerungsgruppen als völlig unzulänglich ansehen. Unter solchen Bedingungen kann das erfolgreiche Bemühen einer Gruppe, gesellschaftliche Strukturen zu ihren Gunsten zu verändern, im nächsten Schritt andere Gruppen, die bis dahin halbwegs zufrieden waren, auf den Plan rufen und zu weiteren Veränderungen, die in der Regel nicht einfach zum status quo ante zurückführen, veranlassen – u.s.w.

Die Unaufhörlichkeit sozialen Wandels

Allein schon die nimmermüden Gestaltungsbemühungen der gesellschaftlichen Akteure führen also unablässig sozialen Wandel herbei. Hinzu kommen »naturwüchsige« Wandlungsdynamiken – so etwa die auf ein Ursachenbündel aus medizinischem Fortschritt, veränderten Bedingungen für Elternschaft und weitere Faktoren zurückzuführende drastische Verschiebung des Altersaufbaus der Bevölkerung Deutschlands (vgl. dazu Kapitel 3: Bevölkerung). Solche nicht auf Gestaltungshandeln zurückgehenden Wandlungen sind dann ihrerseits Auslöser für Gestaltungshandeln, sobald sie in den Augen gesellschaftlicher Gruppen Probleme aufwerfen, und halten damit die Unaufhörlichkeit sozialen Wandels ebenfalls in Gang. Dieses abstrakte Modell soll die Unaufhörlichkeit des sozialen Wandels in der Moderne verständlich machen.

Die drei Hauptlinien des sozialen Wandels

Im Folgenden veranschaulichen wir dieses Bild, indem wir drei gegenwärtige Hauptlinien des Wandels nachzeichnen:

- den Übergang von einer »fordistischen« zu einer »postfordistischen« kapitalistischen Wirtschaft,
- die Individualisierung der Lebensführung und
- die fortschreitende Globalisierung des gesamtgesellschaftlichen Erfahrungs- und Wirkungshorizonts.

Wie sich zeigen wird, gibt es zahlreiche Wechselwirkungen zwischen diesen drei Dynamiken. Gleichsam als Generalformel des Geschehens wird abschließend die These von der »reflexiven Moderne« (Beck 1986) vorgestellt.

Das Augenmerk gilt Deutschland, für den Zeitraum vor 1989 vorzugsweise Westdeutschland. Freilich müssen die sich hier abspielenden Wandlungsdynamiken im Kontext weltweiter Veränderungen gesehen werden.

3 Vom »fordistischen« zum »postfordistischen« Kapitalismus

Die drei Stadien der Wirtschaftsentwicklung

Für die längerfristige Betrachtung der Wirtschaftsentwicklung seit dem 19. Jahrhundert wird oftmals eine Drei-Stadien-Einteilung genutzt. Vor dem 19. Jahrhundert und noch bis ins 19. Jahrhundert hinein handelte es sich überall auf der Welt um eine Wirtschaft, in der der Agrarsektor dominierte; im 19 Jahrhundert setzte sich in größeren Teilen Europas und zunächst kleineren Regionen Nordamerikas eine Wirtschaftsstruktur durch, in der der Industriesektor zunehmend den Ton angab; und seit einigen Jahrzehnten befinden wir uns – wiederum vorzugsweise in den hochentwickelten westlichen Gesellschaften sowie einigen Ländern Südostasiens – auf dem Weg in eine Wirtschaft, in der der Dienstleistungssektor den größten Raum einnimmt. In dieser *postindustriellen Dienstleistungsgesellschaft** sind also zumindest in den entwickelten Ländern die meisten Arbeitskräfte nicht mehr in der Industrie und schon gar nicht in der Landwirtschaft beschäftigt, sondern in Dienstleistungsberufen. Diese Berufe tragen auch am meisten zur wirtschaftlichen Wertschöpfung bei (vgl. Kapitel 12: Arbeitsmarkt).

Technischer Fortschritt – ein Hauptmotor sozialen Wandels

Mehrere Faktoren haben diesen tiefgreifenden Wandel ausgelöst. Unmittelbar einsichtig ist, dass der technische Fortschritt ein Hauptmotor gewesen ist – dies übrigens im westlichen Kapitalismus und den staatssozialistischen Gesellschaften Mittel- und Osteuropas einschließlich der ehemaligen DDR gleichermaßen. Immer mehr Güter zunächst des Agrar- dann auch des Industriesektors können mit einem immer geringeren Arbeitskräfteeinsatz hergestellt werden; und auch wenn die durchschnittlich von einem Menschen benötigte Menge an Gütern deutlich gewachsen ist, wir z.B. heutzutage viel mehr Kleidung besitzen und viel öfter neue kaufen als die Menschen vor hundert oder vor fünfzig Jahren, hat der ungeheure technische Fortschritt in der industriellen Produktion zunehmend Arbeitskraft freigesetzt, die dann für andere Tätigkeiten wie Dienstleistungen verfügbar wurden. Der Trend zur Dienstleistungsgesellschaft ist also durch den technischen Fortschritt ermöglicht worden.

Die steigende Nachfrage nach Dienstleistungen

Andere Faktoren haben dafür gesorgt, dass auch immer mehr Dienstleistungen nachgefragt worden sind. Hierfür nur zwei Beispiele: Dass Frauen zunehmend berufstätig geworden sind, hatte zur Folge, dass bestimmte Tätigkeiten der Haushalts- und Familienarbeit wie das Putzen der Wohnung oder die Beaufsichtigung der Kinder von anderen erledigt werden müssen – also etwa Putzfrauen oder Kindergärtnerinnen; und dass Jugendliche heute länger zur Schule gehen, mehr junge Erwachsene ein Studium absolvieren und anschließend im Laufe ihres Berufslebens noch öfter Fort- und Weiterbildungen in Anspruch nehmen, bedeutet, dass das Lehrpersonal des Bildungswesens sehr stark aufgestockt werden musste. Beide

Veränderungen sind Teil eines allgemeinen Individualisierungsprozesses*, zeigen also beispielhaft die Verflochtenheit der hier in den Blick genommenen gesamtgesellschaftlichen Wandlungen.

Die Entwicklung zur Informations- und Wissensgesellschaft

Schon die genannten Beispiele führen vor, dass Dienstleistungen von sehr einfachen Tätigkeiten für Ungelernte, z. B. Putzfrauen, bis zu hochqualifizierten Tätigkeiten etwa von Professoren reichen. Insbesondere die seit den 1980er-Jahren zu beobachtende Entwicklung zu einer *Informations- und Wissensgesellschaft** hat zahlreiche neue Dienstleistungsbranchen und -berufe geschaffen, wobei die dort benötigten beruflichen Qualifikationen überwiegend auf mindestens mittlerem, in erheblichem Maße auch auf höherem Niveau liegen. Am augenfälligsten ist die Expansion rund um die neuen Informations- und Kommunikationstechnologien und, teilweise damit verbunden, im Mediensektor gewesen. Die weltweite Verbreitung des Internet mit immer neuen Diensten ist nach wie vor auch eine gigantische Arbeitsplatzbeschaffung; die nicht zu übersehenden Probleme mit Arbeitslosigkeit, die Deutschland wie viele andere westliche Gesellschaften seit den 1970er-Jahren plagen, wären ohne diese schnell gewachsene Branche des Dienstleistungssektors noch weit größer.

3.1 »Fordismus«

Der Übergang von der Industrie- zur Dienstleistungsgesellschaft muss noch tiefgreifender als Transformation eines Grundmusters verstanden werden, dem nicht nur die Wirtschaft, sondern auch deren weitere gesellschaftliche Einbettung unterzogen wurde. Das alte Muster, dessen erste Anfänge in den 1920er Jahren erkennbar wurden und das seinen eigentlichen Siegeszug nach dem Zweiten Weltkrieg feierte, war der *»Fordismus*«* – benannt nach dem amerikanischen Automobilproduzenten Henry Ford. Der »Fordismus« lässt sich durch vier Merkmale kennzeichnen.

Standardisierte Massenproduktion

Erstens stellt er den Höhepunkt der Industriegesellschaft dar. Standardisierte Massenproduktion von Gütern am Fließband beherrscht das Bild – siehe schon Charlie Chaplins Film »Moderne Zeiten« aus dem Jahr 1936. Das ist als selbstironische Devise pointiert in dem Ford zugeschriebenen Diktum formuliert, dass ein Ford-Automobil in allen Farben erhältlich sei – solange es sich um die Farbe schwarz handle! Diese Form der hochgradig rationalisierten und technisierten Güterproduktion erfordert ein mittleres Qualifikationsniveau der meisten Beschäftigten ohne größeren Weiterbildungsbedarf. Wichtiger als größtenteils »on the job« erlernbare spezielle Qualifikationen ist Arbeitsdisziplin: Zuverlässigkeit, Leistungsbereitschaft, Sich-fügen in eine monotone Tätigkeit, die sich häufig auf ganz wenige immer gleiche Handgriffe beschränkt.

Steigerung der Massenkaufkraft

Die durch standardisierte Massenproduktion erzielbaren Kostenvorteile sorgten dafür, dass viele Güter sehr viel erschwinglicher wurden als zuvor. Das stellt das zweite Merkmal des »Fordismus« dar. Wiederum mit einer Devise Fords ausgedrückt: Jeder Arbeiter in einer seiner Fabriken solle sich auch selbst einen Ford leisten können. Im Vergleich zur Ausbeutungs-Haltung, wie sie Karl Marx und andere Kapitalismuskritiker nicht zu Unrecht den Unternehmern des 19. Jahrhunderts zugeschrieben hatten, war das eine durchaus revolutionär zu nennende Einstellungsänderung. Sie basierte auf der Erkenntnis, dass die Unternehmen mit zunehmender Ausdehnung industrieller Produktion auf die Kaufkraft der Massen angewiesen waren. Wer sollte denn sonst all die Autos, Möbel, Konserven oder Damenoberbekleidung kaufen? Die Reichen oder das Militär – wichtige Abnehmer im 19. Jahrhundert – reichten als Nachfrager bei weitem nicht mehr aus. Eine Voraussetzung solcher Massenkaufkraft waren entsprechende Lohnsteigerungen, ohne dass die Unternehmer dafür auf stabile und sogar noch steigende Gewinne verzichteten; und diese Konstellation beiderseitiger Vorteile setzte starke, aber gesamtwirtschaftlich verantwortliche, »Maß haltende« Gewerkschaften als Gegenüber der Arbeitgeber voraus.

Aufbau des Sozialstaats

Der Sozialstaat, dessen Aufbau Ende des 19. Jahrhunderts begann, und eine keynesianische Konjunktur- und Vollbeschäftigungspolitik, wie sie in den 1960er Jahren etabliert wurde, flankierten als drittes Merkmal des »Fordismus« diesen Klassenkompromiss von Kapital und Arbeit, wie ihn Marx vor dem Erfahrungshintergrund des 19. Jahrhunderts nicht für möglich gehalten hatte (vgl. Kapitel 19: Sozialstaat). Wirtschaftliche Schicksalsschläge, die den Einzelnen in Form von Arbeitslosigkeit, krankheits- oder altersbedingter Arbeitsunfähigkeit trafen, wurden durch entsprechende Versicherungssysteme abgefedert; und gesamtwirtschaftlichen Krisen wollte man nach der Erfahrung der 1929 einsetzenden Weltwirtschaftskrise durch eine ausgleichende Wirtschaftspolitik begegnen, der gemäß der Staat in Krisenzeiten Schulden macht, um Beschäftigung zu sichern und die Konjunktur wieder anzukurbeln, um dann mit den nach der wirtschaftlichen Erholung wieder sprudelnden Steuereinnahmen diese Schulden abzahlen zu können.

Steigende Ansprüche an die individuelle Lebensführung

Die typische Lebensführung der Gesellschaftsmitglieder, die mit dem »Fordismus« verbunden war, lässt sich viertens mit folgenden Stichworten umreißen: Kleinfamilie mit männlichem Alleinverdiener; Betriebstreue und bescheidene Aufstiegsaspirationen; standardisierter Konsum. Man wollte sich etwas erarbeiten, so dass es einem im Lauf des Lebens immer besser geht. Insbesondere das eigene Haus in den sich ausdehnenden Vorstädten stellte für Facharbeiter und Angestellte das zentrale Objekt des Begehrens dar. Der Jahresurlaub im Süden kam schon in den 1950er-Jahren als neuer Luxus auf.

In den 1960er-Jahren trat dann auch der Wunsch hinzu, dass es die eigenen Kinder durch Bildungsanstrengungen und sich daraus ergebenden beruflichen Erfolg einmal besser haben sollten als man selbst. Diese Ambition, die einen massiven gesellschaftlichen Individualisierungsschub einleitete, sprengte im Grunde bereits das Stabilitätsmuster, das den »Fordismus« ausgezeichnet hatte. Aber sie war nicht der entscheidende Grund dafür, dass sich der »Fordismus« Mitte der 1970er-Jahre aufzulösen begann. Das hing vielmehr mit einem nicht ganz zufälligen Zusammentreffen mehrerer Ursachen zusammen.

3.2 »Postfordimus«

Ursachen des Niedergangs des Fordismus

Hier sind zunächst die sogenannten »Ölkrisen« der Jahre 1973 und 1978 zu nennen. Ein zentraler Rohstoff der industriellen Produktion in vielen Branchen und der räumlichen Mobilität der »automobilen Gesellschaft« wurde verknappt und massiv verteuert, eine bis dahin ungekannte Kombination stagnierenden Wirtschaftswachstums mit hoher Inflation und steigenden Arbeitslosenzahlen trat ein. Nun erfuhren die westlichen Gesellschaften ihre vitale Abhängigkeit von ehemaligen Kolonien. Weiterhin brach ebenfalls 1973 mit dem aus dem Jahr 1944 stammenden Abkommen von Bretton Woods* eine stabilitätssichernde Architektur des internationalen Finanzmarkts zusammen. Die Freigabe der Wechselkurse hat seitdem für eine Globalisierung und Verselbständigung des Finanzmarktgeschehens gesorgt – auch die weltweiten Turbulenzen des Herbsts 2008 sind als Folge dessen und weiterer Liberalisierungen des Finanzmarkts einzustufen. Ferner war eine starke Steigerung der Staatsausgaben aufgrund der »Anspruchsinflation« an wohlfahrtsstaatliche Leistungen insbesondere im Bildungs- und Gesundheitswesen zu verzeichnen. Diese öffentliche Finanzkrise wurde Mitte der 1970er-Jahre durch hohe Lohnforderungen der öffentlich Bediensteten zusätzlich angeheizt. Aufkommende »neue soziale Bewegungen« insbesondere zu Fragen der Ökologie – die erste Studie des »Club of Rome« zu den »Grenzen des Wachstums« erschien 1972 – waren weitere Kräfte, die konservative Beobachter das Menetekel einer »Unregierbarkeit« westlicher Demokratien an die Wand malen ließen. Schließlich nahm die wirtschaftliche Globalisierung Fahrt auf: Immer mehr Unternehmen wurden »vaterlandslose Gesellen«, nahmen also eine Produktionsverlagerung ins Ausland vor, wo die Ware Arbeitskraft billiger war, oder drohten dies an, um hierzulande Lohnzurückhaltung oder staatliche Subventionen zu erpressen. Dieser Drohung hatten Arbeitnehmer und ihre Gewerkschaften nichts entgegenzusetzen. Die »win-win«-Koalition mit den Arbeitgebern zerbrach, Arbeitslosigkeit und insbesondere Dauerarbeitslosigkeit stiegen auf ein vorher ungeahntes Niveau. »Der kurze Traum immerwährender Prosperität« (Burkhard Lutz), der in den 1950er-Jahren begonnen hatte, zerbrach.

So hat sich der tiefgreifende Wandel zum *»Postfordismus«* vollzogen, der bis heute noch nicht abgeschlossen ist. Die Veränderungen lassen sich in allen vier Merkmalsdimensionen feststellen, die für den »Fordismus« benannt worden sind.

Veränderungen im Produktionsbereich

Erstens gilt, dass die standardisierte Fließband-Massenproduktion, die es natürlich nach wie vor gibt, zunehmend in die Dritte Welt, in »Schwellenländer« und – nach dem Zusammenbruch des Staatssozialismus – nach Osteuropa ausgelagert worden ist. Hierzulande sind diejenigen Produktionsbereiche verblieben, die in »flexibler Spezialisierung« heterogene und schneller wechselnde Kundenpräferenzen bedienen – sei es in der Werkzeugmaschinenbranche, sei es in denjenigen Branchen, die den schnell wechselnden modischen »Lifestyle« gesellschaftlicher Milieus bedienen. Technische Voraussetzungen dieser neuen internationalen Arbeitsteilung sind die Computerisierung und die Ausbreitung des Internet gewesen – womit zugleich, zusammen mit den Medien, diejenigen Branchen benannt sind, in denen, wie bereits erwähnt, bei uns neue Arbeitsplätze entstanden sind.

Die permanente Innovation von Gütern und Dienstleistungen

Makroökonomischer Wachstumsmotor ist damit fortan – in der zweiten Merkmalsdimension – die permanente Innovation von Gütern und

Dienstleistungen. Die Musikindustrie ist ein augenfälliges Beispiel: Nachdem die Schallplatte über ein halbes Jahrhundert lang das technische Medium der Musikspeicherung und -übertragung gewesen war und in diesem Zeitraum immer wieder inkrementell verbessert worden ist, haben sich seit Ende der 1990er-Jahre die Ereignisse von der CD über MP3 und iPod überschlagen. Diese Beschleunigung nicht nur des technischen Fortschritts macht auf Seiten der Arbeitskräfte ein »lebenslanges Lernen« erforderlich. Keiner kann sich mehr auf einmal erworbenen Qualifikationen ausruhen.

Auf dieser Basis herrscht im sich ausbreitenden »Finanzmarkt-Kapitalismus*« (Windolf 2005) eine gesteigerte Qualitäts- und Flexibilitätskonkurrenz von Berufsgruppen und Unternehmen. Immer mehr Unternehmen geraten unter den Druck von »shareholder value«-Forderungen und müssen kurzfristige Gewinne maximieren, auch wenn sich das negativ auf ihr längerfristiges Überleben auswirkt. Für die Beschäftigten läuft das auf eine Polarisierung in eine kleiner werdende Kern- und eine wachsende Randbelegschaft hinaus. Die Gewerkschaften als kollektiver Interessenvertreter erleben einen Niedergang, der sich unübersehbar in den deutlich sinkenden Mitgliedszahlen zeigt.

Der Abbau sozialstaalicher Leistungen

Drittens führt diese globalisierte Standortkonkurrenz vielerorts zu einem sozialpolitischen »race to the bottom«. Jeder Staat baut arbeitsrechtliche und sozialpolitische Sicherungen ab, um attraktiv für die Unternehmen zu sein, die nur noch auf möglichst kostengünstige Standorte schauen. Das im »Fordismus« erreichte Niveau wohlfahrtsstaatlicher Sicherung wird von Garantien auf Förderung und Anreize zurückgeschraubt: Wer sich anzustrengen bereit ist und vielversprechend erscheint, wird unterstützt – alle anderen haben zu leiden. Ein zu der Zeit aufgekommener vielsagender politischer Slogan lautete: »Leistung soll sich wieder lohnen.« Das unterstellt zum einen, dass man vorher ohne eigene berufliche Leistung zum »Sozialschmarotzer« werden konnte und immer mehr Gesellschaftsmitglieder diesen scheinbar so bequemen Weg gegangen seien. Zum anderen wird darüber hinweggegangen, dass manche Gesellschaftsmitglieder, ohne etwas dafür zu können, nicht hinreichend leistungsfähig sind – etwa chronisch Kranke. Auch wenn der »fordistische« Sozialstaat hier und da ausgenutzt worden sein mag, kommt in seinem »post-fordistischen« Umbau ein unbarmherziges egoistisches Menschenbild derer zum Ausdruck, denen es – durch eigene Leistung oder durch das Glück sozialer Herkunft oder körperlicher Gesundheit – gut geht.

Viertens ist die typische Lebensführung der Menschen zu betrachten. Hier lautet das entscheidende, im nächsten Abschnitt ausführlicher zu behandelnde Stichwort: Individualisierung.

4 Individualisierung der Lebensführung

Die veränderten Lebenschancen der Individuen

Um die Individualisierung* der Gesellschaftsmitglieder zu verstehen, die sich mit dem Übergang zum »Postfordismus«, aber auch schon zuvor und unabhängig davon seit den 1960er-Jahren vollzogen hat, ist ein Rückgriff auf Ralf Dahrendorfs (1979) Konzept der *Lebenschancen** hilfreich. Die Lebenschancen eines Individuums bestehen, ganz abstrakt betrachtet, aus Optionen auf der einen und Ligaturen auf der anderen Seite:

- *Optionen* ergeben sich aus Anrechten und Angeboten. Beispielsweise hilft das Demonstrationsrecht, demokratisch Einfluss auf die Regierung auszuüben; und das Warenangebot ermöglicht jemandem, sich z.B. ganz nach seinen individuellen Vorlieben zu kleiden – vorausgesetzt, er verfügt über genug Geld, um die von ihm bevorzugte Kleidung kaufen zu können. Angebote sind also oftmals von individuellen finanziellen Ressourcen abhängig.
- Genauso wichtig für die Lebenschancen einer Person sind die *Ligaturen*, also die sinnstiftenden Bindungen an kulturelle Werte und soziale Gemeinschaften. Diese Bindungen können höchst vielgestaltig sein – von Freundschaften oder einem guten Betriebsklima bis hin zur Identifikation mit einem Pop-Idol oder der eigenen Nation.

Genauso wie totale Fremdbestimmtheit und Chancenlosigkeit, also die Reduktion von Optionen auf Null, einer Person das Leben zur Hölle machen kann, ist dies auch bei einer Reduktion der Ligaturen auf Null der Fall. Denn dann breitet sich im Leben einer Person Sinnleere aus. Je besser es hingegen sowohl um Optionen als auch um Ligaturen bestellt ist, umso größer sind die Lebenschancen.

Das Ideal der individuellen Autonomie

Der bereits in der Renaissance einsetzende moderne Individualismus betonte von Anfang an die Autonomie und Einzigartigkeit des Einzelnen – ursprünglich in Absetzung von der starken Eingebundenheit des mittelalterlichen Menschen in rigide lokale Gemeinschaften. Bis heute neigt der Kult des Individuums zu einer Überbetonung von Optionen auf Kosten der Ligaturen. Auf seinem Programm steht u. a. eine rigorose Enttraditionalisierung aller Lebenszusammenhänge, um der Person ein möglichst selbstbestimmtes Leben zu ermöglichen. Traditionen sollen nicht mehr binden. Die Kehrseite dieser Optionserweiterung ist Ligaturenverlust. Der Schützenverein beispielsweise ist eben nicht bloß spießiger Konformitätsterror, sondern kann auch echtes Gemeinschaftserleben – genau wie in der Raver-Szene – bedeuten.

Die drei Voraussetzungen des Individualisierungsprozesses

Der Individualisierungsschub der letzten Jahrzehnte geht vor allem auf drei Entwicklungen zurück. Erstens hat eine bis in die 1980er-Jahre anhaltende Wohlstandssteigerung in fast allen Bevölkerungsgruppen zwar die sozialen Ungleichheiten nicht nivelliert, wohl aber einen »Fahrstuhl-Effekt« (Beck 1986: 122) ausgelöst: Alle konnten sich kontinuierlich ein bisschen mehr leisten, z. B. Fernreisen oder den Zweitfernseher im Kinderzimmer. Zweitens hat die deutliche Verkürzung der Arbeitszeit den vollerwerbstätigen Gesellschaftsmitgliedern entsprechend mehr Freizeit beschert, in denen sie eigenen Interessen, vom Hobby bis zum politischen Engagement oder zur Weiterbildung, nachgehen können. Drittens schließlich hat das gestiegene Bildungsniveau, wie es sich vor allem im von Kohorte zu Kohorte höheren Abiturienten- und Studierendenanteil zeigt, zum einen dazu geführt, dass immer mehr Menschen bessere Chancen des sozialen Aufstiegs über eine berufliche Karriere bekommen haben. Zum anderen bedeutet höhere Bildung auch die Vermittlung kognitiver Kompetenzen und Anregungen, um profunder über sich selbst und das eigene Leben nachzudenken und auf dieser Grundlage selbstbestimmtere Lebensentscheidungen zu treffen, wie auch ein höheres Interesse daran. Mehr Zeit dafür hat man als Jugendlicher und junger Erwachsener ebenfalls, wenn man mehrheitlich nicht schon mit Vierzehn eine Lehre absolvieren oder als Ungelernter arbeiten gehen muss.

4.1 Individualisierungsgewinne

Sozialer Aufstieg

Aus diesen Entwicklungen erwuchs eine zunehmende Individualisierung, die sich mit ihrer positiven Seite an einer ganzen Reihe von Phänomenen festmachen lässt. Zunächst ist darauf hinzuweisen, dass von den 1950er bis zu den 1980er-Jahren mehr Gesellschaftsmitglieder als zuvor – und danach – einen *sozialen Aufstieg* geschafft haben. Diese Aufsteiger, etwa vom Arbeiterkind zum Akademiker, sind schon deshalb individualisiert, weil sie mit dem sozialen Milieu, in dem sie sich dann bewegen, erst einmal nicht vertraut sind, und weil sie auch auf Dauer nicht alle habituellen Eigenarten ablegen werden, die sie ihrem Herkunftsmilieu verdanken – was bei den Lieblingsspeisen anfängt. Je mehr Aufsteiger ein Milieu verkraften muss, desto heterogener wird es daher, und desto weniger vermag es noch einen Konformitätsdruck auf einströmende Aufsteiger auszuüben. Sozialer Aufstieg führt so zwangsläufig zu einer Individualisierung in vordem traditional in sich gefestigten Milieus.

Pluralisierung der Lebensstile

Aber auch darüber hinaus hat eine zunehmende *Diversifizierung von Lebensstilen* stattgefunden, was als Übergang in eine »Erlebnisgesellschaft« (Schulze 1992) verzeichnet worden ist (vgl. Kapitel 8: Werte). Seit den 1960er-Jahren haben viele Menschen in den entwickelten Ländern des Westens eine ganz neuartige Lebenseinstellung kultiviert. Bis dahin ging es primär darum, zunächst vor allem materielle Grundbedürfnisse zu befriedigen und sodann, insbesondere über Bildungsanstrengungen angegangen, berufliche Leistung zu erbringen und Karriere zu machen. Seitdem hat sich das Lebenskonzept Vieler in Richtung »schöner Erlebnisse« verschoben, die neben kulturellen Aktivitäten im engeren Sinne viele weitere Lebensbereiche erfassen: vom Wohnen über Freizeitaktivitäten und Bildungsinteressen bis zum Umgang mit dem eigenen Körper und zum Essen. Dabei bilden sich nach Lebensalter und Bildungsniveau vielfältig differenzierte Lebensstil-Szenen und -Milieus heraus, die relativ friedlich nebeneinander koexistieren. Anders als früher das Bildungsbürgertum, das fraglos beanspruchte, den unteren sozialen Schichten verbindliche kulturelle Standards vorgeben zu können, um sich dann mit vorprogrammiertem Grausen über den »schlechten Geschmack« der »Proleten« erheben zu können, kümmert sich nun etwa das grün-alternative Studienratsmilieu kaum noch darum, was die Schrebergärtner oder die Raver-Szene so treiben.

Die Notwendigkeit, zwischen verschiedenen Optionen zu entscheiden

Diese durch sozialen Aufstieg sowie Milieu- und Lebensstildiversifizierung erfolgte Freisetzung des Einzelnen aus engen Sollens- und Wollens-Vorgaben seiner Lebensführung bedeutet: Jeder muss immer mehr Fragen *selbst entscheiden*, anstatt einfach das zu tun, was »man« in seinem Milieu in entsprechenden Situationen so tut. Das reicht von vergleichsweise belanglosen Fragen wie der, wo man Urlaub macht, bis zu weittragenden Entscheidungen der Berufswahl oder der Gestaltung einer Lebenspartnerschaft. Etwas pathetisch heißt es über diese Stufe der Individualisierung: »Der Mensch wird (im radikalisierten Sinne Sartres) zur Wahl seiner Möglichkeiten, zum homo optionis. Leben, Tod, Geschlecht, Körperlichkeit, Identität, Religion, Ehe, Elternschaft, soziale Bindungen – alles wird sozusagen bis ins Kleingedruckte hinein entscheidbar, muss, einmal zu Optionen zerschellt, entschieden werden.« (Beck/Beck-Gernsheim 1994: 16/17)

Weil aber der Einzelne so viele zugemutete Entscheidungen gar nicht auf sich allein gestellt zu bewältigen vermag, springt ihm die Wissensgesellschaft hilfreich zur Seite. Sie stellt ein unerschöpfliches Reservoir an Ratschlägen und Rezepten zur Verfügung, wie man sie tagtäglich in Zeitungen, Zeitschriften und Fernsehprogrammen, aber auch in der Ratgeberliteratur sowie natürlich mittlerweile im Internet angeboten bekommt. Es gibt buchstäblich für jede noch so seltene und idiosynkratische Frage der Lebensführung Internetforen, wo sich Betroffene und – oft selbsternannte – Experten austauschen. Diese wissensgesellschaftliche Rundum-Beratung der Person ist an die Stelle der früheren Traditionen getreten, wie beispielsweise ein Blick auf die Kindererziehung zeigt. In sozialen Milieus fest verankerte, fraglos geltende standardisierte Normen der richtigen Erziehung – etwa der Erziehung zur Sauberkeit – sind in den letzten Jahrzehnten einem stärker sachliche Gründe erwägenden und darin auch massiv wissenschaftlich beeinflussten Wissen über Kindererziehung gewichen. Welchem der vielen und oft konträren Ratschläge jemand freilich folgt, muss er letztlich immer noch selbst entscheiden.

Die Frauen als Hauptgewinnerinnen des Wandels

An keiner Bevölkerungsgruppe lässt sich der Individualisierungsschub so deutlich zeigen wie an den Frauen, die insofern erst einmal als die Hauptgewinnerinnen dieses Wandels einzustufen sind. Im Bildungserfolg haben sie die Männer mittlerweile übertroffen, im Berufsleben haben sie trotz nach wie vor bestehender Benachteiligungen große Fortschritte zu verzeichnen, und aus beidem erwachsend können sie inzwischen selbstbewusst in Partnerschaften gehen und eigene Bedürfnisse und Interessen etwa in der familialen Arbeitsteilung geltend machen. Dass heutzutage viel mehr Ehen geschieden werden als früher, ist – so paradox sich das zunächst anhört – ein Indikator dafür, wie sich die Lage der Frauen verbessert hat. Denn sie haben nun, anders als früher, aufgrund eigener beruflicher Qualifikationen und Berufstätigkeit Ausstiegsoptionen aus einer unbefriedigenden Partnerschaft.

Pluralisierung der Formen des Zusammenlebens

Generell ist die *Pluralisierung der Formen des Zusammenlebens* im Vergleich zur Ära des »Fordismus«, als die Kleinfamilie eines männlichen Alleinverdieners und einer den Haushalt führenden und die Kinder erziehenden

Frau der Normalfall war, frappierend. Neben diesem weiterexistierenden Typ von Partnerschaft gibt es kinderlose Ehen, nicht-eheliche Lebensgemeinschaften mit und ohne Kinder sowie Wohngemeinschaften – nicht mehr nur unter Studierenden. Weiterhin existiert eine erhebliche Teilgruppe von Menschen, die über eine längere Zeit und freiwillig als Singles – wiederum mit oder ohne Kinder – leben. Manche Beobachter sprechen diesbezüglich sogar von einer »Single-Gesellschaft« (Hradil 1995). Schließlich ist bemerkenswert, wie häufig jemand von einer dieser Lebensformen in eine andere überwechselt, und zwar ohne eine feste Abfolge: Vom Single zur Ehe zur Wohngemeinschaft kann ebenso vorkommen wie von der Wohngemeinschaft zur nicht-ehelichen Partnerschaft mit Kind zum alleinerziehenden Vater (vgl. Kapitel 7: Familie).

Die Entstehung neuer sozialer Bewegungen

Ein weiteres Ergebnis des gesellschaftlichen Individualisierungsschubs waren die sogenannten *»neuen sozialen Bewegungen«,* die nach der Studentenbewegung der späten 1960er-Jahre als ganz neuartige politische Akteure aufgekommen sind: die Frauen-, die Umwelt- und die Friedensbewegung. Nicht nur in den inhaltlichen Forderungen, auch in den Aktionsformen, die von der »außerparlamentarischen Opposition« der Studenten übernommen wurden, fand die neugewonnene Individualität vor allem jüngerer Menschen aus der Mittelschicht ihren Ausdruck. Es ging um »postmaterialistische« Werte (Inglehart 1977), um »Lebensqualität« – ein damals aufgekommener Begriff – statt um bloßen »Lebensstandard«; und diese politischen Zielsetzungen leiteten sich aus Bildungserlebnissen und neuen Formen des Zusammenlebens ab. Die 1980 gegründete politische Partei »Die Grünen« – die einzige erfolgreiche programmatische Neugründung in der Parteienlandschaft Nachkriegsdeutschlands – wurde zum parlamentarischen Ausdruck dieses Individualisierungsschubs, der sich freilich nachfolgend auch in den beiden großen Volksparteien Bahn brach.

4.2 Schattenseiten der Individualisierung

Soweit zum positiv verzeichneten Zugewinn an Optionen! Dieser hat allerdings auch seine Schattenseiten, die im Laufe der Zeit immer deutlicher zum Vorschein gekommen sind.

Die Zunahme der Entscheidungszumutungen

Die eine davon ist als *»Multioptionsgesellschaft«* (Gross 1994) porträtiert worden. Wie bereits angesprochen, explodieren die Entscheidungszumutungen, mit denen sich jeder tagtäglich konfrontiert sieht, aufgrund des Ligaturenverlusts. Alles könnte auch anders gemacht werden, und nicht zuletzt die Massenmedien versorgen einen mit Alternativangeboten. Beratungsangebote können partiell abhelfen, bleiben aber hinterfragbar – und dann steht jeder letztendlich mit dem vagen, aber nachhaltig schlechten Gefühl da, er hätte es vielleicht doch besser machen können. Sichtbar wird das natürlich vor allem am eigenen Scheitern: der Ehe, der Kindererziehung oder der beruflichen Karriere. Doch selbst für denjenigen, bei dem es »gut läuft«, steht die Frage im Raum: Hätte es nicht noch besser laufen können – und müssen?! Und weil das nicht bloß bei einer einzelnen Entscheidung, sondern jedes Mal so ist, verdichtet es sich zu einem Lebensgefühl, das soweit gehen kann, dass jemand sich als kompletter Versager vorkommt.

Die weitreichende Selbstverantwortung

Die andere Schattenseite der Individualisierung besteht darin, dass der »homo optionis« auch selbst dafür verantwortlich gemacht wird, was aus seinen Entscheidungen wird. Wer z. B. einen Beruf wählt, der ihn dann mit Mitte Vierzig arbeitslos werden lässt, kann nicht mehr so einfach sagen, er habe nur das getan, was sein Vater und Großvater ihm vorgelebt und geraten haben – es war kein Milieu-Schicksal, sondern seine höchstpersönliche Entscheidung! Niemandem sonst und schon gar nicht »der Gesellschaft« kann die Schuld zugeschoben werden. *Selbstverantwortung* ist immer schwer – aber sie kann zu einer übermenschlichen Belastung werden, wenn es um unabsehbare Folgen einer Entscheidung geht oder einem die gesellschaftlichen Umstände keine Chance lassen. Wer konnte schon vor dreißig Jahren absehen, dass er einen Beruf erlernt, der heute keine Zukunft mehr hat – und wer kann etwas dafür, dass ihm eine schwere Wirtschaftskrise den Arbeitsplatz nimmt?

Solche lebensgeschichtlichen Risiken, die sich zu einem totalen Scheitern auswachsen können, gab es zwar immer. Dass der Einzelne sie nunmehr viel stärker als früher sich selbst zurechnen muss, ist seit den 1980er-Jahren virulent geworden, als viele Arbeitsplätze unsicherer wurden und zugleich die Löhne nicht mehr so stetig stiegen wie bisher. In den USA erschien 1991 der Roman »Generation X« des Schriftstellers Douglas Copeland. Das zweite Kapitel ist überschrieben: »Unsere Eltern hatten mehr«, und im Anhang wird das Ergebnis einer Meinungsumfrage wiedergegeben, dass 65 % der damals 18- bis 29-jährigen Amerikaner »… der Ansicht sind, dass ›so, wie die Dinge liegen, es für Leute meiner Generation viel schwieriger sein wird, ebenso angenehm zu leben wie vorausgegangene Generationen‹ …« Dieser Befund dürfte mit leichten Abstrichen auf Deutschland übertragbar sein und sich seitdem nicht sehr verbessert haben – eher im Gegenteil! Die Überzeugung vieler Generationen vorher, dass es den eigenen Kindern einmal besser gehen wird als einem selbst, ist auch hierzulande bei nicht wenigen Menschen einer tiefgreifenden Zukunftsverunsicherung gewichen.

Die zunehmende »Prekarität«

Bei einem solchen Lebensgefühl kann man nur versuchen, sich so lange wie möglich findig und lernbereit als »flexibler Mensch« (Sennett 1998) durchzuschlagen und hinzunehmen, dass das eigene Leben keine lineare Aufwärtsbewegung mehr ist, sondern unter Umständen kreuz und quer dahin treibt. An Großorganisationen wie Gewerkschaften als kollektive Interessenvertreter, die für stabile Verhältnisse sorgen, glaubt man immer weniger; stattdessen verhält sich der einzelne Arbeitnehmer als »Arbeitskraftunternehmer« (Voß/Pongratz 1998) in eigener Sache – propagandistisch konsequent zu Ende gedacht mit der Erfindung der »Ich AG« als arbeitsmarktpolitischer Maßnahme. Dabei nimmt die Versuchung zu, mit Ellenbogenmentalität nach dem Motto »Jeder ist sich selbst der Nächste!« zu agieren. Gerade die gesellschaftliche Mitte verspürt inzwischen eine zunehmende »Prekarität« (Bourdieu 1998) ihrer Lage, obwohl es ihr alles in allem immer noch weit besser geht als den unteren Schichten. Das Wort vom »Prekariat« kursiert bereits in der öffentlichen Debatte und bezieht sich auch auf gut ausgebildete Söhne und Töchter aus Mittelschichtfamilien, die sich nach ihrem Studium von einem Praktikum – siehe die journalistische Wortprägung der »Generation Praktikum« – zum nächsten Projekt hangeln und heute nicht wissen, was morgen kommt (vgl. Kapitel 12: Arbeitsmarkt).

Die neue Gruppe der »Überflüssigen«

Die Anzahl der Menschen, die irgendwann dieses Sich-Weiterhangeln nicht mehr hinkriegen, weil die Kräfte ausgehen, was sich etwa in chronischen Krankheiten und psychischen Beschwerden äußern kann, oder die einfach Pech haben, nimmt seit vielen Jahren zu. Schon Ende der 1970er-Jahre wurde Deutschland als »Zweidrittel-Gesellschaft« etikettiert. Das verwies auf eine nicht länger bagatellisierbare Anzahl von Gesellschaftsmitgliedern, die – wie es gut zehn Jahre später hieß – Opfer gesellschaftlicher *»Exklusion«* geworden waren. Zwar kennt man das »Lumpenproletariat« schon seit Anbeginn der kapitalistischen Gesellschaft, das als »industrielle Reservearmee« nur in wirtschaftlich guten Zeiten Beschäftigung findet und in schlechten Zeiten freigesetzt wird. Doch inzwischen sehen einige

Beobachter eine Zuspitzung derart, dass unter den heutigen Langzeitarbeitslosen eine wachsende Anzahl von Menschen sei, die man im radikalen Sinne als neue Gruppe der »Überflüssigen« (Bude/Willisch 2006) einstufen müsse: Sie werden auch in besseren Zeiten nie mehr gebraucht werden, sondern sind nur noch gesellschaftliche Kostgänger. Träfe dies zu, läge hier ein äußerst brisantes gesellschaftliches Konfliktfeld vor; und die Brisanz spitzte sich nochmals zu, wenn sich erwiese, dass nicht nur diese Menschen selbst für den Rest ihres Lebens chancenlos sind, sondern auch ihre Kinder keine realistische Chance bekommen. Gerade für Deutschland hat sich ja im internationalen Vergleich gezeigt, wie schichtabhängig Bildungschancen, an denen spätere Arbeitsmarktchancen hängen, verteilt sind.

Zunehmende Ausländerfeindlichkeit

Eine Ausprägung solcher Konflikte kennt Deutschland bereits seit den 1990er-Jahren in erheblichem Maße: Ausländerfeindlichkeit, die sich immer wieder nicht nur verbal, sondern auch gewalttätig äußert. Wer auch immer die Rädelsführer sind: Die Gefolgschaft und die Sympathisanten setzen sich zu großen Teilen aus jenen zusammen, die wirtschaftlich abgehängt sind und gesellschaftlich nicht mehr mitkommen. Sie suchen Sündenböcke, die sie für die eigene Misere verantwortlich machen können. Dazu taugen bestimmte Gruppen von Ausländern – nicht der italienische Restaurantbesitzer oder der aus Kanada stammende Bankangestellte, sondern in Deutschland insbesondere Türken. Sie sind in der Öffentlichkeit an ihrem Äußeren zumeist gut erkennbar; sie haben einen fremdartigen, nicht christlich geprägten kulturellen Hintergrund, der noch dazu spätestens seit »9/11« über den radikalen Islamismus mit Terrorismus assoziiert wird; und sie nehmen Deutschen – so das simple Wahrnehmungsschema – Arbeitsplätze und/oder Sozialhilfe weg. Dass derartige Ausländerfeindlichkeit regional, bis auf Stadtteilebene heruntergebrochen, immer dort am meisten verbreitet ist, wo die Arbeitslosenquoten und vor allem der Anteil der Langzeitarbeitslosen am höchsten liegen, zeigt, dass vor allem wirtschaftlich verursachte Frustrationen pauschal zum angeblichen Kulturkonflikt umgedeutet werden.

Nicht wenige Gesellschaftsmitglieder – und nicht nur dezidierte Ausländerfeinde – sehen die Gefahr einer »Überfremdung« der deutschen Kultur durch zu viele hier lebende Ausländer, wiederum vor allem mit Blick auf Türken. Der Bau von Moscheen oder der Gebetsruf des Muezzins sind in den letzten Jahren immer wieder Steine des Anstoßes geworden, ganz zu schweigen von der Beschneidung junger Mädchen oder der familialen Gewalt gegen Frauen. Spätestens letztere Phänomene lassen schnell befürchten, dass der von manchen Medienberichterstattungen dramatisierte weltweite »Kampf der Kulturen« nun in Deutschland, gleich um die Ecke, angekommen sei, und dass man die »deutsche Kultur« – was immer man genau darunter verstehen mag – entschieden verteidigen müsse, bevor es zu spät sei.

5 Globalisierung

In solchen Reflexen zeigt sich ein tiefes Unbehagen an der kulturellen und wiederum – in enger Wechselwirkung damit – auch wirtschaftlichen Globalisierung*, wie sie seit 1945 bis heute zunehmend spürbar geworden ist.

Die Auswirkungen der wirtschaftlichen Globalisierung

Die *wirtschaftliche Globalisierung* ist dabei Schrittmacher gewesen. Viele Handelsschranken zwischen Nationalstaaten sind abgebaut worden. Die Güterproduktion wird einem Prozess immer weiter voranschreitender Arbeitsteilung unterworfen, bei dem die einzelnen Teilproduktionen auch räumlich separiert werden können, so dass jeder Produktionsschritt am kostengünstigsten Ort stattfindet. Auch darüber hinaus ist die wirtschaftliche Produktion und erst recht das Finanzkapital von Banken und Anlegern zunehmend räumlich mobil, wozu die Fortschritte der Verkehrs- und Telekommunikationstechnologien entscheidend beigetragen haben. Damit geraten nationale Wirtschaftsstandorte unter einen immer stärkeren Konkurrenzdruck hinsichtlich der Ansiedlung von Unternehmen, insbesondere aus Wachstumsbranchen; und diese Konkurrenz wird u. a. auch durch steuerliche Anreize, Subventionen und den Abbau sozialstaatlicher Leistungen, die den Produktionsfaktor Arbeit verteuern, ausgetragen. Die inzwischen realisierte 24-Stunden-Echtzeit-Ökonomie des weltweiten Börsennetzes schließlich sorgt für eine enorme Beschleunigung finanzieller Transaktionen und Spekulationen – mit allen dadurch ausgelösten Turbulenzen, die nicht erst im Herbst 2008 deutlich geworden sind.

Die widersprüchlichen Wahrnehmungen der Globalisierungsfolgen

Die Ambivalenzen – aus Sicht der Menschen hierzulande – bereits der wirtschaftlichen Globalisierung für sich genommen sind unübersehbar. Einerseits ist Deutschland als langjähriger »Exportweltmeister« wirtschaftlich existentiell auf einen offenen und wachsenden Weltmarkt angewiesen, und die deutschen Konsumenten bedienen sich weidlich auf dem Weltmarkt – ob es nun um frischen Spargel im Januar, eingeflogen aus Gott-weißwoher, oder um preisgünstig in der Dritten Welt hergestellte Designermode oder auch um einen kompetenten telefonischen Ansprechpartner für Computerprobleme geht, der in Indien zu dort nachtschlafender Zeit in einem Callcenter sitzt und Anrufer aus Deutschland geduldig in perfektem Deutsch dabei unterstützt, Software zu installieren. Diese Beispiele stehen für tausend andere; und allen ist gemeinsam, dass die Globalisierung der Güter- und Dienstleistungsproduktion es Menschen in der westlichen Welt ermöglicht, einen individualisierten Lebensstil zu kultivieren. Andererseits werden schon seit längerem Arbeitsplätze, die geringe Qualifikationsanforderungen stellen, entweder durch Technisierung gänzlich eliminiert oder aber in die Dritte Welt exportiert – und wer so seinen Job verliert, kann mit dem Warenangebot des Weltmarkts wenig anfangen.

Kulturelle Globalisierung und ihre Folgen

Ähnlich ambivalent werden die Begleiterscheinungen der *kulturellen Globalisierung* aufgenommen. Güter des Massenkonsums werden durch die sich globalisierende Wirtschaft weltweit verbreitet und transportieren unverkennbare kulturelle Botschaften überall hin – von Coca-Cola bis zu Ceran-Herden und Welthits der Popmusik. Werbung, Unterhaltungssendungen des Fernsehens und Kinofilme führen vielfältige Lebensweisen und Lebensprinzipien über nationale Grenzen und Kontinente hinweg vor Augen. Die Massenmedien berichten aus aller Welt und schaffen ein globales Bewusstsein. Die räumliche Mobilität der Menschen – vom Tourismus bis zur Auswanderung – ist ein weiterer wichtiger Träger kultureller Globalisierung. Nicht zuletzt die Globalisierungsgegner müssen paradoxerweise eine weltweite Verbreitung ihrer Anliegen und Forderungen betreiben: Nur noch global lässt sich Globalisierung bekämpfen.

Kulturelle Heterogenisierung

Hieran wird zunächst eine Heterogenisierung je lokaler, regionaler oder nationaler Kulturen sichtbar. Man hat an einem gegebenen Ort – etwa in Berlin – nicht länger nur die dort traditionell verankerten kulturellen Orientierungen, Praktiken und Güter zur Auswahl, sondern vermag darüber hinaus auf mehr oder weniger zahlreiche und mehr oder weniger andersartige Kulturtraditionen zuzugreifen. Die je individuelle Auseinandersetzung mit den insgesamt bereitstehenden kulturellen Offerten kann dabei sehr unterschiedliche Grade an Intensität aufweisen. Jemand mag Gefallen an chinesischer Küche finden, vielleicht auch nur an einer eingedeutschten Version ausgewählter Gerichte, ohne sich weiter um chinesische Kultur zu kümmern; oder er mag – das andere Extrem – sich auch für chinesische Musik,

Malerei und Geschichte zu interessieren beginnen. Kulturelle Heterogenisierung heißt, je intensiver sie stattfindet, dass der Einzelne aus kulturellen Begrenzungen seines Denkens und Handelns, die oft unhinterfragte Selbstverständlichkeiten sind, freigesetzt wird. Er bemerkt, dass die Dinge auch ganz anders gesehen werden können, und gewinnt unter Umständen eine immer größere Wahlfreiheit zwischen kulturellen Orientierungen und Praktiken. Das Problem ist allerdings, dass dies leicht zu weit gehen kann. Dann ist Orientierungslosigkeit die Folge. Pointiert gesagt: Wenn alles gleich gültig ist, ist alles gleichgültig. Und um dem zu entgehen, pocht man dann umso entschiedener auf die »deutsche Leitkultur«.

Kulturelle Homogenisierung

Heterogenisierung ist allerdings nur die eine Seite kultureller Globalisierung. Die andere ist Homogenisierung, wie sie als globale »Verwestlichung« bzw. genauer gesagt »Amerikanisierung« auftritt. Dabei stehen die kulturellen Güter des Massenkonsums und die damit verbundenen Praktiken und Orientierungen im Vordergrund, die von westlichen Großkonzernen auf ihrer zwanghaften Suche nach Absatzmärkten rund um die Welt vertrieben werden. Kurzfristig geht damit zwar nur eine oberflächliche Angleichung von Lebensstilen, vor allem in ihren Ausdrucksformen, einher – wenn etwa chinesische Jugendliche mit der Cola-Flasche in der Hand lässig Coolness demonstrieren. Längerfristig ist allerdings, so steht zu vermuten, mit einer subtilen Resozialisation auch hinsichtlich tiefersitzender Normen und Werte zu rechnen. Durch »Amerikanisierung« wird also der weltweit existierende Reichtum an kulturellen Orientierungen reduziert. Für die Individuen schlägt sich dies in einem Optionenverlust nieder. Wenn beispielsweise, wie überall in der Welt, auch in Deutschland seit den 1960er-Jahren die einheimische Fimproduktion in den Kinos und im Fernsehen gegenüber Hollywood den Kürzeren zieht, geht eine Form der Auseinandersetzung mit den eigenen kulturellen Gepflogenheiten verloren, und stattdessen beginnt man, auch im »wirklichen Leben« unmerklich und bedenkenlos den »american way of life« zu übernehmen.

Schichtspezifische Reaktionsweisen

Kulturelle Heterogenisierung und Homogenisierung geschehen parallel, teilen sich aber die Bevölkerung auf. Kulturelle Homogenisierung ist eher das Schicksal der unteren sozialen Schichten, während kulturelle Heterogenisierung eher die Chance – aber auch das Risiko – der gebildeteren und einkommensstärkeren Schichten darstellt. Damit ist Homogenisierung der zahlenmäßig überwiegende Trend. Die sogenannte »Massenkultur« wird immer amerikanischer. Eine gegenläufige Heterogenisierung bleibt zwar Minderheitenprogramm, verfügt aber gerade als solches über eine elitäre Legitimation – von wo aus man dann das »Unterschichtenfernsehen« der Privatsender trefflich kritisieren kann. Während eine solche Kritik, wie sie das Bildungsbürgertum im 19. Jahrhundert an den »unkultivierten« Freizeitvergnügungen der Arbeiterschaft übte, damals dazu führte, dass sich die Arbeiterbildung an der bürgerlichen Leitkultur orientierte, was bis hin zu den Volkshochschulen der Nachkriegszeit einen enormen Bildungsschub auslöste, steht zu erwarten, dass dieselbe Art der Kritik heute ins Leere läuft. Damit reduzieren sich die ohnehin geringer gewordenen Chancen sozialen Aufstiegs aus der Unter- in die Mittelschicht noch weiter; und eine *kulturelle Spaltung* der Gesellschaft schreitet – über die ohnehin bestehenden Differenzen der Lebensstile hinaus – immer mehr voran.

6 Die Dynamik sozialen Wandels in der Moderne

Man könnte – und müsste – neben den drei behandelten gesellschaftlichen Wandlungsdynamiken noch mehrere andere benennen: etwa die durchgreifende Verwissenschaftlichung aller Gesellschaftsbereiche in dem Sinne, dass wissenschaftliche Erkenntnisse überall zunehmend zur Handlungsgrundlage geworden sind, oder das immer weiter vorangeschrittene Aufgabenwachstum des Staates, mit korrespondierendem Ausgabenwachstum, das scheinbar niemand mehr in den Griff zu bekommen schafft. Stattdessen soll zum Abschluss eine von Ulrich Beck (1986) zur Diskussion gestellte Gesamtdeutung des sozialen Wandels der Moderne vorgestellt werden.

Die Transformationen der Moderne

Beck versteht die Wandlungsdynamiken der Nachkriegszeit, die hier im Vordergrund standen, im Horizont einer übergreifenden Dynamik, die viel früher, nämlich bereits im 19. Jahrhundert, einsetzte. Damals setzte sich eine »erste Moderne« endgültig gegenüber vormodernen Gesellschaftsstrukturen durch; und damit entstand zugleich eine »zweite Moderne«, die sich an den nach und nach zu Tage tretenden funktionalen und normativen Unzulänglichkeiten der »ersten Moderne« abzuarbeiten begann.

Die Basisprinzipien der Moderne

Die Moderne insgesamt ist für Beck durch bestimmte zentrale Werte – er nennt sie »Basisprinzipien« – wie Rationalität, Fortschritt, Freiheit und Gleichheit bestimmt. An diesen Leitwerten orientiertes Handeln überwand zunächst in der »ersten Moderne« die vormodernen Traditionen und schuf eine ganz neue gesellschaftliche Ordnung mit »Basisinstitutionen« wie Erwerbsarbeit, Kleinfamilie und Nationalstaat. Die weitere Dynamik der Moderne ist dann entlang eines Pfades verlaufen, der von den »Basisprinzipien« abgesteckt ist. Die nicht stillstellbare Triebkraft gesellschaftlicher Dynamik besteht dabei in der Steigerbarkeit dessen, was die »Basisprinzipien« als gute Gesellschaft versprechen: mehr Freiheit und Chancengleichheit, höhere Rationalität, weiteren Fortschritt. Vor dem Hintergrund solcher Wünsche und Forderungen – zwischen denen durchaus Spannungsverhältnisse bestehen, weil etwa Freiheit und Gleichheit ab einem bestimmten Punkt nicht gleichermaßen gesteigert werden können – geraten die »Basisinstitutionen« in ihrer jeweiligen Gestalt immer wieder in die Kritik und werden entsprechend mehr oder weniger weitreichend umgestaltet. Stets stellen sich jedoch früher oder später als problematisch erfahrene Nebenfolgen dieser Gestaltungsbemühungen ein, was neue Gestaltungsaktivitäten initiiert.

Der Übergang von der »ersten« in eine »zweite«, »reflexive« Moderne

In dieser »unendlichen Geschichte« reagiert Gesellschaftsgestaltung zunehmend auf sich selbst, und die »erste Moderne« als »einfache Moderne« geht in eine »zweite«, »reflexive Moderne« über. Überspitzt formuliert: Immer wieder beabsichtigte und auch oft partiell erfolgreiche Gesellschaftsverbesserungen müssen sich mehr und mehr auf eine ebenso aufwendige Abarbeitung ihrer Kollateralschäden einstellen.

Für Beck (1986: 344) nimmt Letzteres eindeutig immer mehr überhand, so dass sich in der heutigen weit vorangeschrittenen »zweiten Moderne« sozialer Wandel als »programmlose abstimmungsfreie Dauergesellschaftsveränderung ins Unbekannte« darstellt. Probleme werden nicht gelöst, sondern verschoben – und erreichbar ist dadurch allenfalls Zeitgewinn. Das wirkt ziemlich bedrohlich. Plastisch fasst Anthony Giddens (1990: 173/174) dieselbe Einschätzung mit einem Bild aus der indischen Mythologie. Er sieht die Moderne als »Dschagannath-Wagen«, der unmerklich Fahrt aufnimmt und zu dem Zeitpunkt, zu dem seine Insassen Anlass sehen, seine Geschwindigkeit und Richtung zu bestimmen, ihrer Kontrolle schon so weitgehend entglitten ist, dass sie sich zwar einerseits mit allen Kräften bemühen müssen, ihn zumindest so zu steuern, dass sie nicht ganz schnell an die Wand fahren – von anzusteuernden Zielen ist längst keine Rede mehr! Doch andererseits ist ihnen sehr bewusst, dass sie sogar dieses Minimalprogramm nur noch mit immer mehr Glück bewältigen können – und wie lange noch?

Fazit

Man muss sich freilich auch vor Augen halten, dass dieses ernüchternde Bild des sozialen Wandels durch die sehr hohen Ansprüche erzeugt wird, die in den »Basisprinzipien« verkörpert sind. Richard Münch (1991: 34) notiert: »Die moderne westliche Kultur lebt in der Spannung zwischen Idee und Wirklichkeit. Die Wirklichkeit sieht im Lichte der großen Ideen der Freiheit, Gleichheit, Vernunft und fortschreitenden Beseitigung von Leid und Unrecht immer schlecht aus …« Ständige Unzufriedenheit mit dem Erreichten ist gleichsam vorprogrammiert, obwohl der Blick zurück sehr oft zeigt, dass inzwischen doch schon Einiges erreicht worden ist. So kann man z.B. sicher einerseits mit Fug und Recht kritisieren, dass die Gleichstellung der Frauen nach wie vor in den meisten Lebensbereichen noch nicht erreicht ist – aber andererseits möchten die heutigen Frauen ebenso sicher nicht mit der Generation ihrer Mütter, Großmütter oder Urgroßmütter tauschen. Mehr denn je brauchen die Menschen in der heutigen Moderne beides: den großen Stachel der Unzufriedenheit, der sie zur rastlosen Gesellschaftsverbesserung antreibt, und die kleinen Erfolgserlebnisse, die sie dabei nicht mutlos werden lassen.

Weiterführende Literatur

Aglietta, Michel (2000): *Ein neues Akkumulationsregime. Die Regulationstheorie auf dem Prüfstand*, Hamburg: VSA.

Eine Darstellung des Wandels vom »Fordismus« zum »Post-Fordismus«.

Geissler, Rainer (2006): *Die Sozialstruktur Deutschlands. Zur gesellschaftlichen Entwicklung mit einer Bilanz zur Wiedervereinigung*, Wiesbaden: VS (4. Aufl.).

Ein breiter Überblick über den Wandel der deutschen Sozialstruktur.

Held, David (Hg.) (2000): *A Globalizing World? Culture, Economics, Politics,* London: Routledge.

Ein Überblick über wirtschaftliche, kulturelle und politische Globalisierung.

Mau, Steffen/Nadine Schöneck-Voss (Hg.) (2012): *Handwörterbuch zur Gesellschaft Deutschlands*, Wiesbaden: VS.

Artikel zu gesellschaftlichen Phänomenen von »Alter« bis »Zukunftsvorstellungen«.

Wehler, Hans-Ulrich (2008): *Deutsche Gesellschaftsgeschichte. Fünfter Band: 1949–1990*, München: Beck.

Eine Wirtschaft, Politik und Kultur behandelnde umfassende zeithistorische Studie.

Kapitel 3

Bevölkerung

Die Angst vor der demografischen Zukunft

Stefan Hradil

Die ergänzenden Materialien zu diesem Kapitel finden sich auf der Website: www.bpb.de/sozialkunde/bevoelkerung

1 Einleitung

Schon seit den 1980er-Jahren haben Bevölkerungs- und Sozialwissenschaftler immer wieder darauf hingewiesen, dass die künftige demografische Entwicklung Probleme mit sich bringen wird. Die Politik hat sich mit diesen Befunden auch durchaus befasst. Sie hat diverse Kommissionen zusammen gestellt und um Rat gebeten. Diesen Ratschlägen folgend wurden beispielsweise die Rentenregelungen verändert. Die Öffentlichkeit hat das Thema des demografischen Wandels zunächst kaum beachtet.

Spät, aber heftig hat sich dann auch der öffentliche Diskurs der demografischen Veränderungen angenommen. Seit der Jahrtausendwende hat kaum ein Thema die Medien und ihr Publikum so beschäftigt wie der demografische Wandel*. Bücher, Fernseh- und Zeitschriftenbeiträge darüber häuften sich. Der demografische Wandel geriet zum Dauergesprächsgegenstand in Talkshows und Diskussionsveranstaltungen.

Kaum ein Thema hat bei den Bürgern aber auch so viele Ängste hervorgerufen. Der Geburtenrückgang und die Alterung der Gesellschaft werden ganz überwiegend negativ gesehen. Die eigene Zukunft und die der Kinder erscheinen gefährdet. Angesichts dessen soll im folgenden Beitrag ein von Ängsten möglichst freier, sachlicher Blick auf den demografischen Wandel und seine Folgen ermöglicht werden. Diese Perspektive wird zeigen, dass Bevölkerungsrückgang und Alterung neben Belastungen und Risiken, die viele fürchten, auch manche Chancen mit sich bringen werden.

2 Grundbegriffe

Größe und Zusammensetzung einer Bevölkerung* verändern sich ausschließlich durch drei Prozesse: durch Geburten, Sterbefälle und Außenwanderungen (das heißt durch Umzüge über die Gebietsgrenzen hinweg). Jede Geburt, jeder Sterbefall und jede Aus- bzw. Einwanderung stellt einen einschneidenden biografischen Vorgang im menschlichen Leben dar. Aber erst dann, wenn wir Geburten, Sterbefälle und Außenwanderungen insgesamt als Bevölkerungsprozesse* betrachten, wird deutlich, dass sie Bevölkerungsstrukturen* erzeugen oder verändern. Diese haben erhebliche Auswirkungen: So prägt die strukturelle Zusammensetzung einer Bevölkerung nach Ethnien und Altersgruppen wirtschaftliche Vorgänge, Politikfelder und das Alltagshandeln der Menschen – und damit auch wieder Geburten, Sterbefälle und Außenwanderungen.

Bleiben in einem Gebiet die Verhältnisse der Geburten, Sterbefälle und Außenwanderungen zueinander relativ konstant, so spricht man von einer Bevölkerungsweise*.

3 Das Modell der demografischen Übergänge

Im Modell des (ersten und zweiten) demografischen Übergangs* wird unterstellt, dass sich im Laufe der Modernisierung eine typische Abfolge von Bevölkerungsweisen ergibt.

- In *Agrargesellschaften* sind Geburten zahlreich, und die Menschen leben meist nicht sehr lange. Da die Zahl der Geburten die der Sterbefälle im Allgemeinen leicht überwiegt, wächst die Bevölkerung, wenn auch langsam. Wegen der vielen Geburten und Todesfälle bringt die *vorindustrielle Bevölkerungsweise* viel Mühe und Leid für die Menschen mit sich.
- Im *Übergang zwischen Agrar- und Industriegesellschaften*, wenn Ernährung, Hygiene und medizinische Versorgung allmählich besser werden, beginnt die Lebenserwartung zu steigen. Die Geburtenzahlen bleiben einstweilen hoch, denn Kinder werden vielfach noch aus wirtschaftlichen Gründen benötigt. Deshalb nimmt die Bevölkerungszahl rasch zu. Wenn schließlich Kinder auf dem Acker oder zur Alterssicherung immer weniger gebraucht werden, sinkt die Zahl der Geburten. Dann nimmt trotz immer weiter steigender Lebenserwartung die Bevölkerung immer langsamer zu.
- In *Industriegesellschaften* bekommen die Menschen nur noch wenige Kinder und leben recht lange. Weil in dieser *industriegesellschaftlichen Bevöl-*

kerungsweise das Geburtenniveau immer noch etwas über dem der Sterblichkeit liegt, nimmt die Bevölkerung ähnlich langsam zu wie in Agrargesellschaften. Aber das geschieht mit »sparsameren Mitteln«, mit weniger Geburten und Trauerfällen.

Nach Meinung einiger Wissenschaftler bahnt sich nach diesem ersten demografischen Übergang ein zweiter an:

- In *postindustriellen Dienstleistungsgesellschaften* sinken nach der Phase der industriegesellschaftlichen Stabilisierung die Kinderzahlen der Menschen erneut. Die Zahl der Geburten wird geringer als die der Sterbefälle. Die Bevölkerungen schrumpfen.
- Diese Bevölkerungsverluste werden jedoch durch andauernde Zuwanderungen mehr oder minder ausgeglichen. Eine relativ stabile *postindustrielle Bevölkerungsweise* entsteht.

Bevölkerungswandel durch gesellschaftliche Modernisierung

Hinter diesem Modell demografischer Übergänge steht die Vorstellung, dass Modernisierungsvorgänge, insbesondere der wachsende Wohlstand und der Ausbau des Wohlfahrtsstaates, die Bevölkerungsweisen aller Länder in der gezeigten Richtung verändern werden. Die Kinderzahlen sinken, weil die direkten und indirekten Kosten von Kindern steigen, während ihr ökonomischer Nutzen sinkt. Zudem wandeln sich gesellschaftliche Normvorstellungen und sehen weniger Kinder vor. Schließlich lassen Hygiene, bessere Ernährung und medizinischer Fortschritt die Lebenserwartung steigen.

Empirische Überprüfungen dieser Theorie haben (vgl. Andorka 2001: 240) ergeben, dass die Modernisierung zwar als generelle Begründung des demografischen Wandels durchaus tauglich ist. Aber weitere Faktoren (z.B. religiöse und politische) sorgen dafür, dass Kinderzahlen, Sterblichkeit und grenzüberschreitende Wanderungen keineswegs von Modernisierung und Wohlstand allein abhängen. So sank zum Beispiel die Geburtenrate in China lange vor seiner durchgreifenden Modernisierung und sie bleibt in vielen schon relativ modernen islamischen Ländern vergleichsweise hoch.

4 Historischer Rückblick

4.1 Lebenserwartung und Sterblichkeit

In vorindustriellen Gesellschaften war die Lebenserwartung der Menschen kurz (vgl.: Bolte/Kappe/Schmidt 1980: 45 ff.). Noch um 1700 betrug sie für Neugeborene nicht mehr als 30 Jahre. Viele Kinder starben früh, denn die Ernährung war oft dürftig, die Hygiene miserabel und die medizinische Versorgung schlecht. Allerdings schwankte die Lebenserwartung zu damaliger Zeit je nach regionalen und zeitlichen Verhältnissen stark. Frieden und gute Ernten bedeuteten ein langes Leben, Kriege und Seuchen brachten den frühen Tod.

Etwa um 1750 begann die allgemeine Lebenserwartung in Deutschland zu steigen. Im folgenden Jahrhundert sorgten dann bessere Ernährung und der medizinische Fortschritt für ein immer längeres Leben. Aber noch um das Jahr 1875 kamen Männer im Deutschen Reich über eine Lebenserwartung von gut 35 Jahren und Frauen von 38 Jahren nicht hinaus.

Gegen Ende des 19. Jahrhunderts ging dann die Kindersterblichkeit stark zurück. Die Bevölkerung wurde jünger. In der ersten Hälfte des 20. Jahrhunderts sank dann auch die Sterblichkeit im mittleren Lebensalter. Denn die Lebens- und Arbeitsbedingungen wurden besser, und man konnte die großen Infektionskrankheiten immer wirksamer bekämpfen. Die Sterblichkeit im höheren Lebensalter konnte erst nach dem Zweiten Weltkrieg durch die Fortschritte der (teuren) Altersmedizin und die verbesserte finanzielle Versorgung der älteren Menschen entscheidend reduziert werden (Höhn 1997; 2000).

Die Lebenserwartung der Männer bzw. der Frauen hat so vor dem Ersten Weltkrieg auf 45 bzw. 48 Jahre zugenommen und ist bis zum Zweiten Weltkrieg auf etwa 60 bzw. 63 Jahre gestiegen. Am Ende der Nachkriegszeit, im Jahr 1973, konnten Eltern eines Neugeborenen schon damit rechnen, dass ihr Junge 68 bzw. ihr Mädchen 74 Jahre alt werden würde. Im Jahr 2000 betrug die Lebenserwartung Neugeborener schon 75 bzw. 81 Jahre. Es hat sich also ein stetiger Zuwachs an Lebenszeit ergeben. Dies trug dazu bei, die Gesellschaft altern zu lassen.

4.2 Geburten

Sieht man von regionalen Unterschieden und zeitlichen Schwankungen ab, so brachte in Mittelalter und früher Neuzeit jede Frau auf dem Gebiet des heutigen Deutschland durchschnittlich etwa sechs Kinder lebend zur

Welt (vgl. Bolte/Kappe/Schmidt 1980: 42ff.; Hradil 2006: 47ff.). Dies sind mehr als vier Mal so viele Geburten wie heute[1].

Während die Sterblichkeit in Deutschland und in den meisten westeuropäischen Ländern schon im Laufe des 18. Jahrhunderts und dann im 19. Jahrhundert immer schneller zurück ging, blieb die durchschnittliche Zahl der Kinder pro Frau bis etwa 1875 konstant hoch. Ja, die Geburtenrate erhöhte sich zeitweise noch, weil viele Heiratsbeschränkungen fielen. Dadurch kam es im Laufe des 19. Jahrhunderts zu einer wahren Explosion der Bevölkerungszahl.

1875 brachte jede Frau noch fast fünf Kinder zur Welt. Erst von da an, also lange nach dem Rückgang der Sterblichkeit, begannen die Kinderzahlen in deutschen Familien zu sinken. Sie gingen zuerst langsam, dann immer schneller zurück, zuerst in der Stadt und im Bürgertum, dann nach dem Ersten Weltkrieg auch bei den Bauern und Arbeitern. Erst 1934, als jede Frau im Durchschnitt nur noch 1,8 Kinder bekam, war dieser erste Geburtenrückgang in Deutschland zu Ende. Dieser Fall der Kinderzahlen war wesentlich tiefer als der zweite Geburtenrückgang nach dem Zweiten Weltkrieg.

In der Zwischenkriegszeit wurden schon weniger Kinder geboren, als langfristig zur Erhaltung der Bevölkerungszahl erforderlich waren. Dazu sind in modernen Gesellschaften ca. 2,1 Kinder pro Frau nötig. Die Geburtenzahlen schwankten von da an bis zum Ende des Zweiten Weltkriegs, änderten sich aber im Grunde nicht.

»Baby-Boom« und »Pillenknick«

Danach wurden in Deutschland und vielen anderen Ländern viele Geburten »nachgeholt«, die der Krieg unmöglich gemacht hatte. Zudem führten die optimistische Grundstimmung jener Zeit und das »Wirtschaftswunder« zu einem »Baby-Boom«*: In Westdeutschland stieg die Geburtenrate von 1952 bis Mitte der 1960er-Jahre von 2,1 auf 2,5 Kinder pro Frau an. Die Bevölkerung begann wieder zu wachsen.

Von 1965 bis 1975 kam es zum vieldiskutierten »Pillenknick«*. Die Menschen in Deutschland reduzierten die Zahl ihrer Kinder in nur zehn

1 Dennoch blieb die Zahl der Geburten im vorindustriellen Deutschland erheblich niedriger als jene, die sich bei unbehinderter Fortpflanzung aller Menschen ergeben hätte. Denn es durften zu jeder Zeit längst nicht alle Menschen heiraten. Grundherren, Magistrate, Gilden und Zünfte ließen meist nur Personen zur Ehe zu, die eine Familie ernähren konnten. Das war weniger als die Hälfte der Bevölkerung. In Ehen kamen damals in der Regel die maximal mögliche Zahl an Kindern zur Welt, außerhalb von Ehen nur wenige Kinder.

Jahren von 2,5 auf 1,4 pro Frau. An dieser Geburtenrate hat sich bis heute, anders als oft behauptet, in Westdeutschland nichts Wesentliches geändert. Damit kommen seit Mitte der 1970er-Jahre nur noch etwa zwei Drittel der Kinder zur Welt, die langfristig nötig wären, wollte man die Bevölkerungszahl konstant halten.

Bis etwa 1975 unterschied sich die Geburtenentwicklung in West- und Ostdeutschland kaum. Auch die DDR erlebte einen »Baby-Boom« und einen »Pillenknick«. Danach förderte die Regierung der DDR die Familienbildung stark, vor allem durch direkte Maßnahmen wie Geldzuwendungen und bezahlte Freistellungen der Mütter von der Erwerbsarbeit. Die Geburtenrate stieg auf immerhin 1,8 Kinder pro Frau zu Anfang der 1980er-Jahre. Danach verpuffte die Wirkung dieser Maßnahmen langsam, und zum Zeitpunkt der Wiedervereinigung war die Geburtenrate in Ostdeutschland fast wieder so niedrig wie in Westdeutschland. Dies bestärkte viele Bevölkerungswissenschaftler in ihrer Meinung, dass direkte staatliche Maßnahmen zur Geburtenförderung – im Gegensatz zu indirekten – eher das Vorziehen ohnehin geplanter Geburten als zusätzliche Geburten bewirken.

Wandel von Lebensbedingungen und Kinderwunsch

Wer sich über die Zukunft der Geburtenentwicklung und über deren Beeinflussbarkeit Gedanken macht, sollte die Ursachen des ersten (ca. 1875 bis 1925) und zweiten (1965 bis 1974) Geburtenrückgangs kennen.

Beide Geburtenrückgänge entstanden, weil Lebensbedingungen seltener wurden, die zuvor *für* zahlreiche Geburten gesprochen hatten. So werden die eigenen Kinder seit dem ausgehenden 19. Jahrhundert immer weniger als Alterssicherung und als Arbeitskräfte benötigt. Auch zwingt die geringe Kindersterblichkeit Eltern nicht mehr dazu, viele Kinder in die Welt zu setzen, weil damit gerechnet werden musste, dass nur wenige überleben. Schließlich propagieren die vorherrschenden gesellschaftlichen Werte (seit den 1960er-Jahren auch der Kirchen) nicht mehr eine maximale Kinderzahl, sondern das Ideal der »verantwortungsvollen Elternschaft«.

Außerdem wurden Lebensbedingungen häufiger, die *gegen* Kinder sprechen. Die Berufswelt, die Karrierewege, der Wohnungsmarkt sind in Industriegesellschaften »strukturell rücksichtslos« (F. X. Kaufmann) gegen Kinder. Der Lebensstandard von Familien sinkt mit der Geburt jedes Kindes und damit auch die Bereitschaft, mehrere Kinder aufzuziehen.

Der zweite Geburtenrückgang wird zwar »Pillenknick« genannt. Aber dieser Name täuscht. Die Verfügbarkeit der »Pille« erleichterte es lediglich, den seit den 1960er-Jahren gewachsenen Wunsch nach weniger Kindern zu realisieren. Die eigentlichen Ursachen des zweiten Geburtenrückgangs stellten die veränderten Präferenzen der Menschen dar, entstanden durch die schnelle Vermehrung des Wohlstands, die den Wert der Selbstverwirklichung und der individuellen Autonomie auch und gerade für Frauen wichtiger werden ließ. Auch der damit verbundene Wunsch nach Erwerbstätigkeit und die schlechten Möglichkeiten, Beruf und Familie zu vereinbaren, ließen die Kinderzahlen damals zurück gehen. Schließlich dämpfte eine seit den 1970er-Jahren wachsende Zukunftsangst (wegen Umweltproblemen, Atomenergierisiken und militärischer Rüstung) den Wunsch nach Kindern.

4.3 Ein- und Auswanderungen

Ein- und Auswanderungen sind nicht neu (vgl. Bolte/Kappe/Schmid 1980: 77 f.). Nach dem großen Sterben des Dreißigjährigen Krieges versuchten viele deutsche Fürsten die Bevölkerungszahl ihrer Länder zu vermehren. Sie förderten die Einwanderung (zum Beispiel der Hugenotten) und verboten die Auswanderung. Dennoch emigrierten im 18. Jahrhundert viele Menschen nach Nordamerika und nach Osteuropa, besonders aus Südwestdeutschland. Hauptgrund war das dortige Realteilungserbrecht, das den einzelnen Bauern zu wenig Land übrig ließ. Erst in der napoleonischen Zeit ebbte die Auswanderung ab. Danach stieg sie aber bis nach 1850 erneut stark an, weil es für die stark wachsende Bevölkerung außerhalb der stagnierenden Landwirtschaft kaum Arbeitsplätze gab. Die Industrialisierung, die Arbeitsplätze hätte bieten können, war in Deutschland noch kaum in Gang gekommen. Hungersnöte (z. B. 1846/47) und die gescheiterte Revolution von 1848 veranlassten viele zur Auswanderung. Allein 1854 waren es 230 000.

In der zweiten Hälfte des 19. Jahrhunderts nahm die Auswanderung wieder ab, weil die Industrialisierung mehr und mehr Arbeitsplätze schuf. Aber noch bis zum Ersten Weltkrieg war Deutschland ein Auswanderungsland. Hauptziel waren die USA. Erst als dort 1890 die freie Siedlung auf Regierungsland nicht mehr möglich war, erlosch die Auswanderung bis 1914.

Gleichzeitig war Deutschland aber auch Einwanderungsland* geworden, denn die Reichsgründung 1871 und die Reparationszahlungen Frankreichs nach dem Krieg von 1870/71 verhalfen der Industrialisierung zu einem stürmischen Aufschwung. Zahlreiche Menschen aus ostelbischen deutschen und polnischen Gebieten strömten vor allem in das Ruhrgebiet. Viele polnische Familiennamen lassen dies dort bis heute erkennen.

Vom Auswanderungs- zum Einwanderungsland

Zwischen den beiden Weltkriegen hielten sich kleinere Auswanderungs- und Einwanderungswellen die Waage. Während Deutschland bis zum Zweiten Weltkrieg ein Auswanderungsland war, ist es seither zum Einwanderungsland geworden. Wenigsten fünf Wellen von Zuwanderern lassen sich unterscheiden (vgl. dazu im Einzelnen Kapitel 4: Migration):

1. In der Nachkriegszeit sind ungefähr 12 Millionen Heimatvertriebene und Flüchtlinge aus den ehemals deutschen Ostgebieten nach Deutschland gekommen, davon etwa acht Millionen nach West- und ca. vier Millionen nach Ostdeutschland.
2. Bis zum Bau der »Berliner Mauer« im August 1961 flohen etwa drei Millionen Menschen aus der Sowjetischen Besatzungszone bzw. der DDR in die Bundesrepublik.
3. Seit den späten 1950er-Jahren, verstärkt aber nach dem Mauerbau 1961, wurden »Gastarbeiter« aus den Mittelmeerländern angeworben. 1973, als die Anwerbung beendet wurde, lebten knapp 4 Millionen Ausländerinnen und Ausländer in Deutschland. Weitaus die meisten waren Gastarbeiter und ihre Familien.
4. Seit 1950, vor allem aber in den späten 1980er-und frühen 1990er-Jahren wanderten aus Osteuropa und aus der damaligen Sowjetunion mehr als zwei Millionen deutschstämmige Aussiedler ein, die in Deutschland einen Anspruch auf Einbürgerung hatten.
5. Schließlich kamen seit dem Zweiten Weltkrieg zahlreiche politische Flüchtlinge und Asylbewerber nach Deutschland, der größte Teil von ihnen in den 1980er- und frühen 1990er-Jahren. Viele sind zurückgekehrt oder in andere Länder weiter gezogen, doch mehr als eine Million leben in Deutschland.

Seit den 1950er-Jahren sind nach Abzug der Auswanderung insgesamt gut 9 Millionen Menschen nach Deutschland eingewandert. Deutschland ist zum Einwanderungsland geworden. Jährlich zogen im Mittel knapp 200 000 Menschen mehr zu als fort. Freilich kann man Deutschland auch als »Drehtür« für Ein- und Auswanderungen bezeichnen, denn sieben von zehn Zuwanderern sind wieder fortgezogen (Zuwanderungskomm. 2001: 14).

Im Gegensatz zu Geburten und Sterbefällen sind Außenwanderungen durch politische Maßnahmen und ökonomische Veränderungen sehr direkt beeinflussbar und waren deshalb in der Vergangenheit durch ein krasses Auf und Ab gekennzeichnet. Anfang der 1990er-Jahre nahm die Bevölkerungszahl durch eine immens hohe Zuwanderung jährlich um

700–800 Tausend Menschen zu. Seit 1993 sinkt die Zahl der Zuwanderer und 2008 übertraf die Zahl der Auswanderer sogar die der Einwanderer.

4.4 Bevölkerungszahl und Altersstruktur

Hohe Geburtenraten und Zuwanderungen sorgten von der Gründung der Bundesrepublik bis Mitte der 1960er-Jahre für eine rapide Bevölkerungsvermehrung (vgl. Hradil 2006: 63 ff): 1946 lebten in Westdeutschland erst 46 Millionen, 1966 schon 59 Millionen Menschen. Von da an wuchs die Bevölkerung Westdeutschlands bis Ende der 1980er-Jahre nur noch langsam. Seit 1972 sterben nämlich jährlich in Deutschland mehr Menschen, als geboren werden, und nur die Einwanderung ermöglichte ein bescheidenes Bevölkerungswachstum. Ohne Zuwanderung wäre die Bevölkerung seither geschrumpft. Um das Jahr 1990 wuchs nach den erheblichen Einwanderungen und der Wiedervereinigung die Bevölkerung nochmals deutlich an, um seither bei 82 Millionen zu stagnieren.

Der Baby-Boom sorgte dafür, dass in der Nachkriegszeit bis zum Beginn der 1970er-Jahre die Bevölkerung Deutschlands relativ jung war. Freilich war der Bevölkerungsanteil der Kinder längst nicht so hoch wie Ende des 19. Jahrhunderts. Dazu war der Baby-Boom zu schwach und die Lebenserwartung mittlerweile zu hoch. In den 1980er-und 1990er-Jahren, als die geburtenstarken Jahrgänge herangewachsen waren, gab es viele Menschen im mittleren, erwerbsfähigen Lebensalter. Dies stärkte die Wirtschaftskraft und das Steueraufkommen und ermöglichte es, den (relativ wenigen) Rentnern hohe Altersrenten zu zahlen, trug aber auch zur Erhöhung der Arbeitslosigkeit bei.

4.5 Internationaler Vergleich

In der öffentlichen Diskussion spielen demografische Unterschiede zwischen Deutschland und anderen westlichen Ländern eine erhebliche Rolle. So werden immer wieder die höheren Geburtenraten Frankreichs und Schwedens oder die längere Lebenserwartung in den Mittelmeerländern erwähnt. Daraus entsteht nicht selten die Vorstellung, dass sich in den einzelnen Ländern unterschiedliche demografische Entwicklungen vollzogen hätten und heute ganz verschiedene demografische Verhältnisse herrschten. Doch ein Vergleich ergibt, dass in praktisch allen entwickelten Ländern gleichgerichtete demografische Entwicklungen abliefen und sich die gegenwärtigen demografischen Gegebenheiten nicht so sehr unterscheiden.

In allen alten Industrieländern verlängerte sich das Leben der Menschen seit dem 18. oder 19. Jahrhundert, als die Nahrungsversorgung, die hygienischen Verhältnisse und die medizinische Versorgung sich verbesserten. Diese Entwicklung verlief in den einzelnen Ländern zwar nicht gleichzeitig, doch im Ergebnis bewegt sich die durchschnittliche Lebenserwartung in fast allen entwickelten Ländern auf ähnlichem Niveau.

Im Zusammenhang mit der Industrialisierung, dem dadurch entstehenden Wohlstand und den aufkommenden Alterssicherungs- und Gesundheitsversorgungssystemen gingen die Kinderzahlen in allen Industriegesellschaften seit dem 19. Jahrhundert zurück. Auch ein »Baby-Boom« und ein »Pillenknick« war in den meisten entwickelten Ländern nach dem Zweiten Weltkrieg zu beobachten. In Deutschland kam es dazu zwar etwas früher und heftiger als in anderen Ländern, aber insgesamt überwiegen auch hier die internationalen Gemeinsamkeiten. In keinem entwickelten Land ist gegenwärtig die Geburtenrate, auch wenn sie von Land zu Land variiert, hoch genug, um ein Bevölkerungswachstum sicherzustellen.

Ein Blick auf die Entwicklungsländer

In den weniger entwickelten Ländern kam es in den letzten Jahrzehnten zu ähnlichen Entwicklungen wie zuvor in Westeuropa und Nordamerika. Die Lebenserwartung hat sich schnell verlängert. In den meisten der weniger entwickelten Länder können Neugeborene derzeit mit einem Leben von etwa 60 Jahren rechnen. Dies war in Mitteleuropa erst kurz vor dem Zweiten Weltkrieg der Fall. In den Armenhäusern der heutigen Welt, vor allem in Afrika südlich der Sahara, können die meisten Menschen allerdings noch nicht auf ein so langes Leben hoffen.

Auch in den weniger entwickelten Gesellschaften sanken in den letzten Jahrzehnten überall auf der Welt die Geburtenraten. Aber dieser Prozess ist sehr unterschiedlich weit fortgeschritten: Die Zahl der Geburten pro Frau ist in vielen Schwellenländern (China, Brasilien, Korea etc.) schon bis an oder sogar unter das Bestandserhaltungsniveau* (2,1 Kinder pro Frau) gesunken. Im zweitgrößten Land der Erde, in Indien, ist der Geburtenrückgang aber bisher nur mittelstark gewesen. Deshalb wird erwartet, dass Indien China in absehbarer Zeit an Bevölkerungszahl überholen wird. Ähnlich mittelstark haben die Menschen unter anderem in Ägypten und Algerien ihre Kinderzahlen reduziert. Aber in wenig entwickelten Ländern wie Afghanistan, Kamerun, Nigeria, Uganda und Pakistan hielt sich der Geburtenrückgang bisher in Grenzen. Dort bringt jede Frau auch heute noch ca. fünf Kinder zur Welt.

Diese Unterschiede sind primär eine Frage des Entwicklungsstandes. Je niedriger das Bildungsniveau und der Wohlstand eines Landes, desto mehr Kinder bekommen die Frauen. Aber auch die jeweilige Religion, die spezifische Situation und die Politik in den jeweiligen Ländern üben Einflüsse auf die Fruchtbarkeit aus. Insgesamt ist festzustellen, dass nicht nur die Verlängerung der Lebenserwartungen, sondern auch die Geburtenrückgänge in den heutigen Entwicklungsländern wesentlich schneller vor sich gingen als zuvor in den heutigen Industrieländern. Dort dauerte der Geburtenrückgang 50 bis 100 Jahre lang (Höhn 1997: 173).

5 Aktuelle Situation und demografische Herausforderungen

Die derzeitige demografische Situation ist in Deutschland gekennzeichnet durch:

- eine seit mehr als 30 Jahren konstant niedrige Geburtenrate (etwa 1,4 Kinder pro Frau),
- eine weiterhin steigende Lebenserwartung (2008: 83 Jahre für neugeborene Mädchen und 77 Jahre für neugeborene Jungen) und
- einen rückläufigen Wanderungssaldo, so dass die Auswanderungen sowohl der Ausländer als auch der Deutschen überwiegen (Stat. Bundesamt 2009).

Die Bevölkerungswissenschaftler rechnen damit, dass sich an der Geburtenrate in absehbarer Zeit wenig ändern wird. Zwar könnten die Einführung des Elterngeldes, die Verbesserung der Kleinkinderbetreuung und der Einstellungswandel hin zur Familie sich förderlich auswirken. Trotzdem werden aber immer mehr Frauen erst spät Kinder bekommen, da lange Bildungsgänge und der Berufseinstieg mit der Familiengründung konkurrieren. Daher wird auch damit gerechnet, dass der Anteil der kinderlosen Frauen steigen wird (Stat. Bundesamt 2009: 27).

Mag auch die (relative) Zahl der Kinder pro Frau gleich bleiben, die (absolute) Zahl der Geburten wird in Deutschland in den kommenden Jahrzehnten drastisch abnehmen. Das Geburtendefizit (der negative Saldo von jährlichen Geburten und Sterbefällen), das seit 1972 nur gering ausfiel, wird sich daher enorm vergrößern. Denn immer mehr der seit Mitte der 1970er-Jahre herangewachsenen geburtenschwachen Jahrgänge kommen ins Elternalter. Diese wenigen Eltern werden auch wenige Kinder hervorbringen. Dieser sogenannte Altersstruktureffekt* wird so mächtig werden, dass sich am künftigen Geburtendefizit selbst dann kaum etwas ändern würde, wenn die wenigen Paare bzw. Frauen künftig wieder mehr Kinder bekommen sollten. Auch eine weiterhin steigende Lebenserwartung der Menschen und eine wieder zunehmende Einwanderung werden das enorme Geburtendefizit nicht auffüllen können.

Die Lebenserwartung wird voraussichtlich weiterhin zunehmen, aber wohl etwas langsamer als bisher. Von 1960 bis 2010 hat sie sich um ca. elf Jahre verlängert. Eine solche Steigerung ist in den nächsten 50 Jahren nicht zu erwarten, weil es mit steigendem Alter medizinisch und auch ökonomisch immer schwieriger wird, die Lebenserwartung zu verlängern.

Die Zahl der Zuwanderer nach Deutschland wird voraussichtlich die der Auswanderer wieder überwiegen, wenn auch weniger stark als im langjährigen Durchschnitt zuvor. Diese Prognose basiert darauf, dass Zuwanderer auf dem Arbeitsmarkt wieder benötigt werden (siehe unten) und die Zuwanderung von Ausländern durch forcierte Werbung wieder ansteigen wird.

5.1 Bevölkerungsrückgang

Das kommende riesige Geburtendefizit wird trotz Wanderungsgewinnen und steigender Lebenserwartung die Bevölkerung Deutschlands schrumpfen lassen.

Das statistische Bundesamt rechnet damit, dass die Bevölkerungszahl des Jahres 2008 von etwa 82 Millionen Menschen bis zum Jahre 2060 auf 65 bis 70 Millionen zurückgegangen sein wird. Entscheidend für die genaue Zahl wird die Entwicklung der Zuwanderungen sein. Die höhere Bevölkerungszahl unterstellt einen durchschnittlichen jährlichen Wanderungsgewinn von 200 000, die niedrigere von nur 100 000 Menschen (Stat. Bundesamt 2009: 12).

Der Bevölkerungsrückgang wird möglicherweise ökonomische und sozialpolitische Probleme zur Folge haben. Dann nämlich, wenn eine sinkende Nachfrage nach Konsumgütern oder sinkende Zahlen von Arbeitskräften die Wirtschaftsleistung zurückgehen lassen, so dass die gleichzeitig steigende Nachfrage nach staatlichen Dienstleistungen für ältere Menschen nicht mehr finanziert und befriedigt werden kann. Eine kleinere Bevölkerung könnte aber auch Entlastungen mit sich bringen: Es könnte leichter fallen, Infrastrukturen zu erhalten und natürliche Ressourcen zu schonen.

Der Schrumpfungsprozess wird sich regional sehr ungleichmäßig vollziehen. Für die meisten Ballungsräume Westdeutschlands werden keine

Rückgänge, sondern steigende Bevölkerungszahlen vorausgesagt. Denn Agglomerationen werden Zuwanderer anziehen, und ältere Menschen werden vermehrt vom Land in die Städte ziehen, um Geschäfte, Ärzte etc. besser erreichen zu können. In den ländlichen Räumen Westdeutschlands und im größten Teil Ostdeutschlands werden jedoch erheblich weniger Menschen als heute wohnen. Deshalb werden dort viele Gemeinden mit drohenden Abwärtsspiralen zu kämpfen haben: Wenn Schulen und Geschäfte dort mangels Nachfrage schließen, wenn Verkehrsverbindungen und Arztpraxen mangels Kunden eingestellt werden, dann werden sich auch immer weniger Menschen, insbesondere Familien dort ansiedeln. Betriebe verlagern daraufhin ihren Standort, Arbeitsplätze gehen verloren, Entsorgungsdienste, Energie- und Wasserversorgung werden teurer und problematisch. In der Folge werden immer mehr Menschen wegziehen, usw. Viele kreative Maßnahmen werden erforderlich sein, um diese sich selbst verstärkenden Entleerungsprozesse zu stoppen. Dazu gehören unter anderem Lebensmittelläden, die von Bürgergemeinschaften betrieben werden, Anruf- und Sammeltaxis zur Verkehrsverbindung, attraktive Spezialschulen und anderes mehr.

5.2 Alterung

Problematischer als der Bevölkerungsrückgang erscheint den meisten Experten die Veränderung der Altersstruktur. Wenn in Zukunft viel weniger Kinder als heute zur Welt kommen werden und die Lebenserwartung immer weiter steigen wird, dann wird sich das Gros der Bevölkerung immer mehr in die älteren Jahrgänge hinein verschieben. Deutschland wird eine »deformierte Altersstruktur« (Miegel 2002) haben. Die Überalterung wird ihren Höhepunkt etwa in den Jahren 2040 bis 2050 dann erreichen, wenn die geburtenstarken Jahrgänge der Nachkriegszeit alle im Rentenalter, die geburtenschwachen Jahrgänge im Alter der Erwerbstätigkeit und deren wenige Kinder im Schulalter sein werden. Die Überalterung wird erst nach dem Jahr 2050 wieder nachlassen, wenn dereinst die geburtenstarken Jahrgänge gestorben sein werden. Dann werden die Altersgruppen der Jüngeren, derjenigen im mittleren Alter und der Älteren etwa gleich groß sein. Eine Alterspyramide, wie noch im Wilhelminischen Kaiserreich, wird es aber auch dann nicht wieder geben.

Im Wesentlichen wird das Altern der Bevölkerung folgende vier Probleme mit sich bringen:

5.2.1 Ältere Erwerbstätige

Die Erwerbstätigen werden im Durchschnitt immer älter werden. Die Erstausbildung von immer mehr Arbeitenden wird immer länger zurückliegen. Erfahrung wird zum reichlich vorhandenen Gut, frisch erworbenes Wissen wird knapp werden. Ob der Erfahrungsvorsprung der immer zahlreicheren älteren Erwerbstätigen deren eventuell sinkende Anpassungsfähigkeit und Mobilität ausgleichen wird, bleibt abzuwarten. Nicht selten wird ein Absinken der durchschnittlichen Arbeitsproduktivität vorausgesagt. Die Alterung der Erwerbstätigen droht angesichts eines schnellen technischen und ökonomischen Wandels Qualifikationsrückstände hervorzurufen und wird immer mehr Weiterbildung nötig machen.

5.2.2 Arbeitskräftemangel

Die Zahl der Menschen im erwerbsfähigen Alter zwischen 20 und 65 Jahren wird deutlich zurückgehen, von gegenwärtig ca. 50 Millionen auf 33–36 Millionen im Jahr 2060 (Stat. Bundesamt 2009: 18). Damit wird die Zahl verfügbarer Arbeitskräfte schrumpfen. Unterstellt man einen gleichbleibend hohen Arbeitskräftebedarf – dies erscheint angesichts der Arbeitsplatzentwicklung der vergangenen Jahrzehnte und der anstehenden künftigen Aufgaben, zum Beispiel im Gesundheitsbereich, durchaus wahrscheinlich – dann werden Arbeitskräfte in großen Teilen des Arbeitsmarkts knapp werden. Zuerst im Bereich der qualifizierten Dienstleistungen und der neuen Technologien, wo sie heute schon fehlen, dann auch in anderen Bereichen qualifizierter Erwerbstätigkeit.

Dass der Arbeitskräftemangel unter Fachkräften besonders groß sein wird, hat mit dem demografischen Wandel im Grunde nichts zu tun. Hier macht sich bemerkbar, dass in Deutschland seit den 1990er-Jahren kaum noch eine Bildungsexpansion stattgefunden hat, wohl aber der Bedarf nach Qualifizierten immer größer geworden ist. Wenn es in Zukunft weniger Menschen im mittleren Lebensalter geben wird, macht dies die Versäumnisse im Bildungsbereich schneller und großflächiger spürbar, als dies bei gleich bleibender Altersstruktur der Fall wäre.

Zwar könnten es Erhöhungen der Arbeitsproduktivität ermöglichen, dass in Zukunft weniger Erwerbspersonen mehr als heute hervorbringen werden und deswegen der Arbeitskräftemangel sich in Grenzen halten wird. Aber gerade im Bereich der qualifizierten Dienstleistungen (Lehren, Forschen, Beraten, Heilen, Pflegen, Werben etc.) und neuer Technologien werden so viele neue Aufgaben entstehen und so geringe Produktivitätssteigerungen möglich sein, dass hier massiver Personalmangel absehbar ist.

Trotz Arbeitskräftemangels wird die Arbeitslosigkeit nicht völlig verschwinden, denn auch in den nächsten Jahrzehnten werden immer weniger Arbeitsplätze für niedrig qualifizierte Erwerbstätige angeboten werden. Wir bewegen uns also auf eine zwiespältige Situation zu: Mangel und Überschuss an Arbeitskräften werden auf unterschiedlichen Feldern des Arbeitsmarkts gleichzeitig nebeneinander bestehen, was sich bereits heute andeutet. Dies droht die ohnehin wachsende Ungleichheit der Löhne und Gehälter (vgl. Kapitel 7: Soziale Ungleichheit und Kapitel 12: Arbeitsmarkt) noch zu verstärken.

Gegenmaßnahmen

Die dargestellten Entwicklungen werden dann weniger krass verlaufen, wenn Gegenmaßnahmen ergriffen werden. Folgende bieten sich an:

- Wenn in Zukunft zu wenige (hoch-)qualifizierte und zu viele gering qualifizierte Erwerbspersonen einander gegenüber stehen, dann erscheint es hilfreich, in Zukunft mehr Menschen als heute zu qualifizieren. Dies kann am Anfang des Berufsweges geschehen, aber auch später im Zuge von Weiterbildungsmaßnahmen. Ohnehin erscheint es notwendig, wie erwähnt, die immer älter werdenden Erwerbstätigen immer häufiger weiter zu bilden und so auf dem Laufenden zu halten. Um eine Ausweitung der Bildung und Weiterbildung zu erreichen, bedarf es erheblich besser ausgestatteter Vorschulen, Schulen und Hochschulen.
- Um drohenden Arbeitskräftemangel zu lindern, sollten immer mehr erwerbsfähige Menschen auch tatsächlich erwerbstätig sein. Diese Erhöhung der »Erwerbsquote«* bzw. der »Erwerbstätigenquote«* versucht man auf zwei Wegen zu erreichen: Zum einen werden die Lebensarbeitszeiten verlängert. Dazu wird unter anderem das Renteneintrittsalter schrittweise angehoben: Ältere Arbeitnehmer, die vor einigen Jahren noch aus dem Betrieb gedrängt wurden, gelten immer mehr als geschätzte Arbeitskräfte. Aber auch die in Deutschland besonders langen Erstausbildungen sollen verkürzt (zum Beispiel durch Bachelor-Studiengänge) und damit ein früherer Arbeitsbeginn erreicht werden. Zum andern werden Frauen mehr und mehr in die Erwerbstätigkeit einbezogen. Die oftmals sehr gut (aus-)gebildeten Frauen, denen man noch vor kurzem die Tore der Schulen und Hochschulen, weniger aber die von Betrieben geöffnet hatte, gelten heute mehr und mehr als gesuchte Arbeitskräfte. Unternehmen ist immer mehr daran gelegen,

mittels betriebsnaher Kindergärten, durch Karriereangebote auch für Paare etc. qualifizierte Frauen als Mitarbeiterinnen zu gewinnen.

- Diese Bestrebungen zur Erhöhung der Erwerbs(tätigen)quote erfordern indessen umfangreiche Bedingungen und Begleitmaßnahmen, sollen sie nicht scheitern. Wenn längere Lebensarbeitszeiten erreicht werden sollen, dann müssen auch Arbeitsplätze für ältere Arbeitskräfte zur Verfügung stehen. Dies ist derzeit nur für höher Qualifizierte der Fall. Sie arbeiten allerdings heute schon oft recht lange, so dass dieses Erwerbspotenzial schon weitgehend ausgeschöpft ist. Es sind die weniger Qualifizierten, die heute oft früh in Rente gehen. Daher sind eine Vermehrung von Arbeitsplätzen und/oder eine Qualifizierung für ältere gering Qualifizierte besonders dringlich. Sollen mehr Frauen als heute erwerbstätig sein, so bedarf es erheblich besserer Kinderbetreuungseinrichtungen, Ganztagsschulen und einer Umorientierung vieler Männer hinsichtlich ihrer Familienrolle. Ohne dies würde es für die vielen erwerbstätigen Frauen noch schwieriger, Beruf und Familie zu vereinbaren, und mehr Frauenerwerbstätigkeit würde in weniger Geburten münden. Dies würde die Probleme erst Recht schaffen, die doch gelöst werden sollen.
- Als weitere Maßnahme gegen den demografisch bedingten Schwund von Arbeitskräften bietet sich an, Arbeitsmigranten zur Einwanderung zu bewegen. Diese Maßnahme erscheint geboten, weil die Verlängerung der Lebensarbeitszeit und die Einbeziehung von Frauen in die Erwerbstätigkeit schon rein rechnerisch nicht ausreichen werden, um den kommenden Arbeitskräftemangel zu vermeiden.
- Eine neue Arbeitsmigration hat jedoch nur dann die gewünschten Folgen, wenn es gelingt, höher qualifizierte Menschen zu gewinnen. Es ist weder im Interesse der Kommenden noch der Einheimischen, wenn unqualifizierte Arbeitsmigranten zu uns kommen. Für sie besteht kaum Bedarf, viele werden auf dem Arbeitsmarkt scheitern. Doch die internationale Konkurrenz um Zuwanderung qualifizierter Arbeitskräfte ist groß. Es ist deshalb unsicher, wie viele qualifizierte Zuwanderer Deutschland als Arbeits- und Lebensort wählen werden. Außerdem würde ein »brain drain« die Entwicklungschancen der Herkunftsländer schmälern. Dies kann langfristig nicht im Interesse Deutschlands liegen. Daher spricht vieles dafür, künftige Arbeitsmigranten in Deutschland aus- und weiterzubilden. Um die so vermittelten Qualifikationen auch hierzulande zu nutzen, sollte auf eine dauerhafte Integration dieser Zugewanderten hingewirkt werden.

Vorausberechnungen zufolge werden auch alle vorgenannten Maßnahmen zusammen genommen den Rückgang der Erwerbstätigen zwar lindern, aber nicht völlig verhindern.

5.2.3 Gefährdung sozialer Sicherung

Wenn weniger Menschen als heute erwerbstätig sein werden, dann werden auch weniger Menschen Beiträge für Sozialversicherungen entrichten und Steuern zahlen. Zugleich werden im Zuge der Alterung aber immer mehr Menschen Rentenzahlungen und Gesundheitsleistungen beanspruchen. Da in Deutschland die Alters- und Krankenversicherung im Wesentlichen auf dem Umlageverfahren* beruht, wobei die mittlere, erwerbstätige Generation für die Sicherung der älteren Generation aufkommt, bedroht das wachsende Missverhältnis zwischen weniger Zahlern und mehr zu Versorgenden die Funktionsfähigkeit der Alters- und Gesundheitssicherung.

Das verdeutlicht im Groben bereits der »Altenquotient«*. Er beantwortet die Frage, wie viele ältere, im Prinzip zu versorgende Menschen (65 +) auf 100 Menschen im erwerbsfähigen Alter (20–65 Jahre) kommen, die die Älteren prinzipiell finanzieren können. 2010 entfielen auf drei Menschen im erwerbsfähigen Alter zwei Ältere. Voraussichtlich werden im Jahre 2060 drei Menschen im erwerbsfähigen Alter drei zu versorgenden gegenüber stehen. Gleichzeitig sinkt aber der analoge »Jugendquotient« nur unbedeutend. Von hier ist keine Entlastung zu erwarten.

Gegenmaßnahmen

Um zu vermeiden, dass das System der Altersversicherung und Krankenversorgung in Gefahr gerät, werden seit Jahren Maßnahmen diskutiert und teilweise bereits realisiert:

- Die oben erwähnten Schritte zur Ausweitung der Bildung, zur Erhöhung der Frauenerwerbstätigkeit und des Renteneinstiegsalters sowie einer neuen Arbeitsmigration helfen auch, die Zahl der Beitragszahler zu stabilisieren und so die Finanzierung der Sicherungssysteme zu verbessern. Zusätzlich kann auch durch höhere Sozialversicherungsbeiträge, die freilich ökonomisch nachteilig und politisch unerwünscht sind, und/oder durch angehobene Steuerzuschüsse die Finanzierung der Alterssicherung erleichtert werden.
- Gelänge es, die künftigen Produktivitätssteigerungen in der deutschen Wirtschaft auf dem Niveau der letzten Jahre zu halten, so würden die hieraus erzielbaren Mittel ausreichen, um die wachsenden Kosten der

sozialen Sicherung auch in Zukunft zu finanzieren. Freilich würden dann die Mittel für Investitionen (Bildung, Verkehr etc.) fehlen. Auch bliebe den Einzelnen ein immer geringerer Teil ihres Einkommens als individuell verfügbarer Wohlstand, weil alle Produktivitätserhöhungen als Beitrags- oder Steuererhöhungen abgeschöpft werden.
- Die Kosten der Renten-, Kranken- und Pflegeversicherung lassen sich durch ein höheres Renteneintrittsalter, durch Leistungskürzungen und durch Effizienzsteigerungen im Gesundheitssystem vermindern sowie durch verstärkte Eigenleistungen auf die Individuen verlagern. Sie können finanzieller Art (zum Beispiel in Form der sog. Riesterrente), aber auch nicht-monetär sein (verbessertes Gesundheitsverhalten, verstärkte Familiensolidarität, mehr Hilfe durch Netzwerke und Nachbarschaft etc.). Alle diese Problemlösungen werden seit Jahren politisch diskutiert und in komplexen, oft konfliktreichen politischen Prozessen zunehmend realisiert.

Es besteht weithin Einigkeit, dass Maßnahmen zur Sicherung der demografisch bedrohten Sicherungssysteme notwendig sind. Meist wird gesehen, dass eine Maßnahme allein kaum genügen wird: Wollte man die demografische Herausforderung zum Beispiel allein durch Beitragserhöhungen auffangen, so wären im Jahre 2030 doppelt so hohe Beiträge wie 2000 zu zahlen (Birg 2001). Versuchte man, das Größenverhältnis zwischen Zahlenden und Zahlungsempfängern ausschließlich durch Zuwanderungen konstant zu halten, so bedürfte es einer jährlichen Zuwanderung von 3,4 Millionen (!) Menschen (Vereinte Nationen, in: Höhn 2000). Wollte man allein durch Hinausschiebung des Rentenalters die Sicherungssysteme erhalten, so begänne es mit 77 Jahren. Die Konsequenzen solcher Einzelmaßnahmen wären unzumutbar und auch kaum durchsetzbar. Meist wird daher empfohlen, viele oder alle der dargestellten Maßnahmen zugleich zu ergreifen (vgl. dazu auch Kapitel 19: Sozialstaat).

Generationengerechtigkeit

Bei der Abwägung, wie der demografischen Gefährdung der Sicherungssysteme zu begegnen sei, geht es auch um die jeweilige Belastung der verschiedenen Generationen. Da im Zuge des Generationenvertrags (vgl. Kapitel 19: Sozialstaat) die mittlere Generation für die ältere aufkommt, führt die Aufrechterhaltung der Höhe von Sicherungsleistungen für immer mehr ältere Menschen zur wachsenden Belastung der kleiner werdenden mittleren Generation. Auch jeder Übergang von diesem Umlageverfahren zur Eigensicherung belastet die mittlere Generation doppelt. Sie hätte sowohl höhere Sozialversicherungsbeiträge bzw. Steuern für die wachsende Zahl der Älteren als auch für die eigene Sicherung zu zahlen. Andererseits werden Leistungskürzungen von vielen Älteren als Beschneidung jahrzehntelang erworbener Rechte empfunden und abgelehnt. Hieraus resultiert ein Interessenkonflikt zwischen den Generationen. Zugeständnisse auf beiden Seiten werden schwerlich zu vermeiden sein: Die mittlere Generation wird finanziell stärker belastet werden und die Älteren werden von einer historisch privilegierten in eine weniger vorteilhafte Situation geraten. Unter anderem wegen der Frage, welche Generation wie sehr zu belasten ist, gerät das Thema der Generationengerechtigkeit immer mehr in den Vordergrund.

Aufgrund des wachsenden Interessengegensatzes zwischen der zahlungspflichtigen mittleren und der leistungsempfangenden älteren Generation halten viele einen Konflikt, manche gar einen »Krieg« zwischen den Generationen für unausweichlich. Wegen der zunehmenden Zahl der Wählerstimmen von älteren Menschen sehen einige schon eine Herrschaft der Älteren über die mittlere Generation kommen. Doch wahrscheinlicher ist, dass beide Generationen sehr wohl registrieren werden, wie sehr sie (zum Beispiel schon in der eigenen Familie) gegenseitig aufeinander angewiesen sind, und es deshalb zu keinem ernsthaften Generationenkonflikt kommen wird.

5.2.4 Hochbetagte

Der Bevölkerungsanteil der Älteren und der Hochbetagten (80+) wird stark zunehmen. Er wird in den Jahren 2040 bis 2050 seinen Höhepunkt erreichen, wenn die geburtenstarken Jahrgänge des »Baby-Booms« alle im Rentenalter und die geburtenschwachen Jahrgänge alle im Erwerbsalter sein werden.

Neu für unsere Gesellschaft wird insbesondere sein, dass dann Hochbetagte erstmals einen unübersehbaren Bevölkerungsanteil ausmachen werden. Hierzu wird beitragen, dass die Älteren von morgen – auch und gerade die weiblichen – gesünder, gebildeter, aktiver und eher auf ihre individuelle Selbstverwirklichung hin ausgerichtet sein werden als die Älteren von heute.

Die Alterung wird den gesamten Charakter der Gesellschaft beeinflussen, vom Straßenverkehr, über das Familienleben bis hin zu den Nachbarschaften. Auch wird die Nachfrage nach vielen Konsumgütern zurück gehen und die nach zahlreichen Dienstleistungen, insbesondere im Gesundheitswesen, wird zunehmen. Die Güter- und Arbeitsmärkte wird das sehr verändern.

Die Gesamtkosten der Gesundheitssicherung und der Pflege werden voraussichtlich direkt proportional mit dem Bevölkerungsanteil der über 70-Jährigen steigen. Die Alterung wird daher die Gesundheitssicherung und Pflege bedeutend verteuern. Gelegentlich wird argumentiert, dass die älteren Menschen immer gesünder sein werden, und daher die Gesundheitskosten nicht so dramatisch zunehmen werden. Daran ist zwar richtig, dass zum Beispiel 80-Jährige heute im Durchschnitt gesünder als gestern sind und morgen voraussichtlich gesünder als heute sein werden. Richtig ist aber auch, dass jedes neu hinzugekommene Jahr der Lebenserwartung keineswegs ausschließlich aus Gesundheit, sondern zu etwa zwei Dritteln aus Krankheit bestehen wird.

Die Alterung der Gesellschaft hat jedoch nicht nur negative Aspekte. Sie stellt im Gegenteil sogar die Erfüllung eines Menschheitstraums dar. Die Menschen wollten schließlich immer alt werden. So werden die Älteren nicht ausschließlich hilfsbedürftig sein, nicht nur eine Belastung für Jüngere darstellen und ihr Leben keineswegs vollständig in Krankheit und Kümmernis verbringen. Viele Ältere werden autonom leben und ihr Dasein genießen können. Zahlreiche Aufgaben, die heute im Wesentlichen die mittlere Generation erfüllt, zum Beispiel bürgerschaftliche Engagements in Gemeinden, in Schulen, Familien, Schuldnerberatungsstellen etc., werden von aktiven, kompetenten älteren Menschen verrichtet werden können.

Die Alterung der Gesellschaft wird in der zweiten Hälfte dieses 21. Jahrhunderts, anders als viele meinen, allmählich auch in Deutschland wieder zurückgehen. Die Altersgruppen werden sich dann wieder gleichmäßiger auf die Bevölkerung verteilen. Damit werden sich auch die oben genannten Probleme entschärfen, die zuvor eine »deformierte Altersstruktur« hervorgerufen hat.

5.3 Internationaler Vergleich

Die demografische Entwicklung, die damit einhergehenden Probleme sowie die notwendigen Maßnahmen zu ihrer Bewältigung sind in Deutschland nicht wesentlich gravierender als in vielen anderen hochentwickelten Ländern. Zwar gibt es Unterschiede hinsichtlich der Lebenserwartung, doch sie halten sich in Grenzen. Auch gibt es Länder, in denen mehr oder aber weniger Kinder als in Deutschland zur Welt kommen. Doch in keinem entwickelten Land ist die Geburtenrate hoch genug, um die Größe seiner Bevölkerung zu erhalten. Einige Länder, wie Frankreich, Schweden und die USA, kommen zwar – nicht zuletzt dank der Migranten – in die Nähe der dafür nötigen Geburtenrate von 2,1 Kinder pro Frau, aber auch diese Länder erreichen sie nicht.

Deshalb werden in den Ländern Europas und Nordamerikas sowie in Japan prinzipiell ähnliche Probleme wie in Deutschland im Zusammenhang mit Bevölkerungsschwund und Alterung auftreten. Teils werden sie etwas später spürbar werden (wie in Italien, Spanien, und noch etwas später in den mittel-osteuropäischen Ländern), teils werden sie (wie in Frankreich, Großbritannien und in Skandinavien) weniger krasse Ausmaße annehmen. Grob gesehen aber sitzen die entwickelten Länder demografisch gesehen »im gleichen Boot«. Daher werden sie sich demografisch allenfalls kurzfristig gegenseitig unterstützen können. Demografische Entlastung durch Zuwanderungen etwa ist aus Westeuropa nicht und aus Osteuropa nur noch kurze Zeit zu erwarten.

Herausforderung für die Entwicklungsländer

Viele Entwicklungsländer befinden sich dagegen zunächst noch in der Phase der Verjüngung der Bevölkerung. Die Geburtenraten sind noch hoch und das Gros der Bevölkerung ist sehr jung. Die Altersstruktur ist ebenfalls unausgewogen, jedoch spiegelbildlich zu der Deformation moderner Gesellschaften. Zahlreiche weniger entwickelte Gesellschaften haben alle Mühe, Entwicklungschancen und Arbeitsplätze für die vielen jungen Menschen in ihrem Land zu schaffen. Eine prosperierende Wirtschaft schafft nur in einem Teil der Entwicklungsländer ausreichende Ernährungsmöglichkeiten für junge Menschen. Diesbezügliche Fortschritte werden in vielen Ländern stets wieder durch hohe Geburtenraten gefährdet.

Dennoch wird die Alterung auch die heutigen Entwicklungsländer in absehbarer Zeit erreichen. Denn die derzeitigen Geburtenrückgänge fallen in den meisten Entwicklungsländern sogar noch steiler aus als jene, die sich vormals in Europa vollzogen. Einschlägige Prognosen (United Nations 2008) besagen, dass vielleicht schon 2050 die durchschnittlichen Geburtenraten auf der gesamten Erde unter das Bestandserhaltungsniveau gesunken sein werden. Wenn die dann entstehenden geburtenschwachen Jahrgänge in der zweiten Hälfte des 21. Jahrhunderts im Elternalter sein und daher wenige Kinder hervorbringen werden, wird die Weltbevölkerung zurückgehen. Die Alterung wird dann gegen Ende dieses Jahrhunderts auch den meisten der heutigen Entwicklungsländer Probleme bereiten. Sie werden voraussichtlich noch krasser ausfallen als jene, die demnächst auf uns zukommen.

Die heutigen Industriegesellschaften haben nämlich die Chance, manche problematischen Begleiterscheinungen der Alterung durch die Zuwanderung von qualifizierten oder (besser) qualifizierbaren Arbeitskräften abzupuffern. Am Ende dieses Jahrhunderts, wenn vermutlich fast überall auf der Welt die Bevölkerungszahlen schrumpfen und die Bevölkerungen altern werden, wird diese Chance kaum noch bestehen.

6 Beurteilungen des demografischen Wandels

Schon in der vorhergehenden Darstellung der demografischen Entwicklung und ihrer voraussichtlichen Folgen wurde angedeutet, dass nicht immer Einigkeit darüber besteht, inwieweit Probleme zu erwarten sind und was zu tun ist. In der Öffentlichkeit, mehr noch in Wissenschaft und Politik, gehen die Meinungen darüber durchaus auseinander. Die Problemeinschätzungen reichen von »Katastrophe«, über »Herausforderungen« bis hin zu »gar nicht so schlimm«. Die Maßnahmenempfehlungen differieren entsprechend. In dieser Hinsicht sind in Öffentlichkeit, in Politik und Wissenschaft derzeit vier Gruppierungen auseinanderzuhalten.

6.1 Die »Pessimisten«

Gemeinsam ist den »Pessimisten« (u. a. Birg 2001; Sinn 2004; mit Einschränkungen auch: Kaufmann 2005), dass sie ohne eine deutliche Steigerung der Geburtenraten, die indessen für schwierig gehalten wird, viel Unheil kommen sehen: Die Bevölkerung Deutschlands werde bis zum Ende des Jahrhunderts auf weniger als ein Drittel schrumpfen (Birg 2001: 97–100). Sozialversicherungen seien in Zukunft nicht mehr zu bezahlen. Auch die Wirtschaftsleistung werde dramatisch zurück gehen, nicht zuletzt weil die vielen älteren Menschen weniger konsumieren werden als die vielen jüngeren zuvor. Der Wohlstand werde deshalb schwinden, die Arbeitslosigkeit dagegen zunehmen. Konflikte zwischen Jung und Alt würden entstehen, allein schon wegen der hohen Kosten zur Finanzierung der Alterssicherung.

Was diese Sichtweise erst wirklich pessimistisch macht, ist das geringe Vertrauen in bestimmte Abhilfemaßnahmen, die von anderer Seite geradezu als Auswege gepriesen werden: So sind nach Ansicht der »Pessimisten« die Hoffnungen auf geeignete Zuwanderer trügerisch. Sie werden nicht kommen. Und Kommende werden mehr Probleme aufwerfen als Nutzen mit sich bringen. Ähnlich steht es mit der Hoffnung, künftige Produktivitätssteigerungen zum Beispiel zur Finanzierung der Sicherungssysteme zu nutzen. Die Produktivitätserhöhungen werden sich nicht einstellen, vor allem weil die Alterung der Erwerbstätigen dies verhindern wird. Ähnlich stehe es schließlich mit einer künftigen Bildungsoffensive. Das durch geburtenschwache Jahrgänge schwindende »Humankapital« (F. X. Kaufmann 2005) könne keinesfalls vollständig durch zukünftige Ausweitungen von Bildungs- und Weiterbildungsmaßnahmen ausgeglichen werden.

6.2 Die »Kritiker«

Die Kritiker der vorgeschlagenen Maßnahmenpakete (u.a. Berger/Kahlert 2006; Bosbach 2006; Butterwegge 2006) sind überwiegend auf der linken Seite des politischen Spektrums angesiedelt. Sie sind der Meinung, die Auswirkungen des demografischen Wandels würden überdramatisiert. Ohnehin seien Prognosen über so lange Zeiträume von großen Unsicherheiten begleitet. Einschneidende Maßnahmen zur Bewältigung des demografischen Wandels, insbesondere ein Zurückstutzen des Sozialstaats, seien überflüssig. Die Folgen des demografischen Wandels lassen sich aus dieser Sicht auch ohne solche Einschränkungen bewältigen.

Im Rahmen einer solchen Betrachtungsweise wurde die sogenannte »Demografisierungsthese« verfochten: Hiernach sind demografische Argumente nur Vorwände. Hinter ihnen verbergen sich im Grunde die schon länger bekannten neoliberalen Bestrebungen, die schon immer den Sozialstaat reduzieren wollten. Der demografische Wandel diene nur als aktueller Vorwand für weitere Kürzungen von Sozialleistungen (Barlösius 2007).

Der Sozialstaat kann nach Auffassung von »Kritikern« auch durch bloße Erhöhungen der Erwerbsquoten und durch die Nutzung der laufenden Produktivitätserhöhungen finanziert werden und ansonsten so bleiben, wie er ist. Die »Kritiker« weisen darauf hin, dass es auch früher schon gravierende Geburtenrückgänge, Alterungen und Schrumpfungen der Bevölkerung gab, ohne dass sozialstaatliche Errungenschaften geopfert werden mussten.

6.3 Die »Optimisten«

Optimisten (wie z.B. Hondrich 2007) ist die Auffassung gemeinsam, dass der demografische Wandel eine systemimmanente Entwicklung der Modernisierung darstelle. Sie werde auch ohne groß angelegte spezielle Maßnahmen durch entsprechende Anpassungsmechanismen im und vom System bewältigt werden.

Im Übrigen bergen die demografischen Veränderungen aus der Sicht der »Optimisten« mehr Chancen als Risiken. Die Beschäftigungschancen würden sich verbessern, vor allem für Hochqualifizierte. Der Verzicht auf Kinder bringe mehr berufliche Flexibilität mit sich, die auch in steigendem Maße gebraucht werde. Die Alterung werde nicht durch Nachfragerückgänge den Niedergang der Ökonomie einläuten. Vielmehr enthalte die Altersökonomie innovative Kräfte: Sie werden sich zeigen in der Nahrung, in der Gesundheitsberatung, in neuen mit Informationstechnologien versehenen Wohn- und Inneneinrichtungskonzepten, in altersgerechten Sport- und Wellnessangeboten. Ältere konsumieren nicht weniger, nur anders: Sie geben weniger für Mobilität und Kommunikation aus, dafür mehr für Wohnung und Nebenkosten und für Gesundheit.

Zu den positiven Aspekten des demografischen Wandels gehöre auch, so die »Optimisten«, dass infolge der künftig notwendigerweise wachsenden Familiensolidarität die Familien nicht kleiner, sondern größer werden. Zur »Familie« gehörten nämlich nicht nur Kinder, Eltern und Großeltern, sondern alle, die dazu gezählt werden. Und die Menschen werden zunehmend mehr Verwandte und Bekannte zur »Familie« zählen. Familie werde zu einer Gefühlsgemeinschaft.

6.4 Die »Aktivierer«

Nach Ansicht der Aktivierer (vgl. Hradil 2004) wird uns der demografische Wandel aktivieren, genauer: zu Veränderungen in vielen Bereichen zwingen. Das wird zwar nicht ohne Zumutungen abgehen. Doch alles in allem fordern uns die demografischen Herausforderungen intelligente und innovative Problemlösungen ab und zwingen uns damit zu unserem Glück. Teilweise (zum Beispiel im Bildungsbereich) verschärfen demografische Entwicklungen lediglich Problemstellungen, die seit langem aufgelaufen sind, die mit der Demografie ursprünglich gar nichts zu tun haben und treiben uns endlich zu Lösungen.

Direkte Folge demografischer Veränderungen ist zum Beispiel, dass wir uns um die Rationalisierung kommunaler Verwaltungen und die Aufrechterhaltung von Verkehrsverbindungen auf dem Lande kümmern müssen, wenn die Bewohner dort weniger werden. Diese Verwaltungsvereinfachungen und neuen Nahverkehrssysteme können jedoch weit bürgerfreundlicher ausfallen als bisherige Lösungen: Das Internet bietet Möglichkeiten, besser und trotzdem billiger zu kommunizieren. Anruftaxis kommen vor die Haustür und sind dennoch billiger als große Linienbusse.

Zum andern Teil gibt es in unserer Gesellschaft manche Probleme, die keineswegs demografisch verursacht sind, aber durch demografische Entwicklungen unhaltbar zu werden drohen. So hinkt der Anteil der Studierenden hinter dem in vergleichbaren Ländern weit hinterher. Auch gelang es kaum, die Anteile erfolgloser Schüler zu verkleinern, die keinen Hauptschulabschluss und/oder keine Berufsausbildung absolvieren. Schließlich ist die Chancenungleichheit im Bildungswesen in Deutschland besonders groß (vgl. Kapitel 6: Bildung).

Die geburtenschwachen Jahrgänge auf dem Arbeitsmarkt werden dafür sorgen, dass hieraus ein untragbarer Mangel an »Humanvermögen« (F.X. Kaufmann 2005) entstehen wird. Wir werden aus der Sicht der Aktivierer eine Bildungsoffensive starten *müssen*, die sich auch in bislang bildungsferne Milieus erstreckt. Der demografische Wandel wird uns so nötigen, endlich durchgreifend etwas gegen die Chancenungleichheit im Bildungswesen zu tun, um die Potenziale von Zuwanderern und Unterschichtkindern besser auszuschöpfen.

Auch auf anderen Gebieten wird uns nach Meinung der Aktivierer der demografische Wandel zu hilfreichen und überfälligen Veränderungen zwingen. Er wird uns zu einer anderen Einstellung zur Zuwanderung nötigen, ohne die sich unsere Zukunftsprobleme kaum lösen lassen. Er wird zur Verdichtung bürgergesellschaftlicher Netzwerke führen, um die immer geringeren Leistungen des Sozialstaats auszugleichen (vgl. Kapitel 19). Der demografische Wandel wird dabei zugleich die Lebensqualität verbessern.

Gemeinsam mit den Pessimisten sind die Aktivierer also der Meinung, dass etwas getan werden muss, wenn nicht großer Schaden entstehen soll. Hierzu sind erhebliche Sensibilisierungen, Informations- und Überzeugungsmaßnahmen, Anstrengungen und Opfer notwendig. Hierin unterscheiden sich Aktivierer von den Optimisten, die weitgehend auf Selbstregulierungskräfte vertrauen. Gemeinsam mit den Optimisten ist den Aktivierern freilich eine weitgehende Zuversicht. Sie meinen, dass der demografische Wandel keineswegs nur Bedrohungen und Zumutungen mit sich bringt, sondern auch große Chancen enthält. Die Aktivierer sind der Meinung, dass eine adäquate Reaktion auf den demografischen Wandel eine »bessere« Gesellschaft als zuvor hervorbringen und damit zumindest eine Reihe von Versäumnissen aufgearbeitet werden kann.

7 Fazit

Überblickt man die bisherigen und kommenden Prozesse des demografischen Wandels, so wird sichtbar, wie folgenreich sie sind. Es dürfte kaum einen Bereich von Wirtschaft, Gesellschaft und Politik geben, der hiervon nicht beeinflusst ist bzw. sein wird. Die große Aufmerksamkeit der Bevölkerung für demografische Veränderungen wird hieraus verständlich.

Gleichwohl gehen die Bewertungen des demografischen Wandels in der Bevölkerung, in der Politik und in der Wissenschaft weit auseinander. Neben Sichtweisen, die bestenfalls erwarten, dass die Gesellschaft nach erheblichen Mühen und Opfern »mit einem blauen Auge« davon kommen könne, finden sich Beurteilungen, die weit weniger Anstrengungen und Risiken veranschlagen. Schließlich wird darauf aufmerksam gemacht, dass – wie alle Krisen – auch die demografischen Veränderungen ihre Chancen haben.

Auffällig ist jedoch, dass ungeachtet der deutlich auseinandergehenden Bewertungen in öffentlichen Debatten doch erhebliche Einigkeit im Hinblick auf viele erforderliche Maßnahmen besteht. Dass beispielsweise die Bedingungen geschaffen werden müssen, um älteren Arbeitnehmern und Frauen in Zukunft bessere Erwerbschancen als bisher zu vermitteln, dass es erheblicher Ausweitungen und Verbesserungen im Bildungswesen bedarf, ist weitgehend unstrittig. Es scheint, dass sich nicht wenige Sachzwänge auch trotz öffentlichen Streits durchsetzen.

Weiterführende Literatur

Hondrich, Karl Otto (2007): *Weniger sind mehr. Warum der Geburtenrückgang ein Glücksfall für unsere Gesellschaft ist*, Frankfurt am Main: Campus

Eine optimistische Sicht des demografischen Wandels, die sehr die Chancen betont, die sich in seinem Verlauf ergeben könnten.

Miegel, Meinhard (2002): *Die deformierte Gesellschaft. Wie die Deutschen ihre Wirklichkeit verdrängen*, Berlin: Propyläen

Eine verständlich geschriebene und auch historisch fundierte Analyse, die in der deformierten Altersstruktur Deutschlands große Gefahren insbesondere für die staatlichen Sicherungssysteme heraufziehen sieht.

Kaufmann, Franz Xaver (2005): *Schrumpfende Gesellschaft. Vom Bevölkerungsrückgang und seinen Folgen*, Frankfurt am Main: Suhrkamp

Im Buch wird die Auffassung vertreten, dass insbesondere der Geburten- und Bevölkerungsrückgang dramatische Auswirkungen auf Wirtschaft, Politik und Familie haben wird. Langfristige Abhilfe wird nur durch erhöhte Geburtenraten gesehen.

Statistisches Bundesamt (2009): *Bevölkerung Deutschlands bis 2060. 12. koordinierte Bevölkerungsvorausrechnung*, Wiesbaden

Im Abstand von einigen Jahren veröffentlicht das Statistische Bundesamt (auch im Internet) die jeweils neueste, mit den statistischen Landesämtern koordinierte Bevölkerungsvorausberechnung. Sie vermittelt knapp und verständlich die neuesten demografischen Daten im Hinblick auf Deutschland.

United Nations Population Division (2008): *World Population Prospects 2008: The Revision*

Die regelmäßig aktualisierten und kommentierten Bevölkerungsvorausberechnungen der Vereinten Nationen informieren anhand relevanter Daten über Gegenwart und Zukunft der Weltbevölkerung (auch im Internet).

Kapitel 4

Migration
Vom Gastarbeiter zum Menschen mit Migrationshintergrund

Wolfgang Seifert

Die ergänzenden Materialien zu diesem Kapitel finden sich auf der Website: www.bpb.de/sozialkunde/migration

1 Vorbemerkung

Die International Organization for Migration (IOM) schätzt, dass derzeit nahezu 200 Millionen Menschen befristet oder dauerhaft außerhalb ihrer Herkunftsländer leben. Die IOM geht davon aus, dass diese Zahl künftig im Rahmen der voranschreitenden Globalisierung weiter steigen wird. Migration ist historisch betrachtet jedoch kein neues Phänomen. Individuen, Gruppen und ganze Stämme verließen zu allen Zeiten ihre Herkunftsregionen, um sich aus den unterschiedlichsten Motiven heraus in anderen Gebieten niederzulassen. Migration ist ein fester Bestandteil der Kulturgeschichte der Menschheit.

Migration ist heute ein globales Phänomen geworden, doch die weltweiten Migrationsbewegungen folgen keinem einheitlichen Muster. Sie werden beeinflusst durch unterschiedliche nationale Regelungen der Zuwanderung, mit denen sich einzelne Länder selektiv öffnen oder schließen. Neben den politischen Rahmenbedingungen spielen ökonomische, z. B. die Struktur und Aufnahmefähigkeit des Arbeitsmarktes eine wichtige Rolle. Auch die Netzwerke von Migrantinnen und Migranten sind bedeutsam: Wenn schon eine größere Gruppe von Zuwanderern in einem Zielland lebt, folgen ihnen oft Landsleute, weil sie sich Unterstützung bei der Arbeits- und Wohnungssuche erhoffen und die Verständigung leichter fällt.

Im Folgenden konzentrieren wir uns auf die Migration nach Deutschland. Ein Blick auf andere Länder wird nur zur besseren Einordnung der deutschten Besonderheiten geworfen. Zeitlich wird die Phase nach 1950 betrachtet. Die unmittelbar im Kontext von Krieg und Vertreibung stehenden Flüchtlingsströme während und nach dem Zweiten Weltkrieg werden ebenso ausgeblendet wie frühere Migrationsprozesse.[1] Neben der Darstellung der quantitativen Wanderungsbewegungen wird auch die eng mit der Migration verknüpfte Frage der Integration von Migrantinnen und Migranten ausführlich behandelt.

2 Begriffliche Vorklärungen

Allgemein ist unter Migration eine längerfristige Verlagerung des Lebensmittelpunktes von Individuen oder Gruppen zu verstehen, unabhängig davon, ob dieser Wechsel freiwillig oder erzwungen erfolgte. Prinzipiell ist zu unterscheiden zwischen Binnenmigration, dem Wohnortwechsel innerhalb eines Nationalstaates, und internationaler, d. h. grenzüberschreitender Migration, die im Mittelpunkt dieses Kapitels steht.

Bei der Frage nach den Migrationsmotiven wird allgemein nach Push- und Pull-Faktoren unterschieden (Han 2000: 13). Als Push-Faktoren werden Umstände bezeichnet, die im Herkunftsland ihre Ursachen haben und Migrationsdruck entstehen lassen, wie z. B. instabile politische Verhältnisse, Krieg und Verfolgung, schlechte Arbeitsmarktchancen, widrige Lebensbedingungen oder Umweltzerstörung. Pull-Faktoren hingegen haben eine Sogwirkung und stehen für die Attraktivität des Aufnahmelandes, beispielsweise durch gute Arbeitsmarkt- oder Ausbildungschancen, ein hohes Lohnniveau, stabile politische Verhältnisse oder Religionsfreiheit. In der Regel entstehen Migrationsprozesse nicht nur durch einzelne Faktoren, sondern durch eine Kombination verschiedener Push- und Pull-Faktoren.

Migration wurde lange Zeit als eine Einbahnstraße angesehen, die vom Herkunftsland in das Aufnahmeland führt und nicht mehr zurück. Doch heutzutage erleichtern die modernen Kommunikationsmedien und die gesunkenen Reisekosten die Pflege der Beziehungen zum Herkunftsland und ermöglichen es den Migrantinnen und Migranten, sich zwischen zwei Kulturen zu bewegen, ohne sich für eine entscheiden zu müssen. Dadurch entstehen »transnationale Räume«, d. h. Sozialräume jenseits von Nationalgesellschaften (Pries 2008).

1 Für einen Überblick über frühere Migrationsprozesse vgl. Oltmer (2010).

Integrationsverläufe

Auch bezogen auf die Integration wurde lange Zeit davon ausgegangen, dass diese nur in eine Richtung verläuft. Den traditionellen Integrationstheorien liegt die Annahme zugrunde, dass Integration ein Prozess ist, in dessen Verlauf sich die Eingewanderten an die Aufnahmegesellschaft anpassen und sich schließlich assimilieren, d.h. vollständig in der Aufnahmegesellschaft aufgehen. Dies war jedoch nicht der Fall. Vor allem in deutschen Großstädten veränderte sich die Bevölkerungs- und Sozialstruktur erheblich. Dabei konzentrierten sich die Zugewanderten häufig in nur wenigen Stadtteilen oder Straßenzügen. Anfang der 1980er-Jahre sollte mit dem Konzept der »multikulturellen Gesellschaft« die dauerhafte Niederlassung der ausländischen Bevölkerung anerkannt und der kulturellen Diversifizierung Rechnung getragen werden. Nach dieser Vorstellung leben Menschen im Ideal so zusammen, dass trotz unterschiedlicher Sprache, Abstammung oder Religion niemand ausgegrenzt oder diskriminiert wird (Schulte 1990). Allein die Anerkennung der Multikulturalität einer Gesellschaft überwindet jedoch keine Ungleichheiten auf dem Arbeitsmarkt oder Segregation in den Städten. Kritiker werfen diesem Ansatz vor, die bestehenden Konflikte zu verschleiern, sie sehen ihn als trügerische Vision einer klinisch konfliktfreien Gesellschaft und somit als wirklichkeitsferne Projektion eines besseren Lebens (vgl. zu dieser Diskussion Leggewie 1993:154).

Aufgrund der Konzentration ausländischer Arbeitskräfte am unteren Ende der Arbeitsmarkthierarchie, den geringen Bildungschancen ausländischer Kinder und der zunehmenden räumlichen und sozialen Segregation wurden Zugewanderte auch als ethnische Minderheiten betrachtet (Heckmann 1992) bzw. im Kontext einer entstehenden städtischen Unterklasse gesehen. Für diese Sichtweise sprach auch die sich verstärkende gesellschaftliche, sozialstaatliche, politische und soziale Schließung.

3 Geschichte der Zuwanderung nach Deutschland nach 1950

Massenmigration gab es nicht nur in modernen Industriegesellschaften. Zwischen 1821 und 1924 wanderten etwa 55 Millionen Menschen aus Europa nach Übersee. Die Kolonialisierung und ebenso die Entkolonialisierung lösten größere Migrationsbewegungen aus. Nach den beiden Weltkriegen kam es in Europa zu Massenflucht und Vertreibung.

Die Anwerbung von »Gastarbeitern«

Ende der 1940er-Jahre ebbte der durch den Zweiten Weltkrieg verursachte Zuzug von Flüchtlingen und Vertriebenen ab. Mitte der 1950er-Jahre, als ein rasantes Wirtschaftswachstum zu einem Arbeitskräftemangel führte, begann auch die Bundesrepublik Arbeitskräfte im Ausland anzuwerben. 1955 wurde der erste Anwerbevertrag mit Italien geschlossen. Abkommen mit Spanien und Griechenland folgten 1960. Weitere Abkommen wurden mit der Türkei (1961), Marokko (1963), Portugal (1964) Tunesien (1965) und Jugoslawien (1967) geschlossen. Allerdings war der Zuzug ausländischer Arbeitskräfte zunächst quantitativ wenig bedeutsam, da der Arbeitskräftebedarf bis zum Bau der Berliner Mauer 1961 weitgehend mit übergesiedelten Personen aus der DDR gedeckt wurde. Erst danach wurden ausländische Arbeitskräfte in großer Zahl angeworben und bereits 1964 wurde der einmilllionste Gastarbeiter in Deutschland begrüßt und mit einem Motorrad beschenkt. 1973, als in Folge der Ölkrise ein Anwerbestopp verhängt wurde, lebten knapp 4 Millionen Ausländerinnen und Ausländer in Deutschland.

In den Boomjahren der Anwerbung von den 1960er-Jahren bis zum Anwerbestopp 1973 wurden ausländische Arbeitskräfte angeworben, um den Arbeitskräftebedarf in der industriellen Massenfertigung, der Schwerindustrie und dem Bergbau zu decken. Dabei handelte es sich überwiegend um Tätigkeiten, die nur geringe Qualifikationsanforderungen stellten. Entsprechend war auch der Qualifikationsgrad dieser Arbeitskräfte vergleichsweise niedrig und sie gliederten sich am unteren Ende der Arbeitsmarkthierarchie ein. Die Anwerbung sollte jedoch nicht zu einer dauerhaften Niederlassung ausländischer Arbeitskräfte führen. Es sollte lediglich der Bedarf an gering qualifizierten Arbeitskräften während der Hochkonjunkturphase überbrückt werden. Da die Arbeitsverträge zunächst befristet waren, kamen viele Arbeitskräfte ohne Familie. Erst mit der zunehmend längeren Aufenthaltsdauer wurden auch Familien nachgeholt.

Die Entwicklung nach dem Anwerbestopp von 1973

Der Anwerbestopp von 1973 stellte dann die ausländischen Arbeitskräfte, die nicht aus einem Land der damaligen EWG stammten, vor die Entscheidung, entweder zurückzukehren oder sich auf einen längerfristigen Aufenthalt einzurichten und die Familie nachzuholen. Der Familiennachzug nach dem Anwerbestopp konnte die Rückwanderung nahezu kompensieren, so dass die Zahl der ausländischen Bevölkerung nur leicht rückläufig war. Deutlich zurückgegangen war hingegen die Zahl der ausländischen sozialversicherungspflichtig Beschäftigten von 2,5 Millionen im Jahr 1973 auf 1,6 Millionen im Jahr 1985. Gleichzeitig ging die Erwerbstätigenquote der ausländischen Bevölkerung deutlich zurück. Anfang und Mitte der 1980er-Jahre fiel die Zuwanderung gering aus, Anfang der 1980er-Jahre war die Wanderungsbilanz sogar leicht negativ. Zu Beginn der 1990er-Jahre war die Zuwanderung wieder angestiegen und sogar höher als 1970, dem Jahr mit dem höchsten Zuzug an »Gastarbeitern«. Der Fall des Eisernen Vorhangs, Kriege und »ethnische Säuberungen« im ehemaligen Jugoslawien sowie die sich zuspitzende Lage im kurdisch besiedelten Teil der Türkei verursachten diese Entwicklung (Münz u. a. 1999: 51). In dieser Phase erreichte auch der Zuzug von Aussiedler(inne)n und Asylbewerber(inne)n seinen bisherigen Höhepunkt.

Diese wurden in Deutschland von großen Teilen der Bevölkerung nicht willkommen geheißen. Mit der deutschen Wiedervereinigung verbreitete sich in Deutschland eine ausländerfeindliche Grundstimmung, die in zahlreiche Ausschreitungen gegen Asylsuchende und die ausländische Bevölkerung mündeten. 1991 wurden in Hoyerswerda Asylsuchende aus ihren Unterkünften vertrieben und mit Steinen beworfen. Im gleichen Jahr wurden in Hünxe zwei Flüchtlingskinder bei einem Brandanschlag schwer verletzt. 1992 wurden in Rostock unter öffentlichen Beifallsbekundungen die Unterkünfte von Asylbewerbern mehrere Tage belagert und schließlich in Brand gesetzt. In Mölln (1992) und Solingen (1993) wurden Brandanschläge auf bereits lange in Deutschland lebende türkische Familien verübt, die in den Flammen starben oder schwerverletzt überlebten.

Der Rückgang der Zuwanderung nach der Wiedervereinigung

Ab Mitte der 1990er-Jahre waren dann die Zuwanderungszahlen wieder stark rückläufig, und damit fanden auch die gewalttätigen Aktionen gegen die ausländische Bevölkerung ein vorläufiges Ende. In den Jahren 1997 und 1998 war die Wanderungsbilanz sogar negativ. In diesen Jahren verlor das Wanderungsgeschehen insgesamt an Dynamik, denn sowohl die Zahl der Zuzüge als auch die der Fortzüge ging zurück. Von 1996 bis zum Jahr 2008 sank die Zahl der in Deutschland lebenden Ausländerinnen und Ausländer von 7,5 Millionen auf 7,2 Millionen. Einbürgerungen und das im Jahr 2000 geänderte Staatsangehörigkeitsrecht, das Kindern von in Deutschland lebenden Ausländerinnen und Ausländern bei Vorliegen weniger Vorrausetzungen zusätzlich zur Staatsangehörigkeit der Eltern auch die deutsche Staatsangehörigkeit verleiht, haben dazu geführt, dass die ausländische Bevölkerung nicht weiter wuchs. Allerdings bildet die ausländische Bevölkerung die tatsächliche Zahl der Zugewanderten und deren Kinder nur unzureichend ab, da einerseits Aussiedlerinnen und

Aussiedler die deutsche Staatsbürgerschaft haben und andererseits ein nicht unbeträchtlicher Teil der zugewanderten Bevölkerung die deutsche Staatsbürgerschaft durch Einbürgerung erworben hat.

Personen mit Migrationshintergrund

Im Jahr 2005 wurde mit dem Mikrozensus* erstmals die Möglichkeit geschaffen, den Migrationshintergrund differenziert abzubilden. Nach der Definition des Statistischen Bundesamtes zählen nun alle Ausländerinnen und Ausländer, alle über die Grenzen Deutschlands zugewanderten Personen (mit Ausnahme der Flüchtlinge und Vertriebenen während und nach dem Zweiten Weltkrieg) sowie alle Personen mit mindestens einem ausländischen, zugewanderten oder eingebürgerten Elternteil zu den Personen mit Migrationshintergrund.[2] Im Jahr 2008 haben 19% der Bevölkerung in Deutschland, das sind 15,6 Millionen Menschen, einen Migrationshintergrund. Die Hälfte davon – 8,3 Millionen – sind deutsche Staatsbürger. Von der ausländischen Bevölkerung stammen im Jahr 2008 ein Viertel aus der Türkei, 7,8% aus Italien und 5,9% aus Polen.

Aussiedlerinnen und Aussiedler

Nach dem Abebben der unmittelbar auf den Zweiten Weltkrieg folgenden Flucht- und Vertreibungswellen wurde mit dem Aussiedlerstatus Deutschstämmigen die Möglichkeit offen gehalten, nach Westdeutschland zu kommen und in die Gesellschaft integriert zu werden. Ihnen wurden die gleichen Rechte eingeräumt wie den Vertriebenen im Rahmen des Lastenausgleichs. Die Rechtsgrundlage hierfür wurde mit dem Bundesvertriebenengesetz von 1953 geschaffen. Demnach gilt als Aussiedlerin oder Aussiedler, wer als deutscher Volkszugehöriger »nach Abschluss der allgemeinen Vertreibungsmaßnahmen die zur Zeit unter fremder Verwaltung stehenden deutschen Ostgebiete, Danzig, Estland, Lettland, Litauen, die Sowjetunion, Polen, die Tschechoslowakei, Ungarn, Rumänien, Bulgarien, Jugoslawien oder Albanien verlassen hat oder verlässt« (Bundesgesetzblatt v. 22.5.1953). Deutscher Volkszugehöriger ist, wer sich in seiner Heimat zum Deutschtum bekannt hat. In der Neufassung des Bundesvertriebenengesetzes von 1993 wird der Begriff des Spätaussiedlers eingeführt. Hier werden Aussiedler und Spätaussiedler aus Gründen der sprachlichen Vereinfachung nur als »Aussiedler« bezeichnet.

2 In Nordrhein-Westfalen werden abweichend davon Kinder von Eingebürgerten und vor 1950 Zugewanderte generell nicht als Personen mit Migrationshintergrund angesehen.

Die Zahl der Aussiedlerinnen und Aussiedler blieb aufgrund der Abschottungspolitik der osteuropäischen Länder zunächst gering. Allerdings schlugen sich Phasen der innenpolitischen Liberalisierung innerhalb der osteuropäischen Länder immer auch in steigenden Aussiedlerzahlen nieder. Dies gilt für Polen in der zweiten Hälfte der 1950er-Jahre, die Tschechoslowakei 1967–68 und insbesondere die Sowjetunion nach 1987. In der Zeit von 1950 bis 1987 wurden 1,4 Millionen Aussiedlerinnen und Aussiedler in den Grenzdurchgangslagern Westdeutschlands registriert.

Höhepunkt des Aussiedlerzuzugs im Jahr 1990

Der Höhepunkt des Aussiedlerzuzuges wurde mit 397 000 Personen mit der Öffnung des Eisernen Vorhangs 1990 erreicht. 37,3 % davon stammten aus der ehemaligen Sowjetunion, 33,7 % aus Polen und 28,0 % aus Rumänien. Die Zuwanderung von Aussiedlerinnen und Aussiedlern aus Polen und Rumänien verlor schnell an Bedeutung, während die Wanderungszahlen aus der ehemaligen Sowjetunion noch anstiegen. 1994 hatten die Aussiedlerinnen und Aussiedler aus der ehemaligen Sowjetunion einen Anteil von 95,6 %. Dies änderte sich auch in den Folgejahren nicht wesentlich. Insgesamt gingen die jährlichen Aussiedlerzahlen seitdem stetig zurück. Im Jahr 2000 waren es bereits weniger als 100 000, 2006 schon unter 10 000 und 2008 wurde erstmals die Marke von 5 000 unterschritten. Dieser Rückgang ist auf eine sinkende Personenzahl derer zurückzuführen, die das gesetzlich bestimmte Aussiedlerkriterium erfüllen. Bei einer Volkszählung in Russland im Jahr 2002 lag die Zahl der Deutschstämmigen noch bei knapp 600 000 Personen. Der Rückgang der Aussiedlerzahlen ist auch auf Maßnahmen zur Regulierung und Begrenzung des Zuzugs von Aussiedlern zurückzuführen. 1990 wurde ein förmliches Aufnahmeverfahren eingeführt. Das Erfüllen der Aufnahmekriterien war nun schon im Herkunftsland nachzuweisen. Seit 1997 müssen sich Aussiedlerinnen und Aussiedler einem Sprachtest unterziehen, in dem mindestens ein einfacher deutscher Wortschatz verlangt wird, der ausreicht, um sich im Alltag zurechtzufinden. Seit 2005 gilt dies auch für Ehegatten und Kinder.

1993 hatten noch 75 % der Personen, die in Aussiedlerfamilien nach Deutschland kamen, selbst einen Aussiedlerstatus, d. h. sie sind deutsche Volksangehörige im Sinne des Bundesvertriebengesetzes, ein Viertel waren Familienangehörige. Im Jahr 2004 hatten nur noch 19 % einen Aussiedlerstatus, der Rest waren Familienangehörige. Aufgrund der Einführung des Sprachtests auch für Angehörige ist der Anteil der Personen mit Aussiedlerstatus wieder auf 40 % gestiegen, allerdings bei jetzt insgesamt niedrigeren Zuwanderungszahlen von Aussiedlerinnen und Aussiedlern.

Flucht und Asyl

Im Grundgesetz wurde das Recht auf Asyl vergleichsweise weit gefasst, denn zum Zeitpunkt des Entstehens war das Schicksal der Verfolgten des Nationalsozialismus noch gegenwärtig und vor allem die Tatsache, dass viele Länder nicht bereit gewesen waren, diese Flüchtlinge aufzunehmen (Münch 1993:22).

Bis in die Mitte der 1970er-Jahre war das Asylverfahren weitgehend auf Osteuropäer abgestimmt. Folglich wurde das Recht auf Asyl kaum in Anspruch genommen. Lediglich 1956 (Volksaufstand in Ungarn) und 1969 (Prager Frühling) gab es über 10 000 Asylgesuche. Bis 1974 erfolgte die Aufnahme aller Asylbewerber in Zirndorf, von wo aus sie dann über die Bundesländer verteilt wurden. Ein erster Höhepunkt wurde 1980 mit über 100 000 Asylanträgen erreicht, der Militärputsch in der Türkei und die Verhängung des Kriegsrechts in Polen 1981 ließen zu dieser Zeit die Zahl der Asylbewerber steigen. Die Bundesregierung reagierte darauf mit der Einführung der Visumspflicht für türkische Staatsbürger und andere Herkunftsländer von Asylbewerbern. Außerdem wurden Fluggesellschaften verpflichtet, Passagiere ohne Visum auf ihre Kosten wieder zurückzubefördern. Diese Maßnahmen ließ die Zahl der Anträge wieder unter 50 000 sinken.

Die Zunahme der Asylsuchenden nach dem Fall des Eisernen Vorhangs

1982 wurde zur Beschleunigung der Asylverfahren für offensichtlich unbegründete Anträge ein Eilverfahren eingeführt. 1983 erreichte die Zahl der Asylbewerber mit 20 000 den niedrigsten Wert in den 1980er-Jahren, danach stieg sie wieder deutlich an. Der Bürgerkrieg in Sri Lanka, die Unterdrückung der Kurden in der Türkei und im Irak sowie der Bürgerkrieg im ehemaligen Jugoslawien ließ die Zahl der Asylbewerber wieder steigen. Der Höhepunkt wurde jedoch mit dem Fall des Eisernen Vorhangs erreicht, wodurch das deutsche Asylrecht erheblich unter Druck geriet. Im Jahr 1992 wurden 438 000 Erstanträge gestellt. Somit wurden in Deutschland 80 % aller Asylanträge in Westeuropa gestellt. Mit der steigenden Zahl an Asylbewerbern entbrannte eine kontroverse gesellschaftliche und politische Debatte über die Prinzipien der Asylgewährung und der Aufrichtigkeit der Fluchtmotive von Asylbewerbern. Auch die im Schengen Abkommen angestrebte Harmonisierung der nationalen Gesetzgebungen setzte Deutschland unter Druck, sein Asylrecht zu verschärfen und den europäischen Nachbarländern anzupassen. Diese Anpassung erfolgte mit dem sogenannten Asylkompromiss von 1993. Hierfür wurde mit der Unterstützung von CDU/CSU, SPD und FDP das Grundgesetz geändert. Das bis dahin uneingeschränkt geltende Prinzip »Politisch Verfolge genießen Asyl« wurde an die Erfüllung bestimmter Bedingungen geknüpft:

- Die Drittstaatenregelung: Wer aus einem sicheren Drittland einreist, kann keinen Asylantrag mehr stellen.
- Die Liste verfolgungsfreier Staaten: Es wurde eine Liste angelegt von Staaten, die frei von Verfolgung sind. Bürger dieser Staaten können keinen Asylantrag stellen.

Außerdem wurden Fluggesellschaften mit Strafen belegt, wenn sie Passagiere ohne gültige Einreisedokumente befördern.

Der Rückgang der Asylbewerberzahlen nach der Verschärfung des Asylrechts 1993

Da Deutschland nun von sicheren Drittstaaten umgeben ist, wurde das Stellen eines Asylantrages wesentlich erschwert. In der Folge ging die Zahl der Anträge wieder deutlich zurück: 1998 wurden erstmals wieder weniger als 100 000 Anträge gestellt, zwischen 2006 und 2008 waren es jeweils um die 20 000. Im Jahr 2009 stieg die Zahl der Erstanträge wieder auf knapp 28 000. Dennoch steht Deutschland nicht mehr an erster Stelle bei den Asylanträgen. In Frankreich wurden 2008 nahezu doppelt so viele Anträge gestellt wie in Deutschland und auch im wesentlich bevölkerungsärmeren Schweden wurden mehr Asylanträge gestellt als in Deutschland.

Zu der Zeit, als das Asylrecht lediglich von einer kleinen Zahl von Osteuropäern in Anspruch genommen wurde, wurden mehr als 80 % der Asylanträge anerkannt, danach lag dieser Wert deutlich niedriger. Während der 1990er-Jahre lag die Anerkennungsquote lediglich zwischen 3 % und 7 % der Erstanträge. Um die Jahrhundertwende, als die Zahl der Asylbewerber weiter zurückging, stieg der Prozentsatz erfolgreicher Anträge wieder (2008 waren es 67,5 %).

Die Harmonisierung der Flüchtlings- und Asylpolitik innerhalb der EU

Die Einführung zuwanderungsbegrenzender Maßnahmen in einem Staat hatte oftmals zur Folge, dass die Asylsuchenden auf benachbarte Staaten auswichen und diese Gesetze und Kontrollmaßnahmen verschärften. Deshalb und in der Vorbereitung auf den Abbau von Grenzkontrollen im Rahmen des Schengener Abkommens, das 1995 in Kraft trat, wurde eine Harmonisierung der Flüchtlings- und Asylpolitik innerhalb der Länder der EU angestrebt, die im Wesentlichen auf den oben genannten Elementen beruht. Außerdem sollten Sekundärwanderungen verhindert werden, so dass Asylbewerber, die in einem Land abgelehnt wurden, nicht in anderen Mitgliedsstaaten erneut einen Asylantrag stellen können. In dem 1990 beschlossenen und 1997 in Kraft getretenen Dubliner Übereinkommen* (abgelöst durch Dublin II im Jahr 2003) wurden für die EU Kriterien aufgestellt, nach denen es eine eindeutige Zuständigkeit für Asylanträge gibt. Werden die Anträge nicht in dem zuständigen EU-Ländern gestellt, werden die betroffenen Asylsuchenden an das zuständige Mitgliedsland überstellt. Im Jahr 2003 wurde außerdem das zentrale europäische Fingerabdruckidentifizierungssystem (EURODAC) in Betrieb genommen. Damit kann schneller festgestellt werden, ob eine Bewerberin bzw. ein Bewerber bereits in einem anderen Land einen Asylantrag gestellt hat (BAMF 2009: 26 ff.).

Die Hauptherkunftsländer der Personen, die einen Erstantrag auf Asyl stellen, verändern sich in der Abhängigkeit von der politischen Lage sehr schnell. Es kann jedoch festgehalten werden, dass die Asylbewerberinnen und Asylbewerber mittlerweile aus einer Vielzahl von Ländern stammen. 1995 kamen 20,5 % der Personen, die einen Erstantrag stellten, aus der Bundesrepublik Jugoslawien, 19,9 % aus der Türkei und 5,9 % aus Afghanistan. Im Jahr 2005 war Serbien und Montenegro mit einem Anteil von 19,1 % das wichtigste Herkunftsland derer, die Asyl beantragten, gefolgt von der Türkei (10,2 %) und dem Irak (6,9 %). Im Jahr 2008 kam nahezu ein Drittel (31,0 %) der Asylsuchenden aus dem Irak. Die nächst wichtigsten Herkunftsländer waren dann die Türkei (6,4 %) und Vietnam (4,7 %).

Eine Besonderheit stellen jüdische Kontingentflüchtlinge insbesondere aus der früheren Sowjetunion dar. 1990 erklärte die DDR-Volkskammer, verfolgten Juden Asyl zu gewähren. Damit wurde die Basis geschaffen für die am schnellsten wachsende jüdische Gemeinde in Europa. Mehr als 200 000 Personen jüdischen Glaubens wurden bereits aufgenommen. Mittlerweile hat Deutschland die drittgrößte jüdische Gemeinde Europas und hat zwischen 2003 bis 2005 mehr Juden aufgenommen als Israel. Seit 2005 müssen die Befähigung zur eigenständigen Sicherung des Lebensunterhalts und Sprachkenntnisse nachgewiesen werden. Aufgrund dieser Anforderungen ging die Zuwanderung von Menschen jüdischen Glaubens wieder zurück (Oltmer 2010).

Die Aufenthaltsbedingungen von Asylbewerbern

Von der Teilhabe am gesellschaftlichen Leben sind Asylbewerber weitgehend ausgeschlossen. Um keine wirtschaftlichen Anreize für Asylsuchende zu schaffen, blieb Ihnen der Zugang zum Arbeitsmarkt verschlossen. Nach dem Anwerbestopp für ausländische Arbeitskräfte wurde auch ein Arbeitsverbot für Asylsuchende verhängt, das jedoch 1975 wegen der hohen Kosten für die Kommunen wieder aufgehoben wurde. Ab 1980 wurde die Arbeitserlaubnis erst nach einer Wartezeit von einem Jahr gewährt. Seit 1997 besteht wieder ein generelles Arbeitsverbot. Die EU plant europaweit eine Arbeitserlaubnis nach 6 Monaten einzuführen.

Die Leistungen der Sozialhilfe für Asylbewerberinnen und -bewerber wurden mit dem 1993 in Kraft getretenen Asylbewerberleistungsgesetz aus dem Bundessozialhilfegesetz herausgelöst und überwiegend als Sachleistungen gewährt, um sicherzustellen, dass sie ausschließlich der Bedarfsdeckung in Deutschland dienen.

4 Ausländerbeschäftigung in der DDR

Auch nachdem die Abwanderungsmöglichkeiten durch den Bau der Mauer in Richtung Westen nicht mehr gegeben waren, herrschte in der DDR trotz einer sehr hohen Frauenerwerbstätigkeit ein starker Arbeitskräftemangel. Deshalb schloss die DDR Regierungsabkommen mit anderen sozialistischen Staaten zur Anwerbung von Arbeitskräften ab: Kuba (1978), Mosambik (1979) und Vietnam (1980). In der zweiten Hälfte der 1980er-Jahre waren 11 000 Kubaner, 12 000 Mosambikaner und 34 000 Vietnamesen in der DDR beschäftigt. Im Jahr 1989 waren insgesamt 190 000 ausländische Arbeitskräfte in DDR-Betrieben tätig, der Frauenanteil lag bei 15 %.

Die ausländischen Arbeitskräfte wurden in der Produktion eingesetzt, insbesondere in der Automobilindustrie. Sie verrichteten überwiegend einfache Tätigkeiten, die nur geringe Qualifikationen erforderten. Der Arbeitsplatz wurde zugewiesen und konnte nicht gewechselt werden. Ein Bleiberecht war nicht vorgesehen. Ausländerinnen, die in der DDR schwanger wurden, mussten entweder eine Abtreibung vornehmen oder in ihr Herkunftsland zurückkehren. Die ausländischen Arbeitskräfte waren ausschließlich in Gemeinschaftsunterkünften untergebracht mit bis zu fünf Personen pro Zimmer. Wer sie besuchen wollte, unterlag einer Anmelde- und Auskunftspflicht (Die Ausländerbeauftrage des Senats von Berlin 1991). Eine Integration der ausländischen Arbeitskräfte fand nicht statt und war auch nicht geplant. Nach der Wende wurden die ausländischen Arbeitskräfte meist entlassen. Ihr Aufenthaltsstatus blieb zunächst unklar. Erst 1993 erhielten sie aus humanitären Gründen eine Aufenthaltserlaubnis.

5 Migration in anderen Ländern

Eine ähnliche Ausrichtung der Migrationspolitik wie in Deutschland war in Österreich und der Schweiz zu beobachten. Diese Länder hatten vergleichbare Anwerbesysteme für Arbeitskräfte entwickelt wie Deutschland, die eine dauerhafte Zuwanderung verhindern sollten. In Ländern mit kolonialen Beziehungen zeigte sich ein anderes Bild. Die Bürger der Kolonien hatten teilweise die Staatsangehörigkeit der Kolonialmacht bzw. konnten diese leicht erlangen und hatten somit die Möglichkeit, in das Land der jeweiligen Kolonialmacht einzureisen. Dies galt z. B. für Algerier in Frankreich, Surinamer in den Niederlanden, Inder, Pakistaner und Bangladescher in Großbritannien.

Großbritannien

Großbritannien bemühte sich – von wenig bedeutenden Ausnahmen abgesehen – nicht aktiv um die Anwerbung ausländischer Arbeitskräfte. Für die Angehörigen der Commonwealth-Staaten und für Irland gab es bis 1962 keinerlei Beschränkung der Einwanderung. Es wurden auch keine Statistiken über die Einwanderung geführt. Nach der Staatsangehörigkeit konnten die die Zahl der Zuwanderer ebenfalls nicht ermittelt werden, da sie als Commonwealth-Angehörige britische Staatsbürger waren. Erst seit 1981 wird in offiziellen Statistiken nach der ethnischen Zugehörigkeit gefragt. Aufgrund der geringeren Kriegszerstörung in Großbritannien war der Arbeitskräftebedarf niedriger als in Frankreich oder Deutschland. Deshalb begann auch Großbritannien früher mit einer Einschränkung des Zuzugs. Seit 1962 durften nur noch Personen einreisen, die einen in Großbritannien ausgestellten Pass oder eine Arbeitserlaubnis hatten.

Frankreich

Einen interessanten Kontrast zu Deutschland bildet Frankreich. Bereits vor dem Ersten Weltkrieg strebte Frankreich eine Kompensation der – im Vergleich zu Deutschland oder Großbritannien – niedrigeren Geburtenraten durch Zuwanderung an. Auch nach dem Zweiten Weltkrieg spielten demografische Erwägungen eine wichtige Rolle. Bereits im ersten wirtschaftlichen Wiederaufbauplan (1946 bis 1951) wurde ein Bedarf von 1,5 Millionen Einwanderern festgeschrieben. Diese Eingewanderten sollten dauerhaft in die französische Gesellschaft integriert werden. Deshalb bemühte sich Frankreich um Einwanderung aus den kulturell nahestehenden romanischen Ländern Italien, Spanien und Portugal. In den 1960er-Jahren konnte der Arbeitskräftebedarf nicht mehr aus diesen Ländern gedeckt werden.

Die Lücke füllten insbesondere Arbeitskräfte aus Algerien, die bis 1962 die französische Staatsbürgerschaft besaßen. Danach wurden Obergrenzen mit der algerischen Regierung vereinbart, allerdings kaum kontrolliert. Nach 1969 war eine Aufenthaltserlaubnis für Personen mit algerischer Staatsbürgerschaft erforderlich. Integrationspolitisch orientierte sich Frankreich stark an Assimilationskonzepten. Die Staatsbürgerschaft wurde nach dem Bodenprinzip (ius solis) verliehen, demnach wird die französische Staatsbürgerschaft an Personen verliehen, die auf französischem Boden geboren wurden. Sowohl für Frankreich als auch Großbritannien gilt, dass sie ab Mitte der 1970er-Jahre eine ähnliche, auf Zuzugsbegrenzung ausgerichtete Migrationspolitik betrieben, wie dies in Deutschland der Fall war.

Die Vereinigten Staaten von Amerika

Die USA als traditionelles Einwanderungsland sind erst durch Einwanderung zu dem geworden, was sie heute sind. Einwanderung in die USA war stets möglich. Allerdings waren die USA bestrebt, die Einwanderergruppen auszuwählen, von denen angenommen wurde, dass sie sich am besten integrieren ließen. Zuzugsbeschränkungen wurden bereits 1870 mit dem Chinese-Exclusion-Act geschaffen. Später wurden Schreib- und Lesetests eingeführt und Personen mit geistiger Behinderung ausgeschlossen. Bereits 1902 erließen die USA im Schiffsverkehr carrier sanctions, wie sie später die europäischen Staaten im Schengen Abkommen 1990 für den Luftverkehr einführten. Personen, denen die Einreise verweigert wurde, mussten von den Schifffahrtsgesellschaften auf deren Kosten wieder zurücktransportiert werden.

In den 1950er-Jahren führten die USA ein Quotensystem für die Zuwanderung ein, warben aber auch gezielt Arbeitskräfte an, beispielsweise wurden im Rahmen des Bracero-Programmes zwischen 1942 und 1964 insgesamt 4,7 Millionen Mexikaner angeworden. Trotz einer liberalen Einwanderungspolitik war bereits nach dem Zweiten Weltkrieg eine steigende Zahl an Arbeitskräften zu verzeichnen, die sich nicht rechtmäßig in den USA aufhielten. Im Rahmen der Operation Wetback wurden 1954 mehr als eine Million Illegale abgeschoben. Zwar haben die USA erhebliche Anstrengungen unternommen, ihre Außengrenze zu Mexiko zu sichern, dennoch halten sich noch immer viele Arbeitskräfte illegal in den USA auf. Allerdings wurde darauf nicht immer restriktiv reagiert. Mit dem Immigration Reform and Control Act (IRCA) wurde 1986 Illegalen, die sich seit 1982 dauerhaft in den USA aufhielten, die Möglichkeit eingeräumt, ihren Aufenthaltsstatus zu legalisieren. Insgesamt 2,7 Millionen Personen erlangten dadurch einen legalen Aufenthaltsstatus in den USA.

Bemühungen um eine europäische Migrationspolitik

Auf den Arbeitskräftemangel in der wirtschaftlichen Aufschwungphase nach dem Zweiten Weltkrieg reagierten die Industrieländer sehr unterschiedlich. Der deutsche Weg der Anwerbung ausländischer Arbeitskräfte auf Zeit sollte eine dauerhafte Zuwanderung verhindern. Dies wurde in anderen Ländern wie Frankreich nicht angestrebt. Gemeinsam ist den Staaten der Europäischen Gemeinschaft jedoch, dass sie in den 1980er- und 1990er-Jahren auf eine Harmonisierung der Zuwanderungspolitik hinarbeiteten. Restriktive Kontrolle und Begrenzung der Zuwanderung prägten nun die Migrationspolitik der Länder der Europäischen Union.

6 Übersiedler aus der DDR und Auswanderer aus Deutschland

In der zweiten Hälfte des 19. Jahrhunderts war Deutschland eines der wichtigsten Auswanderungsländer. Zwischen 1816 und 1914 wanderten 5,5 Millionen Deutsche allein in die USA (Oltmer 2010). Eine schnell wachsende Bevölkerung insbesondere im ländlichen Raum fand zu dieser Zeit keine ausreichenden Erwerbsmöglichkeiten mehr. Die Zeit zwischen den Weltkriegen war von der Weltwirtschaftskrise geprägt, wodurch die Beschäftigungsmöglichkeiten in den Einwanderungsländern zurück gingen. Die unmittelbare Zeit nach dem Zweiten Weltkrieg war von Flucht und Vertreibung bestimmt. Bei der Volkszählung von 1950 wurden allein in Westdeutschland 7,9 Millionen Vertriebene registriert.

Seit der Gründung der DDR 1949 bis zum Bau der Berliner Mauer 1961 verließen 3,8 Millionen DDR-Bürger ihr Land in Richtung Bundesrepublik. Hier wurden sie Übersiedler genannt. Unzufriedenheit mit den politischen Verhältnissen in der DDR waren ein Wanderungsmotiv, aber auch das »Wirtschaftswunder« in Westdeutschland wirkte auf viele anziehend, weil es leicht war, Arbeit zu finden, und ein höheres Lohnniveau eine Teilhabe an dem Massenkonsum der westlichen Warenwelt versprach. Aufgrund des Bevölkerungsverlusts, der von westdeutschen Politikern als »Abstimmung mit den Füßen« bewertet wurde, reagierte die DDR-Regierung mit der Abschottung ihres Staatsgebietes im Jahr 1961, wodurch die Ost-West-Wanderung praktisch zum Erliegen kam. Erst mit dem Fall der Berliner Mauer setzte wieder eine Massenwanderung ein, allein in den ersten 2 Jahren nach Maueröffnung verließen jeweils 400000 Personen die DDR. Da vor allem Jüngere die neuen Bundesländer verlassen haben, ist die Bevölkerung insbesondere in den strukturschwachen Regionen stark überaltert.

Auswanderung war in Deutschland lange Zeit kein Thema. Anhaltende Arbeitslosigkeit und bessere Verdienstmöglichkeiten im Ausland ließen jedoch die Zahl derer wachsen, die Deutschland verlassen. Im Jahr 2008 zogen 175 000 Deutsche ins Ausland, darunter waren 3 000 Ärzte. Die Reise geht dabei nicht mehr unbedingt nach Übersee. Das wichtigste nichteuropäische Ziel ist die USA mit einem Anteil von 8,8 %. Wichtigstes europäisches Zielland ist die Schweiz, auf die 16,7 % aller Fortzüge von Deutschen entfielen.

7 Migrations- und Integrationspolitik

Zwischen Migrations- und Integrationspolitik besteht ein enger Zusammenhang. Das System der Gastarbeiteranwerbung seit Mitte der 1950er-Jahre bis zum Anwerbestopp war so angelegt, dass keine dauerhafte Zuwanderung entstehen sollte. Im Ideal sollten ausländische Arbeitskräfte nur für ein Jahr bleiben. Das scheiterte zwar am Widerstand der Industrie, dennoch blieb die Ausländerbeschäftigung stark an die wechselnden Erfordernisse des Arbeitsmarktes rückgebunden. Eine Möglichkeit zur Verlängerung der Aufenthaltserlaubnis wurde offiziell erst 1965 geschaffen. Erst 1971 konnten Ausländerinnen und Ausländer, die sich mindestens fünf Jahre in Deutschland aufhielten, eine auf fünf Jahre befristete Aufenthaltserlaubnis beantragen.

In der Rezessionsphase von 1967/68 funktionierte die Rückbindung der »Gastarbeiterbeschäftigung« an die Erfordernisse des Arbeitsmarktes wie geplant. Die Zahl der ausländischen Beschäftigten konnte kurzfristig deutlich reduziert werden. Somit war genau der gewünschte Effekt eingetreten: Ausländische Arbeitskräfte wirkten als Konjunkturpuffer, die Arbeitslosigkeit wurde exportiert und deutsche Arbeitskräfte blieben von den Auswirkungen der Rezession verschont. Kaum war die wirtschaftliche Flaute überwunden, standen ausländische Arbeitskräfte wieder in großer Zahl zur Verfügung. Nach dem Anwerbestopp von 1973 war die Rückführung der ausländischen Arbeitskräfte in diesem Umfang allerdings nicht mehr möglich, denn ausländische Arbeitskräfte konzentrierten sich in bestimmten Branchen des Produzierenden Gewerbes und bestimmten Tätigkeitsfeldern am unteren Ende der Arbeitsmarkthierarchie, für die auch bei steigender Arbeitslosigkeit keine deutschen Arbeitskräfte gewonnen werden konnten.

Deutschland wird zum Einwanderungsland

Somit war spätestens mit dem sich verstärkenden Familiennachzug nach dem Anwerbestopp klar, dass Deutschland zum Einwanderungsland geworden war. Politisch wurde dies jedoch nicht anerkannt. Bis in die 1990er-Jahre wurde an der Parole »Deutschland ist kein Einwanderungsland« festgehalten. Nach dem Anwerbestopp wurde eine Politik der Konsolidierung der Ausländerbeschäftigung betrieben. Die Zahl der ausländischen Arbeitnehmerinnen und Arbeitnehmer sollte begrenzt und an die Aufnahmefähigkeit der sozialen Infrastruktur angepasst werden (Meier-Braun 1988). So wurde der Zuzug von Ausländerinnen und Ausländern in Verdichtungsgebiete reguliert, um soziale Konflikte zu vermeiden. Dies führte zu einer Benachteiligung der ausländischen Bevölkerung auf dem Wohnungsmarkt, weil ihnen insbesondere der Zuzug in Wohnviertel mit billigem Wohnraum verwehrt wurde.

Ende der 1970er-Jahre sollte mit dem Kühn-Memorandum die integrationspolitische Wende herbeigeführt werden. Der ehemalige Ministerpräsident Nordrhein-Westfalens Kühn wurde 1978 zum »Beauftragten der Bundesregierung für die Integration der ausländischen Arbeitnehmer und ihrer Familien« ernannt. In seinem ersten Bericht im Jahr 1979 wurde darin die Anerkennung der faktischen Einwanderung, Integrationsmaßnahmen für ausländische Jugendliche, ein Optionsrecht für die deutsche Staatsbürgerschaft für in Deutschland geborene Kinder sowie die Vereinfachung des Einbürgerungsverfahrens gefordert.

Die widersprüchliche Integrationspolitik der 1980er- und 1990er-Jahre

Zu einer konkreten Umsetzung der Integrationsmaßnahmen kam es jedoch nicht. Mit dem Ende der sozialliberalen Koalition 1982 wurde die Migrationspolitik wieder ganz auf die Begrenzung der Zuwanderung ausgerichtet.

1983 wurde ein Gesetz zur »befristeten Förderung der Rückkehrbereitschaft von Ausländern« verabschiedet. Innerhalb eines Jahres konnten sich Ausländerinnen und Ausländer den Arbeitnehmeranteil ihrer Beiträge zur gesetzlichen Rentenversicherung auszahlen lassen, falls sie bereit waren, in ihr Herkunftsland zurückzukehren. Arbeitslose erhielten eine zusätzliche Rückkehrhilfe von 10 500 DM.

Die Migrationspolitik der 1980er- und 1990er-Jahre war von dem – in sich widersprüchlichen – »Drei-Säulen-Modell« geprägt:

1. Integration der Ausländerinnen und Ausländer, die auf Dauer bleiben wollen;
2. Begrenzung des Ausländerzuzugs;

3. Förderung der Rückkehrbereitschaft und Erhaltung der Rückkehrfähigkeit.

Neuausrichtung der Integrationspolitik seit 2000

Seit dem Jahr 2000 lässt sich eine integrationspolitische Neuausrichtung feststellen. Mit der Änderung des Staatsangehörigkeitsrechts im Jahr 2000 wurde in Deutschland erstmals das Abstammungsprinzip (ius sanguinis) bei der Staatsangehörigkeit um Elemente des Bodenprinzips (ius solis) erweitert. In Deutschland geborene Kinder von Ausländern erhalten seither neben der Staatsangehörigkeit der Eltern auch die deutsche Staatsbürgerschaft. Im Erwachsenenalter müssen sie sich dann für eine Staatsangehörigkeit entscheiden.

Mit dem Zuwanderungsgesetz von 2005 wurde das Ausländerrecht grundlegend reformiert und Integration als staatliche Aufgabe festgeschrieben. Zur Förderung der Integration wurden Integrationskurse eingeführt, die sich an den niederländischen und schwedischen Vorbildern orientierten. Sie sollten primär der Vermittlung von Deutschkenntnissen, aber auch der historischen, kulturellen und rechtlichen Orientierung in der deutschen Gesellschaft dienen.

Der Nationale Integrationsplan von 2007

Richtungweisend für die neue Integrationspolitik der Bundesregierung, der Bundesländer und der Kommunen war der Nationale Integrationsplan aus dem Jahr 2007. Integration wird darin als Aufgabe von nationaler Bedeutung angesehen. Der Nationale Integrationsplan setzt auf eine aktivierende und nachhaltige Integrationspolitik, die die Potentiale der Zugewanderten erkennt und stärkt und nicht nur auf Defizite fokussiert. Dabei wird auf die vielfältigen Fähigkeiten, die Leistungen und das Engagement der Migrantinnen und Migranten gesetzt. Ob diese jedoch ihre Kompetenzen zur Geltung bringen können, hängt auch von den sozialen Bedingungen und Barrieren ab, auf die sie treffen. Es werden aber auch Sanktionen für diejenigen Migrantinnen und Migranten angedroht, die sich einer Integration dauerhaft verweigern.

Im Nationalen Integrationsplan wurden 10 Handlungsfelder definiert:

1. Die Verbesserung der Integrationskurse, z. B. Verbesserung des Kurserfolgs, Verbesserung der Qualifikation der Lehrkräfte und flächendeckendes Angebot
2. Die frühkindliche Bildung: Förderung der deutschen Sprache von Anfang an, z. B. durch Sprachförderung in Kindertageseinrichtungen.

3. Die Sicherung einer guten Bildung und Ausbildung, Erhöhung der Arbeitsmarktchancen, z. B. durch qualitative Verbesserung der Bildung und die Einführung von Ganztagsschulen, sowie die Verbesserung der Ausbildungschancen und Arbeitsmarktchancen durch eine Vielzahl von Maßnahmen.
4. Die Lebenssituation von Frauen und Mädchen verbessern und Gleichberechtigung verwirklichen, z. B. durch einen Aktionsplan der Bundesregierung zur Bekämpfung von Gewalt gegen Frauen.
5. Die Integration vor Ort unterstützen, d. h. Projekte in den Kommunen und Wohnquartieren mit hohen Anteilen an Migrantinnen und Migranten zu fördern.
6. Kultur und Integration fördern, z. B. durch Förderung interkultureller Kompetenzen.
7. Integration durch Sport fördern, z. B. durch Schaffung nachhaltiger Angebote und Stärkung interkultureller Vermittler.
8. Medien – Vielfalt nutzen, z. B. durch Einbeziehung der Migrantinnen und Migranten in die Redaktionen und Programme.
9. Die Integration durch bürgerschaftliches Engagement und gleichberechtigte Teilhabe fördern, z. B. durch interkulturelle Öffnung der Organisationen.
10. Weltoffene Wissenschaft, z. B. durch die Schaffung von wissenschaftsstandortfreundlicheren Rechtsgrundlagen für ausländische Studierende (Bundesregierung 2007).

Auch wenn die Bundesrepublik mit den eingeleiteten Maßnahmen die international üblichen Standards im Integrationsbereich erreicht und zum Teil darüber hinausgeht, bleibt das Problem, dass sie sehr spät eingeleitet wurden. Da Integration ein Prozess ist, der eine gewisse Zeit in Anspruch nimmt und auch nur bedingt nachholend vollzogen werden kann, muss davon ausgegangen werden, dass sich der Erfolg der eingeleiteten Maßnahmen eher mittel- und langfristig zeigen wird. Zur Überprüfung des Integrationsfortschritts wurden auf der Ebene des Bundes und der Länder Monitoringsysteme eingerichtet (Seifert 2010).

Einbürgerungen

Staatsangehörigkeit und volle Bürgerrechte sind eine wichtige Voraussetzung für eine erfolgreiche Integration. Ausländerinnen und Ausländer haben mit Erreichen des 16. Lebensjahres selbst die Möglichkeit, die deutsche Staatsbürgerschaft zu beantragen. Voraussetzung hierfür sind seit der Reform des Staatsangehörigkeitsrechts im Jahr 2000 ein rechtmäßiger

Aufenthalt in Deutschland von mindestens acht Jahren, Bekenntnis zur freiheitlich-demokratischen Grundordnung, die Bestreitung des Lebensunterhalts ohne Inanspruchnahme von Sozialleistungen und das Fehlen von Vorstrafen. Seit 1.9.2009 müssen zusätzlich Kenntnisse der Rechts- und Gesellschaftsordnung und der Lebensverhältnisse in Deutschland im Allgemeinen durch den sogenannten Einbürgerungstest* nachgewiesen werden. Ehegattinnen und Ehegatten sowie minderjährige Kinder von anspruchsberechtigten Ausländerinnen und Ausländern können mit eingebürgert werden, auch wenn sie sich noch nicht acht Jahre in Deutschland aufhalten. Bei einer erfolgreichen Teilnahme an einem Integrationskurs kann die Staatsbürgerschaft bereits nach sieben Jahren beantragt werden, beim Vorliegen besonderer Integrationsleistungen, insbesondere von Sprachkenntnissen, kann die Staatsbürgerschaft bereits nach sechs Jahren erlangt werden.

Einbürgerungsquoten im Vergleich

Mit der Änderung des Staatsangehörigkeitsrechts im Jahr 2000 wurde ein deutlicher Anstieg der Einbürgerungszahlen erwartet. Zwar waren die Einbürgerungszahlen mit knapp 187 000 die höchsten in der Geschichte der Bundesrepublik, entsprachen aber nicht den Erwartungen. In den Folgejahren gingen die Einbürgerungszahlen wieder zurück: im Jahr 2008 wurden nur noch 94 000 Ausländerinnen und Ausländer eingebürgert. Im Vergleich zu den 1980er-Jahren, als jeweils gut 20 000 Personen eingebürgert wurden, liegen diese Werte zwar immer noch hoch, aber im internationalen Vergleich ist die Einbürgerungsquote* niedrig. Die traditionellen Einwanderungsländer wie USA und Kanada, aber auch Schweden, Großbritannien oder die Niederlande weisen deutlich höhere Einbürgungsquoten auf. Der Umstand, dass von Einbürgerungswilligen die Aufgabe der bisherigen Staatsbürgerschaft verlangt wird, ist ein wichtiges Integrationshindernis, auch wenn hier von den Behörden auf Ermessensbasis zunehmend toleranter entschieden wird. Außerdem lassen sich Bürger anderer EU-Länder vergleichsweise selten einbürgern, da für sie aufgrund der Freizügigkeit innerhalb der EU kaum Anreize für die Annahme der deutschen Staatsangehörigkeit bestehen.

Zwischen den einzelnen Bundesländern zeigen sich erhebliche Unterschiede bei der Einbürgerungsquote*. Die niedrigen Werte in den Neuen Bundesländern dürften auf die kurze Migrationsgeschichte und noch immer kleine ausländische Wohnbevölkerung zurückzuführen sein. Aber auch Baden-Württemberg (1,1) und Bayern (1,2) weisen bezogen auf das Jahr 2007 niedrige Einbürgerungsquoten auf. Wesentlich höher fallen diese dagegen in Rheinland-Pfalz (2,3) und Schleswig-Holstein (2,9) aus (Worbs 2008:21). Dies dürfte vor allem auf Unterschiede bei den Anforderungen an die Sprachkenntnisse zurückzuführen sein. In Bayern und Baden-Württemberg müssen die Sprachkenntnisse durch das Zertifikat »Deutsch B1« nachgewiesen werden, während in anderen Bundesländern auf Ermessensbasis niedrigere Anforderungen gestellt werden.

Eingebürgerte sind insgesamt besser in den Arbeitsmarkt integriert. Einerseits kann davon ausgegangen werden, dass bei besser Integrierten die Einbürgerungsbereitschaft höher ist, andererseits wird für eine Einbürgerung ein Mindestmaß an Integration vorausgesetzt, indem Sprachkenntnisse und Lebensunterhaltssicherung ohne SGB II und ALG II gefordert werden. Somit fällt die Integrationsbilanz günstiger aus, wenn sie sich nicht nur auf die ausländische Bevölkerung bezieht, sondern auch auf Eingebürgerte (MGFFI 2008, Seifert 2007).

8 Probleme der Integration

Die Phase der aktiven Integrationspolitik wurde sehr spät eingeleitet, sodass die Versäumnisse früherer Perioden nur bedingt ausgeglichen werden können. Die Weichen für eine erfolgreiche Integration werden im Lebenslauf einer Person meist früh gestellt. Versäumnisse z. B. bei der frühkindlichen Sprachförderung schlagen sich in niedrigerem Bildungserfolg nieder, dieser vermindert die Chance auf einen Ausbildungsplatz, wodurch sich die Arbeitsmarktchancen verringern. Das hat in letzter Konsequenz Auswirkungen auf die über Erwerbsbeteiligung vermittelten Chancen der gesellschaftlichen Teilhabe. Versäumnisse in frühen Lebensphasen sind somit in späteren nur schwer und nur mit hohem Aufwand zu korrigieren.

Schulbildung

Das Bildungssystem war auf den Zugang ausländischer Kinder ohne Sprachkenntnisse in den 1960er-und 1970er-Jahren nicht vorbereitet. Es fehlte eine klare Ausrichtung zur Integration dieser Kinder. Zu Beginn der 1970er-Jahre war eher das Gegenteil der Fall: Unterricht in der Muttersprache wurde zur Erhaltung der Rückkehroption für ausländische Kinder eingeführt. Folglich ist es wenig überraschend, dass der schulische Erfolg der Kinder, die erst im schulpflichtigen Alter nach Deutschland kamen, gering war. Noch immer gilt, dass ausländische Schülerinnen und Schüler deutlich seltener mittlere und höhere Bildungsabschlüsse erlangen, als dies bei deutschen der Fall ist. Entsprechend blieb die zweite Generation und zum Teil auch die dritte unzureichend qualifiziert. In der Folge wurde der soziale Status der Elterngeneration der Einwanderer auf deren Kinder übertragen und somit die Integration in die nachfolgenden Generationen verschoben. Zwar zeigt sich ein Anstieg des Anteils der ausländischen Schülerinnen und Schüler mit mittleren und höheren Abschlüssen im Zeitverlauf, allerdings bedeutet dies keine Verbesserung der Situation, denn bei den Personen ohne Migrationshintergrund ist der Anteil derer mit entsprechenden Abschlüssen ebenfalls gestiegen, so dass die Abstände gleich geblieben sind.

Ursachen für den geringen Schulerfolg

Bei der Frage nach den Ursachen für den geringen Schulerfolg lassen sich zwei zentrale Erklärungsstränge isolieren. Der eine befasst sich mit den Defiziten der Kinder mit Migrationshintergrund. Diese werden bei jungen Menschen mit Migrationshintergrund, vor allem wenn sie erst im schulpflichtigen Alter nach Deutschland kommen, im Bereich ihres sozialen und kulturellen Kapitals gesehen. In erster Linie sind hier mangelnde Sprachkenntnisse zu nennen, doch auch soziale Netzwerke, Umgangsformen etc. sind von Bedeutung. Schlussendlich führen diese Defizite dazu, dass Jugendliche mit Migrationshintergrund in geringerem Maße mittlere und höhere Abschlüsse erreichen, eine niedrigere Erwerbsbeteiligung aufweisen und überproportional oft als Arbeiterinnen und Arbeiter tätig sind.

Ein anderer Strang richtet das Augenmerk auf das Bildungssystem selbst. Vor allem die in den meisten Bundesländern bereits nach vier Jahren erfolgende Einteilung nach der Eignung für den Übergang in weiterführende Bildungsgänge wird als Barriere angesehen. Dadurch bleibt Kindern mit Migrationshintergrund zu wenig Zeit, um beispielsweise sprachliche Defizite auszugleichen. Auch eine hohe ethnische Konzentration innerhalb einer Schule bzw. Schulklasse kann sich nachteilig auf die Übergangschancen von der Grundschule in die Realschule oder das Gymnasium auswirken. In Klassen mit hoher ethnischer Konzentration wird in der Regel ein höheres Gewicht auf Spracherwerb gelegt, entsprechend sind die Standards, die in diesen Klassen im Fach Deutsch gesetzt werden, eher niedriger. Hinzu kommt, dass im deutschen Bildungssystem – gemessen an Standards in anderen Ländern – den Eltern eine wichtige Rolle bei der Vor- und Nachbereitung des Schulstoffes zugeschrieben wird. Eltern, die selbst keine höhere Bildung absolviert haben, wie es bei Personen mit Migrationshintergrund überwiegend der Fall ist, haben es besonders schwer, ihre Kinder kompetent bei den Hausaufgaben zu unterstützen (SVR 2010).
Aber auch die Organisationsform des Schulsystems hat erheblichen Ein-

fluss auf den Schulerfolg von Immigrantenkindern. Da bei der Leistungsbeurteilung die Nachteile durch die Erstsozialisation in einer anderen Sprache nicht berücksichtigt werden, werden Kinder mit Migrationshintergrund überdurchschnittlich oft nicht versetzt. Die Übergänge von der Primarstufe in die Sekundarstufe I sind ebenfalls in hohem Maße selektiv, so dass Kindern mit Migrationshintergrund der Zugang zu höher Bildung häufig verschlossen bleibt. Zwar haben zahlreiche Modellprojekte gezeigt, dass Sprachbarrieren durchaus überwunden werden können, aber bislang hat kein Bundesland Maßnahmen ergriffen, um flächendeckend die Sprachkompetenz so weit zu erhöhen, dass keine Benachteiligung von Kindern mit Migrationshintergrund beim Übergang in die Sekundarstufe I mehr bestehen.

Allgemein sind die Bildungswege zu einzelnen Abschlüssen vielfältiger und durchlässiger geworden. Beispielsweise kann ein Haupt- oder Realschulabschluss auch an einer beruflichen Schule erworben werden. Die verschiedenen Wege, die zu dem gleichen Abschluss führen, sind jedoch nicht gleichwertig im Hinblick auf den Zeitaufwand, und insbesondere auf die Ausbildungsplatz- und Arbeitsmarktchancen die sie vermitteln. Insbesondere Hauptschulabschlüsse aus Berufsvorbereitungsmaßnahmen werden nicht als gleichwertig mit denen des allgemeinbildenden Schulsystems angesehen. Dies betrifft ausländische Jugendliche in besonderem Maße.

Berufsausbildung

Die Chancen, nach dem Abschluss einer allgemeinbildenden Schule einen Ausbildungsplatz zu finden, sind für ausländische Jugendliche besonders ungünstig. Während im Jahr 2009 laut Mikrozensus 11,3% der Personen ohne Migrationshintergrund im Alter von 25 bis unter 35 Jahren keine abgeschlossene Berufsausbildung hatten, traf dies auf 36,1% derer mit Migrationshintergrund zu. Frauen mit Migrationshintergrund blieben häufiger ohne beruflichen Ausbildungsabschluss als dies bei der entsprechenden Gruppe von Männern der Fall war. Frauen ohne Migrationshintergrund bleiben hingegen etwas seltener ohne beruflichen Abschluss als Männer.

Die schlechteren Chancen auf einen Ausbildungsplatz

Während zwischen 2004 und 2008 rund 50% der deutschen Lehrstellenbewerberinnen und -bewerber einen Ausbildungsvertrag abschließen konnten, waren nur rund ein Drittel der ausländischen Bewerber erfolgreich. Aufgrund der Unterschiede bei den allgemeinbildenden Abschlüssen ist dies zunächst wenig überraschend. Auffallend ist jedoch, dass sich für ausländische Bewerberinnen und Bewerber mit mittleren und höheren allgemeinbildenden Abschlüssen – anders als bei ihren deutschen Mitbewerberinnen und -bewerbern dieser Bildungsstufe – die Chancen auf einen Ausbildungsvertrag nicht erhöhen. Selbst ausländische Jugendliche mit guten Noten haben eine geringere Chance auf einen Ausbildungsplatz als deutsche (Beicht, Granato 2009). Hinzu kommt, dass ausländische Jugendliche, die einen Ausbildungsplatz gefunden haben, die Ausbildung deutlich häufiger abbrechen als deutsche Auszubildende. Für viele Jugendliche mit Migrationshintergrund bleibt dann nur das Übergangssystem, z.B. berufsvorbereitende Maßnahmen. Das Übergangssystem soll nicht ausbildungsreife Jugendliche zur Ausbildungsreife führen. Diese Aufgabe wird jedoch kaum mehr erfüllt, vielmehr kann die Teilnahme am Übergangssystem zusätzlich stigmatisierend wirken (SVR 2010).

Die Benachteiligung auf dem Arbeitsmarkt

Seit dem Anwerbestopp von 1973 haben sich die Rahmenbedingungen auf dem Arbeitsmarkt erheblich geändert. Von diesem Strukturwandel waren ausländische Beschäftigte in besonderem Maße betroffen. Einerseits wurden arbeitsintensive Produktionsprozesse zunehmend in »Billiglohnländer« verlagert, anderseits ersetzte die Weiterentwicklung der Mikroelektronik vermehrt manuelle Arbeit in der Fertigung. Als Folge davon sank der Bedarf an gering qualifizierten Arbeitskräften deutlich und insbesondere ausländische Arbeitskräfte mit geringem Qualifikationsprofil waren in hohem Maße von Arbeitslosigkeit betroffen.

Obwohl sich die ausländische Wohnbevölkerung zwischen 1973 und 2009 von knapp 4 Millionen auf 7,2 Millionen erhöhte, verringerte sich die Zahl der sozialversicherungspflichtig beschäftigten Ausländerinnen und Ausländer von knapp 2,5 Millionen auf knapp 1,9 Millionen. Dies reflektiert einerseits den Übergang von dem allein auf Erwerb ausgerichteten Gastarbeiterstatus zur Wohnbevölkerung, zeigt aber anderseits die Schwierigkeiten der ausländischen Bevölkerung am Arbeitsmarkt. Letzteres lässt sich an der überdurchschnittlich hohen Arbeitslosigkeit erkennen, die während der Phase der Anwerbung praktisch keine Rolle spielte.

Die Erwerbsbeteiligung der Bevölkerung mit Migrationshintergrund ist deutlich niedriger als in der Gruppe ohne Migrationshintergrund. Zum Teil lässt sich dies durch die Qualifikationsunterschiede erklären, es zeigt sich jedoch, dass auch in der Gruppe mit mittlerer und höherer Qualifikation die Erwerbsbeteiligung der Bevölkerung mit Migrationshintergrund niedriger ist, als bei den entsprechenden Vergleichsgruppen.

Gleiches gilt für die Betroffenheit von Arbeitslosigkeit. Während Personen ohne Migrationshintergrund und hohem Qualifikationsgrad ein sehr niedriges Erwerbslosigkeitsrisiko tragen, liegt es bei den Erwerbspersonen mit Migrationshintergrund zwar ebenfalls niedriger als in der Gruppe mit geringen Qualifikationen, aber deutlich höher als dies bei Personen ohne Migrationshintergrund und entsprechender Qualifikation der Fall ist (Seifert 2007).

Probleme des Qualifikationstransfers

Die ungünstige Arbeitsmarktlage der Personen mit Migrationshintergrund, die höhere Qualifikationen erreicht haben, dürfte unter anderem auf Probleme des Qualifikationstransfers zurückzuführen sein. Bestimmte Qualifikationen sind landesspezifisch und können nur bedingt transferiert werden, andere werden nicht oder kaum nachgefragt. Zudem besteht das Problem der Anerkennung von im Ausland erworbenen Qualifikationen. Gesetzliche Vorgaben zu den Anerkennungsverfahren gibt es lediglich für Spätaussiedlerinnen und -aussiedler, sowie für bestimmte Berufe auch für Bürgerinnen und Bürger der Europäischen Union. Das Informationsangebot zu den Anerkennungsmöglichkeiten und -zuständigkeiten für Zugewanderte ist lückenhaft. Es kommt hinzu, dass neben der formellen Anerkennung auch eine Anerkennung der entsprechenden Qualifikationen auf dem freien Markt erfolgen muss, d. h. die Arbeitgeber müssen bereit sein, Arbeitnehmerinnen und Arbeitnehmer mit diesen Qualifikationen einzustellen (Beauftragte der Bundesregierung für Migration, Flüchtlinge und Integration 2007). Dem kommt eine besondere Bedeutung zu, da die Bundesregierung bestrebt ist, dem Mangel an hochqualifizierten Arbeitskräften mit einer gezielt geförderten Zuwanderung ausländischer Fachkräfte zu begegnen. Außerdem zeichnet sich im Rahmen der Globalisierung eine Internationalisierung der Arbeitsmärkte für das oberste Arbeitsmarktsegment ab. Dies gilt auch für den Spitzensport und die Unterhaltungsindustrie.

Insgesamt lassen sich jedoch bei der Arbeitsmarktintegration der Personen mit Migrationshintergrund erhebliche Defizite erkennen, die nicht nur deren niedrigerem Qualifikationsgrad geschuldet sind, sondern auch strukturellen Barrieren auf dem Arbeitsmarkt und im Bildungssystem.

Erhöhtes Armutsrisiko

Aufgrund der erkennbaren Defizite im Bereich der Arbeitsmarktintegration ist es wenig verwunderlich, dass das Armutsrisiko der Bevölkerung mit Migrationshintergrund höher ist als das der Bevölkerung insgesamt.

Als armutsgefährdet gelten Personen, deren persönliches Haushaltsnettoeinkommen (äquivalenzgewichtet) unter 60% des Durchschnittseinkommens (Median*) liegt. Mehr als ein Viertel der Personen mit Migrationshintergrund lebten demnach 2009 in einem Haushalt, der armutsgefährdet war. Bei den Personen ohne Migrationshintergrund trifft dies lediglich auf 11,7% zu. Leistungen der sozialen Mindestsicherung (SGB II, SGB XII und Asylbewerberleistungsgesetz) werden von Ausländerinnen und Ausländern zu einem wesentlich größeren Teil bezogen (21,1%) als von Deutschen, von denen lediglich 8,4% Mindestsicherungsleistungen beziehen (Beauftrage der Bundesregierung für Migration, Flüchtlinge und Integration 2009: 87ff).

Erfolge und Schwierigkeiten der sozialen Integration

Zum Bereich der sozialen Integration ist die Datenlage eher schlecht. Außer den Indikatoren des Sozio-Ökonomischen Panels finden sich nur wenige repräsentative Untersuchungen. Im Folgenden werden einige aktuelle Daten hierzu aus einer Studie der Bertelsmann Stiftung, die 2009 durchgeführt wurde, zitiert:

Mehr als zwei Drittel (69%) der Personen mit Migrationshintergrund[3] geben an, sich in Deutschland wohl zu fühlen. 58% möchten auch, dass ihre Kinder in Deutschland aufwachsen. Weniger als die Hälfte (43%) sagen: »Deutschland ist meine Heimat, meine Zukunft liegt hier«. Bei denjenigen, die in Deutschland geboren wurden, bezeichnen sogar 62% Deutschland als ihr Heimatland. Lediglich 21% geben an, früher oder später in das Herkunftsland zurückkehren zu wollen. Ein großer Teil (41%) fühlt sich gleichermaßen dem Heimatland verbunden als auch Deutschland. Knapp drei Viertel der Personen mit Migrationshintergrund wollen für sich die Werte und Traditionen Deutschlands mit denen des Herkunftslandes verbinden. Rund zwei Drittel fühlen sich in Deutschland integriert und nur 14% fühlen sich in Deutschland fremd. Außerdem hat mehr als die Hälfte der Personen mit Migrationshintergrund viele deutsche Freunde.

Ein eher negatives Bild ergibt sich hingegen bei der subjektiven Einschätzung der Chancen in der Gesellschaft. So glauben 42%, dass Schülerinnen und Schüler aus Zuwandererfamilien nicht die gleichen Chancen haben wie deutsche Schülerinnen und Schüler. Auch auf dem Arbeitsmarkt werden Benachteiligungen wahrgenommen. Die Hälfte der Personen mit Migrationshintergrund gibt an, nicht den Eindruck zu haben, dass

3 Hier wird die gleiche Definition verwendet wie im Mikrozensus.

alle Personen unabhängig von ihrer Herkunft die gleichen Chancen am Arbeitsmarkt und im Berufsleben haben. Allerdings geben nur 23% an, persönlich aufgrund ihrer Herkunft am Arbeitsmarkt oder im Berufsleben benachteiligt worden zu sein (Bertelsmann Stiftung 2009).

Religion hat bei den Personen mit Migrationshintergrund einen hohen Stellenwert. Dies gilt insbesondere für Personen mit muslimischem Glauben. Hierzu einige Daten aus einer aktuellen Studie (Haug u.a. 2009): In Deutschland leben nach Schätzungen zwischen 3,8 und 4,3 Millionen Menschen muslimischen Glaubens. 98% davon leben in den alten Bundesländern. 36% von ihnen schätzen sich selbst als sehr stark gläubig ein, weitere 50% als eher gläubig. Ein Drittel der der Personen muslimischen Glaubens mit Migrationshintergrund gibt an, täglich zu beten und 70% begehen religiöse Feste und Feiertage.

9 Zusammenfassende Bewertung und Ausblick

Die Anwerbung ausländischer Arbeitskräfte, die in der zweiten Hälfte der 1950er-Jahre begann und mit dem Anwerbestopp 1973 endete, sollte nicht zu einer dauerhaften Niederlassung ausländischer Arbeitskräfte führen. Die Zuwanderung wurde strikt an die Erfordernisse des Arbeitsmarktes rückgebunden. Nach dem Ende der konjunkturellen Hochphase sollten die ausländischen Arbeitskräfte wieder in ihre Heimat zurückkehren. Auch als nach dem Anwerbestopp fest stand, dass Deutschland zu einem der bedeutendsten Einwanderungsländer Europas geworden war, wurde diese Tatsache von der Politik lange Zeit nicht anerkannt.

Die Nichtanerkennung der Zuwanderung wirkte sich auf die Integration der Migranten aus. Aufgrund des unklaren Status dieser Arbeitskräfte investierte die Industrie nicht in ihre Aus- und Weiterbildung. Integrationsmaßnahmen blieben meist nur auf Modellprojekte beschränkt. Erst mit dem Nationalen Integrationsplan aus dem Jahr 2007 erfolgte nicht nur ein klares Bekenntnis zur Integration, es wurden auch Maßnahmen auf den Weg gebracht, die die Integration der rund 15 Millionen Menschen mit Migrationshintergrund, die mittlerweile in Deutschland leben, zu fördern.

Alles in allem kann der Stand der Integration derzeit nicht als zufriedenstellend angesehen werden. Bildungsstruktur, Erwerbsbeteiligung und wirtschaftliche Situation der Personen mit Migrationshintergrund unterscheiden sich erheblich von der der Bevölkerung ohne Migrationshintergrund. Dass Personen mit Migrationshintergrund schlechter in den

Arbeitsmarkt integriert sind, ist nicht allein auf die ungünstigere Bildungsstruktur zurückzuführen. Auch gut qualifizierte ausländische Arbeitskräfte weisen eine höhere Betroffenheit von Arbeitslosigkeit und eine niedrigere Erwerbsbeteiligung auf als die entsprechenden Gruppen ohne Migrationshintergrund. Trotz dieser noch immer ernüchternden Bilanz hat es auch Integrationserfolge gegeben. Die derzeitigen Regelungen bezüglich der Integration unterscheiden sich nicht mehr wesentlich von denen anderer westeuropäischer Länder. Zu bemängeln ist lediglich, dass dieser Schritt im Vergleich zu anderen Ländern erst sehr spät vollzogen worden ist, entsprechend fallen die Integrationserfolge hier geringer aus als dies in anderen Ländern zum Teil der Fall ist.

Allerdings sollten Pauschalisierungen vermieden werden. Die Gruppe der Personen mit Migrationshintergrund sind keine homogene Gruppe und sie sind in allen gesellschaftlichen Bereichen zu finden, wenn auch in anderer Verteilung als dies bei der Bevölkerung ohne Migrationshintergrund der Fall ist.

Für Teile der Gesellschaft und der Politik war es schwer, zu akzeptieren, dass Deutschland ein Einwanderungsland ist. Zwar wird Zuwanderung gegenwärtig kaum mehr pauschal in Frage gestellt, doch insbesondere die Integrationsbereitschaft bestimmter Gruppen, insbesondere muslimischer Zuwanderer, wird in immer wiederkehrenden Debatten hinterfragt. Integrationsangebote müssen sich jedoch an alle zugewanderten Gruppen richten, mit dem Ziel eine chancengleiche Teilhabe von allen in Deutschland lebenden Menschen unabhängig vom Migrationshintergrund oder der Religion zu ermöglichen. Wenn dies langfristig nicht möglich ist, muss davon ausgegangen werden, dass daraus Spannungspotentiale entstehen und Verteilungskonflikte um knappe Ressourcen (Arbeit, Einkommen, sozialer Status) eine ethnische Komponente erhalten (SVR 2010).

Für Deutschland gibt es keine Alternative zur Einwanderungsgesellschaft. Dies ist nicht nur der Tatsache geschuldet, dass die bestehende Zuwanderung nicht rückgängig gemacht werden kann. Allein schon die Alterung der Gesellschaft wird dazu führen, dass der Anteil der Personen mit Migrationshintergrund wächst, denn in den oberen Altersgruppen sind Personen mit Migrationshintergrund noch unterdurchschnittlich vertreten. Der Rückgang der Bevölkerung im erwerbsfähigen Alter wird schon in Kürze in den oberen Segmenten des Arbeitsmarktes zu einem Fachkräftemangel führen. Auch die fortschreitende Globalisierung wird zu einer Öffnung und Internationalisierung weiterer Teile des Arbeitsmarktes führen wie auch die Freizügigkeit innerhalb der Europäischen Union.

Weiterführende Literatur

HAN, PETRUS (2000): *Soziologie der Migration*, Stuttgart: Lucius & Lucius.

Grundlagenwerk mit Lehrbuchcharakter.

HAUG, SONJA/STEPHANIE MÜSSIG, ANJA STICHS (2009): *Muslimisches Leben in Deutschland.* Nürnberg: Bundesamt für Migration und Flüchtlinge,

Aktueller Überblick über muslimisches Leben in Deutschland mit gutem empirischem Überblick über verschiedene Lebensbereiche.

HERBERT, ULRICH (1986): *Geschichte der Ausländerbeschäftigung in Deutschland 1880–1980. Saisonarbeiter, Zwangsarbeiter, Gastarbeiter.* Berlin, Bonn: Dietz.

Die Geschichte der Ausländerbeschäftigung in Deutschland wird detailreich, aber dennoch spannend erzählt.

OLTMER, JOCHEN (2010): *Migration im 19. und 20. Jahrhundert*, München: R. Oldenbourg Verlag.

Aktueller überblick über Migrationsprozesse in zwei Jahrhunderten.

SACHVERSTÄNDIGENRAT DEUTSCHER STIFTUNGEN FÜR INTEGRATION UND MIGRATION. *Einwanderungsgesellschaft 2010. Jahresgutachten 2010 mit Integrationsbarometer,* Berlin: Sachverständigenrat.

Gute, problemorientierte Bilanz zum gegenwärtigen Stand der Integration in Deutschland. Anhand eines Index wird das Integrationsklima in Deutschland beschrieben.

Daten, Zahlen und Fakten zu den Themen Migration und Integration lassen sich im Internet problemlos recherchieren. Hier eine Auswahl an Webseiten:

BEAUFTRAGE FÜR INTEGRATION, FLÜCHTLINGE UND INTEGRATION:
http://www.bundesregierung.de/Webs/Breg/DE/Bundesregierung/BeauftragtefuerIntegration/beauftragte-fuer-integration.html

BUNDESAMT FÜR MIGRATION UND FLÜCHTLINGE
http://www.bamf.de/

SEITEN DES BUNDESMINISTERIUMS DES INNEREN
http://www.zuwanderung.de/

STELLVERTRETENDE FÜR DIE BUNDESLÄNDER DAS INFORMATIONSPORTAL DER LANDESREGIERUNG VON NORDRHEIN-WESTFALEN:
http://www.integration.nrw.de/

MIGRATIONSSEITEN DES DGB-BILDUNGSWERKES
http://www.migration-online.de/

Kapitel 5

Familie
Zwischen traditioneller Institution und individuell gestalteter Lebensform

Norbert F. Schneider

Die ergänzenden Materialien zu diesem Kapitel finden sich auf der Website: www.bpb.de/sozialkunde/familie

1 Familie in Deutschland – Stabilität und Wandel

Die Entwicklung der Familie in Deutschland seit den 1960er-Jahren ist durch die Gleichzeitigkeit von ausgeprägtem Wandel und bemerkenswerter Beständigkeit gekennzeichnet. Zahlreiche Analysen, die auf die stattfindenden Veränderungen gerichtet sind, vermitteln den Eindruck, die Familie löse sich auf oder verändere ihren Charakter grundlegend. Dieser Eindruck vergeht nach einem Blick auf einige der vom Wandel bislang wenig tangierten Merkmale der Familie.

Die Beständigkeit der Mutter- und Vaterrolle

Ein Merkmal, das sich als besonders stabil und wandlungsresistent erwiesen hat, sind die Elternrollen. Diese sind, in den alten Bundesländern, trotz vordergründigen Wandels im Kern bislang weitgehend unverändert geblieben. Dominierend ist nach wie vor die Überzeugung, dass es für die gedeihliche Entwicklung des Kindes am besten sei, wenn es von seiner Mutter betreut wird. Daher obliegt die Hauptzuständigkeit für die Pflege und Erziehung der Kinder normativ – und meist auch faktisch – nach wie vor der Frau. Der Mann hingegen trägt als Ernährer weiterhin die Hauptverantwortung für die materielle Versorgung der Familie. Zwar wird von den Vätern mittlerweile erwartet, dass sie sich stärker an der Hausarbeit und Kindererziehung beteiligen, doch in der Realität sind es in der Regel immer noch die Frauen, die nach der Geburt eines Kindes ihre Erwerbstätigkeit einschränken oder vorübergehend ganz aufgeben, während die jungen Väter oft noch mehr Erwerbsarbeit leisten als vor der Geburt. Die gestiegene Nachfrage nach den Vätermonaten im Rahmen der Elternzeit mag ein Indikator für einen hier langsam einsetzenden Wandel sein, ein Beleg für eine grundlegende Veränderung des Verhaltens ist sie noch nicht, verzichten doch derzeit drei von vier Vätern auf Elternzeit und jene, die sie in Anspruch nehmen, entscheiden sich meist nur für die Mindestdauer von zwei Monaten.

Der Vorrang der Paarbeziehung und die fortbestehende hohe Wertschätzung von Familie

Neben den Elternrollen ist ein weiteres zentrales Merkmal der Familie in Deutschland und in ganz Europa vom Wandel so gut wie nicht erfasst. Es handelt sich um das ausgeprägte Bestreben der Menschen, in einer Partnerschaft zu leben und nicht etwa allein oder polygam – eine in Zeiten des beschleunigten Wandels durchaus bemerkenswerte Tatsache. Außerhalb der Ehe wären Konstellationen mit mehreren Partnern prinzipiell möglich. Dass sie nicht praktiziert und für erstrebenswert erachtet werden, zeigt die Stabilität und Bedeutung der Paarorientierung auch in der gegenwärtigen Gesellschaft.

Ein drittes kaum verändertes Merkmal ist die hohe Bedeutung, die das Familienleben für das allgemein empfundene Lebensglück der Menschen hat. Nicht etwa Erfolg im Beruf, Spaß in der Freizeit oder intensive Konsummöglichkeiten werden für das subjektive Wohlbefinden am höchsten bewertet, sondern eine gute Partnerschaft und ein glückliches Familienleben. Dieser Befund ist ein wichtiger Beleg für die fortbestehende hohe Wertschätzung der Familie in unserer Gesellschaft.

De-Institutionalisierung der Ehe

Seit Jahrzehnten finden tiefgreifende Veränderungen statt, die Wesen und Gestalt von Familie und das Verhältnis von Familie und Gesellschaft betreffen. An erster Stelle sind hier Prozesse der *De-Institutionalisierung der Ehe* zu nennen und ein damit verbundener Bedeutungsrückgang sozialer Normierung und sozialer Kontrolle des Familienlebens. Im Zuge der gesellschaftlichen Modernisierung wandelte sich die Institution Ehe von einer auf Schutz und Unterdrückung basierenden Sozialform (Giddens 1993), die sozial intensiv kontrolliert war und auf gesellschaftlich gesetzten starren Regeln beruhte, zu einer individuell gestaltbaren Partnerschaft, die mit bestimmten Verpflichtungen und Privilegien verbunden ist. Ehe war und ist ein Ordnungsrahmen. Seine Grenzen waren früher enger und sie sind heute weiter gefasst. Im Verlauf dieser Entwicklung hat sich die ehemals enge Verknüpfung von Ehe mit Familie, Elternschaft, Sexualität und Zusammenleben in einem gemeinsamen Haushalt gelockert. Was noch in den 1960er-Jahren kaum möglich und mit erheblichen Sanktionen verbunden war, etwa unverheiratetes Zusammenwohnen, ledige Elternschaft oder Sexualität außerhalb der Ehe, ist heute Normalität und weitgehend frei von sozialen Bewertungen. Als eine wesentliche Folge der De-Institutionalisierung der Ehe haben die Vielfalt der Lebensformen und die Vielgestaltigkeit der Familienentwicklung *in moderatem Umfang* zugenommen.

Wandel der Binnenstruktur und des normativen Grundverständnisses der Familie

Ein zweiter markanter Wandel betrifft die Partner- und die Eltern-Kind-Beziehung. Beide haben sich von hierarchisch strukturierten, auf Abhängigkeit, Befehl und Gehorsam basierenden zu egalitären, partnerschaftlich organisierten Beziehungen gewandelt. So wurde die Entwicklung der familialen Binnenstrukturen als Übergang vom »Befehls- zum Verhandlungshaushalt« interpretiert (Beck/Beck-Gernsheim 1989). Im Zuge dieser Entwicklung hat sich das traditionelle Machtgefüge in der Familie, das auf der Unterordnung von Frauen und Kindern unter die männliche Herrschaft gründete, weitgehend aufgelöst. Entscheidungen werden heute in der Regel nicht mehr vom »Familienvorstand« getroffen, sondern gemeinsam, wobei an den Entscheidungsprozessen zunehmend auch die Kinder beteiligt sind.

Eine weitere bedeutsame Dimension des Wandels betrifft das normative Grundverständnis von Familie, das offener und viel flexibler geworden ist. Menschen können heute in weitgesteckten Grenzen ihre Familie individuell leben und gestalten, sie sind nicht mehr wie früher an strikte institutionelle Vorgaben und Regelungen gebunden. Wie Familie gelebt und was darunter verstanden wird, wird dadurch variantenreicher. Typische biografische Übergänge wie Heirat oder Elternschaft, vor Jahrzehnten selbstverständliche Bestandteile der meisten Biografien in Deutschland, sind zur Option geworden. Sie finden seltener und im Lebensverlauf deutlich später statt. Die merkliche Zunahme von Trennungen und Scheidungen pluralisiert die Verlaufsmuster zusätzlich.

Keine Krise der Familie

Der Wandel in der jüngeren Vergangenheit hat die Familie fraglos verändert. Eine Auflösung grundlegender Regelmäßigkeiten von Familienstruktur und Familienentwicklung hat jedoch nicht stattgefunden und keine Anzeichen deuten darauf hin, dass dies alsbald geschieht. Die feststellbaren Veränderungen sind Ausdruck eines fortlaufenden historischen Wandels der Familie und keine typische Erscheinung der Gegenwart. Daher geben die gegenwärtigen Entwicklungen der Familie keinen Anlass für Krisenszenarien.

Kleiner historischer Rückblick

Der Wandel der Familie seit den 1960er-Jahren hat sich nicht kontinuierlich vollzogen. Beginn, Ausmaß, Tempo, nicht aber die Richtung des Wandels verliefen in den einzelnen Regionen und Milieus unterschiedlich. Die Entwicklungen in der Bundesrepublik und in der DDR waren teilweise vergleichbar, wiesen aber auch deutliche Unterschiede auf.

In der alten Bundesrepublik war die Entwicklung nach 1960 von wenigen Schüben gekennzeichnet. Ende der 1960er-Jahre setzte ein erster intensiver Wandlungsschub ein, der Anfang der 1980er-Jahre endete. In diesem Zeitraum kam es zu einem starken Absinken der Geburtenrate (1965–1975), einem Rückgang der Heiratsneigung (1963–1978) und einem raschen Anstieg der Scheidungshäufigkeit (1969–1984). In dieser Zeit wurde durch eine Gesetzesreform eine weitgehende rechtliche Gleichstellung von Mann und Frau in der Familie erreicht (1977). Danach schloss sich eine Phase relativer Stabilität an, die bis Anfang der 1990er-Jahre andauerte. Während die Geburtenrate seit 1975 in Westdeutschland bis heute nahezu konstant blieb, stieg die Scheidungsquote seit 1992 deutlich, gleichzeitig nahm die Heiratsneigung ab. Seit 2005 blieb die Scheidungshäufigkeit wieder konstant und der Rückgang der Heiratsneigung verlor an Dynamik. Kennzeichnend für den zweiten Entwicklungsschub seit Mitte der 1990er-Jahre sind auch die Veränderungen der rechtlichen Position des Kindes und der Eltern-Kind-Beziehung durch die Novellierung des Kinder- und Jugendhilfegesetzes (KJHG) 1990/91, die Gleichstellung nichtehelicher Kinder 1998, das Gewaltverbot in der Erziehung 2000 und das gemeinsame Sorgerecht auch für nichtverheiratete Eltern 2010.

Die Entwicklung in der DDR und in den neuen Bundesländern

In der *DDR* vollzog sich ein vergleichbarer familiendemografischer Wandel, wenn auch zum Teil mit unterschiedlichem Tempo und auf anderem Niveau. Die Scheidungsrate stieg rascher als in der Bundesrepublik, die Heiratsneigung ging langsamer zurück und die Geburtenrate sank in den frühen 1970er-Jahren ähnlich stark wie in Westdeutschland. Aber es gab auch markante Unterschiede. Besonders auffällig waren die höhere Erwerbsbeteiligung der Mütter und der weitaus größere Anteil der in öffentlichen Institutionen betreuten Kinder sowie ein erheblich höherer Anteil nichtehelicher Geburten und die biografisch sehr früh erfolgende Familiengründung. Junge Paare heirateten in der DDR im Durchschnitt in ihrem 23. Lebensjahr und bekamen in diesem Alter auch ihr erstes Kind. Der Wandel der Familie in der DDR war ab 1975 durch die Einführung umfangreicher sozialpolitischer Unterstützungsmaßnahmen der Familien beeinflusst, deren Ziel es war, die Geburtenrate zu steigern. Tatsächlich kam es in den Folgejahren zu einem deutlichen Anstieg der Geburtenhäufigkeit. Dieser Anstieg, so zeigt sich heute, beruhte jedoch nicht auf einer bedeutsamen Erhöhung der durchschnittlichen Kinderzahl je Frau, sondern erfolgte hauptsächlich, weil die Frauen Geburten vorgezogen haben (Tempoeffekt).

Nach 1989 war in den neuen Bundesländern ein starker Rückgang aller relevanten familiendemografischen Ereignisse zu verzeichnen, der in der Wissenschaft unter dem Stichwort »Demografischer Einbruch« zusammengefasst ist. Geburten, Heiraten und Scheidungen fielen für einige Jahre auf historische Tiefstände. Ab Mitte der 1990er-Jahre kam es zu einer Trendumkehr im Sinne eines Wiederanstiegs von Geburten, Eheschließungen und Scheidungen (vgl. Abb. 1, 3 und 6).

Gegenwärtig sind die familiendemografischen Situationen in Ost- und Westdeutschland durch das Nebeneinander von Divergenz und Konvergenz gekennzeichnet. Weitgehend an westliche Muster angenähert hat sich das Alter bei der Familiengründung, wohingegen die Entkoppelung von Ehe und Elternschaft in den neuen Bundesländern weiter vorangeschritten ist. Im Jahr 2010 wurden in Ostdeutschland (einschließlich Berlin) 58% aller Kinder nichtehelich geboren. Auch die Müttererwerbstätigkeit und der Anteil der in Krippen betreuten Kinder sind im Osten immer noch weit höher als im Westen Deutschlands.

2 Was ist Familie? Eine Frage von hoher gesellschaftspolitischer Relevanz

Was ist Familie? Diese auf den ersten Blick leicht zu beantwortende Frage ist bei genauerem Hinsehen gar nicht so eindeutig und auch nicht abschließend zu klären. Im traditionellen Verständnis ist Familie ein Ehepaar, das zusammen mit seinen Kindern in einem Haushalt wohnt. Familie ist demnach durch fünf Merkmale bestimmt: das Vorhandensein von zwei Generationen und von zwei Geschlechtern, die Ehe des Elternpaars, verwandtschaftliche Beziehungen zwischen den Familienmitgliedern und eine Haushalts- und Wirtschaftsgemeinschaft. Dieses Familienverständnis ist immer noch weit verbreitet, stimmt aber mit der Lebenspraxis einer wachsenden Zahl von Menschen nicht mehr überein. Herausgebildet und verbreitet haben sich zahlreiche Lebensformen, die von diesem Modell abweichen. Beispiele dafür sind nichteheliche Lebensgemeinschaften mit ihren Kindern, gleichgeschlechtliche Paare, die mit den Kindern eines Partners oder einer Partnerin zusammenleben, Alleinerziehende und Paare ohne Kinder, die nicht zusammenwohnen, aber solidarisch verbunden sind und füreinander sorgen. Sind das Familien? Welche Merkmale sind zur Bestimmung geeignet? Gibt es überhaupt geeignete Merkmale?

Unterschiedliche Wesensbestimmungen von Familie

In der aktuellen gesellschaftspolitischen Diskussion, was Familie ist oder sein soll, sind drei unterschiedliche Positionen erkennbar:

- Die erste Position ist sehr stark auf die *Ehe* zentriert: Familie ist nur dort, wo ein Ehepaar in einem Haushalt zusammenlebt. Ehe konstituiert Familie, Kinder sind aus dieser Perspektive für das Vorhandensein einer Familie nicht unbedingt erforderlich. So gilt eine kinderlose Ehe als Familie, eine nichteheliche Lebensgemeinschaft mit Kindern dagegen nicht.
- Die zweite Position rückt *Elternschaft* in den Mittelpunkt. Familie ist eine Verantwortungsgemeinschaft zwischen Eltern und Kindern bzw. zwischen Kindern und Eltern. Oder, prägnanter ausgedrückt: Familie ist überall dort, wo Kinder sind. Ehe und Haushaltsgemeinschaft sind für eine Familie demnach nicht länger konstitutiv. Damit konturiert sich ein neuer, weiter gefasster Familienbegriff, der einzig auf die Eltern-Kind-Beziehung abstellt.
- Die dritte Position ist noch offener gefasst und hebt auf gelebte *Solidarbeziehungen* ab. Familie ist demnach jede exklusive Solidargemeinschaft zwischen zwei oder mehr Personen, die auf relative Dauer ausgerichtet ist. Auf das Vorhandensein von Ehe und Kindern kommt es dabei nicht an. Diese Position ist in Deutschland noch wenig bedeutsam. In Schweden, Dänemark und Frankreich gibt es bereits entsprechend angelegte Rechtsinstitute.

Die Antwort auf die Frage, was Familie ist, ist gesellschaftspolitisch sehr relevant, weil damit bestimmt wird, welche Lebensformen gesellschaftlich legitimiert sind und als besonders schutz- und förderwürdig gelten sollen. Solidarität, Exklusivität, relative Dauerhaftigkeit und Wechselseitigkeit, diese Merkmale können ein gutes Fundament für moderne Vorstellungen von Familie abgeben und die auf dem Kirchenrecht sowie dem bürgerlichen Recht basierende starre Normierung von Ehe und Familie ablösen.

Familie als Variante privater Lebensformen

Für sozialwissenschaftliche Analysen ist der Begriff Familie wegen seiner historischen Wandelbarkeit und ideologischen Befrachtung nur sehr eingeschränkt brauchbar. Besser hierfür geeignet ist ein objektiver Begriff wie der der *privaten Lebensform**. Die Dreigenerationenfamilie ist ebenso eine Lebensform wie der Singlehaushalt oder die Fernbeziehung. Lebensformen repräsentieren also *haushaltsübergreifend* relativ stabile Beziehungsmuster im Privatbereich. Es handelt sich um einen allgemeinen und umfassenden Begriff.

»Familiale Lebensformen« bilden eine Teilmenge, die dadurch bestimmt ist, dass darin mindestens ein Elternteil und Kinder zusammenleben. Schließlich bildet die *»eheliche Kernfamilie«* eine Teilmenge familialer Lebensformen, die dadurch bestimmt wird, dass Mann und Frau als Ehepaar mit ihren leiblichen Kindern zusammenleben. Wollte man noch weiter differenzieren, können hier zwei Formen unterschieden werden: die *»bürgerliche Kernfamilie«*, die im klassischen Sinn auf einer strikten komplementären Rollenteilung zwischen den Geschlechtern beruht, der Mann übernimmt die Rolle des Alleinversorgers, die Frau die der Hausfrau und Mutter. Davon zu unterscheiden ist die *»moderne Kernfamilie«*, die auf einer egalitären Rollengestaltung der Partner basiert.

Private Lebensformen sind keine starren Strukturtypen. Vielmehr sind sie als Entwicklungsverläufe zu sehen, charakterisiert durch wechselnde Aufgaben und Leistungen sowie durch unterschiedliche Beziehungsmuster. Aber nicht nur einzelne Lebensformen sind dynamisch, die *private Lebensführung**, d. h. die Gestaltung der Lebensformen und ihre Aufeinanderfolge im Lebenslauf, ist als Prozess zu verstehen, der durch Übergänge und dadurch begründete Lebensphasen charakterisiert ist. Typische Übergänge sind die Heirat, die Erstelternschaft, der Auszug der Kinder aus dem Elternhaus, Scheidung und Verwitwung.

Die Familie gibt es nicht. Vielmehr ist von einer Vielfalt unterschiedlicher (familialer) Lebensformen auszugehen, die, jede für sich, eine gewisse soziale Legitimität beanspruchen können. Familie ist kein Naturgesetz, sondern eine soziale Institution, die durch die jeweiligen kulturellen und gesellschaftlichen Verhältnisse überformt, dadurch aber nicht determiniert ist. Bei aller gesellschaftlichen Prägung, Familie ist auch ein individuelles Beziehungsgefüge, das durch Individuen hervorgebracht, gelebt und gestaltet wird. Typische Muster und Gestaltungsformen geben der Familie ihr jeweiliges Gesicht und wirken zugleich zurück auf die Gesellschaft.

3 Der Wandel von der vorindustriellen zur modernen Familie

Unser Verständnis des Wandels der Familie wird bis heute von zahlreichen Mythen, Fehleinschätzungen und Klischees begleitet.

Drei Mythen über den historischen Wandel

Ein erster Mythos ist die weit verbreitete Annahme, es hätte eine *Entwicklung von einer vorindustriellen Groß- zu einer modernen Kleinfamilie* gegeben. Ausgehend von der Vorstellung, die Familie in der Vergangenheit sei typischerweise die Großfamilie gewesen, in der drei Generationen zusammen unter einem Dach lebten, wird unterstellt, es hätte eine lineare Verkleinerung der Familie gegeben, die bis heute nicht zum Stillstand gekommen ist. Aus heutiger Sicht ist klar, dass die Dreigenerationenfamilie in der Vergangenheit nicht weit verbreitet, sondern eher die Ausnahme war. Vielfach dürften Familien im 19. Jahrhundert kleinere Einheiten mit vier bis sechs Personen gewesen sein, für die, im Unterschied zu heute, das Vorhandensein von Gesinde typisch war. Die Kleinheit ergab sich aus einer Vielzahl von Gründen. Zu den wichtigsten gehörte sicherlich die hohe Säuglings- und Kindersterblichkeit. In manchen Zeiten und Regionen sind wohl bis zur Hälfte der Kinder während ihrer ersten drei Lebensjahre verstorben.

Das Klischee der Familie *als Hort von Harmonie und Glück* kann ebenfalls getrost als Mythos bezeichnet werden. Unter dem Diktat von Knappheit und Not war Familie zumeist nicht der Harmonieraum, zu dem sie bis heute romantisiert wird. Vielmehr kann davon ausgegangen werden, dass die Familie verbreitet ein Ort von Konflikten, Gewalt und Unterdrückung war, unter der besonders Frauen und Kinder und nach der Hofübergabe auch Alte zu leiden hatten.

Weiterhin ist der Deutung entgegenzutreten, der Wandel der Familie sei im Sinne eines *fortschreitenden Funktionsverlusts* erfolgt, in dem die Familie zunächst die Produktionsfunktion abgegeben habe. Von einem progressiven Funktionsverlust der Familie kann nach den Befunden der historischen Familienforschung nicht gesprochen werden, bestenfalls von einer gewissen Spezialisierung. Entscheidend scheint nicht die Abgabe von Funktionen zu sein, sondern die veränderte Form, in der sie heute erbracht werden. Mit der These des Funktionswandels war die Annahme verknüpft, dass sich diese Entwicklung auch auf die Beziehungen zwischen den Mitgliedern der Familie ausgewirkt habe: Die von der unmittelbaren Subsistenzsicherung entlastete Kernfamilie schaffe Raum für Emotionalität, Intimität und Liebe zwischen den Partnern bzw. zwischen Eltern und Kindern und stelle die moderne Familie auf eine völlig neue Grundlage. Eine solche Charakterisierung dürfte die Entwicklung überzeichnen, weil es durchaus Befunde dafür gibt, dass auch vorindustrielle Familienbeziehungen nicht ausschließlich instrumentell waren, wie ja umgekehrt heutzutage ökonomische oder pragmatische Gesichtspunkte bei Eheschließungen bzw. Familiengründungen durchaus bedeutsam sind.

Rechtliche Wendepunkte, Steigerung der Lebenserwartung und Wandel der Verwandtschaft

Entscheidende *rechtliche Wendepunkte* im Verlauf des Wandels von der vorindustriellen zur modernen Familie waren die Einführung der Schulpflicht, der Übergang vom kanonischen zum bürgerlichen Ehe- und Familienrecht sowie die Durchsetzung des Prinzips der freien Gattenwahl.

Maßgebliche *demografische Veränderungen* waren der Rückgang der Säuglingssterblichkeit, der, mit einiger zeitlicher Verzögerung, zu einem spürbaren Rückgang der Geburten führte, und der Rückgang der Sterblichkeit im mittleren Erwachsenenalter. Das signifikante Absinken des Sterberisikos im mittleren Erwachsenenalter verlängerte die gemeinsame Lebenszeit der Familienmitglieder erheblich und führte, im Rahmen der strengen institutionellen Verfasstheit von Familie, zur Ausbildung des typischen frühmodernen Verlaufs der Familienentwicklung.

Bei allen markanten Veränderungen der Familie, weit tiefgreifender war im Vergleich dazu der Wandel der Verwandtschaftsbeziehungen. Verwandtschaft hat als vormals mächtige soziale Institution ab Mitte des 19. Jahrhunderts stark an Bedeutung eingebüßt. Die Kernfamilie und ihre Mitglieder, zuvor integraler Bestandteil des übergreifenden Verwandtschaftssystems und davon abhängig, wurden zunehmend unabhängig und selbständig. Der Einfluss der Verwandtschaft als Kontroll- und Entscheidungsträger ging zurück und hat sich bis heute weitgehend aufgelöst.

Zum Wandel der Familie in Deutschland nach 1955

Die Zeit zwischen 1955 und 1968 wird allgemein als Blütezeit von Ehe und Familie bezeichnet, weil die eheliche Kernfamilie in dieser Zeit eine besondere Monopolstellung innehatte – sowohl faktisch als auch normativ.

Voreheliches Zusammenleben, Scheidungen, nichteheliche Geburten und dauerhafte Kinderlosigkeit waren selten, die Heiratshäufigkeit hoch. Eine derartige Dominanz einer einzelnen Lebensform und des damit verbundenen Musters der Lebensführung ist historisch gesehen ein Ausnahmefall. Davor, d.h. insbesondere auch im 18. und 19. Jahrhundert, existierte eine Vielfalt von Lebensformen, die hauptsächlich durch den großen Einfluss der sozialstrukturellen Lage auf die Familienformen, ökonomisch begründete Heiratsverbote und das hohe Risiko der Verwitwung in jungen Jahren verursacht war. Die seit Ende der 1960er-Jahre in Gang gekommene Pluralisierung der Lebensformen* und Individualisierung* der Lebensführung stellen deshalb eine Rückkehr zur historischen Normalität der Vielfalt dar.

Strukturelle Ursachen des Wandels

Neben anderen sind vor allem zwei Ursachen für diesen Wandel von Bedeutung: die im Zuge der allgemeinen gesellschaftlichen Modernisierung nachlassende Verbindlichkeit sozialer Normen und Kontrollen sowie die zunehmende Bildungsbeteiligung und Erwerbstätigkeit der Frauen, die dadurch ökonomisch immer unabhängiger von Mann und Ehe werden.

Die Ehe verlor in diesem Prozess ihre frühere Bedeutung als gesellschaftliche Institution, die um ihrer selbst willen zu schützen und aufrechtzuerhalten war, und bietet heute nur noch den rechtlichen Rahmen für eine Lebensform, die die Eheleute ansonsten nach ihrem Belieben individuell gestalten können. Das bedeutet jedoch nicht, dass gesellschaftliche Einschränkungen gänzlich an Bedeutung eingebüßt haben. Im Gegenteil: Nach wie vor beeinflussen strukturelle Rücksichtslosigkeiten, d.h. der politisch gesetzte Vorrang wirtschaftlicher gegenüber familialen Interessen, fehlende öffentliche Kinderbetreuungseinrichtungen und die gesellschaftliche Geringschätzung von in der Familien- und Erziehungsarbeit erbrachten Leistungen das Familienleben und die Entfaltungschancen von Familien beträchtlich. Doch zweifellos haben die Wahlmöglichkeiten und die Vielfalt der Lebensformen zugenommen, zwar nicht im Sinne eines »anything goes«, aber im Sinne einer Herauslösung aus den Zwangsläufigkeiten der ökonomischen und sozialen Verhältnisse, wie sie noch in den 1960er-Jahren bestanden.

4 Die familiendemografische Entwicklung in Deutschland

Die demografische Entwicklung ist in beiden deutschen Staaten und nach der Wiedervereinigung in den alten und neuen Bundesländern teilweise sehr unterschiedlich verlaufen (vgl. dazu Kapitel 3: Bevölkerung). Nach 1990 haben sich die Unterschiede zwischen alten und neuen Bundesländern teilweise verringert, etwa beim Erstgeburtsalter, das sich heute kaum noch unterscheidet, andere haben sich dagegen weiter vergrößert, etwa der Anteil nichtehelicher Geburten, der im Osten mehr als doppelt so hoch ist wie im Westen[1].

Die Entwicklung der Geburtenrate

Deutschland gehört seit Anfang der 1970er-Jahre global zu den Ländern mit der niedrigsten Geburtenrate. Auf dem Höhepunkt des sogenannten »Baby-Booms« in Deutschland wurden 1957 bis 1968 etwa 2,4 Kinder je Frau geboren. Danach setzte ein sehr massiver Rückgang der Geburtenrate ein, der bis etwa 1975 andauerte. Seither wurden im Durchschnitt (gemessen mit der Zusammengefassten Geburtenziffer TFR) etwa 1,4 Kinder je Frau geboren (2010: 1,39), wobei jedoch teils erhebliche regionale Unterschiede zu beobachten sind. Damit ist jede nachfolgende Generation um etwa ein Drittel kleiner als die Elterngeneration.

Gründe für die niedrige Geburtenhäufigkeit

Grundsätzlich sind drei Ursachenbündel zu unterscheiden. *Strukturell* gilt Deutschland als ein Land, in dem die Vereinbarkeit von Familie und Beruf besonders schwierig ist. Gründe liegen im Fehlen einer ausreichenden Zahl an Kinderbetreuungsplätzen, vor allem im Krippen- und im Grundschulalter in Westdeutschland, aber auch in der weithin geringen Bereitschaft der Wirtschaft, durch flexible Arbeitszeitstrukturen familienfreundlicher zu werden.

Kulturell ist festzustellen, dass besonders in Westdeutschland sehr traditionelle Familienleitbilder und Geschlechterrollen weiterhin eine hohe Bedeutung haben und die Förderung des Kindeswohls als Aufgabe der

1 Sinnvoll wäre es, die Situation in Ost und West getrennt zu behandeln. Da dies im Rahmen dieses Beitrags nicht geleistet werden kann, erfolgt die Darstellung und Diskussion langfristiger Entwicklungen zumeist für Gesamtdeutschland, wobei vor 1990 die Daten für die DDR und die Bundesrepublik zusammengerechnet werden. Bei besonders bedeutsamen Unterschieden wird explizit zwischen West und Ost differenziert.

Eltern einen sehr hohen gesellschaftlichen Stellenwert besitzt. In Verbindung mit dem verbreiteten Bestreben vieler (potentieller) Eltern, in der Erziehung alles richtig zu machen und so den hohen gesellschaftlichen Erwartungen an eine gelingende Erziehung zu entsprechen, wird die Entscheidung für Kinder erschwert oder sogar verhindert.

Während die niedrige Geburten*rate* auf kulturelle und strukturelle Faktoren zurückzuführen ist, ist der Rückgang der Geburten*häufigkeit,* also der absoluten Zahl von Geburten, durch die demografische Entwicklung bedingt, weil die schrumpfende Größe der jeweiligen Elterngeneration auch bei konstanter Geburtenrate in der Summe zu weniger Geburten führt. Gab es im Jahr 2000 noch knapp 20 Millionen Frauen im gebärfähigen Alter (15 bis 49 Jahre), werden es 2020 nur noch knapp 16 Millionen sein – und damit etwa 20 Prozent weniger.

Veränderungen des generativen Verhaltens

Das generative Verhalten hat sich in den letzten Jahrzehnten in vielfacher Weise verändert. Besonders markant ist dabei der rasch gestiegene Anteil dauerhaft kinderloser Frauen. Mehr als jede fünfte Frau, die zwischen 1964 und 1968 geboren worden ist, war im Jahr 2008, also im Alter zwischen 40 und 44 Jahren, noch kinderlos und es kann angenommen werden, dass nur noch ein sehr kleiner Teil dieser Frauen Mutter werden wird. Deutschland gehört damit weltweit zu den Ländern mit den höchsten Anteilen dauerhaft kinderloser Frauen. Dabei bestehen erhebliche regionale Unterschiede: Während in den neuen Bundesländern nur 13 % kinderlos geblieben sind, ist dieser Anteil in den alten Bundesländern doppelt so hoch. Die Dynamik des Wandels belegt ein Vergleich mit den um 1945 geborenen Frauen. Unter ihnen waren nur 12 % kinderlos geblieben, 13 % in den alten und 7 % in den neuen Bundesländern.

Bedeutsame Unterschiede im Ausmaß der Kinderlosigkeit sind auch nach dem formalen Schulabschluss der Frauen erkennbar. Bei Frauen mit Abitur beträgt der Anteil Kinderloser in der Geburtskohorte 1964–68 28 %[2], bei Frauen ohne Schulabschluss dagegen 17 %. Es zeigen sich allerdings in Ostdeutschland weniger ausgeprägte Unterschiede für die Anteile dauerhaft kinderloser Frauen nach ihrem Ausbildungsabschluss als in Westdeutschland. Soweit es die spärlich vorhandenen empirischen Befunde erlauben, kann für Männer von einem umgekehrten Zusammenhang zwischen Bildung und Kinderlosigkeit ausgegangen werden: Je höher die formale Bil-

2 Auch hier sind erhebliche Ost-West-Unterschiede zu beobachten: 30 % der Abiturientinnen im Westen und 13 % im Osten sind kinderlos geblieben.

dung, desto mehr Kinder haben die Männer im Durchschnitt, wohingegen Männer mit weit unterdurchschnittlicher Bildung das höchste Risiko dauerhafter Kinderlosigkeit tragen.

Kinderlosigkeit kann gewollt oder ungewollt sein. Erstere beruht meist auf einer prinzipiellen Ablehnung von Elternschaft oder auf einem immer wieder vollzogenen Aufschub eines latent vorhandenen Kinderwunschs mit abschließendem Verzicht auf Kinder. Ungewollte Kinderlosigkeit kann infolge des Fehlens eines geeigneten Partners oder auf Grund von Infertilität entstehen. Das Risiko unfruchtbar zu sein bzw. zu werden steigt mit zunehmendem Alter stark an. Im Alter von 20 bis 25 Jahren sind etwa 6% der Frauen betroffen, bei den 35- bis 40-Jährigen ist dieser Anteil vier- bis fünffach erhöht. Die zunehmende Inanspruchnahme reproduktionsmedizinischer Unterstützung, die sich zu einem blühenden Wirtschaftszweig entwickelt hat, ist demnach nicht in erster Linie Folge einer allgemein sinkenden Fruchtbarkeit, die durch Umwelteinflüsse hervorgerufen wird, sondern Ergebnis des verbreiteten Verhaltens, Elternschaft in immer höhere Lebensalter zu verschieben.

Der biografische Aufschub des Übergangs zur Elternschaft ist ein zweites bedeutsames Merkmal des Wandels des generativen Verhaltens. Mütter sind in Deutschland im Durchschnitt bei der Geburt ihres ersten ehelichen Kindes 30 Jahre alt und damit rund fünf Jahre älter als noch vor dreißig Jahren. Gegenwärtig hat jedes vierte Neugeborene eine Mutter, die 35 Jahre oder älter ist. Als Folge eines fortschreitenden biografischen Aufschubs von Elternschaft erhöht sich, wie erwähnt, das Risiko ungewollter Kinderlosigkeit, demografisch ist damit auch eine Vergrößerung des Abstands zwischen den Generationen verbunden, mit erheblichen Folgen für die Bevölkerungsstruktur. Das veranschaulicht ein kleines Modellbeispiel: Sind Mütter im Durchschnitt bei der Geburt ihrer Kinder 25 Jahre alt, werden in einem Jahrhundert vier Generationen geboren, sind sie dagegen 33 Jahre alt, sind es nur drei Generationen.

Noch ein dritter demografischer Faktor hat Einfluss auf das Geburtengeschehen – der Rückgang von Müttern mit mindestens drei Kindern. Zwei Zahlen sollen den Wandel demonstrieren: Während 32% der Frauen der Geburtsjahrgänge 1933–38 mindestens drei Kinder geboren haben, war dieser Anteil in den Geburtsjahrgängen 1959–63 auf rund 16% gesunken.

Während also Kinderlosigkeit zunimmt und Mehrkindfamilien seltener werden, kann die weit verbreitete Einschätzung, dass immer mehr Kinder ohne Geschwister aufwachsen, nur bedingt bestätigt werden. 1984 waren 12% und 2008 ca. 16% aller Kinder geschwisterlos.

In Westdeutschland sind Elternschaft und Ehe nach wie vor eng verknüpft. Im Vergleich mit vielen westlichen Industrieländern weisen die alten Bundesländer, trotz eines beständigen Anstiegs seit Mitte der 1960er-Jahre, einen vergleichsweise niedrigen Anteil nichtehelich Geborener auf. Nur in wenigen Ländern, etwa Irland, Griechenland und Italien, ist dieser Anteil noch geringer. In Skandinavien, Frankreich oder auch Großbritannien ist er dagegen beträchtlich höher. 1966, in einer Zeit, in der eine nichteheliche Geburt durchaus noch mit negativen sozialen Konsequenzen verbunden sein konnte, waren 5 % aller Geburten in der Bundesrepublik Deutschland nichtehelich mit seitdem steigender Tendenz. In Ostdeutschland ist vom Verlauf her eine ähnliche Entwicklung zu beobachten, jedoch auf sehr viel höherem Niveau.

Veränderte gesellschaftliche Rahmenbedingungen

Der soziale Kontext, in den das generative Verhalten in Deutschland eingebunden ist, hat sich in den letzten Jahrzehnten grundlegend gewandelt. Drei Faktoren sind dabei von herausragender Bedeutung. Mit der gewachsenen *Bildungs- und Erwerbsbeteiligung* der Frauen eröffneten sich für diese neue Optionen, die die Phase ihrer alternativlosen Festlegung auf das Hausfrauen- und Mutterdasein beendet haben. Ein zweiter Faktor beruht darauf, dass *Elternschaft heute nicht mehr selbstverständlich* ist, sondern sich zu einer Option entwickelt hat, für die man sich entscheidet oder nicht. Elternschaft als Option setzt die prinzipielle Möglichkeit einer relativ zuverlässigen Planbarkeit voraus, die durch die Verbreitung sicherer und frei zugänglicher Verhütungsmittel seit den sechziger Jahren gegeben ist. Trotz dieser Möglichkeiten, das sei hier nur erwähnt, gibt es empirische Hinweise, dass jede dritte nicht abgebrochene Schwangerschaft ungeplant ist. Der dritte und vielleicht bedeutsamste Faktor gründet im *Bedeutungswandel von Elternschaft*. Er ergab sich aus neuartigen an Mütter und Väter gerichteten Rollenerwartungen, aus veränderten Einstellungen gegenüber Kindern und aus der Aufwertung der gesellschaftlichen Stellung von Kindern, wie sie etwa an ihrer Anerkennung als Rechtssubjekte erkennbar wird (vgl. Auszug BGB). Hinzu kommt, dass Elternschaft mit der Etablierung neuer Leitbilder, etwa den »Neuen Vätern«, der »Gelingenden Erziehung« oder der »Verantworteten Elternschaft« heute deutlich voraussetzungsreicher und anspruchsvoller ist als noch vor wenigen Jahrzehnten. Daraus und auch aus der Tatsache, dass auf die Belange von Eltern gesellschaftlich wenig Rücksicht genommen wird, resultieren Probleme, die die Realisierung vorhandener Kinderwünsche verhindern oder dazu führen, dass ein steigender Anteil junger Menschen keine Kinderwünsche entwickelt.

Ehescheidung: Vom Stigma zur Normalität

Im europäischen Vergleich nimmt Deutschland bei der Scheidungshäufigkeit eine mittlere Position ein. In den skandinavischen Ländern und in Teilen Osteuropas ist die Scheidungsrate etwas höher, in den südeuropäischen Ländern und in Irland dagegen wesentlich niedriger. Unter den gegenwärtigen Ehescheidungsverhältnissen ist davon auszugehen, dass etwa 40% der in den letzten zehn Jahren geschlossenen Ehen geschieden werden. Für die Eheschließungsjahrgänge 1950 und 1970 lag dieser Wert bei zehn bzw. bei 25%.

Noch in den frühen 1960er-Jahren hatte eine Ehescheidung gravierende soziale und persönliche Folgen. Sie war sozial unerwünscht und wurde gleichgesetzt mit persönlichem Scheitern und Versagen. Doch Scheidung ist mittlerweile ein gesellschaftlich akzeptierter Schritt zur Auflösung einer als unbefriedigend oder belastend empfundenen Ehe. Das gilt zunehmend auch für Ehen mit kleinen Kindern. Mit einer Scheidung sind zumeist erhebliche Kosten und eine Verschlechterung der ökonomischen Situation sowie, zumindest kurzfristig, psychische und emotionale Belastungen verbunden. Dennoch ist ein Leben als geschiedene Person heute, im Unterschied zu früher, unproblematischer und eine sozial anerkannte Alternative zur lebenslangen Ehe oder zur Wiederheirat.

Bezogen auf die Ehedauer hat sich das Scheidungsgeschehen in Deutschland in zweifacher Hinsicht verändert. Erstens werden immer mehr Ehen immer früher geschieden. Die höchste ehedauerspezifische Scheidungshäufigkeit liegt heute im fünften Ehejahr. Da dieser Ziffer der Zeitpunkt der juristisch vollzogenen Scheidung zu Grunde liegt, ist davon auszugehen, dass die faktische Trennung der Partner am häufigsten im dritten und vierten Ehejahr stattfindet. Zweitens kam es zu einer generellen Erhöhung der Scheidungswahrscheinlichkeit. Auch Ehen mit einer Dauer von 20 oder mehr Jahren werden heute häufiger geschieden als in der Vergangenheit.

Die Zahl der von der Scheidung ihrer Eltern betroffenen minderjährigen Kinder ist über lange Zeit hinweg relativ konstant geblieben. Seit den späten 1970er-Jahren erleben, von Schwankungen im Zuge der Wiedervereinigung und einem kurzen Anstieg zwischen 2002 und 2004 abgesehen, pro Jahr zwischen 140 und 150 Tausend minderjährige Kinder die Scheidung ihrer Eltern. Im langjährigen Durchschnitt sind pro 100 Ehescheidungen etwa 80 Kinder betroffen.

Über die Folgen einer Scheidung für die Kinder bestehen in der Öffentlichkeit unterschiedliche und zum Teil unzutreffende Auffassungen. Wie die Kinder die Scheidungsfolgen bewältigen, ist weniger abhängig vom

Scheidungserlebnis an sich als von den familialen Beziehungen vor, während und vor allem auch nach der Scheidung. Insgesamt gibt es wenige Hinweise auf langfristige und schwerwiegende Scheidungsfolgen (Schmidt-Denter/Beelmann 1995), gut belegt sind aber kurzfristige Folgen, die unter anderem in Abhängigkeit von Alter und Geschlecht der Kinder variieren.

Kinder aus einer Scheidungsfamilie tragen selbst wieder ein höheres Scheidungsrisiko. Wurde dies in der Vergangenheit mit negativen Ehevorstellungen und unzureichender Bindungsfähigkeit erklärt, geht man heute eher davon aus, dass Scheidungskinder ihre früheren Erfahrungen konstruktiv anwenden und weniger Angst haben, unglückliche Beziehungen zu beenden.

Veränderte Scheidungsgründe

Die Scheidungsursachen haben sich im Lauf der letzten Jahrzehnte deutlich gewandelt. Zu unterscheiden ist zwischen objektiven Rahmenbedingungen der Lebenssituation, die das Scheidungsverhalten beeinflussen können und den jeweiligen subjektiven Scheidungsgründen. Als subjektive Scheidungsgründe haben Gewalttätigkeit, Alkoholismus und sexuelle Untreue stark an Bedeutung verloren. Sie wurden abgelöst durch »Kommunikationsprobleme« sowie durch »emotionale Verarmung« und »fehlende gemeinsame Interessen«. Mit der »Normalisierung« der Scheidung hat die Bedeutung bestimmter Merkmale der Lebenssituation, die lange als Scheidungsbarrieren gewirkt haben, großenteils abgenommen. So haben sich frühere konfessionelle und milieutypische Unterschiede erheblich nivelliert. Andere haben dagegen Bestand. Dazu gehören ausgeprägte Stadt-Land-Unterschiede. So ist das Scheidungsrisiko in Städten fast doppelt so hoch wie in ländlichen Gebieten. Ehen, in denen beide Partner erwerbstätig sind, werden häufiger geschieden als Ehen, in denen die Frau zu Hause bleibt. Vor allem Kinder sind in Westdeutschland immer weniger Scheidungsbarriere. Ehen mit Kindern weisen derzeit kein signifikant niedrigeres Scheidungsrisiko mehr auf als kinderlose Ehen. Nur in der Phase mit Kindern unter fünf Jahren ist noch ein die Ehe stabilisierender Effekt nachweisbar (Wagner/Weiß 2003).

Die insgesamt gestiegene Scheidungshäufigkeit wird sehr unterschiedlich interpretiert. Manche sehen darin eine krisenhafte Entwicklung und Anzeichen für eine sinkende Solidaritätsbereitschaft, andere werten dies als Indiz für die zunehmende Wichtigkeit glücklicher Partnerschaften. In Zeiten fortgeschrittener Individualisierung ist Scheidung jedenfalls eine bedeutsame Option, um als unbefriedigend erlebte Ehen beenden zu können, ohne die vermutlich die Heiratsneigung deutlich geringer wäre.

Die Ehe hat Konkurrenz erhalten, bleibt aber attraktiv

Die Zahl der Eheschließungen ist seit Anfang der 1960er-Jahre stark rückläufig. Verglichen mit 1961, als nahezu 700 Tausend Ehen in Deutschland geschlossen wurden, hat sich diese Zahl bis 2009 nahezu halbiert (vgl. Abb. 1). Mit einer Heiratsziffer (Eheschließungen je 1 000 Einwohner) von 4,7 im Jahr 2010 weist Deutschland im europäischen Vergleich einen mittleren Wert auf.

Der Rückgang der Heiratshäufigkeit ist zum Teil Folge demografischer Veränderungen (zurückgehende Zahl von Personen im typischen Heiratsalter zwischen 20 und 40 Jahren), basiert aber auch auf einem Absinken der Heiratsneigung. Darauf deutet der Anstieg dauerhaft lediger Personen hin. Nach den gegenwärtigen Heiratsverhältnissen ist davon auszugehen, dass etwa 29 % der Männer und rund 18 % der Frauen, die 1965 geboren wurden, dauerhaft ledig bleiben werden. Innerhalb der letzten dreißig Jahre hat sich der Anteil dauerhaft lediger Männer verdreifacht, während der Anteil der ledigen Frauen im selben Zeitraum nur geringfügig angestiegen ist. Zurückgegangen ist auch die Wiederheiratswahrscheinlichkeit geschiedener und verwitweter Personen im Zeitverlauf. Gegenwärtig heiratet gut die Hälfte dieser Personen ein weiteres Mal (vgl. Abb. 2).

Zwei Gründe für die gesunkene Heiratsneigung

Die gesunkene Heiratsneigung hat vielfältige Ursachen. Zwei davon sind besonders wichtig: Die mit einer Eheschließung verbundenen Vorteile haben abgenommen, ebenso wie die Nachteile, die mit der Ehelosigkeit verbunden sind. Damit hat sich der Nutzen, in einer Ehe zu leben, im Vergleich zu anderen Alternativen verringert, wodurch die Ehe an Attraktivität und an Selbstverständlichkeit eingebüßt hat.

Die zweite wichtige Ursache für den Rückgang der Heiratsneigung ist der Wandel der Grundlagen von Liebesbeziehungen: Nach Giddens (1993) werden Beziehungen heute auf der Basis leidenschaftlicher Liebe begründet, die im Unterschied zur romantischen Liebe der Vergangenheit, die in erster Linie instrumentellen Charakter hatte, vergänglich und nicht auf eine lebenslange Verbindung ausgerichtet ist. »Reine« Beziehungen werden nur um ihrer selbst willen begründet und aufrechterhalten. Ihr Hauptzweck ist die emotionale Befriedigung der Partner. Wird dieser Zweck nicht mehr hinreichend erfüllt, wird die Beziehung beendet. Für diese Art nicht auf lebenslange Dauer ausgerichteter Beziehungen, die weder auf ökonomischen Kalkülen noch auf sozialen Konventionen beruhen, sondern auf persönlichen, emotionalen Motiven, ist die Ehe mit ihren Verbindlichkeiten eher hinderlich. Normative Erwartungen und institutionelle Setzungen, in der Vergangenheit oft Grundlage persönlicher Beziehungen, wurden durch individuelle Motive und Vorlieben abgelöst. Allgemeine Regelungen wurden ein Stück weit durch private Vereinbarungen und Maßstäbe ersetzt.

Die traditionellen Heiratsmotive leben fort

Dieser Wandel der Ehe als Institution vermindert zwar die Heiratshäufigkeit, scheint aber auf die Motive der zu einer Heirat Entschlossenen kaum Einfluss zu haben. Dass in Zeiten sinkenden Nutzens und fortschreitender De-Institutionalisierung der Ehe weiterhin so häufig geheiratet wird, immerhin entscheiden sich vier Männer und fünf Frauen im Laufe ihres Lebens für eine Heirat, ist zu einem erheblichen Teil mit der fortbestehenden Bedeutung traditioneller Wertorientierungen erklärbar (Schneider/Rüger 2007). Die Ehe als Institution, die um ihrer selbst willen eingegangen wird, scheint lebendiger als vielfach angenommen. Die reine Liebesheirat ist entgegen gängigen Vorstellungen nicht sehr weit verbreitet. Nur etwa jede siebte Eheschließung erfolgt als reine Liebesheirat. Weit häufiger sind dagegen traditionelle und wertbezogene, aber auch nutzenorientierte Heiratsmotive. Auch die immer wieder anzutreffende These, Menschen heiraten dann, wenn sie Kinder wollen, lässt sich nicht bestätigen. Nur etwa jede zehnte Heirat erfolgt aus diesem Grund. Geheiratet wird heute meist dann, wenn die Beteiligten den Eindruck haben, dadurch sehr konkrete Vorteile zu erlangen. Trotz des gesellschaftlich sinkenden Nutzens scheinen die Vorteile einer Ehe aus Sicht der Akteure jedoch weiterhin recht zahlreich und offenkundig zu sein.

Sinn und Nutzen einer Heirat werden nicht allein durch die Vor- und Nachteile der Ehe und ihrer Alternativen bestimmt. Sehr wesentlich wird die Entscheidung natürlich auch durch den Partner und dessen persönliche Eigenschaften und soziale Merkmale geprägt. Die Partnerwahl ist heute in der Regel eine individuelle Entscheidung. Die für die Vergangenheit typische Einmischung von Familie und Verwandtschaft bei der Partnerwahl ist in Deutschland nur noch eine Randerscheinung. Bei der Wahl des Partners dominiert heute weiterhin eindeutig Ähnlichkeit, während sich Personen aus unterschiedlichen sozialen Milieus offenbar nur selten attraktiv finden und statistisch gesehen auch eine kleinere Chance haben, sich überhaupt zu begegnen. So haben 67% der Ehepartner den gleichen Schulabschluss und 85% wohnten vor dem Kennenlernen nicht weiter als 20 km voneinander entfernt. Das heißt, soziale Schichten und Milieus vermischen sich durch Heirat kaum, grenzen sich vielmehr voneinander ab. Eine auffallende Ausnahme bleibt allerdings zu vermerken: War bis in die

1960er-Jahre die sogenannte »Mischehe« zwischen Partnern unterschiedlicher Konfessionen sehr selten, spielt heute die Religionszugehörigkeit bei der Partnerwahl nur noch eine untergeordnete Rolle, und gemischtkonfessionelle Ehen sind heute weit verbreitet.

Aufschub biografischer Übergänge

Zahlreiche bedeutsame biografische Ereignisse finden heute in einem deutlich höheren Lebensalter statt als noch vor vierzig Jahren. Dazu gehören vor allem der Eintritt ins Erwerbsleben, der Auszug aus dem Elternhaus, die Heirat sowie der Übergang zur Elternschaft.

Das Alter bei der ersten Heirat ist seit 1975 um mehr als sieben Jahre angestiegen. Es betrug 2009 bei ledigen Männern 33 und bei ledigen Frauen 30 Jahre. Die in Deutschland geborenen Kinder haben im Durchschnitt auch relativ alte Eltern. Vor allem Akademikerinnen gründen eine Familie immer häufiger im vierten oder sogar erst zu Beginn ihres fünften Lebensjahrzehnts. Die Familienbildung wird aufgeschoben, weil viele junge Menschen immer länger im Bildungssystem verbleiben und zu Beginn des Erwerbslebens oft nur befristete Beschäftigungsverhältnisse erhalten. Das ist besonders für Männer problematisch, da das traditionelle Erwartungsmuster, wonach eine Familie erst dann gegründet werden soll, wenn sie auch versorgt werden kann, nach wie vor verhaltensrelevant ist. Viele der gut ausgebildeten Frauen finden sich häufig in einer anderen schwierigen Situation wieder. Sie wissen, dass Beruf und Familie schwer zu vereinbaren sein werden und Mutterschaft einem beruflichen Aufstieg im Wege stehen kann. Daher versuchen sie sich zunächst im Erwerbsleben gut zu integrieren, bevor sie sich für ein Kind entscheiden.

Während der Aufschub von Heirat und Elternschaft bei Männern und Frauen in vergleichbarer Weise erfolgt, bestehen ausgeprägte geschlechtstypische Unterschiede beim Auszugsalter aus dem Elternhaus. Jungen ziehen im Durchschnitt mit 26 Jahren und damit erheblich später aus als Mädchen, die im Mittel knapp 22 Jahre alt sind, wenn sie das Elternhaus verlassen. Der Altersabstand zwischen den Geschlechtern hat sich in den letzten Jahren vergrößert

Demografische Prozesse in Deutschland – Vielfalt statt Einheitlichkeit

Die hier dargestellten Entwicklungen setzen sich aus zum Teil sehr unterschiedlichen Verhaltensweisen der einzelnen Bevölkerungsgruppen zusammen. Bedeutsame Unterschiede bestehen zwischen Ost- und Westdeutschland, zwischen Stadt und Land, zwischen Bildungsgruppen und zwischen Personen ohne bzw. mit Migrationshintergrund.

So sind die Auffassungen im Hinblick auf die Rolle von Frauen und Müttern in den neuen Bundesländern erheblich moderner als in Westdeutschland. Dies kommt in einer wesentlich höheren Vollerwerbstätigkeit von Müttern mit Kindern zwischen einem und 12 Jahren sowie einem weitaus höheren Anteil von Kindern unter drei Jahren, die in öffentlichen Einrichtungen betreut werden, zum Ausdruck.

Im Jahr 2009 lebten etwa 15,7 Millionen Personen mit Migrationshintergrund in Deutschland (vgl. dazu Kapitel 4: Migration). Das entspricht 19,2% der Gesamtbevölkerung. Frauen mit Migrationshintergrund haben häufiger Kinder als Frauen ohne einen solchen. Der Anteil kinderloser Frauen ist bei ersteren kaum mehr als halb so hoch (10 zu 18% bei den 45- bis 54-Jährigen), dagegen ist der Anteil der Mütter mit mindestens drei Kindern deutlich höher (29 zu 19%). Auffällig ist daneben, dass Kinder von Migranten meist mit verheirateten Eltern aufwachsen. Von allen minderjährigen Kindern leben bei Migranten 84% zusammen mit ihren verheirateten Eltern, bei Personen ohne Migrationshintergrund sind es nur 70 Prozent.

Wenig überraschend ist, dass das demografische Verhalten von Migranten stark nach ihrem Herkunftsland variiert und in der ersten hier geborenen Generation häufig noch die Verhaltensweisen des Herkunftslandes dominieren. Bei der zweiten Generation finden dann meist Anpassungstendenzen an das demografische Verhalten der Bevölkerung ohne Migrationshintergrund statt, ohne dass sich Unterschiede ganz auflösen.

5 Pluralisierung der Lebensformen: Mehr Vielfalt und kleinere Haushalte

Die den Wandel der Familie und Lebensformen in den letzten Dekaden kennzeichnende moderate Pluralisierung resultiert weniger aus dem Hinzukommen neuer Lebensformen als vielmehr aus einer gleichmäßigeren Verteilung der schon vorhandenen. Festzuhalten ist, dass die Vielfalt hauptsächlich in der Altersgruppe der 20- bis 35-Jährigen erkennbar zugenommen hat und eine Pluralisierung zudem vor allem bei Lebensformen ohne Kinder stattfindet. Zu den wenigen neu entstanden Lebensformen gehören die gleichgeschlechtlichen Lebenspartnerschaften, Fernbeziehungen und gewollt kinderlose Ehen. Dagegen sind nichteheliche Lebensgemeinschaften, Alleinerziehende und Alleinwohnende alt bekannte Lebensformen, die in den 1960er-Jahren im Unterschied zu heute jedoch nur wenig verbreitet waren.

Parallel zur Pluralisierung der Lebensformen ist eine beständige Verringerung der durchschnittlichen Haushaltsgröße zu beobachten. Sie liegt gegenwärtig (2009) bei 2,04 Personen, vor dreißig Jahren betrug dieser Wert noch 2,7. Diese Abnahme resultiert vor allem aus der Verringerung der Haushalte mit fünf oder mehr Personen und der Zunahme von Einpersonenhaushalten, insbesondere solchen von jüngeren Personen.

Für die Qualifizierung von Haushaltsformen ist aber weniger die Personenzahl relevant als die Frage, ob darin Paare oder Kinder leben oder nicht. Bei einer entsprechenden Differenzierung der Haushalte in Deutschland ergibt sich für die Altersgruppe der 25- bis unter 45-Jährigen, also in der Lebensphase, in der üblicherweise die Familiengründung erfolgt, folgendes Bild: Im Jahr 2007 waren nach den Ergebnissen des Mikrozensus 69% aller Haushalte partnerschaftlich, d.h. es lebten zwei Partner zusammen, seien sie gleichgeschlechtlich oder nicht, miteinander verheiratet oder nicht. In 31% der Haushalte lebte nur ein Erwachsener. Nach dem Vorhandensein von Kindern differenziert ist festzustellen, dass in 56% der Haushalte von Erwachsenen zwischen 25 und 44 Jahren Kinder lebten, in 44% dagegen nicht.

Die Zunahme nichtkonventioneller Lebensformen

Wechselt man die Perspektive und betrachtet nicht die Verbreitung von Haushaltsformen, sondern den Anteil der *Personen* (hier in der Altersgruppe 40 bis unter 45 Jahre), die in den verschiedenen Lebensformen leben, dann ist die Ehe mit Kindern nach wie vor die Lebensform in Deutschland, in der mit 57% die meisten Menschen in diesem Alter leben. 43% befinden sich in einer sogenannten nichtkonventionellen Lebensform. Dazu zählen nichteheliche Lebensgemeinschaften, gleichgeschlechtliche Lebensgemeinschaften, Fernbeziehungen, gewollt kinderlose Ehen, Alleinwohnende und Alleinerziehende.

Unter den nichtkonventionellen Lebensformen haben in den letzten Jahrzehnten besonders die nichtehelichen Lebensgemeinschaften und das Alleinerziehen zugenommen. Diese auch schon früher existierenden Lebensformen waren in der Vergangenheit infolge ökonomischer und sozialer Umstände jedoch meist Notlösungen (z.B. Zusammenleben bei Heiratsverboten) oder Folge von Schicksalsschlägen (Trennung oder Tod des Ehepartners) und gesellschaftlich stigmatisiert. Heute hingegen werden sie häufig bewusst gewählt und sind subjektiv wie sozial mit einem anderen Sinn versehen.

Nur wenig zugenommen haben Stieffamilien. Adoptionen sind in Deutschland nach der Wiedervereinigung deutlich zurückgegangen.

6 Veränderte Binnenstrukturen der Familie

Beträchtlich gewandelt haben sich in den letzten Jahrzehnten die Binnenbeziehungen, d.h. die Beziehungen zwischen den Partnern sowie zwischen Eltern und Kindern.

Von der aufgaben- zur beziehungsorientierten Partnerschaft

Im Zuge des Wandels von der *aufgabenorientierten* zur *beziehungsorientierten* Partnerschaft steht heute in modernen Partnerschaften die emotionale Befriedigung und nicht mehr die gemeinsame Pflichterfüllung im Mittelpunkt. Zudem sind die Partnerbeziehungen stark geprägt durch den Wandel der Geschlechterrollen von einer komplementären zu einer egalitären Struktur. Dieser Wandel hat vornehmlich in den Einstellungen stattgefunden, beim Verhalten bleibt er auf kinderlose Paare beschränkt. Bei Paaren mit Kindern dominiert dagegen nach wie vor eine weitgehend traditionelle Aufgabenteilung zwischen den Geschlechtern. Kinderbetreuung und Hausarbeit werden weiterhin hauptsächlich von Frauen erledigt, während Männer wesentlich mehr Zeit erwerbsgebunden verbringen. Nach den Befunden einer Längsschnittstudie von Schulz/Blossfeld (2006) bei Ehepaaren war die Hausarbeit im ersten Ehejahr bei 44% partnerschaftlich aufgeteilt und nur bei 26% »stark traditionell«. 14 Ehejahre später zeigte sich ein völlig anderes Bild: Nur noch 14% waren partnerschaftlich, aber 60% sehr traditionell organisiert.

Eltern-Kind-Beziehung: Förderung des Kindeswohls und verunsicherte Eltern

Die Förderung des Kindeswohls ist seit den 1980er-Jahren in den Mittelpunkt des Familienrechts und der Familienpolitik gerückt. Parallel zur fortgesetzten Stärkung der Rechte der Kinder sind besonders auch in Deutschland immer weiter steigende Erwartungen an die Eltern zu beobachten, die sich auf die Verbesserung der Qualität der Eltern-Kind-Beziehung richten und als Tendenz zur Quasi-Professionalisierung der Eltern als Erzieher und Förderer gedeutet werden können. Die gewachsenen Anforderungen überfordern nicht wenige Eltern und verstärken bei ihnen das Gefühl, in der Erziehung etwas falsch zu machen bzw. die wahrgenommenen Erziehungsstandards nicht erfüllen zu können (Kuschel u.a. 2004).

Als sehr wandlungsresistent hat sich die Ideologie der guten Mutter erwiesen, die besagt, dass es für die gedeihliche Entwicklung der Kinder am besten sei, wenn sie möglichst umfassend von ihrer Mutter betreut und erzogen werden. Vor dem Hintergrund dieser Ideologie gelten Väter nach wie vor nicht als Hauptverantwortliche für die Kindererziehung. Zwar wird von den Vätern im Sinne der Gleichstellung erwartet, aktiver an der Erziehung zu partizipieren; der Erwerbsalltag bietet ihnen aber meist nicht die dazu notwendige Flexibilität. Hinzu kommt, dass ihnen nach wie vor die Hauptverantwortung für die materielle Versorgung der Familie obliegt. Der oft zitierte Wandel vom Ernährer zum Erzieher ist eine Idee, die in der Praxis noch kaum angekommen ist.

Familie und Generationenbeziehungen: Gelebte Solidarität

Der Auszug aus dem Elternhaus bedeutet in der Regel nicht das Ende der Beziehungen zwischen Eltern und Kindern. Zumeist bestehen enge emotionale Beziehungen, häufige soziale Kontakte, erhebliche materielle Transfers sowie rege wechselseitige Dienstleistungen fort. Erwachsene Kinder und ihre Eltern wohnen fast immer räumlich getrennt, d.h. nicht in einem gemeinsamen Haushalt, aber häufig in relativ großer räumlicher Nähe. Die Befunde des Alterssurveys zeigen, dass nur bei 7% der alten Eltern keine Kinder innerhalb von zwei Stunden erreichbar sind. Die Begriffe »Nähe auf Distanz« und »multilokale Mehrgenerationenfamilie« beschreiben die relativ intensiven Beziehungen zwischen den getrennt wohnenden Generationen.

Hohe Transferleistungen und mehr Dynamik zwischen den Generationen

Ausmaß und Intensität der Transferleistungen zwischen den Generationen spiegeln die Solidarität familialer Generationenbeziehungen wider. Monetäre Transfers fließen ganz überwiegend von den alten Eltern an die erwachsenen Kinder und von den Großeltern an die Enkel. Dagegen sind Umfang und Richtung von Dienstleistungen abhängig vom Alter und von der Familiensituation, scheinen aber insgesamt mehr in Richtung der alten Eltern zu fließen, auch wenn die Enkelbetreuung einen wichtigen Teil dieser Unterstützungsleistungen ausmacht (Szydlik 2000).

Während eine lebenslange Verbundenheit weiterhin die Grundlage von Generationenbeziehungen ist, hat die demografische Entwicklung diese Beziehungen deutlich verändert. Die nachwachsenden Generationen sind heute kleiner. Nicht selten kommen auf vier Großeltern ein oder zwei Enkel. Durch die steigende Zahl an Scheidungen und danach neu entstehende Partnerschaften können Großelternbeziehungen auch häufiger abbrechen bzw. neu hinzutreten. Damit erhalten die Generationenbeziehungen eine neue und unbekannte Dynamik.

7 Spezielle Familienprobleme – Oft ignoriert, manchmal überakzentuiert

Die Familie der Gegenwart weist drei prinzipielle Problemfelder auf. Das erste Problem besteht in der Kleinheit und deshalb unflexiblen Struktur der modernen Kernfamilie, die mit spezifischen Sozialisationsschwächen und besonderen ökonomischen Risiken verbunden sind. Die bürgerliche Kernfamilie kann demnach nicht per se als der beste Ort für die kindliche Entwicklung gelten. Das zweite Problemfeld umfasst spezifische Probleme im Verhältnis der Familienmitglieder untereinander. Gewalt zwischen den Familienmitgliedern, Missbrauch und vielfältige Formen der Unterdrückung beschränken sich nicht nur auf Einzelfälle. Das dritte Problemfeld bezieht sich auf Probleme im Verhältnis Familie und Gesellschaft. Stichworte wie Vereinbarkeitsproblematik von Familie und Beruf, Rücksichtslosigkeit der Gesellschaft gegenüber familialen Belangen und Dominanz wirtschaftlicher Interessen gegenüber familialen sind hier ebenso zu erwähnen wie spezifische Armutsrisiken, die mit dem Übergang zur Elternschaft oder nach einer Scheidung auftreten.

Gewalt in der Familie

Die Familie, gepriesen als Ort der Harmonie und des Glücks, ist auch ein Ort von Streit und Auseinandersetzungen bis hin zu fortgesetzter körperlicher und psychischer Misshandlung, deren Ausmaß vielfach nicht entsprechend zur Kenntnis genommen wird. Häusliche Gewalt findet in vielfältigen Formen zwischen Partnern, Eltern und Kindern, Geschwistern und zwischen Erwachsenen und alten Familienmitgliedern statt.

Zuverlässige Daten über häusliche Gewalt liegen nicht vor. Die wenigen Befunde verdeutlichen, dass Frauen und Kinder häufiger Opfer sind als Männer und Alte. Allerdings sind auch Männer in erheblichem Umfang Opfer von Gewalthandlungen in der Familie, die sich jedoch nicht im gleichen Umfang als Opfer offenbaren wie Frauen. Es ist davon auszugehen, dass häusliche Gewalt in allen Schichten und Milieus sowie in allen Phasen der Familienentwicklung auftritt und kein typisches Unterschicht-Phänomen und keine Begleiterscheinung einer bestimmten Familienphase darstellt.

Kohortenstudien zeigen aber auch, dass der Anteil kindlicher Opfer elterlicher Gewalt je Geburtskohorte seit den 1930er-Jahren kontinuierlich zurückgeht. Dunkelfeldstudien, auf die der Erste Periodische Sicherheitsbericht der Bundesregierung aus dem Jahr 2001 hinweist, gehen davon aus, dass etwa jede zehnte Frau innerhalb eines Jahres Opfer männlicher

Gewalt in der Familie wird. Außerhalb der Familie trifft dies nur für etwa ein Prozent zu. Der soziale Nahraum ist damit der Ort mit dem höchsten Risiko für Frauen und Kinder, Opfer von Gewalthandlungen zu werden.

Familie und Armut

In Europa wird Armut heute weniger als materieller Notstand, der die Sicherung der physischen Existenz gefährdet, sondern vornehmlich als Mangel an Teilhabechancen am sozialen und gesellschaftlichen Leben definiert (vgl. dazu Kapitel 7: Ungleichheit).

Materielle Armut wird meist durch die Armutsrisikoquote dargestellt. Sie gibt den Anteil an der Bevölkerung an, deren bedarfsgewichtetes Nettoeinkommen pro Kopf (Nettoäquivalenzeinkommen) weniger als 60% des statistischen Mittelwertes (Median*) in der Gesellschaft beträgt. Bezogen darauf waren nach Angaben des Statistischen Bundesamts im Jahr 2009 15% der Bevölkerung armutsgefährdet, besonders häufig Arbeitslose, Alleinerziehende und minderjährige Kinder. 19% der Minderjährigen sind derzeit in Deutschland von Armut betroffen. Würde man die 40%-Marke, verbreitet als »schwere Armut« bezeichnet, anwenden, wären etwa 4% der Minderjährigen arm. Das Armutsrisiko variiert sehr stark nach Lebensform, Wohnregion und Alter der Kinder und nach der Milieuzugehörigkeit ihrer Eltern. Allgemein gilt, dass ältere Kinder, die in den neuen Bundesländern oder in den Stadtstaaten leben und bei einer alleinerziehenden Mutter aufwachsen, erhöhte Armutsrisiken tragen, die weiter steigen, wenn sie Geschwister haben.

8 Zur Zukunft der Familie in Deutschland – weder Auflösung noch Renaissance

Ausmaß und Tempo des Wandels der Familie in Deutschland sind in den letzten Dekaden regional und milieuspezifisch recht unterschiedlich gewesen. Zwar ist die Richtung des Wandels im Hinblick auf die meisten Indikatoren klar erkennbar und sehr einheitlich, der Verlauf erfolgte jedoch zumeist weder kontinuierlich noch durchgehend richtungsstabil.

Welche weitere Entwicklung die Familie nehmen wird, ist im Detail kaum vorhersehbar. Allgemein kann aber konstatiert werden, dass es keine Hinweise darauf gibt, dass sich die Familie der Zukunft grundlegend von der der Gegenwart unterscheiden wird. Eine Auflösung der Familie ist ebenso wenig zu erwarten wie eine Wiederkehr der Situation der frühen 1960er-Jahre. Anzeichen deuten darauf hin, dass es mittelfristig zu einer weiteren Pluralisierung der Lebensformen kommen wird, wobei sich vor allem deren Binnenstrukturen vielgestaltiger entwickeln werden. Nicht zuletzt aus arbeitsmarktpolitischen Gründen wird die Vereinbarkeit von Familie und Erwerbsarbeit durch den Ausbau familienexterner Kinderbetreuungsangebote und die fortschreitende Entwicklung einer stärker familienorientierten Erwerbsarbeit erleichtert werden. Männer werden wohl immer mehr Familienarbeit leisten müssen. Jedoch ist nicht zu erwarten, dass der viel beschworene »Neue Vater«, der sich weniger als Ernährer, sondern als Erzieher seiner Kinder begreift, in Zukunft dominieren wird. Eher ist mit einem stärkeren Rückzug der Frauen aus der Erziehungsarbeit zu rechnen als mit einer ausgeprägten Integration der Männer in diese.

Aufgrund des demografischen Wandels ist eine der größten gesellschaftlichen Herausforderungen der Zukunft die gelingende Etablierung neuer solidarischer Wohn- und Lebensformen im Alter. Sicher ist, dass die Zahl älterer Menschen ohne Kinder oder mit weit entfernt lebenden Kindern ebenso zunehmen wird wie die Zahl derer, die keinen festen Partner (mehr) haben. Deshalb werden sich voraussichtlich neue Lebensformen etablieren, in denen ältere Menschen nach dem Prinzip der Wahlverwandtschaft zusammen wohnen und wirtschaften und sich gegenseitig unterstützen.

Die traditionellen Grundlagen von Familie, Blutsverwandtschaft und Verschwägerung werden in Zukunft aufgrund der niedrigen Heiratsneigung, der fortgeschrittenen Entkoppelung von biologischer und sozialer Elternschaft sowie der sich neu etablierenden Solidargemeinschaften im Alter tendenziell weiter an Bedeutung einbüßen und zunehmend von individuell gewählten Bindungen abgelöst werden.

Unklar ist noch, wie sich die Situation in Deutschland im Hinblick auf die »Errungenschaften« von Reproduktionstechnologie und Gentechnik entwickeln wird. Falls die gegenwärtig eher restriktiven rechtlichen Regelungen zur Präimplantationsdiagnostik und zur Verwendung von Samen- und Eispenden gelockert werden sollten, eröffnet sich auch in Deutschland der Weg zur Designerfamilie. Kinder und ihre körperlichen Merkmale und persönlichen Eigenschaften werden dann nicht mehr nur dem Zufall überlassen, sondern ausgewählt und zusammengestellt. Den Partner aus der Kartei gibt es dank elektronischer Partnerbörsen bereits. Das Kind aus dem Katalog erscheint heute noch als Utopie – wie lange noch?

Weiterführende Literatur

Gestrich, Andreas/Krause, Jens-Uwe/Mitterauer, Michael (2003): *Geschichte der Familie*, Stuttgart: Kröner

Ein sehr detailreicher Überblick über die geschichtliche Entwicklung der Familie in Europa seit ihren Anfängen bis in die jüngste Vergangenheit.

Lenz, Karl/Nestmann, Frank (Hg.) (2009): *Handbuch Persönliche Beziehungen*, Weinheim: Juventa

Umfassender und systematischer Überblick über die Formen und Kontexte persönlicher Beziehungen aus multidisziplinärer Perspektive.

Peuckert, Rüdiger (2008): *Familienformen im sozialen Wandel*, Wiesbaden: VS, 7. Auflage

Materialreicher Überblick über den aktuellen empirischen Forschungsstand zur Lage der Familie in Deutschland.

Schneider, Norbert F. (Hg.)(2008): *Lehrbuch Moderne Familiensoziologie. Theorien, Methoden, empirische Befunde,* Opladen: Budrich

Das als Sammelband konzipierte Lehrbuch gibt einen fundierten Überblick über die Themen, Theorien und empirischen Befunde der zeitgenössischen, vornehmlich deutschsprachigen Familienforschung.

Kapitel 6

Bildung

Die wichtigste Investition in die Zukunft

Rolf Becker

Die ergänzenden Materialien zu diesem Kapitel finden sich auf der Website: www.bpb.de/sozialkunde/bildung

1 Vorbemerkung

Entwickelte demokratische Gesellschaften wie die Bundesrepublik Deutschland benötigen für ihr politisches System, ihre rechtliche und ökonomische Ordnung sowie den zivilgesellschaftlichen und kulturellen Bereich eine Vielzahl von Institutionen, die in ihrem Zusammenspiel Interessengegensätze, Konflikte und Krisen regeln müssen, damit politische Stabilität, wirtschaftliche Entwicklung, kulturelle Vielfalt, individuelle Sicherheit und gesellschaftliche Solidarität gewährleistet sind. Für das erfolgreiche Funktionieren und die Integrationsfähigkeit dieser Institutionen ist eine gebildete Bevölkerung notwendig. Das Bildungssystem ist deshalb eine zentrale Voraussetzung für die gesellschaftliche Entwicklung – insbesondere für die ökonomische Innovation und soziale Wohlfahrt – wie für die individuelle Teilhabe in vielen Lebensbereichen wie etwa in der Familie, auf dem Arbeitsmarkt, in der politischen Auseinandersetzung oder beim kulturellen Austausch. Bildung bestimmt in zunehmendem Maße individuelle Lebenschancen, die Wohlfahrt von Generationen und die Zukunft moderner Gesellschaften. Das Recht auf Bildung zählt deshalb im Selbstverständnis moderner Gesellschaften zu den sozialen Bürgerrechten, auf die eine lebendige Demokratie und die Autonomie ihrer Bürgerinnen und Bürger angewiesen sind.

Wie selbstverständlich heute die Existenz eines weitgehend staatlich finanzierten und gesteuerten Bildungssystems und die Schulpflicht für die Bevölkerung ist, lässt sich allein schon daran ablesen, dass etwa ein Fünftel der Bevölkerung Deutschland (ca. 17 Millionen Personen) derzeit als Auszubildende oder Lernende die vielfältigen Angebote des Bildungssystems nutzt. Und als einer der größten Arbeitgeber beschäftigte es (im Jahre 2008) fast 4% der Erwerbstätigen (1,5 Millionen Frauen und Männer).

Die Institutionen und Vorgaben des Bildungssystems strukturieren heute individuelle Lebensverläufe so umfassend und nachhaltig wie nie zuvor in der deutschen Geschichte (Meulemann 1985). Mehr als die Hälfte nachwachsender Geburtsjahrgänge verbringt mindestens ein Viertel ihrer Lebenszeit in Bildungseinrichtungen. Ein Fünftel der unter Dreijährigen befindet sich in Kinderbetreuungseinrichtungen, mit vier oder fünf Jahren kommen 95% aller Kinder in die vorschulische Kinderbetreuung, alle werden mit 6 oder 7 Jahren eingeschult und absolvieren bis zum Alter von 15 Jahren ihre Pflichtschulzeit. Danach sind die meisten von ihnen bis zur Volljährigkeit im Alter von 18 oder 19 Jahren entweder in der Berufsausbildung oder auf einer weiterführenden Schule. Für viele folgen dann höhere Berufsausbildung und Hochschulstudium bis Ende des dritten Lebensjahrzehnts (Meulemann 1990). Berufliche Weiterbildung wird im Erwerbsleben genutzt wie noch nie und Volkshochschulen erfreuen sich reger Nutzung von Bürgerinnen und Bürger im Rahmen der Erwachsenenbildung bis ins höhere Lebensalter hinein (Kuwan u.a. 2006). Die Einschulung, Übergänge in andere Bildungseinrichtungen und schließlich deren Verlassen sind teilweise gesetzlich geregelte sozial bedeutsame Vorgänge. Durch sie werden frühe Phasen des Lebenslaufs in unterschiedliche Abschnitte wie etwa Kindergarten- und Schulzeit, Lehre und Studium untergliedert.

Die hochgradig organisierten Bildungs- und Ausbildungsgänge sind Voraussetzung für Chancen auf dem Arbeitsmarkt und in anderen gesellschaftlichen Bereichen. Je länger jemand im Bildungssystem bleibt, desto höher sind seine Lebenserwartung und sein Wohlstand und desto besser sind seine Möglichkeiten, das Leben zu gestalten. Bildung spielt für die soziale Mobilität ebenso eine entscheidende Rolle wie für die Sozialstruktur, die ungleiche Verteilung von beruflichen Positionen, wirtschaftlichem Reichtum und sozialer Anerkennung, und schließlich für die gesellschaftliche Legitimation sozialer Ungleichheit im Lebenslauf und zwischen sozialen Großgruppen.

2 Historischer Rückblick

Die Entwicklung des deutschen Bildungswesens im europäischen Kontext

Die schrittweise Einführung der Schulpflicht (z.B. 1763 in Preußen) und eine geregelte Mindestbildung für alle Bevölkerungsgruppen waren im 18. und 19. Jahrhundert mit entscheidend für die Entstehung nationaler

Identität und die kulturelle Integration der sich herausbildenden Nationalstaaten. Die Einrichtung eines eigenständigen Bildungssystems stellt eine besondere Stufe der gesellschaftlichen Entwicklung in Europa dar, weil in ihm Sozialisation sowie Erziehungs- und Lernprozesse der nachwachsenden Generation systematisch organisiert und geregelt werden. Die national unterschiedlichen Bildungssysteme entstanden nicht durch die rationale Planung herrschender Eliten, auch wenn diese an der Bereitstellung von hinreichend qualifizierten Soldaten und Bürgern interessiert waren, um die wirtschaftliche und militärische Situation zu verbessern, sondern sind vornehmlich das Ergebnis komplexer kultureller und sozioökonomischer Modernisierungs- und Rationalisierungsprozesse. In ihnen spiegeln sich Konflikt- und Machtkonstellationen zwischen Interessengruppen und politischen Parteien im 18. Jahrhundert wider, als die Alphabetisierung in Gang gesetzt wurde, und im 19. Jahrhundert, als die Schulpflicht eingeführt wurde. Im Zuge der Säkularisierung und der Konsolidierung der Nationalstaaten erfolgte über das Bildungssystem eine staatliche Kontrolle der Gesellschaft. Die Bildungsexpansion war auch Voraussetzung für die politische Beteiligung und Integration der Bürger (Aufbegehren gegen Absolutismus) sowie für die staatliche Umverteilung von Lebenschancen (Paternalismus und Protektion), die an den Erwerb von Bildung geknüpft sind wie etwa Arbeitsmarktchancen, Einkommenserzielung und Erwerb von wohlfahrtsstaatlichen Anrechten (z.B. Altersabsicherung).

Die Etablierung eines Bildungssystems im 19. Jahrhundert

In diesen frühen Perioden der Etablierung nationaler Bildungssysteme zwischen 1870 und dem Ersten Weltkrieg löste der säkularisierte Staat die Kirchen als wichtigsten Träger von Bildungseinrichtungen ab. Dies führte zu tiefgreifenden Konflikten um Werte und Weltanschauungen, und diese Auseinandersetzungen beeinflussten die Art und Weise, wie der Staat die Kontrolle des Bildungssystems und die Verantwortung für die Bildung übernahm. Die sich verbreitende Erkenntnis, dass Bildung nicht nur die Identitäten und Werthaltungen nachwachsender Generationen, sondern auch die politischen und ökonomischen Chancen der Gesellschaftsmitglieder beeinflusst, heizte die politischen Diskussionen über Bildung an. Die Reformen des Bildungssystems wurden mehr und mehr von Klassenkonflikten geprägt. Zwar öffnete die Einführung der Schulpflicht Kindern aus allen Schichten zumindest den Zugang zur Elementarbildung, doch in den höheren Schulen und Universitäten blieben die Mittel- und Oberschicht noch weitgehend unter sich.

Die Reformen während der Weimarer Republik

Nach dem Ersten Weltkrieg wurden Primarschule, Berufsausbildung und allgemeine Sekundarschule ausgebaut. In Deutschland kam es wie in vielen anderen europäischen Ländern zur Öffnung der höheren Schulen für breitere Bevölkerungsschichten, indem das Nebeneinander von Volksschule als Institution für das »gemeine Volk« und Gymnasium als Institution für gesellschaftliche Eliten beendet wurde. Die Volksschule wurde nun den höheren Bildungsgängen vorgeschaltet und musste von allen Kindern besucht werden. Somit etablierte sich endgültig das bereits im 19. Jahrhundert entstandene dreigliedrige Schulsystem, das im Wesentlichen den politischen, ökonomischen und sozialen Statusinteressen einer Dreiklassengesellschaft entsprach. Während die Volksschule vom »gemeinen Volk« besucht werden sollte und zur beruflichen Tätigkeit in Landwirtschaft und Industrie führte, sah die Realschule für die Mittelschichten eine Ausbildung für Tätigkeiten im Bereich der privatwirtschaftlichen Verwaltung und des Militärs vor. Das Gymnasium als Elitenbildungsanstalt war schließlich der Oberschicht, vor allem dem Bildungsbürgertum, vorbehalten, die dann auch die leitenden Positionen in Politik und Wirtschaft einnehmen sollten. Hier hat die strukturell-institutionelle Beziehung zwischen Bildungssystem und Sozialstruktur, die zur Reproduktion von sozialer Ungleichheit und Klassenstrukturen durch das Bildungssystem führt, ihren Ursprung. Unter der nationalsozialistischen Diktatur (1933–45) kam es trotz der allgemeinen Gleichschaltungspolitik zu keiner grundlegenden Neustrukturierung des Bildungssystems.

Die Veränderungen nach dem Zweiten Weltkrieg

Nach dem Zweiten Weltkrieg wurden überall in Europa – von Land zu Land verschieden – sowohl der Sekundarbereich ausgebaut als auch die höheren Schulen, Universitäten und Fachhochschulen auch für Kinder aus bislang benachteiligten Schichten weiter geöffnet. Nationale Besonderheiten der politischen, ökonomischen und sozialstrukturellen Entwicklung sowie Unterschiede in der Organisation, Kontrolle und Finanzierung ließen in Europa eine vielfältige Landschaft von Bildungssystemen entstehen, für die sehr verschiedene Formen der sozialen Durchlässigkeit von Bildungseinrichtungen kennzeichnend sind (Müller u.a. 1997).

In der unmittelbaren Nachkriegszeit wurde in Westdeutschland das Bildungswesen der Weimarer Republik restauriert und hat dann in den Folgejahren – im Unterschied zur DDR – allenfalls noch graduelle Änderungen erfahren. Die Einführung einer schulformunabhängigen Orientierungsstufe, der Ausbau der (integrierten) Gesamtschule oder der Umbau der gymnasialen Oberstufe in den 1970er-Jahren scheiterte am parteipolitischen Streit. Der von der Bund-Länder-Kommission für Bildungsplanung vorgelegte und 1973 von Bund und Ländern verabschiedete Bildungsgesamtplan wurde nie umgesetzt. Auch gegenwärtig bewirken im Unterschied zu anderen europäischen Ländern Bildungsreformen in Deutschland keine einschneidenden institutionellen Veränderungen des schulischen und berufsbildenden Bildungssystems. Nach der Wiedervereinigung wurden in den 1990er-Jahren zunächst die westdeutschen Strukturen mit nur geringfügigen Modifikationen auf das Bildungssystem der neuen Bundesländer übertragen. Doch seit Ende den 1990er-Jahren kam es wegen der internationalen Konkurrenz, drängender Forderungen aus der Wirtschaft und offenkundiger Diskrepanzen zwischen Anspruch und Realität des Bildungssystems wieder zu bildungspolitischen Debatten über den Modernitätsrückstand des deutschen Bildungswesens und zu vereinzelten Reformmaßnahmen (einschließlich der sogenannten »Bologna-Reform«), deren Tragweite und Folgen noch nicht absehbar sind.

Die heutigen Strukturen des Bildungssystems in Deutschland

Entsprechend der föderalen Struktur Deutschlands gibt es – basierend auf dem Grundgesetz sowie auf Bundes- und Landesgesetzen – keine länderübergreifende gesetzliche Regelung für das gesamte Bildungssystem und keine bundeseinheitliche Verwaltung des Bildungswesens, denn das allgemeinbildende und berufsbildende Schul- und Ausbildungswesen sowie die Hochschulgesetzgebung unterliegen der Kulturhoheit der 16 Bundesländer. Sie sind primär für Schulgesetzgebung und Verwaltung des Bildungswesens (Schulaufsicht und -verwaltung) zuständig. Die *Ständige Konferenz der Kultusminister (KMK)* soll die Bildungsangelegenheiten der Länder koordinieren, um eine föderalistische Zersplitterung des Bildungssystems zu vermeiden. Die Berufsausbildung ist fast einheitlich durch das Berufsbildungsgesetz, ein Bundesgesetz, definiert, wobei die einzelnen Länder für die Verwaltung der berufsbildenden Schulen zuständig sind. Der Vorschulbereich obliegt der Sozialgesetzgebung des Bundes (Bundesministerium für Bildung und Forschung). Die Rahmenkompetenz für das Hochschulwesen liegt beim Bund, während der Hochschulbau eine gemeinsame Aufgabe von Bund und Ländern ist. Für die materielle Ausstattung der Schulen wiederum sind die jeweiligen Schulträger zuständig – für die öffentlichen Schulen sind das die Gemeinden oder Gemeindeverbände bzw. das Bundesland, für die privaten Schulen sind es natürliche oder juristische Personen (z.B. die Kirchen).

Segmentierung und Differenzierung als Kennzeichen des Bildungssystems

Im Zuge seiner Entwicklung ist in Deutschland ein nach Stufen hochgradig stratifiziertes und nach Typen stark segmentiertes bzw. differenziertes Bildungssystem entstanden. Abb. 1 gibt einen groben Überblick über dessen Aufbau und Gliederung. Unterschieden wird zwischen der Elementar- und Primarstufe (Kindergarten, Vorschule, Grundschule), Sekundarstufe (weiterführende Schulen, berufliche Bildung) und der Tertiärstufe (Hochschulen). Der quartäre Bereich mit allgemeiner und beruflicher Weiterbildung ist – trotz der Einführung von Volkshochschulen für die Erwachsenenbildung seit Januar 1902 – in Deutschland keine institutionalisierte Stufe im Bildungswesen. Eine zusätzliche Differenzierung des Bildungswesens unterscheidet zwischen den Institutionen der Allgemeinbildung und der Berufsbildung. Der Bereich der Berufsbildung ist in sich differenziert. Derzeit werden drei Bereiche unterschieden: 1.) vollzeitliche schulische Ausbildung (zumeist in Berufsfachschule), 2.) berufspraktische Ausbildung (Lehre) in einem Betrieb mit einem begleitenden Unterricht in der Berufsschule (duale Berufsausbildung*), und 3.) das sogenannte »Übergangssystem« für jugendliche Schulabgänger ohne Ausbildungsplatz (z. B. schulisches Berufsgrundbildungsjahr, welches einem berufsvorbereitenden Jahr auf einer Berufsschule entspricht oder Besuch von Berufsfachschulen ohne Erwerb eines beruflichen Abschlusses oder berufsvorbereitende Maßnahmen der Bundesagentur für Arbeit, usw.).

Elementar- und Primarstufe

Typisch ist für Deutschland – wie für alle Bildungssysteme, aber mit graduellen nationalen Variationen – die Koppelung der Bildungseinrichtungen an das Lebensalter der Lernenden. Ab dem ersten bis zum dritten Lebensjahr kann die Kinderkrippe, ab dem vierten bis zur Einschulung der Kindergarten besucht werden. Der Besuch der Elementarstufe ist für die noch nicht schulpflichtigen Kinder freiwillig. In einigen Ländern findet der Übergang vom Kindergarten in die Grundschule über Vorklassen und Schulkindergärten statt. Derzeit erfolgt der Schuleintritt mit dem vollendeten sechsten Lebensjahr. Die Pflichtschulzeit umfasst neun, in manchen Bundesländern zehn Schuljahre. Die anschließende Teilzeitschulpflicht (Berufsschulpflicht bis zum 18. Lebensjahr) beträgt drei Jahre. Die *Grundschule* umfasst vier Klassenstufen und in Berlin sowie Brandenburg sechs Jahrgangsstufen.

Abb. 1: Struktur des Bildungssystems Deutschlands

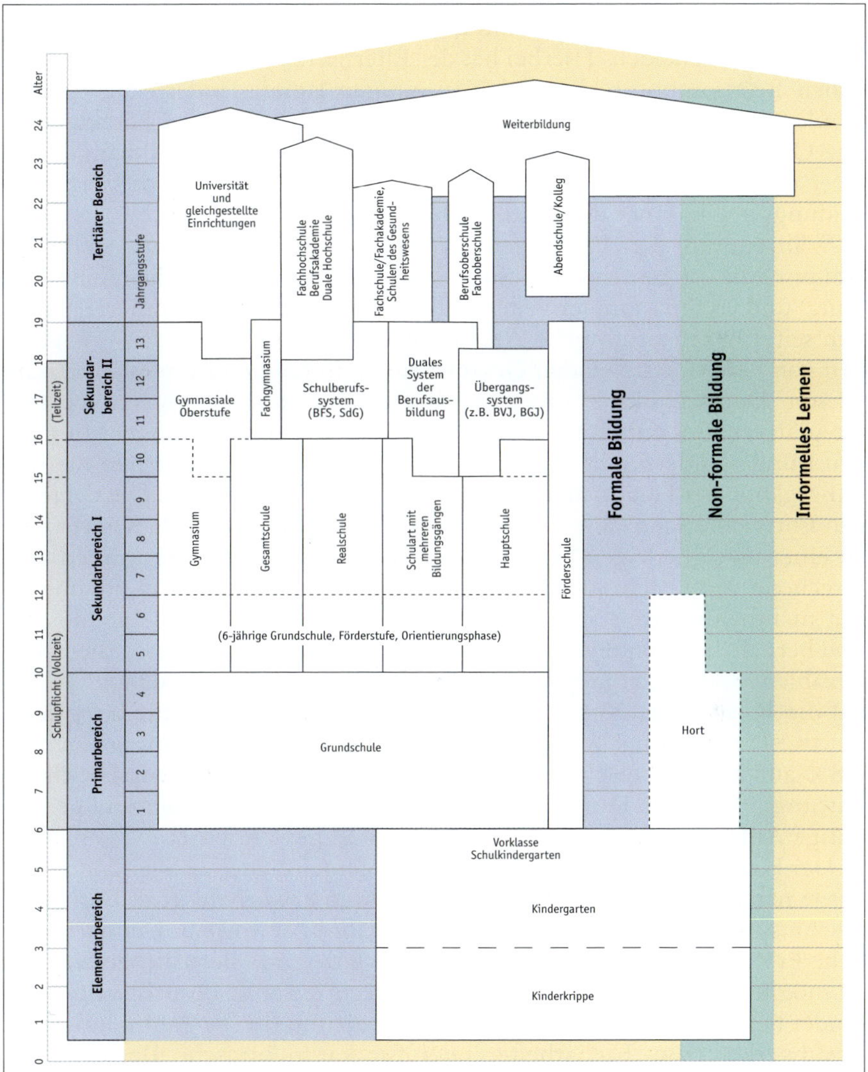

Quelle: Autorengruppe Bildungsberichterstattung, 2010: X.

Sekundarstufe I und II

Am Ende der Primarstufe erfolgt der Übergang in eine der zwei bis fünf Schultypen in der Sekundarstufe I, die sich durch ihre Leistungsanforderungen unterscheiden. Hierbei hat der Elternwille Vorrang vor dem staatlichen Bestimmungsrecht, wobei in einigen Bundesländern die Grundschulempfehlung einen mehr oder weniger verbindlichen Charakter hat. Die Orientierungsstufe (Jahrgangsstufen 5 und 6) dient unabhängig von ihrer organisatorischen Zuordnung zur Orientierung über den weiteren Bildungsweg in einer der Schullaufbahnen.

Während in der Vergangenheit das dreigliedrige Schulsystem mit Hauptschule (allgemeine Bildung), Realschule (vertiefte allgemeine Bildung) und Gymnasium (erweiterte allgemeine Bildung) dominierte, haben sich seit 1990 institutionelle Änderungen ergeben. So wurden – abgesehen von bereits bestehenden Gesamtschulen in einigen Bundesländern im Westen Deutschlands – unterschiedliche Formen der kooperativen und integrativen Gesamtschule etabliert mit besonderen Regelungen. In einigen Bundesländern gibt es zweigliedrige Schulsysteme, in denen die Bildungsgänge der Haupt- und Realschulen angeboten werden. Die derzeitigen Entwicklungen laufen offenbar auf eine flächendeckende Konvergenz zu einer zweigliedrigen Sekundarstufe I hinaus. Behinderte werden entsprechend ihrer Behinderungsart – teilweise auch integrativ zusammen mit nichtbehinderten Schulkindern – in besonderen allgemeinbildenden und beruflichen Schulen unterrichtet. Im Jahre 2007 haben sich die Schülerzahlen in der Jahrgangsstufe 8 zu 20,6% auf die Hauptschule, 26,5% auf die Realschule, 33,4% auf das Gymnasium, 8,5% auf die integrierte Gesamtschule, zu 6,4% auf Schularten mit mehreren Bildungsgängen zu 3,8% auf die Sonderschulen verteilt (Autorengruppe Bildungsberichterstattung 2010). Die Durchlässigkeit zwischen den Schularten und gegenseitige Anerkennung der Schulabschlüsse sind gewährleistet.

Der Hauptschulabschluss ist der erste allgemeinbildende Schulabschluss, der je nach Bundesland nach 9 oder 10 Jahren erworben wird. Der Realabschluss wird in der Regel nach 10 Schuljahren erworben. Der nachträgliche Erwerb dieser Abschlüsse an Abendschulen und beruflichen Schulen ist möglich. Der Hauptschulabschluss berechtigt zum Besuch weiterführender beruflicher Schulen und ist Voraussetzung für die Ausbildung zum Handwerker bzw. Facharbeiter oder für kaufmännische Berufe. Derzeit gibt es eine zunehmende Entkopplung des Schulabschlusses von der besuchten Schullaufbahn in der Sekundarstufe I. Beispielsweise kann der Realschulabschluss auch an Hauptschulen erworben werden. Der im Vergleich zum Hauptschulabschluss höherwertige Realschulabschluss, der in

der Zwischenzeit zum Mindeststandard bei den Schulabschlüssen geworden ist, berechtigt zur fortgesetzten Schulbildung in der Oberstufe eines allgemeinen oder beruflichen Gymnasiums und nach abgeschlossener Ausbildung zum Besuch der Fachoberschule. Und wenn Personen in diesem Bildungsbereich besondere leistungsbezogene Voraussetzungen erfüllen, können sie auch auf das Gymnasium wechseln. Die auf der gymnasialen Oberstufe mit dem vorzeitigen Abgang vor dem Abitur nach der 11. bzw. 12. Klassenstufe erworbene Fachhochschulreife berechtigt neben einer nichtakademischen Berufsausbildung zum Fachhochschulstudium und das Abitur zum Studium an allen Hochschulen.
Die Sekundarstufe II ist gegliedert und heterogen. Nach dem Erwerb formeller Berechtigung nach der Jahrgangsstufe 9 oder 10 kann die Allgemeinbildung in der gymnasialen Oberstufe fortgesetzt werden. Die Hochschulreife (Abitur) erreicht man in den meisten Bundesländern nach der Klassenstufe 13 und die Fachhochschulreife bereits eine Klassenstufe früher. Derzeit findet in der Mehrzahl von Bundesländern – dem Vorbild ostdeutscher Länder und europäischer Nachbarländern folgend – eine Umstellung auf das achtjährige *Gymnasium* statt, so dass die Hochschulreife bereits nach der Jahrgangsstufe 12 erworben wird. Schulabgänger nach der Sekundarstufe I finden ein breites Angebot an beruflicher Ausbildung vor. Den größten Raum nimmt die berufliche Ausbildung mit einer Dauer von ein bis drei Jahren ein. Sie erfolgt entweder im dualen System der Berufsausbildung* in einer berufspraktischen Ausbildung in einem Betrieb (Lehre) mit einem begleitenden Unterricht in der *Berufsschule* oder über den Besuch einer beruflichen Vollzeitschule (zumeist Berufsfachschule). Neben dem Berufsabschluss können je nach Voraussetzungen (etwa Realschulabschluss und Besuch der Fachoberschule oder nach Besuch der Berufs- oder Fachgymnasien) auch die fachgebundene Fachhochschulreife oder Allgemeine Hochschulreife erworben werden. Aufgrund der Standardisierung und beruflichen Spezifität der beruflichen Ausbildung sowie der engen Kopplung zwischen Ausbildungs- und Beschäftigungssystem, die mit vergleichsweise geringer Jugendarbeitslosigkeit einhergeht, gilt das deutsche Modell der Berufsausbildung als eine erfolgreiche Lösung für die Sicherstellung des Angebots qualifizierter Arbeitskräfte und des erfolgreichen Übergangs von der Ausbildung in den Arbeitsmarkt (Müller u.a. 2002).

Der Tertiärbereich

Der Tertiärbereich in Deutschland umfasst mit seinen Hochschulen die Institutionen, die schon traditionell über die Einheit von Forschung und Lehre mit der Entwicklung kultureller Leitideen, der Entdeckung von ökonomisch verwertbarem Wissen und der Produktion hochqualifizierter Arbeitskräfte verbunden werden. Er ist (noch) ein binäres System mit den *Universitäten* einerseits, *Fachhochschulen* und anderen Hochschulen wie *Pädagogische Hochschulen, Musik- und Kunsthochschulen* sowie *Verwaltungshochschulen* andererseits. Laut Statistischem Bundesamt gab es im Wintersemester 2008/09 insgesamt 394 Hochschulen in Deutschland: 104 Universitäten (mit dem größten Anteil der Studierenden), 6 Pädagogische Hochschulen, 14 Theologische Hochschulen, 51 Kunsthochschulen, 189 Fachhochschulen (mit dem zweitgrößten Anteil der Studierenden) und 30 Verwaltungsfachhochschulen. In der Quantität dominieren Universitäten (mit akademischer Ausbildung und Grundlagenforschung) und Fachhochschulen (mit praxisorientiertem Studium und anwendungsbezogener Forschung), die nach Erwerb der Studienberechtigung (Abitur bzw. Fachhochschulreife) besucht werden können. Aufgrund des in den letzten Jahren enorm angewachsenen Reformdrucks im Hochschulbereich ist eine Ausweitung des Tertiärbereichs mit der Etablierung *privater Hochschulen* und von *Berufsakademien* zu beobachten, die eine wissenschaftsbezogene und praxisorientierte Berufsausbildung an einer Studienakademie und in einem Betrieb ähnlich der dualen Berufsausbildung im Sekundarbereich vermitteln. Gegenwärtig können Berufsakademien noch keinen staatlich anerkannten Abschluss bieten.

Nachdem sich am 19. Juni 1999 die europäischen Bildungsminister von insgesamt 29 Staaten im norditalienischen Bologna auf eine Hochschulreform (»Bologna-Erklärung« zum »Europäischen Hochschulraum«) geeinigt haben, wird in Deutschland flächendeckend ein zweistufiges System von Studienabschlüssen nach angloamerikanischem Vorbild eingeführt. Nach einem Studium von sechs bis maximal acht Semestern wird mit dem Bachelor ein erster anerkannter Studienabschluss erworben. Der Bachelor (BA) soll ein praxis- und berufsorientiertes Studium sein und dem bisherigen Diplomabschluss von Fachhochschulen entsprechen. Für den daran anschließenden Master als nächsten akademischen Abschluss sind zwei bis vier Semester vorgesehen. Der Master (MA) soll als theoretisch ausgerichtetes Studium den bisherigen Diplom- und Magisterabschlüssen an Universitäten entsprechen. Durch die Bologna-Reform soll ein einheitlicher Hochschulraum innerhalb der Europäischen Union geschaffen und mit der gegenseitigen Anerkennung dieser Abschlüsse die Mobilität der Studierenden innerhalb Europas verbessert werden. Derzeit wird an der Umsetzung der Bologna-Reform kritisiert, dass durch sie die Arbeitsbelastung für Studierende wie Lehrende gestiegen sei und eine Verschulung der akademischen Ausbildung vorangetrieben werde. Noch ist unklar, ob mit dieser Reform die von den Initiatoren avisierten Ziele wie etwa höhere Mobilität der Studierenden erreicht werden oder ob eher ungewollt eine weitere Stratifikation des Hochschulbereichs mit negativen Konsequenzen für Studienchancen »bildungsferner« Schichten eingeführt wurde (Becker 2010).

Funktionen des Bildungswesens

Dem Bildungswesen werden verschiedene Funktionen zugeschrieben, wobei im Hinblick auf Effizienz und Effektivität des Bildungssystems Anspruch und Wirklichkeit oft weit auseinander liegen. Die *Qualifikations- und Sozialisationsaufgabe* des Bildungssystems besteht zum einen darin, der Bevölkerung grundlegende Kenntnisse, Fähigkeiten und Fertigkeiten zu vermitteln, um die Nachfrage des Arbeitsmarktes nach Qualifikationen und Kompetenzen zu befriedigen. Zum anderen sollen nachfolgende Generationen mit Wissen und Werten erzogen werden, damit sie gesellschaftlich erwünschte Verhaltensmuster zeigen. Die *Legitimationsfunktion* meint die Vermittlung gesellschaftlicher Werte und Weltanschauungen, damit sich die jungen Bürgerinnen und Bürger loyal in die Gesellschaft und ihr politisches System integrieren. Die *Selektionsfunktion* des Bildungssystems liegt darin, dass Anrechte für bestimmte Ausbildungen und soziale Positionen über Leistung und die Vergabe von Zertifikaten nach Leistung erfolgen soll. Die *Platzierungsfunktion* meint, dass der Zugang zu bestimmten Berufen und privilegierten Positionen über das Bildungssystem nach erworbenen Abschlüssen erfolgen soll. Ihrem Anspruch nach können diese Funktionen nicht immer erfüllt werden, wenn beispielsweise der Ausstoß des Bildungssystems hinter den Erwartungen und Erfordernissen des Arbeitsmarktes zurück bleibt, die Selektion statt nach Leistung über soziale Merkmale und andere Kategorien erfolgt, die Platzierung statt nach erworbenen Anrechten über andere Auswahlmechanismen wie etwa über Geschlecht, Korruption oder Beziehungen verläuft.

Bildungsausgaben

Bildungsausgaben – die öffentlichen und privaten Aufwendungen für Bildung – sind als ein Indikator für die dem Bildungssystem zur Verfügung stehenden finanziellen Ressourcen auch ein Richtwert dafür, welche Bedeutung eine Gesellschaft der Bildung beimisst. Im Jahre 2007 wurden in Deutschland rund 204,1 Milliarden Euro für Bildung, Forschung und Wissenschaft budgetiert. Von diesem Betrag wurden rund 147,8 Milliarden Euro für Bildung ausgegeben. Zwar wurden im Jahre 2007 rund 22 Milliarden Euro mehr als im Jahre 1995 für Bildung ausgeben. Je höher die jeweilige Bildungsstufe ist, desto mehr Geld wird pro Lernende ausgegeben. Betrachtet man die Ausgaben für Bildungseinrichtungen je Person der bildungsrelevanten Bevölkerung (Personen im Alter von 3 bis 29 Jahren) und setzt sie in Beziehung *zum Bruttoinlandsprodukt (BIP) je Einwohner*, so werden in Deutschland rund 18% des BIP je Einwohner für Bildung aufgewendet. Aber abgesehen davon, dass ein niedriges BIP geringe und ein hohes BIP höhere Bildungsausgaben bedeuten, sind – gemessen an der wirtschaftlichen Entwicklung in Deutschland – in den letzten Jahren die Bildungsausgaben in ihrem Zuwachs zurück geblieben: Denn während 1995 noch 6,8% des BIP für Bildung aufgewendet wurden, lagen sie 2007 bei einem Anteil von 6,1% am BIP (Autorengruppe Berichterstattung 2010). Im Vergleich zu den anderen OECD-Ländern liegt Deutschland damit nur im unteren Mittelfeld – insbesondere dann, wenn nur die staatlichen Ausgaben, aber nicht die privaten Aufwendungen für Bildung berücksichtigt werden. Es ist naheliegend, dass mit der Zahl der bildungsrelevanten Bevölkerung – und Deutschland liegt hierbei aufgrund der demographischen Altersstruktur ihrer Bevölkerung relativ gesehen weit unterhalb des OECD-Durchschnitts – und der Dauer der Bildungsbeteiligung von Lernenden die Ausgaben für Bildung insgesamt steigen (Frieder 2008). Typisch für Deutschland ist im internationalen Vergleich, dass die Bildungsausgaben über die Phasen des Bildungsverlaufs gestreckt und die älteren Personen gegenüber den jüngeren im Bildungssystem bevorzugt werden.

Bei den Ausgaben für den Primarbereich und Sekundarstufe I liegen in Deutschland die Bildungsausgaben unter dem OECD-Durchschnitt und für die Sekundarstufe II (insbesondere Berufsausbildung) und den Tertiärbereich über dem OECD-Durchschnitt (Schmidt 2003). In Deutschland wird vor allem in die Bildungsbereiche (Primarbereich und Sekundarstufe I) unterdurchschnittlich investiert, die für die qualifikatorischen und beruflichen Anforderungen des 21. Jahrhunderts (Wirtschaftssektoren und Spitzenförderung) entscheidend sind, und am meisten in die Bereiche von mittlerer Schul- und Berufsausbildung und Wirtschaftsbereichen wie Industrie und Gewerbe, die im 20. Jahrhundert dominierten. Ein Großteil der Bildungsausgaben wird dabei – bei einem im internationalen Vergleich »ungünstigen« Verhältnis von Lernenden und Lehrpersonen – für die Gehälter von Lehrpersonen statt für die Ausstattung der Schulen oder für den Unterricht verwendet. Im OECD-Vergleich gehört Deutschland zu den Ländern, deren Bildungsausgaben stark über politisch motivierte Entscheidungen für bestimmte Bildungsbereiche (vor allem zu Gunsten der mittleren dualen Berufsausbildung) erfolgen. Für die Menge und Entwicklung von Bildungsausgaben spielen die besonders ausgeprägte Kulturhoheit der Bundesländer mit Länderhaushalten in chronischer Finanznot, die relativ geringe Größe des kostenintensiven tertiären Bildungsbereichs, der geringe Anteil der bildungsrelevanten Bevölkerung und der beachtliche Beitrag privater Bildungsausgaben eine bedeutsame Rolle. Sie erklären die Entscheidung über Bildungsausgaben eher als andere Faktoren wie etwa die nationale Wirtschafts- und Arbeitsmarktentwicklung. Deutschland gehört auch zu den Ländern, die im Vergleich zu den Ausgaben für andere Bereiche der öffentlichen Haushalte (wie etwa Sozialbereich, Militär oder Schuldentilgung usw.) relativ wenig in Bereiche wie Bildung, Qualifikation und kulturelle Integration nachwachsender Generationen und wirtschaftliche Entwicklung investieren, die für die Zukunft einer Gesellschaft besonders wichtig sind. So gesehen, ist es in Deutschland vergleichsweise ungünstig bestellt um die Wertschätzung von Bildung, obwohl die Rhetorik der Politik einen anderen Eindruck erwecken will.

3 Bildungsbeteiligung und Bildungschancen

Deutschland hat bis in die Gegenwart eine wechselvolle Geschichte von Bildungsbeteiligung und Bildungschancen erlebt (Friedeburg 1992). Die Etablierung staatlicher Bildungssysteme, die Einführung der gesetzlich geforderten Schulpflicht im 18. bzw. 19. Jahrhundert, die aber erst zu Anfang des 20. Jahrhunderts landesweit durchgesetzt werden konnte, und das mit dem im Januar 1904 in Kraft getretenen Kinderschutzgesetz auch kontrollierte Verbot von Kinderarbeit haben mit dem Einsetzen von Alphabetisierung gröbste Ungleichheiten von Bildungsmöglichkeiten beseitigt. Dies und dann die schrittweise Verlängerung der Schulpflicht seit Anfang des 20. Jahrhunderts waren die Voraussetzung einer von da an ständig zunehmenden Bildungsbeteiligung aller Bevölkerungsschichten. Diese anfängliche Bildungsexpansion fand nach 1945 sowohl in der Bundesrepublik als auch in der DDR ihre Fortsetzung mit der Verlängerung der Schulpflicht in der Sekundarstufe. Der Abschluss einer Berufsausbildung war so – vor allem in der DDR – zum Normalfall im Lebenslauf der Nachkriegsgenerationen geworden. Hatten Ende der 1980er-Jahre in der DDR lediglich 10% der Erwerbstätigen keine Berufsausbildung, waren es in der Bundesrepublik mehr als 20 Prozent.

Bildungsbeteiligung in Deutschland

In der Nachkriegszeit kam es zunächst zu einer Bildungsexpansion, eine zunehmende Nachfrage nach Bildung gekoppelt mit einer längeren Verweildauer im Bildungssystem, die nicht zuletzt durch den Ausbau des Bildungssystems, die Abschaffung von Schulgeldern, Ausbau der weiterführenden Schulen in der Nähe der Wohnorte der Schulkinder, verbesserte Transportbedingungen, bei gleichzeitiger Verbesserung der materiellen Lebensbedingungen forciert wurde. Nach den Bildungsreformen in den 1960er- und 1970er-Jahren beschleunigte sich die Zunahme höherer Schulabschlüsse. Im Folgenden werden stark verkürzt die wichtigsten Entwicklungslinien nachgezeichnet (vgl. Becker 2006).

Abb. 2: Allgemeine Schulbildung – Anteile 13-jähriger Schulkinder in weiterführende Schullaufbahnen der Sekundarstufe I (1952–2010)

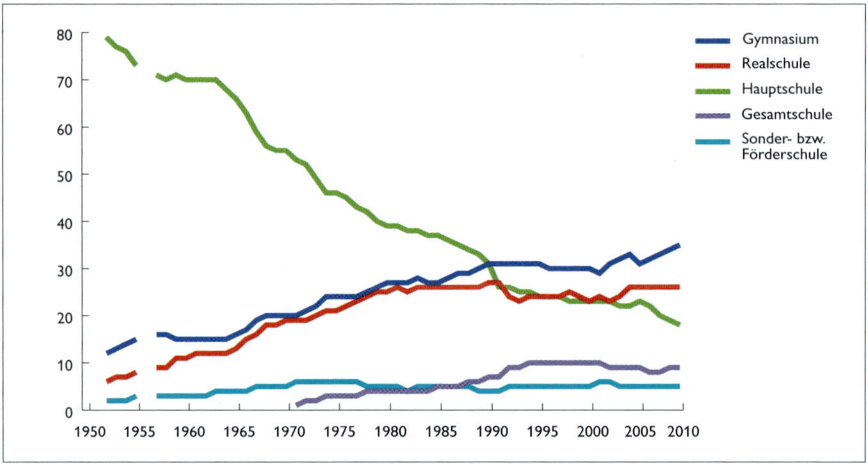

Quelle: Gesis-ZUMA System sozialer Indikatoren für die Bundesrepublik Deutschland und Angaben der KMK (www.kmk.org) – eigene Darstellung

Von Anfang der 1950er-Jahre bis Mitte der 1970er-Jahre war die Hauptschule im Anschluss an die Primarstufe noch die hauptsächliche Schullaufbahn – eben die »Volksschule«. Seit den 1990er-Jahren hat sie – gemessen am prozentualen Anteil der Schulkinder pro Jahrgang – weitgehend an Bedeutung verloren. Von 1952 bis Mitte der 1960er-Jahre sank der Anteil der Hauptschüler unter den 13-Jährigen, während der Besuch der Realschule und der des Gymnasiums – dem damaligen Motto: »Schick dein Kind länger auf bessere Schulen« vorauseilend – deutlich anstieg. Bis in die jüngste Gegenwart sank der Hauptschulbesuch weiter auf 22%, während die Mehrzahl der 13-Jährigen auf die Realschule (26%) oder das Gymnasium (33 %) geht. In der Zeit von 1971 bis 2007 ist der Anteil der 13-Jährigen, die auf die Gesamtschule gewechselt sind, auf 8 bis 9 % angestiegen, während der Anteil von Sonderschülern weitgehend konstant bei 4 bis 5 % geblieben ist. Der Besuch von Schularten mit mehreren Bildungsgängen ist nach 1990 von 7,7 auf 6,3 % gesunken (Sekretariat der KMK 2010: 54). Es ist für die zukünftige Entwicklung zu erwarten, dass die Hauptschule weiter an Bedeutung einbüßen, der Realschulbesuch stagnieren und der relative Besuch des Gymnasiums weiter ansteigen wird

In der DDR ist mit der Einführung der Polytechnischen Oberstufe als allgemeine, zehn Klassenstufen umfassende Gemeinschaftsschule die Differenzierung zwischen unterem und mittlerem Schulwesen entfallen. Aber die Beteiligung an Bildungswegen, die zur Studienberechtigung führten (Erweiterte Oberschule mit den Klassenstufen 11 und 12 oder dreijährige Berufsausbildung mit Abitur), lag mit 12 bis 14 % pro Geburtsjahrgang deutlich unter dem Niveau der Bundesrepublik.

Die unerwartete »Schattenseite« der Bildungsexpansion in der deutschen Nachkriegszeit sind Schulabgänger ohne Schulabschluss, die als »Verlierer der Bildungsexpansion« gelten (Solga 2005). Zwischen 1970 und 2003 ist im Westen Deutschlands der Anteil der Schülerinnen und Schüler, die ohne Hauptschulabschluss als Mindestqualifikation von der Schule abgingen von 16 % auf 9 % und bis 2007 auf rund 7 % zurückgegangen. Im Osten Deutschlands ist der Anteil der Schulabgänger ohne Hauptschulabschluss geringer als in Westdeutschland. Bei den Männern ist deren Anteil deutlich höher als bei den Frauen.

In der Bundesrepublik Deutschland hat sich – der Entwicklung der politisch geforderten Bildungsexpansion voraus eilend – von 1970 bis Anfang der 1990er-Jahre die Abiturientenquote von 10 auf 22 % mehr als verdoppelt. Nach der deutschen Wiedervereinigung ist die Abiturientenquote nur noch langsam auf 24 % eines Geburtsjahrgangs gestiegen. Dieser Aufwärtstrend wird in den nächsten Jahren und Jahrzehnten sehr wahrscheinlich anhalten. Gleiches gilt für die Studienberechtigtenquote. Der relative Anteil der Studienberechtigten an der altersgleichen Bevölkerung ist in relativ kurzer Zeit auf 45 % (31 % mit Hochschulreife und 14 % mit Fachhochschulreife) im Jahre 2007 gestiegen und wird wohl in den nächsten Jahren weiter steigen.

Die Bildungsexpansion im Hochschulbereich

In beiden Teilen Deutschlands hat die Bildungsexpansion mit einer zeitlichen Verzögerung auch im Hochschulbereich (Universitäten, Fachhochschulen und sonstige Hochschulen) eingesetzt, sich nach der Wiedervereinigung beschleunigt und hält bis in die Gegenwart an. In der Bundesrepublik haben von allen 18- bis unter 22-Jährigen 1980 19 % mit einem Studium an Universitäten (einschließlich pädagogischer und theologischer Hochschulen) oder Fachhochschulen begonnen. Ende der 1980er-Jahre waren es bereits 31 %. Bis dahin blieben die geschlechtsspezifischen Disparitäten der Studienbeteiligung – studienberechtigte Männer studierten eher als junge Frauen – relativ konstant. Nach 1990 ist für das vereinte Deutschland ein Anstieg der Studienanfängerquote von 29 auf 37 % zu verzeichnen. Im Zuge dieser Entwicklung sind Unterschiede in den Studienchancen zwischen den Geschlechtern verschwunden, wobei jüngste Entwicklungen zeigen, dass nunmehr junge Frauen eher studieren als die altersgleichen Männer.

Auch der Anteil der Studierenden an der Gesamtbevölkerung im Alter zwischen 20 und 30 Jahren stieg in der Bundesrepublik von 5 % im Jahre 1970 auf rund 10 % im Jahre 1990 und nach der deutschen Einheit auf 14 % im Jahre 2003. Entgegen den häufig wiederholten Behauptungen gab es keine Bildungsinflation im Sinne der befürchteten Überproduktion formal Hochqualifizierter und Akademiker. Sie weisen die geringsten Risiken für Arbeitslosigkeit und qualifikationsinadäquate Beschäftigung auf, während sie gleichzeitig die höchsten Löhne erzielen und die besten Karriereaussichten haben. Im internationalen Vergleich allerdings ist – gemessen am OECD-Durchschnitt von 36 Prozent im Jahre 2007 – die Akademikerquote von 20 Prozent in Deutschland unterdurchschnittlich (OECD 2009), was sich in den nächsten Jahren kaum gravierend ändern wird.

Soziale Ungleichheit von Bildungschancen trotz Bildungsexpansion

Die Bildungsexpansion in der deutschen Nachkriegszeit, die im internationalen Vergleich gesehen als moderat zu bezeichnen ist, verdankt sich wohl hauptsächlich der gestiegenen Nachfrage der Wirtschaft und des öffentlichen Dienstes beim Ausbau des Wohlfahrtsstaates nach qualifizierten Arbeitskräften. In den späteren Jahren haben die gestiegenen Anforderungen im alltäglichen Leben, die zunehmende Technisierung und die ansteigende Komplexität gesellschaftlicher Zusammenhänge die Nachfrage nach Bildung erhöht. Nicht zuletzt hat die in den letzten 15 Jahren sehr langsam voranschreitende Bildungsexpansion über einen langen Zeitraum von 1950 gesehen an Eigendynamik infolge der gestiegenen Bedeutung von Bildungstiteln für Lebenschancen und der dadurch forcierten Statuskonkurrenz gewonnen (Becker 2006).

In den 1950er- und 1960er-Jahren wurde vor dem Hintergrund des Systemwettbewerbs zwischen den sozialistischen Ostblockstaaten und den westlichen Industrieländern (»Kalter Krieg« und »Sputnik-Schock«)

aus wirtschaftspolitischer Sicht befürchtet, die westlichen Industrienationen könnten infolge eines mangelnden Bildungsstands der Bevölkerung und ungenügender Qualifizierung von Arbeitskräften beim Wettlauf um wirtschaftlichen und technischen Fortschritt ins Hintertreffen geraten. Vor allem Georg Picht (1964) setzte »Bildungsnotstand« mit wirtschaftlichem Notstand und Gefährdung des deutschen Wirtschaftswunders gleich. In diesem Zusammenhang wurden jetzt auch die nach sozialen Schichten, Geschlechtern und Regionen sehr ungleich verteilten Bildungschancen problematisiert. Die Kunstfigur des »katholischen Arbeitermädchens vom Lande« bestimmte hierbei zeitweilig die öffentliche Diskussion. Insbesondere Dahrendorf (1965) sah Bildung als Bürgerrecht nicht garantiert und forderte den Abbau von Bildungsungleichheiten über eine zügige Bildungsexpansion.

Leistungsprinzip versus leistungsfremde Verteilungskriterien

Der Zugang zu Bildung müsse der gesamten Bevölkerung offenstehen und der Erwerb von Bildungszertifikaten sowie die daran geknüpfte Verteilung von Einkommen, Ansehen und Macht müssten ausschließlich über Leistung erfolgen. Das in der Gesellschaft anerkannte Leistungsprinzip und die Regeln eines fairen Wettbewerbs aber würden verletzt, wenn stattdessen Bildungserwerb und Bildungserträge über leistungsfremde Kriterien wie etwa Geschlecht, Religion oder Region verteilt oder gar über den Status (Beruf, Einkommen und Bildung) des Elternhauses »vererbt« werden. Während sich seit den 1970er-Jahren die Ungleichheit von Bildungschancen im Hinblick auf Religionszugehörigkeit oder Region (trotz weiterhin bestehender Unterschiede zwischen den Bundesländern) verringert, im Hinblick auf das Geschlecht deutlich zu Gunsten von Mädchen und Frauen verschoben hat, hängt der Erfolg im Bildungssystem damals wie heute wesentlich vom Elternhaus, also der sozialen Herkunft, ab. Offensichtlich gelingt es – nicht zuletzt wegen dem mangelnden politischen Willen für umfassende Schulreformen zum Abbau ungerechtfertigter Bildungsungleichheiten – dem deutschen Bildungssystem kaum, die Voraussetzungen für sozial weniger ungleiche Bildungschancen zu verbessern (Becker/Schuchart 2010). Schul- und Ausbildungssystem tragen immer noch dazu bei, wie von privilegierten Schichten zwecks Statuserhalt beabsichtigt, dass über allgemeine und berufliche Bildung Herkunftsprivilegien von der Elterngeneration auf die Kindergeneration übertragen werden. Auch die Nachteile von Kinder und Jugendlichen mit Migrationshintergrund lassen sich größtenteils, wenn auch nicht vollständig durch die Bedingungen des Elternhauses erklären.

Die soziale Herkunft als wichtigster Bestimmungsfaktor für die Bildungschancen

Verdeutlichen wir dies an ausgewählten Beispielen: So hatten der amtlichen Statistik zufolge im Jahre 1965 die Beamtenkinder eine 19-mal bessere Chance als die Arbeiterkinder, auf das Gymnasium zu wechseln. Danach verbesserten sich im Zuge der Bildungsreform bis zum Jahre 1985 die Bildungschancen zu Gunsten der Arbeiterkinder. Doch 1989 waren die Bildungschancen der Beamtenkinder immer noch 11-mal besser. Auch in den 1990er-Jahren bis in die jüngste Gegenwart haben Schulkinder Kindern von mittleren, höheren und leitenden Angestellten und Beamten, Akademikern, Professionellen, Managern und Unternehmern (obere und untere Dienstklasse) gegenüber den Kindern aus den Arbeiterschichten eine 9-mal und im Jahre 2000 eine 7-mal bessere Chance, ins Gymnasium zu wechseln. Bei frühen Bildungsübergängen hat sich zwar die traditionelle Bildungsungleichheit nach sozialer Herkunft moderat reduziert, aber von einer nur annähernden Chancengleichheit sind wir immer noch weit entfernt. Vor allem die unteren Mittelschichten (Handwerkmeister, Industriewerkmeister, einfache und mittlere Angestellte und Beamte) profitierten von der Bildungsexpansion wie auch die neuen Mittelschichten (Semiprofessionelle Gesundheitsberufe wie etwa Krankenschwester, soziale Dienstleistungsberufe wie etwa Sozialpädagogen, Lehrberufe wie etwa Haupt- und Realschullehrer oder andere qualifizierte Dienstleistungsberufe), die im Zuge der Ausweitung der tertiären Bildung und einer entsprechenden Veränderung der Berufsstruktur angewachsen sind. Zwar verringerte sich beim Zugang zur Realschule generell die Chancenungleichheit nach sozialer Herkunft, doch die Chancen für den Übergang zum Gymnasium hängen immer noch von der sozialen Herkunft – von der sozialen Position des Elternhauses im gesellschaftlichen Schichtungsgefüge und den verfügbaren Ressourcen, die Eltern für die Bildung ihrer Kinder mobilisieren können – ab. Es gibt auch Anzeichen für eine erneute soziale Schließung der Gymnasien im Zuge der Bildungsexpansion (Becker 2011). Das Bildungsniveau der Eltern ist für den Bildungserfolge heute wichtiger geworden als die wegen der allgemein gestiegenen Prosperität nicht mehr so knappen sozioökonomischen Ressourcen des Elternhauses. Diese Entwicklung dürfte eine unbeabsichtigte Folge der Bildungsexpansion sein. Im internationalen Vergleich fällt das deutsche Schulsystem negativ auf, weil es – gemessen an den kognitiven Fähigkeiten der Schulkinder – einen allenfalls durchschnittlichen Wirkungsgrad bei einer außerordentlich hohen Ungleichheit von Bildungschancen erzielt.

Die Barrieren vor dem Hochschulstudium

Für die unteren Sozialschichten – insbesondere die Arbeiterschichten, aber auch für die Schichten der gering qualifizierten Beamten und Angestellten mit einfachen Tätigkeiten – stellt der Übergang in das Hochschulstudium immer noch eine große Hürde dar. Um diese Situation relativ einfach darzustellen, werden mit den Arbeiterschichten und der Gruppe der Beamten zwei extreme, hinreichend große Gruppen herangezogen, die für den Vergleich von herkunftsbedingten Bildungschancen besonders geeignet sind. Vergleiche mit anderen Gruppen der sozialen Schichten bzw. Berufe liefern ähnliche Ergebnisse. Generell ist festzustellen, dass sich die schon immer ungünstigen Studienchancen von Arbeiterkindern seit Anfang der 1980er-Jahre kaum verbessert haben. Während im Jahre 1982 rund 46% der Beamtenkinder ein Hochschulstudium begannen, taten dies nur 9% der Arbeiterkinder. Bis zum Jahre 2000 stieg die Studienanfängerquote von Beamtenkindern auf 72%, die von Arbeiterkinder auf lediglich 12%. Somit haben sich im Zuge der Bildungsexpansion die Studienchancen der Kinder von Beamten im gehobenen und höheren Dienst stetig verbessert, während sich die ohnehin vergleichsweise ungünstigen Studienchancen der Arbeiterkinder seit Anfang der 1990er-Jahre so gut wie nicht verändert haben. Auch die Kinder aus anderen Sozialschichten haben bessere Studienchancen als Arbeiterkinder. Jüngste Zahl zeigen, dass von 100 Akademikerkindern eines Geburtsjahrgangs 83 bis an die Hochschulen gelangen, während nur 23% der Kinder aus anderen Schichten studieren (Allmendinger u.a. 2009).

In den letzten Jahrzehnten hat sich die soziale Ungleichheit von Bildungschancen in Richtung der tertiären Bildung an Hochschulen verschoben, weil die Bildungsexpansion bislang an den »bildungsfernen Gruppen« wie etwa den Arbeiterschichten und den unteren Mittelschichten größtenteils vorbeigegangen ist. Die relativen Gewinne, welche diese Gruppen zumindest beim Übergang auf weiterführende Schullaufbahnen in der Sekundarstufe I erzielen konnten, fanden bislang keine Fortsetzung beim Übergang in den immer noch sozial exklusiven Bereich der Tertiärbildung.

Chancenunterschiede auch bei der Berufsausbildung

Auch bei der Berufsausbildung nach dem Schulabgang bestehen, obwohl sie zum Standard geworden ist, Chancenunterschiede zwischen den Bevölkerungsgruppen fort. Voraussetzung für den direkten Zugang zur (dualen) Berufsausbildung ist der erfolgreiche Abschluss der Schulbildung mit einem qualifizierten Abschlusszeugnis. Hierbei sind vor allem Ausländer und Jugendliche mit Migrationshintergrund, Kinder un- und angelernter Arbeiter sowie eher Männer als Frauen im Nachteil, denen der Zugang zu einer beruflichen Lehre wegen eines fehlenden oder nicht anerkannten Schulabschlusses seltener oder gar nicht gelingt. Zwischen 50 und 60% der Erwerbsbevölkerung verfügen über einen qualifizierten Berufsabschluss. Dieses Zertifikat garantiert hohe Erwerbschancen und niedrige Arbeitslosigkeitsrisiken. Jedoch haben wiederum Ausländer und Jugendliche mit Migrationshintergrund sowie der männliche Nachwuchs un- und angelernter Arbeiter, wenn sie in die (duale) Berufsausbildung gelangen, ein höheres Risiko, ohne Berufsabschluss zu bleiben, als Einheimische oder Jugendliche aus sozial privilegierten Elternhäusern. Die Nachteile von Migranten im deutschen Bildungssystem ergeben sich zum Teil aus Sprachproblemen und Ressourcen des Elternhauses, aber offensichtlich auch durch Benachteiligungen beim Zugang zur beruflichen Ausbildung, die nicht durch schlechtere Leistungen in der Schule zu erklären sind. Beispiel hierfür ist die statistische Diskriminierung von Lehrstellenbewerbern durch Lehrbetriebe nach den Kategorien wie etwa Ausländerstatus, Hautfarbe, Sprache, fehlender Schulabschluss und nach anderen äußerlichen oder zugeschriebenen Kriterien wie etwa Faulheit, Disziplinlosigkeit, Neigung zu Absentismus, etc.

Trotz Bildungsexpansion befinden sich 8 bis 10% eines Geburtsjahrgangs in absoluter »Bildungsarmut« (d. h. funktionaler Analphabetismus oder fehlender Schulabschluss) oder in relativer »Bildungsarmut« (d. h. deutlich unterdurchschnittliche Leistungsfähigkeit bzw. Kompetenzen oder geringfügige Bildungsabschlüsse). Auch hierbei sind Männer wie Migranten deutlich überrepräsentiert. Wenn – wie gesehen – formale Schul- und Berufsbildungsabschlüsse zum Normalfall werden, dann werden die Ausbildungslosen und die Jugendlichen mit formalem Schulabschluss, die trotzdem nicht über das normalerweise in der Ausbildung vermittelte Mindestniveau an Basiskompetenzen verfügen, zu einer stigmatisierten Gruppe der »Bildungsverlierer«. In Deutschland gehören zu dieser Gruppe rund ein Viertel eines Jahrgangs an, die sehr wahrscheinlich erhebliche Schwierigkeiten auf dem Arbeitsmarkt haben wird und von sozialer Marginalisierung bedroht ist.

Zwischenfazit

Bei aller Unvollkommenheit der Bildungsreformen sind Erfolge beim Abbau gröbster Bildungsungleichheiten erzielt worden. Offensichtlich hat die Bildungsexpansion über zunehmend bessere Bildungschancen für alle Sozialschichten und vor allem für ehemals benachteiligte Mädchen zu einer

Höherqualifizierung der Bevölkerung geführt (Becker/Müller 2011). Von einem generellen Abbau von Bildungsungleichheiten nach sozialer Herkunft kann aber noch lange nicht die Rede sein. Trotz der herausragenden Bedeutung von Bildung für Individuum und Gesellschaft sind die Möglichkeiten, höherwertige Bildungslaufbahnen einzuschlagen und qualifizierte Bildungsabschlüsse zu erwerben, *sozial* ungleich in der Bevölkerung verteilt. Gleiches gilt auch für die allgemeine und vor allem die berufliche Weiterbildung im Laufe des Arbeitslebens, die vornehmlich diejenigen in Anspruch nehmen, die ohnehin schon nach Herkunft, Bildung und Beruf privilegiert sind. So hängen die Bildungschancen – der von Kindern und Jugendlichen eingeschlagene Bildungsweg sowie der Erwerb von Bildungszertifikaten – wesentlich von der sozialen und nationalen Herkunft – der sozioökonomischen Lage und Migrationsgeschichte ihres Elternhauses – ab. Die Bildungsexpansion ist – allein für sich genommen – offensichtlich ein stumpfes Instrumentarium, um einen umfassenden Abbau von Bildungsungleichheiten zwischen Sozialschichten und darauf aufbauend eine Reduktion ungerechtfertigter Ungleichheiten von Lebenschancen zu bewirken.

4 Bildungserträge und andere Folgen der Bildungsexpansion

Die Güte eines Bildungssystems wird nicht nur an seinen Leistungen, sondern auch an seinen Erträgen gemessen. Unterschieden wird hierbei zwischen privaten (individuelle Bildungsrenditen), staatlichen (fiskalische Renditen) und sozialen Erträgen (Nutzen für die Allgemeinheit). Private Erträge lassen sich neben dem Einkommen (aktueller Lohn, Lebenseinkommen, Renten) an den Arbeitsmarktchancen (Arbeitssuche, Beschäftigung, Arbeitslosigkeit, etc.), an den qualifikationsbezogenen Attributen des Arbeitsplatzes (qualifikationsadäquate Beschäftigung, Autonomie der beruflichen Tätigkeit, Aufstiegsmöglichkeiten, Weiterbildung, Beschäftigungssicherheit, etc.) und an weiteren Faktoren wie Zufriedenheit oder Mobilität bemessen.

Staatliche Erträge, mit denen allerdings die staatlichen Bildungsausgaben zu verrechnen wären, sind höheres Steueraufkommen sowie geringere Belastungen rechts- und wohlfahrtsstaatlicher Systeme, wenn beispielsweise Beschaffungskriminalität zur Bestreitung des Lebensunterhalts infolge hoher und langandauernder Erwerbsbeteiligung auf niedrigem Niveau gehalten werden kann oder wenn die Sozialversicherungssysteme wegen einer hinreichend großen Zahl legal beschäftigter Beitragszahler funktionieren.

Als soziale Erträge sind u. a. eine positive wirtschaftliche Entwicklung, eine bessere Befriedigung des aktuellen und zukünftigen Bedarfs an qualifizierten Arbeitskräften sowie bewussteres Gesundheitsverhalten, größeres gesellschaftliches Engagement und geringere Kriminalität zu betrachten.

Im Allgemeinen gilt, dass Investitionen in Bildung mit Vorteilen bei individuellen Einkommen und – über den Lebenslauf betrachtet – mit relativ hohen Renten und privilegierter Lebensführung und -gestaltung einhergehen. Ebenso übersteigt der Nutzen von Bildung für den Staat und die Allgemeinheit die enormen Kosten, die eine Generation für die Investition in die Bildung nachwachsender Generationen aufbringen muss. Investitionen in Bildung »lohnen« sich also für Staat, Wirtschaft und Einzelpersonen gleichermaßen.

Erwartete und unerwartete Folgen der Bildungsexpansion

Die Bildungsexpansion der letzten Jahrzehnte ist auch im Zusammenhang mit der Bedeutung des gesellschaftlichen Bildungsniveaus für wirtschaftliches Wachstum, technischen Fortschritt und individuellen Wohlstand zu sehen. Generell wird angenommen, dass Bildung als Humankapital zum Wirtschaftswachstum beiträgt, weil höher gebildete Arbeitskräfte produktiver sind. Bildung wird als eine wichtige Voraussetzung für eine nachhaltige nationale wirtschaftlichen Entwicklung und die Erhaltung der Konkurrenzfähigkeit des Wirtschaftsstandorts Deutschland im internationalen Wettbewerb definiert.

Die empirischen Belege hierfür sind jedoch keineswegs eindeutig. Zwar scheint eine höhere Bildungsbeteiligung in der Bevölkerung zu einem stärkeren Wirtschaftswachstum beizutragen. In Deutschland sind für die Allgemeinheit die Erträge für Bildung – zum Beispiel auch gemessen am Steueraufkommen der besser gebildeten Gruppen – höher als die Kosten, die der Staat bzw. die Gesellschaft für die Finanzierung der Bildung nachwachsender Generationen aufbringen muss. Jedoch ist dieser Zusammenhang nicht notwendig und hängt wesentlich von Rahmenbedingungen wie der institutionellen Kopplung des Bildungs- an das Beschäftigungssystem und der Struktur des Arbeitsmarktes ab.

Unbestritten ist auch, dass die Bildungsexpansion und damit auch ihre positiven Wirkungen ihrerseits von der wirtschaftlichen Entwicklung eines Landes und seinem Wohlstand selbst abhängen. Im Folgenden werden einige ausgewählte und empirisch gut belegte Zusammenhänge von Bildung und deren Erträgen beschrieben und wie sie sich im Zuge der Bildungsexpansion gewandelt haben. Insgesamt aber ist das Wissen über diese Zusammenhänge noch vergleichsweise gering.

Bildung und Beschäftigung: Die höheren Bildungsrenditen für Akademiker

Es ist unbestritten, dass der Bildungsstand die individuellen Erwerbs- und Berufsmöglichkeiten und damit andere Lebenschancen am nachhaltigsten beeinflusst. Je besser Individuen ausgebildet sind, desto höher ist ihr Einkommen, und je größer der Anteil höher Qualifizierter an der Bevölkerung ist, desto verbreiteter ist der individuelle Wohlstand. Doch es ist nicht eindeutig geklärt, in welchem Maße sich das höhere Einkommen besser Qualifizierter ihrer höheren Produktivität verdankt oder inwieweit die Signalwirkung von Bildungsabschlüssen gewünschte Attribute wie Anpassung, Disziplin oder Sozialverhalten fördert, die dann eine bessere Bezahlung zur Folge haben.

Gut belegt ist, dass sich mit dem gestiegenen Bildungsstand die individuellen Bildungserträge verändert haben. Es kam bislang nicht zur Entwertung von Bildung als Folge von Bildungsinflation, auch wenn sich die Verwertungschancen der Bildungsabschlüsse bezüglich des Einkommens etwas verringert haben. Die relativen Abstände zwischen den verschiedenen Bildungsgruppen blieben bei den Anfangseinkommen stabil, scheinen sich aber trotz sinkender Einkommenszuwächse für alle Bildungsgruppen über die Berufserfahrung und für die Lebenseinkommen zu vergrößern. Hochschulabsolventen verdienen immer noch deutlich mehr als Nichtakademiker und haben bei relativ geringen Risiken, arbeitslos zu werden, ein beruflich relativ sicheres wie vorteilhaftes Erwerbsleben. Wenn die Renditen für Erwerbstätige ohne und mit mittlerem Ausbildungsabschluss bei 100% liegen, so betragen sie für die Hochschulabsolventen 160%. Auch bei ungünstigen wirtschaftlichen Entwicklungen sind besser gebildete Personen im Vorteil: So sind die durchschnittlichen Bildungsrenditen bis Ende der 1990er-Jahre gesunken, um danach wieder anzusteigen, wobei über die Zeit der Geschlechterunterschied in den relativen Bildungserträgen verschwunden sein dürfte. Denn die Bildungsexpansion hat auch entscheidend zur Erwerbsbeteiligung und Einkommenschancen von immer besser qualifizierten Frauen beigetragen. Trotzdem aber erzielen Frauen bei gleicher Ausbildung, bei gleicher Tätigkeit und gleicher Leistung immer noch im Durchschnitt ein fast ein Viertel geringeres Einkommen als Männer.

Die engere Kopplung des Bildungs- an das Beschäftigungssystem und die Zunahme der Erwerbstätigkeit von Frauen

Weil in der Nachkriegszeit und nicht zuletzt als Folge der Bildungsexpansion die Kopplung von Bildungs- und Beschäftigungssystem enger geworden ist, hängen auch die Berufschancen immer mehr vom jeweiligen Bildungsniveau ab. Statt zu einer Bildungsinflation kam es eher zu einer bildungsbezogenen Schließung von Arbeitsplätzen mit positiven Attributen wie Einkommen, Prestige, Arbeitsbedingungen, Karrieremöglichkeiten, Arbeitslosigkeitsrisiken, etc. Für Arbeitsplätze mit mittlerem und insbesondere höherem Anforderungsniveau, die in den letzten Jahrzehnten im Dienstleistungs- und Verwaltungsbereich gegenüber den Produktionsberufen zahlenmäßig angestiegen sind, hat die Bedeutung von Bildung besonders deutlich zugenommen. Die Transformation der Berufsstruktur hin zur Dienstleistungsökonomie sowie die Zunahme bildungsintensiver Tätigkeiten hat die Nachfrage nach bereits qualifizierten Arbeitskräften erhöht. Davon haben insbesondere immer besser ausgebildete Frauen profitiert, deren Erwerbsbeteiligung und Integration in den Arbeitsmarkt im Zusammenspiel von Bildungsexpansion und Expansion des Wohlfahrtsstaates von Geburtsjahrgang zu Geburtsjahrgang deutlich angestiegen ist. Auch die Heirat und – in einem etwas geringeren Maße – die Familienbildung stellen schon lange keine unüberwindbaren Hürden mehr für besser qualifizierte Frauen dar, berufstätig zu werden und zu bleiben.

Allerdings haben sich strukturelle Unterschiede in der Erwerbsbeteiligung zwischen Männern und Frauen nicht aufgelöst. In allen Qualifikationsgruppen ist bei Frauen der Anteil von Nichterwerbspersonen doppelt so hoch wie bei den Männern. Gemessen am gesellschaftlichen Ansehen des Berufs haben für Berufsanfänger die Abstände zwischen den Bildungsgruppen zugenommen und die Erträge der Berufseinsteiger lassen sich am besten – und besser als vor oder kurz nach 1945 – durch ihren Bildungsabschluss erklären. Die gleichzeitig abnehmende Zahl von Jobs mit einfacher Tätigkeit, die nach Anlernen ausgeübt werden können, hat zu verschärften Arbeitsmarktproblemen von gering Qualifizierten oder Ausbildungslosen geführt. Das Risiko, arbeitslos zu werden, hat sich für die Gruppe der »Bildungsarmen« deutlich verschärft. Während im Jahre 2008 bei einer mittleren Arbeitslosigkeit von 10% die Arbeitslosenquote für Hochschulabsolventen bei 4 bis 5 Prozent und für Erwerbspersonen mit einem mittleren Abschluss bei 10% lag, betrug sie für Ausbildungslose etwa 22%. Bildungsarme werden durch die bildungsbezogene Verdrängung vom Ausbildungs- und Arbeitsmarkt stigmatisiert und von Wohlstand und Wohlfahrt ausgeschlossen (Solga 2005).

Die Bedeutung der Bildungszertifikate für Arbeitsmarkterfolge ist – trotz befürchteter, aber de facto nicht eingetretener »Bildungsinflation« im Sinne einer Überproduktion von Akademikern – nicht gesunken, sondern gestiegen. Dabei führt die Höherqualifizierung der Berufsstruktur zu Umschichtungen in der Sozialstruktur, bei der die Arbeiterschichten zugunsten der Mittelschichten mit Dienstleistungs- und Verwaltungsberufen schrumpfen. Die bildungsbezogene Schließung des Arbeitsmarkts koppelt Bildung, Beruf und Einkommen aneinander und lässt soziale Ungleichheit trotz Bildungsexpansion andauern.

Kognitive und politische Mobilisierung durch Bildung

Von der Bildungsexpansion erhoffte man sich auch eine kognitive Mobilisierung – ein wachsendes intellektuelles Potential, gesellschaftliche und alltägliche Vorgaben zu verstehen und mit ihnen umzugehen – in der Bevölkerung. Eine höhere Bildung bedeutet höhere individuelle Fähigkeiten der Informationsverarbeitung und Problemlösung, stärkere Handlungskompetenzen und damit verbesserte Teilhabe- und Gestaltungsmöglichkeiten in vielen Lebensbereichen. Sie sollte auf kollektiver Ebene ein Element langfristigen gesellschaftlichen Wandels sein. Gemessen an den Intelligenz- und Schulleistungen hat die Bildungsexpansion zu positiven Entwicklungen beigetragen. Beispielsweise ist der Anteil derjenigen gestiegen, die eine oder mehrere Fremdsprachen beherrschen. Auch in anderen Bereichen des öffentlichen Lebens gibt es Hinweise für positive Folgen der Bildungsexpansion, vor allem die zunehmende Akzeptanz kultureller, sozialer oder ethnischer Minderheiten, die abnehmende Akzeptanz der sozialen Ungleichheit zwischen den Geschlechtern oder die zunehmende Toleranz kultureller Verschiedenheit.

In Bezug auf die politische Mobilisierung ist festzuhalten, dass die habituelle Parteiidentifikation gesunken und das individuelle Wahlverhalten stärker reflektiert wird. Ausgänge von politischen Wahlen sind damit für die Parteien unberechenbarer geworden. Träger einer politischen Mobilisierung oder auch »partizipatorischen Revolution«, die unter anderem neue, unkonventionelle politische Partizipationsformen sowie eine kritischere Haltung gegenüber politischen Parteien hervorgebracht hat, sind die jüngeren besser gebildeten Generationen. Auch im manifesten politischen Partizipationsverhalten zeigen sich bildungsspezifische Veränderungen: Bei höher Gebildeten ist eine deutliche Zunahme unkonventionellen politischen Engagements (Demonstration, Hausbesetzung, Mitwirkung an Bürgerinitiative oder sozialer Bewegung, etc.) festzustellen. Die besser Gebildeten sind auch politisch interessierter, aber hierbei schwinden in der Abfolge von Geburtskohorten distinktive Bildungseffekte durch Überlagerung anderer Prozesse wie etwa verändertes Medienangebot und Mediennutzung (Hadjar/Becker 2006).

Der Zusammenhang von Bildung und Werthaltungen bzw. Einstellungen gegenüber Migranten

Die Bildungsexpansion hat auch zum Wertewandel hin zum Postmaterialismus* (Einstellung einzelner Personen oder ganzer Bevölkerungsgruppen mit Streben nach Frieden, Freiheit, Demokratie, Umweltschutz, Selbstverwirklichung, etc.) beigetragen. Nicht die jeweils jüngeren Generationen per se sind die Träger des Wertewandels, sondern vielmehr die höher Gebildeten unter ihnen (Hadjar 2006). Die Bildungsexpansion hat in Zusammenspiel mit anderen Einflussfaktoren und Entwicklungen (z. B. gestiegener Wohlstand, Zunahme von Auslandsreisen, Zunahme von Kontakten mit Personen aus anderen Kulturkreisen, etc.) Fremdenfeindlichkeit in den letzten 20 Jahren deutlich zurückgehen lassen. Doch die Formel: »Je mehr Bildung, desto geringer die Fremdenfeindlichkeit« gilt nicht generell, wie Erhebungen in den jüngsten Geburtsjahrgängen zeigen (Rippl 2006). Offensichtlich kann ein verändertes politisches Klimas die normalerweise positive Wirkung von Bildung auch aufheben oder gar umkehren. Wenn der Fremdenfeindlichkeit entgegen gesteuert werden soll, sind Investitionen in Bildung also notwendig, aber offenkundig nicht hinreichend. Doch generell bleibt festzuhalten, dass die zunehmende Bedeutung postmaterialistischer Werthaltungen bei den jüngeren Geburtsjahrgängen sowie gestiegene Möglichkeiten für Kontakte mit »Fremden« über die Bildungsexpansion vermittelt sind und zur Verhinderung und zum Abbau von Fremdenfeindlichkeit in jüngeren Generationen beitragen.

Bildung und Demographie

Es besteht auch ein enger Zusammenhang zwischen Bildungsexpansion und Lebenserwartung. Zum einen sind gesündere Personen mit höherer Lebenserwartung leistungsfähiger und können daher eher eine höhere Bildung erwerben. Doch das spielt eine viel geringere Rolle als die (umgekehrten) Auswirkungen der Bildung auf gesundheitsbewusste Lebensweisen: Besser Gebildete verfügen über das Wissen, wie sie ihr Leben und das ihrer Kinder und anderer Familienangehörigen gesund gestalten können, und über finanzielle Spielräume für gesundes Leben (Prävention und Kuration). Höher Gebildete haben nicht zuletzt aufgrund ihrer besseren finanziellen Möglichkeiten einen besseren Zugang zu einer wirksamen Gesundheitsversorgung als gering gebildete Bevölkerungsschichten.

Die Bildungsexpansion hat sich schließlich auch auf die Fertilität und die Chancen auf dem Partnerschaft- und Heiratsmarkt ausgewirkt. Familienbildungsprozesse verzögern sich im Lebenslauf sowohl wegen der längeren Verweildauer in der Ausbildung als auch infolge der Höherqualifikation selbst sowie wegen der gestiegenen Frauenerwerbstätigkeit (vgl. Kapitel 3: Bevölkerung und Kapitel 5: Familie). So sinken in der Abfolge von Geburtsjahrgängen die Heiratsraten, aber das Heiratsalter und das Alter bei Geburt des ersten Kindes steigt mit der Höherqualifikation der aufeinander folgenden Geburtskohorten, wobei die Unterschiede zwischen den jüngeren Geburtsjahrgängen in den letzten Jahren zusehends abgenommen haben. Besonders bei höher gebildeten Frauen ist bei den jüngeren Geburtsjahrgängen die Wahrscheinlichkeit gestiegen, kinderlos zu bleiben.

Die Chancen, einen Partner oder eine Partnerin zu finden, sind zunehmend mit dem Bildungsniveau der Beziehungspartner verknüpft, wobei vor allem niedrig gebildete Männer deutlich geringere Chancen haben, eine Partnerin mit höherem Bildungsniveau zu finden. Der Partnerschafts- und Heiratsmarkt hat also eine bildungsbezogene Schließung erfahren und die Bildungshomogenität der Partnerschaften und Ehen hat in den letzten Jahrzehnten deutlich zugenommen. Ausbildungslose und gering qualifizierte Personen, Männer mehr als Frauen, haben vergleichsweise geringe Chancen auf dem Partnerschafts- und Heiratsmarkt.

5 Notwendigkeit von Bildungsreformen und Ausblick in die Zukunft

Gegenwärtig ist das Bildungssystems Deutschlands trotz seiner Erfolge mit vielerlei Problemen konfrontiert und es wird in der öffentlichen und politischen Debatte nach Auswegen aus einer »Bildungsmisere« gesucht. In der weiteren Entwicklung von umfassender Bildungsbeteiligung, als gerecht empfundenen Bildungschancen und erfolgreichen Bildungsprozessen ergeben sich für die Zukunft vielfältige Herausforderungen für die Aufgaben und Leistungsfähigkeit des Bildungssystems. Die bildungspolitische Herausforderungen – insbesondere die Förderung aller Kinder und Jugendlichen vom vorschulischen Bereich über die qualifizierte Berufsausbildung bis hin zur kontinuierlichen Weiterbildung – liegen angesichts voraussehbarer demographischer, wirtschaftlicher und berufsstruktureller Entwicklungen auf der Hand. Sie lassen sich aus den gegenwärtigen Diskussionen über Probleme des Bildungssystems und kurz- und langfristige Bildungsreformen ableiten. Ebenso können diese danach unterschieden werden, ob sie die Struktur des Bildungssystems betreffen, ob bestimmte Ergebnisse angestrebt und optimiert werden sollen oder ob bestimmte Visionen verfolgt werden.

Die Definition von Bildungsstandards

Die bildungspolitische Zielsetzung und Steuerung unseres Bildungssystems stehen erheblich unter dem Einfluss international vergleichender Schulleistungsstudien wie TIMSS (Third International Mathematics and Science Study – Dritte Internationale Mathematik- und Naturwissenschaftsstudie), PISA (Programme for International Student Assessment – Programm für internationale Schülerbeurteilung), PIRLS (Progress in International Reading Literacy Study bzw. IGLU für Internationale Grundschul-Lese-Untersuchung) oder ALL (International Adult Literacy and Lifeskills Survey bzw. Erhebung der Lesefähigkeit und der Lebenskompetenzen von Erwachsenen) und wird auch von Visionen der OECD über zukünftige Gesellschaftsstrukturen geprägt. Im Vordergrund stehen hier die Vorstellung von einer wissensbasierten Informationsgesellschaft in einer globalisierten Wirtschaft und die Definition von Schlüsselkompetenzen, die für die persönliche und soziale Entwicklung der Menschen bzw. für persönliches, soziales und ökonomisches Wohlergehen in immer komplexer werdenden Gesellschaften wesentlich sind. Ausgehend von dieser funktionalen Sichtweise sind in Deutschland intensive Diskussionen über die Qualität des Bildungssystems und die Definition von Bildungsstandards in Gang gesetzt worden, die wohl noch lange anhalten werden. Stichworte sind hier auch Ausbau der institutionellen Betreuung von Kindern, die jünger als 4 Jahre alt sind, oder die Professionalisierung des Personals im vorschulischen und schulischen Bereich. Erstaunlich ist jedoch, dass die Stratifizierung und Mehrgliedrigkeit der Schule bei frühen und daher hochgradig sozial selektiven Bildungsübergängen in die Sekundarstufe I zwar problematisiert, aber nicht wirklich in Frage gestellt wird, obwohl sie entscheidend zur sozialen Disparität von Kompetenzen und Bildungserfolgen beiträgt.

Effizienz und Effektivität des Bildungssystems

Eng verbunden mit dieser Diskussion sind die Fragen nach Effizienz und Effektivität des Bildungssystems. So wird, um ein Beispiel heranzuziehen, die Hauptschule als Auslaufmodell einer längst überkommenen Volksschule bezeichnet, in denen »Bildungsverlierer« ihre Lebenszeit mit Klassenwiederholungen und dem Erwerb eines wertlos gewordenen Abschlusses vergeuden und in nicht seltenen Fällen ohne einen Schulabschluss auch keinen Anschluss an die Berufsausbildung und Erwerbsgesellschaft finden. In besonderer Weise sind von »Bildungsarmut« diejenigen Kinder und Jugendlichen betroffen, deren Elternhaus bereits durch ökonomische Armut und geringes kulturelles Anregungspotential gekennzeichnet ist, und die Kinder und Jugendlichen, die mit einem Migrationshintergrund – jenseits von Sprachproblemen – leistungsunabhängige Nachteile beim Bildungserwerb hinnehmen müssen. In dieser Hinsicht benötigen Kinder und Jugendliche mit Migrationshintergrund über eine Sprachförderung hinaus ebenso wie Kinder und Jugendliche aus bildungsfernen Gruppen eine Förderung im Sinne des Chancenausgleichs. Während die Forderung nach Chancengleichheit oder Herstellung sozialer und ökonomischer Chancengleichheit über Bildung eine Illusion ist und von realen Problemen des Bildungswesens wie Bildungsarmut oder mangelnder Förderung aller Kinder und Jugendlichen (Leistungsschwache wie Hochbegabte) ablenkt, werden verstärkte Anstrengungen notwendig sein, um bestehende Ungleichheiten von Bildungschancen zu reduzieren (Becker/Schuchart 2010).

Die notwendige Reform der Berufsausbildung

Während in der Vergangenheit die (duale) Berufsausbildung in Deutschland ein Vorbild für erfolgreiche Ausbildung und Integration nachwachsender Generationen darstellte, stellen die gegenwärtigen Friktionen beim Übergang in die Berufsausbildung das Erfolgsmodell zwar nicht grundsätzlich in Frage. Es besteht aber einhelliger Konsens, dass es nicht zuletzt wegen des Anschwellens der Zugänge in Übergangssysteme, der Verunsicherung von Schulabgängern und rückläufiger Übernahmen in Betriebe einer dringlichen Reform bedarf. Problematisiert wird, dass der direkte Einstieg in eine qualifizierende Berufsausbildung ohne Übergangssystem immer seltener gelingt, die Verweildauer im Übergangssystem bis zu einem Übergang in eine reguläre Ausbildung zu lange währt und das Risiko steigt, nach dem Brückenangebot ohne Berufsausbildung ins Erwerbsleben zu müssen. Nicht zuletzt wegen dem berufsstrukturellen und technologischen Wandel bedürfen die Strukturen der beruflichen Ausbildung einer systematischen Weiterentwicklung. Insbesondere sollte das träge Berufsbildungssystems flexibilisiert, und das Angebot an Ausbildungsberufen modernisiert werden.

Die Reformbedürftigkeit des Hochschulwesens

Die im internationalen Vergleich für die OECD-Länder relativ niedrige Quote von Studierenden und Hochschulabsolventen verweist – trotz der problematischen Messung durch die OECD – auf eine weitere Reformbedürftigkeit des deutschen Bildungssystems. Hier erweist sich wiederum die geringe Durchlässigkeit im Bildungssystem als Hindernis für die Ausschöpfung von Begabtenreserven, weil der Erwerb der Studienberechtigung über das Abitur unnötig restriktiv ist und es kaum möglich ist, direkt von einer nichtakademischen Berufsausbildung in die Hochschulbildung zu wechseln. Überproportional hohe Studienabbruchquoten zeigen die geringe Haltekraft der Hochschulen und führen letztlich zu einer unterdurchschnittlichen Akademikerquote in Deutschland. Statt »Bildungsinflation« und »Akademikerschwemme« wären eher eine ineffiziente Förderung und Nutzung unterschiedlicher Talente in der Bevölkerung zu beklagen.

Die Notwendigkeit des Abbaus sozialer Ungleichheit auch im Bildungssystem

Bildung gehört zweifelsohne zu *den* sozialen Fragen des 21. Jahrhunderts. Das Bildungssystem hat durch die Vermittlung von Wissen und die Vergabe von Zertifikaten einen entscheidenden Einfluss auf die soziale Platzierung seiner Absolventen und daran geknüpfte Lebenschancen: Je höher der erreichte Abschluss, desto größer die Chancen auf den gewünschten Ausbildungs- oder Studienplatz und damit im Allgemeinen auch auf die spätere berufliche Position. In modernen Gesellschaften wie der Bundesrepublik Deutschland ist eine Vielzahl von sozialen Berechtigungen und Lebenschancen an Bildung und den Erwerb von Bildungszertifikaten gekoppelt. Die verschiedenen Schulbildungs- und Ausbildungsabschlüsse bedingen ungleiche Chancen auf wohlfahrtsstaatliche Anrechte sowie auf Einkommenschancen, Aufstiegsmöglichkeiten, Beschäftigungssicherheit und Chancen kontinuierlicher Weiterbildung im weiteren Berufsleben – also auf Erfolg im Lebenslauf. Trotz der herausragenden Bedeutung von Bildung für Individuum, Märkte und Gesellschaft sind die Möglichkeiten, höherwertige Bildungslaufbahnen einzuschlagen und qualifizierte Bildungspatente zu erwerben, ungleich – und zwar nach leistungsfremden Kriterien – in der Bevölkerung verteilt. Gesellschaftspolitisch wird daher nicht zuletzt im Hinblick auf die geschilderten Probleme und den dadurch entstandenen Reformbedarf wieder – anknüpfend an die Diskussionen in den 1960er- und 1970er-Jahren – der Abbau von sozialen Ungleichheiten im Bildungswesen gefordert. Sie dürfte bald unerlässlich sein, wenn wir um eine Mobilisierung und Ausschöpfung von Begabungen nicht umhin kommen, um die Folgen der Alterung der Gesellschaft und des Wandels der Berufs- und Arbeitsmarktstruktur zu bewältigen (Mayer 2000, 1994).

Zum Abschluss

Selbstverständlich lernen wir für die Schule, aber wir lernen auch für das Leben. Ein kleiner Niveauunterschied am Anfang des Bildungsverlaufs kann in großen Ungleichheiten im weiteren Verlauf des Lebens enden. In der Regel ist das auch so. Wenn im Zuge der gesellschaftlichen Entwicklung – sei es weg von einer Arbeits- und Dienstleistungsgesellschaft in Richtung einer »postindustriellen Wissensgesellschaft« oder einem anders kategorisierten Gesellschaftstypus, den man als »Besten aller Welten« bezeichnen könnte – die formale Erstausbildung nicht mehr ausreicht und systematisches lebenslanges Lernen immer dringlicher sein wird, und sich die gegenwärtige institutionelle Koppelung von Bildungs- und Beschäftigungssystem als hinderlich erweist, stellt sich im Hinblick auf Zugang, Erwerb und Verwertung von Bildung immer noch die Frage: Wie kann jetzt und in Zukunft soziale Ungleichheit im Allgemeinen und soziale Ungleichheit von Bildungschancen im Besonderen überhaupt noch legitimiert werden? (Allmendinger u. a. 2009).

Weiterführende Literatur

Allmendinger, Jutta/Rita Nikolai/Christian Ebner (2009): *Soziologische Bildungsforschung.* S. 47–70 in: Rudolf Tippelt/Bernhard Schmidt *(Hg.)*, Handbuch für Bildungsforschung, Wiesbaden: VS Verlag für Sozialwissenschaften

Hervorragender Überblick über zentrale Forschungsgegenstände der soziologischen Bildungsforschung und ihrer aktuellen Forschungsergebnisse.

Autorengruppe Bildungsberichterstattung, 2010: *Bildung in Deutschland 2010. Ein indikatorengestützter Bericht mit einer Analyse zu Perspektiven des Bildungswesens im demografischen Wandel*, Bielefeld: Bertelsmann

Der Bildungsbericht ist Standardwerk, das umfangreiche und detaillierte Informationen über das deutsche Bildungssystem der Bundesrepublik Deutschland liefert.

Becker, Rolf (Hg.), 2011: *Lehrbuch der Bildungssoziologie*, Wiesbaden. VS Verlag für Sozialwissenschaften (2., aktualisierte Auflage)

Umfassende Darstellung von Theorien, Methoden, zentralen Befunden mit weit gefassten Abhandlungen zentraler Themen, Fragestellungen und Forschungsergebnisse der gegenwärtigen Bildungssoziologie sowie eine kritische Würdigung des Erkenntnisstandes in dieser Disziplin.

Becker, Rolf/Wolfgang Lauterbach (Hg.), 2010: *Bildung als Privileg*, Wiesbaden: VS Verlag für Sozialwissenschaften (4., aktualisierte Auflage)

Bezugnehmend zu kontroversen Diskussionen über dauerhafte Bildungsungleichheiten werden aus sozialwissenschaftlicher Perspektive zentrale Ursachen für sozial ungleiche Bildungschancen diskutiert und aktuelle Analysen zur Entstehung und Reproduktion von Bildungsungleichheiten vorgelegt.

Cortina, Kai S./Jürgen Baumert/Achim Leschinsky/Karl Ulrich Mayer/Luitgard Trommer (Hg.), 2008: *Das Bildungswesen in der Bundesrepublik Deutschland*, Reinbek: Rowohlt

Dieses Handbuch gibt umfassend und systematisch Überblick über das gesamte Bildungswesen in der Bundesrepublik Deutschland, seiner institutionellen Struktur, seiner historischen Entwicklung und den aktuellen Herausforderungen.

Hadjar, Andreas/Rolf Becker (Hg.), 2006: *Die Bildungsexpansion. Erwartete und unerwartete Folgen*, Wiesbaden: VS Verlag für Sozialwissenschaften

Der Sammelband analysiert die individuellen und gesellschaftlichen Folgen der Bildungsexpansion in Deutschland, zeigt zentrale Themen auf und diskutiert den neuesten Forschungsstand.

OECD, 2009: *Bildung auf einen Blick 2009: OECD-Indikatoren.*, Paris: OECD

Hierbei handelt es sich um den von der OECD jährlich veröffentlichten Bildungsbericht, der zentrale Bildungsstatistiken im internationalen Vergleich, Daten in der Bildungsbeteiligung und Entwicklungen in der Bildungspolitik aktuell und umfassend darstellt.

Kapitel 7

Soziale Ungleichheit
Eine Gesellschaft rückt auseinander

Stefan Hradil

Die ergänzenden Materialien zu diesem Kapitel finden sich auf der Website:
www.bpb.de/sozialkunde/ungleichheit

1 Aktuelle Phänomene

Gewisse Grundformen sozialer Ungleichheit finden sich in allen Gesellschaften: Mächtige können ihren Willen gegenüber Ohnmächtigen durchsetzen, Wohlhabende leben angenehmer als Arme, Angesehene werden verehrt, Verachtete gemieden. Freilich unterscheiden sich Art und Ausmaß sozialer Ungleichheiten in verschiedenen Gesellschaften beträchtlich.

In vielen hochentwickelten Gesellschaften wachsen die sozialen Ungleichheiten: Gering Qualifizierte haben es immer schwerer, eine Erwerbstätigkeit zu finden. Die Integration vieler Zuwanderer wird schwieriger. Arbeitslosen fehlt es an Geld, Selbstachtung und Anerkennung. Immer mehr Menschen gelten als arm. Die einst tonangebenden und politisch stabilisierenden Mittelschichten schrumpfen. Die Zahl der hoch Qualifizierten und der gut Verdienenden wächst.

Soziale Ungleichheiten betreffen auf der einen Seite die alltäglichen Lebenschancen und Erfahrungen der Einzelnen. Andererseits schaffen soziale Ungleichheiten aber auch gesellschaftliche Probleme und politische Auseinandersetzungen, die über die Lebenswelt der einzelnen Menschen hinaus reichen. Die gesellschaftliche und politische Bedeutung sozialer Ungleichheit lässt sich daher kaum überschätzen. Bezeichnenderweise waren es nicht zuletzt Probleme sozialer Ungleichheit, die bereits im 19. Jahrhundert dazu führten, dass die Soziologie als eigenständige Wissenschaftsdisziplin entstand.

2 Grundbegriffe

Mit dem Wort »Ungleichheit« werden in den Sozialwissenschaften nicht bloße (horizontale) Unterschiede, sondern (vertikale) Besser- bzw. Schlechterstellungen zwischen Menschen bezeichnet.

Man spricht von »sozialer Ungleichheit« (vgl. Hradil 2001: 27–46), wenn die Ressourcenausstattung (zum Beispiel der Bildungsgrad oder die Einkommenshöhe) oder die Lebensbedingungen (beispielsweise die Wohnverhältnisse) von Menschen aus gesellschaftlichen Gründen so beschaffen sind, dass bestimmte Bevölkerungsteile regelmäßig bessere Lebens- und Verwirklichungschancen als andere Gruppierungen haben. »Besser« sind Lebens- und Verwirklichungschancen dann, wenn Ressourcenausstattungen oder Lebensbedingungen bestimmten Menschen nach den jeweils geltenden gesellschaftlichen Maßstäben (zum Beispiel bezüglich Sicherheit, Wohlstand, Gesundheit) die Möglichkeit zu einem »guten Leben« und zur weiten Entfaltung der eigenen Persönlichkeit bieten, anderen Menschen jedoch nicht. Inwieweit diese Möglichkeiten individuell genutzt werden, steht dahin. Der Begriff soziale Ungleichheit schließt somit nicht aus, dass Menschen mit vorteilhaften Bedingungen ein elendes Leben führen.

Neben den *sozialen*, das heißt gesellschaftlich entstehenden, relativ stabilen und verallgemeinerbaren existieren viele weitere Ungleichheiten zwischen Menschen. Nicht als soziale Ungleichheit gelten unter anderen individuelle, momentane und natürliche Vor- bzw. Nachteile. Sie entstehen zum Beispiel durch (un-)vorteilhafte Persönlichkeitseigenschaften, Lotteriegewinne oder angeborene Behinderungen. In der Realität greifen natürliche, momentane und individuelle Vor- bzw. Nachteile einerseits und soziale Ungleichheiten andererseits jedoch oft ineinander. Die jeweilige Intelligenz eines Menschen zum Beispiel ist meist sowohl durch natürliche als auch durch soziale Bestimmungsgründe geprägt.

Wer landläufig von »sozialer Ungleichheit« spricht, verbindet mit diesem Begriff üblicherweise die Vorstellung der Illegitimität bzw. der Ungerechtigkeit. Dagegen lässt es der sozialwissenschaftliche Begriff der »sozialen Ungleichheit« offen, ob Sachverhalte sozialer Ungleichheit (zum Beispiel Einkommensabstände) als »gerecht« oder »ungerecht« gelten. Das herauszufinden, bleibt eigenen Studien vorbehalten.

Verteilungs- und Chancengleichheit

»*Verteilungsungleichheit*« meint die ungleiche Verteilung einer wertvollen Ressource (z.B. des Einkommens) bzw. einer (un-)vorteilhaften Lebensbedingung innerhalb der Bevölkerung insgesamt. Mit »*Chancenungleichheit*« bezeichnet man die ungleichen Möglichkeiten bestimmter Bevölkerungsgruppen (zum Beispiel von Frauen oder Migranten), an vorteilhafte oder nachteilige Stellen innerhalb solcher Verteilungen zu gelangen (zum Beispiel höhere Einkommen zu erzielen). Chancenungleichheiten und Verteilungsungleichheiten verändern sich häufig unabhängig voneinander. So ist zum Beispiel die Verteilung der Einkommen in Deutschland in letzter Zeit ungleicher geworden. Die Einkommenschancen von Frauen haben sich dagegen denen der Männer angeglichen. In vielen Fällen bergen Chancenungleichheiten, so die geringen Bildungschancen von Migrantenkindern oder die schlechten Aufstiegschancen von Frauen, mindestens so viel gesellschaftspolitischen Zündstoff wie Verteilungsungleichheiten, wie etwa wachsende Armut und zunehmender Reichtum.

Chancenungleichheiten bestehen insbesondere zwischen: Bildungs- und Berufsgruppen, Familien und kinderlosen Haushalten, Bewohnern unterschiedlicher Regionen, den Geschlechtern, Altersgruppen und ethnischen Gruppierungen. Damit sind zugleich die wichtigsten Determinanten sozialer Ungleichheit benannt. Einige von ihnen sind individuell erworben, andere gesellschaftlich zugeschrieben: Bildungsgrade, Berufe, Familien- und Lebensformen sind für die Einzelnen mehr oder minder frei wählbar. Das Geschlecht, das Alter, soziale Herkunft oder die ethnische Zugehörigkeit sind für die Einzelnen in der Regel nicht veränderbar. Darauf beruhende Chancenungleichheiten (beispielsweise die Benachteiligung von Frauen) gelten in modernen Gesellschaften als illegitim und werden stark kritisiert.

Dimensionen sozialer Ungleichheit

Die Vielfalt vorhandener sozialer Ungleichheiten wird in der Regel in Dimensionen gebündelt. In modernen Gesellschaften gelten der formale Bildungsgrad, die mehr oder minder sichere Erwerbstätigkeit, die berufliche Stellung, das Einkommen bzw. Vermögen und das berufliche Prestige als wichtigste Dimensionen sozialer Ungleichheit. Nicht alle Dimensionen hatten zu jeder Zeit das gleiche Gewicht: So war formale Bildung noch im ausgehenden Mittelalter für die Mehrzahl der Menschen eher unwichtig. Heute spricht viel dafür, dass der erreichte Bildungsgrad für die Menschen die wichtigste Dimension sozialer Ungleichheit darstellt.

Innerhalb jeder dieser Dimensionen lassen sich höhere oder niedrigere Stellungen unterscheiden. Sie werden als Bildungs-, Erwerbs-, Berufs-, Einkommens- bzw. Prestige-Status bezeichnet.

Soziale Schichten

Eine soziale Schicht* besteht aus Menschen, die einen ähnlichen Status* innerhalb einer oder mehrerer Dimensionen sozialer Ungleichheit innehaben. So kann man z. B. Bildungs- oder Einkommensschichten unterscheiden. Zur Ermittlung der Stellung eines Menschen im gesamtgesellschaftlichen Schichtungsgefüge kombiniert man in der Regel seinen Bildungs-, Berufs- und Einkommensstatus. Das Oben und Unten der beruflichen Stellung, der hierfür notwendigen Qualifikation und des hieraus resultierenden Einkommens gelten in modernen Gesellschaften als Kernstruktur des Gefüges sozialer Ungleichheit.

Die jeweilige Schichtzugehörigkeit hat viele Konsequenzen, aus denen die Vor- bzw. Nachteile der Schichtzugehörigkeit erst wirklich deutlich werden: Wer einer höheren Schicht angehört, denkt und handelt im Allgemeinen optimistischer, leistungsorientierter, planender, zukunftsorientierter und durchsetzungsfähiger. Die Mitglieder höherer Schichten sind seltener krank, leben länger, werden weniger straffällig und verfügen über größere Netzwerke mit mehr »Beziehungen«. Die Kinder haben bessere Bildungschancen usw.

Trotzdem fallen die Mentalitäten und Verhaltensweisen der Menschen *innerhalb* gleicher sozialer Schichten durchaus unterschiedlich (und gelegentlich über Schichtgrenzen hinweg ähnlich) aus. Die Begriffe der sozialen Milieus und der Lebensstilgruppierungen dienen dazu, diese Unterschiede zu erfassen.

Soziale Milieus und Lebensstile

Unter einem sozialen *Milieu** versteht man eine Gruppe gleich gesinnter Menschen mit ähnlichen Werthaltungen und Grundeinstellungen (zum Beispiel das liberal-intellektuelle Milieu). Die Milieuzugehörigen sehen und interpretieren ihre sachlichen Umwelten und ihre menschlichen Mitwelten in ähnlicher Weise und bestärken sich darin. Häufig arbeiten und wohnen die Menschen eines bestimmten sozialen Milieus auch in ähnlichen Um- und Mitwelten.

Wie entstehen soziale Milieus? Sie bilden sich zum einen heraus durch die soziale Schichtung einer Gesellschaft: durch gleiche soziale Herkunft und die ähnlichen sozialisatorischen, beruflichen und gesellschaftlichen Erfahrungen der Mitglieder sozialer Schichten. Darüber hinaus gibt es aber auch kulturelle (historische, regionale, religiöse etc.) Faktoren, die zur Bildung sozialer Milieus auch innerhalb der sozialen Schichten beitragen.

Das Konzept der sozialen Milieus spielt eine große Rolle in praxisorientierten sozialwissenschaftlichen Studien. Wie Kinder erzogen werden, welcher Partei Menschen zuneigen, wie Menschen wohnen, ihre Freizeit verbringen oder konsumieren, ist weitgehend eine Frage des sozialen Milieus.

Niemand verhält sich jeden Tag völlig anders. Als *Lebensstil* bezeichnet man die Gesamtheit der immer wiederkehrenden Denk- und Verhaltensweisen eines Menschen. Diese Routinen sind nicht nur eine Frage der Zweckmäßigkeit, sondern auch der Identität von Menschen. Infolge gesellschaftlicher Angleichungs- und Auseinandersetzungsprozesse erstrecken sich ähnliche Lebensstile über die Einzelnen hinaus auf größere gesellschaftliche Gruppierungen.

Lebensstile bilden sich aufgrund vieler Faktoren heraus: Das Alter, das Geschlecht, die Familien- und Lebensform, der Bildungsgrad, die Schichtzugehörigkeit, aber auch eigene Entscheidungen und fremde Einflüsse können Lebensstile gestalten. Lebensstile sind psychologisch nicht so tief verankert wie Milieuzugehörigkeiten und ändern sich deshalb leichter als diese. Gleichwohl sind Konsumentscheidungen, Freundschafts- und Partnerschaftswahlen, Freizeitaktivitäten und vieles mehr auch eine Frage des Lebensstils.

3 Historische Entwicklung

Ständegesellschaft

Sowohl die Hauptdeterminanten als auch die zentralen Dimensionen sozialer Ungleichheit waren in der mittelalterlichen und frühneuzeitlichen *Ständegesellschaft* andere als heute. Wie in jeder Agrargesellschaft verschaffte die Verfügung über Grund und Boden Macht, Wohlstand und Ansehen. Eine abgestufte Hierarchie von Lehensvergaben war Grundlage der herausragenden Stellung von König und der ungleichen Stellungen im Adelsstand. Freie Bauern, Pächter und abhängige Bauern verfügten über mehr oder minder große Besitzrechte an Grund und Boden. Sie machten insgesamt den Bauernstand aus, der etwa 80 % der Bevölkerung umfasste. In den Städten konzentrierte sich der Stand* der Bürger: Er bestand aus Händlern und Handwerkern mit kleineren oder größeren Erwerbsmöglichkeiten. Unterständische Gruppierungen, wie die »unehrlichen« Berufe, Wanderarbeiter, Mägde und Knechte, Lehrlinge und Gesellen bildeten den untersten Bereich der Ständegesellschaft.

Erwerbsmöglichkeiten, Abgaben und Lebensgestaltung waren innerhalb dieser Stände und ihrer Untergliederungen durch rechtliche Bestimmungen bis ins Einzelne geregelt. Während heute gleiche Rechte für alle

Bürger gelten, bildeten damals ungleiche Rechte eine wesentliche Dimension sozialer Ungleichheit. Wer wo ein Gewerbe ausüben durfte, welche Preise er verlangen konnte, wer wie viele Steuern an wen zu zahlen hatte, wer welche Kleidung tragen durfte, wer in der Kirche wo sitzen durfte, all das war bis ins Einzelne rechtlich geregelt.
Welche Stellung die Einzelnen in diesem komplizierten Gefüge sozialer Ungleichheit einnahmen, war vor allem eine Frage der Herkunft. Die »Geburt« in einer Familie des Adelsstandes, des Bürgertums, des Bauernstandes oder aus einer »unterständischen« Familie entschied weitgehend über Status und Lebensweg. Sozialer Auf- oder Abstieg über die Grenzen dieser Stände hinweg war selten, auch innerhalb der Stände war es sehr schwer, aufzusteigen. Sozialer Abstieg kam indes häufiger vor. So wurden z. B. viele freie zu unfreien Bauern.

Klassengesellschaft

Die frühe industrielle Gesellschaft begann in Deutschland in der ersten Hälfte des 19. Jahrhunderts. Zahlreiche rechtliche Ungleichheiten verschwanden. Der Besitz, vor allem an den neuen industriellen Produktionsmitteln, löste die Herkunft als dominierende Determinante sozialer Ungleichheit ab. Die Besitzenden hatten viele Vorteile. Die neue obere Klasse* der Fabrikherren ahmte die Lebensweise des Adels nach. Wer nichts besaß, wer mit seinem bisherigen Gewerbe der Industriekonkurrenz nicht mehr gewachsen war, wer seinen Bauernhof nicht mehr halten konnte, musste sich als Arbeiter zu häufig elenden Arbeitsbedingungen und Löhnen verdingen. Die »soziale Frage« entstand. Aus der Ständegesellschaft wurde eine *Klassengesellschaft*.

Im Laufe des späten 19. und des 20. Jahrhunderts waren immer mehr Menschen als Unselbstständige erwerbstätig. Schließlich arbeiteten neun von zehn Erwerbstätigen als Arbeiter, Angestellte oder Beamte. Viele Beamte und Angestellte erlangten einen wesentlich höheren Status als Fach- und erst recht als Hilfsarbeiter. Die sozialen Ungleichheiten innerhalb der Unselbstständigen wurden wichtiger als Ungleichheiten zwischen ihnen und den Selbstständigen. Die entlang der Berufshierarchie verlaufende soziale Schichtung schob sich als dominierende Struktur sozialer Ungleichheit über das am Besitz ausgerichtete Klassengefüge.

Geschichtete Gesellschaft

Als wichtigste Determinante sozialer Ungleichheit schälte sich daher immer mehr der Beruf heraus. »Sage mir, was Du von Beruf bist, und ich sage dir, welche gesellschaftliche Stellung Dir zukommt«: So könnte das Motto der industriegesellschaftlichen *Schichtungsgesellschaft* lauten. Auch die wichtigsten Dimensionen sozialer Ungleichheit (Qualifikation, berufliche Stellung, Einkommen) stehen allesamt in enger Verbindung mit dem Beruf.

In der geschichteten Gesellschaft sind sozialer Auf- und Abstieg wesentlich leichter möglich als in der Klassengesellschaft des 19. Jahrhunderts. Vertikale Mobilität wurde allerdings niemals so häufig, wie es das schichtungsgesellschaftliche Ideal der »offenen Gesellschaft« vorsieht. Ihm zufolge sollten Auf- und Abstieg ausschließlich eine Frage der individuellen Leistung und nicht länger der Herkunft, des Besitzes oder der Hautfarbe oder des Geschlechts sein.

Neue Strukturen sozialer Ungleichheit

Seit etwa dem letzten Drittel des 20. Jahrhunderts, seit mehr als die Hälfte der Erwerbstätigen im Dienstleistungssektor arbeitet, gilt Deutschland nicht länger als Industriegesellschaft, sondern als *postindustrielle Informations- und Dienstleistungsgesellschaft.* Mit dem Schrumpfen der Industrie und dem Aufkommen des Dienstleistungssektors sowie mit der steigenden Bedeutung von Information, Wissen und Qualifikation wurden viele Hoffnungen verknüpft. Der Dienstleistungssektor schien angenehme, geistig anspruchsvolle, wegen der unstillbaren Nachfrage nach Dienstleistungen sichere und infolge hoher Produktivität auch gut bezahlte Arbeitsplätze für immer mehr Menschen zu bieten.

Damit war vielfach die Hoffnung verbunden, dass sich die Zunahme von Verteilungs- und Chancengleichheit im Verlaufe der Industrialisierung, wie sie sich im Laufe des 20. Jahrhunderts am Wachsen der Mittelschicht gezeigt hatte, auch in der postindustriellen Gesellschaft fortsetzen würde. Diese Erwartungen haben sich bisher nicht erfüllt. Das anhaltende Schrumpfen der Industrie kostete viele Arbeiter den Arbeitsplatz und hinterlässt sie ohne Perspektive. Innerhalb des Dienstleistungssektors tun sich enorme neue Ungleichheiten auf. Hoch Qualifizierte in produktiven Branchen kennen kaum Arbeitslosigkeitsrisiken und haben glänzende Verdienstmöglichkeiten. Sie werden durch die Globalisierung von Arbeitsmärkten und durch den Fachkräftemangel im Zuge des demografischen Wandels noch gesteigert. Niedrig Qualifizierte in wenig produktiven Branchen (zum Beispiel Reinigungskräfte) müssen um ihren schlecht bezahlten Arbeitsplatz mit vielen Bewerbern konkurrieren. In den schrumpfenden Mittelschichten, vor wenigen Jahrzehnten noch eine Zone der Prosperität und Sicherheit, wachsen die Ängste.

Inwieweit sich im Zuge dieser Verschärfungen sozialer Ungleichheit das Schichtungsgefüge grundsätzlich ändert, und andere Sozialstrukturmodelle eher zutreffen, lässt sich noch nicht absehen. Sicher jedoch ist, dass eine marktgängige (Aus-)Bildung mehr denn je individuelle Lebenschancen prägt.

4 Soziale Schichtung

Die wichtigsten Veränderungen der Struktur sozialer Schichtung, die sich in den letzten Jahrzehnten vollzogen, lassen sich wie folgt zusammenfassen. Zunächst sollen die einzelnen Dimensionen dargestellt werden.

4.1 Bildung

Bildungsexpansion

Von den 1960er- bis in die 1990er-Jahre hinein wurden Schulen und Hochschulen in Deutschland immer weiter ausgebaut. Immer mehr junge Menschen erreichten weiterführende Bildungsabschlüsse. Seither verläuft die Bildungsexpansion in Deutschland deutlich langsamer. Im Vergleich mit ähnlich entwickelten Gesellschaften gelangen in Deutschland nur wenige junge Menschen in Hochschulen. Der Anteil der Schulabgänger ohne Hauptschulabschluss und der Jugendlichen ohne Berufsbildungsabschluss sinkt nur sehr langsam (vgl. Kap. 6: Bildung). Es wird häufig kritisiert, dass dies den steigenden Anforderungen von Technik, Wirtschaft und Gesellschaft an die Ausbildung der Menschen nicht gerecht wird.

Schulen und Hochschulen sind die »sozialen Dirigierungsstellen« (H. Schelsky) moderner Gesellschaften. Bildungszertifikate haben die Aufgabe, die Menschen auf legitime Weise in die jeweiligen Etagen des sozialen Höher und Tiefer zu lenken. Dies setzt voraus, dass Bildungseinrichtungen leistungs- und chancengerecht verfahren. Das Geschlecht, die soziale Herkunft, die ethnische Zugehörigkeit und andere leistungsfremde Gruppenmerkmale dürften bei der Zuerkennung von Bildungsnachweisen also keine Rolle spielen. Bildungserfolge hängen in Deutschland jedoch im Vergleich zu ähnlichen Ländern in besonders hohem Maße von der sozialen Herkunft und der ethnischen Zugehörigkeit der Kinder ab (vgl. ausführlicher Kap. 6: Bildung). Misst man Chancengerechtigkeit als »proportionale Chancengleichheit« – sie ist erreicht, wenn die Kinder aller relevanten sozialen Gruppierungen auf allen Stufen des Bildungssystems die gleichen Anteile wie in der Gesamtbevölkerung erreichen –, so wird deutlich, dass Deutschland besonders weit davon entfernt ist, Chancengerechtigkeit im Bildungswesen zu erreichen.

Im Zuge der Ausweitung weiterführender Bildung seit den 1960er-Jahren haben sich zwar die *absoluten* Bildungschancen der Kinder aller sozialen Gruppierungen erhöht. Alle Gruppierungen haben sich vom größer gewordenen »Bildungskuchen« ein größeres Stück abgeschnitten. Die *relativen* Bildungschancen im Vergleich zu konkurrierenden Gruppierungen haben sich freilich sehr unterschiedlich entwickelt.

Geschlechtsspezifische Bildungschancen

Die *Frauen* zählen zu den Gewinnern der Bildungsexpansion. Sie haben die Männer auf allen Stufen des allgemeinbildenden Bildungswesens überholt und in den Universitäten immerhin eingeholt. Allerdings ist dies in den meisten modernen Ländern schon seit längerem der Fall. Dass Männer vergleichsweise immer weniger erfolgreich abschneiden, zeigt sich vor allem im Bereich der Elementarbildung. In Hauptschulen und in Sonderschulen für Lernbehinderte finden sich vor allem Jungen.

Schichtspezische Bildungschancen

Kinder aus unteren sozialen Schichten konnten ihre relativen Bildungschancen seit fast 50 Jahren nur unwesentlich erhöhen. In dieser Hinsicht hat sich wenig verändert. Am ehesten stellten Realschulen und Gesamtschulen gewisse Aufstiegswege dar. Immer noch gelangen Kinder aus höheren sozialen Schichten zu großen Anteilen auf Gymnasien und Universitäten, Kindern aus unteren sozialen Schichten gelingt dies nur selten. Zwar sind in allen Ländern der Welt Kinder aus oberen Schichten erfolgreicher als Kinder schlechter gestellter Eltern, aber deren Bildungschancen konnten in allen vergleichbaren Ländern besser als in Deutschland gestaltet werden.

Ethnische Bildungschancen

Auch *Migrantenkinder* erreichen immer häufiger höhere allgemeinbildende Abschlüsse. Trotzdem ist ihnen kaum gelungen, den Bildungsvorsprung einheimischer Kinder aufzuholen. Im Bereich der Berufsausbildung sind besonders geringe Bildungsfortschritte von Migrantenkindern zu verzeichnen. Seit den 1990er-Jahren stagnieren sie sogar. Schlecht sind vor allem die Bildungs- und Ausbildungsergebnisse von vielen männlichen türkischen und italienischen Jugendlichen (vgl. im Einzelnen Kap. 4: Migration).

Sieht man von den Frauen ab, so zeigen sich in letzter Zeit nur geringe Fortschritte, teils sogar Rückschritte im Bemühen, die Bildungschancen von Kindern aus bildungsfernen Gruppierungen zu verbessern. Für die Betroffenen und für die Gesellschaft insgesamt wird dies zu einem immer gravierenderen Problem.

Folgen ungleicher Bildungschancen

Gesundheit, Lebenserwartung, Freizeit-, Integrations- und Durchsetzungschancen stehen schon seit langem in engem Zusammenhang mit der individuellen Bildung. Die Chancen, einen Arbeitsplatz zu finden bzw. das Risiko der Arbeitslosigkeit werden sogar immer mehr zu einer Frage der vorhandenen Qualifikation. Werden die Bildungschancen von Kindern bildungsferner Milieus nicht verbessert, so drohen wachsende Aufstiegsblockaden und die soziale Vererbung des elterlichen Status. Unzufriedenheit und die Empfindung, in einer ungerechten Welt zu leben, sind die Folge.

Für die Gesellschaft insgesamt bringen technologischer Wandel und Globalisierung der Wirtschaft einen immer größeren Bedarf an Qualifikation mit sich. Im Zuge des demografischen Wandels gelangen indessen die geburtenschwachen Jahrgänge auf den Arbeitsmarkt. Dem wachsenden Qualifikationsbedarf steht also ein schrumpfendes Qualifikationsangebot gegenüber (vgl. Kap. 3: Bevölkerung), solange es nicht gelingt, Bildungsreserven aus bislang bildungsfernen Kreisen zu erschließen.

4.2 Erwerbstätigkeit und berufliche Stellung

Erwerbsstatus

Ressourcen und günstige Lebensbedingungen werden nur dann zu Dimensionen sozialer Ungleichheit, wenn sie knapp sind. Ein wertvolles Gut, das überreichlich zur Verfügung steht, kann kaum zu einer sehr ungleichen Verteilung von Vor- und Nachteilen zwischen verschiedenen Bevölkerungsgruppen führen.

In der Zeit der Vollbeschäftigung* in den 1960er- und frühen 1970er-Jahren standen mehr Arbeitsplätze zur Verfügung, als Interessenten vorhanden waren. Niemand sprach damals von einer Ungleichheit der Erwerbsmöglichkeiten. Seither baute sich Zug um Zug die massenhafte Arbeitslosigkeit auf. Die Ungleichheit der Erwerbsmöglichkeiten wuchs.

Im Groben lassen sich drei Stufen des »Erwerbsstatus« unterscheiden:

- Unbefristete Vollzeit-»Normalarbeitsplätze« bieten die meisten Vorteile.
- Prekäre Arbeitsplätze (befristete Tätigkeiten, geringfügige Erwerbsarbeit, Leiharbeit, ungewollte Teilzeitarbeit, Tätigkeiten auf Abruf, »Scheinselbstständigkeit«) bieten zwar Erwerbsmöglichkeiten, haben aber viele Nachteile.
- Registrierte und anerkannte Arbeitslosigkeit bietet nach einiger Zeit der Lohnersatzleistung (Arbeitslosengeld I) nur noch existenzsichernde Mindestleistungen (Arbeitslosengeld II; Hartz IV).

Arbeitslosigkeit

Innerhalb der Arbeitslosigkeit lassen sich vier Typen und damit verbundene Schweregrade unterscheiden:

- Friktions- oder Sucharbeitslosigkeit entsteht oftmals dann, wenn eine Arbeitsstelle verlassen und eine neue gesucht wird. Es handelt sich meist um kurzfristige und deshalb als »harmlos« angesehene Arbeitslosigkeit.
- Saisonale Arbeitslosigkeit entsteht oft mit dem Wechsel der Jahreszeiten. So sinken die Erwerbsmöglichkeiten von Bauarbeitern im Winter.
- Konjunkturelle Arbeitslosigkeit wächst mit wirtschaftlichen Abschwüngen. Diese Form der Arbeitslosigkeit betrifft unter Umständen viele Menschen und dauert oft Jahre lang.
- Strukturelle Arbeitslosigkeit kann durch ganz unterschiedliche Strukturveränderungen zu Stande kommen, zum Beispiel durch technologischen Wandel, durch ökonomische Verschiebungen oder durch demografische Veränderungen. Strukturelle Arbeitslosigkeit dauert häufig besonders lange und wird als problematisch eingeschätzt. Etwa 85 % der Arbeitslosen verloren in den letzten Jahren aus strukturellen Gründen ihren Arbeitsplatz.

In der Nachkriegszeit, als viele Arbeitsstellen zerstört oder von den Alliierten im Zuge von Reparationsleistungen abgebaut waren, sowie Millionen von Flüchtlingen und Heimatvertriebenen nach Deutschland strömten, suchten viele Menschen eine Erwerbsarbeit. Im Zuge des »Wirtschaftswunders« sank das Arbeitslosigkeitsrisiko dann schnell. Von 1961 bis 1973 herrschte in Westdeutschland Vollbeschäftigung. Bis heute wird dieser Zustand häufig als »normal« angesehen. Länger als ein Jahrzehnt dauerte er aber nicht an. Seit Mitte der 1970er-Jahre stieg dann die Zahl der Arbeitslosen in Westdeutschland treppenförmig an. In jedem konjunkturellen Einbruch schnellte die Arbeitslosenquote empor, ohne in der folgenden konjunkturellen Erholung wieder ganz auf den alten Stand zurück zu fallen. Erst im Jahre 2005 sank die Arbeitslosigkeit wieder entscheidend.

Berichte von Massenmedien legen die Meinung nahe, die Arbeitslosigkeit steige, weil ständig Arbeitsplätze abgebaut würden. Die Zahl der Arbeitsplätze und die Erwerbstätigenquote sind jedoch seit den 1970er-Jahren in Westdeutschland nicht gesunken, sondern leicht gestiegen. Die Gründe für die Zunahme der Arbeitslosigkeit sind daher weniger auf der Seite der Arbeitsplätze als auf der Seite der Personen, das heißt der steigenden Nachfrage nach Erwerbsarbeit zu suchen. Seit den 1970er-Jahren drängten die geburtenstarken Jahrgänge der 1950er- und 1960er-Jahre, sowie Frauen und Zuwanderer (Familien von »Gastarbeitern«, Spätaussiedler und Bürgerkriegsflüchtlinge) auf den Arbeitsmarkt. Dem stand kein entsprechender Zuwachs von Arbeitsplätzen gegenüber.

Umgekehrt sind in den kommenden Jahren Entlastungen des Arbeitsmarkts und Rückgänge der Arbeitslosigkeit zu erwarten, denn die seit Mitte der 1970er-Jahre geburtenschwachen Jahrgänge gelangen auf den Arbeitsmarkt und lassen die Nachfrage nach Arbeitsplätzen sinken (vgl. Kap. 3: Bevölkerung).

Risiken der Arbeitslosigkeit

Das Risiko der Arbeitslosigkeit konzentriert sich in bestimmten Bevölkerungsgruppen. Die Gefahr, die Stelle zu verlieren, ist für gering Qualifizierte am größten und wächst für sie ständig weiter an, denn die technologische Entwicklung erfordert immer höhere Qualifikationen. Stellen für gering Qualifizierte werden häufig abgebaut oder ins billigere Ausland verlagert. Auch Zuwanderer geraten aus Qualifikationsgründen besonders häufig in Arbeitslosigkeit. Schließlich haben Schwerbehinderte und die Bewohner bestimmter Regionen (oft in Ostdeutschland) ein erhöhtes Arbeitslosigkeitsrisiko zu tragen. Ältere Menschen verlieren, da sie gegen Kündigungen oft gut geschützt sind, nicht überproportional häufig ihre Beschäftigung. Wenn dies passiert, dauert die Arbeitslosigkeit aber oft lange. Waren ältere Arbeitende bis vor einiger Zeit wegen der hohen Nachfrage nach Arbeitsplätzen häufig dem Druck ausgesetzt, ihre Arbeitsstelle aufzugeben, so gehen Betriebe angesichts des schwindenden Nachwuchses immer mehr dazu über, ältere Beschäftigte zu halten und gegebenenfalls weiterzubilden.

Die Folgen insbesondere länger andauernder Arbeitslosigkeit sind oft gravierend. Hieran wird deutlich, wie sehr moderne Gesellschaften »Arbeitsgesellschaften« sind: Selbstachtung und Respekt von Mitmenschen schwinden. Die Familien sind großen Belastungen ausgesetzt. Gesundheitliche Probleme häufen sich. Die Fähigkeit nimmt ab, den Tagesablauf zu strukturieren und zu organisieren. Dies macht es oft schwierig, insbesondere Langzeitarbeitslose wieder in Beschäftigungsverhältnisse einzugliedern.

Prekäre Beschäftigungsverhältnisse

Prekäre Beschäftigungsverhältnisse nehmen zu. Mit diesem *»mittleren Erwerbsstatus«* zwischen Arbeitslosigkeit und »Normalarbeitsverhältnis*« muss mittlerweile ein gutes Drittel aller Erwerbstätigen in Deutschland Vorlieb nehmen. Insbesondere Teilzeittätigkeiten und geringfügige Beschäftigungen haben seit den 1990er-Jahren stark zugenommen. Zwar bringen diese Beschäftigungsformen »objektive« Nachteile im Vergleich zu

»Normalarbeitsverhältnissen« mit sich, sind aber häufig von den Beschäftigten gewollt (zum Beispiel suchen viele Frauen Teilzeittätigkeiten). Nicht selten stellen »prekäre« Beschäftigungsverhältnisse auch den Einstieg in »normale« Erwerbsverhältnisse dar.

Der *»obere Erwerbsstatus«* einer »normalen« Vollzeiterwerbstätigkeit umfasst ein weites Spektrum. Es reicht von der in jeder Hinsicht unsicheren, stets an Anweisungen gebundenen Tätigkeit eines ungelernten Arbeiters oder einer ausführenden Angestellten bis hin zu den umfassenden Führungsaufgaben eines Managers oder einer Unternehmerin.

Berufsstatus

Diese Hierarchie mehr oder minder hoher Berufsstatus wird häufig in eine vertikale Ordnung von Berufsgruppen untergliedert. Sie werden im Anschluss an Max Weber »Erwerbsklassen« oder, der angelsächsischen Terminologie folgend, »soziale Klassen« genannt. Kennzeichnend sind in jedem Falle die jeweiligen, in Bezug auf Arbeitsmarktlage, Arbeitsinhalte und Anweisungsgebundenheit (bzw. -befugnis) mehr oder minder vorteilhaften Berufspositionen. Die Zugehörigkeit zu einer dieser Berufsstatus-Gruppierungen bildet, zusammen mit dem jeweiligen Bildungsgrad, die Grundlage der jeweiligen finanziellen und materiellen Lage der Arbeitenden.

Folgende Anteile der Berufstätigen in Westdeutschland (in Ostdeutschland) zählten 2006 zu den einzelnen »Erwerbsklassen« (Statistisches Bundesamt 2008: 177)[1]

Obere Dienstleistungsklasse (freie Berufe, leitende Beamte und Angestellte, hoch professionalisierte Fachleute)	11% (9%)
Untere Dienstleistungsklasse (qualifizierte Beamte und Angestellte)	24% (18%)
Einfache Büroberufe	15% (12%)
Sonstige nicht manuelle Berufe	8% (8%)
Arbeitgeber (2–49 Mitarbeiter)	2% (1%)
Selbstständige (max. 1 Mitarbeiter)	4% (4%)
Landwirte	2% (1%)
Leitende Arbeiter, Techniker	7% (7%)
Facharbeiter	13% (26%)
Einfache Arbeiter	13% (9%)
Landarbeiter	1% (4%)

1 Aufgrund multipler Zuordnungskriterien ist es schwierig, Berufsgruppen in ein eindeutiges Oben und Unten zu ordnen. Die Rangordnung einzelner Gruppierungen (zum Beispiel die der Arbeitgeber) ist daher teils diskussionsbedürftig.

Einige dieser Berufsstatusgruppierungen wachsen und prosperieren, z.B. die »obere Dienstleistungsklasse«. Andere dieser »Erwerbsklassen« schrumpfen und stagnieren ökonomisch, wie z.B. Landwirte und einfache Arbeiter. Dazu mehr im folgenden Abschnitt.

Je höher eine Erwerbsklasse gestellt ist, desto weniger Frauen sind dort zu finden. Man hat ihnen zwar die Türen der Bildungseinrichtungen geöffnet, nicht aber die Türen der oberen Etagen in den Bürotürmen.

4.3 Einkommen und Vermögen

In modernen marktwirtschaftlich organisierten Gesellschaften lassen sich nahezu alle materiellen (und manche immateriellen) Bedürfnisse mit Geld befriedigen. Das verfügbare Einkommen und Vermögen geben daher über den Wohlstand und zu einem erheblichen Grad auch über das Wohlbefinden von Menschen Auskunft.

Einkommensarten

Einkommen ist auf den ersten Blick das persönliche Bruttoeinkommen der Menschen, das sie aus Erwerbstätigkeit oder Besitztümern auf Märkten erzielen. Diese Brutto-Markteinkommen geben zwar über die Wertschätzung der jeweiligen Erwerbstätigkeit bzw. der Güter Auskunft, nicht aber über den Lebensstandard der Einkommensbezieher. Denn hieraus sind nicht nur unterschiedlich hohe Steuern und Abgaben zu bezahlen, hiervon muss oft noch der Lebensunterhalt weiterer Personen (Kinder, Partner etc.) finanziert werden.

Das Netto-pro-Kopf-Haushaltseinkommen vermittelt schon eher Auskunft über den jeweiligen Wohlstand. Dieses im Haushaltszusammenhang tatsächlich verfügbare Einkommen wurde von staatlichen Instanzen durch einbehaltene Steuern und Beiträge einerseits, durch gezahlte Transferleistungen andererseits verringert bzw. erhöht. Es wird von Wirtschafts- und Sozialwissenschaftlern meist in das sog. »Äquivalenzeinkommen*« (bedarfsgewichtetes Netto-pro-Kopf-Haushaltseinkommen) umgerechnet, um die Ersparnisvorteile größerer Haushalte zu berücksichtigen.

Im Zuge der Industrialisierung wurde die Verteilung der Einkommen im Laufe des 19. Jahrhunderts immer ungleicher. Die Spanne zwischen den hohen Einkommen der Besitzenden und den Hungerlöhnen der vielen Lohnarbeiter weitete sich. Die Mittelschicht war klein.

Historische Entwicklung

Seit etwa dem Ersten Weltkrieg bis in die 1970er-Jahre hinein wurde die Einkommensverteilung langsam immer gleicher. Armut und extremer Reichtum wurden seltener. Die Mittelschicht wuchs. Diese Angleichungstendenz wurde weithin begrüßt und in zahlreichen Theorien moderner Industriegesellschaften geradezu gefeiert. Moderne Gesellschaften schienen zu Gesellschaften der Mittelschicht zu werden, die in Politik, Konsum, Erziehung etc. kulturell tonangebend wurde.

Seit dieser Zeit wird die Einkommensverteilung wieder ungleicher. Insbesondere die persönlichen Markteinkommen (Löhne, Gehälter und Besitzeinkommen) gehen rapide auseinander. Die Verteilung der »Äquivalenzeinkommen« (bedarfsgewichteten Netto-pro-Kopf-Haushaltseinkommen), die den jeweiligen Lebensstandard prägen, wird ebenfalls ungleicher, allerdings bis 2004 deutlich langsamer als die Markteinkommen. Infolgedessen haben immer mehr Menschen sehr hohe und immer mehr Menschen sehr niedrige Einkommen zur Verfügung. Die Verschärfung der finanziellen Ungleichheit ist mittlerweile so stabil geworden, dass von einer historischen Wende hin zu mehr finanzieller Ungleichheit gesprochen werden kann.

Wenn jeweils höhere Bevölkerungsanteile einkommensstark bzw. einkommensschwach werden, schrumpft die Einkommensmittelschicht. Dies kehrt den jahrzehntelang anhaltenden Trend einer wachsenden Mittelschicht um. Für viele Bereiche von den Investitionen (etwa im Wohnungsbau), über den Konsum bis hin zur Politik ist dies sehr folgenreich. Eine große und wachsende Einkommensmittelschicht stellte seit jeher ein stabilisierendes Moment für Politik und Gesellschaft dar.

Einkommenschancen

Einkommenschancen sind eine Frage des Bildungsgrades, des Erwerbs- und Berufsstatus, aber auch des Geschlechts und der Lebensform. Die Einkommenshierarchie reicht von hoch qualifizierten Erwerbstätigen in leitender Stellung bis hin zu gering qualifizierten Arbeitskräften mit Zeitverträgen, in Leiharbeit oder in unfreiwilliger Teilzeitarbeit. Frauen verdienen bei gleicher Arbeitszeit fast ein Viertel weniger als Männer, vor allem weil sie selten Führungspositionen erreichen. Kinderlose Doppelverdienerpaare und Singles stehen an der Spitze der Einkommenshierarchie, danach folgen Paare gestaffelt nach der Kinderzahl. Am schlechtesten sind die Verdienstmöglichkeiten von Alleinerziehenden, wiederum abgestuft nach der jeweiligen Zahl der Kinder.

Internationale Vergleiche zeigen, dass die wachsende Einkommensungleichheit keine deutsche Besonderheit ist. Die Schere der Markteinkommen öffnet sich in fast allen entwickelten Ländern der Welt. Die »Äquivalenzeinkommen« (bedarfsgewichtete Netto-pro-Kopf-Haushaltseinkommen) spreizen sich in den meisten modernen Gesellschaften. Deutschland ist weder ein besonders ungleiches, noch ein besonders gleiches Land.

Gründe wachsender Lohnungleichheit

Da die wachsende Einkommensungleichheit ein weltweites Phänomen ist, liegen auch die Gründe der auseinander gehenden Einkommen zum großen Teil in supranationalen Entwicklungen. Als Hauptursache gilt die technologische Entwicklung (vor allem die Informationstechnologie), die in den Sektoren, in denen sie dominiert, sehr produktives Wirtschaften ermöglicht, zugleich aber hohe Qualifikationen erfordert. Da entsprechend hoch qualifiziertes Personal knapp ist, werden hohe Löhne gefordert. In hoch produktiven Wirtschaftsbereichen können hohe Löhne auch gezahlt werden. Die Globalisierung der Arbeitsmärkte verstärkt diese Entwicklung zur Ausweitung der Lohnbandbreite nach oben noch. Wer in Deutschland seine hohen Lohnerwartungen nicht erfüllt findet, dem wird das in anderen Ländern gelingen.

In technologisch wenig entwickelten und wenig produktiven Wirtschaftsbereichen können nur niedrige Löhne bezahlt werden. Da immer mehr dieser Arbeitsplätze wegfallen, konkurrieren relativ viele gering Qualifizierte um diese weniger werdenden Arbeitsplätze. Dies drückt die Verdienstmöglichkeiten. Auch hier verstärkt die Globalisierung die soziale Ungleichheit. Gering Qualifizierte in Deutschland konkurrieren oft nicht nur mit Einheimischen, sondern auch mit Migranten und mit Beschäftigten im Ausland.

Mit diesen sehr ungleichen Marktlagen gehen vielfach auch Machtungleichheiten einher: So haben gut gestellte Einkommensbezieher vielfältige Chancen, sich (zum Beispiel mittels Ausbildungsnachweisen) gegen Konkurrenz abzuschotten.

Neben technologischen und ökonomischen bewirken auch demografische Gründe eine wachsende Einkommensungleichheit: Die Alterung der Gesellschaft bringt es mit sich, dass immer weniger Menschen Erwerbseinkommen beziehen, von denen immer mehr ältere (zusätzlich die jüngeren) Menschen zu finanzieren sind. Immer mehr Alleinerziehende mit oft schlechten Erwerbsmöglichkeiten stehen immer mehr Doppelverdienerhaushalten mit sehr guten Einkommenschancen gegenüber.

Gründe wachsender Ungleichheit der Haushaltseinkommen

Die bisher genannten technologischen und ökonomischen Gründe erklären, weshalb die Markteinkommen in fast allen entwickelten Ländern auseinander gehen. Inwieweit können jedoch gewerkschaftliche Aktivitäten Lohnspreizungen (z. B. durch Tarifverträge) verhindern? Inwieweit sind sozialstaatliche Aktivitäten (z. B. durch Mindestlohnverordnungen oder Steuern) geeignet, ungleicher werdende Arbeits- und Besitzeinkommen umzuverteilen? Die Antwort ist klar: Durch solche Maßnahmen können wesentliche Angleichungen erreicht werden. Dass die Ungleichheit der verfügbaren Pro-Kopf-Haushaltseinkommen in fast allen Ländern der Welt deutlich geringer als die Verteilung der Markteinkommen ausfällt, ist wesentlich Regulierungs- und Umverteilungsmaßnahmen zuzuschreiben. Es fragt sich nur, welche Nebenwirkungen dabei in Kauf genommen werden. Häufig werden Beschäftigungsprobleme befürchtet, z. B. Arbeitslosigkeit infolge verordneter Mindestlöhne oder die Auswanderung hoch qualifizierter Arbeitskräfte und Investoren infolge hoher Besteuerung von Einkommensstarken. Viele Gewerkschaften und sozialstaatliche Instanzen schrecken daher vor allzu energischen Eingriffen und Umverteilungen zurück. Vor allem wegen der unterschiedlich starken sozialstaatlichen Zugriffe in den einzelnen Ländern sind die Unterschiede zwischen den nationalen Verteilungen von Netto-pro-Kopf-Haushaltseinkommen größer als die Unterschiede der Verteilungen von Markteinkommen.

Einkommensungleichheit kann im Rahmen einzelner Länder betrachtet werden, aber auch als Vergleich zwischen reicheren und ärmeren Ländern. Der Einkommensabstand zwischen den armen und den reichen[2] Ländern der Welt wächst. Das heißt: Die internationale Einkommensungleichheit nimmt zu. Lässt man jedoch Ländergrenzen außer Acht und berücksichtigt alle Personen bzw. Haushalte, die auf der Erde leben, so zeigt sich, dass die Einkommen immer gleicher verteilt werden. Das heißt: Die supranationale Einkommensverteilung wird immer gleicher. Dieser scheinbare Widerspruch klärt sich auf, wenn man in Rechnung stellt, dass China und Indien, die beiden mit Abstand bevölkerungsstärksten Länder der Welt, wirtschaftlich prosperieren und in die »internationale Einkommensmittelschicht« aufgestiegen sind.

Einkommensarmut

Einkommensarmut bemisst sich in entwickelten Ländern nicht an der Gefahr des Verhungerns oder Erfrierens. Diese »absolute Armut« ist hierzu-

2 gemessen an den nationalen Durchschnitten des kaufkraftgewichteten Pro-Kopf-Bruttoinlandsprodukts

lande selten geworden, nicht jedoch »relative Armut«. Hierunter versteht man das Unterschreiten des Lebensstandards, der im jeweiligen Land als minimal angesehen wird, und den Ausschluss aus wesentlichen gesellschaftlichen Handlungsfeldern.

Im Allgemeinen betrachtet man jene Menschen als gefährdet, in »relative« Einkommensarmut zu geraten, die weniger als 60 % des mittleren[3] (Äquivalenz-) Einkommens der Bevölkerung zur Verfügung haben. Seit der Nachkriegszeit sank der Anteil dieser Menschen bis auf ein Minimum im Jahre 1973. Von da an nahm der Bevölkerungsanteil der Armutsgefährdeten bis in die 1990er-Jahre hinein ständig zu, vor allem im Zusammenhang mit dem Anstieg der Arbeitslosigkeit. Seit den 1990er-Jahren stagniert der Bevölkerungsanteil der armutsgefährdeten Menschen auf recht hohem Niveau.
Ein hohes Armutsrisiko tragen vor allem Alleinerziehende, Migranten, gering Qualifizierte, kinderreiche Familien und – damit im Zusammenhang – Kinder. Im Allgemeinen sind dies auch die Gruppierungen, die besonders häufig arbeitslos sind. Insbesondere die steigende Kinderarmut steht wegen ihrer ungünstigen Sozialisationsfolgen seit Jahren im Mittelpunkt öffentlicher Kritik.

Im Vergleich mit den übrigen OECD-Ländern ist Armut in Deutschland durchschnittlich verbreitet.

Vermögensverteilung

Nicht nur die Verteilung der Einkommen, auch die Vermögensverteilung wird in Deutschland immer ungleicher. Wie in allen bekannten Gesellschaften, so konzentrieren sich auch in Deutschland die Vermögen in wesentlich weniger Händen als die Einkommen. Das einkommensstärkste Zehntel der Bevölkerung verfügt über fast ein Viertel aller Einkommen, besitzt aber fast zwei Drittel allen Vermögens. Aus ungleich verteilten Einkommen werden noch weit ungleicher verteilte Vermögen, weil aus geringen Einkommen wenig, aber aus hohen Einkommen viel gespart werden kann. Hohe Ersparnisse führen zu Besitzeinkommen, die meist wiederum angelegt werden.

Der Löwenanteil des Vermögens besteht aus Haus- und Grundbesitz. Er ist so ungleich verteilt wie die Vermögensbestände im Ganzen. Unternehmensbesitz, Aktien und andere Wertpapiere sind noch ungleicher verteilt. Aber nicht alle Vermögensarten finden sich geballt in den Händen Weni-

3 Als mittleres Einkommen wird in der Regel der Median verwendet. Definitionsgemäß ist das Einkommen jeweils der Hälfte der Bevölkerung höher und geringer als der Median. Das arithmetische Mittel wird infolge weniger sehr hoher Einkommen nach oben verzerrt.

ger. Sparguthaben, Bauspar- und Lebensversicherungsverträge sind zum Beispiel vergleichsweise breit gestreut.

Gute Chancen, zu höheren Vermögensbeständen zu gelangen, haben vor allem beruflich gut Gestellte (aufgrund der höheren Einkommensmöglichkeiten), ältere Menschen bis zur Pensionsgrenze (aufgrund des allmählichen Wachsens ihrer Vermögensbestände) sowie Westdeutsche (weil Einkommensstarke sich hier konzentrieren und die Menschen in Ostdeutschland weniger Zeit hatten, Vermögen anzuhäufen).

4.4 Soziale Schichten

Die Ungleichheiten der Bildung, des Berufs und des Einkommens, denen die vorstehenden drei Abschnitte gewidmet waren, machen zusammen genommen das Schichtungsgefüge aus. Es bildet einen wesentlichen Teil der Gesamtstruktur sozialer Ungleichheit. Das Gefüge sozialer Schichtung ist zwar insgesamt relativ stabil, dennoch hat es sich gerade in den letzten Jahrzehnten deutlich verändert. Zum Teil kehrten sich lange währende Entwicklungstendenzen um.

In modernen Gesellschaften gibt es zwar ein ausgeprägtes Höher und Tiefer sozialer Schichtung, aber kaum noch klar erkennbare Grenzen zwischen einzelnen Schichten. Schichtgrenzen werden daher von Sozialforschern willkürlich als Ordnungslinien in das mehr oder minder kontinuierlich verlaufende Oben und Unten der sozialen Schichtung eingefügt

Untergliedert man das Schichtungsgefüge grob in die oberen, die mittleren und die unteren Schichten, so fallen zunächst Größenveränderungen auf. Die Dominanz der *Mittelschichten* schwindet, nicht nur im Hinblick auf das Einkommen, wie oben beschrieben, auch hinsichtlich des Berufs und der Qualifikation. Bis etwa in die 1980er-Jahre hinein wuchsen die Mittelschichten in Deutschland beständig an. Wachsende Anteile der Menschen ordneten sich auch selbst (»subjektiv«) der Mittelschicht zu. Dies entsprach auch allen theoretischen Erwartungen. Welche Schichten sollten in Informations- und Dienstleistungsgesellschaften zunehmen, wenn nicht die qualifizierten Schichten im Büro? Aber seit den 1990er-Jahren schrumpfen die mittleren Schichten. Immer weniger Menschen in Westdeutschland sehen sich auch selbst als Mitglieder der Mittelschicht.

Dies weist darauf hin, dass die Abnahme der mittleren Schichten auch kulturell spürbar ist. Die einst tonangebenden mittleren Schichten gelten immer weniger als Vorbild. Fernsehprogramme, Lehrpläne, Strategien politischer Parteien sind weniger als zuvor auf die Lebenswelt und auf die Interessen der mittleren Schichten ausgerichtet.

Die oberen Statuslagen sind immer zahlreicher besetzt. Es handelt sich hierbei in der Regel um gut ausgebildete, für die Anforderungen des technologischen Wandels gut gerüstete und dementsprechend erfolgreiche Menschen. Sie werden mit ihren Lebensweisen und Mentalitäten zunehmend zu kulturellen Leitbildern und treten in dieser Hinsicht allmählich an die Stelle der Mittelschichten.

Die unteren Schichten setzten sich bis vor einiger Zeit aus ausführenden Erwerbstätigen, vor allem aus Hilfs- und angelernten Arbeitern sowie aus Angestellten mit Routinetätigkeiten zusammen. Immer mehr sind die unteren Schichten nicht *in* den unteren Zonen des Arbeitsmarkts, sondern an dessen unterem *Rand* oder *unterhalb* des Arbeitsmarkts zu finden. Zahlreiche Menschen müssen nicht länger die Erfahrung machen, dass ihre Tätigkeiten wenig gelten, sondern dass sie überhaupt nicht mehr gebraucht werden.

Die unteren Schichten nehmen an Zahl zu, nachdem sie jahrzehntelang abgenommen haben. Auch immer mehr Menschen ordnen sich bezeichnenderweise selbst in die »Arbeiterschicht« ein, obwohl Arbeiter im formellen Sinne immer seltener werden.

Das Gefüge sozialer Schichtung stellt die Kernstruktur sozialer Ungleichheit dar und gibt Auskunft über grobe Abstufungen gesellschaftlicher Vor- bzw. Nachteile. Viele äußere Lebenschancen und manche inneren Haltungen und Lebensweisen sind von der Schichtzugehörigkeit geprägt.

4.5 Einige Folgen der Schichtzugehörigkeit

Wer einer bestimmten Schicht angehört, erfährt nicht nur die unmittelbaren Vor- bzw. Nachteile eines bestimmten Bildungsgrades, eines Berufsstatus und einer bestimmten Einkommensstufe. Die Schichtzugehörigkeit, insbesondere eine lange währende, hat Folgen, die ihrerseits in vieler Hinsicht Vor- bzw. Nachteile mit sich bringen.

Erziehung

So *erziehen* Eltern aus mittleren und höheren Schichten ihre Kinder anders als Eltern aus unteren Schichten: Sie zielen eher auf die Selbstständigkeit und den Leistungswillen ihrer Kinder ab als auf bloße Unterordnung und Regelbefolgung. In Familien aus mittleren und höheren Schichten wird mehr gesprochen als in Familien der Unterschicht. Die Sprache ist komplexer, gibt der subjektiven Sicht des Sprechenden mehr Raum und ist kontextunabhängiger. Dagegen setzt die einfachere Sprache in unteren Schichten öfter voraus, dass Hörer oder Leser die Begleitumstände bereits kennen.

Die Erziehung und die Sprache unterer Schichten sind nicht »schlechter« als die oberer Schichten. Vielmehr sind sie der jeweiligen Lebenswelt angepasst. Sie bringen aber spätestens dann erhebliche Nachteile mit sich, wenn in Bildungseinrichtungen oder in dienstleistungsorientierten Berufswelten Autonomie und eine komplexe, kontextunabhängige Sprache gefordert wird. Dies trägt dazu bei, dass Kinder aus unteren Schichten vergleichsweise schlechte Bildungs- und Aufstiegschancen haben.

Gesundheit

Eine weitere Folge der Schichtzugehörigkeit zeigt sich in ungleichen *Gesundheitschancen.* Je höher ihre Schichtzugehörigkeit, desto seltener sind die Menschen krank und desto länger leben sie. Fast alle Krankheiten, auch und gerade Herz-Kreislaufkrankheiten und Krankheiten des Bewegungsapparats, kommen in niedrigen Schichten bedeutend häufiger vor als in höheren. Davon gibt es nur wenige Ausnahmen, wie Allergien und Brustkrebs von Frauen.

Die Gründe sind zum geringeren Teil in direkten äußeren Einflüssen zu finden, beispielsweise in ungesünderen Arbeits- und Wohnbedingungen der unteren Schichten. Zum größeren Teil wird die höhere Morbidität und Mortalität der unteren Schichten durch indirekte, psychisch vermittelte Mechanismen bewirkt. So fehlen dort oft Überzeugungen, das eigene Leben und die eigene Gesundheit erfolgreich kontrollieren und gestalten zu können. Damit im Zusammenhang steht, dass Menschen aus unteren Schichten sich häufiger gesundheitsschädigend verhalten. Sie rauchen häufiger, sie essen häufig zu fett- und kohlehydratreich, sie bewegen sich körperlich weniger und sie kommen seltener zu Vorsorgeuntersuchungen als Mitglieder oberer Schichten. Diese Denk- und Verhaltensweisen sind nur teilweise willentlich gestalt- und daher änderbar. Sie stehen häufig im kaum lösbaren Zusammenhang mit der unsicheren, belastenden etc. Lebenssituation insgesamt.

Macht Armut krank? Oder macht Krankheit arm? Beide Wirkungsrichtungen könnten theoretisch die Häufungen von Krankheiten und Todesfällen in unteren Schichten erklären. Empirische Forschungen zeigten, dass die erstgenannte Wirkungsrichtung (»Kausalitätshypothese«) weit häufiger zutrifft als die zweite (»Selektionshypothese«).

Kriminalität

Welche enormen Folgen die Schichtzugehörigkeit hat, wird auch im Bereich der Kriminalität deutlich. Umstritten ist, inwieweit die Mitglieder unterer Schichten sich tatsächlich häufiger kriminell verhalten als Mitglieder oberer Schichten. Manche Befunde sprechen dafür, dass vor allem jüngere Mitglieder unterer Schichten sich häufiger die begehrten Güter illegal verschaffen, deren Erwerb ihnen legal nicht möglich ist.

Empirisch gesichert ist dagegen, dass diejenigen, die unteren Schichten zugerechnet werden, häufiger als Mitglieder oberer Schichten des kriminellen Verhaltens verdächtigt, angezeigt, in Strafverfahren beschuldigt und verurteilt werden. Auf jeder Stufe ist der Strafverfolgungsprozess gegen Mitglieder unterer Schichten etwas intensiver und bietet ihnen weniger Schlupflöcher als Mitgliedern höherer Schichten. Diese auf jeder Stufe geringen Effekte addieren sich: Schließlich kommen neun von zehn Gefängnisinsassen aus unteren Schichten.

Obendrein begehen die Mitglieder unterer Schichten typischerweise andere Straftaten als höher Gestellte. Diebstahl, Raub, Körperverletzung wird meist von Menschen aus unteren Schichten begangen. Betrug, Steuerflucht und Wirtschaftskriminalität sind eher die Sache der oberen Schichten. Damit einher geht, dass typische Unterschichtdelikte oft relativ klar definiert und leichter aufzuklären sind.

Partizipation

Schließlich ist zu bedenken, dass auch die gesellschaftliche Partizipation eine Frage der Schichtzugehörigkeit ist. Menschen aus höheren Schichten sind häufiger Mitglied in Vereinen, Hilfsorganisationen und Selbsthilfegruppen, sie übernehmen mehr Ehrenämter und sind in allen Formen der politischen Partizipation überrepräsentiert: Sie wählen und demonstrieren häufiger, beteiligen sich häufiger in Bürgerinitiativen und an Volksabstimmungen. So mehrt sich der politische Einfluss der oberen Schichten. So begrüßenswert politische Aktivitäten in einer Demokratie sind, wenn sie einseitig von höheren Schichten betrieben werden, stellt sich die Frage, ob das demokratische Prinzip des »one man, one vote« nicht unterlaufen wird.

4.6 Sozialer Auf- und Abstieg, Eliten

Soziale Ungleichheit stellt für viele Menschen ein Ärgernis dar. Ungleiche Lebensverhältnisse werden leichter akzeptiert und sogar als Ansporn begrüßt, wenn die Möglichkeit besteht, aufgrund eigener Leistung aufzusteigen und die Früchte der eigenen Anstrengung zu genießen.

Sozialer Auf- und Abstieg wird auch als vertikale Mobilität bezeichnet. Üblicherweise bemisst sie sich an der Schichtzugehörigkeit, entweder eindimensional (zum Beispiel als Übergang von der Einkommensmittelschicht zur Einkommensoberschicht oder von einer Berufsstatusgruppierung bzw. Erwerbsklasse zur andern) oder mehrdimensional (als Überschreiten von Schichtgrenzen im Hinblick auf Bildung, Beruf und Einkommen zugleich).

Es ist hilfreich, zwischen mehreren Arten des sozialen Auf- und Abstiegs zu unterscheiden. Inter-Generationen-Mobilität nennt man Auf- oder Abstiege der Kinder im Vergleich zur (früheren) Stellung der Eltern. Intra-Generationen-Mobilität, auch Karriere-Mobilität genannt, heißt der Auf- oder Abstieg eines Menschen im Laufe seines Lebenswegs.

Wichtig und fühlbar für die Menschen ist vor allem, ob die absolute Häufigkeit der Auf- und Abstiege zu- oder abnimmt (wenn zum Beispiel im Laufe des 20. Jahrhunderts immer mehr Arbeiterkinder aufgestiegen sind und als Mittelschicht-Angestellte arbeiteten). Absolut wachsende vertikale Mobilität wird allerdings häufig durch strukturelle Verschiebungen hervor gerufen (etwa durch die Zunahme des Dienstleistungssektors) und nicht unbedingt durch individuelle Bemühungen und Erfolge. Ob eine Gesellschaft wirklich chancengleicher geworden ist und individueller Tüchtigkeit mehr Raum gibt, lässt sich ermitteln, indem die individuelle und die relative Mobilität errechnet wird. Relative Mobilität heißt die Auf- und Abstiegswahrscheinlichkeit einer sozialen Gruppe im Vergleich zu der anderer Gruppen. Eine Zunahme relativer Mobilität liegt zum Beispiel vor, indem Aufstiege von Frauen stärker zugenommen haben als die der Männer.

Die Herkunft aus einer bestimmten sozialen Schicht bzw. Erwerbsklasse hat in Deutschland nach wie vor einen besonders starken Einfluss auf den späteren Status der Menschen. Dass Chancengleichheit im Bildungswesen und Leistungsgerechtigkeit im Berufsleben angestrebt wird, änderte daran wenig. Besonders viele heutige Landwirte und Facharbeiter, aber auch Beschäftigte der oberen Dienstklasse sowie Ungelernte kommen aus Familien der gleichen Erwerbsklasse. Die *Selbstrekrutierung* in diesen Gruppierungen nimmt teils sogar leicht zu. Besonders viele frühere Facharbeiter sowie Angestellte und Beamte der Dienstleistungsklassen gaben ihren Status an ihre Kinder weiter. Auch die *»soziale Vererbung«* in diesen Gruppierungen wird eher stärker als schwächer.

Deutschland ist also seit den 1970er-Jahren, was die absolute vertikale Mobilität betrifft, nicht offener, teilweise sogar geschlossener geworden. Dies ist insofern folgenreich, als es die absoluten Mobilitätschancen sind, die von Menschen hauptsächlich wahrgenommen werden. So spielen Aufstiegsperspektiven für Arbeiter kaum noch eine Rolle, und die oberen Schichten werden allmählich geschlossener. Dadurch geht viel Leistungsmotivation und gesellschaftliche Integration verloren.

Wo Auf- oder Abstiege noch stattfinden, haben seit den 1970er-Jahren Abstiege im Verhältnis zu Aufstiegen zugenommen. Auch das trägt nicht zum Zusammenhalt der Gesellschaft bei. Gegenläufig zu dieser Entwicklung sind nur die Aufstiege von westdeutschen Frauen häufiger geworden.

Ein großer Teil der bisher dargestellten, insgesamt enttäuschenden Entwicklungen hängt damit zusammen, dass die Zahl der Landwirte und Facharbeiter stark gesunken ist, während immer mehr Menschen einfache Bürotätigkeiten oder aber hochqualifizierte Aufgaben verrichten. Lässt man diese *Struktur*effekte unberücksichtigt, betrachtet also nur die *individuelle* Mobilität, errechnet man auch nicht die absoluten, sondern die relativen Auf- und Abstiegschancen (im Vergleich zwischen den einzelnen Gruppierungen), so erhält man Informationen über das Ausmaß der Chancengleichheit. Ein hierauf konzentrierter Blick zeigt, dass seit den 1970er-Jahren die soziale Herkunft immer weniger Einfluss auf die soziale Stellung der Menschen in Westdeutschland ausübt. Im Hinblick auf die Zugehörigkeit zu den einzelnen Erwerbsklassen ist Deutschland also chancengleicher geworden. Im Osten Deutschlands hat sich allerdings der Einfluss der Herkunft vergrößert (Statistisches Bundesamt 2008: 187).

In der politischen Diskussion spielen allerdings weniger die relativen Verbesserungen der Chancengleichheit (in Westdeutschland), sondern vor allem die anhaltende absolute »soziale Vererbung« in der Arbeiterschaft und in der Oberschicht eine große Rolle. Viel kritisiert werden auch die sehr einseitig verteilten Chancen, nach ganz oben in die gesellschaftliche Elite aufzusteigen.

Eliten

Unter »Elite« werden in den Sozialwissenschaften nicht die »Besten«, sondern die Inhaber von Spitzenpositionen mit Entscheidungsmacht von gesamtgesellschaftlicher Reichweite verstanden. Elitenpositionen sind in Wirtschaft, Politik, Verwaltung, Justiz, Kultur, Wissenschaft, Verbänden und Militär zu finden.

Im Laufe der letzten Jahrzehnte wurde eine akademische Bildung immer mehr zur notwendigen Voraussetzung, in gesellschaftliche Spitzenpositionen Deutschlands zu gelangen. Ererbter Besitz, angesehene Eltern etc. allein reichten dazu immer weniger aus. Im Zusammenhang damit stiegen immer mehr Personen aus den Mittelschichten, teilweise auch aus unteren Schichten, in Positionen der politischen und der wissenschaftlichen Eliten auf. In der politischen Elite sind mittlerweile auch viele Frauen vertreten. Die Wirtschaftselite rekrutiert sich allerdings zu immer höheren Anteilen aus den oberen Schichten (vgl. Hartmann 2007).

Häufig wird kritisiert, dass bei der Rekrutierung für Positionen des Spitzenmanagements aus den vielen hoch qualifizierten Bewerbern eine ungerechte Auswahl getroffen werde. Sie konzentriere sich weniger auf die jeweiligen Bildungsabschlüsse und Leistungen, sondern bevorzuge Personen mit großbürgerlichem »Habitus«. Die Bevorzugung dieser Schicht mit einem souveränen und quasi selbstverständlichen Auftreten benachteilige die Ehrgeizigen mit kleinbürgerlichem Habitus und erst recht die Bescheidenen mit dem Habitus der Arbeiterschaft. Sie können ihren im Elternhaus unmerklich erwobenen Habitus nicht mehr abstreifen und den großbürgerlichen Habitus erwerben.

5 Soziale Lagen und Randgruppen

Die vorstehenden Abschnitte haben deutlich gemacht, wie weitreichend die Folgen der Schichtzugehörigkeit sind. Trotzdem bildet das Schichtungsgefüge nur einen Teil der Struktur sozialer Ungleichheit. Es gibt über eine ganze Reihe von wichtigen sozialen Ungleichheiten und über die soziale Situation vieler Menschen keine Auskunft.
Das »Rückgrat« (F. Parkin) des Schichtungsgefüges ist das Oben und Unten der Berufsstruktur. Daher lassen sich alle Menschen, die nicht im Berufsleben stehen (wie zum Beispiel Rentner, Hausfrauen, Studierende, Sozialhilfeempfänger), nicht oder nur mit teils gewagten Annahmen in das Schichtungsgefüge einordnen. Dies ist fast die Hälfte der Bevölkerung. Auch die besonderen Nachteile von Migranten, von Frauen, von älteren Menschen, von Bewohnern bestimmter Regionen oder Stadtviertel lassen sich im Rahmen der Analyse sozialer Schichtung nicht erkennen, es sei denn, es handelt sich um berufliche, finanzielle oder Bildungsaspekte. Darauf beschränken sich die Nachteile von Frauen, Migranten, Älteren etc. aber nicht. Für diese sozialen Ungleichheiten außerhalb des »vertikalen« Schichtungsgefüges wurde der, recht missverständliche, Begriff »horizontale« Ungleichheiten geprägt.

Soziale Lagen

Konzeptionen der sozialen Lage* und der Lebenslage schließen auch jene Gruppierungen ein, die im Schichtungsgefüge keinen Platz haben. Sie vermitteln entweder eine Übersicht über die Lage aller Gruppierungen der gesamten Gesellschaft oder aber sie richten die Aufmerksamkeit speziell auf die soziale Lage zum Beispiel von Frauen auf dem Arbeitsmarkt, von älteren Migranten, von Berufsanfängern etc.

Randgruppen

Auch Randgruppen sind nicht Bestandteil der sozialen Schichtung. Als Randgruppen werden Menschen verstanden, die aufgrund diverser Benachteiligungen nicht am üblichen Leben der Gesellschaft teilnehmen können und deshalb »außerhalb« der Gesellschaft leben müssen. Sie können durchaus auch »unten« im Schichtungsgefüge stehen, sie müssen dies aber keineswegs. Ein körperlich behinderter Universitätsprofessor gehört einer Randgruppe an, nicht aber der Unterschicht.

Nicht alle Randgruppen sind kleine Minderheiten. Große Randgruppen sind: Behinderte, Teile der Migranten und Teile der älteren Menschen. Aber auch Prostituierte, aus stationärer Haft oder aus geschlossenen Anstalten Entlassene sind als Randgruppen zu bezeichnen.

Gründe der Randständigkeit

Randständigkeit kann sich aufgrund *kultureller* Prozesse ergeben. Vorurteile und Ressentiments führen zum Beispiel dazu, dass Eltern ihren Kindern verbieten, mit geistig Behinderten zu spielen oder dass einheimische Eltern eine Befreiung vom Sprengelzwang erwirken, um ihr Kind nicht in eine »Türkenschule« schicken zu müssen.

Randständigkeit kann auch die Folge *politisch-administrativer* Maßnahmen sein. So ist in Deutschland der Anteil behinderter Kinder, die getrennt von nicht-behinderten in eigenen Schulen unterrichtet und dadurch randständig werden, größer als in fast allen anderen vergleichbaren Ländern.

Randständigkeit kann schließlich aus *ökonomischen* Nachteilen erwachsen. Beispielsweise kann länger andauernde Armut dazu führen, dass viele Möglichkeiten gesellschaftlicher Teilhabe nicht mehr möglich sind, Kontakte abbrechen, keine geordnete Lebensführung mehr stattfindet und so Menschen sich von vielen gesellschaftlichen Bezügen ausgeschlossen finden. Auch Schwerbehinderte sind besonders häufig arbeitslos. Sie finden sich so außerhalb der Erwerbsarbeit, der wichtigsten Integrationssphäre moderner Gesellschaften.

Moderne Gesellschaften sind pluralistisch: Unterschiedliche Lebensstile werden immer weiter gehend toleriert. Berufliche, ethnische und Schicht-Milieus gehen weiter auseinander. Was »normal« ist, wird immer schwieriger bestimmbar. Wo sind, könnte man fragen, die Ränder einer pluralen Gesellschaft? Man könnte vermuten, dass Randständigkeit so immer weniger wahrgenommen wird. Das Gegenteil trifft zu: Gerade weil moderne Gesellschaften immer heterogener werden, wird Zugehörigkeit zum knappen und daher begehrten Gut. Randständigkeit wird als immer bedrohlicher, keineswegs als harmlos empfunden.

6 Soziale Gerechtigkeit

Moderne Gesellschaften unterscheiden sich von traditionalen nicht durch das Vorhandensein sozialer Ungleichheit, sondern durch ihren Anspruch, über ein *legitimes* Gefüge sozialer Ungleichheit zu verfügen. Ob soziale Konflikte entstehen oder der gesellschaftliche Zusammenhalt stabil bleibt, hängt daher entscheidend davon ab, inwieweit die Menschen das Gefüge sozialer Ungleichheit als gerecht ansehen. Dies wird dann umso wichtiger, wenn eine Gesellschaft immer ungleicher wird und wichtige, wahrnehmbare Mobilitätsbarrieren eher höher als niedriger ausfallen, wie das in der deutschen Gesellschaft der letzten Jahrzehnte der Fall ist.

Definition

Unter Gerechtigkeit werden moralisch begründete, akzeptierte und wirksame Verhaltens- und Verteilungsregeln verstanden, die Konflikte vermeiden, welche ohne die Anwendung von Gerechtigkeitsregeln bei der Verteilung begehrter Güter oder ungeliebter Lasten auftreten würden[4]. Wie alle moralischen Regeln, so setzen auch Normen sozialer Gerechtigkeit voraus, dass Menschen ihr Verhalten und Verteilungsprozesse gestalten können. Gerechtigkeitsforderungen angesichts von Sachzwängen sind sinnlos.

Unter *sozialer* Gerechtigkeit* sind *allgemein* akzeptierte und wirksame Regeln zu verstehen, die der Verteilung von Gütern und Lasten durch gesellschaftliche Einrichtungen (Unternehmen, Fiskus, Sozialversicherungen, Behörden etc.) an eine Vielzahl von Gesellschaftsmitgliedern zugrunde liegen, nicht aber Verteilungsregeln, die beispielsweise ein Ehepaar unter sich ausmacht[5].

Soziale Gerechtigkeit findet sich auf mehreren Ebenen: Erstens ist sie gewissermaßen »eingebaut« in viele gesellschaftliche Einrichtungen (z. B. in die höheren Steuerklassen für Ledige oder in die gesetzliche Krankenversicherung, in der Familienmitglieder unter Umständen kostenlos mitversichert sind). Zweitens ist soziale Gerechtigkeit in den Einstellungen der Menschen enthalten. Und drittens wird sie deutlich in deren Verhalten, z. B. in der politischen Partizipation.

4 Dieses weite Verständnis von Gerechtigkeit bezieht sich im Sinne der auch heute noch maßgebenden Definitionen des Aristoteles sowohl auf die (öffentlich) austeilende Gerechtigkeit als auch auf die (privat und freiwillig) ausgleichende Tauschgerechtigkeit, nicht aber auf die (unfreiwillig) ausgleichende Strafgerechtigkeit.

5 Soziale Gerechtigkeit betrifft in der Terminologie des Aristoteles öffentlich austeilende, nicht aber privat ausgleichende Gerechtigkeit zwischen Einzelnen.

Konzentriert man sich auf die Einstellungen der Menschen, so finden sich in ihren Köpfen – oft gleichzeitig, häufig vage und nicht selten vermischt – meist mehrere unterschiedliche Gerechtigkeitsvorstellungen. Wenn von »sozialer Gerechtigkeit« die Rede ist, dann bleibt also festzustellen, um welche Gerechtigkeit es sich im Einzelfall handelt.

Arten sozialer Gerechtigkeit

Vorstellungen von *Leistungsgerechtigkeit* fordern, dass Menschen so viel erhalten sollen (Lohn, Schulnoten, Lob etc.), wie ihr persönlicher Beitrag und/oder ihr Aufwand für die jeweilige Gesellschaft ausmachen. Konzepte der Leistungsgerechtigkeit sehen also ungleiche Belohnungen vor, um die Menschen für ungleiche Bemühungen und ungleiche Effektivität zu belohnen, sie zur weiteren Anstrengung zu motivieren und so für alle Menschen bessere Lebensbedingungen zu erreichen.

Vorstellungen von (Start-)*Chancengerechtigkeit* zielen darauf ab, dass alle Menschen, die im Wettbewerb um die Erlangung von Gütern und die Vermeidung von Lasten stehen, die gleichen Chancen haben sollen, Leistungsfähigkeit zu entwickeln und Leistungen hervorzubringen. Das Konzept der Chancengerechtigkeit bezieht sich also nicht auf das Ergebnis, sondern auf die Ausgestaltung von Leistungswettbewerb. Unterstellt werden durchaus ungleiche Verteilungsergebnisse. Die Vorstellung von Chancengerechtigkeit hat nur dann einen Sinn, wenn Chancen bestehen, mehr oder weniger große Erfolge zu erzielen (zum Beispiel das Abitur statt einen Hauptschulabschluss zu absolvieren). Das Konzept der Chancengerechtigkeit erstreckt sich auf ganz unterschiedliche Startpunkte und Konkurrenzfelder.

Als bedarfsgerecht gelten Verteilungen, die dem »objektiven« Bedarf von Menschen entsprechen, insbesondere ihren Mindestbedarf berücksichtigen. Empirisch vorzufinden ist *Bedarfsgerechtigkeit* zum Beispiel in den unterschiedlichen Steuerklassen des Einkommenssteuerrechts. Hinter diesem Konzept steht die Einsicht, dass Chancen- und Leistungsgerechtigkeit nicht in der Lage sind, dem jeweiligen Bedarf der nicht Leistungsfähigen, das heißt der Kranken, Alten, Kinder etc. gerecht zu werden.

Dem Konzept der *egalitären Gerechtigkeit* zufolge sollen Güter und Lasten möglichst gleich verteilt werden. In einer abgeschwächten Version dieser Gerechtigkeitsvorstellung werden auch Verteilungen von Gütern und Lasten, die gewisse Bandbreiten der Ungleichheit nicht überschreiten, als gerecht angesehen. Empirisch äußern sich egalitäre Gerechtigkeitsvorstellungen zum Beispiel in der Kritik an bestimmten Managergehältern allein aufgrund ihrer enormen Höhe oder an der Erwartung,

dass eine »gerechte« Gesundheitsversorgung für alle Menschen gleich gut sein müsse.[6]
Forderungen nach sozialer Gerechtigkeit werden in aller Regel für nationalstaatliche Gesellschaften heute lebender Menschen erhoben. Daran wird immer kritisiert, dass Gerechtigkeitsvorstellungen nicht an Landesgrenzen Halt machen dürfen (z.B. im Rahmen des Welthandels), Altersgruppen unterscheiden sollten (so Rentner und Erwerbstätige) und (etwa im Hinblick auf den Ressourcenverbrauch) auch unsere Nachfahren mit einbeziehen müssen. Konzepte der »*Globalen Gerechtigkeit*« sind daher auf alle Menschen unseres Planeten gerichtet. Forderungen nach »*Generationengerechtigkeit*« erstrecken sich auf die Güter- und Lastenverteilung der heute lebenden Generationen wie auch der kommenden.

Die Konzepte einer globalen und einer intergenerationalen Gerechtigkeit stellen keine neuen Gerechtigkeitsarten, sondern Maßstabsveränderungen bisheriger Gerechtigkeitsverständnisse dar. Wer Generationengerechtigkeit fordert, kann damit auch Leistungsgerechtigkeit, Chancengerechtigkeit, Bedarfsgerechtigkeit und/oder Gleichheitsgerechtigkeit meinen.

Die vier Grundtypen sozialer Gerechtigkeitsvorstellungen sind nicht alle vereinbar. Wer Leistungsgerechtigkeit und/oder Chancengerechtigkeit fordert, befürwortet die Verteilung von *ungleich* hohen Belohnun-

6 In den gesellschaftlichen und politischen Diskursen der letzten Jahre gerieten neben den vier genannten Grundformen zwei weitere Verständnisse sozialer Gerechtigkeit in den Vordergrund. Sie stellen im Grunde Weiterentwicklungen der Chancen- und der Leistungsgerechtigkeit dar:
Teilhabegerechtigkeit gilt als erreicht, wenn Menschen jeder gesellschaftlichen Gruppierung (zum Beispiel Behinderte und nicht Behinderte) die Chance haben, an Aktivitäten aller relevanten gesellschaftlichen Bereiche teilzunehmen und ihre Anliegen in den Prozess der politischen und gesellschaftlichen Willensbildung einzubringen. Teilhabegerechtigkeit ist also eine »dynamisierte«, auf die Entstehungsprozesse und nicht auf einen Idealzustand ausgerichtete Version der oben skizzierten Chancengerechtigkeit (Liebig/May 2009).
»Produktivistische Gerechtigkeit« gilt dann als verwirklicht, wenn Menschen für ihren Beitrag zur Erhaltung des Gemeinschaftslebens insgesamt (zum Beispiel durch die Erziehung von Kindern) entsprechend belohnt werden. Die Vorstellung produktivistischer Gerechtigkeit erweist sich damit als eine erweiterte Version der oben angeführten Vorstellung von Leistungsgerechtigkeit. Diese konzentriert sich in der Regel auf Leistungen im (Aus-)Bildungswesen und in der Erwerbstätigkeit und blendet so nicht bezahlte bürgerschaftliche Leistungen in Ehrenämtern, in der Nachbarschaft sowie Leistungen in der Familie aus. Dies will das Konzept der »produktivistischen Gerechtigkeit« verhindern.

gen, also soziale Ungleichheit. Wer sich jedoch für Gleichheitsgerechtigkeit oder Bedarfsgerechtigkeit ausspricht, sieht gleich oder ähnlich hohe Belohnungen als Kern der Gerechtigkeit. Diese Konzeptpaare stehen also im Widerspruch zueinander und können nicht ohne weiteres gleichzeitig gefordert werden. Will man sie vereinbaren, so sind mindestens gegenseitige Begrenzungen erforderlich.
Ungeachtet ihrer prinzipiellen Gegensätzlichkeit setzen die genannten Gerechtigkeitsformen einander aber auch ein Stück weit voraus. So dient ein Mindestmaß an Bedarfsbefriedigung und sozialer Gleichheit – Ralf Dahrendorf nannte dies einmal den Fußboden und die Decke, die jede Gesellschaft benötigt – der Realisierung von Chancen- und Leistungsgerechtigkeit. Und die motivierenden und produktiven Kräfte der Chancen- und Leistungsgerechtigkeit schaffen erst die Ressourcen, um Bedarfs- und Gleichheitsgerechtigkeit realisieren zu können.

Auch die Beziehungen innerhalb der beiden Gerechtigkeitspaare sind komplex und erfordern ein gegenseitiges Austarieren. So kann durch die ausschließliche Beachtung von Leistungsgerechtigkeit (z. B. in der Schule) schnell die Chancengerechtigkeit unter die Räder geraten – und umgekehrt.

Empirische Befunde

Empirische Befunde (Lippl/Wegener 2004) zeigen, dass fast alle Menschen in Deutschland, allerdings leicht sinkende Anteile, Forderungen nach *Leistungs*gerechtigkeit zustimmen. Forderungen nach *Chancen*gerechtigkeit und *Bedarfs*gerechtigkeit schließen sich die meisten, und zwar steigende Anteile der Menschen an. Forderungen nach *gleicher* Verteilung stimmt nur eine, allerdings ebenfalls steigende Minderheit der Menschen zu.

In vielen Meinungsäußerungen, Parteiprogrammen etc. verschmelzen diese teils widersprüchlichen, teils einander ergänzenden oder voraussetzenden Gerechtigkeitskonzepte häufig bis zur Ununterscheidbarkeit. Selbst wenn die jeweiligen Gerechtigkeitsverständnisse auseinandergehalten werden, so bleibt die operationale Definition (Was gilt als Leistung? Welche Grundbedarfe sollen gedeckt werden?) meist offen. Maßgebend ist daher vielfach eher ein »Gefühl« von Gerechtigkeit als eine exakte Definition.

Fragt man nach dieser gefühlten Gesamtbeurteilung, so ergibt sich, dass die weit überwiegende Mehrheit der Menschen der Meinung ist, der Wohlstand in Deutschland sei *nicht* gerecht verteilt und die soziale Gerechtigkeit habe in den letzten drei, vier Jahren *ab*genommen (Glatzer 2009: 19). Dieser Gesamteinschätzung widerspricht allerdings die Einschätzung der eigenen Situation: Ihren eigenen Anteil am Wohlstand halten in Westdeutschland zwei Drittel (in Ostdeutschland nur gut ein Drittel) für gerecht (Statistisches Bundesamt 2008: 415).

Nur eine mehrheitlich als gerecht empfundene Gesellschaft wird auf Dauer friedlich kooperieren und Konflikte ohne Gewalt regeln können. Dies gilt umso mehr in einer Gesellschaft wie Deutschland, die kulturell, ethnisch, sprachlich, religiös und im Alltagsverhalten immer heterogener wird, deren traditionelle Bindeglieder also immer schwächer werden. Gerechtigkeitsempfindungen als integrierender »Kitt« der Gesellschaft werden auch deshalb immer wichtiger, weil der verfügbare Wohlstand der Bürger in absehbarer Zeit eher stagnieren als zunehmen wird. Gibt es weniger zu verteilen, dann werden die Verteilungskonflikte härter. Vor diesem Hintergrund stimmen die Anzeichen eines wachsenden »Gerechtigkeitsdefizits« bedenklich.

7 Ausblick

Überblickt man die dargestellten Aspekte sozialer Ungleichheit, so ergibt sich ein Bild fast flächendeckend wachsender Ungleichheit. Die Erlangung einer respektablen und einträglichen Berufsposition wird immer mehr zu einer Frage der Qualifikation. Kinder aus unteren sozialen Schichten und aus Migrantenfamilien haben nach wie vor geringe Chancen, eine marktgängige Qualifikation zu erreichen. Die absoluten Aufstiegsbarrieren wachsen, insbesondere was den Aufstieg von den unteren in die mittleren Schichten betrifft. Die Wirtschaftselite rekrutiert sich in wachsendem Maße aus oberen Schichten.

Die Verteilungen der Einkommen und der Vermögen gehen auseinander. Immer mehr Menschen müssen mit geringen Einkommen vorlieb nehmen. Immer mehr Menschen können mit ausgiebigen Einkommen wirtschaften. Die Spreizung der materiellen Verhältnisse äußert sich in vielen Lebensbereichen: in der Ausstattung und Größe von Wohnungen, im Erscheinungsbild von Stadtvierteln, im Angebot von Konsumgütern, in den Mentalitäten und den Lebensstilen der Menschen. Die sozialen Schichten rücken auseinander.

Jenseits des Schichtgefüges finden sich weitere Faktoren, die mit gesellschaftlichen Vor- und Nachteilen für die Menschen verbunden sind: Zwar verringerten sich viele Ungleichheiten zwischen Männern und Frauen und ältere Menschen sind heute bedeutend weniger benachteiligt als noch vor wenigen Jahrzehnten. Nie gab es eine Rentnergeneration mit so geringem Armutsrisiko. Aber der Abstand zwischen Einheimischen und vielen

Migranten ist eher größer als kleiner geworden. Und viele regionale Disparitäten, die sich zum Beispiel in Arbeitslosigkeitsrisiken zeigen, sind gewachsen. Das Risiko, von wesentlichen gesellschaftlichen Bereichen ausgeschlossen zu sein, ist für bestimmte Bevölkerungsgruppen größer geworden und wird als immer gravierender werdende Benachteiligung angesehen.

Viele der dargestellten sozialen Ungleichheiten haben sich erst seit zwei oder drei Jahrzehnten verschärft. Die steigenden Anforderungen der Informations- und Dienstleistungsgesellschaft sowie der Globalisierung hatten daran großen Anteil. Zuvor war zum Beispiel die Verteilung der Einkommen und der Vermögen immer gleicher geworden. Es stellt sich daher die Frage, ob wir in der nächsten Zeit mit weiterhin wachsenden Ungleichheiten rechnen müssen oder ob wieder Tendenzen hin zu mehr sozialer Gleichheit in Sicht sind.

Künftige Entwicklungen

Die finanziellen Ungleichheiten werden nach den Prognosen fast aller Experten auch weiterhin wachsen. Der fortschreitende Wandel hin zu Technologien, die hohe Qualifikationen erfordern, sowie die Globalisierung der Arbeits- und der Kapitalmärkte werden dafür sorgen, dass die Markteinkommen auch in den nächsten Jahren auseinander gehen. Zudem wird die anhaltende Pluralisierung der Lebensformen Ungleichheiten verstärken: Sie wird sich zum Beispiel nachteilig auf die Einkommenslage der immer zahlreicheren Alleinerziehenden und günstig auf die Verdienste der zunehmenden kinderlosen Doppelverdiener auswirken. Die demografische Alterung wird die Situation von Rentnern und Pensionären nicht länger so vorteilhaft wie heute gestalten, denn jeder Erwerbstätige wird für immer mehr Rentner bzw. Pensionäre aufkommen müssen.

Sozialstaatliche Regelungen werden das Ausmaß der Entwicklung hin zu mehr Ungleichheit zwar verringern, nicht aber den Trend selbst umkehren können. Denn die Mittel für sozialstaatliche Eingriffe werden sich aus demografischen Gründen, wegen der hohen Staatsschulden und des globalen ökonomischen Wettbewerbs in Grenzen halten. Es wird schwieriger werden, Umverteilungen von oben nach unten durchzuführen, ohne Arbeitsplatzrisiken für gering Qualifizierte und Auswanderungen von Qualifizierten und Kapitaleignern zu riskieren. Erwerbstätige werden zugunsten von Älteren, Kinderlose und Doppelverdiener werden zugunsten von Zwei- und Ein-Eltern-Familien nur bis zu einem gewissen Grad belastet werden können. Relativ niedrige und relativ hohe Einkommen werden daher häufiger werden.

Unterschiedliche Bewertungen

Diese absehbaren Entwicklungen werden politisch und moralisch völlig unterschiedlich bewertet. Sozialistisch und sozialdemokratisch Gesinnte sowie viele christlich geprägte Konservative sehen in diesen Zukunftsaussichten überaus problematische Entwicklungen. Sie verurteilen ungleicher werdende Lebens- und Entwicklungschancen der Menschen, sehen den Zusammenhalt der Gesellschaft gefährdet, erwarten Protest und Widerstand vor allem in Westdeutschland, Rückzug und Politikverdrossenheit hauptsächlich in Ostdeutschland. Aus dieser Sicht lassen sich die kommenden Gefahren durch mehr Durchlässigkeit von Schichtgrenzen in Bildungseinrichtungen, in Städten und im Alltagsleben allenfalls lindern.

Liberale meinen hingegen, dass sich wachsende finanzielle Ungleichheiten und damit verbundene Lebensbedingungen nicht notwendigerweise negativ auswirken müssen. Sie erwarten mehr individuelle Motivation und gesellschaftliche Dynamik durch wachsende Anreize und zunehmende Abschreckung. Aber auch liberal Eingestellte sehen, dass sich diese positiven Wirkungen nur dann ergeben, wenn mehr Chancengleichheit erreicht wird. Die Menschen werden sich mit ungleicher werdenden Lebensbedingungen nur dann arrangieren, wenn untere Schichten, Migranten, Frauen und Ältere mehr Möglichkeiten haben werden, ihre Situation durch individuelle Anstrengung zu verbessern.

Insgesamt werden also in Deutschland größere Gegensätze als in der Vergangenheit zu erwarten sein. Das gilt sowohl für das Leben der Menschen als auch für dessen Interpretation und die politische Auseinandersetzung. Insbesondere die schwächer werdende Ausgleichsfunktion der schrumpfenden Mittelschichten und die dadurch kontroverseren Bewertungen des Gefüges sozialer Ungleichheit drohen die politische Stabilität zu vermindern.

Wie lässt sich mehr Gleichheit erreichen?

Einig sind sich alle Lager, dass dem Bildungswesen und den hier vermittelten Chancen zentrale Bedeutung zukommen wird. Werden in Zukunft bildungsfernen Bevölkerungsgruppen mehr Bildungserfolge ermöglicht und steigt so der Anteil der höher Qualifizierten insgesamt, so verbessern sich die Aussichten auf beruflichen und gesellschaftlichen Aufstieg. Denn im Unterschied zu Berufspositionen, die wenig Qualifikation erfordern, werden Stellen für höher Qualifizierte reichlich vorhanden sein. Eine (soziale) Öffnung des Bildungswesens – auch durch einen Ausbau der Weiterbildung – verändert die Verhältnisse auf dem Arbeitsmarkt selbst und macht es überflüssig, dessen Fehlentwicklungen (Arbeitslosigkeit, prekäre Arbeitsverhältnisse, Niedriglohnsektor) durch Umverteilung und

Absicherungen zu kompensieren und dabei erhebliche »Flurschäden« hervorzurufen. Eine auf mehr Chancengerechtigkeit ausgerichtete Bildungspolitik wird so in Zukunft die beste Sozialpolitik sein.
Eine zureichende Qualifikation stärkt das Vertrauen der Menschen, wachsenden Anforderungen selbst gerecht zu werden und vermindert die Notwendigkeit und das Bewusstsein, auf Hilfen angewiesen zu sein. Eine geringere soziale Selektivität und eine höhere Effektivität des Bildungswesens setzen produktive Kräfte frei und zehren nicht, wie die sozialpolitische Umverteilung, von Produktionsergebnissen. Letztlich werden verbesserte Bildungsbemühungen durch einen Ausbau von Vorschulen, Schulen und außerschulischer Bildung die Verteilung der Einkommen angleichen. Verlassen nämlich weniger gering Qualifizierte die Bildungseinrichtungen, so vermindert sich der lohndrückende Wettbewerb um die seltener werdenden Arbeitsplätze für sie. Sind immer mehr Qualifizierte unter den Bildungsabsolventen, dann sinkt der lohnsteigernde Mangel an Fachkräften.

Weiterführende Literatur

Bundeszentrale für Politische Bildung (Hg.) (2009): *Themenheft Soziale Gerechtigkeit* (Aus Politik und Zeitgeschichte, Heft 47)

Das Heft vermittelt konzeptionell und empirisch den aktuellen Diskussionsstand zur sozialen Gerechtigkeit.

Chassé, Karl August (2010): *Unterschichten in Deutschland*, Wiesbaden: VS

Im Buch wird, auch anhand von Textauszügen aus anderen Werken, mit umfassenden Bezügen zur Ungleichheitssoziologie die Frage erörtert, ob und ggf. wieso sich eine neue Unterschicht herausbildet.

Druyen, Thomas/Lauterbach, Wolfgang/Grundmann, Matthias (Hg.) (2009): *Reichtum und Vermögen*, Wiesbaden: VS

Die einzelnen Beiträge des Bandes behandeln jeweils Einzelaspekte der komplexen Erklärung und empirischen Erforschung von Vermögensungleichheiten.

Geissler, Rainer (2006): *Die Sozialstruktur Deutschlands*, 4. Aufl., Wiesbaden: VS

Das umfassende, verständlich geschriebene Sozialstruktur-Lehrbuch unter besonderer Berücksichtigung von Unterschieden zwischen Ost- und Westdeutschland.

Hradil, Stefan (2001): *Soziale Ungleichheit in Deutschland*, 8. Auf., Wiesbaden: VS

Das Standard-Lehrbuch zur sozialen Ungleichheit in Deutschland.

Kapitel 8

Werte, Milieus und Lebensstile

Zum Kulturwandel unserer Gesellschaft

Hans-Peter Müller

Die ergänzenden Materialien zu diesem Kapitel finden sich auf der Website: www.bpb.de/sozialkunde/kulturwandel

1 Einleitung: Wertewandel, Individualisierung und Erlebnisgesellschaft

Jede Gesellschaft weist eine Doppelnatur auf: Zum einen existiert sie als objektive Wirklichkeit in Gestalt ihrer Sozialstruktur. Sozialstruktur* bezeichnet das innere Gefüge und den Aufbau der Gesellschaft, vor allem die soziodemografischen Merkmale wie Bevölkerung, Wirtschaft (Arbeitsmarkt und Erwerbstätigkeit), Bildung, Familie und Lebensformen, aber auch die sozialökonomische Gliederung nach Klassen und Schichten. Zum anderen existiert sie als subjektiv wahrgenommene, mit Sinn und Bedeutung versehene Realität in Gestalt ihrer Kultur. *Kultur* umfasst Wissen und Artefakte, Ideen und Ideale, Werte und Normen, aber auch Einstellungen und Meinungen. Zur Gesellschaft gehört stets der Diskurs über die Gesellschaft. Die Gesellschaft besteht also aus Sozialstruktur und Kultur, aus Faktizität und Normativität, aus Wirklichkeit und Idealität, aus Realität und Reflexion. Das sind gleichsam zwei Seiten einer Medaille.

Die Soziologie als Wissenschaft untersucht die Gesellschaft in ihrer Doppelnatur als Sozialstruktur und Kultur und ist damit selbst Teil der Kultur. Ihre Begriffe und Theorien sind keineswegs unschuldige und neutrale Instrumente, sondern sie werden von der sozialen Wirklichkeit selbst beeinflusst und prägen diese Wirklichkeit mit. Die Gesellschaftsanalyse bliebe blass ohne solche »Gesellschaftsbilder«, die den empirischen Fakten erst Sinn und Bedeutung verleihen und das Verstehen erleichtern. Begriffe wie Industriegesellschaft, Dienstleistungsgesellschaft, Informations- und Wissensgesellschaft geben uns eine erste Vorstellung, in welcher Gesellschaft wir leben (s. Kapitel 2: Sozialer Wandel). Auch die in den 1970er- und 1980er-Jahren aufkommenden Begriffe Wertewandel, Individualisierung und Erlebnisgesellschaft markieren solche Gesellschaftsbilder, die das Verständnis der sozialen und kulturellen Wirklichkeit in der alten Bundesrepublik geprägt haben. Wie muss man diese neuen Selbstbeschreibungen verstehen?

Der Gesellschaftsumbruch im Verlauf der Moderne

Die moderne Gesellschaft ging aus drei Revolutionen hervor: der ökonomischen Revolution und der Entstehung des Kapitalismus; der politischen Revolution und der Heraufkunft der Demokratie; der kulturellen Revolution und der Durchsetzung des Individualismus. Alle diese Merkmale – Kapitalismus, Demokratie und Individualismus – charakterisieren bis heute moderne (westliche) Gesellschaften. Aber die ökonomischen, politischen und kulturellen Voraussetzungen für die massenhafte Verwirklichung der damit verbundenen Werte der Freiheit, Gleichheit und Solidarität wurden in Deutschland erst nach dem Zweiten Weltkrieg geschaffen. Mit der sozialen Marktwirtschaft kam der Wohlstand, mit der Demokratie wurden aus deutschen Untertanen gleichberechtigte Bürger, und mit dem Individualismus wurde eine persönlich gewählte Lebensführung möglich. Allerdings erfolgte dieser Durchbruch zunächst im klassischen Gewand einer industriegesellschaftlich-autoritären Moderne, für die die »Adenauer-Zeit« in Westdeutschland typisch war. Erst im Gefolge von »1968« konnte dieses alte Gewand abgestreift werden. Dafür stehen die drei Stichworte Wertewandel*, Individualisierung* und Erlebnisgesellschaft*.

Um diesen Umbruch genauer zu charakterisieren, seien zunächst die wichtigsten Begriffe definiert (2.). In Abschnitt 3 wird ausführlicher auf den Wertewandel eingegangen, in Abschnitt 4 auf die Individualisierung und die Pluralisierung sozialer Milieus und Lebensstile. In den darauf folgenden Abschnitten geht es dann um den Wandel von Biografien und Lebensläufen (5.) und um die Frage der Säkularisierung oder Rückkehr der Religion (6.). Abschließend wird unter den Stichworten Knappheit, Unsicherheit und Flexibilität ein Ausblick auf denkbare weitere Entwicklungen gegeben.

2 Begriffsdefinitionen

Werte und Wertewandel

*Werte** bezeichnen ganz allgemein »Vorstellungen vom Wünschenswerten« (Clyde Kluckhohn). In der Ökonomie versucht man den Wert des gewünschten Gutes über seine Knappheit zu messen. Alles was knapp ist, so die ökonomische Werttheorie, ist auch wertvoll und erzielt hohe Preise, weil es stark nachgefragt wird. Doch auch im Bereich der Kultur spricht man von Werten. Kulturelle Werte als Vorstellungen vom Wünschenswerten verkörpern Gutes, Schönes und Wahres und fungieren als Maßstäbe für richtiges und anständiges Handeln. Werte gelten im Vergleich zu Bedürfnissen und Interessen als höherrangig. Ein Wert, den ein Mensch verinnerlicht hat, gilt um seiner selbst willen und wirkt im Handeln wie eine Verpflichtung. Er kann sogar als »heilig« gelten, sodass Menschen bereitwillig Opfer bringen oder ihr Leben aufs Spiel setzen. Der religiöse Mensch, der an Gott glaubt, wird seine Lebensführung an religiösen Werten ausrichten, um ein Gott wohlgefälliges Leben zu leben. Auch säkulare Werte können diesen »heiligen Status« erlangen. Der patriotische Soldat, der sein Vaterland liebt, wird in den Krieg ziehen und kämpfen, auch wenn er im Kampf umkommt.

Obwohl internalisierte Werte tiefsitzende und dauerhafte Dispositionen und Haltungen sind, ändern sie sich über die Zeit. Ein solcher *Wertewandel** kommt in zwei Versionen vor: Zum einen können sich Sinn und Bedeutung eines Wertes selbst verändern. So kann man unter Gleichheit in erster Linie Chancengerechtigkeit verstehen wie in liberalen Gesellschaften. Oder man drängt auf Ergebnisgleichheit wie in sozialistischen Gesellschaften. Im ersten Fall geht es um die Chancengleichheit im Wettbewerb um knappe Güter, im zweiten um die Gleichverteilung dieser Güter selbst. Zum anderen – und nur in diesem Sinne soll Wertewandel im Folgenden betrachtet werden – kann man den Übergang von einem Werteensemble zu einem anderen beobachten, so etwa den Rückgang der Pflichtwerte zugunsten von Selbstverwirklichungswerten oder den Übergang von materialistischen zu postmaterialistischen Werten.

Soziale Milieus und Lebensstile

Unter *sozialen Milieus** versteht man Gruppierungen von Menschen mit ähnlichen Werthaltungen, Mentalitäten und Lebensstilen und einer geteilten räumlich-sachlichen Umwelt (wie Stadtviertel, Region, Beruf, Bildung und Erziehung, Politik, Kultur). Bei kleineren Milieus kommt eine Art »Wir-Gefühl« und ein erhöhter Binnenkontakt hinzu, der für sozialen Zusammenhalt sorgt. Soziale Milieus sind anders geartet als soziale Klassen und Schichten, die sich eher durch gemeinsame sozioökonomische Lebenslagen und Ressourcen auszeichnen. Sicher gibt es auch heute noch Klassenmilieus wie das Arbeitermilieu, doch deren Grenzen werden immer unschärfer. Häufig genug überschreiten Milieus die Grenzen von Klasse* und Schicht* wie etwa im katholischen Milieu, in dem der katholische Arbeiter wie der katholische Unternehmer zu Hause sind. Auch wenn sie eine sozialstrukturelle Basis haben, sollten Milieus eher, wenn auch nicht ausschließlich, als sozialkulturelle Einheiten verstanden werden. Zu einem sozialen Milieu gehören aber auch über gemeinsame Kulturmuster von Freizeit-, Konsum- und Lebensstilen hinausgehende Elemente, die in der Regel kein »Wir-Gefühl« und keine verstärkte Binnenkommunikation erzeugen können. Der Milieubegriff ist somit offener als der Klassen- und Schichtbegriff.

*Lebensstile** kann man »als raum-zeitlich strukturierte Muster der Lebensführung fassen, die von Ressourcen (materiell und kulturell), der Familien- und Haushaltsform und den Werthaltungen abhängen. Die Ressourcen umschreiben die *Lebenschancen*, die jeweiligen Optionen und Wahlmöglichkeiten; die Haushalts- und Familienform bezeichnet die *Lebens-, Wohn- und Konsumeinheit*; die Werthaltungen schließlich definieren die vorherrschenden *Lebensziele*, prägen die Mentalitäten und kommen in einem spezifischen Habitus zum Ausdruck.« (Müller 1997: 376 f.) In diesem Sinne kann man Lebensstile durch die Elemente Ganzheitlichkeit, Freiwilligkeit, Charakter sowie Stilisierungschancen und -neigungen charakterisieren. In wohlhabenden und liberalen Gesellschaften haben die Menschen mehr Chancen zur Stilisierung ihrer Lebensführung als in armen und autoritären Gesellschaften. Man denke nur an die alte liberale Bundesrepublik und die alte autoritäre Deutsche Demokratische Republik. Aber auch die individuellen Stilisierungsneigungen variieren je nach Alter und Schichtzugehörigkeit. In der Jugend und in den oberen Statuslagen sind sie am höchsten, im Alter und in den unteren Schichten am geringsten ausgeprägt.

Zwischen Werten, Milieus und Lebensstilen bestehen starke Verknüpfungen. Aber sie gehen nicht ineinander auf, denn dann benötigte man nicht drei Begriffe. Vereinfacht kann man sagen: Milieus sind Gruppierungen, in denen unter anderem typische Wertegefüge vorherrschen. Lebensstile entstehen, wenn Menschen aus bestimmten Milieus unter bestimmten Alltagsbedingungen typische Denk-, Verhaltens- und Kulturmuster zur Organisation ihres Alltagslebens ausbilden.

3 Wertewandel

Entwickelte liberale Gesellschaften weisen drei gemeinsame Entwicklungstrends auf: einen Wandel der gesellschaftlich dominanten Werte, das Verblassen von Klasse und Schicht zugunsten von Milieus und den

Übergang von kollektiv geprägten Lebensweisen zu individuell gewählten Lebensstilen. Schauen wir uns den ersten der drei Trends nun im Hinblick auf die Zeit nach dem Zweiten Weltkrieg für die Bundesrepublik an.

Materielle Werte verlieren, postmaterielle Werte gewinnen an Bedeutung

Die 1950er- und 1960er-Jahre waren in der westlichen Welt durch einen beispiellosen Wohlstandszuwachs (in der alten Bundesrepublik »Wirtschaftswunder« genannt), durch die Bildungsexpansion, durch eine Verkürzung der Arbeitszeit und Ausweitung der Freizeit, durch eine hohe soziale Sicherheit und eine Liberalisierung der Werte gekennzeichnet.

In den 1970er-Jahren hat der amerikanische Soziologe Ronald Inglehart (1989) in der westlichen Welt einen einschneidenden Wertewandel von materialistischen (Vermögen und Besitztum) zu postmaterialistischen Werten (Selbstverwirklichung und Kommunikation) ausgemacht. Seine Überlegungen beruhten auf zwei zentralen Annahmen: 1. Menschen begehren das in ihrer Umwelt, was relativ knapp ist (die Mangelhypothese). Die ältere Generation musste in der akuten Mangelsituation unmittelbar nach dem Zweiten Weltkrieg, so seine Vermutung, zunächst materielle Bedürfnisse befriedigen – infolgedessen war sie Anhänger materialistischer Werte; aber schon ihre Kinder – in den neu gewonnenen Wohlstand hineingeboren – würden dagegen verstärkt postmateriellen Werten der Selbstverwirklichung folgen. 2. Die grundlegenden Werte eines Menschen werden in seinen jungen Jahren, in der »formativen Periode« geprägt und bleiben über den gesamten Lebenslauf stabil (die Sozialisationshypothese). Frühzeitig gebildete und dauerhafte Werte dienen als Richtschnur und Orientierung für die gesamte Lebensführung eines Menschen. Einmal Materialist, immer Materialist; einmal Postmaterialist, immer Postmaterialist.

Um den Wertewandel empirisch zu belegen, stellten die Forscher vier Fragen nach der Wichtigkeit von Zielsetzungen:

1. Aufrechterhaltung von Ruhe und Ordnung in diesem Land;
2. Mehr Einfluss der Bürger auf die Entscheidung der Regierung;
3. Kampf gegen steigende Preise;
4. Schutz des Rechts auf freie Meinungsäußerung.

Ziele 1 und 3 gelten als »materialistische«, Ziele 2 und 4 als »postmaterialistische« Werte. Nannten die Befragten zwei materialistische Ziele, wurden sie als »Materialisten«, wenn sie zwei postmaterialistische Ziele angaben, als »Postmaterialisten« eingestuft. Wer ein materialistisches und ein postmaterialistisches Ziel nannte, wurde einem »Mischtyp« zugeordnet.

Nach Ingleharts Theorie muss sich der Bevölkerungsanteil der Materialisten in der Generationenfolge verringern, während der Anteil der Postmaterialisten im Zeitablauf zunimmt. Tatsächlich ging in Westdeutschland zwischen den 1970er- und den frühen 1990er-Jahren der Anteil der Materialisten zurück (auf nicht ganz 20% der Bevölkerung im Jahre 1989) während der Anteil der Postmaterialisten im Jahre 1988 schon auf 25% gestiegen war.

Mit diesem Wertewandel lässt sich auch ein Stück weit die in dieser Zeit zu beobachtende Individualisierung sowie die Pluralisierung von sozialen Milieus und Lebensstilen erklären. Die Menschen richteten ihr Leben nicht mehr nach tradierten kollektiven Lebensweisen ein, die sie meist von den Eltern übernommen hatten. Vielmehr wurde es eine Frage der individuellen Wahl oder Kreation des eigenen Lebensstils, welchen Bildungsweg man einschlägt, welche Berufswahl man trifft, ob und wenn ja, wann man eine feste Beziehung eingeht, ob man heiratet oder nicht, ob man Kinder bekommt oder nicht, ob man sich gesellschaftlich und politisch engagiert oder nicht.

Kaum hatten die Selbstverwirklichungswerte in der Gesellschaft Einzug gehalten, wurde vor allem von konservativen Kreisen und den Massenmedien auch schon Kritik laut am vermeintlich um sich greifenden »Egoismus« und »Werteverfall«. Dass Selbstverwirklichung nicht gleich zu Egoismus oder gar Werteverfall führen muss, belegen die in den 1970er-Jahren einen Höhepunkt erlebenden »neuen sozialen Bewegungen«. Politisches und gesellschaftliches Engagement waren also durchaus weiter vorhanden, doch in der jüngeren Generation war dieses Engagement nicht eine Frage des Pflichtgefühls, sondern der freiwilligen Einsicht in die Notwendigkeit politischen Protests. Zumindest eine Zeit lang gingen insbesondere bei den jungen Bildungsschichten, die immer zahlreicher in die Universitäten strömten, Selbstverwirklichung und gesellschaftspolitisches Engagement Hand in Hand.

Verlangsamung und veränderte Richtung des Wertewandels in den 1990er-Jahren

Im Laufe der 1990er-Jahre ließ sich in Deutschland jedoch eine zunehmende Stagnation des Wertewandels beobachten. Der Anteil des Mischtypus stieg von 50% auf über 60% an. Diese Entwicklung, die Ingleharts Prognose so gar nicht entsprach, macht deutlich, dass der Wertewandel mehrere Dimensionen hat: Die Pflichtwerte schwinden zugunsten von Werten der hedonistisch-materialistischen und der idealistischen Selbstentfaltung. Selbstverwirklichung existiert also in einer materialistischen und einer post-materialistischen Version. Vor diesem Hintergrund kann man nach Helmut Klages (2001) fünf Wertetypen ausmachen:

- Die *Konventionalisten* (hohe Pflicht- und Akzeptanzwerte bei geringer Ausprägung der Selbstentfaltungswerte): Es handelt sich um eine zahlenmäßig schrumpfende Gruppe vorwiegend älterer Menschen (1997: 18% der Gesamtbevölkerung), die vom Wertewandel nie erfasst worden sind. Ordnungsliebe und Angepasstheit machen sie zu Gegnern rascher Modernisierung.
- Die *perspektivenlos Resignierten* (alle drei Werte niedrig ausgeprägt): Diesen Typ (1997: 16% der Gesamtbevölkerung) kennzeichnet eine durch ausbleibende Lebenserfolge entstandene Misserfolgserfahrung. Orientierungsverlust und die Suche nach Nischen zum unauffälligen Überleben bei ressentimentgeladener Ablehnung von allen riskanten, eigenverantwortlichen Herausforderungen charakterisieren diese »Ohne mich«-Haltung.
- Die *aktiven Realisten* (alle drei Wertdimensionen hoch ausgeprägt): Diese größte Gruppe (1997: 36% der Gesamtbevölkerung) reagiert auf alle Herausforderungen durch den sozialen Wandel aktiv, pragmatisch und erfolgsorientiert. Dieses hohe Niveau der rationalen Eigenverantwortung wird flankiert durch ein betontes Aufstiegsstreben, das auch in einer flexibilisierten Gesellschaft an kalkulierbaren Maßstäben und Karriereleitern festzuhalten versucht.
- Die *hedonistischen Materialisten* (hedonistisch-materialistische Selbstentfaltung hoch, die beiden anderen Werte niedrig ausgeprägt): Diese Gruppe (1997: 14% der Gesamtbevölkerung) zeichnet sich durch hohe Mobilität und Anpassungsfähigkeit aus. Bei ihrer aktiven Suche nach beruflichen und persönlichen Gelegenheiten und Chancen lassen sie sich vom Lust- und Erfolgsprinzip leiten und gleiten spielerisch von einem Bereich zum anderen, wenn er eine bessere Chancenverwertung verspricht.
- Die *non-konformen Idealisten* (idealistische Selbstentfaltung hoch, die beiden anderen Werte niedrig ausgeprägt): Orientiert an individueller Emanzipation und gesellschaftlicher Gleichheit, bejaht diese Gruppe (1997: 16% der Gesamtbevölkerung) von ihrem kritischen Bewusstsein her durchaus Modernisierung und Reformen, wird aber durch die Art und Weise der Verwirklichung solcher Vorhaben durch Politik und Wirtschaft, eben weil sie nicht ihren Idealen gemäß zielführend sind, regelmäßig frustriert. Was dann bleibt, ist häufig die Überwinterung in beruflichen Nischen, wie Redaktionsstuben oder Schulen und Universitäten als Rückzugsorte für ihre Ideale.

Diese Typologie gibt nicht nur ein differenziertes Bild der Werthaltungen und ihrer Verteilung in Deutschland, mit ihr lässt sich auch die Stagnation des Wertewandels in den 1990er-Jahren und das Wiederanwachsen materialistischer Orientierungen wie auch die Zunahme der gemischten Werthaltung deuten. Drei Entwicklungen haben die öffentlichen Haushalte in Deutschland stark strapaziert: Globalisierung, Europäisierung und die deutsche Wiedervereinigung. 16,5 Millionen Neubundesbürger mussten integriert werden, und aufgrund des Zusammenbruchs der ostdeutschen Industrie und der hohen Arbeitslosigkeit schossen die Transferzahlungen an die neuen Bundesländer in die Höhe, die bis 2019 degressiv gestaffelt auslaufen sollen. Zudem führte die höhere Weltmarktkonkurrenz auch zu spürbaren Wohlstandsverlusten in Westdeutschland, nachdem die durch die Vereinigung bewirkte Sonderkonjunktur abgeflaut war. Die sukzessive Rückkehr der Knappheit bewirkte einen »Wandel des Wertewandels« (Hradil 2006: 275), der sich angesichts der anhaltenden Finanz- und Wirtschaftskrise nicht so bald wieder umkehren dürfte. Dennoch zeigt die größte Gruppe der »aktiven Realisten«, dass Wertsynthesen neuer Art möglich sind und einmal etablierte Selbstverwirklichungswerte nicht einfach wieder verschwinden.

4 Die Pluralisierung sozialer Milieus und Lebensstile[1]

Individualisierung und kulturelle Orientierung

Der Wertewandel, so wie ihn Inglehart für die 1970er-Jahre diagnostiziert hat, hängt mit dem breiter angelegten, fundamentalen sozialen Wandel moderner Gesellschaften hin zur Individualisierung der Lebensgestaltung zusammen (vgl. Kapitel 2: Sozialer Wandel). Vorboten dazu gab es bereits im Leben von Künstlern und Wissenschaftlern der Renaissance. Sie breitete sich im Zusammenhang mit der Industrialisierung dann vor allem als großstädtisches Phänomen aus (Simmel 1900; Elias 1939). Mit dem wirtschaftlichen Aufschwung nach dem Zweiten Weltkrieg und der Expansion eines Marktes von Bildungs- und Konsummöglichkeiten hat die Individualisierung dann große Teile der Gesellschaft erfasst (Beck 1986).

Mehr Einkommen, Bildung, soziale Sicherheit, Freizeit und Mobilität haben dazu geführt, dass viele Menschen über mehr Ressourcen und mehr Optionen für individuelles Handeln verfügen. Sie lösen sich dadurch von den restriktiven Verhaltensregeln der zentralen Gemeinschaften, vor allem der Familie, der lokalen Gemeinde, der Religion und der sozialen

1 Ich danke Stefan Hradil für eine Rohfassung zu diesem Abschnitt.

Klasse bzw. Schicht. Dadurch sind die Menschen in der Lage, aber auch dazu gezwungen, ihr Leben relativ eigenständig zu gestalten, Entscheidungen in eigener Verantwortung zu fällen. Hierdurch wachsen die Freiheiten der Lebensführung, gleichzeitig steigen aber auch die Risiken des Scheiterns. Um Halt und Richtung zu finden, schließen sich daher viele Menschen mit anderen zusammen, die ähnliche Bestrebungen, Lebensstile und Lebensziele aufweisen, oder sie lehnen sich an Vorbilder aus den Medien, der Popkultur etc. an. Individualisierung äußert sich also nicht unbedingt in immer unterschiedlicherer individueller Lebensgestaltung, sondern kann zu neuen gleichförmigen sozialen Gruppierungen führen. Allerdings unterscheiden sich diese Szenen, Cliquen, Milieus und Lebensstilgruppierungen von älteren Gemeinschaften durch ihre größere Flüchtigkeit und Wandelbarkeit, sowohl was ihre charakteristischen Merkmale als auch ihre personelle Zusammensetzung betrifft: Waren früher religiöse Gemeinschaften, Klassenkulturen und regionale Zugehörigkeiten meist lebenslang prägend, so verlassen oder wechseln individualisierte Menschen die neuen Wahlgemeinschaften, wenn andere Umstände oder Neigungen es nahelegen.

Der Soziologe Ulrich Beck fasste diese neueren Individualisierungsvorgänge in drei Dimensionen (1986: 206) zusammen: »*Herauslösung* aus historisch vorgegebenen Sozialformen und -bindungen im Sinne traditionaler Herrschafts- und Vorsorgungszusammenhänge (›Freisetzungsdimension‹). *Verlust von traditionalen Sicherheiten* im Hinblick auf Handlungswissen, Glauben und leitende Normen (›Entzauberungsdimension‹) und – womit die Bedeutung des Begriffs gleichsam in ihr Gegenteil verkehrt wird – eine *neue Art der sozialen Einbindung* (›Kontroll- bzw. Reintegrationsdimension‹).«

Die sozialstrukturelle Prägung kultureller Gemeinschaften

Obwohl die genannten Individualisierungsvorgänge die Zugehörigkeit zu sozialen Milieus und Lebensstilen – und nicht selten auch deren Existenz – unbeständiger machen, finden sich auch in modernen Gesellschaften relativ stabile kulturelle Gruppierungen. Sie entstehen aus einer Vielzahl von Bestimmungsgründen: aus religiöser Überzeugung, aus lokaler und regionaler Überlieferung, durch Einflüsse des Berufsmilieus.

Die Habitustheorie Pierre Bourdieus (1982) macht darüber hinaus darauf aufmerksam, dass relativ stabile soziale Milieus und Lebensstile immer wieder durch Anpassungsprozesse an die Lebensbedingungen sozialer Klassen und Klassenfraktionen zustande kommen und reproduziert werden. Bourdieu geht von drei Ressourcenarten und deren ungleicher Verteilung aus: dem ökonomischen Kapital (Geld), dem Bildungskapital (Bildungsabschlüsse, Bildungsgüter, inkorporierte Bildung) und dem sozialen Kapital (Beziehungen). Je nach Gesamtgröße ihres Kapitalbesitzes gehören die Menschen der Arbeiterklasse, dem Kleinbürgertum oder der Bourgeoisie an (vertikaler Aspekt). Und je nach Zusammensetzung bzw. Zukunftsaussichten ihres Kapitalbesitzes werden sie den Klassenfraktionen der Besitz- oder der Bildungsbourgeoisie, dem alten, dem neuen oder dem »exekutiven« Kleinbürgertum sowie auf- und absteigenden Klassenfraktionen zugerechnet (horizontaler sowie Laufbahnaspekt).

Wenn Menschen innerhalb der jeweiligen Lebensbedingungen ihrer sozialen Klasse bzw. Klassenfraktion aufwachsen, entstehen zwangsläufig und weitgehend unbewusst klassen- und klassenfraktionsspezifische Habitusformen. Das sind latente Denk-, Wahrnehmungs- und Bewertungsmuster, die einerseits Spektrum und Formen alltäglichen Handelns begrenzen, andererseits aktives Handeln ermöglichen. So entsteht der typische, am Nützlichkeitsdenken orientierte Habitus der Arbeiterklasse aufgrund deren Lebenslage, die von harten Notwendigkeiten, Restriktionen und einer »Kultur des Mangels« geprägt ist. Ihr Kauf- und Konsumverhalten orientiert sich daher weniger an ästhetischen Gesichtspunkten als an Preis, Gebrauchswert und Haltbarkeit. Der Habitus der Arbeiterklasse legt also ein Sich-Einrichten in den gegebenen engen Verhältnissen nahe. Der Habitus des Kleinbürgertums dagegen ist, seiner Mittellage entsprechend, auf sozialen Aufstieg ausgerichtet, auf die ehrgeizige, teils ängstliche, teils plakative Erfüllung vorgegebener kultureller Normen. Diese Haltung greift auch über auf Fragen der Bildung und des Geschmacks. Der Habitus des Kleinbürgertums zeichnet sich durch ein eher angestrengtes Bemühen aus, »das Richtige« zu tun. Der Habitus der Bourgeoisie hingegen ermöglicht es, sich in intimer Kenntnis der »richtigen« Standards und des legitimen Geschmacks über das beflissene Kleinbürgertum zu erheben, einen eigenen Stil zu entwickeln sowie diesen unter Umständen als gesellschaftliche Norm zu propagieren und durchzusetzen. Das Kleinbürgertum ist dann wiederum gezwungen, dieser neuen »Orthodoxie« gerecht zu werden. Die Arbeiterklasse verharrt dagegen weiterhin in ihrer Kultur des Mangels. So entstehen durch die jeweiligen Habitusformen soziokulturelle Klassenmilieus, die die Vorrangstellung der Bourgeoisie immer wieder kulturell reproduzieren. Die Prägekraft der jeweiligen Habitusformen und entsprechenden sozialen Milieus zeigt sich im praktischen Verhalten, im Lebensstil, in den präferierten Wohnungseinrichtungen und Speisen, Kleidungsstilen, Sportarten und Fernsehsendungen, den bevorzugten Musikstilen, Malern, Museen und Komponisten und vielem mehr.

Die Struktur sozialer Milieus in Deutschland

»Soziale Milieus« sind Gruppen Gleichgesinnter, die ähnliche Werthaltungen, Prinzipien der Lebensgestaltung und Mentalitäten aufweisen (vgl. Abschnitt 2). Diejenigen, die dem gleichen sozialen Milieu angehören, empfinden einander als ähnlich, haben ähnliche kulturelle Wertorientierungen, interpretieren und gestalten ihre Umwelt in ähnlicher Weise und unterscheiden sich dadurch von Menschen anderer sozialer Milieus. Kleinere Milieus, die zum Beispiel typisch für eine Organisation, ein Stadtviertel oder einen Beruf sind, weisen über die gemeinsame Mentalität der Mitglieder hinaus häufig einen inneren Zusammenhang auf, der sich in einem Wir-Gefühl und in verstärkten Kontakten der Milieuzugehörigen zeigt.

Abb: Die Sinus Milieus® in Deutschland 2011 – Soziale Lage und Grundorientierung

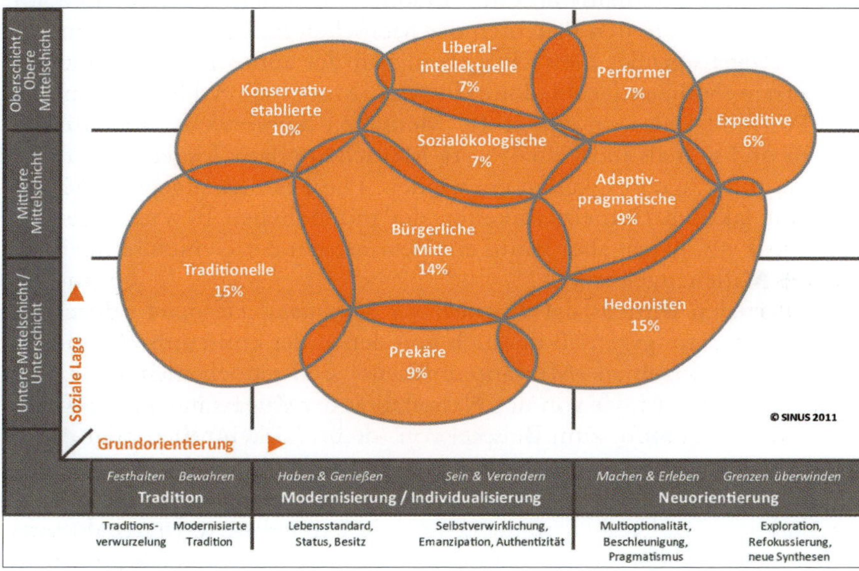

Das Gefüge sozialer Milieus auf gesamtgesellschaftlicher Ebene ist zu einem guten Teil von der Klassen- und Schichtstruktur abhängig. Es gibt demnach typische Unterschicht-, Mittelschicht- und Oberschichtmilieus (vgl. Abbildung). Welche Werthaltungen und Mentalitäten ein Mensch aufweist, ist also – vermittelt über einen gemeinsamen Habitus – auch eine Frage seines Einkommens, seines Bildungsgrades und seiner beruflichen Stellung. Es sind diese Mentalitätsunterschiede, die die Mitglieder der einzelnen Schichten im Alltag zusammenführen bzw. trennen. »Die Grenze der Distinktion trennt die oberen von den mittleren Milieus. Die Grenze der Respektabilität trennt die mittleren von den unteren.« (Vester u.a. 2001: 26) Allerdings erstrecken sich bestimmte soziale Milieus auch »senkrecht« über Schichtgrenzen hinweg.

In der Regel finden sich wiederum innerhalb der einzelnen sozialen Schichten bzw. Lagen mehrere soziale Milieus »nebeneinander«. Sie unterscheiden sich in dieser Dimension vor allem nach dem Grad ihrer Traditionsverhaftung bzw. ihrer Modernität (traditionell, modern, postmodern). Denn die einzelnen Milieus sind in unterschiedlichem Maße vom Wertewandel (weg von den älteren Pflicht- und hin zu den neueren Selbstverwirklichungswerten) und von der Individualisierung geprägt. So weisen die Angehörigen des »Traditionellen Arbeitermilieus«, des »Traditionellen bürgerlichen Milieus« und des »Etablierten Milieus« Mentalitäten auf, die dem Bewahren, den Pflichten der Menschen und ihrer Eingebundenheit in Regeln großes Gewicht geben. Auf der anderen Seite stehen die »modernen« Milieus der »Hedonisten«, der »Modernen Arbeitnehmer« und der »Postmodernen«, in denen die Menschen dem jeweils Neuen nachstreben und sich als individualisierte Menschen relativ losgelöst von Bindungen und Zugehörigkeiten empfinden. Diese Milieuzugehörigen weisen zwar faktisch Gemeinsamkeiten des individuellen Bewusstseins und Verhaltens auf, haben aber kaum ein Bewusstsein der Gemeinsamkeit mit anderen Milieuzugehörigen.

Die sozialen Milieus der *Personen mit Migrationshintergrund* unterscheiden sich erwartungsgemäß deutlich von denen der einheimischen Bevölkerung. Die einzelnen »Migrantenmilieus« sind jedoch nicht, wie man glauben könnte, primär von der Nationalität der Zugewanderten geprägt. Es macht wenig Sinn, zum Beispiel von »dem« Türkenmilieu oder »dem« Italienermilieu zu sprechen. Vielmehr unterscheiden sich die »Migrantenmilieus« hauptsächlich danach, ob in ihnen traditionale bzw. religiöse Werthaltungen oder aber moderne bzw. individualisierte Werthaltungen vorherrschen. Anders als es viele Deutsche wissen wollen, machte 2008 der Anteil der tief religiösen und traditionalen Zuwanderer nur 7% der Menschen mit Migrationshintergrund aus.

Die Übergänge zwischen sozialen Milieus sind fließend. Viele Menschen leben am Rande eines Milieus, stehen zwischen Milieus oder sind mehreren Milieus zugleich zuzuordnen. Soziale Milieus stellen zwar relativ homogene Binnenkulturen einer Gesellschaft dar, aber keine strikt voneinander getrennten gesellschaftlichen Gruppierungen mit allgemein bekannten und anerkannten Namen und symbolisch (z.B. durch die Kleidung) klar ausgewiesenen Zugehörigkeitszeichen. Es handelt sich vielmehr um von Sozialwissenschaftlern nach typischen Merkmalskonstellationen zusammengefasste sowie »künstlich« abgegrenzte und benannte Gruppierungen. In modernen Gesellschaften sind Großgruppen nicht mehr so leicht sichtbar, wie dies früher einmal der Adel, das Großbürgertum und die Industriearbeiterschaft waren. Sie müssen mehr als früher durch solche sozialwissenschaftliche »Milieulandkarten« erst sichtbar gemacht werden. Als solche Sozialkartierungen entwickeln sie ein Eigenleben, indem sie zum zustimmenden oder ablehnenden Bezugspunkt von Selbst- und Fremdidentifikationen von Personen werden oder in institutionellen und kommerziellen Klassifikationssystemen (z.B. von Problemgruppen oder Konsumententypen) Eingang finden. Analoges gilt für die Gesellschaftsbegriffe selbst, die als Schlagworte in öffentlichen Debatten zirkulieren, ohne dass die dahinter stehenden sozialwissenschaftlichen Konzepte, empirischen Belege und begrenzten Geltungshorizonte wirklich reflektiert werden. Ein Beispiel dafür ist die inzwischen inflationäre Rede von der Erlebnisgesellschaft.

Soziale Milieus verändern sich im Laufe der Zeit. Sie werden größer oder kleiner, neue Milieus bilden sich heraus, alte verschwinden oder teilen sich. Allein seit den 1980er-Jahren hat sich der Bevölkerungsanteil traditioneller Milieus fast halbiert, weniger weil die Menschen in modernere Milieus wechselten, sondern weil die meist älteren Menschen in traditionellen Milieus nach und nach starben. Wie dieser Prozess der strukturellen Veränderung sozialer Milieus sich im Einzelnen vollzogen hat, wissen wir erst seit den 1980er-Jahren. Erst seit dieser Zeit liegen methodengleiche Wiederholungsuntersuchungen vor. Vieles spricht aber dafür, dass seit dem späten 19. Jahrhundert eine Pluralisierung sozialer Milieus im Gange ist. Mehr neue Milieus kommen hinzu bzw. mehr Milieus fächern sich auf, als alte Milieus verschwinden.

Was bewirkt die Milieuzugehörigkeit?

In modernen Dienstleistungsgesellschaften definieren sich die Menschen selbst nicht mehr so vorrangig durch ihren Beruf und ihre Schichtzugehörigkeit wie die Menschen in typischen Industriegesellschaften, auch wenn die zeitliche Beanspruchung durch die Berufsarbeit bei den Führungskräften und in vielen Kreativberufen keineswegs nachgelassen hat. Vielmehr identifizieren sich die Angehörigen postindustrieller Gesellschaften nicht zuletzt durch ihre Werthaltungen und damit durch ihre Milieuzugehörigkeit sowie durch ihren Lebensstil. Oft symbolisieren sie dies durch ihre

Kleidung, ihren Musikgeschmack etc. und tragen somit ihre Zugehörigkeit auch nach außen.

Immer mehr Menschen wollen ihren eigenen Lebensentwurf (aus)leben, jedoch in der Regel nicht allein, sondern zusammen mit Gleichgesinnten in der eigenen Wohnung bzw. im eigenen Haus und in der Nachbarschaft. Dies trägt dazu bei, dass die sozialen Milieus auch räumlich auseinanderrücken. Das macht sich zum Beispiel in den Städten bemerkbar. Nicht nur die sozialstrukturellen (vgl. Kapitel 7: Soziale Ungleichheit), sondern auch die soziokulturellen Merkmale der Bewohner der einzelnen Stadtviertel unterscheiden sich immer deutlicher. Angesichts dieser Tendenz hin zur *sozialen Segregation** (vgl. Kapitel 10: Siedlungsstruktur) wird es immer schwieriger, eine »soziale Durchmischung« in den einzelnen Stadtvierteln zu erreichen.

Die Menschen, die einem bestimmten sozialen Milieu angehören, denken und verhalten sich in der Praxis relativ ähnlich und unterscheiden sich dadurch von den Mitgliedern anderer Milieus z.B. hinsichtlich Konsumneigungen, Parteipräferenzen und Erziehungsstilen. Milieugliederungen dienen daher auch Marketinganalysten, um Zielgruppen zu definieren, Wahlkampfstrategen, um Wählerpotenziale zu erschließen, Sozialisationsforschern, um typische Lernstrategien zu lokalisieren und zu erklären.

Ist die Milieuzugehörigkeit von Menschen bekannt, dann weiß man viel über die Sehnsüchte, Interpretationen, Motive und Nutzenerwartungen von Menschen. So lässt sich die Nutzung bestimmter Medien, der Kauf bestimmter Konsumgüter, die Neigung zu bestimmten Parteien etc. aufgrund der Werthaltungen und Zielsetzungen der Menschen ein gutes Stück weit erklären und voraussagen. Umgekehrt kann man so aufzeigen, welche Inhalte Zeitschriftenartikel, Werbebotschaften oder Parteiprogramme aufweisen müssen, um den Motiven und Werthaltungen bestimmter Menschen zu entsprechen. Ist dagegen die Schichtzugehörigkeit von Menschen bekannt, weiß man viel über die Ressourcen bzw. Kapitalien (Geld, Bildung, Beziehungen etc.), die den Einzelnen zur Verfügung stehen, um ihre Ziele zu erreichen und ihren Werthaltungen gemäß zu leben. Auf diese Weise können sich Informationen und Daten zur Schicht- und zur Milieuzugehörigkeit sehr gut ergänzen.

Im Übrigen stellte sich im Rahmen internationaler Milieuvergleiche immer wieder heraus, dass sich die Mentalitäten von Angehörigen bestimmter Milieus über Ländergrenzen hinweg nur wenig unterscheiden. Innerhalb von Ländern waren die Unterschiede zwischen den einzelnen Milieus wesentlich größer. Daher hat man transnationale »Metamilieus« (wie z.B. »Konsum-materialistische Milieus«; vgl. Hradil 2006) herauspräpariert, die sich in ähnlicher Weise in vielen Ländern finden.

Lebensstilgruppierungen in Deutschland

Als Lebensstil bezeichnet man die typischen, mehr oder minder frei gewählten Routinen und Muster des Alltagsverhaltens von Menschen (siehe Abschnitt 2). Lebensstile werden unter anderem beeinflusst von den Werthaltungen und damit von der Milieuzugehörigkeit der Menschen. Ein »Konservativer« wird in der Regel andere Gewohnheiten und Präferenzen haben als ein »Hedonist«. Aber auch die verfügbaren Ressourcen und damit die Klassen- und Schichtzugehörigkeit sowie die Haushalts- und Familienform prägen den Lebensstil. Wer über wenig Geld oder Bildung verfügt, dem werden bestimmte Lebensstile unerreichbar bleiben. Wer eine Familie gründet, der wird erleben, wie schnell und drastisch sich sein Lebensstil verändert. Bis zu einem gewissen Grad sind Lebensstile aber nicht nur von außen geformt, sondern werden von Menschen selbst gestaltet. In wohlhabenden und liberalen Gesellschaften, die den Menschen viele Möglichkeiten zur Lebensgestaltung bieten, spielen Lebensstile daher eine größere Rolle als in armen und autoritären Gesellschaften.

Abb: Lebensstile in Deutschland

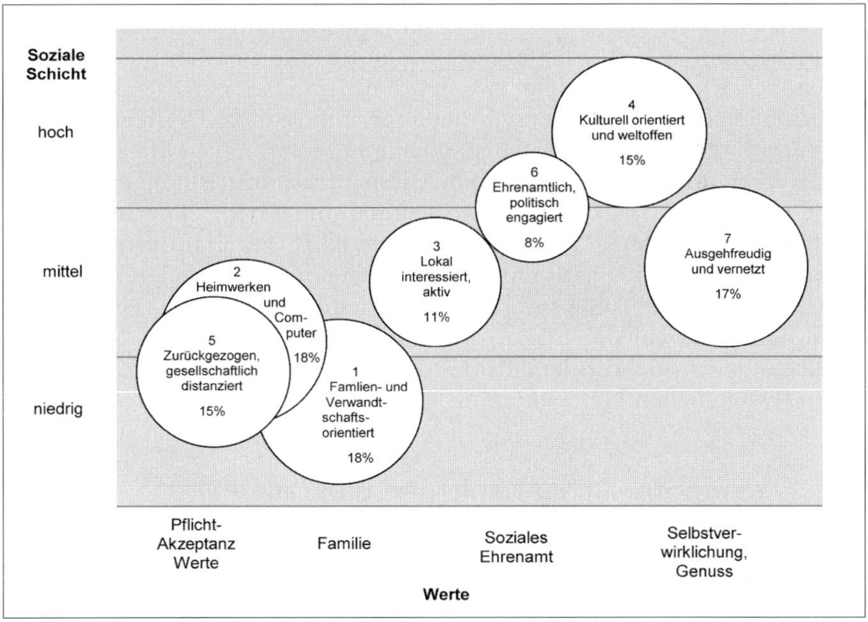

(Quelle: Hradil/Spellerberg 2011: 59)

Lebensstile in Deutschland 2008

Ähnlich wie die Milieuzugehörigkeit ist der Lebensstil identitätsbildend geworden; es ist heute auch eine Frage des Lebensstils, wie sich Menschen selbst einordnen und im Verhältnis zu anderen sehen. In vielen Fällen, jedoch keineswegs immer, demonstrieren Menschen ihren Lebensstil (in Kleidung, Wohnungseinrichtung, Fahrzeugen etc.) deutlich nach außen, um Zugehörigkeiten und Abgrenzungen den Mitmenschen deutlich zu machen und die eigene Identität über die Reaktionen der Mitmenschen zu festigen. Lebensstile sind so auch zu einer wichtigen Basis für das Suchen und Finden von Freunden und Partnern geworden.

Ähnlich wie soziale Milieus weisen auch die verschiedenen Lebensstilgruppierungen in der Regel Affinitäten zu einer bestimmten sozialen Schicht oder Klasse auf. Durch die Zunahme der Ungleichheit von Einkommen und Vermögen (vgl. Kapitel 7) rücken die Lebensstilgruppen daher in vertikaler Hinsicht weiter auseinander. Auf diese Weise schlägt sich die wachsende soziale Ungleichheit auch im Alltagshandeln der Menschen nieder. Durch die Pluralisierung sozialer Milieus in den letzten Jahrzehnten, auch infolge der Zuwanderung aus ganz anderen Kulturkreisen, entfernen sich die Lebensstilgruppen auch horizontal voneinander. Wer in Deutschland lebt, sieht sich also keiner geschlossen-einheitlichen Kultur gegenüber. Vielmehr herrscht, wie in den meisten freiheitlichen westlichen Gesellschaften, eine pluralistisch-heterogene kulturelle Gemengelage aus vielfältigen historischen Erfahrungen, gemeinsamen westlich-europäischen Werten und genuin nationalen Eigenarten vor. Im Falle Deutschlands liegt die Einzigartigkeit im Trauma von Krieg, Gewalt und beispielloser Vernichtung, wie der Holocaust lehrt. Dies ist unter anderem für die anhaltende Debatte um die Integration von Zuwanderern bedeutsam. Die geforderte Anpassung an eine gemeinsame deutsche (Leit-)Kultur kann daher nur auf das Erlernen der deutschen Sprache, auf Erfolge im Bildungswesen und auf dem Arbeitsmarkt sowie auf die Einhaltung von (grund)gesetzlichen Normen zielen.

5 Wandel der Lebensläufe und Biografien

Infolge der Pluralisierung von Haushalts- und Familienformen, der Bildungsexpansion, der Veränderungen des Arbeitsmarkts und nicht zuletzt der Individualisierung und der Auffächerung sozialer Milieus und Lebensstile haben sich die Rahmenbedingungen verändert, die die Lebensläufe und Biografien der Menschen strukturieren. Mit *Lebenslauf** ist die objektive Bewegung eines Menschen durch gesellschaftliche Institutionen im Laufe seiner Lebenszeit gemeint. Als *Biografie** wird die subjektive Wahrnehmung und Interpretation eines Lebenslaufs bezeichnet.

In allen Gesellschaften und Kulturen werden die verschiedenen Lebensalter in eine Abfolge gebracht und häufig auch in eine Stufenfolge gegliedert, die zeitlich gestaffelte Pflichten und Rechte gegenüber der Gemeinschaft begründen. Dies wurde immer wieder mit der Natur des Menschen (Geburt, Kindheit, Jugend, Erwachsensein, Reife, Alter, Tod) in Zusammenhang gebracht. Kulturanthropologie und Soziologie haben jedoch gezeigt, dass Lebensläufe in der Sozialstruktur und Kultur einer Gesellschaft institutionell verankert sind. Sie sind daher alles andere als »natürlich«, sondern durch gesellschaftliche Institutionalisierung über Regeln und Riten geordnet, sodass sie über Raum und Zeit, also über Regionen und verschiedene Gesellschaftstypen hinweg stark variieren.

Was die zeitliche Struktur von Lebensläufen, also die Verweildauer in bestimmten Phasen (Schule, Beruf, Ehe und Familie), und das Alter bei wichtigen Übergangsereignissen betrifft (wie Konfirmation, Abitur, Volljährigkeit, Ausbildungs- bzw. Studienabschluss, Eintritt in den Beruf oder Heirat, erstes Kind usw.), so können für die Nachkriegszeit in Westdeutschland zwei Perioden ausgemacht werden: erst eine Phase der Institutionalisierung und *Standardisierung* bis Ende der 1960er-/Anfang der 1970er-Jahre und dann eine Phase der De-Institutionalisierung, *Pluralisierung* und Entstandardisierung der Lebensverläufe. Der standardisierte Lebenslauf bzw. die »Normalbiografie« der Nachkriegszeit wurden in die Phasen der Kindheit (Familie), der Jugend (Schule und berufliche Ausbildung), des Erwachsenenalters (Erwerbsleben bzw. Hausfrau) und des Alters (Rente) eingeteilt. Vor allem die Bildungsexpansion hat eine Entstandardisierung der Lebensläufe eingeleitet und kann somit als eine treibende Kraft beim Wandel der Lebensläufe und Biografien angesehen werden (Hurrelmann 2003). Insbesondere die Jugendphase hat umfangreiche Modifikationen erfahren. Als Folge der Bildungsexpansion verbringen junge Menschen heutzutage nicht nur mehr Jahre im Bildungssystem, sie steigen dementsprechend auch später in das Berufsleben ein und erlangen somit ihre ökonomische Unabhängigkeit mehrheitlich erst jenseits der 25 und nicht selten erst jenseits der 35 (Abels u. a. 2008).

Diese Entwicklungen brachten eine »neue« Phase im Lebensverlauf hervor, die als *Postadoleszenz* bezeichnet wird. Gemeint ist damit die Phase zwischen Jugend und Erwachsenenalter, die geprägt ist durch eine frühere sozio-kulturelle (und auch sexuelle) Selbstständigkeit bei einer längeren ökonomischen Unselbstständigkeit. So lebten beispielsweise im Jahr 2007 in Deutschland von den 18- bis 24-Jährigen zwei Drittel der Frauen (68 %) und vier Fünftel der Männer (80 %) noch im Elternhaus. Diese Ausdehnung der Postadoleszenz variiert jedoch nicht nur geschlechtsspezifisch, sondern auch milieuspezifisch. In den unteren Sozialschichten ist die Übergangsphase oftmals kürzer, was u. a. auf den kürzeren Bildungsweg und den früheren Berufseinstieg zurückzuführen ist. Die soziale Herkunft, die besonders in Deutschland einen großen Einfluss auf die Bildungschancen der Jugendlichen hat, ist daher als wichtiger Bedingungsfaktor für die Dauer der Postadoleszenz zu bewerten.

Parallel zum späteren Berufseinstieg verschiebt sich in Deutschland auch die Gründung einer eigenen Familie zeitlich immer mehr nach hinten. Die Zahlen des statistischen Bundesamts verdeutlichen den auffälligen Anstieg des Heiratsalters: Im Jahr 1991 betrug das Alter bei der Ersthеirat von Frauen 26,1 Jahre und von Männern 28,5 Jahre. Bis 2008 ist das Durchschnittsalter der Frauen auf 30 Jahre und bei Männern auf 33 Jahre angestiegen. Auch das Durchschnittsalter von Frauen bei der Geburt ihres ersten Kindes ist in diesem Zeitraum kontinuierlich angestiegen und lag 2009 bei 30,4 Jahren (Destatis).

Darüber hinaus hat in Deutschland in den letzten Jahrzehnten die Verbreitung von *nichtkonventionellen bzw. nichtfamilialen Lebensformen* deutlich zugenommen (vgl. Kapitel 5: Familie). Dazu zählen u. a. Alleinerziehende, nichteheliche Lebensgemeinschaften, Alleinlebende mit und ohne festen Partner, gewollt kinderlose und gleichgeschlechtliche Paare. Die enge Verflechtung mit Prozessen der Entstandardisierung und *De-Institutionalisierung der Normalbiografie* wird hier deutlich: Einst »selbstverständliche« biografische Stationen wie Ehe oder Elternschaft sind zu Optionen, zu Wahlmöglichkeiten geworden, die allerdings nicht immer genau so und genau zu diesem Zeitpunkt von den Individuen gewollt werden. Wenn es wirklich nur nach den Wünschen der Individuen ginge, gäbe es in Deutschland durchaus mehr Ehen, feste Partnerschaften und Kinder als derzeit.

Standardisierte Lebenslaufmuster sowie traditionelle Biografiemodelle haben sich ebenso wie andere Aspekte der privaten Lebensführung im Zuge des Modernisierungsprozesses offenkundig gewandelt. Zum einen eröffnen Individualisierungstendenzen mehr Chancen und Freiräume für die individuelle Gestaltung der Biografie. Zum anderen entstehen aus der engen Verknüpfung von Lebensverlauf und gesellschaftlichem und vor allem wirtschaftlichem Strukturwandel auch »neue« Risiken und Unsicherheiten (Schneider u. a. 2000). So zeichnet sich in der Arbeitsmarktentwicklung seit Jahren ein Rückgang an Festanstellungen und lebenslangen

Normalarbeitsverhältnissen ab. In beruflicher Hinsicht, aber auch auf der Ebene privater Lebensführung wird vom Einzelnen immer mehr »Flexibilität« gefordert. Durch den stetigen Wandel der ökonomischen Anforderungen in der modernen kapitalistischen Gesellschaft werden die Individuen gezwungen, sich möglichst schnell auf Veränderungen einzustellen, sich ihnen anzupassen und lebensverlaufsrelevante Entscheidungen im Hinblick auf Berufswahl, Wohnort oder auch Familiengründung daran auszurichten (Sennett 1998). Normal werden der Job, der Lebensort und der Partner auf Zeit.

Hinter diesem Flexibilisierungstrend verbirgt sich jedoch keineswegs eine kontinuierlich fortschreitende oder gar unaufhaltsame Entwicklung. Vielmehr lassen die Folgen des demografischen Wandels in Deutschland erneut einen Umbruch erwarten. Sowohl die seit drei Jahrzehnten auf niedrigem Niveau stagnierende Geburtenrate als auch die steigende durchschnittliche Lebenserwartung der Bevölkerung führen dazu, dass in den kommenden Jahren der Anteil älterer Menschen immer größer werden wird (Geißler 2006: 41 ff.; vgl. Kapitel 3: Bevölkerung). Diese *Alterung und Schrumpfung der Gesellschaft* könnte dazu führen, dass bis 2040 das Arbeitskräfteangebot in Deutschland um etwa ein Viertel zurückgeht. Eine »Verrentungswelle« der geburtenstarken Jahrgänge aus den 1960er-Jahren steht bevor, die einen hohen Bedarf an Nachwuchskräften nach sich ziehen wird. Der Mangel an jungen Fachkräften und das steigende Durchschnittsalter der arbeitenden Bevölkerung werden Wirtschaft und Gesellschaft vor neue Herausforderungen stellen. Insbesondere Unternehmen werden durch die verschärfte Konkurrenz um qualifizierte Arbeitskräfte unter Druck geraten, sich auf den demografischen Wandel einzustellen, indem sie beispielsweise bessere Rahmenbedingungen zur Vereinbarkeit von Familie und Beruf schaffen und diese auch langfristig erhalten (Fuchs 2002). Das könnte den Weg ebnen hin zu einer besseren »work-life-balance« für die Menschen bei einer gleichzeitigen Abkehr von überzogenen Flexibilisierungsanforderungen.

6 Säkularisierung und die Rückkehr der Religion?

In vormodernen Gesellschaften spielte die Religion stets eine zentrale Rolle: Zum einen ist sie neben der weltlich-politischen Macht die größte geistige Autorität der Gesellschaft. Über weite Strecken herrschten weltliche Regierung (der Adel durch das »Schwert«) und spirituelle Regierung (die Kirche durch das »Zepter«) vereint über die Gesellschaft. Zum anderen markiert die Religion *die* Lebensführungsmacht schlechthin. Denn sie ist es, die den Menschen vorschreibt, wie sie zu leben haben oder doch zumindest leben sollten, wenn sie sich die Aussicht auf das Paradies im Jenseits erhalten wollen. Sie diktiert die Werte, sie bestimmt die kirchliche Milieubindung, und sie schreibt den richtigen Lebenswandel vor. So riet Martin Luther den Protestanten zu einem Lebensstil des »Ora et labora«, des »Bete und arbeite«, und mithin zur Einheit von beruflicher Pflichterfüllung und religiöser Lebensführung.

Diese Einheit zerbröckelt mit dem Anbruch der Moderne. Die Religionen, allen voran Protestantismus, Katholizismus und Judentum, stehen mit der Moderne regelrecht auf Kriegsfuß. Zwar war zumindest der Protestantismus mit seiner Propagierung des *religiösen Individualismus* ein Stück weit modern – man denke nur an Luthers bahnbrechende Tat der Bibelübersetzung aus dem Lateinischen ins Deutsche und den Aufruf, durch Bibellektüre seinen eigenen Weg zu Gott zu finden. Doch seither scheinen Säkularisierung und Entzauberung der Welt (Max Weber) unaufhaltsam voranzuschreiten. In diesem Prozess wird die Religion als umfassende Lebensführungsmacht abgelöst von anderen Systemen wie der Wirtschaft (Kapitalismus), der Politik (Demokratie), der Wissenschaft (Wissen statt Glauben), einer säkularen Bildung und Erziehung, ja Kultur überhaupt (Individualismus, der nicht religiös, sondern weltlich begründet ist). Wozu braucht man noch Religion, wenn die wichtigsten Lebensziele nicht mehr im religiösen Heil, sondern im weltlichen Erfolg und diesseitigen Reichtum gesucht und gefunden werden? Das Jenseits, einstmals als Paradies im Glauben herbeigesehnt, ist verblasst angesichts der vielfältigen »irdischen Paradiese«, die im Diesseits locken.

Betrachtet man vor diesem Hintergrund die Entwicklung der Religionen und Kirchen in Deutschland nach dem Zweiten Weltkrieg, so findet sich eine vergleichbare Entwicklung wie beim Werte- und Milieuwandel. Nach dem Krieg waren in West- und Ostdeutschland 80 % der Bevölkerung in den beiden großen christlichen Kirchen religiös gebunden. Dieses einheitliche Bild zwischen West und Ost änderte sich in der Folgezeit radikal durch die staatlich verordnete Säkularisierung von oben in der DDR, die nach Überwindung harter Widerstände sehr erfolgreich und nachhaltig war. Heute gehören den beiden großen Kirchen rund 65 % der Gesamtbevölkerung an; in den neuen Bundesländern sind es nur noch 28 % der Bevölkerung. Aber auch in den alten Bundesländern zeichnet sich in jüngerer Zeit eine wachsende Entkirchlichung, Pluralisierung sowie Individualisierung und Privatisierung religiöser und spiritueller Glaubensüberzeugungen ab.

Die *Entkirchlichung*, also die Distanzierung der Menschen von den religiösen Lehren und Riten der Anstaltskirchen, kommt im Rückgang des Glaubens an Gott und an ein Leben nach dem Tode zum Ausdruck.

Die Abnahme der Kirchenbindung zeigt sich zudem am rückläufigen Kirchenbesuch. Dieser Prozess setzte in den 1960er- und 1970er-Jahren ein und hat sich in den 1990er-Jahren fortgesetzt. Dennoch halten viele Menschen an ausgewählten religiösen Dienstleistungen bei Geburt, Heirat oder Tod fest und besuchen einmal im Jahr zu Weihnachten eine Christmesse, auch wenn sie keine Kirchensteuern mehr entrichten.

Die *Pluralisierung* der Religionen kommt im Wachstum nichtchristlicher Religionsgemeinschaften (wie des Buddhismus und Hinduismus) ebenso zum Ausdruck wie in der Zunahme außerkirchlicher Formen der Religiosität (wie neureligiöse Gemeinschaften) und Spiritualität (New Age und andere esoterische Bewegungen). Inzwischen ist auch der Islam in Europa und Deutschland zu einer großen Religionsgemeinschaft und ernsthaften Herausforderung für die westlichen Werte und Lebensstile geworden. In Deutschland stellt der Islam mit 3,2 Millionen Gläubigen die drittgrößte Religionsgemeinschaft dar.

Unter *religiöser Individualisierung* werden ganz unterschiedliche und zum Teil in sich heterogene Prozesse neuer Religiosität verstanden. Zum einen zeichnet sich als neuartiges Phänomen ein »Glauben ohne Zugehörigkeit« ab. Man glaubt an Transzendentales, ohne einer der großen Kirchen anzugehören. Zum anderen spiegelt dieser Prozess eine Ausweitung des Religiösen wider, die auch die Schaffung einer »Bastel-Religiosität« aus dem gesamten Arsenal spiritueller Angebote umfasst: sei es die Sakralisierung der eigenen Person als Extremform religiöser Subjektivität, sei es die Wiederkehr des Okkulten oder auch die Sakralisierung von Liebes- und Transzendenzerfahrungen mit oder ohne Drogeneinsatz. Je nach Alter, Bildung und Milieuzugehörigkeit scheint sich eine facettenreiche »religiöse und spirituelle Erlebnisgesellschaft« herauszubilden.

Ob und inwieweit diese Prozesse im 21. Jahrhundert zu einer »Rückkehr des Religiösen« (Pollack 2009) führen werden, muss an dieser Stelle offen bleiben. Eingedenk des Weberschen Mottos, dass wirtschaftlich gute Zeiten schlechte Zeiten für die Religion sind und umgekehrt, könnten Knappheit, Flexibilität und Unsicherheit neue Religiositätschancen für die etablierten Kirchen eröffnen, wenn es ihnen gelingt, glaubhafte und erlebnisgerechte Angebote gerade für die jüngeren Generationen zu schaffen, die eine sinnhafte tolerant-freiheitliche Alternative zu einem autoritär-paternalistischen Islamismus einerseits sowie zu global operierenden Sektenbewegungen wie z.B. Scientology andererseits bereitstellen. Wahrscheinlicher dürfte aber die weitere Ausbreitung und Ausdifferenzierung von populärkulturellen Formen der Religiosität und Spiritualität (Knoblauch 2009) sowie neuer Formen konfessionsfreier Sinnstiftungsagenturen sein.

7 Ausblick

Die 1960er- und 1970er-Jahre haben in Deutschland, nicht zuletzt durch die Studentenbewegung von »1968«, einen deutlich sicht- und erkennbaren Werte-, Milieu- und Lebensstilwandel eingeläutet. Das demonstriert der Wandel von materialistischen zu postmaterialistischen Werten, die Individualisierung und die Pluralisierung von Milieus und Lebensstilen. Er führte zur Diagnose einer *»Erlebnisgesellschaft«**, in der »objektive« Großgruppen, deren Mitglieder sich und andere mit Blick auf ihre »äußeren« Lebensbedingungen definieren, mehr und mehr Erlebnismilieus weichen, in denen individualisierte Menschen ihre subjektiven Lebensziele zu erreichen und ihre »inneren« Erlebnisse zu optimieren suchen (Schulze 2005).

Auch wenn »1989« euphorisch das »Ende der Geschichte« (Francis Fukuyama) ausgerufen wurde, weil nach dem Zusammenbruch des Ostblocks das westliche Modell mit seinen liberalen Werten, seiner Demokratie und seinem Individualismus auf ganzer Linie einen welthistorischen Sieg errungen zu haben schien, sehen die empirischen Erfahrungen der von der »Zeitenwende« betroffenen Menschen etwas anders aus. Im Gefolge von Globalisierung, Europäisierung und der deutschen Wiedervereinigung haben sich neue Problemlagen, Situationsdefinitionen und ein neuer Erwartungshorizont aufgetan. Schon in den 1990er-Jahren, spätestens aber in den ersten Jahren des 21. Jahrhunderts sind Probleme der Knappheit, der Unsicherheit und der Flexibilisierung wieder auf die Tagesordnung getreten. Der Vormarsch des Postmaterialismus ist zum Stillstand gekommen. Das bringt dieses Wertmuster nicht einfach zum Verschwinden, aber der Mischtypus von Materialismus und Postmaterialismus überwiegt eindeutig. Gerade die jüngere Generation erfährt am eigenen Leibe die Stagnation der Realeinkommen, den schwierigen Übergang ins Berufsleben, durchsetzt mit unbezahlten Praktika und befristeten Arbeitsverhältnissen, die Probleme bei der Familiengründung und den wohlfahrtsstaatlichen Rückbau der sozialen Sicherheit. Einerseits gehalten, für eine wachsende Rentnergeneration solidarisch einzustehen, andererseits für die eigenen Kinder und das eigene Alter schon heute vorzusorgen, weil die Rentensätze im Zuge der demografischen Alterung dynamisch nach unten angepasst werden, lässt sich die Kombination von materialistischen und postmaterialistischen Werten als rationale Antwort des »flexiblen Menschen« (Sennett 2006) auf diese neuen Herausforderungen verstehen. Die Sorge für das eigene Wohlergehen, vor allem auch im Alter, *und* die Sorge um die Umwelt – von der drohenden Zerstörung der Natur bis zum Klimawandel – gehen in der jüngeren Generation eine neue Synthese ein. Die herrschenden Wertvorstellungen und Standards aus den goldenen Zeiten der alten Bundesrepublik werden sozial und ökonomisch ausgehebelt und kulturell als Ideal nostalgisch verklärt: Das »Normalarbeitsverhältnis«, also eine Festanstellung auf Lebenszeit mit gutem (Familien-)Einkommen und wohlstandserhaltender sozialer Absicherung, wird für die Mehrheit der jüngeren Generation trotz besserer Ausbildung und Qualifikation zum unerreichbaren Traum; der »Standardlebenslauf« mit einem institutionalisierten Sequenzmuster von Lebensstationen wird einerseits moralisch zur Norm erhoben, andererseits aber aufgrund fehlender institutioneller Passungen immer mehr zur empirischen Ausnahmeerscheinung. Während die Individuen ihre Lebensläufe im Sinne von »curricula vitae« optimieren, vermag die Berufswelt keine adäquaten Arbeitsplätze für die nachwachsende Generation bereitzustellen. Längst ist die Personalpolitik in Wirtschaft und Staat vom Sparfieber angesteckt worden. Erst wenn die demografische Alterung nachhaltig zu wirken beginnt, wird der »Markt« wieder fairer entlohnen müssen. Auch die Vorstellungen einer »Normalbiografie« werden unter diesen Voraussetzungen mehr und mehr zur Illusion. Tempo und Taktung von Ausbildung, Berufseinstieg, Eheschließung und Familiengründung, vom Immobilienerwerb ganz abgesehen, werden immer kontingenter, ungewisser und unsicherer.

Gleichzeitig wächst die soziale Ungleichheit, und die ökonomische Polarisierung der Gesellschaft nimmt zu. Die in den letzten Jahren noch einmal deutlich gestiegene Konzentration des Reichtums und der Vermögen an der Spitze der Gesellschaft und die wachsende Armut am unteren Ende lassen auch die Milieus der Mittelschicht nicht unberührt. Die Mittelschicht, Stabilisator für Sozialstruktur und Kultur einer Gesellschaft, schrumpft (siehe Kapitel 7). Das dürfte auf längere Sicht auch Rückwirkungen auf Werte, Milieus und Lebensstile haben. Kurz und prägnant lässt sich das am Bedeutungswandel des Begriffs *Reform* ablesen. In den 1960er- und 1970er-Jahren bedeutete er stets ein »Mehr« und ein »Besser«: mehr Wohlstand und höhere Lebensqualität bei gestiegener sozialer Sicherheit. Heute wird das Wort in der Bevölkerung mit Vorstellungen eines »Weniger« und »Schlechter« assoziiert: weniger Wohlstand, geringere Lebensqualität und mehr Prekarität bei gestiegenen Anforderungen an die Eigenvorsorge. Der überwiegende Teil der deutschen Bevölkerung würde wohl dem Titel eines jungen deutschen Films zustimmen: »Die fetten Jahre sind vorbei«. Längst sind wir wieder aus dem Zeitalter der von Soziologen sogenannten »Reichtumsungleichheit« (Berger/Hradil 1990: 16) zurückgekehrt in die Ära der Knappheitsungleichheit, wie die beobachtbaren Trends zur Prekarisierung und Flexibilisierung der Beschäftigungs- und Lebensverhältnisse andeuten. In dem Maße, wie sich die Gesellschaft polarisiert in die Minorität der Gewinner und die Majorität der Verlierer, könnten auch kollektive Sinnangebote in der individualisierten Gesellschaft wieder an Einfluss gewinnen, die auf eine politische Umkehrung dieser Tendenz hinwirken, um den Weg zu einer demokratischen, sozial gerechten und ökologisch nachhaltigen Informations-, Wissens- und Tätigkeitsgesellschaft einzuschlagen.

Weiterführende Literatur

Berger, Peter A; Hitzler, Ronald (Hrsg.) (2010): *Individualisierungen. Ein Vierteljahrhundert »Jenseits von Stand und Klasse«?* 1. Aufl. Wiesbaden: VS Verl. für Sozialwissenschaften.

Facettenreiche Diskussion der Beck'schen Individualisierungsthese.

Bertelsmann Stiftung (Hrsg.) (2008): *Religionsmonitor 2008*, 2. Aufl., Gütersloh: Bertelsmann.

Aktueller Überblick über die religiöse Lage in Deutschland und der Welt.

Dangschat, Jens/Blasius, Jörg (Hrsg.) (1994): *Lebensstile in den Städten. Konzepte und Methoden.* Opladen: Leske + Budrich.

Gelungener Überblick über den Forschungsstand zur Lebensstilforschung in den 1980er-Jahren.

Neugebauer, Gero (2007): *Politische Milieus in Deutschland. Die Studie der Friedrich-Ebert-Stiftung.* Bonn: Dietz.

Interessante Anwendung des Milieu-Konzeptes auf die politische Landschaft in Deutschland.

Solga, Heike/Powell, Justin/Berger, Peter A. (Hrsg.) (2009): *Soziale Ungleichheit. Klassische Texte zur Sozialstrukturanalyse.* Frankfurt a. M./New York: Campus.

Gelungener Sammelband mit den einschlägigen Texten zur Analyse von Sozialstruktur, Milieus und Lebensstilen.

Vögele, Wolfgang/Bremer, Wolfgang/Vester, Michael (Hrsg.) (2002): *Soziale Milieus und Kirche.* Würzburg: Ergon.

Umfassender Versuch, das Verhältnis von Milieu und Kirche zu charakterisieren.

Kapitel 9

Innere Sicherheit und soziale Kontrolle
Wie viel Freiheit ist möglich?

Hans-Jörg Albrecht

Die ergänzenden Materialien zu diesem Kapitel finden sich auf der Website:
www.bpb.de/sozialkunde/inneresicherheit

1 Definitionen und Konzepte

Der Begriff der Inneren Sicherheit tauchte in Deutschland in den 1960er-Jahren in kriminalpolitischen Auseinandersetzungen um die Beschreibung von Gefahren auf, die in den damaligen Protestbewegungen und dann vor allem im deutschen Terrorismus der 1970er- und 1980er-Jahre gesehen wurden. Im Vordergrund steht die Warnung vor Bedrohungen des staatlichen Gewaltmonopols und der verfassungsmäßigen Grundlagen. Insoweit unterscheidet sich der Begriff der Inneren Sicherheit von dem juristischen Begriff der Öffentlichen Sicherheit (und Ordnung). Die Öffentliche Sicherheit ist als Begriff des Polizeirechts umfassend auf Schutz und Verletzungen der allgemeinen Rechtsordnung, der subjektiven Rechte der Bürger sowie staatlicher Institutionen ausgerichtet und definiert die sachlichen Zuständigkeiten der Polizei. Ab den 1980er-Jahren wird die Innere Sicherheit zunehmend im Zusammenhang mit Gewaltkriminalität, dem Auftreten von organisierter und transnationaler Kriminalität, Drogenhandel, Korruption, Cyber- und Computerkriminalität und dem internationalen Terrorismus thematisiert und damit auf die Sicherheit der Bürger vor kriminellen Übergriffen anderer beschränkt.

Die für die Sicherheit zuständigen staatlichen Institutionen

Innere Sicherheit ist eng verknüpft mit dem staatlichen Gewaltmonopol, das die Ausübung legitimer Gewalt den staatlichen Institutionen des Militärs, der Polizei sowie der Strafjustiz und Einrichtungen der Strafvollstreckung und des Strafvollzugs anvertraut und private Gewalt (mit den wenigen Ausnahmen der Notwehr und des Notstands) in die Illegalität verdrängt. Die Innere Sicherheit ist den Polizeibehörden und den für diese zuständigen Innenministerien zugewiesen; für die Äußere Sicherheit sind das Verteidigungsministerium und die Bundeswehr zuständig. Entsprechende Differenzierungen finden sich in der Organisation der Geheimdienste, denen die Aufgabe zugewiesen ist, Gefahren für den Bestand der verfassungsgemäßen Ordnung und Sicherheit aufzuklären, wobei diesen Behörden aber exekutive Befugnisse nicht zustehen. Die Geheimdienste* zerfallen in Deutschland in die für die Innenaufklärung zuständigen Verfassungsschutzbehörden* sowie den die Auslandsaufklärung betreibenden Bundesnachrichtendienst*. Das staatliche Gewaltmonopol gilt seit Thomas Hobbes (1588–1679) als Garant für den Frieden im Inneren und den Schutz der Menschen und ihrer Güter vor Angriffen anderer Menschen (»Der Mensch ist des Menschen Wolf«). Das Gewaltmonopol und eine unangefochtene, legitime und akzeptierte Zentralgewalt schließen auch die Selbsthilfe und die gewalttätige Vergeltung aus. Der Staat hat mit der Monopolisierung der (legitimen) Gewalt die Verpflichtung übernommen, für die effektive Sicherheit der Bürger im Inneren des Landes zu sorgen und die Durchsetzung von Recht zu gewährleisten. Es ist Teil der allgemeinen Aufgabe des Staats, solche Rahmenbedingungen zu schaffen, aufrecht zu erhalten und zu verbessern, die für die Bürger physische, soziale und wirtschaftliche Sicherheit, Lebensqualität, Voraussehbarkeit und Planung ermöglichen.

Innere Sicherheit – ein politischer Begriff

Der Begriff der Inneren Sicherheit dient der Warnung vor Gefahren und als Appell, den Schutz der Bevölkerung vor schwerer Kriminalität zu stärken. Er wird in den letzten Jahrzehnten zunehmend zur Mobilisierung in Wahlkampagnen eingesetzt, in denen politische Parteien mit ihrer Kompetenz für Innere Sicherheit in der Bevölkerung werben. Darüber hinaus werden Zusammenhänge zwischen Innerer und Äußerer Sicherheit mit der Annahme hergestellt, dass die Innere Sicherheit Deutschlands von der Sicherheit in anderen Weltregionen abhängig ist. So rechtfertigte der damalige Bundesverteidigungsminister Struck am 4. Dezember 2002 den Einsatz der Bundeswehr in Afghanistan mit der Aussage, dass die »Sicherheit Deutschlands auch am Hindukusch verteidigt« werde .

Die zunehmende Bedeutung europäischer Sicherheitspolitik

Besondere Bedeutung bekommt die Verschmelzung von Innerer und Äußerer Sicherheit im Übrigen in der Europäischen Union. Denn der gemeinsame *Raum der Freiheit, der Sicherheit und des Rechts*, der in Tampere/

Finnland durch den Europäischen Rat* (1999) beschlossen worden ist, wird flankiert von Maßnahmen zur Bekämpfung der Kriminalität im Inneren und von Maßnahmen zur Abwehr von Gefahren von Außen. Bereits in der Europäischen Sicherheitsstrategie 2003 werden globale Herausforderungen für die Innere Sicherheit Europas betont und auf die Notwendigkeit von übergreifenden Strategien im Umgang mit internationalem Terrorismus, der Verbreitung von Massenvernichtungswaffen, zerfallenden und zerfallenen Staaten, die als Rückzugsgebiete terroristischer oder krimineller Gruppen gelten (zum Beispiel Somalia, Afghanistan, Haïti), sowie organisierter Kriminalität hingewiesen. Dies hat auch zur Folge, dass die konventionelle institutionelle und sachliche Bündelung der Zuständigkeit für Innere Sicherheit in der Polizei und in den Innenministerien schwächer wird. Wenn die Innere Sicherheit maßgeblich durch die Stabilisierung rechtsstaatlicher und demokratischer Strukturen sowie die Achtung der Menschenrechte in anderen Ländern gestärkt werden kann (2. Periodischer Sicherheitsbericht 2006: S. 17), dann wird die Innere Sicherheit zu einer Querschnittsmaterie, zu der neben dem Innenministerium auch das Außenministerium, die Ministerien für wirtschaftliche Zusammenarbeit und Verteidigung und das Justizministerium beitragen.

Innere Sicherheit und der Schutz vor staatlichen Übergriffen

Das mit dem staatlichen Gewaltmonopol einhergehende strikte Verbot der Anwendung und Androhung von privater Gewalt verweist auf die Ausbildung von politischer Herrschaft, deren Legitimation sich heute auf die im Grundgesetz für die Bundesrepublik Deutschland enthaltenen Prinzipien der Demokratie, der Gewaltenteilung* sowie des Rechts- und des Sozialstaats gründet. Damit ist die Kehrseite der Inneren Sicherheit als Schutz vor Übergriffen anderer Menschen angesprochen, nämlich die Sicherheit der Bürger vor Eingriffen eines übermächtigen Staates. Das Rechtsstaatsprinzip* beschränkt staatliche Eingriffe in die Rechte der Bürger grundsätzlich auf das, was gesetzlich erlaubt ist und sich im Rahmen der Verhältnismäßigkeit hält. Nur solche Eingriffe in Grundrechte sind zulässig, die zur Erreichung eines legitimen Ziels (wozu die Innere Sicherheit gehört) unbedingt erforderlich und ferner zur Erreichung des Ziels grundsätzlich auch geeignet sind, und sich nach einer konkreten Abwägung des Gewichts des Eingriffs in Bürgerrechte mit der Bedeutung des verfolgten Ziels als verhältnismäßig erweisen. Die Funktion des Schutzes der Rechte der Bürger ist der unabhängigen Justiz übertragen. Gegen jeden Rechtseingriff ist der Weg vor ein Gericht eröffnet. Im Übrigen dürfen besonders einschneidende Maßnahmen wie beispielsweise Freiheitsentzug in Form von Untersuchungshaft oder Freiheitsstrafe oder andere Sanktionen, Hausdurchsuchungen etc. nur durch ein Gericht angeordnet werden. Aus dem Sozialstaatsprinzip* folgt schließlich die Verpflichtung des Staates, sich im Vollzug strafrechtlicher Sanktionen an der Resozialisierung und Wiedereingliederung eines Straftäters zu orientieren.

Die Herstellung von Sicherheit durch soziale Kontrolle

- Steht die Innere Sicherheit primär für einen Zustand und gleichzeitig für den Anspruch, die Bürger vor Gewalt und anderen Formen der Kriminalität wirksam zu schützen, so verweist der Begriff der Sozialen Kontrolle* auf den Prozess der Herstellung von Sicherheit. Der Begriff der Sozialen Kontrolle geht zurück auf den amerikanischen Soziologen Edward Ross (1866–1951) und meint
- die Lenkung des einzelnen Menschen durch die Gesellschaft, insbesondere die Sicherstellung der Befolgung von sozialen und rechtlichen Normen. Diese Lenkung geschieht durch innere Kontrollen, durch die Übernahme und Verinnerlichung zentraler gesellschaftlicher Normen im Verlaufe der Sozialisation und Erziehung, und durch äußere Kontrollen, die abweichendes oder kriminelles Verhalten durch die Androhung, Verhängung und Vollstreckung von Sanktionen unterbinden sollen.
- Selbstkontrolle verweist auf einen Prozess der Übernahme und der Verinnerlichung von zentralen gesellschaftlichen Normen durch den einzelnen Menschen. Die erfolgreiche Übernahme grundlegender Normen sowie eine hieraus resultierende effiziente Selbstkontrolle gelten als wesentliche Voraussetzung dafür, dass Menschen soziale und rechtliche Normen befolgen und sich den in Normen enthaltenen gesellschaftlichen Erwartungen schon deshalb (und ohne äußeren Zwang) beugen, weil sie die Erwartungen als legitim und überzeugend akzeptiert haben.

Prävention als Mittel der sozialen Kontrolle

- Den Kern der äußeren sozialen Kontrolle bilden Polizei, Staatsanwaltschaften, Strafgerichte und Gefängnisse, also Einrichtungen, die für die Verfolgung, Aburteilung, Sanktionierung und die Strafvollstreckung im Falle krimineller Handlungen zuständig sind (Kaiser 1972). Diese Einrichtungen werden auch als Instanzen formeller sozialer Kontrolle (strafrechtliche Sozialkontrolle) bezeichnet. Ihr Ziel besteht nicht nur in einer gerechten Bestrafung krimineller Handlungen, also in einer repressiven Orientierung, sondern auch in der Prävention* von Straftaten und damit im Schutz wichtiger individueller Rechtsgüter wie

Leben, Gesundheit und Eigentum sowie kollektiver Interessen wie die natürliche Umwelt, die Sicherheit des Straßenverkehrs oder die verfassungsmäßige Ordnung. Dabei verweist die so genannte *Individualprävention** auf das Ziel, mit der Strafe den Straftäter abzuschrecken und durch Maßnahmen der Resozialisierung das Risiko eines Rückfalls zu reduzieren. Dem Zweck der Individualprävention dient auch die Sicherung durch Verwahrung in Gefängnissen oder geschlossenen psychiatrischen Einrichtungen. Die *Generalprävention** bezweckt die Abschreckung potenzieller Straftäter ebenso wie die Bestärkung der Geltung von strafrechtlichen Normen.

Die Institutionen informeller Sozialer Kontrolle

- Zur äußeren Sozialen Kontrolle werden darüber hinaus auch die Familie und die Nachbarschaft, Kindergarten, Schule und Arbeitgeber oder Kirche und die Kommune gerechnet. Diese Institutionen informeller Sozialkontrolle tragen einmal zur Entwicklung der Befähigung zur Selbstkontrolle bei, üben Aufsicht aus und reagieren im Übrigen durch formelle nicht-strafrechtliche Sanktionen (beispielsweise Disziplinarstrafen in der Schule oder das erhöhte Beförderungsentgelt in öffentlichen Verkehrsmitteln) und informelle Bestrafung (z. B. von Kindern durch die Eltern) auf normabweichendes Verhalten, Kriminalität oder allgemeine Störungen der Ordnung. Neben den Formen innerer und äußerer sozialer Kontrolle können somit formelle und informelle Sozialkontrolle unterschieden werden. Im Begriff der Sozialen Kontrolle ist demnach auch Zwang mitgedacht, ein kritisches Element, das zur Deckung kommt mit dem in der Inneren Sicherheit enthaltenen Hinweis auf den Schutz der Bürger vor staatlichen Über- und Eingriffen in Freiheitsrechte.

Sicherheit – eine komplexe gesellschaftliche Leitidee

Sicherheit verweist in modernen Gesellschaften auf Risiken bzw. Gefahren und Vertrauen. Zunächst aber bezieht sich die Sicherheit auf ein existenzielles menschliches Bedürfnis und bringt eine komplexe gesellschaftliche Leitidee zum Ausdruck (vgl. Kaufmann 1973). Im Begriff der Sicherheit ist das Konzept des Risikos bzw. der Gefahr enthalten. Wird die Innere Sicherheit thematisiert, so geschieht dies regelmäßig als Hinweis auf eine Gefahr (beispielsweise von terroristischen Anschlägen, von zunehmender Gewalt oder der Einfuhr von illegalen Drogen). Sicherheit ist deshalb nicht gleichbedeutend mit dem vollständigen Ausbleiben von Schädigungen. Denn von Sicherheit ist ja vor allem dort die Rede, wo – wie beispielsweise im Straßenverkehr – ganz deutlich wird, dass Tod, Verletzung und erhebliche Sachschäden alltägliche Begleiterscheinungen riskanter Technologien und risikoreicher Betätigungen darstellen. Sicherheit und Sicherheitsgefühle stellen sich allerdings auch angesichts von Risiken und Gefahren ein, wenn darauf vertraut wird und darauf vertraut werden kann, dass sich die Risiken wegen ihrer grundsätzlichen Beherrschbarkeit individuell nicht realisieren werden oder dass die Folgen der Realisierung von Risiken, also der Eintritt von Schäden, durch die staatlich verfasste Gesellschaft oder den einzelnen Menschen angemessen bewältigt werden können (z. B. durch Katastrophenschutz, effiziente medizinische Behandlung, persönliche Versicherungen von Schadensrisiken und andere individuelle Vorsorge).

Sicherheitsbedürfnis und akzeptierte Sicherheitsrisiken

Sicherheit lässt sich nicht allein empirisch und als objektive Größe beschreiben. Denn Grundlage der Sicherheit sind normative Strukturen und ferner Institutionen, die verbindlich anzeigen, welche Risiken in einer Gesellschaft grundsätzlich akzeptabel sind und welche Maßnahmen gegen aus riskanten Betätigungen resultierende Gefahren erwartet werden dürfen, wie Sicherheit geschaffen und wie die Realisierung von Risiken bewältigt werden. Vor allem wegen der deutlichen normativen Elemente wird zuweilen der Sicherheit als Funktionsbegriff deshalb Relevanz abgesprochen, weil es wegen der damit verbundenen Wertungen eine intersubjektiv nachvollziehbare und verbindliche Maßeinheit für Sicherheit nicht geben könne. Eine abstrakte Festlegung der Sicherheit scheitert nach dieser Auffassung an der Abhängigkeit der Risikowahrnehmung und der Risikobereitschaft von persönlichen Faktoren und ihrer Abhängigkeit von gesellschaftlichen Aushandlungsprozessen (in denen über den Zugang zu Schusswaffen oder die Zulassungsbedingungen riskanter Technologien etc. entschieden wird). Sicher ist jedenfalls, dass dieselben Daten (zum Beispiel zur Kriminalitätsbelastung) ganz unterschiedliche Interpretationsmöglichkeiten im Hinblick auf den Zustand Innerer Sicherheit zulassen.

Kriminalität – ein unvermeidliches gesellschaftliches Phänomen

Der französische Soziologe Emile Durkheim (1858–1917) hat bereits vor langer Zeit darauf hingewiesen, dass Kriminalität »normal« sei und dass neue Kriminalität erfunden werden müsste, sollte es jemals gelingen, die heute vorherrschenden Formen der Kriminalität zu eliminieren (in Sack/König 1979: S. 3–8). Damit meinte Durkheim, dass Abweichung und Verbrechen eine funktionale und notwendige Begleiterscheinung von Gesellschaften sind, die durch (soziale und rechtliche) Normen zusammengehalten werden. Denn Abweichung und Verbrechen machen Normen und zentrale Werte einer Gesellschaft erst sichtbar und dienen somit der beständigen Vergewisserung und der Möglichkeit des Erlernens bedeutender Werte als Voraussetzung von sozialem Zusammenhalt und von sozialer Solidarität, ohne die eine Gesellschaft nicht bestehen könnte. Insoweit trägt die Kriminalität selbst zu einer funktionierenden sozialen Kontrolle bei. Erst bei dem Unter- oder Überschreiten eines »normalen« Maßes von Kriminalität werden gesellschaftliche Krisenzustände und der Zerfall von Normen angezeigt.

Aus der Perspektive Innerer Sicherheit kann jedoch bei jedem Ausmaß von Kriminalität gehört werden, dass ein solches Ausmaß zu viel sei. Daraus könnte dann auch gefolgert werden, dass es vom Standpunkt der Sicherheit aus gesehen wohl nur und immer zu viel Kriminalität geben kann. Eine solche Auffassung widerspricht aber den Grundlagen der sozialen Integration, enthält den problematischen Gedanken, dass Gefahren und Kriminalität prinzipiell eliminiert werden könnten, damit den Treibstoff der Radikalisierung, und wird ihren Grund wohl darin haben, dass die Nachfrage nach Sicherheit grundsätzlich unerschöpflich ist und deshalb nie vollständig befriedigt werden kann (Hassemer 2006).

Die Betonung der Inneren Sicherheit verändert auch die Sicht auf das Strafrecht und auf strafrechtliche Sanktionen. Sie waren noch in den 1960er- und 1970er-Jahren stark auf den Straftäter, die gerechte Strafe und auf die Resozialisierung ausgerichtet. Die Betonung der Sicherheit rückte dann in den folgenden Jahren auch das Opfer bzw. die potenziellen Opfer von Straftaten sowie den Opferschutz in das Zentrum.

Die Ängste der Deutschen

Im Kern geht es somit bei der Inneren Sicherheit um Sicherheits- und Unsicherheitsgefühle, um Erwartungen an Sicherheit und die Akzeptanz von Risiken in der Bevölkerung. Bevölkerungsbefragungen zeigen, dass sich die Ausrichtung von Unsicherheitsgefühlen verändern kann und dass Sorgen zur Inneren Sicherheit im Sinne von Bedrohung durch Kriminalität und Gewalt keineswegs immer die Unsicherheitsgefühle dominiert. Die Analyse von Einstellungsdaten, die seit 20 Jahren in jährlichen repräsentativen Befragungen erhoben werden, lässt Aussagen zu den »7 größten Ängsten« der Deutschen für den Zeitraum 1991–2010 zu.

Die Entwicklung der Ängste und ihrer Zusammensetzung verweist auf eine mittlere Einstufung der Kriminalitätsangst in der ersten Hälfte der 1990er-Jahre. Kriminalitätsangst taucht ab 1995 nicht mehr unter den 7 größten Ängsten auf. Angst vor terroristischen Anschlägen wird nur punktuell und dann mit mittlerem Gewicht (2003, 2004, 2007) genannt. Dasselbe gilt für Ängste, die mit Immigration zusammenhängen. Demgegenüber dominiert die Angst vor steigenden Kosten der Lebenshaltung über den gesamten Zeitraum. Besonderes Gewicht bekommt die wirtschaftliche Sicherheit aber, erwartungsgemäß, im neuen Jahrtausend. Die Daten zur »Angst in Deutschland« sprechen demnach dafür, dass Sicherheitsgefühle nicht primär durch der Inneren Sicherheit zugeordnete Risiken bestimmt werden. Im Vordergrund steht vielmehr eine allgemeine, soziale und wirtschaftliche Sicherheit (Krauß 2008).

2 Innere Sicherheit in Deutschland

Die Polizeiliche Kriminalstatistik

- Feststellungen zur Inneren Sicherheit in Deutschland basieren in der Regel auf der Polizeilichen Kriminalstatistik*, in der die der Polizei bekannt gewordenen Straftaten registriert werden. Ferner werden von der Polizei Lageberichte veröffentlicht, die sich mit besonderen Erscheinungsformen der Kriminalität befassen (Rauschgift, Terrorismus, organisierte Kriminalität, Korruption oder Menschenhandel, www.bka.de/Berichte und Statistiken, Kriminalitätslage). Der so genannte Periodische Sicherheitsbericht* fasst alle vorliegenden Erkenntnisse zu Entwicklungen der Kriminalität zusammen. Die Möglichkeiten einer europäisch oder international vergleichenden Analyse der polizeilich erfassten Kriminalität (vgl. u.a. Eurostat 2009) und damit die Betrachtung der für Deutschland beobachteten Kriminalität im Vergleich zu anderen Ländern sind beschränkt, weil die Unterschiede in den Erfassungssystemen und Deliktsdefinitionen noch zu groß sind.
- Die Entwicklung der polizeilich registrierten Kriminalität zeigt für Deutschland, wie im Übrigen für andere europäische Länder, einen starken Anstieg seit den 1950er-Jahren bis zum Ende des 20. Jahrhunderts.

Das Bild spiegelt die Entwicklung Deutschlands zwischen 1950 und 2009 in eine Gesellschaft mit hoher Kriminalitätsbelastung, die weitgehend durch Eigentums- und Vermögensstraftaten gekennzeichnet ist. Gewaltkriminalität nimmt einen lediglich kleinen Anteil ein (2009: 3,4% aller polizeilich registrierten Straftaten). Diese Entwicklung lässt sich in allen westlichen Industriestaaten in diesem Zeitraum beobachten.

Die Mängel der Statistik

Die Erfassung von Sicherheit über die Polizeiliche Kriminalstatistik ist allerdings mit verschiedenen Problemen verbunden. Zunächst gehen in die Statistik nur die durch Opfer oder Zeugen angezeigten Straftaten sowie die durch die Polizei selbst ermittelten Delikte ein. Bekannt ist aber, dass nicht alle Opfer von Straftaten Anzeige erstatten und dass die Ermittlungstätigkeit der Polizei durch personelle und sachliche Ressourcen Beschränkungen erfährt. Kriminalität verbleibt zum großen Teil im Dunkelfeld*, teilweise auch deshalb, weil informelle Systeme sozialer Kontrolle dafür sorgen, dass Straftaten beispielsweise in Betrieben, in der Schule, in der Nachbarschaft oder in der Familie intern und informell sanktioniert und erledigt werden. Häufig werden Anzeigen auch deshalb unterlassen, weil die Straftat als Bagatelle und nicht als Bedrohung der Sicherheit bewertet wird. Zum Teil ist die Nichtanzeige aber durch eine prekäre Situation der Opfer bestimmt, sei es, dass diese beispielsweise wegen ihrer Zugehörigkeit zur Drogenszene nicht ohne eigenes (Strafverfolgungs-)Risiko Anzeige erstatten können, sei es, weil sich Opfer wegen starker Abhängigkeiten, besonderer Verletzlichkeit oder Vergeltungsandrohungen nicht in der Lage sehen, Instanzen formeller sozialer Kontrolle einzuschalten (so z.B. Kinder im Falle von Misshandlung oder Missbrauch in der Familie). Der Anstieg der polizeilich registrierten Kriminalität dauert in Deutschland bis in die erste Hälfte der 1990er-Jahre an. Danach beginnt die Kriminalität zu sinken, ein Prozess, der auch in anderen europäischen Ländern beobachtet wird.

Die polizeilichen Kriminalstatistiken sind rückwärtsgerichtet. In den letzten Jahren lässt sich zunehmend Interesse an Prognosen der Entwicklung der Kriminalität, des Terrorismus und einzelner Kriminalitätsphänomene beobachten (Bedrohungseinschätzungen). Damit rücken solche sozialen Bedingungen in den Vordergrund, unter denen sich Bedrohungen verwirklichen und Gefahren neutralisiert werden können. Gerade im Bereich der Terrorismusbekämpfung gilt die Aufmerksamkeit heute der Entwicklung von »Frühwarnsystemen«, die sich verschiedenen Phänomenen, so beispielsweise der Untersuchung von Radikalisierungs- und Rekrutierungsprozessen, widmen.

Tödliche Gewalt im internationalen Vergleich

Gefahren für die Innere Sicherheit werden zwar auch anhand der allgemeinen Kriminalitätsentwicklung thematisiert. Doch konzentriert sich die Diskussion vor allem auf schwere Formen der Gewalt, ferner auf die organisierte, transnationale Kriminalität sowie den internationalen Terrorismus.

Gewalt tritt in unterschiedlichen Formen auf und betrifft, allerdings in unterschiedlichem Maße, alle Länder (v. Trotha 1997). So zählt der erste Bericht der UNESCO über das weltweite Ausmaß und Strukturen der Gewalt für das Jahr 2000 etwa 1,6 Millionen durch Gewalt verursachte Todesfälle (Krug u. a. 2003). Davon geht die Hälfte auf Suizid zurück, ein knappes Drittel betrifft Tötungsdelikte und etwa ein Fünftel resultiert aus bewaffneten Konflikten. Die regionale Verteilung ist ebenso eindeutig wie die Verteilung der Gewalt entlang des Alters, nach dem Geschlecht und dem ökonomischen Entwicklungsstand. Es sind vor allem die armen Länder, die unter der Gewalt leiden. Werden in Ländern mit hohem Einkommen etwa 14 Todesfälle durch Gewalt pro 100 000 gezählt, so sind es in armen Ländern 32 (Krug u. a. 2002: S. 10). Weltweit sind 80 % der Opfer von vorsätzlichen Tötungsdelikten (vor allem junge) Männer. Im historischen Rückblick hat sich also jedenfalls in den europäischen Ländern die tödliche Gewalt langfristig und deutlich reduziert (Eisner 1997). Der Rückgang liegt vor allem vor dem Beginn des 20. Jahrhunderts. Seitdem sind die Tötungsdelikte in Westeuropa relativ stabil. In Deutschland – wie in den meisten anderen europäischen Ländern – sinkt die Rate vollendeter Tötungsdelikte bis auf 0,8/100 000 im Jahr 2009.

Veränderungen in der Struktur der Tötungsdelikte

Mit der langfristigen Abnahme ist in Europa und in Deutschland vor allem eine Veränderung in der Struktur der Tötungsdelikte verbunden, die heute ganz überwiegend als soziale Nahraumdelikte auftreten. Täter und Opfer kennen sich und sind häufig miteinander verwandt. Die Tötung zwischen Fremden wird dagegen zu einer Randerscheinung eines ohnehin schon seltenen Ereignisses. Dies schließt aber nicht aus, dass in seltenen Ereignissen tödlicher Gewalt besondere Bedrohungen der Sicherheit und unabweisbarer Bedarf nach kriminalpolitischen Maßnahmen gesehen werden. So haben einzelne Fälle von Sexualmorden an Kindern in Deutschland ab Mitte der 1990er-Jahre auch als Folge kontinuierlicher Medienberichterstattung zu dem Eindruck eines deutlichen Anstiegs dieser Verbrechen und zu einer erheblichen Ausweitung der strafrechtlichen Maßregel der Sicherungsverwahrung geführt. Dem steht eine langfristige Abnahme der Sexualmorde an Kindern gegenüber, die bereits in den 1970er-Jahren einsetzt, aber in den kriminalpolitischen Debatten keine Rolle gespielt hat. Dies war wohl dem oben angesprochenen unerschöpflichen Sicherheitsbedürfnis geschuldet (Albrecht 1999).

Die neben Alter und Krankheit häufigsten Todesursachen

Die Daten zu tödlicher Gewalt lassen sich in Beziehung setzen zu Kennziffern des Suizids, der Todesfälle im Straßenverkehr und anderer tödlicher Unfälle. Danach ergibt sich für Deutschland ein Bild, das vor allem Unfälle als größtes Risiko hervorhebt: Tödliche Gewalt tritt vergleichsweise selten auf, insbesondere wenn auf Tötungsdelikte durch Fremde abgehoben wird. Gefahren für das Leben resultieren in Deutschland in ungleich höherem Maße aus dem Straßenverkehr sowie aus anderen Lebensbereichen und Betätigungen, wie die auf Unfälle zurückführbaren Todesfälle ausweisen. In besonderem Maße richtet sich die Gewalt eines Menschen aber gegen sich selbst. Knapp 10 000 Suizide repräsentieren mehr als das Zehnfache der durch eine fremde Hand verursachten Todesfälle.

Neue Bedrohungen der Sicherheit?

Seit den 1980er-Jahren konzentriert sich die Diskussion um die Innere Sicherheit immer stärker auf die transnationale und organisierte Kriminalität sowie den internationalen Terrorismus. Ein besonderes Gefahrenpotenzial wird bei organisierter Kriminalität in erheblichen illegalen Profiten sowie in effektiven Netzwerken und Organisation enthaltener Beständigkeit und Nachhaltigkeit gesehen. Befürchtet werden destabilisierende Auswirkungen auf Gesellschaft und staatliche Institutionen, die nicht zuletzt aus Korruption und, angesichts grenzüberschreitender organisierter krimineller Betätigung, aus den Beschränkungen der Institutionen strafrechtlicher Sozialkontrolle auf das Territorium des Nationalstaates folgen sollen.

Die transnationale organisierte Kriminalität

Bei den Phänomenen der transnationalen organisierten Kriminalität geht es im Wesentlichen um wirtschaftliche Transaktionen verbotener Güter oder Dienstleistungen. Menschen- und Drogenhandel, die Schleusung von Immigranten, die Verschiebung von Waffen, die Geldwäsche oder die illegale Beseitigung gefährlicher Industrieabfälle beruhen auf einem strafrechtlichen Verbot sowie auf dem Zusammenwirken von Nachfrage und Angebot und der Ausbildung von Schwarzmärkten* (Reuter/Trautmann 2009). Schwarzmärkte unterscheiden sich allerdings in wesentlichen Elementen von den legalen Märkten. Märkte sind gekennzeichnet durch Konkurrenz im Bestreben, Marktanteile auszudehnen und das Ziel, den Ab- und Umsatz sowie die Gewinne zu erhöhen. Dies wird weitgehend über Rationalisierung, Produktentwicklung und die Bewerbung von Produkten verfolgt. Bei Streitigkeiten um unlautere Konkurrenz oder wegen der Schlecht- oder

Nichterfüllung von Verträgen können Schlichtungs- oder gerichtliche Verfahren eingeleitet und rechtlicher Zwang angewendet werden. Da das strafrechtliche Verbot in den Schwarzmärkten verhindert, dass beispielsweise im Groß- und Kleinhandel mit Heroin oder Kokain auf großflächige Werbung zurückgegriffen oder dass bei Konflikten eine legale Erzwingung durch Gerichte eingesetzt wird, bleiben nur die informelle Konfliktschlichtung, die Selbsthilfe in Form von Gewalt oder Drohung mit Gewalt.

Die den Schwarzmärkten eigenen Beschränkungen durch strafrechtliche Prohibition* und das Risiko polizeilicher Ermittlungen verhindern aber, dass kriminelle Organisationen groß und beständig werden können. Größe und unternehmensähnliche Organisation erhöhen nämlich die Sichtbarkeit und damit das Risiko des Zugriffs durch Polizei und Strafverfolgungsbehörden. Die empirische Forschung zu Märkten illegaler Güter und Dienstleistungen sowie organisierter Kriminalität weist darauf hin, dass der auch durch Hollywood-Filme (»Der Pate«) begründete Mythos der Mafia keinen empirischen Rückhalt hat. Vielmehr handelt es sich um eher instabile Gruppen und um lose Netzwerke; der insgesamt hohe Umsatz im Handel mit Drogen und anderen illegalen Gütern sowie Dienstleistungen verteilt sich auf viele Teilnehmer im Groß- und Zwischenhandel und konzentriert sich bei illegalen Drogen insbesondere auf den Kleinhandel der Straße. Erfolge polizeilichen Zugriffs auf illegale Märkte haben bisher nicht zu einer dauerhaften Beeinträchtigung von Angebot und Nachfrage geführt. Werden kriminelle Gruppen zerschlagen, so werden sie nicht nur in relativ kurzer Zeit wieder ersetzt, es kommt teilweise auch zu einer Phase des Aufflammens von Gewalt, die Verteilungskämpfe um frei gewordene Marktanteile und um die Neuordnung der Märkte anzeigt (Schönenberg 2000). Dies verweist auf enge Grenzen, die der strafrechtlichen Sozialkontrolle in illegalen Märkten dann gesetzt sind, wenn nachhaltige Nachfrage aus der Gesellschaft nach bestimmten Gütern oder Dienstleistungen trotz eines Verbots vorhanden ist.

Der internationale Terrorismus

Besondere Gefahren werden auch mit dem Phänomen des internationalen, religiös motivierten Terrorismus verbunden. Die Anschläge auf New York (2001), Madrid (2003) und London (2005) haben große Aufmerksamkeit der Medien, der Öffentlichkeit und der Politik auf sich gezogen. Es handelt sich hierbei um Ereignisse mit einer extrem geringen Wahrscheinlichkeit einerseits und extrem starken Auswirkungen (in der öffentlichen Wahrnehmung) andererseits. Insoweit ergibt sich die Frage – ebenso wie bei Amok und anderen Formen extremer (aber sehr seltener) Gewalt –, wie mit solchen Risiken umgegangen werden soll und welche Präventions- und Sicherheitsvorkehrungen in ökonomischer, sozialer und rechtlicher Hinsicht vertretbar sind. Zuverlässige Möglichkeiten der Vorhersage sind kaum möglich, Prävention ist grundsätzlich beschränkt und Sicherheitsvorkehrungen haben zum Teil nicht mehr als eine symbolische Funktion. Zudem können im Grunde effektive Sicherheitstechniken und -maßnahmen unerwünschte und kostenträchtige Folgen nach sich ziehen. Neben einem unter Umständen übermäßigen und nicht effizienten ökonomischen Aufwand ist auch an unverhältnismäßige Eingriffe in die Privat- und Intimsphäre zu denken (Scanner) oder an Diskriminierung und Ausgrenzung durch Erstellung und Verwendung von Terroristenprofilen, in denen Religionszugehörigkeit, ethnische Herkunft oder Staatsangehörigkeit eine Rolle spielen (Profiling*, Rasterfahndung*). Seit dem 11.9.2001 haben sich Praktiken der Warnung vor terroristischer Gewalt durchgesetzt, die in regelmäßigen Abständen mögliche Szenarien terroristischer Anschläge vorstellen und betonen, dass die Gefahr terroristischer Gewalt real sei, dass sich Deutschland im Fadenkreuz von Terroristen befinde und dass mit tödlichen Anschlägen gerechnet werden müsse. Neben der Sensibilisierung für extremistische Gewalt und der Mobilisierung dienen derartige Warnungen wohl vor allem der Entlastung der politischen Entscheidungsträger.

Sicherheit und Sicherheitsgefühle

Der Wahrnehmung der Sicherheit in der Öffentlichkeit und Sicherheitsgefühlen kommt erhebliche Bedeutung zu. Unsicherheitsgefühle konzentrieren sich auf nach den vorhandenen Erkenntnissen auf Gefahren, die im Vergleich nur ganz geringfügig zu Lebens- und Gesundheitsgefährdungen oder Einbußen an materiellen Gütern beitragen. Dass Sicherheitsgefühle und Sicherheit indizierende Daten auseinanderfallen können, ist seit langer Zeit bekannt. Eine im Jahr 2005 durchgeführte Untersuchung in Ländern der Europäischen Union, in der die Befragten zu dem Ausmaß selbst erlittener Straftaten ebenso befragt wurden wie zur Kriminalitätsangst (die mit der Frage erfasst wurde, ob eine Person nach Einbruch der Dunkelheit das Haus oder die Wohnung verlassen würde oder dies aus Angst vor Kriminalität unterlässt) zeigt, dass das Ausmaß der Unsicherheitsgefühle nicht vom Ausmaß der Kriminalität abhängig ist.

Unsicherheitsgefühle im internationalen Vergleich

Die höchsten Ausprägungen von Kriminalitätsangst finden sich gerade in den europäischen Ländern mit den niedrigsten Kriminalitätsraten. Das Auseinanderfallen von Sicherheit und Sicherheitsgefühlen wird auch als

Paradox bezeichnet. Denn Unsicherheitsgefühle sind offensichtlich in solchen sozialen Gruppen deutlicher ausgeprägt, die ein relativ niedriges Risiko, Opfer von Straftaten zu werden, aufweisen. Alte Menschen und Frauen werden in der Forschung als besonderes anfällig für Unsicherheitsgefühle herausgehoben, obwohl sie gerade im Hinblick auf Gewalt ein erheblich geringeres Risiko tragen als junge Männer, die nicht nur häufiger Täter von Gewalt sind, sondern ebenso häufig Opfer von Gewalt. Menschen tendieren dazu, für ihre Stadt oder das Land, in dem sie leben, insgesamt einen Kriminalitätsanstieg wahrzunehmen, während für die eigene, engere Wohngegend und Nachbarschaft von einer stabilen Kriminalitätsentwicklung ausgegangen wird. Dass Risikowahrnehmungen mitunter zu (im Hinblick auf die objektive Sicherheit) fatalen Entscheidungen führen können, zeigt in den USA nicht zuletzt nach dem Terroranschlag des 11.9.2001 die massenweise Flucht aus dem Flugzeug als Transportmittel in den Straßenverkehr. Diese Verlagerung vom Flugzeug auf die Straße hat, so wird begründet geschätzt, zu etwa 1600 zusätzlichen Straßenverkehrstoten geführt (Gigerenzer/Gaissmaier 2006).

Die Kluft zwischen objektiver Sicherheitslage und subjektivem Unsicherheitsgefühl

Zur Erklärung des Auseinanderklaffens von objektiver Sicherheitslage und der wahrgenommenen und empfundenen Sicherheit sind verschiedene Ansätze entwickelt worden. Besonders plausibel erschien zunächst die empirisch aber nicht belegbare Überlegung, dass Unsicherheitsgefühle entscheidend durch selbst erlittene Straftaten beeinflusst werden. Sicher haben auch die *Medien* einen erheblichen Einfluss auf Sicherheitsgefühle, der einerseits als »Festlegung der Tagesordnung« (welche Gefahren in einer Gesellschaft überhaupt thematisiert werden) bezeichnet werden kann, andererseits als Verstärker bereits vorhandener Risikowahrnehmung und Sorgen wirkt. Unsicherheitsgefühle hängen darüber hinaus mit der Wahrnehmung des eigenen Wohnumfelds zusammen. Sichtbare Zeichen des *Zerfalls von sozialer Ordnung* in der Nachbarschaft und das darauf beruhende negative Erleben des Wohnumfelds wirken sich auf Unsicherheitsgefühle aus. Schließlich kann auch davon ausgegangen werden, dass Kriminalitätsangst mit allgemeinen, *diffusen Lebensängsten* eine enge Verbindung eingeht. Die Wahrnehmung einer unsicheren Zukunft und undurchschaubarer Wirkungszusammenhänge ist eine typische Erscheinung von Gesellschaften, die durch schnelle und tiefgreifende Veränderungen der Wirtschaft und der Grundlagen sozialer Integration geprägt sind. Derartige Zukunftsängste müssen bewältigt werden. Bewältigung wird dann ermöglicht, wenn die (diffusen) Ängste auf Themen ausgerichtet werden, über die mit anderen gesprochen werden kann und für die Verantwortliche genannt werden können. Hierfür bieten sich Kriminalität und vor allem Gewalt an. Hieraus entsteht im Übrigen ein erheblicher Anreiz, Kriminalität und innere Sicherheit in Wahlkampagnen politisch zu nutzen. Als besonders attraktiv erweisen sich für die Bewältigung von Ängsten aber technische Systeme, die der Sicherheit dienen sollen. Gerade die Videoüberwachung im öffentlichen Raum ist offensichtlich geeignet, Sicherheitsgefühle zu erhöhen, obwohl sie in objektiver Hinsicht nicht mehr Sicherheit (in Form der Reduzierung von Kriminalität) schafft.

Unsicherheitsgefühle hängen auch stark mit *Vertrauen in Staat und gesellschaftliche Einrichtungen* zusammenhängen. Dort, wo das Vertrauen in staatliche Institutionen (Polizei, Gerichte etc.) stark ausgeprägt ist, fallen die Unsicherheitsgefühle schwächer aus. Dort, wo das Vertrauen in staatliche Instanzen fehlt, ist die Unsicherheit erhöht. Dies deckt sich mit Erkenntnissen zur generellen Funktion und Rolle von Vertrauen in Gesellschaften. Mangelndes Vertrauen resultiert in einer schwachen Zivilgesellschaft mit geringer Bereitschaft zu kollektivem Engagement, zur Zusammenarbeit und gegenseitigen Unterstützung. Das Phänomen, dass zerbrochene Fensterscheiben, sofort repariert werden müssen, um den Niedergang eines Wohnviertels und das Ansteigen der Kriminalität zu verhindern, lässt sich so erklären. Wenn in einer Nachbarschaft oder in einem Stadtteil Misstrauen vorherrscht, dann werden sich Nachbarn bei Gefahren und Problemen nicht gegenseitig unterstützen, sie werden mit der Polizei nicht zusammenarbeiten und nur auf ihren eigenen Vorteil achten. Im Gegenzug kommt es offensichtlich zu einem stärkeren Verlangen nach vergeltenden und harten Strafen.

3 Innere Sicherheit und Veränderungen in Systemen sozialer Kontrolle

In der zweiten Hälfte des 20. Jahrhunderts verändern sich die gesellschaftlichen und wirtschaftlichen Verhältnisse schnell und tiefgreifend. Der Prozess der Globalisierung* bringt eine hohe Mobilität von Menschen, Gütern und Kapital mit sich. Damit verändern sich nicht nur die Bedingungen für die Ausbildung von Sicherheitsgefühlen und -erwartungen, sondern auch die Grundlagen formeller und informeller sozialer Kontrolle. Vor allem verändern sich die Voraussetzungen für die Entstehung von Vertrauen in der Gesellschaft.

Zunehmende gesellschaftliche Heterogenität als Sicherheitsproblem

Migration und Immigration führen zu zunehmender kultureller und religiöser gesellschaftlicher Heterogenität. Dies zeigt sich in Deutschland auch daran, dass nach dem Mikrozensus 2007 knapp 20% der Wohnbevölkerung einen Immigrationshintergrund haben (vgl. dazu Kapitel 4: Migration). Die Religion wird ferner teilweise mit einer neuen Bedeutung aufgeladen. Religion und Glauben, in der Analyse der Gewalt im Okzident lange Zeit als schützende Faktoren gehandelt, werden zum Ausgangs- und Anknüpfungspunkt von Radikalisierung und Rekrutierung für extreme Gewalt. Die besondere Brisanz liegt dabei im Potenzial der Entstehung von »Wir und Sie« Konflikten, die sich auf Werte beziehen und die reiche Nahrung auch in einer Gemengelage von Problemen finden, die die soziale Stellung der Frau sowie den Gleichheitsgrundsatz und die Meinungsfreiheit, schließlich die Integrationsbereitschaft umfasst. In den Diskursen zu »Parallelgesellschaften« wird dieses Gemenge an Problemen besonders deutlich (Halm/Sauer 2006). Hinzu treten eine Schwächung von sozialen Bindungen sowie die Schwächung normativer Orientierung und damit der Voraussetzungen einer effizienten Selbstkontrolle. Zentrale gesellschaftliche Institutionen wie Familie, Schule, Religionsgemeinschaften und politische Parteien verlieren an Bindungskraft und vor allem an der Fähigkeit, normative Orientierung zu vermitteln (hohe Scheidungsraten, sinkende Mitgliederzahlen der Kirchen und politischen Parteien sind unter anderem Ausdruck dieser Entwicklung). Die Abschwächung normativer Orientierungen verweist auf einen Prozess der Individualisierung und des Rückzugs aus Kollektiven, die für die Vermittlung von Normen von zentraler Bedeutung sind. An die Stelle der quasi automatischen Befolgung von (Gruppen-)Normen tritt ein Kosten-Nutzen-Kalkül. Eine Handlung wird nicht mehr davon abhängig gemacht, ob sie durch die Gemeinschaft gefordert und erwartet wird (also normativ geboten ist), sondern davon, ob sie den Akteuren bei Abwägung von Kosten und Nutzen einen (überwiegenden) persönlichen Vorteil bringt. Eine schwächere normative Orientierung zeigt damit einen Verlust an informeller Sozialkontrolle an und zwar an äußerer wie an innerer Kontrolle.

Die neuen Herausforderungen der Sozialkontrolle durch den Sozialen Wandel

Mit diesen Veränderungen sind langfristig wirksame Prozesse in Form der sozialen und wirtschaftlichen Umwälzungen der letzten Jahrzehnte angesprochen. Diese haben vor allem in den Städten zu Gettoisierungsphänomenen und zu »sozialen Brennpunkten« geführt, die erhebliche soziale Desintegration, Marginalisierungsprozesse und den Verlust informeller Sozialkontrolle durch Familie und Nachbarschaft anzeigen.

Die Auswirkungen des sozialen Wandels folgen für die strafrechtliche Sozialkontrolle zunächst auch daraus, dass deren Kompetenzen und Befugnisse auf das Territorium des Nationalstaats beschränkt sind. Die Geltung des nationalen Strafrechts und die Zuständigkeit der Polizei enden an den Grenzen. Insoweit wird ein besonderer Bedarf an wirksamer polizeilicher und justizieller Zusammenarbeit gerade für den Fall transnationaler organisierter Kriminalität und des internationalen Terrorismus festgestellt. Nach dem Wegfall der Grenzkontrollen in weiten Teilen der Europäischen Union hat die polizeiliche Zusammenarbeit hier besondere Beachtung erfahren. Die Einrichtung einer gemeinsamen europäischen Polizei (*Europol**) soll zur Lösung der Probleme ebenso beitragen wie die Politik der »gegenseitigen Anerkennung« strafverfahrensrechtlicher Entscheidungen in Form beispielsweise eines »europäischen Haftbefehls« oder die Befugnis, gemeinsame, länderübergreifende Ermittlungsgruppen der Polizei zu bilden. Europol hat die Aufgabe, die polizeiliche Zusammenarbeit zu organisieren und vor allem für einen reibungslosen Informationsaustausch zu sorgen. Im so genannten Schengen-Informationssystem der Europäischen Union werden polizeiliche Fahndungsdaten gespeichert und zum Austausch und Abgleich bereit gehalten.

4 Entwicklungen in der Politik Innerer Sicherheit

Die informelle Sozialkontrolle schwächt sich ab, die formelle erhält größeres Gewicht

Die Betonung von Sicherheit, die Wahrnehmung von besonderen Gefahren organisierter Kriminalität und des Terrorismus sowie sozialer und wirtschaftlicher Wandel sind verbunden mit Veränderungen im System der sozialen Kontrolle. Parallel zur Abschwächung informeller sozialer Kontrolle bekommt die formelle, strafrechtliche Sozialkontrolle größeres Gewicht. Die Entwicklungen bestehen unter anderem in einer Vorverlagerung von Strafbarkeit sowie in einer besonderen Gewichtung heimlicher Informationsbeschaffung und einem Trend zur Einrichtung umfassender Datenbanken.

Nicht erst die Straftat, schon die böse Absicht wird sanktioniert

Die Orientierung der Kriminalpolitik an Sicherheit führt zu einer größeren Bedeutung der Prävention und dazu, nicht erst auf den Schadenseintritt zu warten, sondern bereits auf Risiken und Gefahren zu reagieren. Im Strafrecht kommt es zu einer Vorverlagerung der Strafbarkeit und zur Einführung von Straftatbeständen, die schon Risiken unter Strafandrohung stellen. So wird in Deutschland seit 2009 die Vorbereitung schwerer staatsgefährdender Gewalttaten bestraft. Hierunter fallen die Verbreitung von Anleitungen zum Bombenbau oder das Training der Durchführung terroristischer Akte (§§89a, b, 91 StGB). So genannte Vorfeldtatbestände, die sich nicht an dem Erfolg einer Handlung, sondern an dem mit einer Handlung verbundenen Risiko für Rechtsgüter orientieren, erlauben es zwar, strafrechtliche Ermittlungen schon bei riskanten Tätigkeiten anzusetzen. Doch wird dabei an Handlungen angeknüpft, die eben nicht durch die Schädigung eines Rechtsguts, sondern allein durch die Setzung eines Risikos, das noch sehr weit von einem Schaden entfernt sein kann, charakterisiert sind. Damit entfernt sich das Strafrecht vom Grundsatz, dass nicht der böse Wille und die Absicht (Täterstrafrecht), sondern nur eine Tat (Tatstrafrecht) und die darin zum Ausdruck kommende Schuld bestraft werden dürfen.

Die Verschärfung staatlicher Maßnahmen zur Informationsbeschaffung

Die Ausrichtung auf Prävention und Gefahrenabwehr in der Politik der Inneren Sicherheit bringt es auch mit sich, dass der Beschaffung und Analyse von umfassenden und aussagekräftigen Informationen ein hoher Stellenwert eingeräumt wird. Ausdruck davon ist die Einführung geheimer und verdeckter Maßnahmen der Informationsbeschaffung zur Gefahrenabwehr in den deutschen Polizeigesetzen sowie in der Strafprozessordnung zur Beschaffung von Beweismitteln. Hierzu zählen das Abhören von Telefonen, der verdeckt ermittelnde Polizeibeamte, der Einsatz von Informanten, die Wohnraumüberwachung (»Großer Lauschangriff«), die Rasterfahndung oder der automatische Abgleich von Autokennzeichen mit Fahndungsdateien. Geheime und verdeckte Informationsbeschaffung ist nicht neu. Hinzu tritt heute allerdings die technologische Entwicklung, die in Form automatisierter Erfassung von Informationen und fast unbegrenzten Speicherungsmöglichkeiten sowie der Möglichkeit der Erstellung von Persönlichkeits- und Bewegungsprofilen das Risiko übermäßiger Eingriffe in Grundrechte und die Missbrauchsgefahr erhöhen.

Die Verwendung von Methoden heimlicher Informationsbeschaffung ist mit Risiken für Freiheitsrechte, insbesondere für das Persönlichkeitsrecht und die informationelle Selbstbestimmung, ferner für das Telefongeheimnis verbunden. Deshalb kommt vor allem dem verfassungsrechtlichen Verhältnismäßigkeitsgrundsatz* eine ausschlaggebende Rolle in der Frage zu, welche Maßnahmen, die auf die Herstellung von Innerer Sicherheit zielen, Verwendung finden dürfen. Danach ist Voraussetzung für Eingriffe in Grundrechte* nicht nur die Geeignetheit des Eingriffs, für Sicherheit zu sorgen (und Straftaten zu verhindern oder aufzuklären), sondern auch die Erforderlichkeit und damit das Fehlen alternativer und weniger eingreifender Maßnahmen. Besondere Bedeutung in den rechtspolitischen und verfassungsrechtlichen Auseinandersetzungen hat in diesem Zusammenhang neuerdings die umfassende und (anlasslose) Speicherung von Verkehrsdaten der Telekommunikation (einschließlich von Internetverbindungen) erlangt. Eine Richtlinie der Europäischen Union aus dem Jahr 2006 schreibt die Einführung der umfassenden Speicherung von allen Telekommunikationsverbindungen für mindestens 6 Monate und höchstens 2 Jahre zur besseren Bekämpfung von Terrorismus und schwerer Kriminalität vor. Hier zeigen sich besonders deutlich die Konflikte, die bei der Abwägung zwischen Innerer Sicherheit und Freiheitsrechten entstehen können. So wurde die im Jahre 2008 in Deutschland eingeführte Vorratsdatenspeicherung* von Telekommunikationsverbindungsdaten im März 2010 vom Bundesverfassungsgericht wegen eines unverhältnismäßigen Eingriffes in das Telefongeheimnis (Art. 10 Grundgesetz) für verfassungswidrig erklärt (Bundesverfassungsgericht 2010). Das Bundesverfassungsgericht hat im Zusammenhang mit der Vorratsdatenspeicherung zur Sicherstellung der Verhältnismäßigkeit einen effizienten Schutz von personenbezogenen Daten angemahnt und darüber hinaus (wieder) betont, dass es einen »gläsernen Menschen« nicht geben dürfe. Das grundsätzliche Verbot umfassenden staatlichen Wissens über die Bürger und der Erstellung von Persönlichkeitsprofilen ist auch Voraussetzung für eine funktionierende Demokratie. Denn wenn Bürger (und insbesondere Berufsgruppen wie Journalisten) damit rechnen müssen, dass ihre Kommunikation der Überwachung unterliegt und dass diese Informationen zur Kommunikation gespeichert bleiben und gegebenenfalls ausgewertet werden, dann wären die Voraussetzungen für einen freien Meinungsaustausch und freie Berichterstattung als Bedingung einer funktionierenden Demokratie nicht mehr gegeben.

Die schwierige Balance zwischen Sicherheit und Freitheitsrechten

Konflikte zwischen Sicherheit und Freiheitsrechten führen regelmäßig zu Aufrufen, eine Balance zu halten zwischen »Sicherheitsfanatismus einerseits und Datenschutzhysterie« andererseits (Erbel 2002). Die Herstellung einer Balance ist allerdings nicht einfach, insbesondere dann, wenn Gefahren für die Innere Sicherheit beständig wiederholt und überzeichnet werden und wenn die Öffentlichkeit angesichts von Unsicherheitsgefühlen und dem nachvollziehbaren Wunsch nach Sicherheit dazu bereit ist, die Freiheitsrechte der Sicherheit unterzuordnen.

Weiterführende Literatur

ALBRECHT, HANS-JÖRG (2007): *Internationale Kriminalität, Gewaltökonomie und Menschenrechtsverbrechen*, Internationale Politik und Gesellschaft, 2, 153–169

Internationale Kriminalität als Teil des ökonomischen Globalisierungsprozesses.

GAYCKEN, SANDRO (HG.) (2008): *1984.exe. Gesellschaftliche, politische und juristische Aspekte moderner Überwachungstechnologien*, Bielefeld: transcript

Betrachtung der Auswirkungen auf elementare Bürgerrechte durch technische Überwachung in der Öffentlichkeit.

KUNZ, KARL-LUDWIG (2008): *Kriminologie. Eine Grundlegung.* Bern: Haupt Verlag:

Grundlehrbuch zur Kriminologie.

SCHNEIDER, HANS-JOACHIM (2007): *Internationales Handbuch der Kriminologie*, Berlin: de Gruyter:

Lehrbuch zur Kriminologie unter Einbeziehung internationaler Tendenzen und Betrachtungen.

Webseiten mit statistischen and anderen Informationen zur Inneren Sicherheit und zur Kriminalitätsentwicklung

www.bka.de

www.europa.eu.int/comm/justice_home/index_en.htm

www.europeansourcebook.org/index.html

www.unodc.org

Kapitel 10

Siedlungsstruktur

Die neue Attraktivität der Städte

Hartmut Häussermann

1 Die Ursprünge der europäischen Stadt

Städte sind die Zentren der ökonomischen und kulturellen Innovationen sowie des sozialen Wandels. Sie haben die die dichteste Bebauung und die höchste Einwohner-und Arbeitsplatzdichte. Die Verteilung der Städte über das ganze Land ist historisch sehr stabil. Ihre Entstehung hat sehr verschiedene Ursachen: Aus Kreuzungspunkten von Transportwegen entstanden im Mittelalter Handelsplätze, die sich durch die Anlagerung von Gewerbe zu größeren Siedlungseinheiten entwickelten; um die Herrschaftssitze von Fürsten, Königen und Bischöfen entstanden Handels-und Handwerksbetriebe, die deren Nachfrage zur Hofhaltung befriedigten und Waren aus dem Fernhandel besorgten.

Städte können geographisch durch eine hohe Einwohner- und Arbeitsplatzdichte sowie eine intensive Pendelverflechtungen mit dem Umland von den übrigen Siedlungstypen abgegrenzt werden; Städte sind aber auch politisch-administrativ definiert, wobei historische Muster aufgenommen werden und verwaltungspolitische Ziele verfolgt werden. Dafür sind die Bundesländer zuständig, die auch über die Einordnung von Gemeinden in einer Zentrenhierarchie entscheiden (vgl. Kost/Wehling 2003).

Die Stadt im Mittelalter

Im Mittelalter stellten die Städte eine besondere ökonomische und politische Einheit dar, sie hatten, wenn ihnen das Stadtrecht verliehen worden war, besondere Befugnisse: Sie konnten Zölle und Steuern erheben, eine eigene Rechtsprechung entwickeln und über ihre Angelegenheiten selbstständig entscheiden. Sie waren insofern ›frei‹ bzw. selbstständig und repräsentierten damit im Deutschen Reich eine ganz andere politische und gesellschaftliche Ordnung als das sie umgebenden feudalistisch strukturierten Land – daraus ergab sich der Stadt-Land-Gegensatz. Die Städte waren durch Stadtmauern genau abgegrenzt, und ihre Bürger waren insofern freie Bürger, als es in den Städten keine Leibeigenschaft gab. Sie waren als Genossenschaften der Bewohner organisiert, die über Haus-und Grundbesitz verfügten, und sie hatten eine gewählte politische Führung. An die Grundherren mussten sie regelmäßige Abgaben bezahlen, was regelmäßig Anlass für erhebliche Konflikte war. Manche Städte erkämpften sich daher durch revolutionäre Erhebungen eine volle Unabhängigkeit, sie wurden zu ›freien Reichsstädten‹, die gleichsam eigene kleine Staaten darstellten.

In den Städten entstand der Kapitalismus, gekennzeichnet durch den Handel und die frühen Formen von Lohnarbeit. Politisch wurden sie durch eine Oligarchie, bestehend aus den Besitzbürgern, regiert. Auch in den Städten gab es klare Standesgrenzen, aber die Zugehörigkeit war – und das ist der entscheidende Unterschied zum ›Land‹ – nicht durch Geburt geregelt. In den Städten war sozialer Aufstieg durch materiellen Erfolg oder durch Bildung möglich. Das Verhältnis zwischen Stadt und Land war durch eine Arbeitsteilung zwischen ›Kopf‹ und ›Hand‹ geprägt.

Die städtische Sozialordnung

Zwar war auch die städtische Sozialordnung weitgehend durch die Zugehörigkeit zu einer großen Familie geprägt, aber die Zünfte und die Stadtverwaltungen begannen bereits früh mit dem Aufbau einer sozialen Infrastruktur, die auch ein Überleben jenseits der Familie, insbesondere bei Armut, Krankheit und im Alter ermöglichten. Die Städte bildeten insofern Vorformen des modernen Sozialstaates aus – in deren Genuss allerdings nur so genannte ›ehrbare‹ Bürger kamen, die unverschuldet in Not geraten waren. Mittellose Zuwanderer und Bettler wurden dagegen teilweise drakonisch verfolgt.

Die Zugehörigkeit zur Stadt schuf aber auch eine spezifische Identifikation, denn die Städte unterhielten eine kollektive Infrastruktur und waren Wehrgemeinschaften, d. h. die individuelle Freiheit hing auch von der gemeinschaftlichen Fähigkeit zur Verteidigung bei Angriffen durch umherziehende Räuberbanden oder feindliche Militäreinheiten ab. Städte waren insofern durchaus Gemeinschaften, in die trotz gewaltiger sozialer Unterschiede das individuelle Wohlergehen eingebettet war.

Mit der Entstehung der Flächenstaaten in der frühen Neuzeit wurden die Städte in die neu organisierten Herrschaftsbereiche eingegliedert, sie verloren damit ihre Selbstständigkeit weitgehend. Als Knotenpunkte ökonomischer Entwicklung erhielten sie jedoch auch während der im 19. Jahrhundert beginnenden Industrialisierung eine besondere Bedeutung. Die Industrialisierung vollzog sich weitgehend im damals bestehenden Städtenetz – zunächst als eine weitere Verdichtung der Bebauung, und dann als ein rasantes Wachstum an ihren Rändern. Städte wurden dadurch zu Zentren des ökonomischen und des Bevölkerungswachstums. Lediglich in den Regionen, wo Kohle und Erz als Rohstoff für die Industrialisierung abgebaut wurden und eine Eisen-und Stahlindustrie entstand, bildeten sich im 19. Jahrhundert ganz neue Städte (z. B. im Ruhrgebiet; vgl. Reulecke 1985).

2 Verstädterung

Mit der Verstädterung* im Zuge der Industrialisierung lösten sich die lokalen Gemeinschaften auf. Die lokale Ökonomie war nun zunehmend überregional und sogar international verflochten, und die Bürgerlichkeit der Städte wurde durch den Zuzug einer ungebildeten, ›rohen‹ Masse vom Lande aufgebrochen.

Bis zum Ende des Mittelalters hatten etwa 3 000 Orte im Deutschen Reich das Stadtrecht verliehen bekommen. 90–95 % von ihnen hatten weniger als 2 000 Einwohner, die durchschnittliche Einwohnerzahl lag bei 400. Viele dieser Städte waren noch Agrarstädte in dem Sinne, dass sich der überwiegende Teil der Bevölkerung durch Landwirtschaft selbst versorgte. Aber es gab auch schon große Städte mit mehr als 10 000 Einwohnern, die an Schnittpunkten von überregionalen Handelswegen lagen. Köln war mit 40 000 Einwohnern im 14. Jahrhundert die größte deutsche Stadt. Während des 30-jährigen Kriegs verschwanden rund 20 % aller Siedlungen von der Landkarte, Pestepidemien dezimierten die städtische Bevölkerung immer wieder.

Das rasante Wachstum der Städte im 19. Jahrhundert

Bis zur Mitte des 19. Jahrhunderts wuchs die Bevölkerungszahl der Städte vor allem aus dem Bevölkerungszuwachs auf dem Lande, wo zum Beginn dieses Jahrhunderts die Leibeigenschaft abgeschafft und Freizügigkeit gewährt worden war. Die Städte wurden damit zum Zielort umfangreicher Wanderungsbewegungen der auf dem Lande ›überflüssig‹ gewordenen Bewohner, wo vielen durch die ›Bauernbefreiung‹ die Existenzgrundlage entzogen worden war. Mitte des 19. Jahrhunderts beginnt die Phase der Verstädterung, d. h. dass der Anteil der städtischen Bevölkerung an der Gesamtbevölkerung schneller wuchs als der der Landbevölkerung. Die Städte, in denen sich die Industrie entwickelte, wuchsen explosionsartig. Der Anteil der Stadtbevölkerung im Deutschen Reich wuchs zwischen 1871 und 1910 von 36 % auf 60 %, der Anteil der Großstadtbevölkerung von 4,8 % auf 21,3 % (Reulecke 1985: 202).

Die Mauern wurden geschliffen und die Städte dehnten sich in das Umland aus. Aus den ›Bürgerstädten‹ wurden Einwohnerstädte, in der Stadt zu wohnen war fortan kein politisches Privileg mehr. Zunächst konnten die besitzenden Bürger durch das Drei-Klassen-Wahlrecht ihren Einfluss noch weit gehend sichern, aber nach der Demokratisierung mit dem Beginn der Weimarer Republik wurde das allgemeine, freie Wahlrecht eingeführt, in den Städten konkurrierten nun die politischen Parteien um die Macht.

Die Stadt zwischen Autonomie und staatlicher Abhängigkeit

Bis heute wird aber das ›Selbstverwaltungsrecht‹ von Städten und Gemeinden hochgehalten, sie sind im staatsrechtlichen Sinne keine staatliche Einrichtung, sondern Körperschaften des öffentlichen Rechts, die ›unterhalb‹ der staatlichen Ebene agieren und in gewisser Weise einen Fremdkörper im Staatsaufbau darstellen. Nach dem Grundgesetz ist ihnen die Regelung der ›örtlichen Angelegenheiten‹ überlassen, aber über ihre Aufgaben und Kompetenzen und über ihre finanzielle Ausstattung wird durch den Bund und die Länder entschieden. Alle wichtigen Planungs-und Investitionsentscheidungen unterliegen dem Genehmigungsvorbehalt durch die Bundesländer, und Bundesgesetze regeln die Pflichten der Stadtverwaltungen. Welche ›freiwilligen Aufgaben‹ die Städte in eigener Entscheidung wahrnehmen können, hängt von ihren finanziellen Ressourcen ab, deren Umfang einerseits durch die Abgaben der lokalen Ökonomie, überwiegend aber durch den Steuerverbund von Gemeinden, Ländern und Bund bestimmt sind, an dessen Ausgestaltung die Städte formell nicht einmal beteiligt sind (vgl. Jungfer 2005 und Bogumil/Holtkamp 2006).

3 Stadtstruktur

In den von Mauern umgebenen Städten des Mittelalters waren die Zentren die Orte, an denen die Wohlhabenden und die Privilegierten wohnten. Neben Rathaus und Kirche säumten die prächtigen Häuser der Patrizier den Marktplatz. Je weiter entfernt vom Zentrum, desto geringer war das Prestige der Wohngegend, und desto ärmlicher wurden die Häuser. In den Häusern befanden sich die Kontore und Lagerflächen, aber auch der Wohnsitz der Familie. Die Stadt war nach den verschiedenen Gewerbearten geordnet, woran heute noch in vielen Städten die Namen der Straßen erinnern. Eine Kanalisation gab es noch nicht, das Trinkwasser wurde aus den Brunnen oder einem Fluss geholt, die Abwässer und Exkremente einfach hinters Haus gekippt. Dies schuf natürlich ideale Voraussetzungen für die Verbreitung von ansteckenden Krankheiten. Das Vergiften von Brunnen war ein beliebtes Kampfmittel verfeindeter Gruppierungen.

Die Umwälzung der städtischen Sozialstruktur im Zuge der Industrialisierung

Die rasante Bevölkerungszuwachs, der Bau von Manufakturen auf den noch freien Flächen, der Anschluss an das sich ausdehnende Eisenbahnnetz und eine dramatische Veränderung der Sozialstruktur wälzten die Städte um. Der Lärm und die Emissionen der neuen Industriebetriebe sowie der wachsende Verkehr machten das Leben in den großen Städten zunehmend unangenehm. Die hoch verdichteten Wohngebiete für das zugewanderte Proletariat waren immer wieder Ausgangspunkt für Epidemien, die sich bis in die bürgerlichen Wohngebiete ausbreiteten. Feuersbrünste vernichteten immer wieder große Teile der zum großen Teil noch aus Holz gebauten Häuser. Das Leben in der Stadt war gefährlich geworden.

Die Wohlhabenden verließen die Stadt und siedelten sich in der Landschaft der Umgebung an. So entstanden die ersten Villengebiete. In der Stadt zu wohnen war nun kein Privileg mehr, sondern wurde zunehmend als Belastung empfunden. Solange es aber keine öffentlichen Verkehrsmittel gab, mussten die Lohnarbeiter zu Fuß zu den Arbeitsstätten gehen, daher wurden die Wohnanlagen für die Arbeiter auch in der Nähe der großen Fabriken errichtet. Durch den Zustrom vom Lande war eine große Wohnungsnot entstanden, die die Basis für einen spekulativen Wohnungsbau darstellte, der in dichter Bebauung zahlreiche kleine Wohnungen mit geringer Qualität zum Resultat hatte. Erst gegen Ende des 19. Jahrhunderts wurden in den großen Städten Trinkwasserleitungen verlegt und eine Kanalisation eingebaut, die ein Minimum an hygienischen Lebensbedingungen garantieren sollten.

Nun waren die Städte nicht mehr nach Bürgerstatus oder Gewerbezugehörigkeit strukturiert, sondern zunehmend nach dem sozialen Status der Bewohner segregiert. Schlichter Massenwohnungsbau für die Fabrikarbeiter, deren Einkommen gerade beim Existenzminimum lag, aufwändiger ausgestattete Wohngebiete für die Angestellten, Beamten und Angestellten entstanden nahe zum historischen Stadtkern, während draußen, im suburbanen Raum, die Nobelviertel gebaut wurden. Nur die Reichen hatten die Möglichkeit, mit der Kutsche den täglichen Weg zur Arbeit in der Stadt zurückzulegen. Die Städte waren in der Phase der Hochindustrialisierung sozial gespalten, was in dem sehr unterschiedlichen Erscheinungsbild der verschiedenen Quartiere deutlich sichtbar wurde.

Das Aufkommen der Stadtplanung

Vor allem die hygienischen Probleme der Städte mit ihrer großen Einwohnerdichte waren es, die planerische Eingriffe in die Entwicklung der Städte provozierten. Die rasche Umwandlung von landwirtschaftlich genutztem Boden in Baugebiete, die zumindest eine funktionierende Verkehrserschließung voraussetzte, war die Gelegenheit, stadtplanerische Konzepte zu entwerfen und auch gegen die bis dahin unbegrenzten Verwertungsinteressen der Grundeigentümer durchzusetzen. Ansätze zur Trennung von störendem Gewerbe und Wohngebieten sowie zu einschränkenden Vorschriften für die Bebauungsdichte entstanden im letzten Drittel des 19. Jahrhunderts in der eigenen Regie der Städte, denn die staatlichen Regierungen der Länder sahen damals noch keine Notwendigkeit für Eingriffe in die Rechte der privaten Eigentümer. Aber erst in den 20iger-Jahren des 20. Jahrhunderts entstand ein Bau-und Planungsrecht, das der räumlichen Entwicklung der Städte einen festen Rahmen gab und es ermöglichte, Vorschriften für die Bebauungsdichte, die Einheitlichkeit der Bebauung und die Einhaltung von Sicherheits-und Hygiene-Standards zu machen.

Unterbrochen durch die zwei Weltkriege im 20. Jahrhundert befanden sich die Städte seit der Industrialisierung auf einem Wachstumspfad, für den es kein Ende zu geben schien. Zentrale Aufgabe der Stadtplanung wurde die Bereitstellung von Bauflächen für herein drängende Investitionen im gewerblichen Bereich und im Wohnungsbau. Die Städte absorbierten immense Zahlen von Zuwanderern, nach dem Zweiten Weltkrieg auch etwa 10 Millionen Flüchtlinge und Vertriebene, und seit den 1960er-Jahren wurden Arbeitskräfte aus dem Ausland angeworben, die als Ungelernte relativ gut bezahlte Arbeitsplätze in der großen Industrie fanden.

Wachsende und schrumpfende Städte

Doch bereits in den 1960er-Jahren zeichnete sich ab, dass Stadtentwicklung nicht immer identisch mit Wachstum sein kann. Das rasche Wachstum der technologisch hoch entwickelten Industrie im südlichen Teil von Deutschland zog immer mehr Arbeitskräfte aus den nördlichen Regionen an, wo die auf Rohstoffen basierende Industrie, insbesondere der Kohlebergbau zu stagnieren und Arbeitsplätze abzubauen begann. Das ›Süd-Nord-Gefälle‹, gekennzeichnet durch abnehmende Zahlen von Bewohnern und Arbeitsplätzen in den Städten des nördlichen Teils und von anhaltendem Wachstum in den im Süden gelegenen Städten, wurde zu einem neuen und prägenden Trend in der Siedlungsentwicklung. Seit den 1980er-Jahren entwickelte sich insbesondere in Ostdeutschland und in den altindustriellen Regionen im Westen ein neuer Typus von Stadtentwicklung: die schrumpfende Stadt (vgl. Glock 2006).

Die *Verstädterung* hatte in Deutschland um 1910 einen Höhepunkt erreicht, seither ist die Verteilung der Bevölkerung auf verschiedene Siedlungstypen aber relativ stabil geblieben. Etwa 30% der Bevölkerung wohnen in Großstädten, mehr als die Hälfte in Mittel- und Kleinstädten, und etwa 15% in ländlichen Gemeinden (vgl. Tabelle). In den Groß- und Mittelstädten sind die Anteile bei den Arbeitsplätzen höher als bei der Bevölkerung, während die Kleinstädte und ländlichen Gemeinden vor allem Wohnorte sind.

Verteilung von Bevölkerung und Arbeitsplätzen nach Siedlungstypen (2008)

	Flächen-anteil	Bevölkerung in 1000		Arbeitsplätze in 1000		Arbeits-losen-quote 2006/07
	%	absolut	%	absolut	%	%
Bund insgesamt	*100*	*82 002*	*100*	*27 457*	*100*	*9,4*
Großstädte	3,89	25 132	30,65	10 981	39,99	11,8
Mittelstädte	18,23	23 745	28,96	8 580	31,25	9,6
Kleinstädte	27,55	20 261	24,71	5 306	19,33	7,2
Ländliche Gemeinden	50,33	12 863	15,69	2 589	9,43	8,0

Quelle: INKAR (BBSR)

4 Urbane Lebensweise

Aufgrund der kurzfristigen Arbeitsverträge und niedrigen Löhne waren die Arbeiter bis zum Ende des 19. Jahrhunderts häufig zu Umzügen gezwungen, um Phasen der Armut zu überbrücken, und außerdem war es durchaus üblich, einen Teil der Wohnung oder auch manchmal nur das Bett für die Nacht unterzuvermieten, um die Mietzahlung auf mehr Schultern verteilen zu können. So entstand, im Gegensatz zum bürgerlichen Ideal der abgeschlossenen Familienwohnung, eine ›halboffene‹ Wohnweise, in der die Familie der Hauptmieter mit wechselnden ›Fremden‹ zusammenlebte. Die Nachfrage nach solchen Unterkünften war groß, da die Zuwanderung vom Lande überwiegend von jungen, männlichen Arbeitskräften getragen wurde, die hoch mobil waren. In den Arbeitervierteln entstand trotz aller angesichts der räumlichen Enge unvermeidlichen Streitigkeiten eine besondere Lebensweise, die durch informelle Hilfeleistungen, politische Solidarität und durch eine intensive Nutzung der öffentlichen Räume gekennzeichnet war. Privatheit, das Sehnsuchtsziel der bürgerlichen Schichten, war in diesen Stadtteilen kaum möglich.

Die kulturelle und ökonomische Differenzierung und Spezialisierung

Ganz anders entwickelte sich dagegen die urbane Lebensweise derjenigen, die aufgrund von eigenem Vermögen oder festen Anstellungen im sich rasch ausbreitenden Dienstleistungssektor nicht von unmittelbaren Existenzsorgen geplagt wurden. Georg Simmel (1903) hat sie idealtypisch als eine Reaktion auf die städtische Dichte und Heterogenität der Bevölkerung beschrieben. Im Gegensatz zur kleinstädtischen oder ländlichen Situation, wo man die Menschen, denen man alltäglich begegnete, sozial einordnen und mit denen man oft noch vertraute Beziehungen pflegen konnte, war das Leben in der Großstadt geprägt durch eine hohe Dichte höchst flüchtiger Begegnungen, die es unmöglich machten, jeden einzelnen Menschen noch als Individuum wahrzunehmen. Daher entwickelten die Städter eine ›Reserviertheit‹ im Umgang, eine Abwehr gegen zu viele Eindrücke, die durch die zahllosen, unvermeidlichen und nicht gewollten Begegnungen mit fremden Menschen im öffentlichen Raum entstanden. Die fehlende räumliche Distanz wurde durch eine innere Distanz kompensiert; man konnte psychisch nur überleben, indem man eine große Gleichgültigkeit gegenüber den anderen entwickelte, was in der kulturpessimistischen Deutung solcher ›oberflächlichen‹ Beziehungen als Ausdruck von Vereinsamung und sozialem Zerfall interpretiert wurde. Simmel hingegen sah hierin eine Möglichkeit der Emanzipation aus den Verpflichtungen enger sozialer Beziehungen, wie sie typischerweise die Familie oder eine traditionelle Nachbarschaft mit sich brachten, also die Perspektive der Individualisierung. Die wechselseitige Gleichgültigkeit wurde in seinen Augen eine Bedingung für individuelle Freiheit. Die sozialen Kontrollen wurden schwächer oder fielen ganz weg in einer Umgebung, in der das Zusammenleben vor allem über die Systeme des Arbeitsmarktes und eines selbst gewählten Kulturlebens integriert wurde.

Simmel sah in den beiden Merkmalen des ›Städtischen‹, nämlich in der Heterogenität von Berufen und kulturellen Orientierungen sowie der erzwungenen Koexistenz auf engem Raum aber auch ein Grundmerkmal der kulturellen Produktivität der Städte. In der großen Masse wurden kulturelle und ökonomische Differenzierung und Spezialisierung zu den entscheidenden Prozessen, die die Städte zu Orten der Innovation werden ließen. Während das Abweichende und das Fremde in kleineren lokalen Gemeinschaften eher als Bedrohung wahrgenommen und entsprechend sozial sanktioniert wurde, forderte die Großstadt Besonderheiten und Differenzierungen geradezu heraus und belohnte sie. Die Möglichkeit zur Anonymität, zur selbst bestimmten Wahl der Verkehrskreise und die permanente Konfrontation mit dem Unbekannten formten den städtischen Sozialcharakter. In kleinen Städten und Dörfern überschnitten sich die Verkehrskreise, und man begegnete daher in verschiedenen Zusammenhängen immer wieder den gleichen Leuten, in der Großstadt aber differenzieren sich die Verkehrskreise aus, man kann verschiedene Rollen einnehmen und ausprobieren, die Individualität wurde dadurch gefördert, und die Großstadt wurde zum Ort der Emanzipation aus traditionellen sozialen Kontrollen. Selbstverständlich hat dieser Prozess seine Kehrseite darin, dass die Emanzipation aus sozialen Verpflichtungen auch mit dem Risiko der sozialen Isolation und der existenziellen Gefährdung verbunden sein kann. Für einen nachhaltigen Schub der Individualisierung* war daher auch der Aufbau einer kommerziellen Dienstleistungsindustrie und staatlicher Versorgungseinrichtungen Voraussetzung. Im Laufe des 20. Jahrhunderts wurde so der Aufbau der Stadt als einer ›Dienstleistungsmaschine‹ zu einem zentralen Leitbild.

5 Die fordistische Stadt

Die ›moderne‹ Industriegesellschaft des 20. Jahrhunderts war entscheidend geprägt durch den Fordismus* – und dieser hatte auf die Stadtentwicklung und auf die städtische Lebensweise ebenfalls prägenden Einfluss. Als Fordismus wird die gesellschaftliche Formation bezeichnet, die sich in den USA in den ersten Jahrzehnten des 20. Jahrhunderts herausbildete und bis etwa zur Mitte der 70er Jahre bestand. Im Zentrum steht die Idee, dass durch die Produktivitätsfortschritte bei der maschinengestützten Massenproduktion von Konsumgütern, wie sie zum ersten Mal bei der Fließbandproduktion des Automobils in den Ford-Werken realisiert wurde, der Wohlstand auch der unteren Schichten so gehoben werden könne, dass eine ›klassenlose‹ Gesellschaft entsteht. Grundlage dafür war die ›wissenschaftliche‹ Organisation der Arbeit, die den Produktionsprozess in so einfacher Arbeitsschritte zerlegte, dass ungelernte Arbeiter sie verrichten konnten und dabei gut verdienten. Der Preis für die Entstehung einer Massenkonsumkultur war die Standardisierung der Lebensstile, denn zu bezahlbaren Preisen konnten nur die immer gleichen Produkte in großer Serie hergestellt werden. Durch diese Entwicklung, die in Deutschland erst nach dem Zweiten Weltkrieg mit großer Wirkung einsetzte, wurde nach und nach die von Not und Entbehrung geprägte proletarische Lebensweise tatsächlich weitgehend aufgelöst und in den Mainstream der Mittelschichtgesellschaft integriert (vgl. Mooser 1984). Zur ›Verbürgerlichung‹ der Arbeiterschaft haben Wohnungs- und Stadtpolitik einen erheblichen Beitrag geleistet.

Funktionalismus als Leitgedanke der Stadtentwicklung

Das Modell der Zergliederung des komplexen Produktionsprozesses in funktionale Bestandteile wurde von Architekten und Stadtplanern auch auf Wohngebäude und Stadtstrukturen übertragen. Der Funktionalismus, bei dem die verschiedenen Bereiche des städtischen Lebens getrennt und höchst zweckmäßig gesondert organisiert werden, wurde zum zentralen Leitgedanken der Stadtentwicklung im 20. Jahrhundert. Die Trennung der Funktionen wurde im Gegensatz zur ›alten‹ Stadt des 19. Jahrhunderts in der Folgezeit perfektioniert. Gewerbe, Büros, Einkaufs- und Freizeitzentren, ›reinen‹ Wohngebieten wurden jeweils gesonderte Flächen zugewiesen, die durch auf das Automobil orientierte Verkehrsadern verbunden wurden.

Von avantgardistischen Architekten wurden Konzepte des ›richtigen‹ Wohnens und der ›modernen‹ Stadt entwickelt und vor allem in den Siedlungen des öffentlich geförderten Wohnungsbaus umgesetzt. Dabei ging man von der Vorstellung einer ›modernen‹ Lebensweise aus, die keine Klassen- und Schichtunterschiede mehr kennt. Den Kern bildete dabei eine von schmutziger und belastender Arbeit befreite Wohnung, in der alles zweckmäßig organisiert und die Hausarbeit möglichst weitgehend durch Technik erleichtert, wenn nicht sogar ersetzt werden sollte. Die massenhafte Verbreitung des privaten Automobil-Besitzes ermöglichte die weiträumige Trennung von Arbeiten und Wohnen. An den Stadträndern entstanden so massenhaft Einfamilienhaus-Siedlungen, in die Familien mit durchschnittlichem Einkommen umziehen konnten. Aber auch im öffentlich geförderten Wohnungsbau, besonders prägnant in den in den 60er- und 70er-Jahren entstehenden Großsiedlungen des sozialen Wohnungsbaus, wurde die Standardisierung der Grundrisse und der technischen Ausstattung stilbildend. Parallel zum Aufbau der privaten Konsumkultur wurde die öffentliche soziale Infrastruktur ausgebaut: Bildungs- und Gesundheitseinrichtungen, Sozialstationen und Orte für Kultur sowie ein sorgfältig kalkuliertes Angebot an privatwirtschaftlichen Einrichtungen sollten ein umsorgtes modernes Leben garantieren. Im Wirtschaftsboom der Nachkriegszeit hatten die Städte aufgrund ihrer hohen Gewerbesteuereinnahmen tatsächlich die finanziellen Mittel, die freiwilligen Aufgaben im Bereich von sozialen und kulturellen Diensten auszudehnen. Die Stadt sollte eine große, von zentraler Hand zweckmäßig organisierte Dienstleistungsmaschine sein.

Die Suburbanisierung

Räumliches Kennzeichen dieser Phase war die Suburbanisierung*. Diejenigen Schichten, deren Einkommen inzwischen weit über das Existenzminimum hinaus gewachsen waren, zogen in großen Massen in das Umland der Städte, wo sie in den neu gebauten Siedlungen ein stark familienzentriertes Leben führten. Diese Ausbreitung der Städte ins Umland war einerseits notwendig, um die wachsende Bevölkerungszahl aufzunehmen. Sie war aber auch motiviert durch die wachsenden Möglichkeiten der höheren Kaufkraft. Größere Wohnungen mit einem leichten Zugang zum Freiraum – das zentrale Motiv für die Eigentumsbildung beim Wohnen und den Umzug ins Umland – war für die Mittelschichten nur bei niedrigem Bodenpreis bezahlbar, und dieser wird mit zunehmender Entfernung vom Zentrum eben niedriger. In der Folge entstanden umfassende Pendelbewegungen zwischen den Wohnorten am Stadtrand und den in der Stadt verbliebenen Arbeitsplätzen, wo großzügige Verkehrswege gebaut und dadurch die Lebensqualität in vielen Teilen der Städte verschlechtert wurde.

Die Kehrseite dieser Entwicklung war eine zunehmende soziale Differenzierung zwischen der Bevölkerung in den Kernstädten und in deren Umland. In den großen Städten blieben diejenigen zurück, die sich dem großen Treck ›hinaus aus der Stadt‹ aus finanziellen Gründen nicht anschließen konnten, so dass sich die Gewichte in der Sozialstruktur in den Städten hin zu den einkommensschwächeren und sozial bedürftigen Bewohnern verschoben. Die Dienstleistungs- und Versorgungsunternehmen folgten der Bevölkerung ins Umland, so dass schließlich auch die Städte als zentrale Einkaufsstandorte an Gewicht verloren. Der Dekonzentration der Bevölkerung folgte auch eine Dekonzentration der Arbeitsplätze. Die Bürgermeister der großen Städte haben damals eine ›Krise der Städte‹ ausgerufen. Zwischen 1950 und 1970 hat sich die Zahl der Bewohner in den Kernstädten der Agglomerationen dennoch um etwa 25% erhöht, das Wachstum im Umland lag jedoch nahe bei 50% (vgl. Reulecke 1985, 222).

Die Städte vor einer Strukturkrise

Die Bewohner der Vorstadtgemeinden bezahlen ihre Einkommenssteuer dort. Diese Gemeinden wurden trotz des wachsenden Bedarfs an zusätzlicher Infrastruktur wohlhabend, während die Großstädte bei relativ sinkenden Einnahmen mit wachsenden Ausgaben für soziale Aufgaben konfrontiert waren. Im Zuge dieses Prozesses zeichnete sich also eine soziale Polarisierung zwischen Kernstadt und Umland ab, die jedoch nicht zu einer ähnlichen Konfrontation zwischen der suburbanen Mittelschicht und einer verarmenden Großstadt führte wie in den USA. In Deutschland sorgte die Stadtentwicklungspolitik durch die Förderung von Stadterneuerung und Modernisierung dafür, dass die Städte der Agglomerationen nicht dem Verfall preisgegeben wurden.

Mit der Beseitigung von Handelsschranken und der Etablierung eines globalen Finanzsektors seit den 1970er-Jahren war ein grundlegender Wandel der ökonomischen Struktur der Bundesrepublik verbunden, der schließlich zum weitgehenden Verschwinden der großen Betriebe des verarbeitenden Gewerbes in vielen Städten führte. Die Produktion wurde dezentralisiert oder ganz in Niedriglohnländer verlagert. Zum ersten Mal seit dem Beginn der Industrialisierung war die Arbeitslosigkeit in den Städten höher als im Umland und in den ländlichen Regionen. Angesichts der anhaltenden Suburbanisierung der Bevölkerung und der dramatischen Arbeitsplatzverluste in den 1980er-Jahren gerieten viele große Städte in eine Strukturkrise.

Renaissance der Städte

Aber verschiedene Entwicklungen haben zu einer ›Renaissance‹ der großen Städte geführt, die durch wieder wachsende Einwohnerzahlen und eine neue Zunahme der Zahl der Arbeitsplätze gekennzeichnet werden kann. Verantwortlich dafür sind ökonomische Veränderungen und der Wandel von Lebensstilen*. In ökonomischer Perspektive hat die wachsende Bedeutung des ›wissensbasierten‹ Beschäftigungssegments, d.h. das starke Wachstum von Arbeitsplätzen im Bereich hochwertiger Dienstleistungen, zu einer Stärkung der großstädtischen Arbeitsmärkte beigetragen. Dazu gehören die Bereiche Verwaltung und Vermarktung, Rechtsberatung und Kommunikation sowie Bildung und Kultur. Insgesamt werden sie als ›kreative Berufe‹ bezeichnet, weil ihre Funktion vor allem im Bereich ökonomischer und kultureller Innovation liegt. Nach einer langen Phase der Dekonzentration von Arbeitsplätzen erleben die Städte eine Renaissance als ökonomischer Standort, weil die starke Vernetzung und Kommunikation zwischen den Betrieben in diesem Bereich bei hoher räumlicher Dichte am besten gelingt.

Parallel hat sich die Attraktivität der großen Städte als Wohnstandort wieder gesteigert. Dies ist vor allem auf Veränderungen in der Erwerbstätigkeit und in den Lebensstilen zurückzuführen. Viele der neu entstehenden Beschäftigungen im Dienstleistungsbereich entsprechen nicht mehr dem Normalarbeitsverhältnis*, wie es für den Fordismus* typisch war, das durch eine lebenslange Anstellung mit voller Arbeitszeit und einen ›Familienlohn‹ charakterisiert war. Heute sind neue Arbeitsplätze sehr häufig zeitlich befristet und verlangen eine hohe zeitliche Flexibilität (vgl. dazu Kapitel12: Arbeitsmarkt). Neben hoch bezahlten Arbeitsplätzen entstehen so zahlreiche Beschäftigungen, bei denen die Verdienste unstet und daher im Durchschnitt gering sind. ›Prekäre‹ Beschäftigungen breiten sich aus, u. a. in der Form einer neuen Selbstständigkeit. Jüngere, akademisch qualifizierte Personen in den Bereichen der Kultur-und Wissensproduktion finden sich in befristeten ›Projekten‹ zusammen, und sie müssen sich für weitere Projekte immer wieder neu vernetzen. Mit ihren komplexen, projektbezogenen Kooperationsbeziehungen sind sie auf das kommunikative Umfeld der innerstädtischen Quartiere mit ihren vielfältigen urbanen Milieus angewiesen, in dem sie sich über neuere Entwicklungen und Beschäftigungsmöglichkeiten austauschen können. In dieser neuen urbanen Arbeitsgesellschaft verflüssigt sich die traditionelle Trennung von Arbeiten, Wohnen und Freizeit. Eine funktionale Durchdringung und enge Integration von beruflichem, sozialem und persönlichem Leben ist eines der wesentlichen Merkmale der Arbeits- und Lebensweise dieses neuen Beschäftigungstypus.

Die veränderte Rolle der Frauen

Eine entscheidende Komponente für die Aufwertung der funktional gemischten, innerstädtischen Altbauquartiere als Wohnort ist die veränderte Rolle der Frauen. Ihr Qualifikationsniveau und damit auch ihre biografischen Orientierungen haben sich mit der Bildungsexpansion der letzten Jahrzehnte stark verändert. Waren sie in den 1970er-Jahren im höheren Bildungswesen noch stark unterrepräsentiert, so hat sich die Abiturientenquote der Frauen inzwischen derjenigen der jungen Männer angeglichen. Die Neigung, sich mit einem Lebenspartner mit dem gleichen formalen Bildungsabschluss zusammen zu tun (und diesen evtl. auch zu heiraten), dominiert die Paarbildung und die Heiratsbeziehungen. Daher gibt es immer mehr Haushalte, in denen beide Partner akademisch qualifiziert und auf Erwerbstätigkeit orientiert sind. Wenn nun beide mit einem Arbeitsmarkt konfrontiert sind, auf dem hohe Flexibilität verlangt und immer wieder mit Unterbrechungen der Erwerbstätigkeit gerechnet werden muss, verändert sich die wohnbiografische Orientierung. Das typische biografische Muster der fordistisch Ära war, in dem der Abschluss einer qualifizierten Ausbildung des Mannes mit einem langfristigen Arbeitsvertrag und einer ausreichend hohen Bezahlung für die Ernährung einer Familie verbunden war, die Gründung einer Familie und der Umzug ins Umland. Dort kümmerte sich die Frau um Haushalt und Kinder und organisierte das Familienleben, das mit weiten Wegen in einem zeitlich stabilen Ablauf verbunden war. Die Haushalte konnten sich langfristig verschulden und so die Eigentumsbildung finanzieren. Die Suburbanisierung beruhte auf einem Hausfrauenmodell. Und dieses (klein-)bürgerliche Ideal wurde in den drei Jahrzehnten nach dem Zweiten Weltkrieg millionenfach verwirklicht.

Instabile Einkommensverhältnisse, die simultane Orientierung beider Partner auf einem Arbeitsmarkt, der durch wachsende Prekarität* gekennzeichnet ist, das Erfordernis einer großen zeitlichen Flexibilität und die stärkere Vermischung von Arbeiten und Wohnen haben die Attraktivität dieses Modells bei einem großen Teil der jüngeren Stadtbewohner verblassen lassen. Wenn sie auch noch Kinder haben, sind die funktional vielfältigen, verdichteten Innenstadtgebiete, wo sich Dienstleistungen verschiedenster Art und Arbeitsmöglichkeiten in leicht erreichbare Nähe befinden, eine Existenznotwendigkeit. Außerdem nimmt der Anteil von allein lebenden Personen in den großen Städten ständig zu, deren Wunsch nach einer aktiven Teilnahme am öffentlichen Leben der Stadt in den reinen Wohngebieten am Stadtrand nur schwer zu befriedigen wäre. Durch diese Entwicklungen steigt also die Nachfrage nach innerstädtischen Wohnmöglichkeiten wieder erheblich an.

Die Pluralisierung der Lebensweisen

Nach einer langen Phase der Angleichung an die ›Normalität‹ des Lebens in der Kleinfamilie, bestehend aus einem erwerbstätigen Mann, einer Hausfrau und ein oder zwei Kindern, differenzieren sich die Lebensweisen und damit auch die Wohnweisen wieder stärker aus. Unterschiedliche Wohnformen (›Singles‹, Wohngemeinschaften) breiten sich aus, und damit sinkt die Attraktivität der Wohnungen mit den standardisierten Grundrissen, wie sie für die fordistische Stadt typisch waren. Die nachlassende Prägekraft von Klassen- oder Schichtzugehörigkeit für die Lebensstile hat zur Herausbildung einer Pluralität von Milieus* geführt, die in den Städten an verschiedenen Orten sichtbar werden. Die wachsende soziale und kulturelle Differenzierung der Stadtbevölkerung führt auch zu neuen Mustern der sozialen Segregation bis hin zu einer sozialen Polarisierung der Städte – und auch zu neuen Konflikten.

Gentrification

Wo durch die Deindustrialisierung und den Wegzug der früheren Arbeiterbevölkerung in der Nähe zur Innenstadt ehemalige Fabrikgebäude und qualitativ unattraktive Wohnungen frei geworden sind, haben sich einerseits ›ethnische Kolonien‹ durch den Zuzug von Migranten gebildet, die den heruntergekommenen Vierteln ihr eigenes Image verleihen. Andererseits entstehen ›Szeneviertel‹, die durch die politischen und kulturellen Aktivitäten von Studenten, Künstlern und sonstigen Bohemiens (die ›Pioniere‹ einer neuen Entwicklung) geprägt sind. In früheren Gewerberäumen werden Kultureinrichtungen gegründet, eine neue, innovative Infrastruktur entsteht, und dadurch werden die Quartiere kulturell aufgewertet und auch für die neuen Urbaniten aus den höheren Einkommensschichten der ›kreativen Berufe‹ interessant, die dort ein geeignetes Umfeld für ihren unbürgerlichen Lebensstil zu finden hoffen. Ähnliche Lebensstile mit unterschiedlicher Kaufkraft konkurrieren nun um die gleichen Standorte. Wenn private Investoren die Möglichkeit zur Eröffnung eines neuen Renditezyklus entdecken, werden Wohnungen aufwändig modernisiert und die Wohnmöglichkeiten für die einkommensschwächeren Bewohner dadurch verengt. Dieser Vorgang wird als Gentrification* bezeichnet, weil die Quartiere sozial und baulich aufgewertet und damit in ein anderes Segment des Wohnungsmarktes transferiert werden. Von den Pionieren wird dies als ›Verdrängung‹ thematisiert und der Verlust von preiswertem Wohnraum in der Innenstadt beklagt und bekämpft. Wenn sich der Trend zum Wachstum von hochwertigen Dienstleistungsbeschäftigungen in den Zentren der großen Städte verstetigt, dürfte diese Entwicklung allerdings auf lange Sicht kaum aufzuhalten sein. Denn das System der Wohnungsversorgung ist in der postfordistischen Periode zunehmend liberalisiert und privatisiert worden, so dass den Städten – sofern sie das überhaupt wollen – nur wenige Instrumente zur Steuerung zur Verfügung stehen.

6 Segregation

Zu allen Zeiten und in allen Kulturen existierte in den Städten eine räumliche Segregation verschiedener Standes- oder Berufsgruppen. Aber auch in demokratischen, marktwirtschaftlich regulierten Gesellschaften gibt es keine vollkommene Gleichverteilung der sozialen Gruppen im städtischen Raum. Während der Phase der Hochindustrialisierung in Deutschland zwischen 1870 und 1910 bildeten sich in den großen deutschen Städten krasse Unterschiede in der Wohnqualität zwischen dem Proletariat und anderen Klassen und Schichten heraus. Seit der Einführung einer sozialen Wohnungspolitik nach 1918 ist der Abbau der sozialen Segregation zu einem festen Ziel von Stadt- und Wohnungspolitik geworden. In den Neubausiedlungen mit großen Anteilen von öffentlich geförderten Wohnungen, die im Laufe des 20. Jahrhunderts entstanden, wurde immer eine »soziale Mischung« angestrebt, womit die Tendenz zur klassenlosen Mittelschichtsgesellschaft befestigt werden sollte. Die hohe Konzentration von Arbeitern in den proletarischen Quartieren mit geringer Wohnqualität ist immer auch als eine potenzielle Gefahr für politisch umstürzlerische Umtriebe betrachtet worden. Der soziale Wohnungsbau sollte also auch ein Instrument zur Verringerung der sozialräumlichen Segregation sein. Diese Rolle kann er heute immer weniger wahrnehmen, weil die Bestände laufend abnehmen und sich zunehmend in den Wohnsiedlungen der 1960er- und 1970er-Jahren konzentrieren. Da zugleich der Bedarf nach solchen Wohnungen durch Zuweisung an die wachsende Zahl armer Haushalte und mittelloser Zuwanderer steigt, konzentrieren sich dort immer stärker Haushalte mit multiplen sozialen Problemlagen.

Die zunehmende Heterogenität der Städte

Die Städte werden in der postfordistischen Entwicklung sozial und kulturell heterogener. Die Arbeitsmarktentwicklung sorgt für größere materielle Ungleichheit, und der beständig wachsende Anteil der Bevölkerung ›mit Migrationshintergrund‹ führt zu einer größeren kulturellen Heterogenität – und in den Großstädten sind die sozialen und kulturellen Unterschiede am stärksten. Damit ›entmischen‹ sich städtische Quartiere, die Segregation nimmt wieder zu. Segregation bedeutet, dass Bewohner, die eine soziale, kulturelle oder ethnische Gemeinsamkeit haben, nicht wahllos vermischt mit anderen Gruppen wohnen, sondern konzentriert in bestimmten Quartieren. Soziale und kulturelle Distanzen werden in räumliche Distanzen übersetzt. Die Reichsten wohnen in den begehrtesten und sozial exklusiven Gegenden, die Ärmsten in den Wohnvierteln, in denen andere nicht wohnen wollen. Es gibt also eine freiwillige und eine erzwungene Segregation. Migranten-Haushalte werden auf dem Wohnungsmarkt häufig diskriminiert und in bestimmten Quartieren zusammengedrängt, wo sie dann eine auf ihre Bedürfnisse zugeschnittene Infrastruktur aufbauen und ein lebendiges Gemeinschaftsleben entwickeln. Diese sichtbare Absonderung wird häufig als Zeichen mangelnder Integration gesehen, was allerdings durch die empirische Forschung nicht bestätigt wird (vgl. Häussermann 2009). Während sich die sozialen Aufsteiger unter den Migranten immer stärker über die gesamte Stadt verteilen, bleibt die migrantische Unterschicht stark segregiert. Dies ist aber eher der Ausdruck als die Ursache ihrer sozialen Marginalisierung.

Die Folgen einer unfreiwilligen Segregation sind ambivalent. Betroffen sind davon einerseits einkommensschwache Haushalte, andererseits ethnische Minderheiten. Wo sich beides überlagert, wird die Situation in Politik und Öffentlichkeit als sehr problematisch angesehen (vgl. Häussermann/Kronauer/Siebel 2004). Das ist sie auch, wenn der Wohnort zu einer eigenständigen Quelle sozialer Benachteiligung wird. Das kann bei einer sozial marginalisierten Bevölkerung dadurch zustande kommen, dass die Informations- und Kontaktmöglichkeiten der Bewohner sehr beschränkt sind, weil sie stark lokal orientiert sind und in der Nachbarschaft vor allem auf Leute treffen, die ebenfalls über geringe Ressourcen verfügen. Bei Jugendlichen, für die die Nachbarschaft ein wichtiger Sozialisationsraum ist, wird angenommen, dass sie in einem verarmten Milieu des Quartiers Normen lernen und Vorbildern folgen, durch die sie dauerhaft diesem Milieu verhaftet bleiben. Besonders sichtbar wird dies an den geringen Erfolgen im Bildungssystem, wodurch die Lebensperspektiven von Kindern und Jugendlichen blockiert werden. Benachteiligte Bewohner, die sich ihren Wohnort nicht selbst aussuchen können, geraten damit in einen Kreislauf der Exklusion (vgl. Kronauer 2010), der aus eigener Kraft kaum mehr zu durchbrechen ist. Auf diese Problemlage hat das Bund-Länder-Programm »Stadtteile mit besonderem Entwicklungsbedarf – die Soziale Stadt« reagiert und Mittel für Maßnahmen bereitgestellt, mit denen durch eine integrierte Quartierspolitik die Situation in der Nachbarschaft verbessert und den Bewohnern neue Perspektiven eröffnet werden sollen. Die Abkoppelung von Quartieren sowie die Ausgrenzung ganzer Bewohnergruppen soll damit verhindert werden. Eine wichtige Triebfeder für den Wegzug von Bewohnern, die über ein höheres soziales und kulturelles Kapital verfügen, ist die Situation in den Schulen. Auf den Bildungserfolg ihrer Kinder bedachte Eltern meiden die Schulen mit hohen Anteilen von Schülern mit einer nicht-deutschen Herkunftssprache und verlassen solche Quartiere.

So entstehen die Quartiere der sozialen Ausgrenzung, die aber auf der anderen Seite auch eine starke Binnenintegration aufweisen können. Die gemeinsame Lebenssituation erleichtert intensive soziale Beziehungen, durch die auch gegenseitige Hilfeleistungen möglich sind. Das homogene Milieu bietet also bis zu einem gewissen Grad auch eine soziale Einbettung. Aber dies kann aus den oben genannten Gründen auch zu einer Falle für die soziale Mobilität werden.

Die Städte, die durch das starke ökonomische Wachstum zwischen 1950 und 1975 zu Integrationsmaschinen geworden waren, erleben einen starken Strukturwandel und haben diese Funktion für einen erheblichen Teil ihrer Bewohner verloren. Sie stehen in der Gefahr, gleichzeitig zu Orten einer neuen Urbanität und einer neuen sozialen Ausgrenzung zu werden.

Weiterführende Literatur:

Häussermann, Hartmut; Läpple, Dieter; Siebel, Walter (2008): *Stadtpolitik*, Frankfurt am Main: Suhrkamp.

Eine umfassende Analyse der Stadtentwicklung in Deutschland seit der Industrialisierung bis zur Gegenwart.

Häussermann, Hartmut; Siebel, Walter (2004): *Stadtsoziologie. Eine Einführung*, Frankfurt am Main: Campus.

Überblick über die wichtigsten Themen der soziologischen Stadtforschung.

Häussermann, Hartmut; Siebel, Walter (1996): *Soziologie des Wohnens*. Weinheim: Juventa.

Geschichte des großstädtischen Wohnens und der Versuche seiner politischen Regulierung.

Heinz, Werner (2008): *Der große Umbruch. Deutsche Städte und Globalisierung*, Berlin: Deutsches Institut für Urbanistik.

Analyse der Erosion der fordistischen Stadt in Deutschland und der politischen Reaktionen der Städte.

Saldern, Adelheid von (1995): *Häuserleben. Zur Geschichte städtischen Arbeiterwohnens vom Kaiserreich bis heute*, Bonn: J. H. W. Dietz Nachfolger:

Detaillierte Darstellung der Wohnverhältnisse der unteren Schichten in den Städten.

Kapitel 11

Wirtschaftsordnung und wirtschaftliche Entwicklung

Vergangenheit und Zukunft der Sozialen Marktwirtschaft

Johannes Berger

Die ergänzenden Materialien zu diesem Kapitel finden sich auf der Website: www.bpb.de/sozialkunde/wirtschaft

1 Einleitung

Der Lebensstandard und die Lebenschancen der Bevölkerung eines abgrenzbaren Gebiets werden im Wesentlichen von zwei Sachverhalten geprägt: dem Niveau der Produktion von Gütern und Diensten aller Art einerseits und der Regelung des Zugangs zu diesen Gütern und Diensten andererseits. Keinem anderen Faktor kommt im Blick auf den Lebensstandard und die Lebenschancen der Bewohner des Landes eine größere Bedeutung zu. Jedenfalls gilt dies für Friedenszeiten. Es ist daher unerlässlich, sich eine genaue Vorstellung von der Ordnung der Wirtschaft zu verschaffen. Das bisher erreichte Niveau, die weitere wirtschaftliche Entwicklung, vor allem aber die Allokation (Zuteilung) knapper Ressourcen zu Betrieben einerseits, die Verteilung der jährlichen Ergebnisse der Volkswirtschaft auf soziale Gruppen andererseits sind fundamental davon bestimmt, wie dieses so zentrale Feld menschlicher Aktivitäten geordnet ist. Ein Blick auf die jüngere Wirtschaftsgeschichte reicht aus, dieses Urteil zu bestätigen. Am Beginn dieses Überblicks über die Wirtschaft der Bundesrepublik Deutschland steht daher die Analyse ihrer 1948 etablierten Ordnung (Abschnitt 2). Unter der Ordnung der Wirtschaft ist eine Kombination basaler Strukturen sowie elementarer Regeln zu verstehen, die das Wirtschaftsspiel normieren. Die faktischen Abläufe können von diesem Normenbestand mehr oder weniger abweichen. Die Verfassung der Wirtschaft ist jedoch keine Konstante, sondern unterliegt Kräften des geschichtlichen Wandels. Immer steht die Frage im Raum, ob dieser Wandel den Kern der Ordnung selbst verändert oder nur eine Variation des Grundmusters bedeutet, ohne diesen Kern wirklich zu tangieren.

Auf die Analyse des Konzepts der Sozialen Marktwirtschaft (2) folgt die Schilderung der wirtschaftlichen Entwicklung seit Gründung der Bundesrepublik Deutschland (3). Ihr hervorstechendes Merkmal ist die immense Ausdehnung der Reichtumsproduktion. In Abschnitt 4 geht es um die materiellen und institutionellen Voraussetzungen des wirtschaftlichen Erfolgs und danach (5) um die wichtigsten wirtschaftspolitischen Kontroversen, die auf die weitere Gestaltung der Wirtschaftsordnung einen erheblichen Einfluss ausgeübt haben: die Frage nach der »richtigen« Wirtschaftspolitik und die Frage nach dem »richtigen« Verhältnis von Markt und Staat. Im Zusammenhang dieses Abschnitts wird auch die Frage aufgegriffen, ob die Soziale Marktwirtschaft, welche die Wirtschaftsgeschichte der Bundesrepublik so entscheidend geprägt hat, sich mittlerweile auf der Verliererstrasse befindet. Die weitere Frage, wie stark die Wirtschaft der Bundesrepublik von strikt marktwirtschaftlichen Prinzipien durchdrungen ist, wird in einem eigenen Abschnitt (6) behandelt . Abschließend werden die wichtigsten Probleme skizziert, mit denen die Wirtschaft der Bundesrepublik in naher Zukunft konfrontiert sein wird (7). Dabei sind drei Probleme vorrangig: die Bewältigung der jüngsten Finanzkrise, die Beherrschung der Staatsverschuldung und die Sicherung der produktiven Basis der Wirtschaft.

2 Soziale Marktwirtschaft

Wer nach einer ebenso gängigen wie griffigen Charakterisierung der Wirtschaftsordnung der Bundesrepublik Deutschland sucht, wird unvermeidlich mit dem Begriff »Soziale Marktwirtschaft« konfrontiert. In der Tat ist das die in Politik und Publizistik geläufigste Bezeichnung. In der wissenschaftlichen Literatur finden sich andere Charakterisierungen (Kapitalismus, rheinischer Kapitalismus, Modell Deutschland, korporative Marktwirtschaft usw.), die aber bei weitem nicht die Prominenz des erstgenannten Konzepts erreicht haben. Seit der Prägung dieses Begriffs durch Müller-Armack (1947) hat es eine anhaltende Diskussion darüber gegeben, was genau unter einer »sozialen Marktwirtschaft« eigentlich zu verstehen sei. Diese Diskussion betrifft insbesondere das Attribut »sozial«; über die Grundzüge einer Marktwirtschaft hingegen herrscht mehr oder weniger Einigkeit.

Das ökonomische Problem

Jede Volkswirtschaft ist mit der Aufgabe konfrontiert, das sog. »ökonomische Problem« zu lösen. Dieses Problem besteht darin, eine Antwort auf die Frage zu finden, welche Güter in welcher Menge auf welche Weise produziert werden sollen. Zudem muss noch geklärt werden, wer in den Genuss welcher Güter kommt. Dieses ökonomische Problem lässt sich prinzipiell auf zwei Weisen lösen. »Die Gesellschaft« stellt einen Plan auf, der festlegt, was in welcher Menge und mit welchen Verfahren hergestellt wird. Da »die Gesellschaft« als ganze völlig unfähig ist, diesen Plan aufzustellen, (so etwas klappt allenfalls in kleinen, autoritär geführten Familien) erledigt tatsächlich ein Ausschuss diese Aufgabe für sie. Dieser Ausschuss legt zudem fest, wer was bekommt. Das muss nicht in der Form geschehen, dass er entscheidet, ob Familie Maier im nächsten Winter zwei paar Stiefel erhält; es reicht aus, dass die Löhne und Gehälter zentral festgelegt werden. Eine derart organisierte Planwirtschaft ist immer auch eine Kommandowirtschaft. Die Zentrale, die den Plan erstellt, muss gleichzeitig dafür sorgen, dass er auch befolgt wird.

Die Kennzeichen einer Marktwirtschaft

Die Alternative zu diesem Verfahren ist, dass Privatleute für sich entscheiden, was sie in welcher Menge und mit welchen Verfahren produzieren wollen. Voraussetzung hierfür ist, dass alle Privatleute Eigentümer von irgendetwas sind und sei es auch nur Eigentümer ihrer eigenen Arbeitskraft. Wenn die Privateigentümer ihre Entscheidungen getroffen haben, wenden sie sich an eine Instanz, bei der sie sich beschaffen können, was ihnen zur Durchführung ihrer Pläne fehlt. Eine solche Instanz ist der Markt. Auf Märkten tauschen die Privateigentümer Produkte, die sich in ihrem Besitz befinden, gegen solche, die sie mehr begehren als das, was sie besitzen. Bei diesen Produkten kann es sich entweder um Produktionsgüter (Güter, die man begehrt, um etwas herzustellen) oder um Konsumgüter handeln. Drei Sachverhalte organisieren diesen Tausch. Erstens, man erhält nur etwas, wenn man etwas hergibt. Wer nichts anzubieten hat, erhält auch nichts. Das ist eine sehr harte Bedingung, an der sich die Marktkritik immer wieder gestoßen hat. Zweitens, jeder der etwas tauscht, steht in einem Wettbewerb mit anderen, die auch das getauschte Objekt begehren. Drittens, die Tauschkonditionen stehen nicht fest, sondern erst im Wettbewerb bilden sich bewegliche Preise heraus, die festlegen, zu welchen Konditionen getauscht wird. Die bemerkenswerte Eigenschaft solcher Tauschvorgänge auf Märkten ist, dass sie auf zwei Fragen zugleich eine Antwort geben: einerseits auf die Frage, was in welcher Menge und mit welchen Verfahren produziert wird (das sogenannte Allokationsproblem) und andererseits auf die Frage wer in den Genuss wie vieler Güter kommt (das Distributionsproblem).

Kapitalistische Marktwirtschaft

Märkte selbst, auf denen Güter oder Dienste gegen Geld getauscht werden, sind uralt. Sie kommen auch noch in sozialistisch organisierten Gesellschaften vor (erst das utopische System des Kommunismus kommt ohne sie aus). Ein geschlossenes System von Märkten, die miteinander verbunden sind, bildet sich etwa seit dem 17. Jahrhundert heraus. Die entscheidende Neuerung besteht darin, dass jetzt auch die Produktionsfaktoren Boden, (Geld-)Kapital und vor allem Arbeit auf Märkten erworben werden können. Gleichbedeutend mit der Herausbildung von Märkten für Produktionsfaktoren ist die Entstehung eines völlig neuartigen Typs der Produktion von Gütern und Diensten: die kapitalistische Unternehmung. Dass mehrere Personen in einer Werkstatt zusammenarbeiten, ist eine in praktisch allen Hochkulturen bekannte Erscheinung. Revolutionär neu an der kapitalistischen Unternehmung ist die Beschaffung von Arbeitskräften auf einem Arbeitsmarkt. Auf einem solchen Markt schließen Arbeitskräfte, die über ihre Zeit frei verfügen können, einen Arbeitsvertrag mit einem Unternehmer ab. Die kapitalistische Unternehmung ist selbst kein Markt, sondern zwischen zwei Marktsegmente eingespannt: die Beschaffungsmärkte für alle benötigten Inputs einerseits und die Produktmärkte für ihren Output andererseits. Ein Anreiz zur Gründung solcher Unternehmen besteht nur dann, wenn hinreichend Aussicht darauf besteht, dass die produzierten Waren zu Preisen verkauft werden können, die dem Unternehmer einen Überschuss über seine Auslagen lassen. Die Wirtschaft ist dann kapitalistisch organisiert, wenn die (relative) Mehrheit des Produkts von kapitalistischen Unternehmen und nicht von anders organisierten Unternehmen, z. B. Genossenschaften oder kleinen Selbständigen, geliefert wird. Kapitalismus im so definierten Sinn ist kein begriffsnotwendiger Bestandteil von Marktwirtschaft. Es ist denkbar, dass die Produktion ausschließlich in der Hand kleiner Selbständiger, selbstverwalteter Betriebe oder von gemeinwirtschaftlichen Einrichtungen ist. Dann bleibt aber das Rätsel zu lösen, warum sich kapitalistische Unternehmen gegenüber allen anderen denkbaren Unternehmensformen durchgesetzt haben.

Voraussetzungen eines Marktes

Die Existenz eines Markts im vollen Sinne des Worts setzt voraus, dass mindestens auf einer Seite des Markts (Angebot oder Nachfrage) Beschaffungskonkurrenz besteht. Das heißt, dass entweder die Nachfrager oder die

Anbieter, wenn nicht beide, wählen können, mit wem sie einen Kontrakt abschließen. Das impliziert die Gefahr für alle Anbieter oder Nachfrager, trotz größter Anstrengung leer auszugehen.[1] Im Idealfall besteht auf beiden Marktseiten Konkurrenz zwischen unbestimmt vielen Anbietern und Nachfragern. Erfüllt diese Konkurrenz noch bestimmte weitere Bedingungen, wird in der volkswirtschaftlichen Theorie von vollständiger Konkurrenz gesprochen. Eine Wettbewerbsordnung besteht dann, wenn niemandem, der eine Ware anbieten oder kaufen will, der Zutritt zu dem betreffenden Markt verwehrt ist. Unter dieser Voraussetzung bildet sich ein einheitlicher Preis für eine Ware heraus (es besteht schließlich kein Motiv, die gleiche Ware bei einem teureren Anbieter zu kaufen). Die Preise, zu denen die Waren verkauft werden, sind frei beweglich. Sie hängen einzig und allein von den anonymen Kräften von Angebot und Nachfrage ab, werden also nicht von irgendeinem Akteur, etwa der staatlichen Verwaltung oder einem mächtigen Monopol, gesetzt. Wettbewerb, freier Marktzutritt und flexible, von niemandem gesetzte Preise sind die drei hervorstechenden Merkmale eines Markts im marktwirtschaftlichen System.

Definitionen der Sozialen Marktwirtschaft

Weniger eindeutig ist die Frage zu beantworten, wodurch sich ein solches System als sozial qualifiziert. Auf diese Frage sind mehrere Antworten möglich. Eine ebenso entschiedene wie konsequente Antwort lautet: Die Marktwirtschaft wird nicht erst durch irgendwelche institutionellen Anlagerungen und organisatorische Vorkehrungen sozial, sie ist bereits in sich sozial, weil sie wie kein anderes System zur Reichtumsproduktion und Wohlstandssteigerung in der Lage ist. Das war sicherlich die Auffassung Ludwig Ehrhards (»Wohlstand für alle«). Die Ausdehnung der Produktion und die ständige Steigerung der Produktivität bilden die Basis für die Erwerbsbeteiligung aller, sichern die Vollbeschäftigung der Arbeitskräfte und schaffen zugleich die Voraussetzungen dafür, das Ziel der sozialen Sicherheit anzusteuern. Eine zweite Antwort stellt wie die erste auf die Segnungen des Wettbewerbs ab. In dieser Sicht ist es die Aufgabe des Staats, die Wettbewerbsordnung zu sichern und sie vor dem stets drohenden Abgleiten in eine von Monopolen beherrschte Wirtschaft zu bewahren.[2]

1 Die Anziehungskraft sozialistischer Alternativen beruht bis auf den heutigen Tag in dem Versprechen, ihre Gesellschaftsmitglieder vor dieser Gefahr zu schützen.

2 Hierzu Eucken (1959), Kap. XV.3. Aufgabe des Staats ist die Einrichtung und Sicherung einer Wettbewerbsordnung, die sich nicht von selbst einstellt. »Die Herstellung eines funktionsfähigen Systems zur Lenkung der arbeitsteiligen Wirtschafts-

Sozial ist diese Sicherung des Wettbewerbs vor allem deswegen, weil die Konsumenten annahmegemäß vor überhöhten Monopolpreisen bewahrt werden (Konkurrenzpreise sind niedriger als Monopolpreise) und weil nur der Wettbewerb in der Lage ist, eine von der Macht großer Unternehmen freie Sphäre zu schaffen (Wettbewerb als Garant individueller Freiheit). Anhängern dieser Sichtweise gilt das Gesetz gegen Wettbewerbsbeschränkungen von 1957 als das »Grundgesetz« der Marktwirtschaft.

Eine dritte, naheliegende Antwort lautet: Die Marktwirtschaft wird dadurch sozial, dass Maßnahmen des sozialen Ausgleichs ergriffen werden.[3] Eine konsequent durchgeführte Marktwirtschaft ist ja nicht nur blind gegenüber Einkommensunterschieden, so groß sie auch sein mögen, sondern sieht auch die Zuteilung von Einkommen nur für den Teil der Bevölkerung vor, der erwerbsfähig ist oder Einkünfte aus Vermögen erwirtschaften kann. Daher ist es die Aufgabe des Staats (oder der Familie), für alle die Sorge zu tragen, die nicht (mehr) erwerbsfähig sind oder nicht genug besitzen. »Einkommensumleitungen« zur Finanzierung der Sozialpolitik stehen nicht nur nicht im Widerspruch zu den Spielregeln des Markts, sie sind im Vergleich zu einer sozialpolitischen Aushebelung der Preisbildung sogar das Mittel der Wahl (Müller-Armack 1947, S. 119). Diese dritte Antwort, so einleuchtend sie auf den ersten Blick auch sein mag, wirft jedoch zwei neue Fragen auf: zum einen, wie viel sozialer Ausgleich erforderlich ist, um der Marktwirtschaft das Attribut »sozial« anheften zu können, zum anderen, welche Art von sozialem Ausgleich noch mit der Marktwirtschaft verträglich ist. Für ein Minimum sozialer Absicherung sprechen sich alle Vertreter des Ordoliberalismus* aus. Selbst ein kollektivistischen Gedankenguts so unverdächtiger Autor wie Friedrich von Hayek hielt es für selbstverständlich, dass z. B. die Zuteilung von Gesundheitsgütern nicht über den Markt und damit über die zahlungskräftige Nachfrage organisiert wird. Ebenfalls war es allen Anhängern des Konzepts bewusst, dass es eine Welt »jenseits von Angebot und Nachfrage« (Röpke) gibt, also eine vollständig durchgeführte Marktwirtschaft, die sich das gesamte soziale Leben unterwirft, ein Unding ist.Die moderne Theorie des Marktversagens war zwar noch nicht geschaffen (oder in der deutschen Diskussion noch unbekannt), aber dass der Leistungsfähigkeit

weise«, so Eucken (1959: 180) sehr prononciert, »ist die wichtigste Voraussetzung für die Lösung aller sozialen Probleme.

3 So dezidiert Müller-Armack (1947/1981: 30). Für sich genommen ist die marktwirtschaftliche Ordnung nur ein »neutrales Mittel«; es ist aber notwendig, sie »mit sozialen Sicherungen zu versehen und zu einer sozialen Ordnung auszugestalten«.

von Märkten Grenzen gesetzt sind, war gleichwohl wissenschaftliches Allgemeingut.

Die Transformation der Marktwirtschaft zum Wohlfahrtsstaat

Damit ist aber die Frage nach dem Ausmaß und den Grenzen von mit der Marktwirtschaft noch verträglichen Sozialleistungen noch nicht beantwortet. Für die Wirtschaftsgeschichte der Bundesrepublik Deutschland ist der kontinuierliche Anstieg von Sozialleistungen kennzeichnend (vgl. dazu Kap. 19: Sozialstaat). Die Verfechter der Sozialen Marktwirtschaft sehen darin eine Abkehr vom ursprünglichen Konzept und die schleichende Umwandlung der marktwirtschaftlichen Ordnung in ein wohlfahrtsstaatliches System. Der erste und vielleicht entscheidende Schritt auf diesem für Anhänger der reinen Lehre »unheilvollen« Weg war die Rentenreform von 1957. Sie hat bei der Alterssicherung den Zuschuss zum Lebensunterhalt durch das statusbewahrende Prinzip der Lohnersatzleistung* ersetzt, das Rentenniveau an die Lohnentwicklung angebunden und, anders als von Bismarck vorgesehen, die Finanzierung vom Prinzip der Kapitaldeckung* auf das Umlageverfahren* umgestellt. Für einen entschiedenen Ordoliberalen sind dies schwerlich mit der Marktwirtschaft vereinbare Neuerungen.

3 Die wirtschaftliche Entwicklung der Bundesrepublik Deutschland

Das schnelle Wachstum in den ersten zwei Nachkriegsjahrzehnten

Auch aus dem Abstand von sechzig Jahren seit Gründung der Bundesrepublik nimmt sich ihre wirtschaftliche Entwicklung immer noch wie ein Wunder aus. Aus einem vom Krieg zerstörten Land ist in relativ kurzer Zeit eines der reichsten Länder der Erde geworden.[4] Dieser Erfolg war der Wirtschaft keineswegs in die Wiege gelegt. Es hätte durchaus auch

4 Ausweislich des Human Development Index der Vereinten Nationen (einem Maß, in das außer dem Sozialprodukt pro Kopf auch die Lebenserwartung bei der Geburt, die Schuljahre sowie die Lese-und Schreibfähigkeit eingehen) rangiert die Bundesrepublik 2007 auf Platz 22 einer »Weltrangliste«, die von Norwegen angeführt wird. Im ersten Bericht von 1990, der noch getrennte Daten für die DDR und die Bundesrepublik ausweist, rangiert die Bundesrepublik auf Platz 12 (und Japan auf Platz 1).

anders kommen können, denkt man z.B. nur an den Morgenthau Plan, der die Deindustrialisierung Deutschlands und seine Umwandlung in ein Agrarland vorsah oder an den wirtschaftlichen Ruin all der Länder Europas, denen nach dem Krieg eine sozialistische Wirtschaftsordnung aufgezwungen wurde. 1950 belief sich das Bruttoinlandsprodukt (BIP)* (ohne Saarland und Berlin) auf 97 Mrd. DM (in Preisen von 1991 entspricht das 218,17 Mrd. Euro). Das BIP pro Kopf der Bevölkerung (und pro Jahr!) betrug nominal gerade einmal 1059 Euro (Statistisches Bundesamt 2007: Volkswirtschaftliche Gesamtrechungen, Tabelle 1).[5] Schon nach wenigen Jahren war dann das Vorkriegsniveau wieder erreicht. Zehn Jahre später (1960) war das BIP preisbereinigt bereits um etwa das 2,2 fache auf rund 481Mrd. Euro (ohne Saarland und Berlin) angewachsen, umgerechnet auf die Bevölkerung hatte es sich verdoppelt. Die durchschnittliche Wachstumsrate in diesem ersten Jahrzehnt betrug 8,2 Prozent. Danach verlangsamte sich das Wirtschaftswachstum von Periode zu Periode, aber bis auf wenige Krisenjahre war es ein sozusagen treuer Begleiter der Wirtschaft. 1970 belief sich das BIP (in Preisen von 1991, inklusive Saarland und Berlin) bereits auf 789 Mrd. Euro; damit wuchs es im zweiten Jahrzehnt der westdeutschen Wirtschaftsgeschichte noch einmal um das gut anderthalbfache seines Werts von 1960 an.

Die Verlangsamung des Wachstums ab den 1970er-Jahren

In den beiden nachfolgenden Jahrzehnten wuchs die Wirtschaft zwar nicht mehr so rasch wie bisher, aber gleichwohl bleibt die Expansion des Sozialprodukts pro Kopf ein auffälliges Merkmal der wirtschaftlichen Entwicklung. Das Gleiche gilt für die Zeit nach der Wiedervereinigung, auch wenn sich das Wachstumtempo nochmals verlangsamte. Über den gesamten Zeitraum von Gründung der Bundesrepublik bis zur Gegenwart gerechnet betrug die Wachstumsrate des realen BIP 3,6%, pro Kopf der Bevölkerung ca. 2,8 Prozent, ein sowohl im historischen Vergleich als auch im Ländervergleich herausragender Wert. Eine solche Rate über sechzig Jahre hochgerechnet bedeutet, dass sich das reale BIP pro Kopf in

5 Trotz der anhaltenden Kritik am (realen) BIP-pro-Kopf als Reichtumsmaß ist es der bis heute in der internationalen Forschung geläufigste Indikator der wirtschaftlichen Entwicklung. Zwar gehen in dieses Maß nur Leistungen ein, die am Markt gehandelt werden (und damit auch solche, die (wie die Reparatur von Umweltschäden) gar keinen Beitrag zur Steigerung der Wohlfahrt leisten, aber mangels eines Ersatzes kann bis auf absehbare Zeit auf diesen Indikator schwerlich verzichtet werden.

diesem Zeitraum mehr als verfünffacht. Was einmal »Proletarität« (Subsistenzlöhne, lange Arbeitszeiten, erhebliche Existenzunsicherheit) hieß, hat sich im Verlauf der wirtschaftlichen Expansion teils verflüchtigt, teils in Nischen zurückgezogen. Die Auswirkungen auf die Selbstwahrnehmung der gesellschaftlichen Gruppen im allgemeinen, auf das Arbeiterbewusstsein im besonderen können schwerlich überschätzt werden. Dieses Wachstum hat die Bundesrepublik auch kulturell tiefgreifender geprägt als etwa das immer wieder beschworene Jahr 1968. Ohne dieses Wachstum und die durch es eingeleitete Umwälzung aller gewohnten Lebensverhältnisse wäre es zu der Kulturrevolution von 1968 wohl gar nicht gekommen.

Spätestens seit der Wiedervereinigung ist jedoch das westdeutsche Erfolgsmodell einer den Weltmarkt beliefernden Hochlohnwirtschaft, die zugleich genügend Mittel erwirtschaftet um alle, die keinen Arbeitsplatz finden, relativ komfortabel zu alimentieren, unter Druck geraten. Problematisch an diesem Modell ist nicht die Belieferung des Weltmarkts mit Qualitätsprodukten, sondern das in der Rentenreform von 1957 zementierte Prinzip, die soziale Sicherung durch Aufschläge auf die Lohnkosten zu finanzieren.[6] Die Aufnahmefähigkeit des Hochlohnsektors wird von der Absetzbarkeit seiner Waren auf dem Weltmarkt begrenzt. Wenn das Arbeitskräfteangebot aufgrund der steigenden Erwerbsbeteiligung von Frauen, einer unkontrollierten Zuwanderung und der mit der Wiedervereinigung verbundenen geographischen Ausdehnung des Wirtschaftsgebiets steigt und gleichzeitig die Expansion des Hochlohnsektors an Grenzen stößt, bleibt kein anderer Ausweg als die sukzessive Ausdehnung eines Niedriglohnsektors (vgl. Kap. 7: Soziale Ungleichheit und Kap 12: Arbeitsmarkt). Die in diesem Sektor gezahlten Löhne bilden eine Obergrenze für dem Lohnabstandsgebot gehorchende Transferzahlungen an Langzeitarbeitslose und Sozialhilfeempfänger.

6 Die steigende Altenquote und die Einbeziehung von Personengruppen in das Sozialsystem, die nicht zuvor zu seiner Finanzierung beitrugen, haben der dynamischen Rente den Todesstoß versetzt. In der mit dem Namen des Arbeitsministers Riester verbundenen Reform von 2001 und der Einführung eines demographischen Faktors 2004 wurden sowohl das Ziel der Lebensstandardsicherung als auch das Prinzip der Teilhabe der an der Einkommensentwicklung preisgegeben. Diese Reformen haben aber den Sozialstaat vor dem vorzeitigen Kollaps bewahrt. Die Einführung der Pflegeversicherung in der letzten Amtszeit von Helmut Kohl folgte noch einmal dem bekannten Muster, obwohl Pflegebedürftigkeit im Alter nichts mit dem Arbeitsverhältnis zu tun hat.

Unstetes Wachstum

Das Wachstum der Wirtschaft verlief nicht stetig, sondern war von konjunkturellen Auf- und Abschwüngen geprägt, mit den Jahren 1967, 1975, 1982, 1993 und 2003 als den jeweiligen konjunkturellen Tiefpunkten. Zum gravierendsten Einbruch seit Bestehen der Bundesrepublik kam es erst in jüngster Vergangenheit. Das reale BIP schrumpfte 2009 um 5%, (wuchs aber bereits in 2010 wieder um erstaunliche 3,6%). Der massive Rückgang des Sozialprodukts 2009 war die realwirtschaftliche Folge einer globalen Finanzkrise, wie sie die Welt seit den 1930er-Jahren nicht mehr erlebt hat. Die schnelle Erholung 2010 hat sicher auch damit zu tun, dass die Krise von den Unternehmen dazu benutzt wurde, sich auf den nächsten Aufschwung vorzubereiten. Sie zeigt, dass auch eine »reife« Wirtschaft noch in der Lage ist, zu expandieren. Eine wachsende Wirtschaft bedeutet, dass im Durchschnitt die Wohnbevölkerung immer mehr Güter und Dienste konsumieren kann. Aber nicht nur der private Konsum nimmt zu, sondern vor allem auch der staatliche oder öffentliche Konsum. Aus dem wachsenden Sozialprodukt können mehr Schulen, Universitäten, Verkehrswege, Krankenhäuser, öffentliche Parks und auch Einrichtungen zum Umweltschutz, wie z.B. Kläranlagen gebaut oder errichtet werden. Alles das erhöht den Lebensstandard der Bevölkerung. Kritiker dieses Wachstums verweisen auf die schädlichen Auswirkungen auf die Umwelt, auf die Zerstörung der menschlichen Gemeinschaft, die Fixierung auf den Konsum von immer mehr Gütern und auch darauf, dass die Einkommen nicht nur ungleich verteilt sind, sondern dass diese Ungleichheit immer weiter zunehme. Soweit diese Einwände zutreffen – die zu diskutieren hier nicht der Platz ist – implizieren sie eine Einschränkung der individuellen und gesellschaftlichen Wohlfahrt. Aber das insgesamt positive Bild einer enormen Reichtumsausdehnung vermögen sie nicht so sehr abzuändern, dass die negativen Effekte überwiegen. Man muss sich z.B. nur einmal am Beispiel der Wohnverhältnisse klar machen, welcher Abstand im Lebensstandard zwischen der Vorkriegszeit sowie der unmittelbaren Nachkriegszeit und den heute herrschenden Zuständen besteht. Nicht nur sind die Wohnungen viel größer geworden (gemessen in qm pro Person), sie sind auch wesentlich besser ausgestattet als vor und unmittelbar nach dem Weltkrieg. Die Zentralheizung hat die Kohleöfen (und das damit verbundene Kohleschleppen) verdrängt, fließend warmes und kaltes Wasser ist zum Standard geworden, die Toilette liegt nicht mehr über den Flur usw.

Die Auswirkungen der Wiedervereinigung auf die wirtschaftliche Entwicklung

So erfolgreich die wirtschaftliche Entwicklung auch war, die »Erfolgsrate« hat von Periode zu Periode abgenommen.Noch im letzten Jahrzehnt vor der Wiedervereinigung belief sich die Wachstumsrate des realen BIP auf durchschnittlich 2,6 %, ein auch international beachtlicher Wert (zum Vergleich: das BIP der USA als die wirtschaftlich fortgeschrittensten Nation der Welt wuchs preisbereinigt zwischen 1947 und 2010 jährlich um 3,3 %). Seit der deutschen Einigung hat sich das wirtschaftliche Wachstum weiter abgeschwächt. Damit schrumpfen auch die Möglichkeiten, den Zuwachs des Sozialprodukts verteilungspolitisch zu instrumentralisieren. Diesen neuerlichen Rückgang des Wachstums im Verbund mit dem Anstieg der Einkommensungleichheit halten Fuchs- Schündeln u. a. (2010: 127) für so gewichtig, dass sie »zwei Deutschlands« unterscheiden: »The data tell a tale of two different countries, one that existed in the West prior to reunification, and post-reunification Germany.«[7]

Die zwiespältigen Folgen der deutschen Wiedervereinigung

Auch wenn die ökonomisch besseren Zeiten vor der Wiedervereinigung vorbei sein mögen, die Vereinigung selbst war für die westdeutsche Wirtschaft keineswegs nur nachteilig. Die ostdeutsche Konkurrenz wurde praktisch weggefegt und die »Beitrittsgebiete« wurden zum Absatzgebiet westdeutscher Waren gemacht. Zwei Faktoren kamen zusammen, um dieses Ergebnis zu bewirken: die politisch wohl unvermeidliche, ökonomisch aber desaströse Währungsunion mit einem Wechselkurs von 1:1 von Mark der DDR und Deutscher Mark, die der ostdeutschen Wirtschaft angesichts ihrer viel geringeren Produktivität kaum eine Überlebenschance ließ, sowie eine auch von der westdeutschen Konkurrenz der Treuhandfirmen vorangetriebene Lohnsteigerung, die weit jenseits der Leistungsfähigkeit dieser Firmen lag. Nach zwanzig Jahren deutscher Einheit hat sich die ostdeutsche Wirtschaft aber von diesem Schock erholt und ist auf vielen Gebieten konkurrenzfähig geworden (Burda 2010). Die Lebensverhältnisse in Ost und West haben sich angeglichen (vgl. Krause/Ostner 2010). Besucher der ostdeutschen Innenstädte, die vielerorts zu Schmuckstücken geworden sind, könnten leicht den Eindruck gewinnen, dass der bedürftigere Teil nicht der Osten, sondern der Westen ist. Finanziert wurde der »Aufbau Ost« genauso

7 Zu einem ähnlichen Urteil aus sozialpolitischer Sicht gelangt Ritter (2006). Die Übertragung des westdeutschen Sozialsystems auf die neuen Bundesländer hat zu einem rapiden Anstieg der Staatsschulden geführt und die Krise des Sozialstaats verschärft.

wie der ostdeutsche Konsum durch Transfers aus dem Westen in einer Größenordnung, die historisch einmalig ist.[8] Nicht zuletzt aufgrund dieser Transfers haben sich die realen Pro-Kopf Einkommen Ostdeutschlands dem Niveau Westdeutschlands angenähert. Statistisch gesehen belaufen sie sich zwar nur auf ca. 80% des Niveaus im alten Westen, aber diese Differenz verschwindet, wenn man die regionalen Preisdifferenzen in Rechnung stellt. Trotzdem kann nicht davon die Rede sein, dass die westdeutsche und die ostdeutsche Wirtschaft konvergierten. Dies wäre erst dann der Fall, wenn die ostdeutsche Wirtschaft sukzessive den Produktivitätsabstand zum Westen abbaute. Tatsächlich bleibt die Produktivität Ostdeutschlands aber bei ungefähr drei Viertel des Westniveaus stehen.(Burda 2010: 27)

Der wirtschaftliche Strukturwandel

Von ähnlicher Bedeutung wie die entschiedene Verbesserung der materiellen Lebenslage der Bevölkerung erst in der alten Bundesrepublik, dann auch in Ostdeutschland ist der wirtschaftliche Strukturwandel gewesen. 1950 arbeiteten noch knapp 25% der Erwerbstätigen in der Landwirtschaft, Forstwirtschaft und Fischerei. Schon 1960 waren es nur noch knapp 14%, 1990 nur noch 3,5% . Sowohl gemessen an dem Anteil der Beschäftigen (2009 etwas mehr als 2%) als auch nach dem Beitrag zum Sozialprodukt (unter 1%) ist der primäre Sektor mittlerweile eine gesamtwirtschaftlich zu vernachlässigenden Größe. Das gilt jedoch nicht für die Bedeutung, die der primäre Sektor in der Politik und der öffentlichen Wahrnehmung hat. Dort dominiert die Vorstellung, dass die Versorgung der Bevölkerung mit Lebensmitteln vollständig von den Erzeugnissen der Landwirtschaft abhängt und es der Bevölkerung um so besser geht, je leistungsfähiger die Landwirtschaft ist. Die Steigerung der Produktivität in der Landwirtschaft seit 1950 stellt sogar noch die Steigerung in der Industrie in den Schatten. Im Verlauf dieser Entwicklung hat sich die Landwirtschaft zu einer Art Industrie unter freiem Himmel entwickelt. Der Umbruch im bäuerlichen Leben, den dieser Produktivitätssprung impliziert, hätte kaum größer ausfallen können.

Deutschland auf dem Weg in die Dienstleistungsgesellschaft

Der Gewinner des strukturellen Wandels war eindeutig der Sektor Dienstleistungen. Mit einem Anteil von 32,5% der Beschäftigten 1950, knapp

8 Verlässliche Schätzungen der Kosten der Einheit hängen von einer Vielzahl methodischer Annahmen ab, aber die Summe von 1,3 Billionen Euro ist wohl nicht zu hoch gegriffen.

60 % im letzten Jahr der alten Bundesrepublik und 73 % im Jahr 2009 ist auch die deutsche Wirtschaft den Weg in die Dienstleistungsgesellschaft gegangen. Nach der sog. Drei-Sektoren-Theorie durchlaufen alle modernen Industriegesellschaften nach einem Stadium, in dem die Landwirtschaft dominant ist, zunächst ein zweites Stadium, in dem der industrielle Sektor die Vorherrschaft hat. Die Entwicklung endet mit der Dominanz des Dienstleistungssektors. Die Wirtschaft der Bundesrepublik Deutschland weicht von diesem Muster insofern ab, als die Industrie zwar auch Prozentanteile am Sozialprodukt abgegeben hat, aber in Deutschland auf einem im internationalen Vergleich hohen Niveau verharrt. Im Jahr 2009 beschäftigt das produzierende Gewerbe (einschließlich des Bausektors) noch knapp 25 % der Erwerbstätigen (nach fast 43 % 1950). Einer der Gründe, warum Deutschland schneller aus der jüngsten Krise herausfindet als z. B. Großbritannien, ist darin zu suchen, dass hier die Tertiarisierung* anders als in Großbritannien nicht gleichbedeutend mit flächendeckender Deindustrialisierung war.

Die Entwicklung des Arbeitsmarktes

Weniger erfreulich stellt sich die wirtschaftliche Entwicklung aus der Sicht des Arbeitsmarkts dar (vgl. dazu Kap. 12: Arbeitsmarkt). Im Ausgangsjahr 1950 betrug die Arbeitslosigkeit 11 % der abhängig Erwerbstätigen. Im darauf folgenden Jahrzehnt wurde sie bis auf einen Restbestand von 154000 Arbeitslosen (1962) abgebaut. Damit herrschte nicht nur Vollbeschäftigung in der üblichen Definition der Arbeitsmarktforschung (bereits bei einer Arbeitslosigkeit von 3 Prozent der Beschäftigten wird von Vollbeschäftigung gesprochen), sondern der Arbeitsmarkt war praktisch leergefegt. Die Entwicklung seit Mitte der 70er-Jahre ist dann von einem stufenweisen Anstieg der Arbeitslosigkeit von einem Konjunkturzyklus zum nächsten gekennzeichnet. Der Anstieg im Verlauf des Rückgangs der Konjunktur wurde nicht mehr wettgemacht durch einen parallelen Abbau der Arbeitslosigkeit im nächsten Aufschwung. Weil auch z. B. Frankreich und Italien sowie weitere Volkswirtschaften Europas trotz beträchtlicher Heterogenität der Arbeitslosenraten dieses treppenförmige Verlaufsmuster zeigen, spricht die Forschung von »European Unemployment« (z. B. Nickell 1997, Blanchard 2006) und kontrastiert dieses Muster mit der konjunkturellen Schwankung um einen Mittelwert als dem für die USA typischen Muster. Die Arbeitslosigkeit erreichte ihren numerischen Höhepunkt 2005 mit 4,86 Millionen Arbeitslosen. Die Arbeitslosenquote in diesem Jahr betrug (trotz neuer Zählart) 13 % und übertraf damit die Quote des Ausgangsjahres 1950. Allerdings ist die Zahl der Arbeitslosen seitdem wieder im Abnehmen begriffen; im Herbst 2010 war diese Zahl auf rund drei Millionen abgesunken. Es wäre daher voreilig, aus dem treppenförmigen Anstieg der Arbeitslosigkeit seit den 1970er-Jahren auf einen ständigen und unvermeidlichen Anstieg der Arbeitslosigkeit auch in der Zukunft als unvermeidlicher Begleiterscheinung einer kapitalistischen Wirtschaft (Marx: das Anschwellen der industriellen Reservearmee) zu schließen.

Kein Ende der Arbeitsgesellschaft

Auch die in Deutschland so beliebte These vom »Ende der Arbeitsgesellschaft« wird von den Daten nicht bestätigt. Zwar ist das Arbeitsvolumen (die Zahl der Arbeitsstunden in der Gesamtwirtschaft) tendenziell immer weiter abgeschmolzen, aber die Beschäftigung ist z. B. im letzten Jahrzehnt wieder gestiegen.[9] Der Rückgang des Arbeitsvolumens hat in Deutschland nicht in gleichem Maß zu einem Anstieg der Arbeitslosigkeit geführt, sondern zu einer Zunahme der freien Zeit pro Beschäftigen. Ordnet man die Länder nach dem Grad dieser Befreiung von der Arbeit, dann ist Deutschland mit nur noch gut 1600 Stunden, die jeder Beschäftigte im Jahr durchschnittlich arbeitet, auf einem der vordersten Plätzen zu finden. Die Deutschen lassen sich die Produktivitätssteigerung der Wirtschaft zu einem erheblichen Teil nicht in der Form von Einkommenssteigerungen ausbezahlen, sondern in der Form des Gewinns an freier Zeit. Dieser Zugewinn ist eine zentrale Komponente des wirtschaftlichen Fortschritts der letzten Jahrzehnte. Addiert man ihn zu den Einkommenssteigerungen hinzu, dann verschwindet sogar der ansonsten auffällige Einkommensabstand zu den USA, deren Arbeitsbevölkerung ca. 200 Stunden im Jahr länger arbeitet als die deutsche.

Die Entwicklung der Einkommen

Die durchschnittlichen Bruttolöhne und -gehälter sind wie das BIP pro Kopf seit Bestehen der Bundesrepublik kontinuierlich gestiegen, seit Mitte der neunziger Jahre allerdings stark verlangsamt. Auch die durchschnittlichen Nettolöhne- und -gehälter sind seit der Wiedervereinigung weiterhin angestiegen. Allerdings sind sie, anders als in der »alten« Bundesrepublik, im Zeitraum von 1991 bis 2010 u. a. wegen der Zunahme von

9 Hierbei muss man allerdings berücksichtigen, dass auch Personen mit Mini-Jobs oder Ein Euro Jobs zu den Erwerbstätigen gerechnet werden. Die Zahl der versicherungspflichtig Beschäftigten ist seit der deutschen Einheit nochmals gesunken (von 29,3 Millionen 1992 auf 26,8 Millionen 2007), aber seit 1994 in Westdeutschland nicht mehr.

Teilzeitarbeit, geringfügiger Beschäftigung etc. in »realer« Betrachtung gesunken. Erschwerend kommt hinzu, dass wegen der seit zwei Jahrzehnten wieder zunehmenden Einkommensungleichheit nicht alle Schichten der Bevölkerung an der wirtschaftlichen Entwicklung gleichmäßig teilhaben (vgl. dazu Kap. 7: Soziale Ungleichheit). Aussagen über die Größe der Einkommensungleichheit hängen allerdings von vielen methodischen Vorentscheidungen ab, so etwa der Definition des Einkommens (z.B. brutto oder netto, Stundenlohn, jährliches Gehalt oder Lebenszeiteinkommen), der Wahl des zeitlichen Bezugsrahmens (seit 1950 oder später), der Wahl der Einkommenseinheit (Haushalt oder Individuum) usw. Auch bei der Entscheidung für die Messgröße der Einkommensungleichheit (z.B. Gini, Theil oder Atkinson) bestehen Alternativen. Hält man alle damit verbunden Probleme für gelöst, dann findet die meiste Unterstützung durch die Daten wahrscheinlich eine Skizze der Entwicklung, wonach die Einkommensungleichheit bis in die 80er-Jahre tendenziell abnahm und sie danach vor allem in den 90er-Jahren merklich anstieg. Es fällt auf, dass die Ungleichheit der Haushaltsbruttoeinkommen deutlich höher ist als die der Nettoeinkommen. Darin kommt zum Ausdruck, dass der Sozialstaat in Deutschland, anders als vielfach vermutet, keine Illusion ist, sondern in die Einkommensverhältnisse deutlich korrigierend eingreift. Über die Ursachen der wieder steigenden Einkommensungleichheit sagt der Befund ihres Anstiegs selbst nichts aus. Bei aller Kritik an der zunehmenden Einkommensungleichheit sollte jedoch im Auge behalten werden, dass steigende Ungleichheit nicht zwangsläufig sinkende Wohlfahrt bedeutet, wenn gleichzeitig der Mittelwert der Einkommen ansteigt.

4 Ursachen des wirtschaftlichen Erfolgs

Die Frage nach den Ursachen des Wirtschaftswachstums stellt sich entweder für den gesamten Zeitraum oder für spezifische Abschnitte. Besonders die Periode von 1950 bis 1975 mit ihren im historischen Vergleich exzeptionell hohen Wachstumsraten verlangt nach einer Erklärung. In der Forschung wird diese Periode das »goldene Zeitalter des Kapitalismus« genannt. Manche Autoren (z.B. Crafts/Toniolo 2008) untergliedern den Zeitraum danach noch einmal in zwei Phasen, wobei die zweite ab den 90er-Jahren als das Zeitalter des Internet und der neuen Kommunikationstechnologien besondere Aufmerksamkeit auf sich zieht. Aber auch bei der Gliederung in drei Abschnitte markiert das Jahr 1975 einen Epochenbruch.

Besondere historische Umstände

Die einfachste Erklärung für den raschen Anstieg des Sozialprodukts in den ersten Nachkriegsjahren bezieht sich auf akzidentelle Umstände. Dazu gehört der Sachverhalt, dass die kriegsbedingten Zerstörungen der Industrieanlagen nicht so massiv waren, wie zunächst vermutet, und dass die Produktionsstätten weniger hart betroffen waren als die Wohngebiete der großen Städte. Demnach genügten vergleichsweise geringe Aufwendungen, um die Produktion wieder in Gang zu bringen. Als akzidentell in diesem Sinne kann man auch die Zuwanderung der Heimatvertriebenen aus den deutschen Ostgebieten ansehen (bis 1950 8 Millionen, ohne DDR Flüchtlinge), die der Wirtschaft ein riesiges Potential gut ausgebildeter Arbeitskräfte zur Verfügung stellte und die gleichzeitig auf Lohnforderungen dämpfend wirkte. In dem Maße, in dem diese Sonderbedingungen wegfielen, ging dann das Wachstum wieder auf sein Normalniveau zurück.

Die rasche Integration in den Weltmarkt

Diese Sonderfaktoren haben sicherlich ihren Beitrag zu dem raschen Wiederaufbau geleistet. Aber den wirtschaftlichen Erfolg des ersten Jahrzehnts der Nachkriegszeit gänzlich auf ihn zurückzuführen wäre schon deswegen verfehlt, weil das »goldene Zeitalter« auch für andere westliche Industrienationen angebrochen war, deren Industrieanlagen weniger oder gar nicht zerstört waren und die nicht auf das Arbeitskräftepotential aus den deutschen Ostgebieten zurückgreifen konnten. Schon dieses Faktum allein motiviert dazu, nach Ursachen zu suchen, die allgemeinere Geltung haben. In der Forschung wird zwischen »unmittelbaren« und tiefer liegenden (mittelbaren) Ursachen unterschieden. Die wichtigste tiefer liegende Ursache ist die Wirtschaftsordnung, Sieht man sich zunächst nach unmittelbaren Ursachen um, dann kommt ein Erklärungsmuster ins Spiel, das nicht für Deutschland allein, sondern für alle rückständigen Nationen Geltung beansprucht. Nach diesem Muster beruht der Aufstieg rückständiger Nationen (und Deutschland war 1950 rückständig) im wesentlichen auf drei Faktoren: einer Kapitalintensität*, die geringer ist als in dem führenden Land (in der Nachkriegszeit die USA), der Öffnung gegenüber dem Weltmarkt und der Übernahme von Technologien, die in den weiter fortgeschrittenen Nationen entwickelt wurden. Die niedrigere Kapitalintensität muss schon deswegen keinen dauerhaften Nachteil bedeuten, weil sie einer Standardannahme der neoklassischen Wachstumstheorie zufolge aus verschiedenen Gründen größere Gewinnchancen des Kapitals impliziert und damit Investoren besonders aus dem Ausland anzieht. Nach der Währungsreform von 1948 wurde die Wirtschaft der Bundesrepublik sehr schnell in den Weltmarkt integriert. Sie war von Beginn an exportorientiert und verhalf damit dem *Made in Germany* zu neuem Glanz. Die deutsche Wirtschaft hat insofern nicht die entwicklungspolitischen Fehler begangen, die z.B. für Lateinamerika so typisch waren (Importsubstitution, d.h. Abschottung gegenüber dem Weltmarkt, Ersetzung der Importe durch heimische Produkte statt Exportorientierung). Besondere Bedeutung kommt in diesem Zusammenhang dem Koreakrieg zu, der den weltweiten Bedarf an Produktionsgütern beträchtlich steigerte (»Korea-Boom«). Der traditionell starke industrielle Sektor der deutschen Wirtschaft stand bereit, diese Nachfrage zu befriedigen.

Die Wirtschaft der Bundesrepublik hat die Aufholjagd zum technologisch führenden Land erfolgreich bestanden. Es gelang, die Produktivitätslücke zu den USA bis zum Ende des Goldenen Zeitalters vollständig zu schließen, wenn man als Maß hierfür die Stundenproduktivität und nicht die Erwerbstätigenproduktivität nimmt. Sowohl die Steigerung der Kapitalintensität als auch die Steigerung der Faktorproduktivität haben in etwa gleichgewichtig zur Schließung dieser Lücke beigetragen, (Crafts/ Toniolo 2008, Tabelle 10). Da die USA seit den 90er-Jahren beim Einsatz von Informations- und Kommunikationstechnologien in allen Industriezweigen führend sind, ist diese Lücke allerdings wieder aufgebrochen.

Verschiedene andere Erklärungsversuche

In der Forschung ist umstritten, in welchem Ausmaß ein Technologieimport, wie er zur Zeit z.B. in China beobachtet werden kann, tatsächlich auch für die Nachkriegsjahre der westdeutschen Wirtschaft und für Europa insgesamt typisch war (ausführlich hierzu Eichengreen 2007). Ohne diese für die »catch-up« (Aufholjagd)-These zentrale Annahme kommt ein Ansatz aus, der den wirtschaftlichen Erfolg des goldenen Zeitalters als Rückkehr auf einen langfristigen Wachstumspfad deutet, der bereits zwischen den beiden Weltkriegen verlassen wurde. Aus der Sicht dieses Ansatzes handelt es sich beim »goldenen Zeitalter« um eine Rekonstruktionsperiode, in der nur ein Entwicklungsstau aufgelöst wird, der sich seit dem Ende des ersten Weltkrieges herausgebildet hatte. Das der Wirtschaft mögliche Wachstum wird durch die Rate des technischen Fortschritts und den Anstieg der Qualifikation der Arbeitskräfte limitiert. Das tatsächliche Wachstum kann hinter dem durch diese Kräfte bestimmten potentiellen Wachstum zurückbleiben. Umso größer sind dann die Wachstumschancen in der Periode der Rekonstruktion.

So elegant dieser auf eine Arbeit von Janossy (1969) zurückgehende Erklärungsversuch sich auf den ersten Blick auch ausnimmt (zur Interpretation vgl. Borchardt 1982), er leidet nicht nur darunter, dass der virtuelle Wachstumspfad sich exakt kaum bestimmen lässt, sondern vor allem darunter, dass er unerklärt lässt, welche Kräfte bedingen, dass das technologisch und qualifikatorisch mögliche Wachstumspotential auch tatsächlich ausgeschöpft wird. In diese Lücke vermögen institutionelle Erklärungen einzuspringen. Bezogen auf die deutsche Nachkriegswirtschaft liegen zwei institutionelle Erklärungsansätze miteinander im Streit. Zufolge der sog. »Strukturbruchthese« war es vor allem der ordnungspolitische Neubeginn im Jahr 1948, der das Wirtschaftwunder auslöste. Auf Initiative von Ludwig Erhard wurden Preiskontrollen und Bewirtschaftungsmaßnahmen in den Westzonen mit einem Schlag abgeschafft oder wesentlich gelockert. Als dann noch die Währungsreform des gleichen Jahres für stabiles Geld sorgte, waren die wichtigsten Voraussetzungen für ein kräftiges und andauerndes Wirtschaftswachstum gegeben. So wie die entschlossene Hinwendung zur Marktwirtschaft das Wirtschaftswunder einleitete, ist aus dieser Sicht die Abkehr von den entschieden marktwirtschaftlichen Vorgaben für das Ende des Wirtschaftswunders in den 70er-Jahren verantwortlich.

Ein Modell Deutschland?

Ganz anders argumentiert die sog. *»Rekonstruktionsthese«* (Abelshauser 2004). Danach ist nicht die entschlossene Liberalisierung für den Wiederaufbau kennzeichnend, sondern der Rückgriff auf Institutionen und Organisationen, die schon in der Weimarer Republik das Wirtschaftsleben prägten, deren Wurzel aber bis in das Kaiserreich zurückreichen. Im Mittelpunkt dieser Reorganisation steht die Einschränkung der marktförmigen Koordination durch eine vom Staat unterstützte Zusammenarbeit der Parteien des Arbeitsmarkts. Die Literatur spricht von Korporatismus*, korporativer oder koordinierter Marktwirtschaft.[10] Varianten dieses Ansatzes ergeben sich daraus, ob man seine institutionellen Eigenschaften für spezifisch deutsch hält (»Modell Deutschland«)[11], oder Deutschland als Mitglied einer »Familie« betrachtet, die entweder wenigstens Zentraleuropa

10 Hierzu Hall/Gingerich 2004. Zur These der Liberalisierung als Basis für den wirtschaftlichen Erfolg (und der Abkehr von marktwirtschaftlichen Prinzipien als Grundlage des Niedergangs) vgl. nur Siebert (2005).

11 Wichtige Komponenten dieses Modells sind die Mitbestimmung in Aktiengesellschaften, die Kreditfinanzierung der Unternehmen durch Banken (und nicht über den Kapitalmarkt), die Tarifeinheit (nur ein Tarif pro Betrieb), Industriegewerkschaften anstelle von Spartengewerkschaften und das duale System der beruflichen Bildung.

(Frankreich, Österreich Deutschland, Italien) umfasst oder darüber hinaus Züge besitzt, die insgesamt für die westlichen Industriestaaten nach dem zweiten Weltkrieg typisch sind. In letzterer Sichtweise beruht die Nachkriegsprosperität auf der historisch einmaligen Kombination von staatlicher Vollbeschäftigungspolitik, dem Aufbau eines Netzes sozialer Sicherheit, das auch der Abfederung von aus der Integration in den Weltmarkt herrührenden Risiken der Arbeitnehmerschaft dient und der in der Mitbestimmung einerseits, der produktivitätsorientierten Lohnpolitik andererseits gipfelnden Sozialpartnerschaft von Arbeit und Kapital (Berger 1990, Bowles/Gordon/Weisskopf 1983). Auf einer solchen (oder ähnlichen) institutionellen Konfiguration beruhte – in der schönen Formulierung von Lutz (1984) – der »kurze Traum immerwährender Prosperität«. Seitdem dieser Traum ausgeträumt ist, sind alle Länder der westlichen Welt auf der Suche nach einer »neuen Prosperitätskonstellation«.

Die Bedeutung des europäischen Binnenmarkts

In der empirischen Wachstumsforschung werden die Wirtschaftspolitik im allgemeinen, die Außenwirtschaftspolitik im besonderen auf der gleichen Ebene wie institutionelle Faktoren angesiedelt und als ähnlich bedeutsam angesehen. Die wirtschaftliche Entwicklung Deutschlands seit 1950 kann geradezu als Paradebeispiel eines exportorientierten Wirtschaftswachstums (Tilly 2010: 231) angesehen werden. Für ein solches Entwicklungsmodell spielt der Außenhandel eine entscheidende Rolle. Er gilt allgemein als Wachstumsmotor der deutschen Wirtschaft. 2008 wurden Waren im Wert von fast einer Billion Euro exportiert, das entspricht einer Exportquote von 39,4 Prozent.[12] 63% der Warenausfuhr gingen in die Länder der EU. Schon diese Zahl belegt, welch überragende Bedeutung der wirtschaftlichen Integration Europas zukommt (vgl. dazu Kapitel 20: Europa). Die Geschichte der Schaffung eines europäischen Binnenmarkts beginnt mit der Gründung der Montanunion 1951 und erreicht eine erste wichtige Etappe mit der Errichtung einer Europäischen Wirtschaftsgemeinschaft 1957 durch die römischen Verträge. Ein weiterer Meilenstein ist dann die Gründung der Europäischen Union im Vertrag von Maastricht 1992. Ihren vorläufigen Höhepunkt erreichte die wirtschaftliche Einigung Europas in der Gründung einer Europäischen Währungsunion (1999–2002). Für

12 Die Exportquote ist ein gebräuchlicher Indikator für die Einbindung einer Volkswirtschaft in den Weltmarkt. Im Zähler der Exportquote stehen die Ausfuhren, im Nenner das BIP. Je höher die Exportquote, um so höher der Anteil von im Inland produzierten Waren, die an das Ausland verkauft werden.

Deutschland bedeutete diese Union den Verzicht auf die D-Mark, das Symbol des Wiederaufstiegs und des Selbstverständnisses der Deutschen als einer erfolgreichen Wirtschaftsgemeinschaft.

Die vier Grundfreiheiten des europäischen Binnenmarkts

Vier Grundfreiheiten sind für den europäischen Binnenmarkt konstitutiv: die Freiheit des Warenverkehrs, die Dienstleistungsfreiheit, ein freier Kapital- und Zahlungsverkehr sowie die Personenfreizügigkeit (inklusive der Niederlassungsfreiheit für Arbeitskräfte, vollständig durchgeführt erst 2011). Diese Freiheiten werden durch die Europäischen Verträge garantiert. Ihre schrittweise Realisierung hat zu einer durchgreifenden Liberalisierung des Außenhandels in Europa geführt. Der Abbau von Handelshemmnissen hat einen von Polen bis Portugal reichenden Binnenmarkt geschaffen. Von ihm hat die deutsche Wirtschaft wegen ihrer ausgeprägten Wettbewerbsfähigkeit ganz entschieden profitiert. 2010 gingen 41 % der Warenausfuhr in die Länder Eurozone. Die Währungsunion hat der Exportorientierung der deutschen Wirtschaft zweifellos einen weiteren Schub gegeben. Sie ist von der deutschen Wirtschaft einhellig begrüßt worden. Erkauft wurde sie mit dem Verzicht auf die Deutsche Mark. Bedingung für diesen Verzicht war allerdings, dass aus der Währungsunion keine politische Gemeinschaft im Sinne einer Transferunion würde, Deutschland also nicht für die Schulden anderer Länder haften müsse. Diese Übereinkunft ist mit den von der Bundesregierung seit 2010 ergriffenen Maßnahmen zur Bewältigung der europäischen Schuldenkrise Schritt für Schritt in Frage gestellt worden.

5 Kontroversen

Im Zentrum der Kontroversen um die Wirtschaftsordnung der Bundesrepublik Deutschland steht die Frage, welche Rolle der freien Konkurrenz für die Koordination wirtschaftlicher Aktivitäten zugebilligt wird. Antworten auf diese Frage hängen letztlich von einem Urteil darüber ab, was Märkte für die Produktion von Wohlfahrt zu leisten imstande sind. Auch bei Anerkennung der Unverzichtbarkeit von Märkten für die Koordination wirtschaftlicher Aktivitäten werden drei Aspekte kontrovers diskutiert. Erstens, sind Märkte sich selbst regulierende Gebilde zum Vorteil aller und stören daher Staatseingriffe nur das prinzipiell »wohltätige« Wirken von Märkten? Zweitens, ist es im Verlauf der wirtschaftlichen Entwicklung der Bundesrepublik Deutschland zu einer Erosion der sozialen Einbettung von Märkten gekommen und wie ist diese Erosion zu bewerten? Drittens, welche Güter und Dienste sollten von privaten Unternehmen angeboten werden und welche vom Staat?

Die Kontroverse um die Selbstregulierungsfähigkeit einer Marktwirtschaft

Die erste Kontroverse ist von den beiden wichtigsten wirtschaftswissenschaftlichen Schulen, dem Keynesianismus einerseits, der Neoklassik andererseits ausgefochten worden. Sie betrifft die Stabilität und Selbstregulierungsfähigkeit marktwirtschaftlicher Systeme. Wahrend die Neoklassik* dem Marktsystem eine dem Preismechanismus zu verdankende inhärente Tendenz zum Gleichgewicht unterstellt, betont der Keynesianismus* die potenzielle Instabilität dieses Systems. Bezogen auf das wirtschaftspolitische Ziel der Vollbeschäftigung kommen beide Schulen zu gegensätzlichen Empfehlungen. Die Neoklassik nimmt an, dass Vollbeschäftigung über flexible Löhne hergestellt werden kann. Konkret bedeutet dies, Arbeitslosigkeit über Lohnsenkungen abzubauen. Aus dieser Sicht sind in erster Linie starre Löhne für Ungleichgewichte am Arbeitsmarkt verantwortlich. Der Keynesianismus hingegen geht davon aus, dass auch ein völlig flexibler Preismechanismus keine ausreichende Garantie dafür ist, ein Gleichgewicht bei Vollbeschäftigung zu erreichen. Vielmehr kann es sein, dass die Wirtschaft in einem Unterbeschäftigungsgleichgewicht verharrt. Schuld daran ist die Investitionszurückhaltung der Unternehmer, die wegen unsicherer Erwartungen über zukünftige Absatzchancen weniger investieren, als für ein Vollbeschäftigungsgleichgewicht erforderlich wäre. Ein solches Gleichgewicht verlangt, dass Unternehmen Investitionen in der gleichen Höhe tätigen wie Haushalte sparen. Wenn sie weniger investieren, bleibt die gesamtwirtschaftliche Nachfrage hinter dem Angebot zurück. Die mangelnde Nachfrage führt dann zur Entlassung von Arbeitskräften. Da für die Unternehmen kein Anreiz besteht, die Nachfragelücke durch Investitionen zu schließen, kann nur der Staat mithilfe einer antizyklischen, fallweisen Stabilitätspolitik die Wirtschaft aus der Unterbeschäftigungssituation herausführen. Das wichtigste Instrument dieser Politik ist das staatliche Budget. Dem Staat wird zugetraut, mittels einer Politik des sogenannten *deficit spending** (die Ausgaben liegen über den Einnahmen) die Rezession zu überwinden und das Ziel der Vollbeschäftigung wieder anzusteuern.[13] Insofern unterscheiden sich beide Schulen nicht nur danach,

13 Da das Grundproblem aus der mangelnden Investitionsbereitschaft der Unternehmen herrührt, sind staatliche Investitionen jedweder Art konjunkturförderlich. Keynes (1936: 184) ging sogar soweit, »das Graben von Löchern« zu empfehlen, wenn dadurch die Beschäftigung gesteigert werden kann.

für wie stabil sie die Wirtschaft halten, sondern auch und gerade danach, welche Potenzen sie dem Staat unterstellen. Keynesianer sind davon überzeugt, dass der Staat die Konjunktur wie einen Wagen steuern kann. Neoklassiker halten dem entgegen, dass staatliche Eingriffe in die Wirtschaft die Selbstheilungskräfte der Wirtschaft eher behindern als befördern.

Die Abkehr vom und die Wiederkehr des Keynesianismus

In der Bundesrepublik hat der (Vulgär-)Keynesianismus mit dem Stabilitätsgesetz von 1967 gesetzliche Form erhalten. Mit ihm wurden ein stabiles Preisniveau, ein außenwirtschaftliches Gleichgewicht, ein hoher Beschäftigungsstand und vor allem ein stetiges und angemessenes Wirtschaftswachstum zu Staatsaufgaben erklärt. Das Gesetz macht den Staat dafür verantwortlich, dass der Zustand der Wirtschaft diesen wünschenswerten Zielsetzungen entspricht, ohne dass hinreichend geklärt worden wäre, ob eine solche Verantwortung die staatlichen Handlungsmöglichkeiten nicht bei weitem übersteigt. Schon weil unklar ist, ob die postulierten Ziele alle gleichzeitig angesteuert werden können, orientiert sich das wirtschaftspolitische Handeln seit den 1980er-Jahren nicht mehr am Stabilitätsgesetz.

Über die konjunkturpolitischen Effekte schuldenfinanzierter Staatsausgaben hat es eine endlose Debatte gegeben. Es steht zwar außer Frage, dass solche Staatsausgaben die Nachfrage genau in der Höhe der zusätzlichen Verschuldung erhöhen (und insofern wirksam sind), ihre eigentliche Rechtfertigung besteht aber in der sog. Multiplikatorwirkung der staatlichen Ausgabenprogramme. Der Lehrbuch-Keynesianismus nimmt an, dass jede zusätzliche Staatsausgabe die Nachfrage um einen Faktor > 1 vervielfacht. Falls jedoch die Konsumenten und Investoren voraussehen, dass solche Ausgaben wegen der steigenden Staatsverschuldung nur zu höheren Steuern und Kreditzinsen führen und eventuell die Inflation anheizen, stellt sich der gewünschte Effekt nicht ein. Solche Argumente haben zur Abkehr des wirtschaftswissenschaftlichen *mainstream* vom Keynesianismus geführt und den Wechsel von der nachfrageorientierten zur angebotsorientierten Wirtschaftspolitik* in der ersten Amtszeit von Helmut Kohl motiviert. In der jüngsten Wirtschaftskrise ist jedoch der schon totgeglaubte Keynesianismus wieder zu neuem Leben erweckt worden. Der amerikanische Präsident Barack Obama brachte im Januar 2009 ein Gesetz durch den Kongress, das konjunkturpolitische Maßnahmen in der Höhe von 787 Milliarden Dollar vorsieht. Auch die Bundesregierung schnürte im Winterhalbjahr 2008/2009 zwei umfangreiche Konjunkturpakete, um mittels Abgabensenkungen, höherer Transfers, zusätzlicher öffentlicher Investitionen und Zuschüssen wie der Abwrackprämie für Autos die Binnennachfrage zu stimulieren. (Deutsche Bank, Monatsbericht Oktober 2010).

Die Grenzen keynesianischer Instrumente

Auch wenn empirische Studien nachweisen würden, dass die Konjunktur prinzipiell gesteuert werden kann, so stehen einer unbekümmerten Anwendung keynesianischer Instrumente gleichwohl zwei elementare Hindernisse im Wege. Zunächst ist die Nachfragesteuerung umso wirksamer, je geschlossener die Volkswirtschaft ist. In einer international stark verflochtenen Wirtschaft wie der deutschen Wirtschaft drohen konjunktursteuernde Maßnahmen hingegen zu verpuffen. Keynesianische Konjunkturpolitik setzt sodann zwingend voraus, dass im Aufschwung entstehende Budgetüberschüsse eingesammelt werden (das Stabilitätsgesetz sah eine solche Maßnahme mit der Konjunkturausgleichsrücklage vor). An dem Willen hierzu hat es aber der Politik gemangelt. Insofern scheitert der Keynesianismus letztlich an der Politik und nicht an seiner umstrittenen makroökonomischen Begründung. Mittlerweile ist die Staatsverschuldung in einem Ausmaß angewachsen, die weiteres *deficit spending* ohne verlässlichen Abbau des Defizits in besseren konjunkturellen Phasen verbietet. Hauptsächlich wegen der mangelnden Verlässlichkeit des Schuldenabbaus im Aufschwung hat eine Politik, die auf die Verbesserung der Angebotsbedingungen setzt, die Oberhand über die Nachfragesteuerung gewonnen. Die zentralen Elemente dieser Politik sind Haushaltsdisziplin, eine antiinflationäre Geldpolitik, die Flexibilisierung des Arbeitsmarkts und Investitionen in Bildung und Infrastruktur.

Erosion des Modells Deutschland?

In Deutschland ist der Keynesianismus erst sehr spät (1967) zur herrschenden Lehre geworden und seine Vorherrschaft war zeitlich eng begrenzt. Schon Ende der siebziger Jahre begann auch die Regierung wieder von ihm abzurücken. Insofern bildet er kein tragendes Element des »Modells Deutschland«, wenn man darunter eine spezifische institutionelle Ausprägung des Kapitalismus versteht, welche die deutsche Variante vor allem von der angelsächsischen unterscheidet. Dieses Modell ist der Gegenstand der zweiten, hier zu besprechenden Kontroverse. Typisch für das deutsche Modell sind hoch regulierte Arbeitsmärkte, die dem Schutz der Arbeitnehmerschaft dienen, ein ausgebautes, auf dem Prinzip der Sozialversicherung beruhendes System sozialer Sicherheit und sozialpartnerschaftliche Beziehungen zwischen Kapital und Arbeit. Darüber hinaus sind auch die Beziehungen zwischen Unternehmen in stabile Unternehmensverflechtungen und soziale Netzwerke eingebettet, bei denen den Hausbanken der Unternehmen eine Schlüsselrolle zukommt (die Deutschland AG). Ebenso gehört zum »Modell Deutschland«, dass die Tätigkeiten von Professionen (Ärzte, Rechtsanwälte) hochgradig reguliert sind. Dem Wettbewerb auf diesen Gebieten sind in diesem Modell nicht nur durch staatliche Vorschriften, sondern auch durch eine professionelle Ethik der Berufsgruppen von Ärzten und Anwälten enge Grenzen gezogen.

Der Unterschied zwischen liberaler und koordinierter Marktwirtschaft

Im Blick auf solche institutionelle Unterschiede von Ländern, die alle dem Typ der »liberal democracies« (einer Kombination von politischer Demokratie und Marktwirtschaft) zuzurechnen sind, haben Hall/Soskice (2001) stark typisierend zwischen einem Modell der liberalen Marktwirtschaft und einem Modell der koordinierten Marktwirtschaft unterschieden. Im ersteren Modell regelt ein Unternehmen alle seine wirtschaftlichen Beziehungen (zu Kunden, zur Belegschaft, zu den Kapitalgebern etc.) durch Marktbeziehungen, im zweiten durch »strategische Interaktion«. Darunter ist eine nicht-marktförmige Form der Koordination gemeint, in der jeder Akteur zwar seine Interessen durchzusetzen versucht, aber zuverlässige soziale Bindungen und allseits anerkannte Rechtsregeln und Verhaltensnormen die Kooperation aller Beteiligten prägen. Ablesen lässt sich dies z. B. an der Institutionalisierung des Klassenkonflikts, die Tarifauseinandersetzungen in ein enges Schema von Rechtsregeln presst (Dahrendorf 1957).

Im Zentrum der von Hall/Soskice (2001) getroffenen Unterscheidung stehen Unternehmensbeziehungen. Aber diese Unterscheidung lässt sich so erweitern, dass auch andere Aspekte des Modells Deutschland zwanglos unter den Oberbegriff »koordinierte Marktwirtschaft« subsumiert werden können. Für die koordinierte Marktwirtschaft ist generell die soziale Regulierung typisch, für die liberale Marktwirtschaft dagegen die Liberalisierung aller wirtschaftlichen Beziehungen (Scharpf 2010: 235). Die empirische Behauptung lautet dann, dass die koordinierte (korporative) Marktwirtschaft der Bundesrepublik Deutschland einem Erosionsprozess ausgesetzt ist und sich mehr oder minder unaufhaltsam dem liberalen Modell annähert.

Der Wandel vom koordinierten zum liberalen Marktmodell

Wie lässt sich belegen, dass die Tage der »koordinierten Marktwirtschaft« gezählt sind? Für den Unternehmenssektor gilt der (vermeintliche) Siegeszug der mehr oder weniger ausschließlichen Ausrichtung der Unternehmensführung an den Aktionärsinteressen (*sharholder value*-Ansatz) über die Einbeziehung der Interessen anderer Anspruchsgruppen (*stakeholder*-Ansatz) als nicht widerlegbare Evidenz für die Expansion des Marktmodells. Ferner werden das Wirken von Hedgefonds und sog. *private equity* Gesellschaften angeführt, um zu belegen, dass das »Modell Deutschland« erodiert, Privatinteressen das Wirtschaftsgeschehen beherrschen und das Gemeinwohl keine Rolle mehr spielt.[14]

In Erinnerung an die schöne Zeit eines sozial gebändigten Kapitalismus diagnostiziert Streeck (2010: 576) den »Verfall und die Zersetzung eines institutionalisierten Regimes, dem es für eine ganze Weile recht erfolgreich gelang, die Kräfte des Marktes einzudämmen, die in der Richtung höherer Ungleichheit, weniger Sicherheit, höherer Belohnungen für die Gewinner und stärkeren Drucks auf die Verlierer wirkten.« Auch wenn schwerlich geleugnet werden kann, dass die Koordination wirtschaftlicher Aktivitäten über den Markt seit Anfang der 1980er-Jahre deutlich zugenommen hat (weiteres empirisches Material hierzu weiter unten in Abschnitt 6), so wäre es gleichwohl vorschnell, daraus auf einen generellen Wohlfahrtsverlust zu schließen. Der Sachverständigenrat kam in seinem Gutachten 2005/06 (S. 463) auf der Grundlage einer Auswertung verfügbarer empirischer Studien z. B. zu dem Ergebnis, dass *private-equity*-Unternehmen verglichen mit ähnlichen, aber anderweitig finanzierten Unternehmen immerhin schneller wachsen und mehr Arbeitsplätze als diese schaffen. Höpner (2003) ist in einer empirischen Studie zu der aktionärsorientierten Unternehmensführung der 40 größten, an der Börse notierten Unternehmen der Befürchtung entgegengetreten, dieser neue Stil der Unternehmensführung werde die Sozialpartner auseinandertreiben. Unternehmen, die den *shareholder value*-Ansatz verfolgen, bekämpfen weder den Flächentarifvertrag noch die Mitbestimmung (Höpner 2003, Kap. 5.1). Zumindest in dieser Hinsicht kommt es also nicht zu einer Erosion des Modells in dem Maß, in dem die Orientierung an Aktionärsinteressen zur Unternehmensmaxime wird.

Der Anstieg der Staatsquote und die Herausforderungen des Neoliberalismus

Die gleiche Fragestellung – was kann der Markt, was kann der Staat – bildet auch den Hintergrund der dritten, bis in die Gegenwart andauernden Kontroverse. Konkret geht es darum, welche Aufgaben dem Markt und welche dem Staat übertragen werden sollen. Der Streit entzündet sich

14 Franz Müntefering hat sich in einem Interview in der Bildzeitung (17.4.2005) dagegen gewandt, dass Finanzinvestoren wie »Heuschreckenschwärme« über Unternehmen herfallen, sie »abgrasen« und dann »weiterziehen«.

an den Vorhaben der Privatisierung bisher vom Staat erledigter Aufgaben einerseits, der Deregulierung wirtschaftlicher Tätigkeiten andererseits. Die bevorzugte Arena der Deregulierungsdebatte ist der Arbeitsmarkt. Weitere Stichworte einer uferlosen Debatte sind »Abbau des Sozialstaats« und »Zurückdrängung der Macht der Gewerkschaften«. Wer für solche Zielsetzungen eintritt, wird oft reflexartig des Neoliberalismus bezichtigt. Ein Begriff, der in der Gründungsphase der Bundesrepublik noch positiv besetzt war, da er der Abgrenzung eines moderaten Liberalismus gegen den Manchester-Liberalismus diente, ist damit unter Sozialstaatsverfechtern zu einem Schimpfwort geworden.[15] Es ist aber beileibe nicht so, dass einem jahrzehntelangen Rückzug des Staats aus ihm früher zugeordneten Verantwortungsbereichen endlich Einhalt geboten werden müsste. In der langfristigen historischen Sicht war es vielmehr die Staatstätigkeit, die sich auf immer weitere Gebiete und Aufgabenfelder ausgedehnt hat.[16]

Diese Ausdehnung spiegelt sich in globalen Kennziffern wie der *Staatsquote*, der Sozialleistungsquote und der Abgabenquote wider. Die Staatsquote, also der Anteil der Staatsausgaben am BIP, ist von 32, 9% 1960 auf 47,9% 2009 gewachsen.[17] Zwar gelang es drei Jahre zuvor, sie auf 45,3% zu drücken, aber dieser Erfolg war nur von kurzer Dauer. Die Staatsausgaben setzen sich aus den Ausgaben der Gebietskörperschaften und der Sozialversicherung zusammen. Bezeichnend ist, dass der Anteil der Gebietskörperschaften im Jahr 2009 (Bund, Länder und Gemeinden) verglichen mit 1970 in etwa konstant geblieben ist (Bundesministerium der Finanzen, 24.8.2010). Der Anstieg der Staatsquote ist daher gleichbedeutend mit dem Anstieg der Ausgaben für soziale Sicherung. Absolut gesehen beliefen sich die Staatsausgaben 1959 auf ganze 14, 3 Mrd. Euro. 1970 waren sie bereits auf 100 Milliarden angewachsen, zwanzig Jahre später lagen sie bereits bei 585 Milliarden und 2006 überschritten sie die Grenze von einer Billion Euro (Statistisches Bundesamt, Fachserie 14). Die *Sozialquote*, definiert als der Anteil der Sozialausgaben am BIP, nahm von 1960 bis 2005 von 21,1%

15 Als Hauptvertreter des Neoliberalismus in einem abwertenden Sinn gelten Friedrich von Hayek und Milton Friedman.

16 »Die Bundesrepublik«, schreibt Ullmann (2010:267)»erlebte, zumal in den späten sechziger und frühen siebziger Jahren, eine ›Erweiterung des Staatskorridors‹, die in der bundesdeutschen Geschichte ihresgleichen suchte und auch international hervorstach«. Der Autor erblickt in dieser Erweiterung eine entscheidende Weichenstellung in der Geschichte der Bundesrepublik.

17 Schon 1975 belief sie sich einmal auf knapp 49 Prozent.

auf 31 % zu. Die *Abgabenquote*, (der Anteil von Steuern und Sozialversicherungsbeiträgen am BIP) hat sich nach der Berechnungsmethode des Bundesministeriums der Finanzen auf einen Wert um die 38 % eingependelt (2008) und liegt damit knapp unterhalb des Mittelwerts im Europa der 27. Ein allein lebender Arbeitnehmer ohne Kinder mit einem Durchschnittseinkommen von 40000 Euro musste im Jahr 2009 von jedem *zusätzlich* verdienten Euro 65 % seines Bruttogehalts (zuzüglich der Sozialversicherungsbeiträge des Arbeitgebers) an Steuern und Abgaben abführen (OECD 11.5.2010). Vor dem Hintergrund solcher Entwicklungen wird vielleicht verständlich, warum Bestrebungen, dem Staat immer weitere Aufgaben zu übertragen, in Wissenschaft und Politik auf eine verbreitete Skepsis stoßen.

Mit solchen Zahlen ist die normative Frage, welche Aufgaben der Staat übernehmen soll, natürlich nicht erledigt. Sie können aber die verbreitete Auffassung, der Staat befinde sich gegenüber dem Markt in der Defensive, zurechtrücken. Die »neoliberale Ideologie« hat zwar seit den 1980er-Jahren deutlich an Einfluss gewonnen, aber dieser Gewinn wird vor dem Hintergrund der hier skizzierten Entwicklungen besser verständlich.

Grenzen des Markts und Aufgaben des Staats

»Mehr Staat« kann dreierlei meinen: mehr Produktion von Gütern und Diensten durch den Staat, mehr Finanzierung solcher Güter und Dienste und schließlich mehr Regulierung, soweit diese Güter und Dienste privat erstellt werden. Mehr Markt hieße dann spiegelbildlich die Abtretung der Produktion von Gütern und Diensten an private Unternehmen, eine sinkende Finanzierung dieser Produktion durch den Staat und schließlich Deregulierung privater Aktivitäten. Gute Beispiele hierfür wären die Privatisierung der Eisenbahnen, das Ende der Subventionierung des Bergbaus und die Freigabe von Ladenöffnungszeiten. Die Frage ist immer, ob solche Maßnahmen die Versorgung der Bevölkerung verbessern oder verschlechtern.

Die einschlägige Theorie verspricht eine Verbesserung der Güterversorgung. Ob dem aber tatsächlich so ist, hängt von einer Reihe von Voraussetzungen ab, z. B. dass (am Beispiel der Ladenöffnungszeiten) die Lärmbelästigung für in der Nachbarschaft gelegene Wohnungen nicht steigt. Ob und in welcher Form (Produktion, Finanzierung, Regulierung) Aufgaben dem Staat übertragen werden sollen, ist eine hochkomplexe Frage, welche die Abwägung vieler konkurrierender Gesichtspunkte verlangt. Nach Maßgabe der volkswirtschaftlichen Theorie soll der Staat Aufgaben übernehmen, wenn der Markt versagt. Ein solches Versagen liegt immer dann vor, wenn es nicht möglich ist, einen Konkurrenzmarkt, so wie weiter oben beschrieben, einzurichten. Die Liste des Marktversagens ist lang: Der Markt versagt angesichts sog. natürlicher Monopole (ein großes Unternehmen kann kostengünstiger produzieren als viele kleine), bei der Produktion öffentlicher Güter und der Verhinderung externer Effekte. Ein schlagendes Beispiel für solche Effekte ist: Autos erzeugen Lärm, aber es gibt keinen Markt, auf dem dieser Lärm gehandelt werden kann. Daher bedarf es staatlicher Maßnahmen zur Lärmreduktion. Auch für die Versicherung z.B. des Risikos gegen Arbeitslosigkeit gibt es keinen Konkurrenzmarkt, daher muss sie staatlich organisiert werden. Je umfassender das Marktversagen ist, umso begründeter ist die Forderung nach staatlicher Übernahme der entsprechenden Aufgabe. Wenn Arbeitslosigkeit, Inflation und der Konjunkturzyklus für ein reines marktwirtschaftliches System typisch sind (der Nachweis ist nicht einfach), dann obliegt es dem Staat, konterkarierende Maßnahme zu ergreifen. Allerdings sollte vor jeder Übertragung einer Aufgabe an den Staat geprüft werden, wie die vorgesehene Maßnahme hinsichtlich der Kriterien Effizienz und Gerechtigkeit abschneidet.

6 Wie marktwirtschaftlich ist die Wirtschaftsordnung?

Die Beantwortung der Frage, welche Aufgaben dem Staat oder dem Markt übertragen werden *sollen*, ist, wie skizziert, alles andere als einfach. Von der normativen Frage unterschieden ist die empirische Frage, wie marktwirtschaftlich die deutsche Wirtschaft tatsächlich ist. Auch diese Frage ist nicht einfach zu beantworten. Ein kurzer Blick auf die Produktmärkte zeigt, dass der europäische Binnenmarkt nicht nur den internationalen Handel, sondern auch die nationalen Märkte tiefgreifend geändert hat. Er hat Märkte dem Wettbewerb geöffnet, die in den Jahrzehnten zuvor von jeglichem Wettbewerb abgeschlossen waren. Das bedeutet aber keineswegs, dass marktwirtschaftliche Prinzipien sich in allen Bereichen des Wirtschaftens vollständig durchgesetzt hätten. Davon könnte man nur sprechen, wenn für alle Bereiche der Produktion von Gütern und Diensten freier Marktzutritt bestünde, wenn Preise sich frei bildeten und nicht entweder von einem Monopol oder vom Staat gesetzt würden, und wenn möglichst vollständiger Wettbewerb auf beiden Seiten des Marktes herrschte. Auch wenn die Wirtschaft der Bundesrepublik diesem »Ideal« seit der Gründung der Europäischen Wirtschaftsgemeinschaft näher gekommen ist, sie hat dieses Ziel bei weitem nicht erreicht und sieht es auch nicht danach aus, als gäbe es eine kontinuierliche Tendenz der Annäherung an dieses Ziel.

Gesetzliche Beschränkungen der Marktwirtschaft

Deutliche Abstriche vom Ziel der Marktwirtschaft ergeben sich ausgerechnet aus jenem Gesetz, das als ordnungspolitisches Grundgesetz der Marktwirtschaft gefeiert wird: dem 1957 verabschiedeten und seitdem wiederholt novellierten Gesetz gegen Wettbewerbsbeschränkungen. In seinem ersten Paragraphen erhebt es zwar den Wettbewerb zur Norm, nimmt aber schon in dem unmittelbar darauf folgenden Paragraphen Vereinbarungen aus, die teils der Verbesserung der Warenerzeugung und -verteilung, teils dem wirtschaftlichen und technischen Fortschritt dienen. In den §§ 28 und 29 werden ganze Bereiche der Wirtschaft aus dem Geltungsbereich des Kartellrechts herausgenommen, so die Landwirtschaft und die Energiewirtschaft. § 30 schreibt die Preisbindung bei Zeitungen und Büchern fest. Notorisch ist die Aushebelung marktwirtschaftlicher Prinzipien in der Landwirtschaft. Die gemeinsame Agrarpolitik der EWG fußte auf zwei Prinzipien: Einer Preisgarantie für landwirtschaftliche Produkte und einer Abnahmegarantie für alle landwirtschaftlich hergestellten Produkte. Waren, welche zu den Garantiepreisen nicht abgesetzt werden konnten, wurden von der EWG aufgekauft. Die absehbare Folge hiervon war die Entstehung der sprichwörtlich gewordenen Butterberge und Milchseen. Diese gehören zwar mittlerweile der Vergangenheit an, weil die Förderung der Landwirtschaft seit 2005 von der Preisstützung und von Produktprämien auf Direktzahlungen an Landwirte umgestellt wurde, die unabhängig von der produzierten Menge gewährt werden (Ausnahme: Milch). Mit marktwirtschaftlichen Prinzipien sind derartige Zahlungen gleichwohl nicht vereinbar. Das Gleiche gilt z. B. für die Förderung der Steinkohle. Subventionen an diesen Geschäftszweig (bisher insgesamt um die 100 Milliarden Euro), der aus eigener Kraft nicht überlebensfähig wäre, sollen erst im Jahr 2018 auslaufen. Zwar fördert der Staat eine große Zahl von Einrichtungen, deren Existenz allgemein als gesellschaftlich wünschenswert angesehen wird und die ohne seine Zuschüsse nicht überleben würden (z. B. Theater, Chöre, Orchester, Musikschulen). Darin besteht eine wichtige Aufgabe des Kulturstaats Deutschland. Der Unterschied zu den Produkten des Bergbaus und zu vielen landwirtschaftlichen Produkten besteht aber darin, dass die Angebote örtlicher Kultureinrichtungen ohne staatliche Förderung ersatzlos wegfielen oder wenigstens stark schrumpften, wohingegen z. B. Steinkohle auf dem Weltmarkt weit billiger als aus heimischer Förderung bezogen werden könnte. Die Zielsetzungen solcher Subventionen (Abfederung von Härten für Bergleute und Landwirte, Erhaltung einer bäuerlich geprägten Landwirtschaft, Landschaftspflege) ziehen ihre Legitimation aus anderen Quellen als marktwirtschaftlichem Denken.

Produktionstechnisch begründete Beschränkungen

Ein weiteres wichtiges Feld für Liberalisierungsbemühungen sind alle Netzindustrien. Dazu gehören die Stromwirtschaft, das Eisenbahnwesen und vor allem die Telekommunikation. Netzindustrien sind der Herrschaftsbereich der sog. »natürlichen Monopole« (natürlich soll hier soviel heißen wie nicht-rechtlich). Da es unwirtschaftlich ist, z. B. das Land mit zwei Eisenbahnnetzen zu überziehen, nimmt der Inhaber des Netzes eine »natürliche« Monopolstellung ein mit allen Nachteilen für Konkurrenten und Konsumenten. Diese Monopolstellung kann durch die Trennung von Netz und Leistungserbringung aufgebrochen werden. Das ist in der Bundesrepublik am entschlossensten im Bereich der Telekommunikation, aber immerhin in Ansätzen auch im Eisenbahnverkehr geschehen. Das Eisenbahnnetz ist mittlerweile auch für andere Anbieter als die Deutsche Bahn geöffnet. Hingegen war zu Zeiten Ludwig Erhards die Eisenbahn gegen den Wettbewerb fast hermetisch abgeschirmt. Begründet wurde dies mit der sogenannten Besonderheitenlehre des Verkehrs (Wieland 2010); nach dieser Lehre ist schon aus produktionstechnischen Gründen ein wettbewerbliches Angebot in diesem Bereich nicht durchführbar. Ein besonders wirksamer Bestandteil der Besonderheitenlehre war die Doktrin von der Daseinsvorsorge. Sie ist bis heute die gängigste Rechtfertigung für Wettbewerbseinschränkungen, Preiskontrollen und Auflagen an die Betreiber. Auch die Telekommunikationsmärkte wurden als Teil der Daseinsvorsorge verstanden. Erst gegen Ende der 1970er-Jahre kam es zu einem Paradigmenwechsel. Daseinsvorsorge und marktwirtschaftliche Lösungen werden seitdem nicht mehr als Gegensätze aufgefasst (Henseler-Unger 2010). Im Ergebnis dieses Paradigmenwechsels sind die Telekommunikationsmärkte in Europa heute vollständig liberalisiert.

Das Bildungs- und das Gesundheitswesen

Zur Vervollständigung des Bilds gehört ein Blick auf Bereiche, die ohne Zahlung eines Preises zugänglich sind. Dazu gehören in Deutschland (mit geringen Einschränkungen) die Schulen und Universitäten. Kostenlos ist deren Betrieb natürlich nicht, aber die Kosten werden nicht dem Nutzer angelastet. Das Gleiche gilt mit deutlichen Einschränkungen für das Gesundheitswesen. Dessen Kosten werden teils aus Steuermitteln, teils aus den Beiträgen der Krankenversicherungen den Leistungserbringern erstattet. Sie fallen aber nicht bei dem einzelnen Konsumenten proportional zur Höhe seiner Entnahme aus dem Topf der Gesundheitsgüter an. Mit Marktwirtschaft hat das wenig zu tun; marktwirtschaftlichere Lösungen sind denkbar, aber selbstverständlich ebenso stärker staatlich geprägte Lösungen. Z. B. im *National Health System* Großbritanniens sind die Ärzte Staatsangestellte.

Mehr Marktwirtschaft als früher

Trotz nach wie vor bestehender erheblicher Einschränkungen der Marktwirtschaft ist die Wirtschaft der Bundesrepublik Deutschland heute deutlich marktwirtschaftlicher organisiert als noch zu Ludwig Erhards Zeiten. Die entscheidenden Impulse zur Stärkung des Wettbewerbs und zu mehr Marktwirtschaft sind von der EU ausgegangen. Die in den Europäischen Verträgen festgeschriebenen Binnenmarktfreiheiten haben bewirkt, dass auch in der Bundesrepublik der Wettbewerb in vielen Wirtschaftsbereichen zugenommen hat und die Autonomie der Einzelwirtschaften gestärkt wurde.[18] Ob Liberalisierung »gut« oder »schlecht« ist, steht hier nicht zur Debatte.

7 Zukünftige Probleme

Zwei Jahrzehnte nach der Wiedervereinigung – einer ökonomischen Herausforderung, wie sie kein anderer Industriestaat zu bestehen hatte – ist die Wirtschaft der Bundesrepublik auf dem besten Weg, sich von der größten Rezession ihrer sechzigjährigen Geschichte zu erholen, mit deutlich größerem Erfolg als vergleichbare Industriestaaten. In diese Krise ist sie nicht aus eigenem Versagen, sondern infolge der Weltfinanzkrise 2008 geraten. Das könnte man als Beweis einer anhaltenden Robustheit der deutschen Wirtschaft ansehen, die, auch wenn sie vielleicht nicht alles richtig, so doch vieles besser gemacht hat als ihre Mitbewerber. Diese Robustheit nährt Hoffnungen, dass die Wirtschaft in der Lage ist, auch die vor ihr liegenden Herausforderungen zu bestehen. In der öffentlichen Diskussion stehen die Massenarbeitslosigkeit und die Gefährdung der natürlichen Umwelt im Vordergrund. Das Problem der Massenarbeitslosigkeit könnte sich wegen des Rückgangs des Erwerbspersonenpotenzials bald von selbst erledigen. Schon heute 2011 sucht die Industrie händeringend nach Fachkräften. Der Zustand der Umwelt hat sich, jedenfalls was Deutschland betrifft, in vielen Bereichen (z. B. hinsichtlich der Belastung der Luft und des Wassers mit Schadstoffen) verbessert und nicht verschlechtert. Was das heute am heftigsten diskutierte Umweltproblem, der drohende Anstieg der Erderwärmung anbelangt, so

18 Neuere Überblicke hierzu Wirtschaftsdienst 2010, Geschichte und Gesellschaft 2010, Vierteljahresschrift für Sozial -und Wirtschaftsgeschichte 2009.

steht zu vermuten, dass eine kapitalistisch organisierte Wirtschaft dadurch weniger beeinträchtigt wird als die alltäglichen Lebensumstände der weltweit vom Klimawandel betroffenen Bevölkerungsgruppen. Höchstwahrscheinlich würde eine konsequent durchgeführte Politik des klimaneutralen Wirtschaftens in Deutschland die Wirtschaft vor deutlich größere Herausforderungen stellen als ein allmählicher Anstieg der Temperatur.

Bevor dieser auch wirtschaftlich spürbar wird, stehen Wirtschaft und Politik vor der Aufgabe, Probleme an drei Fronten anzugehen, von deren Entschärfung das »Wohl und Wehe« der Wirtschaft ganz entscheidend bedingt ist: die Regulierung des Finanzsektors, die Konsolidierung der Staatsfinanzen und die Sicherung der produktiven Basis der Wirtschaft.

Die globale Finanzkrise

Die Krise, in die das Weltfinanzsystem in der Phase 2007 bis 2009 geraten ist, gilt als die größte Finanzkrise seit den dreißiger Jahren des letzten Jahrhunderts, vielleicht sogar, was ihre globalen Auswirkungen auf den Finanzsektor anbelangt, die größte Finanzkrise in der zweihundertjährigen Geschichte des modernen Kapitalismus. Glücklicherweise hat sie die Realwirtschaft weniger getroffen als die Finanzkrise der 1930er-Jahre, mit der sie immer wieder verglichen wird. Wahrscheinlich hat dies damit zu tun, dass dieses Mal die Regierungen und die Zentralbanken, anders als Ende 1920/Anfang 1930, die richtigen Maßnahmen ergriffen und nicht zu deflationären Politiken Zuflucht nahmen. Die Regierungen versorgten die Wirtschaft über Konjunkturprogramme mit Aufträgen und die Zentralbanken fluteten die Finanzmärkte mit Liquidität.

Ihren Ausgang nahm die Krise vom amerikanischen Häuser- und Hypothekenmarkt. Angefeuert durch die Vergabe von Hypothekenkrediten an einen Personenkreis, dessen Kreditwürdigkeit nicht geprüft wurde (die sogenannten *subprime mortgages*) und die allein in Erwartung immer weiter steigender Hauspreise vergeben wurden, bildete sich eine spekulative Blase am Immobilienmarkt aus. Das Platzen dieser Blase zog erst den Hypothekenmarkt, dann den Markt für die Verbriefung solcher Hypotheken in den Abgrund. Trotz seiner Ausdehnung ist der amerikanische Immobilienmarkt aber zu klein, um aus der Krise eines Finanzsegments eine Weltfinanzkrise zu machen. Der Untergang der Investmentbank Lehman Brothers (September 2008) markiert den Umschlag der Krise des amerikanischen Immobilienmarkts in eine Weltfinanzkrise. Hellwig (2009) nennt zwei zentrale Ursachen für diesen Umschlag: Ein Übermaß der Verschuldung von Banken und Schattenbanken (den sog. Zweckgesellschaften) bei anderen Banken und Fehler in der Architektur des globalen Finanzsystems. Hierzu zählen insbesondere die gelockerten Vorschriften für die Ausstattung der Banken mit Eigenkapital, die es den Banken ermöglichte, Ausleihungen in der Höhe das vierzig- bis fünfzigfachen ihres Eigenkapitals vorzunehmen.

Das Versagen der Banken

Die unmittelbare Ursache der Krise des Weltfinanzsystems ist ein Fehlverhalten der Banken. Diese haben zuviel Kredit an Privatleute, Unternehmen, den Staat und vor allem an einander vergeben. Dadurch ist, gemessen am Verhältnis der Kreditsummen zum Eigenkapital der Banken ein Kreditgebirge aufgetürmt worden, dessen Fragilität übersehen wurde. Wenn A an B Geld verliehe und C an D, wäre das Problem eines Kreditausfalls leichter beherrschbar als wenn B das ihm geliehene Geld an C weiter verliehe, C an D usw. Ein Kreditausfall kann dann sehr schnell den gefürchteten Dominoeffekt herbeiführen und zum Zusammenbruch des aufgetürmten Schuldenbergs führen. Die entscheidende Frage ist aber, was dieses Fehlverhalten ermöglicht hat, unter welchen Randbedingungen es also zu der Auftürmung des Kreditgebäudes kam. Eine wichtige Rolle spielt die Erwartung der Banken, die Regierung würde sie aus Furch vor ökonomischen Verwerfungen nicht Pleite gehen lassen. Beim Untergang von Lehman Brothers ist diese Erwartung enttäuscht worden.

Die Schwierigkeiten der Regulierung der Finanzmärkte

Wie Reinhart/Rogoff (2010) in ihrer Untersuchung von Finanzkrisen seit Beginn der kapitalistischen Ära gezeigt haben, geht jeder Kreditblase eine Phase der Deregulierung der Finanzmärkte voraus. Nur harte und glaubwürdige Regeln können Kreditblasen verhindern. Ein Grundproblem jeder Regulierung ist jedoch, dass Finanzmärkte anders als Warenmärkte prozyklisch reagieren. Steigende Preise von Wertpapieren führen nicht zu einem Rückgang der Nachfrage, sondern zu einem weiteren, durch Kredite finanzierten Anstieg der Nachfrage bis zu einem Punkt, wo das Kreditgebäude zusammenbricht. Das Verhalten, das erst die Kurse anfeuert und dann wegen der hohen Ansteckungsgefahr leicht in eine Panik umschlägt, wird sich nie restlos kontrollieren lassen, solange ein Markt für Wertpapiere zugelassen wird.

Die Diskussion um die Ursachen der Finanzkrise seit 2007 hat die entscheidenden Stellgrößen benannt, die das Desaster möglich gemacht haben. Zu ihnen zählen die willentliche Schwächung der Eigenkapitalvorschriften für Banken, die Möglichkeit, Bankgeschäfte außerhalb der Bilanz über sog. Zweckgesellschaften zu betreiben, die Politik des leichten Geldes der

Zentralbanken, die Entlohnungsregeln für Bankmanager, die ungeprüfte und nicht überwachte Schaffung neuartiger Finanzprodukte, die dubiose Rolle der Rating-Agenturen und eben auch das Fehlen von Haftungsregeln für das Bankenpersonal, das mit dem Kapital der Bankkunden gespielt hat. Heute ist die internationale Staatengemeinschaft dabei, Maßnahmen zu entwickeln, die dazu dienen, die Verselbständigung der Finanzsphäre einzudämmen und die Realwirtschaft von der steigenden Volatilität* der Finanzmärkte abzuschirmen. Dazu gehören die Erhöhung der Eigenkapitalquote der Banken, die Beschränkung des Geschäftsumfangs von Kreditinstituten und die Etablierung eines Frühwarnsystems, das es erlaubt, Kreditblasen rechtzeitig zu erkennen. Ob und in welchem Umfang solchen Maßnahmen Erfolg beschieden ist, lässt sich noch nicht absehen.

Die Staatsverschuldung im Euro-Raum

Drohende Rückwirkungen auf die deutsche Wirtschaft gehen aber nicht nur von potenziellen weiteren Bankzusammenbrüchen aus, sondern mindestens in gleichem Ausmaß von der Staatsverschuldung im Euro-Raum. Seit Beginn der zweiten Phase der Finanzkrise im Frühjahr 2010 stehen nicht mehr die Kredite der Banken an Private, sondern die Schulden einiger Mitgliedstaaten der Währungsunion im Zentrum. Deren Verschuldung hat ein Ausmaß erreicht, das von den Kapitalmärkten als nicht mehr tragfähig angesehen wird. Die Einführung des Euro brachte für die an der südwestlichen Peripherie Europas gelegenen Ländern ungewöhnlich günstige Finanzierungsbedingungen mit sich, die nicht nur von den Regierungen, sondern auch von der Privatwirtschaft bedenkenlos ausgenutzt wurden. Ein dadurch ausgelöster Boom bricht aber spätestens zu dem Zeitpunkt ab, an dem die Gläubiger das Vertrauen darauf verlieren, dass der verschuldete Staat noch willens und in der Lage ist, seine Schuld mit Zins und Tilgung zu bedienen. Um dieser Situation vorzubeugen oder für sie Vorsorge zu treffen, haben die Staaten des Euroraums im Mai 2010 einen gigantischen »Rettungsschirm« von ca. 750 Mrd. Euro konstruiert, der zum größeren Teil (440 Milliarden Euro) aus Bürgschaften der Staaten der Eurozone für Kredite besteht. Sie werden von einer eigens geschaffenen neuen Einrichtung, der europäischen Finanzstabilisierungsfazilität, an Länder vergeben, die auf dem Kapitalmarkt keine Kredite mehr (oder nur zu untragbar hohen Zinsen) erhalten. Im gleichen Monat wurde ein Programm zur Abwehr des griechischen Staatsbankrotts beschlossen, das Notkredite an Griechenland in Höhe von 110 Mrd. Euro vorsieht. Mit derartigen Schirmen wird das zugrunde liegende Problem aber nicht gelöst, sondern bestenfalls Zeit gewonnen. Wie das griechische Beispiel zeigt, verschärft sich durch solche »Schirme« das Problem sogar noch, da lediglich neue Schulden auf alte aufgetürmt werden, statt sie durch einen Schuldenschnitt unter Beteiligung der privaten Gläubiger an der Haushaltssanierung abzubauen. Finanzhilfen allein werden die griechische Wirtschaft noch nicht in die Lage versetzen, die Schulden zurückzahlen zu können. Dazu wären Wachstumsraten erforderlich, die über dem Zinssatz für die Ausleihungen liegen. Wie solche Wachstumsraten angesichts der mangelnden Wettbewerbsfähigkeit der griechischen Wirtschaft erreicht werden sollen, bleibt im Dunklen. Aber schon jetzt steht fest, dass die griechischen Staatschulden in drei Jahren weiter angewachsen sein werden. Dann bleibt aller Voraussicht nach nur noch der Ausweg einer geordneten Insolvenz des griechischen Staats, den die Politik und die Europäische Zentralbank bisher unbedingt vermeiden wollten.

Das Problem der steigenden Staatsverschuldung

Aber nicht nur Griechenland oder andere am Rande Europas liegende Länder haben »über ihre Verhältnisse« gelebt, der deutsche Staat tut seit den 1970er-Jahren das Gleiche. Diese Jahre brachten nicht nur einen sprunghaften Anstieg der Staatsausgaben, sondern stehen am Beginn des Weges in den Schuldenstaat. Die unmittelbaren Ursachen der steigenden Staatsverschuldung sind ebenso simpel wie die der Finanzkrise: der Staat gibt beständig mehr aus, als er einnimmt. Der mit Abstand größte Ausgabenblock im Staatshaushalt sind die Ausgaben für soziale Sicherung. Da die Sozialbeiträge zu ihrer Finanzierung nicht mehr ausreichen, müssen sie zu einem ständig wachsenden Teil aus Steuermitteln gedeckt werden. Auch die Wiedervereinigung hat die Staatsschulden noch einmal weiter nach oben getrieben. Die deutsche Politik hat, um der ständig weiter wachsenden, die wirtschaftlichen Grundlagen auszehrenden Staatsverschuldung einen Riegel vorzuschieben, zu einem drastischen Mittel gegriffen: einer in das Grundgesetz eingebauten Schuldenbremse. Ob diese Selbstbindung der Politik wirklich greift (Ausnahmen vom Kreditaufnahmeverbot sind vorgesehen), wird man sehen. Sie wirft aber ein grelles Licht auf die Rolle der Politik. Anscheinend lassen sich wirtschaftlich relevante Politikfelder (erst die der Bundesbank überantwortete Geldpolitik, jetzt die Schuldenaufnahme) nur dadurch vor Missbrauch schützen, dass sie dem Einflussbereich von Regierung und Parlament entzogen werden.

Die Sicherung der produktiven Basis

Besorgniserregend ist die drohende Schwächung der produktiven Basis der Wirtschaft. Wie eingangs ausgeführt, speist sich eine steigende Arbeitsproduktivität aus zwei Quellen: dem technischen Fortschritt in einem weiten, auch die Organisation des Arbeitsprozesses einschließenden Sinn einerseits und der wachsenden Qualifikation der Arbeitskräfte andererseits. Da der technische Fortschritt nicht vom Himmel fällt, sondern erfunden und umgesetzt werden muss, ist die Qualifikation der Arbeitskräfte die Schlüsselgröße. Je größer die Zahl qualifizierter Kräfte und je höher deren Qualifikation, umso größer ist die Chance auf weitere Steigerungen der Arbeitsproduktivität. Auf sie kann aus zwei Gründen nicht verzichtet werden: wegen der internationalen Konkurrenz muss die deutsche Wirtschaft ständig bemüht sein, Produkte zu entwickeln, die auf dem Weltmarkt nachgefragt werden. Mit veralteten Produkten wird die Wettbewerbsfähigkeit der Wirtschaft drastisch sinken. Gleichzeitig ist eine steigende Arbeitsproduktivität erforderlich, um das wachsende Heer der Versorgungsempfänger mit ausreichenden Mitteln versorgen zu können. Grundvoraussetzung einer Sicherung der produktiven Basis der Wirtschaft sind massive Investitionen in das Bildungswesen. Gemessen in Prozent des BIP gibt Deutschland aber immer noch weniger für alle Stufen des Bildungswesens aus als der Durchschnitt der OECD Länder (OECD 2010). Statt in das Bildungswesen zu investieren, wurde in Deutschland jahrelang eine Politik der Frühverrentung betrieben, deren Kosten jetzt langsam sichtbar werden. Ein probates Mittel, sich die nach Zahl und Qualifikationsgrad fehlenden Arbeitskräfte zu beschaffen, wäre die Förderung der Einwanderung hochqualifizierter Arbeitskräfte. Hier sind aber Politik und Gesellschaft genau den entgegengesetzten Weg gegangen. Eingewandert sind eher bildungsferne Schichten, die überproportional die Systeme der sozialen Sicherung belasten. Dadurch erhöht sich der Druck auf Steuern und Abgaben des aktiven, »leistenden« Teils der Bevölkerung noch einmal. Die Gefahr, dass die Leistungseliten entweder abwandern oder resignieren, lässt sich nicht einfach von der Hand weisen. Die Tage eines auf Pump finanzierten Sozialstaats sind gezählt. Das dringendste Erfordernis einer die Zukunft sichernden Wirtschaftspolitik ist daher, alle Maßnahmen zu ergreifen, die der Verbreiterung der produktiven Basis dienlich sind. Dazu gehören neben der Bildungspolitik und der Einwanderungspolitik auch eine Steuer- und Sozialpolitik, welche die Interessen und die Bedürfnisse der das Sozialprodukt erwirtschaftenden Gruppen im Auge behält. Je mehr Personen in das Erwerbsleben integriert werden und je produktiver diese sind, umso größer sind die Mittel zur Finanzierung der sozialen Sicherungssysteme – und umso geringer sind die Anforderungen an diese Systeme. Das ist die schlichte Lehre aus Jahrzehnten des Streits um die Ausrichtung der deutschen Wirtschafts- und Sozialpolitik.

Literaturempfehlungen

Datenquellen

Zur ersten Orientierung ist der Datenreport (letzte Auflage 2008), ein Gemeinschaftswerk des Statistischen Bundesamts, des WZB Berlin und von GESIS sehr hilfreich. Für wirtschaftliche und wirtschaftsnahe Aspekte siehe insbes. die Kapitel 4–7. Die Jahresgutachten des Sachverständigenrats zur Begutachtung der gesamtwirtschaftlichen Entwicklung enthalten umfangreiche Tabellenanhänge. Die ausführlichsten Informationen finden sich in den Fachserien des Statistischen Bundesamts. Für das Thema dieses Beitrags besonders wichtig sind die Fachserien 1 (Bevölkerung und Erwerbstätigkeit), 14 (Finanzen und Steuern) und 18 (Volkswirtschaftliche Gesamtrechnungen). Ausgewählte Aspekte der volkswirtschaftlichen Gesamtrechnung werden in der vom Statistischen Bundesamt herausgegebenen Broschüre »Volkswirtschaftliche Gesamtrechnungen. Wichtige Zusammenhänge im Überblick« vorgestellt (Erscheinungsfolge unregelmäßig). Für die Einkommensentwicklung und -verteilung sind auch die Armuts- und Reichtumsberichte der Bundesregierung informativ.
Eine neue Standarddatenquelle für die Messung von Armut und Lebensbedingungen in den Mitgliedsstaaten der Europäischen ist: Leben in Europa (EU-SILC). Für ein vertieftes Studium der wirtschaftlichen und sozialen Entwicklung der Europäischen Union sind die statistischen Materialien von EUROSTAT (das Statistische Amt der Europäischen Union) unverzichtbar, für ein Studium der westlichen Länder die Historical Statistics der OECD.

Weiterführende Literatur

Borchardt, Knut (1982): *Die Bundesrepublik in den säkularen Trends der wirtschaftlichen Entwicklung*, in: Werner Conze/M. Rainer Lepsius: Sozialgeschichte der Bundesrepublik Deutschland. Beiträge zum Kontinuitätsproblem. Stuttgart: Klett-Cotta, 20–45.

Immer noch unübertroffene Beschreibung und Analyse der wirtschaftlichen Entwicklung der Bundesrepublik bis Ende der 70er-Jahre.

Eichengreen, Barry (2007): *The European Economy since 1945. Coordinated Capitalism and Beyond.*, Princeton: Princeton University Press.

Standardwerk zur Wirtschaftsgeschichte Europas nach dem Zweiten Weltkrieg.

Kaelble Hartmut (2007): *Sozialgeschichte Europas 1945 bis zur Gegenwart*, München: Beck

Die großen Linien der Entwicklung herausarbeitende Behandlung der Hauptaspekte einer Sozialgeschichte Europas seit dem Zweiten Weltkrieg. Für die weiterführende Beschäftigung mit Fragen der deutschen Wirtschaftsordnung sind insbesondere die Kapitel 2 (Arbeit), 3 (Konsum und Lebensstandard), 7 (Soziale Ungleichheit) und 11 (Wohlfahrtsstaat) lehrreich.

Lampert, Heinz,/Albrecht Bossert (2007): *Die Wirtschafts- und Sozialordnung der Bundesrepublik Deutschland im Rahmen der Europäischen Union.* München: Olzog Verlag.

Weit verbreitete Darstellung der deutschen Wirtschafts- und Sozialordnung unter Einbeziehung der europäischen Dimension.

Müller-Armack, Alfred (1947): *Wirtschaftslenkung und Marktwirtschaft*, Hamburg: Verlag für Wirtschaft und Sozialpolitik.

Gründungsschrift des Konzepts der Sozialen Marktwirtschaft.

Sinn, Hans-Werner (2009): *Kasino-Kapitalismus. Wie es zur Finanzkrise kam, und was jetzt zu tun ist*, Berlin: Econ Verlag, 2. Auflage .

Für das Studium der deutschen Verhältnisse unverzichtbare Darstellung der weltweiten Finanzkrise und ihrer Auswirkungen auf Deutschland seit 2007. Die Darstellung endet mit dem Jahresbeginn 2009, umfasst also die Finanzkrise als Staatsschuldenkrise nur am Rande.

Stützel, Wolfgang u. a. (Hg.)(1981): *Grundtexte zur Sozialen Marktwirtschaft. Zeugnisse aus zweihundert Jahren ordnungspolitischer Diskussion*, Stuttgart 1981: Gustav Fischer Verlag.

Sammlung von 44 Texten, die nach Meinung der Herausgeber alle grundlegend für das Konzept der Sozialen Marktwirtschaft sind.

Wehler, Hans Ulrich (2010): *Deutsche Gesellschaftsgeschichte*, Band V: 1949–1990, München: C.H. Beck.

Abschnitt III behandelt die Strukturbedingungen und Entwicklungsprozesse der Wirtschaft (S. 48–107). Die Wirtschaft der Bundesrepublik und der DDR werden gesondert dargestellt.

Kapitel 12

Arbeitsmarkt

Für alle wichtig, für viele unsicherer

Wolfgang Ludwig-Mayerhofer

Die ergänzenden Materialien zu diesem Kapitel finden sich auf der Website: www.bpb.de/sozialkunde/arbeitsmarkt

Die Bedeutung der Erwerbsarbeit

Die meisten Mitglieder moderner westlicher Gesellschaften sind als abhängig Beschäftigte (Arbeitnehmer) oder deren Angehörige ökonomisch vom Arbeitsmarkt abhängig. Ihre Ausbildung, ihr Beruf, ihre Erwerbserfahrung, die Branche und die Firma, in der sie beschäftigt sind, kurz: ihre Position am Arbeitsmarkt bestimmt ganz maßgeblich ihr Einkommen. Dies gilt meist auch noch dann, wenn Leistungen der sozialen Sicherung bezogen werden, da diese – so in der Bundesrepublik etwa die Altersrente oder die Arbeitslosenunterstützung nach dem SGB III – der Höhe nach an das vorher erzielte Arbeitsentgelt anknüpfen.

Die Bedeutung von Erwerbstätigkeit reicht aber weiter: Erwerbstätigkeit ist auch ein Wert für sich, da sie es den Menschen ermöglicht, eine als mehr oder minder sinnvoll und interessant empfundene Arbeit zu verrichten, Kontakte mit anderen Menschen herzustellen und zu pflegen oder auch einfach den Tag sinnvoll zu strukturieren. Das individuelle Selbstwertgefühl ist mit dem erlernten bzw. ausgeübten Beruf im Erwerbsleben ebenso verbunden wie der soziale Status und das gesellschaftliche Ansehen des Einzelnen. Gleichzeitig kann Erwerbsarbeit aber auch eine Quelle von Belastungen, Stress und nicht zuletzt Unsicherheit sein, gerade in Zeiten, in denen die arbeitsrechtliche und sozialpolitische Rahmung von Erwerbstätigkeit und Arbeitslosigkeit die Individuen mehr als früher auf sich gestellt sein lässt.

Der Arbeitsmarkt – kein Markt wie jeder andere

Erwerbsarbeit ist meist über den Arbeitsmarkt organisiert. Dieser ist ein Markt – und doch kein Markt wie jeder andere. Zwar wird ein Individuum, wenn es seine Arbeitskraft im Tausch gegen finanzielle Entlohnung anbietet, damit ebenfalls zur Ware, jedenfalls aus der Sicht des Marktes. Menschen, die ihre Arbeitskraft anbieten, sind aber eine besondere Ware. Erstens werden sie, im Unterschied zu anderen Waren, nicht hergestellt mit dem Ziel, möglichst gewinnbringend veräußert zu werden. Zweitens und vor allem aber kann es den Individuen, wieder im Unterschied zu anderen Waren, nicht gleichgültig sein, wie viel sie am Markt wert sind, welches Entgelt sie also erzielen können. Denn der Erlös für die Ware Arbeitskraft kommt ja dem Individuum selbst zugute – mit ihm bestreitet es in der Regel seinen Lebensunterhalt und meist auch den seiner Angehörigen. Dies steht in Widerspruch zum ›rein ökonomischen‹ Denken, wonach für eine Ware nicht mehr Entgelt erzielt werden kann, als sie wert ist – wobei der Wert sich auf Märkten nach dem Nutzen für den Käufer bestimmt. Die »Arbeiterfrage«, die Soziale Frage des 19. und noch des beginnenden 20. Jahrhunderts, war die Frage, ob es gelingen kann, die marktwirtschaftliche oder kapitalistische Produktionsweise so zu zähmen, dass die puren Marktgesetze abgefedert und die Risiken, die aus einer abhängigen Beschäftigung entstehen (Krankheit, Arbeitsunfälle, Arbeitslosigkeit), begrenzt werden. Dies ist erst in der Mitte des 20. Jahrhunderts auf einem für weite Teile der Bevölkerung akzeptablen, ja sogar einen gewissen Wohlstand sichernden Niveau gelungen – doch inzwischen mehren sich die Anzeichen, dass diese Phase schon wieder vorüber und ein Zeitalter der unsicheren, prekären Beschäftigung angebrochen ist.

Unterschiedliche Arten von Erwerbstätigkeit

Für die Analyse des Arbeitsmarkts und die Arbeitsmarktstatistiken bedarf es präziser Kategorien und deren jeweiliger Zuordnung: Genau genommen geht es um jene Form von Erwerbsarbeit, die man als *abhängige Beschäftigung* oder *Lohnarbeit* bezeichnet. Am Arbeitsmarkt stehen sich Unternehmen, die Arbeitsplätze zu besetzen haben, als Nachfrager Individuen gegenüber, die ihre Arbeitskraft – genauer: ihre Fähigkeiten und Kenntnisse, aber auch ihre Leistungsbereitschaft und ihre Motivation – dem Unternehmer gegen ein Arbeitsentgelt anbieten. Unter den gut 40,3 Millionen *Erwerbstätigen* in Deutschland (im Jahr 2008) befanden sich 4,5 Millionen *Selbstständige und mithelfende Familienangehörige* (einschließlich der sogenannten Freien Berufe, etwa niedergelassene Ärzte, Rechtsanwälte, Architekten) und etwas unter 36 Millionen *Arbeitnehmer*, also abhängig Beschäftigte. Aber auch von diesen sind nicht alle im strengen Sinn am Arbeitsmarkt tätig, so die über 1,6 Millionen Beamten oder einige hunderttausend Personen in sog. Ein-Euro-Jobs, also Arbeitsgelegenheiten nach dem SGB II, die statistisch ebenfalls zu den Arbeitnehmern gezählt werden. Auch sonst darf man Arbeitnehmer nicht mit tariflich und sozialversicherungsrechtlich gesicherten Personen in eins setzen; so waren beinahe 5 Millionen Personen ausschließlich in *geringfügiger Beschäftigung* tätig, d. h. (nach dem rechtlichen Stand 2010) einer Beschäftigung, die mit nicht mehr als 400 Euro/Monat entlohnt wird und aus der keine bzw. nur geringe Ansprüche aus der Sozialversicherung erwachsen.

Gliederung und begriffliche Anmerkung

Dieses Kapitel beginnt mit einem quantitativen Überblick über die erwerbstätige Bevölkerung, wobei die Aspekte Geschlecht, Migrationshintergrund und Alter hervorzuheben sind (1). Anschließend wird auf die Ungleichheit der Erwerbseinkommen allgemein und speziell nach Geschlecht sowie die geschlechtsspezifische Segregation* des Arbeitsmarkts eingegangen (2). Die nächsten beiden Abschnitte widmen sich Phänomenen, die bereits seit geraumer Zeit die in den ersten Dekaden der Nachkriegszeit mit Erwerbsarbeit verknüpften Sicherheitserwartungen erschüttern: Arbeitslosigkeit (3) und den vor allem jüngst vielfach diskutierten Formen von atypischer Beschäftigung, Prekarität und Armut trotz Erwerbsarbeit (4).

Wo es die Datenlage erlaubt, wird nicht nur die aktuelle Situation in der Bundesrepublik Deutschland dargestellt, sondern in zwei Hinsichten darüber hinaus gegangen. Erstens ist der Blick auch auf Entwicklungen zu lenken; zweitens gibt der Blick in andere Länder wichtige Möglichkeiten des Vergleichs. Angemerkt sei in diesem Zusammenhang, dass Datensammlungen und Statistiken nicht immer zwischen den verschiedenen oben angeführten Gruppen von Erwerbstätigen bzw. Arbeitnehmern unterscheiden, zumal dies den internationalen Vergleich (die arbeits- und sozialrechtlichen Kategorien unterscheiden sich von Land zu Land) unmöglich machen würde. So werden wir im Folgenden oft nur über Erwerbstätige allgemein sprechen oder bei den Arbeitnehmern die Beamten einbeziehen.

1 Erwerbsarbeit und Erwerbsbeteiligung

Erwerbsarbeit und Nicht-Erwerbsarbeit

Ein Blick auf den Arbeitsmarkt wäre unvollständig ohne den Blick auf diejenige Arbeit, die *außerhalb* des Arbeitsmarkts, also als nicht formell entlohnte Tätigkeit geleistet wird. Der zeitliche Umfang solcher Arbeiten wie Hausarbeit oder Nachbarschaftshilfen übertrifft den der Erwerbsarbeit.

Dass auch diese Arbeit als Arbeit bezeichnet wird, ist nicht selbstverständlich. Lange Zeit konnte man hören, und vermutlich geschieht es auch heute noch manchmal, dass Hausfrauen auf die Frage nach ihrem Beruf antworteten: »Ich arbeite nicht«. In aller Regel dürfte diese Aussage falsch sein – Einkaufen und Essen zubereiten, eine Wohnung sauber halten, Kindern bei den Hausaufgaben helfen oder sie pflegen, wenn sie krank sind, all dies und noch viel mehr gehört zu den Arbeiten, die Frauen wie selbstverständlich erledigen (und auch Männer beteiligen sich daran, wenn auch in weitaus geringerem Umfang). »Ich arbeite nicht« meint vielmehr so viel wie: »Ich stehe in keinem Beschäftigungsverhältnis«, oder auch: »Ich bin nicht erwerbstätig«. Dass es sich bei den genannten Tätigkeiten aber um Arbeit handelt, geht schon daraus hervor, dass es wohl keine »Hausfrauen«-Tätigkeit gibt, die nicht auch gegen Geld und in einem formalisierten Beschäftigungsverhältnis verrichtet werden könnte. Man kann hierin ein wichtiges Merkmal sehen, hinsichtlich dessen sich moderne Gesellschaften unterscheiden: Gerade in den skandinavischen Ländern, in denen deutlich mehr Frauen als in Deutschland erwerbstätig sind, sind auch mehr Frauen genau in jenen Tätigkeitsfeldern beschäftigt, die man oft der weiblichen Sphäre zurechnet (s. u. unter 2.).

Die Einbeziehung der Frauen in die Erwerbsarbeit

Vor diesem Hintergrund ist die wohl wichtigste Entwicklung auf dem Arbeitsmarkt die kontinuierliche, wenngleich langsame und keineswegs bruchlos vonstatten gehende Einbeziehung der Frauen in die Erwerbsarbeit. Im Westdeutschland der Nachkriegszeit dominierte noch mehr als in manch anderem europäischen Land die Vorstellung, dass Frauen, jedenfalls ab dem Zeitpunkt der Heirat oder spätestens ab Geburt der Kinder, sich dem Haushalt zu widmen hätten; die Erwerbstätigkeit wurde überwiegend als Männersache gesehen, und gleichzeitig war die Vorstellung verbreitet, ein Erwerbseinkommen müsse ausreichen, »eine Familie zu ernähren«. In den staatssozialistischen Ländern war dies anders; dort wurde jede, auch die weibliche Arbeitskraft in der industriellen Produktion benötigt, was auf das dort gleichzeitig propagierte emanzipatorische Geschlechterbild einen leichten Schatten wirft. Aber: Wenn auch mit unterschiedlicher Geschwindigkeit, so hat sich in den industrialisierten, inzwischen meist als Dienstleistungs- und Wissensgesellschaften bezeichneten hochentwickelten Ländern durchgängig ein Trend zu einer weitaus höheren Erwerbsbeteiligung der Frauen durchgesetzt. Zwar gibt es nahezu überall noch – manchmal deutliche – Unterschiede zwischen der Erwerbsbeteiligung von Männern und der von Frauen, doch man kann heute sagen, dass die Erwerbsbeteiligung von Frauen der Normalfall und die Nicht-Erwerbstätigkeit vielleicht noch nicht die Ausnahme, auf jeden Fall aber die deutlich seltenere Erscheinung ist. In den meisten westlichen Ländern lag im Jahr 2006 die Erwerbsbeteiligungsquote der Frauen im Alter von 25 bis 64 Jahren in einem Bereich von 65 bis 75 %, bei den Männern der gleichen Altersspanne zwischen 75 und 85 %.

Die einfache Gegenüberstellung »erwerbstätig – nichterwerbstätig« verdeckt allerdings weitere wichtige Unterschiede. In Deutschland ist ein beträchtlicher Teil der Frauen *teilzeitbeschäftigt*[1]. Im Jahr 2006 waren es 39,2 % aller abhängig beschäftigten Frauen, bei im Zeitverlauf kontinuierlich gestiegenen Anteilen. Die Spannweite ist hier international sehr groß: Sie reicht von 5 % in Ländern wie Tschechien oder Ungarn über 18 bis 19 % (so in Schweden oder den USA) bzw. knapp 23 % (Frankreich) über 39 % im Vereinigten Königreich bis hin zu fast 60 % in den Niederlanden als einsamem Spitzenreiter. Aber auch diese Zahlen verdecken noch Unterschiede. So ist in Deutschland mehr als die Hälfte der teilzeiterwerbstätigen Frauen höchstens 19 Stunden beschäftigt, während in Schweden der entsprechende Anteil weniger als ein Drittel beträgt und somit dort über zwei Drittel der Teilzeit beschäftigten Frauen im Bereich von 20 bis 29 Stunden arbeiten (beim Spitzenreiter Niederlande verteilen sich die teilzeitbeschäftigten Frauen nahezu gleich auf die beiden Kategorien, mit einem leichten Übergewicht der zweiten). Die Zugewinne bei der Erwerbsbeteiligung der Frauen übersetzen sich jedenfalls in Deutschland angesichts der zunehmenden Teilzeitquote nicht in Zugewinne einer gerechteren Aufteilung von Erwerbs- und Nicht-Erwerbsarbeit zwischen den Geschlechtern.

Die Beschäftigten mit Migrationshintergrund

Neben den Geschlechterdifferenzen ist die sehr unterschiedliche Erwerbsbeteiligung von Einheimischen und *Zugewanderten bzw. Beschäftigten mit Migrationshintergrund* für den Arbeitsmarkt charakteristisch. Ende der 1950er-Jahre, als dank der prosperierenden Wirtschaft in Deutschland ein hoher Arbeitskräftemangel bestand (auf die Idee, Frauen in großem Umfang in den Arbeitsmarkt zu integrieren, kam man damals noch nicht), wurden Arbeitsmigranten – damals Gastarbeiter genannt – aus anderen Ländern angeworben, deren Anteil an den Beschäftigten kontinuierlich stieg. Sie hatten meist nur geringe Schulbildung und wurden überwie-

1 Unter Teilzeitbeschäftigung wird üblicherweise eine Beschäftigung von weniger als 30 Stunden/Woche verstanden.

gend für un- und angelernte industrielle Tätigkeiten eingesetzt, was den deutschen Männern den Aufstieg in besser bezahlte Facharbeiterpositionen ermöglichte. Im Jahr 1974 wurde ein »Anwerbestopp« ausgesprochen, doch der Anteil von Migranten ging dadurch nur geringfügig zurück.

Differenzierte Analysen der Situation der Arbeitsmigranten und ihrer Nachkommen sind schwierig, weil lange Zeit nur die statistische Kategorie »Ausländer« zur Verfügung stand, die sich nach der Staatsangehörigkeit richtet. Erst seit wenigen Jahren lässt sich unterscheiden, ob Personen mit deutschem Pass aus Migrantenfamilien kommen oder nicht bzw. ob eine Person mit ausländischer Staatsangehörigkeit selbst nach Deutschland eingewandert ist oder ob sie zu jenen gehört, deren Eltern oder Großeltern schon nach Deutschland gekommen sind. Unübersichtlicher noch wird die Situation durch die Aussiedler bzw. Spätaussiedler, Personen mit deutschen Vorfahren, die aus der früheren Sowjetunion oder anderen östlichen Ländern vor allem nach dem Fall des Eisernen Vorhangs zu Hunderttausenden nach Deutschland kamen und als deutsche Staatsangehörige betrachtet wurden (vgl. Kapitel 4: Migration).

Die Beschäftigung von Ausländern und besonders von Türken ging in der Krise nach 1990 deutlicher zurück als die von Deutschen. Auch für Aussiedler, die erst seit wenigen Jahren in Deutschland sind, ist etwa ab dem Jahr 2000 die Integration in den Arbeitsmarkt immer schwieriger geworden. Auch bei den Migranten gibt es deutliche Unterschiede in der Erwerbsbeteiligung von Frauen und Männern. Während die deutschen Frauen im Gegensatz zu den Männern bei der Beschäftigung zulegten, erlitten die Migrantinnen – namentlich die türkischen Frauen – seit 1990 einen deutlichen Rückgang ihrer Beschäftigungschancen (OECD 2005: 21).

Im internationalen Vergleich steht Deutschland hinsichtlich der Beschäftigung von Ausländern eher schlecht da; nur in Dänemark und Holland gelingt die Integration in den Arbeitsmarkt noch schlechter. Dies gilt verstärkt für Migrantenkinder der zweiten Generation: Auch hier liegt die Beschäftigungsquote im internationalen Vergleich sehr niedrig, vor allem bei den jungen Frauen (OECD 2005: 22 ff.).

Altersstruktur der Erwerbstätigen

Das Alter bei Erwerbseintritt und -austritt wird in erheblichem Ausmaß durch staatliche Regulierungen begrenzt, namentlich die Vollzeitschulpflicht für Kinder und Jugendliche sowie Regeln zum Renteneintritt. In diesem Rahmen spielt allerdings auch das Verhalten der Individuen eine Rolle; so hat der langfristig zunehmende Besuch weiterführender Schulen und von Universitäten dazu geführt, dass sich das durchschnittliche Alter beim Eintritt in den Arbeitsmarkt immer weiter erhöht hat. Aber auch unterschiedliche Bildungssysteme und damit einhergehende Unterschiede in statistischen Definitionen oder Zählweisen spielen beim *Eintritt in die Erwerbsphase* eine Rolle; so liegt in Deutschland die Erwerbsbeteiligung im Alter von 15 bis 19 Jahren bei etwas über 30%, was auch daran liegt, dass Jugendliche, die einer dualen Ausbildung (einer Ausbildung in Betrieb und Berufsschule) nachgehen, als erwerbstätig gezählt werden. Länder mit einer längeren Schulpflicht bzw. schulischen Berufsausbildungssystemen haben in der genannten Altersgruppe niedrigere, Länder mit kürzerer Schulpflicht und ohne ausgeprägtes Berufsbildungssystem (das durch Training-on-the-Job ersetzt wird) dagegen höhere Erwerbsbeteiligungsquoten. So reichen diese Quoten für die Altersgruppe 15 bis 19 von knapp 10 (etwa in Belgien) oder 15% (Frankreich) bis über 50% (Vereinigtes Königreich, Australien, Kanada).

Am anderen Ende der Erwerbsphase, beim Erwerbsaustritt, lassen sich ebenfalls deutliche Unterschiede feststellen. Diese kommen nicht nur durch unterschiedliche Festlegungen der Altersgrenze für die Regelaltersrente zustande, sondern auch durch unterschiedliche Möglichkeiten eines vorzeitigen Renteneintritts. In Deutschland hat man beispielsweise in den 1980er- und 1990er-Jahren den vorzeitigen Eintritt in den Ruhestand gefördert, unter anderem, um angesichts des Eintritts geburtenstarker Jahrgänge in den Arbeitsmarkt die Chancen jüngerer Menschen auf eine Erwerbstätigkeit zu verbessern. Angesichts des Wandels des Altersaufbaus hin zu weniger jungen und mehr älteren Menschen sowie des anhaltenden Trends zur Verlängerung der Lebensdauer und damit auch der Rentenbezugszeiten wurden in letzter Zeit jedoch die Möglichkeiten des frühzeitigen Renteneintritts reduziert und das Regeleintrittsalter für die Altersrente angehoben (letztere Änderungen machen sich allerdings erst ab 2011 bemerkbar). So ist in Deutschland allein von 2000 bis 2009 die Erwerbsbeteiligungsquote der Männer im Alter von 60 bis 64 Jahren von 30 auf 50%, die der Frauen im gleichen Alter von 13 auf 33% gestiegen. Auch hier finden sich aber im internationalen Vergleich ganz beträchtliche Unterschiede; in Norwegen und Schweden etwa liegt die Erwerbsbeteiligung in diesem Alter bei den Männern um 15 bis 20 und bei den Frauen um 25 bis fast 30% höher als in Deutschland. Erst jenseits der 65 ist durchgängig eine sehr niedrige Erwerbsbeteiligung zu beobachten, wobei marktliberale Länder eine gewisse Ausnahme darstellen können (so betrug in den USA die Erwerbsbeteiligung der 70 bis 74-jährigen Männer noch 22 und die der gleichaltrigen Frauen 15%) (alle Angaben in diesem Abschnitt für 2009).

2 Ungleichheiten

Menschen arbeiten in sehr verschiedenen Tätigkeiten, mit unterschiedlichen Zugangsvoraussetzungen nach Bildung (vgl. Kapitel 6: Bildung), Geschlecht, unterschiedlichen Arbeitsbedingungen (vgl. Kapitel 13: Arbeitswelt) und mit unterschiedlichen Erträgen in Form von Einkommen, Arbeitszufriedenheit, Möglichkeiten der Selbstentfaltung in der Arbeit. Dieser Abschnitt konzentriert sich zunächst auf Lohnungleichheiten insgesamt und nach Geschlecht und betrachtet dann spezieller eine wichtige Quelle von (einkommensmäßigen wie anderen) Ungleichheiten, nämlich die geschlechtsspezifische Segregation* des Arbeitsmarkts. Exorbitante Boni für Banker und Hungerlöhne von z.B. drei Euro für Friseurinnen in den neuen Bundesländern haben Lohnungleichheiten zu einem beherrschenden Thema in den Medien und in öffentlichen Auseinandersetzungen werden lassen. Doch auch, wenn man solche Extremfälle außer Betracht lässt, sind deutliche Unterschiede zu beobachten.

Lohnungleichheiten im internationalen Vergleich

Mit Blick auf Lohnungleichheiten kann man nun zweierlei zeigen:

Erstens erkennt man im internationalen Vergleich, dass in Deutschland die Ungleichheit der Löhne insgesamt noch eher mäßig ist, jedenfalls am oberen Ende: Im Jahr 2005 erhielt eine gut verdienende Person, deren Erwerbseinkommen am obersten Dezil* aller Einkommen lag, mit einem Brutto-Entgelt von 4 888 Euro etwa 1,7 mal so viel wie der Median*-Einkommensbezieher, also eine Person genau in der Mitte der Lohnverteilung, die brutto 2 827 Euro verdiente; diese Relation war nicht höher als in Deutschland 20 Jahre früher[2] oder auch in Schweden zur gleichen Zeit. Allerdings erkennt man, dass sich die unteren Einkommensbezieher von den mittleren Einkommen entfernt haben: Der Median*-Verdiener bezieht einen Lohn, der fast doppelt so hoch ist wie der eines Niedrigverdieners (1. Dezil)* mit 1 498 Euro monatlich (die Relation beträgt 1,9). Hier unterscheidet sich Deutschland deutlich von Schweden (dort beträgt diese Relation 1,4) oder auch den sonst in der Lohnungleichheit recht ähnlichen Niederlanden (mit einem Wert von 1,6); übertroffen wird Deutschland allerdings vom Vereinigten Königreich (größere Ungleichheit »nach oben«: 9. Dezil zu Median = 2,0) und von den USA

2 In den Jahren seit 1995 hatte der Wert allerdings durchgängig 1,8, zwischenzeitlich sogar 1,9 betragen. Dass der Wert von 1,7 im Jahr 2005 tatsächlich eine Tendenzwende in Richtung geringerer Abstände andeutet, ist eher unwahrscheinlich.

(insgesamt größere Ungleichheit: 9. Dezil zu Median = 2,3 und Median zu 1. Dezil = 2,1).

Zweitens zeigen die Daten über die letzten 20 Jahre, dass in den meisten Ländern die Lohnungleichheiten zugenommen haben. Die Änderungen sind zwar in der Regel nicht drastisch, aber doch spürbar. Dazu nur ein kleines Beispiel für Deutschland: Im Jahr 1984 (hier liegen die ersten Werte in der benutzten Datenbasis vor) betrug das Verhältnis des Median-Einkommens zum Einkommen am 1. Dezil recht genau 1,7. Überträgt man dieses Verhältnis auf das Jahr 2005, so würde der Wert des 1. Dezils nicht 1 498 Euro, sondern 1 660 Euro betragen – ein nicht unbeträchtlicher Unterschied. Änderungen dieser (relativen) Größenordnung, also etwa um 0,1 bis 0,2 Punkte in den Dezilverhältnissen, lassen sich aber in vielen Ländern finden, wobei die Änderungen teilweise mehr oder ausschließlich im oberen bzw. im unteren Bereich, manchmal aber auch in beiden Bereichen zu beobachten sind.

Gründe für die nationalen Unterschiede

Wie lassen sich die Unterschiede zwischen den Ländern und wie die Veränderungen im Laufe von zwei Jahrzehnten erklären? Auch wenn es gewiss viele Einflüsse im Detail gibt, die sich einer exakten Bestimmung entziehen, entspringen sie zu einem beträchtlichen Teil dem jeweiligen Institutionengefüge und damit zusammenhängenden variierenden Produktionsweisen. So lassen sich idealtypisch (d. h. unter Abstraktion von jeweiligen empirischen Besonderheiten) zwei Typen von Marktwirtschaften unterscheiden: liberale Marktwirtschaften auf der einen und koordinierte Marktwirtschaften auf der anderen Seite.

Liberale Marktwirtschaften setzen auf deregulierte Arbeitsmärkte, in denen Arbeitnehmer bzw. Arbeitnehmervertreter relativ wenig Macht haben, und zwar sowohl innerhalb der Betriebe als auch überbetrieblich (anders gesagt: die meisten der betreffenden Länder kennen keine branchenweiten oder regionalen, sondern nur innerbetriebliche bzw. individuelle Lohnverhandlungen); das Bildungssystem setzt auf – relativ umfassende – allgemeine Bildung, während die berufliche Ausbildung eher »on the job« und damit auch mit Blick auf die jeweilige Firma geschieht (und nicht so umfassend ist wie etwa in Deutschland). Konkurrenz zwischen den Firmen funktioniert eher über den Preiswettbewerb.

In den *koordinierten Marktwirtschaften* sind die Beziehungen zwischen Unternehmern und Arbeiterschaft bzw. deren organisierter Vertretung deutlich stärker – und sie sind rechtlich besser institutionalisiert und abgesichert. Tarifverträge werden meist branchenweit und für ganze Tarifbezirke abgeschlossen; die Abschlüsse aus einem Tarifbezirk werden oft in anderen Tarifbezirken übernommen. Innerhalb der Betriebe haben die Mitarbeiter mehr Einfluss aufgrund betrieblicher Mitbestimmung. In vielen der Marktwirtschaften dieses Typus gibt es neben dem allgemeinbildenden ein starkes berufsqualifizierendes Ausbildungssystem, das manchmal – so in Deutschland – auf einem »dualen System*« betrieblicher und (staatlich organisierter oder durchgeführter) schulischer Ausbildung beruht. Die internationale Konkurrenzfähigkeit dieser Wirtschaftsform beruht vor allem auf hoher Qualität der Produkte und Dienstleistungen. Hierfür ist jene gut ausgebildete Arbeiterschaft wichtig, die aus dem vergleichsweise starken beruflichen Ausbildungssystem hervorgeht; gleichzeitig ist auch eine höhere Bindung der Arbeitskräfte an die Firmen zweckmäßig.

All diese Faktoren bewirken, dass in den koordinierten Marktwirtschaften die Qualifikationsunterschiede zwischen den Arbeitskräften geringer sind, die Firmen – wegen der Flächentarifverträge – weniger um Arbeitskräfte konkurrieren und die Gewerkschaften (u. a. wegen prozentualer Lohnerhöhungen für alle) dafür sorgen, dass nicht bestimmte Gruppen von den anderen »abgehängt« werden oder sich nach oben von ihnen absetzen. Diese Konstellationen können dazu führen, dass die Lohnungleichheit im Vergleich zu liberalen Marktwirtschaften weniger stark ausgeprägt ist.

Nun haben sich in den letzten ein bis zwei Jahrzehnten einige der Rahmenbedingungen der koordinierten Marktwirtschaften geändert (zu Deutschland vgl. Bosch u. a. 2007). Durch das Vordringen von privatem Risikokapital (Direktinvestitionen) statt langfristiger Bankenfinanzierung werden die Unternehmen mit höheren (oft kurzfristigen) Rentabilitätserwartungen konfrontiert. Tarifverträge, Investitionen in Ausbildung und Bindung von Beschäftigten an die Unternehmen erscheinen vor diesem Hintergrund eher als Störfaktoren. Die Politik hat diese Entwicklung durch die Privatisierung von Staatsunternehmen zusätzlich forciert. All das macht Arbeitsverhältnisse flexibler, aber auch anfälliger und setzt sie mehr den Kräften des Marktes aus, die zu größerer Ungleichheit tendieren. (Auf einige weitere damit verbundene Entwicklungen wird in Abschnitt 4 eingegangen.)

Viel diskutiert wird außerdem die zunehmende Schwächung der Arbeitsmarktposition un- oder gering qualifizierter Arbeitskräfte und umgekehrt die Stärkung der Position hoch qualifizierter Personen durch technischen Wandel: Dieser erlaubt es, immer mehr einfache, manuelle Routinetätigkeiten durch Maschinen zu ersetzen oder in Billiglohnländer zu verlagern; hingegen nimmt die Nachfrage nach Arbeitskräften mit hoher Qualifikation in Bereichen wie Planung, Analyse oder Forschung zu. Diese Zunahme übersteigt, so wird angenommen, in letzter Zeit sogar die durch die Bildungsexpansion bedingte Zunahme des Angebots an hoch qualifizierten Arbeitskräften, so dass deren Löhne überproportional stiegen.

Die Lohnungleichheit zwischen Männern und Frauen

Überall auf der Welt liegen die Löhne bzw. Gehälter von Frauen unter denen von Männern. Hierfür gibt es allerdings vielfältige Ursachen. Eine wurde weiter oben schon angesprochen: Frauen arbeiten häufiger in Teilzeit. Allerdings lassen sich niedrigere Löhne der Frauen im Vergleich zu Männern auch feststellen, wenn man nur Vollzeitbeschäftigte untersucht. Um den »Gender Wage Gap« oder das »geschlechtsspezifische Verdienstgefälle«, wie man den Unterschied der Löhne zwischen Frauen und Männern bezeichnet, zu ermitteln, wird üblicherweise der Median-Lohn beider Gruppen herangezogen. Für Deutschland zeigen Daten (2006) ein Verdienstgefälle von 23%; der Median-Lohn der (vollzeitbeschäftigten) Frauen ist also 23% niedriger als der der Männer – ein für hochentwickelte Länder recht hoher Wert (zum Vergleich: Frankreich 12, Schweden 15, USA 19%). Das Verdienstgefälle ist in den vergangenen 20 Jahren in allen Ländern kleiner geworden, doch zeigt sich gerade in den letzten Jahren teilweise eine Stagnation. Dies gilt nicht nur für die Länder, in denen das geschlechtsspezifische Lohngefälle bereits recht klein ist, sondern beispielsweise auch für Deutschland.

Die Ursachen für das Lohngefälle sind im Detail schwer zu ermitteln. Von Diskriminierung sprechen könnte man, wenn Frauen und Männer für die gleiche Tätigkeit unterschiedlich entlohnt werden (was auch vorkommt); doch in erster Linie beruht das Lohngefälle auf der Tatsache, dass Frauen und Männer zu erheblichen Teilen *unterschiedliche* Tätigkeiten ausüben (siehe weiter unten in diesem Abschnitt). Hinzu kommen weitere Unterschiede: Frauen unterbrechen häufiger als Männer die Erwerbstätigkeit, so dass sie teilweise nicht über das gleiche Ausmaß an Berufserfahrung und Weiterbildung am Arbeitsplatz verfügen; die Frauen der älteren Generationen haben häufig auch geringere berufliche Qualifikationen als die Männer. Dennoch ist zu konstatieren: Man kann durch Verfahren der statistischen Analyse von Einkommensdaten Frauen und Männer gewissermaßen künstlich vergleichbar machen, und tut man dies, so bleiben immer noch Lohnunterschiede zu Lasten der Frauen bestehen (Liebeskind 2004); allerdings sind diese Unterschiede deutlich geringer als jene, die sich ergeben, wenn man einfach alle Frauen und Männer miteinander vergleicht. Diese verbleibenden Ungleichheiten könnten, so wird häufig argumentiert, auf Diskriminierung zurückgehen; doch vermuten andere, dass Frauen ihren »Marktwert« weniger gut einzuschätzen wissen oder zu selten Forderungen nach mehr Gehalt äußern und deshalb hinter den Löhnen von Männern zurückbleiben.

Männerberufe – Frauenberufe

Frauen arbeiten überwiegend in anderen Berufen als Männer, d. h., es gibt eine beträchtliche Anzahl von typischen Frauen- und Männerberufen. Man spricht hier von *horizontaler Segregation** des Arbeitsmarktes, weil es um unterschiedliche – aber nicht zwingend unterschiedlich bewertete – Berufe geht. Ebenso kann man feststellen, dass innerhalb eines Berufs Frauen seltener in höher bewertete Positionen aufsteigen als Männer. Hier spricht man von *vertikaler Segregation* (vgl. Achatz 2008: 276).

Einige Beispiele zur Veranschaulichung der horizontalen Segregation: Für das Jahr 2009 weist das Statistische Jahrbuch für die Bundesrepublik Deutschland als größte Berufsgruppe (über 3,8 Mio. Personen) die Bürofachkräfte aus; hier finden sich fast 71 % Frauen. Unter den über 1,4 Mio. Verkäufer/-innen beträgt der Frauenanteil fast 76 %, unter etwa 735 Tsd. Krankenschwestern, -pflegerinnen und Hebammen fast 86 %, den etwa 435 Tsd. Kindergärtnerinnen und Kinderpflegerinnen fast 96 %. Umgekehrt ist die große Berufsgruppe der Kraftfahrzeugführer (fast 780 Tsd. Beschäftigte) zu 96 % männlich, bei den Schlossern (ca. 685 Tsd.) beträgt der Männeranteil sogar über 98 % (Statistisches Jahrbuch 2010: 93). Trotz der nicht wenigen »Mischberufe« (etwa: Bankfachleute mit einem Frauenanteil von knapp 57 %) gibt es alles in allem eine teilweise sehr deutliche horizontale Segregation. Die vertikale Segregation lässt sich dagegen schwerer in Zahlen veranschaulichen, weil die amtlichen Statistiken meist keine entsprechenden Merkmale ausweisen. Betrachtet man aber beispielsweise unter den abhängig Beschäftigten die Gruppe der höheren Angestellten und Beamten bzw. Beamtinnen, so stellt man fest, dass in Deutschland nur ein Drittel dieser Gruppe Frauen sind. Unter den Top-Führungskräften (z. B. Geschäftsführer/-innen, Direktor/-innen) sind nur 21 % weiblichen Geschlechts (Gender-Datenreport 2005: 140; die Angaben beziehen sich auf das Jahr 2004).

Gründe für die geschlechtsspezifische Segregation des Arbeitsmarktes

Wie kann man diese berufliche Segregation *erklären*? Die unterschiedlichen Fähigkeiten von Frauen und Männern dürften dabei kaum eine Rolle spielen, denn es gibt nur wenige Berufe, bei denen die dafür notwendige Körperkraft den Männern einen deutlichen Vorteil bietet. Andere geschlechtsspezifische Unterschiede hinsichtlich Fähigkeiten oder Persönlichkeitseigenschaften sind, sofern überhaupt vorhanden, noch viel geringer. Ohne Zweifel spielen unterschiedliche Interessen bei der Wahl von Berufen eine Rolle. Aber die Frage ist, wie diese Interessen zustande kommen. Sie haben auch etwas mit gesellschaftlich verbreiteten Geschlechterstereotypen zu tun: Welche Tätigkeit gilt als männlich, welche als weiblich? Soziale Prozesse spielen hier möglicherweise eine verstärkende Rolle: Ein Mädchen, das sich für Technik oder Physik interessiert, könnte von anderen (Eltern, Freundinnen, aber vor allem den Jungen selbst) das Gefühl vermittelt bekommen, für Jungen weniger attraktiv zu sein. Es kann aber auch sehr rational sein, wenn Mädchen solche Berufe vermeiden: In traditionell von Männern dominierten Berufen haben Frauen es schwer, sich durchzusetzen; sie verdienen weniger als ihre männlichen Kollegen und sind häufiger arbeitslos (Schreyer 2008).

Das verweist darauf, dass man den Blick nicht nur auf die Arbeitnehmer richten darf, sondern auch Arbeitgeber bzw. Firmen in die Analyse einbeziehen muss, was im übrigen noch mehr für die vertikale Segregation gilt. Hierzu gibt es unterschiedliche Erklärungsmodelle, deren empirische Überprüfung allerdings teilweise schwierig ist. Diesen Theorien zufolge könnten beispielsweise Arbeitgeber Frauen und Männern unterschiedlich viel zutrauen bzw. sie jeweils für bestimmte Tätigkeiten als mehr oder weniger geeignet einschätzen. Wahrscheinlich spielt auch eine Rolle, dass Arbeitgeber Frauen weniger Engagement für die Erwerbsarbeit unterstellen, indem sie beispielsweise annehmen, dass Frauen wegen ihrer Tätigkeit in Haushalt und Familie, vor allem wegen der Kinderbetreuung, die Erwerbstätigkeit (möglicherweise sogar längerfristig) unterbrechen werden. Auf der Grundlage solcher Annahmen würden Arbeitgeber dazu tendieren, Frauen mit weniger anspruchsvollen Tätigkeiten zu betrauen (und es könnte sein, dass manche Frauen die Erwerbstätigkeit weniger ernst nehmen, wenn sie die Erfahrung machen, dass ihnen ja doch Männer vorgezogen werden).

Maßnahmen gegen die Segregation

Einen nach Geschlecht segregierten Arbeitsmarkt gibt es in allen Ländern. Wegen unterschiedlicher Klassifikationen der Berufe sind genau vergleichbare Daten hier kaum möglich. Man kann aber beispielsweise davon ausgehen, dass die horizontale Segregation in den skandinavischen Ländern besonders hoch ist, weil dort sehr viele Frauen ›typisch weibliche‹ Tätigkeiten wie Kinderbetreuung oder Erziehung in staatlichen Einrichtungen ausüben. Diese Länder sind es freilich auch, die am ehesten Maßnahmen gegen vertikale Segregation ergreifen, etwa Quoten für Frauen in Führungspositionen; es scheint jedoch, als könnten Länder wie die USA hier sogar noch größere Fortschritte erzielen, in denen starke gesetzliche Grundlagen gegen Ungleichbehandlung bestehen (Antidiskriminierungsgesetze sowie Programme der »affirmative action«, die Organisationen dazu anhalten, Frauen [oder anderen bislang diskriminierten Gruppen, in den USA etwa Schwarzen] bessere Startchancen zu ermöglichen). In Deutschland wird vor allem das (von der EU propagierte) Konzept des Gender Mainstreaming* (übersetzbar als »durchgängige Gleichstellungsorientierung« oder einfach »Gleichstellungspolitik«) vertreten, das jedoch diffus ist und wenig konkrete Maßnahmen oder Ziele vorgibt; die Einrichtung von Gleichstellungsbeauftragten, die etwa bei der Stellenbesetzung mitwirken, ist immerhin ein wichtiger Ausfluss dieses Konzepts. Bislang geht aber in Deutschland der Aufstieg von Frauen in Führungspositionen noch recht langsam voran, so dass immer wieder Quotenregelungen diskutiert werden. Auch Maßnahmen zur Förderung der Vereinbarkeit von Beruf und Familie (etwa Verbesserung der Kinderbetreuung, gegebenenfalls auch durch Firmen) sollen nicht nur mehr Frauen in den Arbeitsmarkt bringen, sondern diesen dort auch bessere Chancen ermöglichen.

3 Arbeitslosigkeit (Erwerbslosigkeit)

Warum hat die Arbeitslosigkeit in den letzten Jahrzehnten zugenommen?

Nach einer Periode stetig wachsenden Wohlstands und hoher Beschäftigung wurden Mitte der 1970er-Jahre alle entwickelten Industriegesellschaften von den Auswirkungen der sog. ersten Ölkrise getroffen; die Arbeitslosigkeit stieg erstmals spürbar. Weitere Entwicklungen, nicht zuletzt die Aufgabe des bis dahin bestehenden Systems temporär fester, aber von den jeweiligen Regierungen änderbarer Wechselkurse und ein allgemeines Umschwenken der Notenbanken auf monetaristische Politiken mit einer starken Betonung der Preisstabilität trugen dazu bei, dass die nationalen Regierungen an Einfluss auf die Volkswirtschaften verloren, die gleichzeitig auch zunehmend von globalen Entwicklungen abhängig wurden. Technische Produktivitätssteigerungen lassen vor allem Unqualifizierte immer häufiger arbeitslos werden; die Rolle von Arbeitsplatzverlagerungen ins Ausland ist dagegen umstritten, weil dadurch oft Arbeitsplätze an anderer Stelle entstehen. Arbeitslosigkeit in beträchtlicher Höhe ist jedenfalls seit dieser Zeit in den meisten Ländern ein dauerhaftes Phänomen, wenngleich viele Länder bei der Reduzierung der Arbeitslosigkeit erfolgreicher waren als über Jahrzehnte hinweg die Bundesrepublik (Ludwig-Mayerhofer 2008). Zwar gibt es einige große europäische Länder – Frankreich, Italien, Spanien –, deren Arbeitslosenquoten meistens noch über denen der Bundesrepublik liegen, aber die große Mehrzahl der Länder hat auch in den 1990er- und 2000er-Jahren zumindest zeitweise, zum Teil sogar dauerhaft niedrigere Arbeitslosenquoten aufzuweisen. Auch im Jahr 2010 sind in Deutschland noch deutlich über 3 Millionen Arbeitslose registriert.

Hinzu kommt noch die von den Arbeitslosigkeitsstatistiken nicht erfasste sog. *Stille Reserve.* Hier unterscheidet man im aktuellen Sprachgebrauch zwei Gruppen: Als »Stille Reserve im engeren Sinn« werden Personen bezeichnet, die eigentlich erwerbstätig sein möchten, aber derzeit die Suche nach einem Arbeitsplatz aufgegeben haben, da sie glauben, keine (adäquate) Stelle finden zu können. Von dieser Gruppe wird die »Stille Reserve in Maßnahmen« unterschieden. Dieser Begriff bezieht sich auf Arbeitslose, die nicht in der Arbeitslosenstatistik auftauchen; er ist etwas missverständlich, weil es nicht nur um Arbeitslose geht, die sich in sog. Maßnahmen zur Aktivierung (beispielsweise »Ein-Euro-Jobs«) und zur beruflichen Eingliederung (etwa Weiterbildung) befinden, sondern auch ältere Arbeitslose im SGB II, denen innerhalb eines Jahres keine Stelle angeboten werden kann. Der Umfang beider Arten von Stiller Reserve wird für das Jahr 2010 auf jeweils über eine halbe Million Personen geschätzt (Bach u. a. 2009).

Mit Blick auf die oben angesprochene Unterscheidung zwischen »Arbeit« und »Erwerbsarbeit« und die Tatsache, dass sicherlich viele Arbeitslose nicht einfach gänzlich untätig sind, wurde übrigens immer wieder vorgeschlagen, statt von Arbeitslosigkeit besser von Erwerbslosigkeit zu sprechen. Diese Sicht ist durchaus berechtigt, doch bleiben wir hier der Einfachheit halber bei dem gebräuchlicheren Begriff der Arbeitslosigkeit.

Die ungleiche Verteilung des Arbeitslosigkeitsrisikos

Hohe Arbeitslosigkeitsquoten bedeuten nicht, dass eine große Gruppe von Menschen dauerhaft von Erwerbstätigkeit abgeschnitten ist. Ein Beispiel: In den Jahren 2007 und 2008 waren im Durchschnitt rd. 3,78 bzw. 3,37 Mio. Arbeitslose registriert (»Bestandsgrößen«, also Größen, die sich darauf beziehen, wie viele Personen zu einem bestimmten Zeitpunkt im Bestand der Arbeitslosen sind), doch stehen dahinter erhebliche Ströme. So haben rund 3,2 Mio. (2007) bzw. 3,1 Mio. (2008) Personen ihre Arbeitslosigkeit durch Aufnahme einer abhängigen Beschäftigung oder einer selbstständigen Tätigkeit beendet. Arbeitslosigkeit ist also häufig ein temporäres Phänomen. Die Kehrseite hiervon ist freilich, dass über mehrere Jahre hinweg noch wesentlich mehr Menschen von Arbeitslosigkeit betroffen sind als die Bestandsgrößen nahelegen.

Arbeitslosigkeitsrisiken sind sozial sehr ungleich verteilt. Der wichtigste Einflussfaktor dürfte die Qualifikation sein. International vergleichbare Daten verdeutlichen, dass dieses Merkmal in der Bundesrepublik besonders starke Bedeutung hat. Während in den meisten Ländern seit Mitte der 1990er-Jahre die Arbeitslosigkeit in allen Bildungsgruppen zurückging (eine Ausnahme sind die Niederlande, in denen die Arbeitslosigkeit aller Gruppen stieg, freilich von einem äußerst niedrigen auf ein immer noch ziemlich niedriges Niveau), gilt dies in Deutschland nur für die hoch Qualifizierten. Zwar ist die Arbeitslosigkeit dieser Gruppe in allen Ländern am niedrigsten, doch nirgends ist der Abstand zwischen den hoch und den gering Qualifizierten so groß wie in Deutschland. Freilich war auch hier dieser Abstand nicht immer so drastisch wie in jüngster Zeit.

Bildung kann auch andere Faktoren ›übertrumpfen‹. So haben auch junge und alte Menschen etwas höhere Arbeitslosigkeitsrisiken als die mittleren Gruppen, doch ist in Deutschland unter den akademisch Gebildeten bei den älteren Personen (55 bis 64 Jahre) die Arbeitslosigkeit sehr niedrig. Gerade beim Alter ist aber die Beachtung der Dynamik von Arbeitslosigkeit wichtig: Junge Menschen werden sehr häufig arbeitslos, sie können aber relativ schnell die Arbeitslosigkeit auch wieder beenden (wenngleich möglicherweise nur vorübergehend); ältere Erwerbstätige sind wegen des hohen Kündigungsschutzes gut vor Arbeitslosigkeit geschützt, doch wenn sie einmal arbeitslos geworden sind, ist die Rückkehr in eine Erwerbstätigkeit eher schwierig.

Arbeitslosigkeit ist auch *regional* sehr unterschiedlich verteilt. In Deutschland besteht zunächst ein Ost-West-Gefälle: Vor allem in den neuen Bundesländern wurden nach der Wiedervereinigung sehr viele nicht mehr konkurrenzfähige Arbeitsplätze abgebaut. So liegt in manchen Regionen Ostdeutschlands die Arbeitslosigkeit bei mehr als 20 %, während sie in vielen süddeutschen Regionen 5 % nicht übersteigt. In West- und Norddeutschland gibt es indes einige Regionen, die hinter Ostdeutschland nur wenig zurückstehen.

Die Arbeit ist nicht weniger geworden

Es wäre allerdings verkehrt, aus der hohen Arbeitslosigkeit zu schließen, dass »der Arbeitsgesellschaft die Arbeit ausgeht«, wie Soziologen es schon in den frühen 1980er-Jahren diskutiert haben (sie haben sich dabei auf einen Satz der Philosophin Hannah Arendt bezogen). Tatsächlich ist die Zahl der jährlich gegen Bezahlung verrichteten Arbeitsstunden in den letzten Jahrzehnten mehr oder weniger konstant geblieben, ganz abgesehen davon, dass immer noch erhebliche Mengen unbezahlter Arbeit in Haushalt oder ehrenamtlicher Tätigkeit verrichtet werden. Vielmehr teilen sich zumindest in den letzten Dekaden immer mehr Erwerbspersonen das vorhandene Arbeitsvolumen. In anderen Ländern, namentlich den USA, hat das Volumen bezahlter Arbeit sogar erheblich zugenommen.

4 Neue Phänomene auf dem Arbeitsmarkt

Die Öffentlichkeit bewertet heute Arbeitslosigkeit nicht mehr so dramatisch wie zu Beginn des Anstiegs Ende der 1970er-Jahre. Die »Rückkehr zur Vollbeschäftigung« (das entspräche nach heutigen Vorstellungen einer Arbeitslosenquote von 3%) wird von Politikern nur selten und in aller Regel mit wenig Überzeugungskraft verkündet. Arbeitslosigkeit ist zum Normalzustand geworden, an den man sich gewöhnt hat – auch wenn mittelfristig der demographische Wandel (Übergang älterer Erwerbspersonen in den Ruhestand, geringere Zahlen jüngerer Arbeitskräfte) Arbeitslosigkeit recht drastisch reduzieren dürfte. Größere Aufmerksamkeit erregt aktuell die stetige Zunahme atypischer oder auch prekärer Beschäftigung und der »erwerbstätigen Armen« oder – wie man mittlerweile oft auch in Deutschland sagt – der »Working Poor«. Die drei Begriffe bezeichnen unterschiedliche Gruppen von Erwerbstätigen, auch wenn es natürlich Überschneidungen gibt.

Wegen der starken Unterschiede in den Rechtsordnungen der verschiedenen Länder werden bestimmte Tätigkeitsformen nicht überall als einheitlich »typisch« oder »atypisch« gewertet; daher fehlt es an international vergleichbaren Statistiken, und so beschränkt sich dieser Abschnitt überwiegend auf Deutschland. Die hier behandelten Themen sind aber international überall auf der Tagesordnung von Wissenschaft und Politik.

Atypische Beschäftigung

Als atypisch werden Beschäftigungsverhältnisse bezeichnet, die *nicht* dem sog. *Normalarbeitsverhältnis* entsprechen. Unter Normalarbeitsverhältnis versteht man eine unbefristete Beschäftigung in Vollzeit, die typischerweise in der Erwartung eingegangen wird, dass das Beschäftigungsverhältnis nicht nur auf dem Papier, sondern auch tatsächlich langfristig bestehen bleibt. Das Normalarbeitsverhältnis steht also gleichermaßen für ein (wenigstens) ausreichendes Einkommen wie für Beschäftigungssicherheit. Wegen der starken Bindung von Sozialleistungen in Deutschland an ein sozialversicherungspflichtiges Beschäftigungsverhältnis – bestimmte Beschäftigungszeiten sind beispielsweise Voraussetzung dafür, überhaupt eine Rente oder Leistungen aus der Arbeitslosenversicherung beziehen zu können – gilt das Normalarbeitsverhältnis auch als wichtige Voraussetzung für die Einkommenssicherung über den gesamten Lebensverlauf.

Als *atypische Beschäftigung* gelten daher vor allem folgende Erscheinungsformen:

- Teilzeitbeschäftigung,
- geringfügige (nicht sozialversicherungspflichtige) Beschäftigung (sog. Minijobs*),
- befristete Beschäftigung, sowie
- Leiharbeit (auch Zeitarbeit* genannt).

Ebenfalls hinzurechnen kann man Praktika oder auch die sog. Ein-Euro-Jobs (Arbeitsgelegenheiten) nach dem SGB II. Bei beiden handelt es sich zwar formal nicht um Beschäftigungsverhältnisse; weil sie aber die Chance auf eine Dauerbeschäftigung erhöhen sollen, kann man sie als eine Variante atypischer Beschäftigung bezeichnen. Auch die sog. »freie Mitarbeit«, die z. B. im Bereich der Medien relativ häufig ist, wird manchmal zu den atypischen Beschäftigungen gezählt. Schließlich ist noch die sog. Scheinselbstständigkeit zu nennen; hier besteht das Atypische gerade darin, dass formell kein Beschäftigungsverhältnis besteht (der Erbringer der Arbeitsleistung tritt vielmehr als Selbstständiger auf, z. B. als Tankstellenpächter, Paketzusteller im Auftrag der Post oder als Franchise-Unternehmer in Kettenläden), faktisch aber doch gearbeitet wird wie in einem Beschäftigungsverhältnis (Arbeit nur für ein Unternehmen mit regelmäßigen Arbeitszeiten und faktischer Weisungsgebundenheit des dadurch eben nur scheinbar Selbstständigen). Die vier oben hervorgehobenen Formen atypischer Beschäftigung dürften aber quantitativ bei weitem die häufigsten sein,[3] weshalb wir uns auf deren Betrachtung beschränken.

Die tendenzielle Zunahme atypischer Beschäftigung

Befristet waren im Jahr 2006 in Deutschland (nach nationaler Definition) ca. 6% aller Beschäftigungsverhältnisse; in Leiharbeit waren im Jahr 2007 über 2% aller abhängig Beschäftigten tätig (Bellmann u. a. 2009: 381). Zusammen mit Teilzeitarbeit und geringfügiger Beschäftigung dürfte aty-

3 Allerdings gibt es für Praktikanten, freie Mitarbeiter und erst recht für Scheinselbstständige keine zuverlässige statistische Erfassung, so dass man über den Umfang dieser Gruppen keine hinreichend präzisen Aussagen machen kann.

pische Beschäftigung inzwischen mindestens 35% aller Beschäftigungsverhältnisse ausmachen (exakte Angaben sind schwierig, da sich die Gruppen überschneiden; so können Teilzeitbeschäftigte gleichzeitig einen befristeten Arbeitsvertrag haben). Im Zeitverlauf lässt sich konstatieren, dass sich die atypische Beschäftigung ausbreitet; Beschäftigung nach dem Normalarbeitsverhältnis nimmt nicht nur anteilig, sondern – wenn auch langsam – in absoluten Zahlen ab. In gewissem Umfang drückt sich in der Zunahme atypischer Beschäftigung zwar der Anstieg der Frauenerwerbsbeteiligung aus, die eben oft (und zunehmend) nur in Teilzeit oder in Minijobs ausgeübt wird. Aber insgesamt ist zu konstatieren, dass das Normalarbeitsverhältnis auch darüber hinaus auf dem Rückzug ist. Gerechtfertigt wird dies u.a. mit den größeren Flexibilisierungsmöglichkeiten, die vor allem Befristungen und Leiharbeit für Unternehmen bringen und so deren Konkurrenzfähigkeit erhöhen.

Besonders auffällig ist – was die Bestandsgrößen verdecken –, dass Neueinstellungen von Arbeitskräften zu einem sehr beträchtlichen Teil befristet erfolgen; der Anteil stieg von gut 30% im Jahr 2001 auf deutlich über 40% im Jahr 2006 (Bellmann u.a. 2009: 386). Nun heißt das nicht, dass insgesamt befristete Beschäftigung im gleichen Tempo steigt, denn ca. zwei Drittel der Betroffenen können über kurz oder lang mit einer Übernahme in ein reguläres Beschäftigungsverhältnis rechnen. Umgekehrt verbleibt aber immerhin ein Drittel, für das die befristete Beschäftigung eben keinen Einstieg in eine dauerhafte Beschäftigung darstellt. Es ist in Deutschland übrigens weniger die Privatwirtschaft, die in größerem Umfang zu Befristungen greift. Diese werden vielmehr vor allem im Bereich sozialer Dienstleistungen (Erzieherinnen, Sozialpädagogen, Pflegekräfte) und im öffentlichen Dienst eingesetzt – und hier sind auch die Übernahmequoten Befristeter in eine längerfristige Beschäftigung wesentlich geringer als in der Privatwirtschaft. Bei den sozialen Dienstleistungen dürfte dies z. T. mit ihrer unsicheren Finanzierung zusammenhängen, beim öffentlichen Dienst mit der Tatsache, dass es dort aufgrund der Rechtsprechung schwer ist, längerfristig Beschäftigten überhaupt noch zu kündigen, so dass die öffentlichen Arbeitgeber wegen ihrer finanziell angespannten Lage befristete Arbeitsverhältnisse vorziehen.

Der Aufschwung von Zeitarbeit

Leiharbeit (Zeitarbeit, Arbeitnehmerüberlassung) hat seit gesetzlichen Änderungen im Jahr 2004 einen deutlichen Aufschwung genommen. Gerechtfertigt wurden diese Änderungen mit der Annahme, Leiharbeit könne eine wichtige Brücke in den regulären Arbeitsmarkt sein: Die Leiharbeiter, die bei einer Zeitarbeitsfirma fest angestellt sind und von dieser in Betrieben eingesetzt werden, die kurzfristig Personal benötigen (»Entleihbetriebe«), würden kurz über lang in einem dieser Betriebe eine feste Arbeitsstelle finden (man spricht hier manchmal von »Klebeeffekt«). Allerdings zeigen Analysen, dass die Mehrheit der Leiharbeiter entweder längere Zeit in Leiharbeit bleibt oder (erneut) arbeitslos wird. Man hat aber auch festgestellt, dass Arbeitslose, die eine Leiharbeit annehmen, auf Dauer immer noch bessere Chancen auf eine reguläre Beschäftigung haben als vergleichbare Arbeitslose, die nicht einmal eine Leiharbeitsstelle bekommen. Am besten hinsichtlich stabiler Erwerbstätigkeit geht es freilich jenen Arbeitslosen, die gleich in eine reguläre Beschäftigung übergehen (Lehmer/Ziegler 2010).

Schwarzarbeit

Eine besondere Form atypischer Arbeit ist die *Schwarzarbeit.* Allgemein versteht man hierunter eine an sich legale Tätigkeit (Schmuggel oder Drogenhandel werden also nicht dazu gezählt), die gegen Bezahlung ausgeübt, jedoch entgegen bestehenden Vorschriften nicht bei der Sozialversicherung angemeldet und/oder nicht versteuert wird. Häufig besteht hier auch kein Arbeitsvertrag bzw. nur eine mündliche Absprache, aus der den Schwarzarbeitern faktisch kaum Rechte hinsichtlich Kündigungsschutz etc. erwachsen; zumindest dann, wenn die Arbeitnehmer wissentlich schwarz arbeiten, werden sie nur in den seltensten Fällen selbst förmliche Rechte einklagen. Das gilt erst recht, wenn es sich bei den ›Schwarzarbeitern‹ um illegale Migranten (Personen ohne Aufenthalts- oder Arbeitserlaubnis) handelt. Schwarzarbeit bietet allerdings nicht nur den Betroffenen wenig Schutz, sondern sie vernichtet – da sie in der Regel billiger ist – reguläre Arbeitsplätze und enthält dem Staat und den Sozialversicherungen Einnahmen vor.

Schwarzarbeit wird allerdings auch oft nicht anstatt, sondern zusätzlich zu regulärer Arbeit verrichtet. Dies gilt sowohl für Personen, die bereits als Arbeitnehmer in einem sozialversicherungspflichten Beschäftigungsverhältnis stehen und zusätzliche Arbeiten als Schwarzarbeit erledigen, als auch für Freiberufler oder andere Selbstständige, die Einnahmen nur teilweise deklarieren. In solchen Fällen steht nicht der mangelnde Schutz der Beschäftigung zur Debatte, sondern vor allem der Einnahmeverlust der öffentlichen Kassen.

Insgesamt ist es schwer, genaue Angaben zum Umfang von Schwarzarbeit zu machen, da man sie zwangsläufig nicht mit offiziellen Statistiken messen, sondern nur indirekt erschließen kann (auch der Weg sozialwissenschaftlicher Umfragen, der hier gelegentlich begangen wird, dürfte Schwarzarbeit wohl nur zum Teil erfassen). Vor allem aber ergeben sich Definitionsprobleme: Ist es Schwarzarbeit, wenn Jugendliche gegen ein Taschengeld Nachbarn den Rasen mähen oder Babysitten? Je nachdem, wie streng die Regelungen in einem Land sind, kann dies als Schwarzarbeit angesehen werden oder nicht. Alles in allem wird aber für hochentwickelte Länder wie die Bundesrepublik meist angenommen, dass Schwarzarbeit dem Wert von weniger als fünf Prozent des Bruttoinlandprodukts entspricht. Sie stellt also kein bedrohliches Problem für die öffentlichen Finanzen dar; wohl aber ist sie ein Risiko für jene Personen, die ohne Sozialversicherungsschutz bleiben.

Prekarität

Lässt sich noch statistisch relativ präzise angeben, was ein »atypisches« Beschäftigungsverhältnis ist, so ist das mit Blick auf *prekäre Beschäftigung* anders. Zumindest in Teilen der Diskussion wird darauf verwiesen, dass Prekarität* weiter reicht: Nicht nur kann Erwerbstätigkeit auch jenseits eines Beschäftigungsverhältnisses – als kleiner Gewerbetreibender oder als Freiberufler – unsicher sein, sondern bei niedrigen Löhnen kann u. U. auch eine Beschäftigung in einem Normalarbeitsverhältnis nicht oder nur knapp existenzsichernd und in diesem Sinne prekär sein. Tatsächlich ist der Anteil von Niedriglohnbeschäftigten (definiert als Personen, deren Einkommen weniger als zwei Drittel des Medianlohnes beträgt) auch unter den Vollzeitbeschäftigten im Steigen begriffen (Bosch 2010: 664). Schließlich müssen zunehmend auch Personen in formal regulären Beschäftigungsverhältnissen befürchten, dass ihr Arbeitsplatz unsicher ist (Dörre 2009: 41 ff.).

Umgekehrt wird atypische Beschäftigung nicht unter allen Umständen als prekär empfunden; Teilzeit- oder geringfügige Beschäftigung wird manchmal – in aller Regel von Frauen – gewählt, um besser Aufgaben der Kinderbetreuung wahrnehmen zu können, und das geringe Einkommen wird nicht selten als Ergänzung eines als sicher wahrgenommenen Einkommens des Ehepartners aufgefasst, ein Verhalten, das durch die Familienkrankenversicherung bei geringfügiger Beschäftigung und die Hinterbliebenenrente noch gefördert wird. Allerdings kann dieses Verhalten mittel- und langfristig zum Nachteil gereichen; die Aufstiegsmöglichkeiten, aber auch Fortbildungsangebote oder andere Zusatzleistungen sind bei Teilzeitbeschäftigung (und erst recht bei Minijobs) meist geringer als bei Vollzeitbeschäftigung, so dass berufliches Vorankommen oft erschwert ist, und im Falle einer Scheidung oder des Tods des Ehepartners hat sich die scheinbare Sicherheit sehr schnell in echte Prekarität verwandelt.

Erwerbstätige Arme (Working Poor)

Erwerbsarbeit und Armut schließen sich nicht prinzipiell gegenseitig aus. Denn erstens werden Erwerbseinkommen von Individuen erwirtschaftet, Armut wird aber auf der Ebene des Haushalts gemessen. In einem größeren Haushalt mit nur einem Verdiener kann daher selbst bei einem Einkommen, das isoliert betrachtet nicht besonders niedrig ist, trotzdem Armut herrschen. Zweitens hat jedenfalls nach einer rein ökonomischen Logik die Entlohnung von Arbeitnehmern ausschließlich nach deren ›Produktivität‹ zu erfolgen; Arbeitnehmer mit geringen Fähigkeiten müssen danach auch niedrige Löhne akzeptieren, selbst wenn diese nicht existenzsichernd sind. *Faktisch* hat sich aber in der Nachkriegszeit ein zumindest impliziter Konsens herausgebildet, dass reguläre Erwerbstätigkeit in einem Normalarbeitsverhältnis – gegebenenfalls zusammen mit staatlichen Transferleistungen, beispielsweise Kindergeld – vor Armut schützen sollte.

Dieser Konsens ist brüchig geworden. Dennoch haben die angesprochenen Entwicklungen zu atypischer und prekärer Arbeit nicht überall eine Rückkehr der Armut unter den Erwerbstätigen zur Folge, weil in den letzten Jahrzehnten der Anteil der Haushalte gestiegen ist, in denen zwei Personen (wenn auch nicht zwingend beide in Vollzeit) erwerbstätig sind, und obendrein die Haushaltsgrößen abgenommen haben. Faktisch zeigt sich allerdings auch dann auf der Ebene von Haushalten ein Anstieg von Armut, wenn Einkommen aus Erwerbstätigkeit erzielt werden. Zwar schützt Erwerbstätigkeit im Durchschnitt immer noch deutlich besser als andere Einkommensquellen vor Armut. Aber sogar unter den unbefristet Vollzeitbeschäftigten gibt es einen zwar kleinen, aber sichtbaren und gerade in Ostdeutschland möglicherweise ansteigenden Anteil von Personen, deren Einkommen nicht ausreicht, um über die Armutsschwelle zu kommen.

5 Ausblick

Die öffentliche Diskussion über den Arbeitsmarkt wird gegenwärtig von den Chancen und Risiken der zunehmenden Lohnungleichheit und der Pluralisierung der Beschäftigungsformen bestimmt. Befürworter von Ungleichheit und größerer Flexibilität verweisen auf den gestiegenen internationalen Wettbewerb, der es erfordere, die Handlungsfreiheit von Unternehmen nicht durch hohe Lohnforderungen und staatliche Regulierung einzuschränken. Dagegen wird eingewandt, dass die wirtschaftliche Lage der Unternehmen auch von der Nachfrage im Inland abhängt, die durch niedrige Löhne und unsichere Beschäftigung geschwächt wird. Dementsprechend sind auch Maßnahmen umstritten. So gibt es in Deutschland im Unterschied zur Mehrheit der westlichen Staaten keinen generell geltenden Mindestlohn; ein angemessener Mindestlohn, so wird argumentiert, könne zumindest gegen Armut bei Erwerbstätigkeit schützen. Seine Gegner befürchten einen dadurch drohenden Abbau von Arbeitsplätzen und verweisen auf die Tarifauseinandersetzungen, in denen branchenspezifische Löhne je nach der Leistungsfähigkeit der verschiedenen Wirtschaftsbereiche ausgehandelt würden.

Ein wirksameres Mittel, um mehr und bessere Beschäftigung zu erreichen, dürfte allerdings eine Verbesserung der Bildungsmöglichkeiten darstellen. Zwar sind von Niedriglöhnen keineswegs nur Unqualifizierte betroffen; dennoch sind die Arbeitsmarktprobleme von Menschen ohne abgeschlossene Berufsausbildung am größten. Gleichzeitig ist zu bedenken, dass infolge des demographischen Wandels schon bald deutlich weniger junge Arbeitskräfte nachrücken, so dass auf längere Frist zumindest Fachkräfte knapp werden. Der sicherste Weg, Prekarität zu vermeiden, besteht daher in einer soliden schulischen und beruflichen Bildung zur Vorbereitung auf das Erwerbsleben (vgl. Kapitel 6: Bildung).

Weiterführende Literatur

Abraham, Martin/Hinz, Thomas (Hg.) (2008): *Arbeitsmarktsoziologie. Probleme, Theorien, empirische Befunde*, Wiesbaden: VS Verlag für Sozialwissenschaften (2. Auflage)

Lehrbuch zu den Grundlagen, Theorien und empirischen Befunden der Arbeitsmarktsoziologie.

Böhle, Fritz/Voss, G. Günther/Wachtler, Günther (Hg.) (2010): *Handbuch Arbeitssoziologie*, Wiesbaden: VS Verlag für Sozialwissenschaften

Nicht alle, aber einige gewichtige Beiträge behandeln zentrale Aspekte des Arbeitsmarkts in Deutschland.

Castel, Robert/Dörre, Klaus (Hg.) (2009): *Prekarität, Abstieg, Ausgrenzung. Die soziale Frage am Beginn des 21. Jahrhunderts*, Frankfurt/New York: Campus

Das Thema wird von einer breiten Palette von Autorinnen und Autoren aus verschiedensten Perspektiven abgehandelt. Die Beiträge sind teilweise eher grundsätzlicher Natur, beziehen sich aber in der Regel auch auf empirische Phänomene.

Möller, Joachim/Walwei, Ulrich (Hg.) (2009): *Handbuch Arbeitsmarkt 2009*, Bielefeld: W. Bertelsmann

Das Handbuch des Instituts für Arbeitsmarkt- und Berufsforschung (IAB) ist erstmals 2005 erschienen. Es bringt detaillierte empirische Analysen zu ausgewählten Problemen des Arbeitsmarktes; die inhaltlichen Schwerpunkte wechseln von einer Ausgabe zur nächsten. Außerdem gibt es eine umfassende Übersicht der Änderungen am Arbeitsmarkt in den letzten Jahren.

Kapitel 13

Arbeitswelt

Die Entgrenzung einer zentralen Sphäre

Martin Heidenreich/Sascha Zirra

Die ergänzenden Materialien zu diesem Kapitel finden sich auf der Website: www.bpb.de/sozialkunde/arbeitswelt

Arbeit hat einen zentralen Platz in unserem Leben: Sie nimmt einen erheblichen Teil unserer Zeit und Energie in Anspruch; sie bestimmt unsere Stellung in der Gesellschaft, unsere Einkommenschancen, unsere Renten, unseren sozialen Status und oftmals auch unseren Freundeskreis. Sie bietet Möglichkeiten der Selbstverwirklichung, der persönlichen Entfaltung und Existenzsicherung und sie ist der Bezugspunkt unserer Ausbildungen. Aber sie ist oft auch eine Quelle körperlicher oder psychischer Belastungen, eine Ursache von Entfremdung, ein Ort für sinnentleerte Tätigkeiten, für Mobbing, Konflikte, soziale Ausgrenzung und Ungleichheiten.

Eine Welt in schnellem Wandel

Der zentrale Stellenwert der Arbeit und auch ihre zwiespältigen Auswirkungen kennzeichnen nicht nur die heutige Gesellschaft. Auch die klassische Industriegesellschaft, die sich seit der industriellen Revolution im späten 18. und im 19. Jahrhundert entwickelt hat, war von Konflikten, Belastungen und Ungleichheiten bestimmt. Allerdings hat sich die Arbeitswelt in den letzten Jahrzehnten grundlegend gewandelt. Während Routinetätigkeiten an Bedeutung verlieren, werden Organisations-, Beratungs-, Erziehungs-, Betreuungs- und Managementaufgaben und andere wissens- und kommunikationsintensive Tätigkeiten immer wichtiger. Auch die Organisationsformen von Arbeit und die Beschäftigungsverhältnisse verändern sich: Neben die bürokratisierte Organisation und die technisierte Fabrik treten flexible, projektgruppenförmige Kooperationsnetzwerke; in den Unternehmen wächst neben den unbefristet vollzeitbeschäftigten Mitarbeitern die Zahl der Teilzeitbeschäftigten, der Werkauftragnehmer bzw. »Scheinselbständigen«, der von Zeitarbeitsfirmen »geliehenen« Arbeitskräfte, der »Freelancer«, der in Heim- bzw. Telearbeit Beschäftigten. Dabei haben sich neue Erwerbsformen mit flexiblen Zeit-, Aufgaben- und Entlohnungsstrukturen herausgebildet. Dieser Wandel ist für viele Beschäftigte auch mit mehr Unsicherheiten, mit Ausgrenzung und mit prekären, instabilen Tätigkeiten verbunden, eröffnet aber auch ganz neue Gestaltungs-, Entfaltungs- und Aufstiegsmöglichkeiten. Dies kann allerdings auch mit Überforderung, mit psychischen Belastungen und einer Entgrenzung von Arbeit und Freizeit einhergehen.

Dieser Wandel der Arbeitswelt wird im Folgenden in sechs Schritten dargestellt: Nach der Klärung der Grundbegriffe (1) und einem kurzen Rückblick auf die Entwicklung der Arbeitsgesellschaft (2) werden in Abschnitt 3 neue Organisationsformen von Arbeit und die dadurch veränderten Arbeitsbedingungen beleuchtet, anschließend die Arbeitseinstellungen (4) und Beschäftigungsformen (5) und schließlich werden zwei ausgewählte Institutionen, die das Arbeitsverhältnis maßgeblich regulieren, in den Blick genommen (6).

1 Grundbegriffe

Arbeit und Arbeitswelt

Arbeit im Sinne eines bewussten, planvollen und zielgerichteten Handelns zum Zweck der Existenzsicherung ist ein grundlegendes Merkmal der menschlichen Existenz. Denn der Mensch muss sich mit der Natur und der von Menschen geschaffenen Welt auseinandersetzen, um die Mittel zur Befriedigung seiner materiellen und ideellen Bedürfnisse bereitzustellen. Sein Überleben wird nicht durch ein »Korsett« verinnerlichter Verhaltensprogramme sichergestellt. Die Art, wie gearbeitet wird, ist deshalb gesellschaftlich geprägt. Als *Arbeitswelt* können die sozialen Beziehungen und die Institutionen bezeichnet werden, die die Arbeit in einer bestimmten Gesellschaft prägen.

Im griechischen Altertum wurden die Tätigkeiten, die für die Sicherung der Existenz erforderlich waren und eine größere körperliche Anstrengung verlangten, als Sklavenarbeit organisiert und dementsprechend verachtet. In der Neuzeit hingegen wird die Arbeit als Quelle allen Reichtums und aller Werte angesehen – und nicht mehr als Mühsal und Last, als göttlicher Fluch. Insbesondere Karl Marx (1818–1883) analysierte die Arbeit als Prozess, in dem der Mensch sich selber und seine gesellschaftlichen Bezüge schafft. Diese Aufwertung der Arbeit seit dem 17. Jahrhundert ging mit der

Durchsetzung bürgerlicher Arbeits- und Leistungsorientierungen und der Kritik an bloß ererbten Privilegien einher.

Die zentrale Rolle der Erwerbsarbeit in der modernen Gesellschaft

Allerdings steht im Zentrum der heutigen Arbeitswelt keinesfalls jede gesellschaftlich nützliche Tätigkeit, sondern nur eine spezielle Form, die *Erwerbsarbeit*, d.h. Arbeit, mit der ein monetäres Einkommen auf den Märkten für Arbeitskraft, Güter oder Dienstleistungen erzielt wird. Das Selbst- und Weltbild eines Menschen wird in erheblichem Maße von seiner Stellung im Erwerbsleben bestimmt: »Erwerbsarbeit und das durch sie erzielte Einkommen spielen eine zentrale Rolle für das materielle Wohlergehen, das Selbstverständnis, die Lebenschancen, die Anerkennung und die gesellschaftliche Einbindung der meisten Individuen.« (Kocka/Offe 2000: 9) Andere gesellschaftlich notwendige Tätigkeiten (etwa Hausarbeit, Eigenarbeit, Konsum, politisches Engagement, Kindererziehung, Freizeitgestaltung, »Beziehungsarbeit«) gelten – sofern sie nicht als Erwerbs- bzw. Berufsarbeit organisiert sind – nicht mehr als richtige Arbeit. Erwachsene in Deutschland sichern ihren Lebensunterhalt zumeist durch Erwerbsarbeit (2006: 47,6%, Männer zu 57,5%) und nicht durch Sozialleistungen (8,7%), Unterhalt von Angehörigen (17,4%) oder durch eigenes Vermögen und Renten (26,3%). Erwerbsarbeit kann als selbstständige Tätigkeit und als weisungsgebundene, als abhängige Beschäftigung organisiert sein. Weiterhin kann Erwerbsarbeit nach der Stellung im Beruf (Selbstständige, mithelfende Familienangehörige, Arbeiter, Angestellte und Beamte), der Art des Berufes, der Art der Arbeitszeit (Voll- oder Teilzeit), dem Vertragsverhältnis (befristet oder unbefristet) oder der Sozialversicherungspflichtigkeit der Tätigkeit klassifiziert werden.

Dass Erwerbsarbeit die wichtigste Quelle von Einkommen und sozialer Anerkennung ist, wird deutlich an der Erwerbsquote*, die die Zahl der Erwerbstätigen und Erwerbslosen ins Verhältnis zur Bevölkerung im erwerbsfähigen Alter (15–64 Jahre) setzt. Diese lag 2009 bei 76,9%. Von den 43,4 Mio. Erwerbspersonen waren 3,2 Mio. erwerbslos und 40,2 Mio. erwerbstätig (davon 35,8 Mio. Arbeitnehmer und 4,4 Mio. Selbstständige). Dementsprechend lag die Erwerbstätigen- bzw. Beschäftigungsquote* (der Anteil der Erwerbstätigen an der Bevölkerung im erwerbsfähigen Alter von 15–64 Jahren) bei 70,9%. Damit liegt Deutschland deutlich über dem Durchschnitt der anderen EU-Länder (64,6%). Die Erhöhung der Beschäftigungsquote und die Senkung der Arbeitslosenquote (2009: 7,8%) insbesondere durch eine stärkere Einbeziehung von Frauen, Älteren, Jugendlichen und Geringqualifizierten ins Erwerbsleben ist ein zentrales Ziel der Arbeitsmarktpolitik (vgl. Kapitel 12: Arbeitsmarkt).

2 Die Herausbildung der Arbeitsgesellschaft

Etwa seit dem Ende des 18. Jahrhundert kann unsere Gesellschaft als Arbeitsgesellschaft begriffen werden, in der die Identität und die soziale Stellung eines Menschen weitgehend durch seine Stellung im Erwerbsleben bestimmt werden. Die Herausbildung der heutigen Arbeitsgesellschaft ist das Ergebnis von fünf zentralen Entwicklungstrends.

Kennzeichen der modernen Arbeitsgesellschaft

- *Orientierung am Prinzip zweckrationalen Handelns:* Für Arbeitsorganisationen wurde es immer wichtiger, ihre Leistung mit möglichst wenigen Ressourcen (technische Effektivität) und zu möglichst geringen Kosten (ökonomische Effizienz) zu erbringen.
- *Entwicklung von Märkten:* Güter, Dienstleistungen, Arbeitskraft, Boden und sogar Geld werden zu Waren, die auf entsprechenden Märkten nach den Gesetzen von Angebot und Nachfrage getauscht werden.
- *Erwerbsarbeit als zentrales Organisationsprinzip von Arbeit:* Mit der Herauslösung von Arbeit aus anderen gesellschaftlichen Bezügen und Lebenssphären hat sich ein Arbeitsmarkt entwickelt, auf dem die Ware Arbeitskraft ohne Rücksicht auf verwandtschaftliche, nachbarschaftliche, dörfliche oder feudale Bindungen gekauft und verkauft werden kann. »Freie« Lohnarbeit wurde zum zentralen Organisationsprinzip von Arbeit.
- *Der Übergang von direkter Herrschaft zu marktvermittelten Formen sozialer Ungleichheit:* Auf dem Arbeitsmarkt lösen vertragliche Beziehungen und ökonomische Abhängigkeit die für vormoderne Ständegesellschaften typischen persönlichen Abhängigkeitsverhältnisse ab. Auch die hierarchischen Beziehungen in Unternehmen sind Ergebnis eines Arbeitsvertrages zwischen zwei formal gleichberechtigten Parteien.
- *Erosion traditioneller Formen des gesellschaftlichen Zusammenhalts:* Die Herausbildung einer eigenständigen Sphäre wirtschaftlichen Handelns führt zur Unterhöhlung bisheriger Formen des gesellschaftlichen Zusammenhalts – so die Befürchtung von Ferdinand Tönnies (1855–1936). Émile Durkheim (1858–1917) hingegen erwartet, dass sich mit der Entstehung arbeitsteilig organisierter Gesellschaft eine neue Form der »organischen Solidarität« entwickelt, die sich aus den wechselseitigen Abhängigkeiten in arbeitsteilig organisierten Gesellschaften ergibt.

Die Entwicklung von der Industriegesellschaft …

Bis in die 1960er-Jahre konnte die Arbeitsgesellschaft als *Industriegesellschaft* verstanden werden. Im Zentrum dieser Gesellschaft stand die industrielle Organisation der Produktion; hierunter wird die arbeitsteilige, hierarchisch organisierte, technisch unterstützte Fertigung größerer Stückzahlen von Sachgütern durch räumlich konzentrierte, lohnabhängige Beschäftigte verstanden. Diese Definition zielt auf den mechanisierten, rational organisierten Großbetrieb (»Fabrik«). Weiterhin war die Industriegesellschaft durch die Verwissenschaftlichung der industriellen Produktion, durch die Durchsetzung einer industriellen Arbeitsdisziplin, durch eine historisch beispiellose Erhöhung des Lebensstandards, durch Landflucht und Verstädterung und durch die Polarisierung zwischen den Interessen von »Kapital« und »Arbeit« gekennzeichnet. Letztere wurde erst durch die Entwicklung der Gewerkschaften, durch Tarifverhandlungen und den Wohlfahrtsstaat abgemildert. 1965 erreichte der Anteil der Beschäftigten in der Industrie mit der Hälfte aller Erwerbstätigen in Deutschland seinen historischen Höchststand. Noch bis in die 1970er-Jahre prägte die Industrie das Leben in Deutschland – und zwar so sehr, dass ihre abnehmende Bedeutung zeitweise als »Ende der Arbeitsgesellschaft« interpretiert wurde, obwohl die Zahl der Erwerbstätigen auch unter Berücksichtigung der Gebietsveränderungen seit 1950 ständig gestiegen war. Allerdings haben sich die Arbeitszeiten je Erwerbstätigen (1960: 2 162 Stunden; 2008: 1 431 Stunden pro Jahr) deutlich verringert.

… zur Dienstleistungsgesellschaft

Heutzutage wird Deutschland vielfach als *Dienstleistungsgesellschaft* begriffen, da fast drei Viertel aller Erwerbstätigen im Dienstleistungssektor beschäftigt sind und nur noch jeder vierte im produzierenden Gewerbe und 2,1 % in der Land- und Forstwirtschaft tätig sind. Bestätigt wird damit eine schon in den 1930er-Jahren entwickelte Drei-Sektoren-Hypothese, die eine Verlagerung von Beschäftigung und Wertschöpfung vom primären Sektor (Rohstoffgewinnung) zum sekundären Sektor (Rohstoffverarbeitung) und anschließend zum tertiären Sektor (Dienstleistungen) erwartete. Inhaltlich sind Dienstleistungen in der Regel durch vermittelnde, interaktive, selten übertragbare und mit Unsicherheiten konfrontierte Tätigkeiten, bei denen die Erbringung und der Verbrauch der Leistung oftmals zeitlich zusammenfallen (uno actu-Prinzip) und die daher nur begrenzt rationalisiert werden können. Hierdurch und durch die prinzipiell unbegrenzte Nachfrage nach vielen Dienstleistungen (Reisen, Bildung, Gesundheit, Unterhaltung, Telekommunikation, Restaurants …) erklärt sich auch der zunehmend größere Anteil von Dienstleistungstätigkeiten. Allerdings behält auch eine quantitativ schrumpfende industrielle Produktion weiterhin eine zentrale Bedeutung für Wachstum, Wettbewerbsfähigkeit, Innovativität und Beschäftigung. Eine Dienstleistungsgesellschaft ist somit keine nachindustrielle Gesellschaft.

Die zunehmende Bedeutung wissensbasierter Tätigkeiten

Die Bezeichnung der heutigen Arbeitsgesellschaft als Dienstleistungsgesellschaft blendet die enorme Vielfalt von produktionsbezogenen (Makler-, Finanz- und Versicherungsdienstleistungen), distributiven (Groß- und Einzelhandel, Transport und Kommunikation), persönlichen (Hotel, Restaurants, Freizeit, Kultur, Haushaltshilfen) und sozialen Dienstleistungen (Regierung, Gesundheit, Erziehung) aus. Angesichts dessen kann man die Gegenwartsgesellschaft bis zu einem gewissen Grad auch als Wissensgesellschaft charakterisieren und damit die zunehmende Bedeutung von Innovationen und wissensbasierten Tätigkeiten im Bereich der Entwicklungs-, Forschungs-, Ausbildungs-, Design-, Marketing-, Finanz-, Logistik-, Gesundheits- und Beratungsdienstleistungen hervorheben (Heidenreich 2003). Solche Tätigkeiten, die durch die Fähigkeit zur Identifizierung und Lösung von Problemen und zum Makeln von Beziehungen gekennzeichnet sind, können als wissensbasierte Tätigkeiten bezeichnet werden. Nach Angaben von Eurostat sind etwa ein Drittel (2007: 34,8 %) aller Beschäftigten im Bereich der wissensintensiven Dienstleistungen und 10,7 % im Bereich der Hochtechnologieproduktion tätig. Dieser Anteil ist in Deutschland deutlich höher als im europäischen Durchschnitt (33 % bzw. 6,7 %), allerdings geringer als in Ländern wie Dänemark, Luxemburg, den Niederlanden oder Schweden. Auch in Zukunft werden Niedrigtechnologieindustrien und einfache, oftmals personenbezogene oder distributive Dienstleistungen für geringer qualifizierte Beschäftigte ein wichtiges Arbeitsfeld bleiben.

Die zunehmende Bedeutung wissensbasierter Tätigkeiten geht mit einem höheren Ausbildungsniveau der Bevölkerung einher. Heutzutage haben zwei Fünftel der Jugendlichen ein (Fach-)Abitur (2008: 42,9 der 25- bis 30-Jährigen im Vergleich zu 12 % der über 64-Jährigen). Über die Hälfte der Bevölkerung hat eine berufliche Ausbildung (2008: 50,8 %) und etwa ein Achtel ein Hochschulstudium absolviert (2008: 13 %). Eine Ausbildung im tertiären Bereich – hierzu werden zusätzlich noch die Absolventen von zwei- bis dreijährigen Ausbildungen an Fachschulen, Berufsakademien und Schulen des Gesundheitswesens einbezogen – haben knapp ein Viertel aller Einwohner absolviert (24 %) – deutlich weniger als in anderen OECD-Ländern.

Der massive Einzug der Frauen in die Arbeitswelt

Die zunehmende Wissensbasierung und Dienstleistungsorientierung der Wirtschaft geht auch mit einer »Verweiblichung« der Arbeit einher, da 55,8% (2008) der Dienstleistungsbeschäftigten Frauen sind (im Vergleich zu 25% in Industrie und Landwirtschaft). Die zunehmende Erwerbstätigkeit der Frauen – 1983 lag die Beschäftigungsquote von Frauen im Alter von 15–65 Jahren in Westdeutschland noch bei 45%, 2009 lag sie in Deutschland bei 66,2% – ist allerdings nicht nur das Ergebnis wirtschaftlicher Veränderungen. Entscheidender waren die Bildungsexpansion, von der die Frauen überdurchschnittlich profitiert haben und die zu einer Angleichung des Bildungsniveaus von jungen Männern und Frauen geführt hat, der Ausbau des Wohlfahrtsstaates, die Wiedervereinigung, aber auch tiefgreifende soziokulturelle Wandlungsprozesse, die mit einer erhöhten Erwerbsorientierung der Frauen einhergingen (vgl. dazu Kapitel 12: Arbeitsmarkt und Kapitel 5: Familie).

Damit nehmen auch die Schwierigkeiten zu, eine Erwerbstätigkeit mit familiären Aufgaben zu verbinden, da Kinderbetreuungs- und Pflegetätigkeiten immer noch vor allem von Frauen erledigt werden. Mütter insbesondere von jüngeren Kindern sind daher deutlich weniger erwerbstätig als Väter (bei bis zu dreijährigen Kindern 33% im Vergleich zu 85% im Jahr 2005) – und dies zumeist in Teilzeit. Traditionelle Muster der innerfamilialen Arbeitsteilung, eine unzureichende Infrastruktur für die Betreuung von Kindern und Älteren und die geschlechtsspezifische Verteilung auf Berufe sind die wichtigsten Ursachen für eine fortbestehende Benachteiligung von Frauen im Erwerbsleben.

Festzuhalten bleibt, dass sich die klassische Industriegesellschaft in den letzten Jahrzehnten zu einer Dienstleistungsgesellschaft gewandelt hat, in der der Anteil wissensbasierter Tätigkeiten ebenso wie der Anteil von beruflich und akademisch qualifizierten und weiblichen Beschäftigten stetig steigt.

3 Neue Organisationsformen von Arbeit

Der Taylorismus, einst beherrschendes Konzept der industriellen Massenproduktion

Die industrielle Massenproduktion war durch eine weitgehende Arbeitsteilung zwischen »Hand- und Kopfarbeit«, zwischen planenden, steuernden und ausführenden Tätigkeiten gekennzeichnet. Dies gilt insbesondere für die so genannte tayloristische Organisation der Arbeit, die von dem amerikanischen Ingenieur F. W. Taylor (1856–1915) entwickelt worden war. Sie ist gekennzeichnet durch eine kleinteilige Zerlegung von Arbeitsabläufen und eine Formalisierung von Arbeitsvorgaben und Bewertungsverfahren. Die erfahrungsgestützten Kenntnisse der Arbeiter wurden zusammengetragen, systematisiert und als Arbeitsanweisungen wieder in den Betrieb an die Arbeiter »zurückgespielt«. Der Taylorismus stand für Zeitdruck und monotone, durch technische Anlagen vorstrukturierte Arbeitsabläufe.

Ein Beispiel für diese Organisationsform von Arbeit – die Charles Chaplin in den 1930er-Jahren zu dem Film »Moderne Zeiten« inspirierte – war die Massenproduktion von Automobilen. Diese Massenproduktion wurde 1913 in dem nordamerikanischen Werk Highland Park, in dem Henry Ford das zunächst auf handwerkliche Weise gefertigte Niedrigpreisauto »Model T« herstellte, perfektioniert. Inspiriert von den (De-)Montagebändern der Chicagoer Schlachthöfe wurde hier erstmals ein Fließband in der Autofertigung verwendet. Nicht mehr die Arbeiter bewegten sich, sondern ein Endlosband beförderte die jeweiligen Produkte zu den Arbeitsplätzen, an denen (in der Regel unqualifizierte) Arbeiter einfachste Teilarbeiten verrichteten. Dabei waren die einzelnen Maschinen so genau eingestellt, dass das Auto aus identischen, austauschbaren Teilen gefertigt werden konnte; eine manuelle Nacharbeit erübrigte sich. Damit konnte die für die Montage des Model T erforderliche Arbeitszeit ebenso wie die Preise gesenkt und der Absatz gesteigert werden.

Neue Konzepte der Arbeitsorganisation

In aktuellen Arbeits- und Managementkonzepten werden diese Organisationsformen von Arbeit – die die europäische Wirtschaft niemals so stark wie die amerikanischen Massengüterhersteller geprägt haben – grundlegend in Frage gestellt. Angesichts steigender Gemeinkosten wird die weitgehende Vorausplanung der Arbeit zurückgenommen. *Gruppen-* und *Teamarbeit, Projektgruppen, Zielvereinbarungen,* kontinuierliche Verbesserungsprozesse und die organisatorische und auch rechtliche Verselbständigung von Tätigkeiten zielen auf eine Rücknahme hierarchisch-bürokratischer Steuerungsformen. Das Leistungsvermögen und das Engagement vieler Mitarbeitergruppen werden zunehmend durch die Eröffnung von Entscheidungsspielräumen und die stärkere Einbeziehung in die Verantwortung für die Organisation und die Ergebnisse des eigenen Arbeitsbereichs sichergestellt. Von der »Organisationsspitze« werden nicht mehr konkrete Handlungsanweisungen formuliert, sondern allgemeine Ziele definiert. Diese können dann eigenständig von den organisatorischen Untereinheiten umgesetzt werden. Diese Zielvorgaben können monetärer Art sein (profit center); sie können sich aber auch auf konkrete Produktions- und Innovationsziele beziehen (etwa bestimmte, in Zielvereinbarungen festgeschriebene Produktionsziele, die Durchführung von Produkt- und Prozessinnovationen bei Projektgruppen oder Verbesserungsvorschläge bei Qualitätszirkeln). Solche Ziele können durchaus innerbetrieblich ausgehandelt werden; hierdurch erhöhen sich sowohl der Grad der Selbstverpflichtung als auch die Anforderungen an das Verhandlungs- und Kommunikationsgeschick der Beschäftigten. Diese Zielvereinbarungen verweisen darauf, dass Unternehmen von der direkten Steuerung organisatorischer Prozesse zu einer Kontextsteuerung übergehen: Zwar werden die allgemeinen Rahmenbedingungen und Ziele vorgegeben; wie jedoch diese Ziele zu erreichen sind, wird innerbetrieblich ausgehandelt. Von den Beschäftigten werden zunehmend abstrakteres Denkvermögen, Systemdenken, eine experimentelle Haltung zur Welt und die Fähigkeit und Bereitschaft zur Zusammenarbeit verlangt – und zwar keinesfalls nur von Akademikern.

Die Eröffnung dezentraler Handlungs- und Entscheidungsspielräume, die sich in einer Vielzahl neuer Organisationsformen konkretisiert (Qualitätszirkel, Gruppenarbeit und Projektgruppen), bedeutet nicht den Verzicht auf Hierarchie. Vielmehr werden hierarchische Anweisungs- und Kontrollbeziehungen durch horizontale und »diagonale« Aushandlungs- und Abstimmungsbeziehungen ergänzt. Dieses spannungsreiche Neben- und Miteinander verschiedener Koordinierungslogiken kann am besten am Beispiel von Projektgruppen illustriert werden. Zum einen müssen die Mitglieder die Interessen ihrer Bereiche im Auge behalten, zum anderen werden sie mit den Anforderungen und Zielen anderer Abteilungen konfrontiert und müssen zu gemeinsam getragenen Lösungen kommen. An die Stelle detaillierter Handlungsanweisungen und Kontrollen treten die Definition allgemeiner Ziele und Rahmenbedingungen und die Moderation betrieblicher Aushandlungsprozesse. Management wird zu einem sozialen Prozess, der zunehmend auf die Koordination, Regulation und Integration bereichsspezifischer, eigensinniger Praktiken abzielt.

Die Beurteilung der Arbeitsbedingungen durch die Beschäftigten

In einer alle fünf Jahre von der »Europäischen Stiftung zur Verbesserung der Arbeits- und Lebensbedingungen« durchgeführten Befragung werden unter anderem die kognitiven Arbeitsanforderungen, die Entscheidungs- und Handlungsspielräume der Beschäftigten, die betrieblichen Kontroll- und Koordinationsformen und die Zufriedenheit mit verschiedenen Facetten der Arbeit erfragt.

Die Entscheidungsspielräume sind größer geworden

Überraschend ist das hohe Niveau der 2005 wahrgenommenen Entscheidungsspielräume auf allen hierarchischen Ebenen: Weniger überraschend ist, dass die wahrgenommenen Arbeitsanforderungen und das Ausmaß der Selbstbestimmung am Arbeitsplatz bei Technikern, bei qualifizierten Experten, bei leitenden Angestellten und gehobenen Funktionären sehr hoch sind. 88,2 % dieser Gruppe sehen sich mit komplexen Aufgaben konfrontiert; 87,4 % müssen regelmäßig anspruchsvolle Probleme lösen und 83,4 % können es sich nicht leisten, auf Lernen zu verzichten. Entsprechend hoch sind ihre Entscheidungsspielräume: 60–80 % haben Einfluss auf die Reihenfolge der Tätigkeiten, das Tempo und die verwendeten Methoden. Aber auch etwa die Hälfte der ausführenden Beschäftigten (Hilfsarbeiter, Fabrikarbeiter, Facharbeiter, einfache Angestellte) geben an, dass sie mit unvorhergesehenen, komplexen Problemen konfrontiert werden und ihre Arbeitsmethoden ändern können.

Technische Vorgaben und organisatorische Kontrollen sind nach wie vor bestimmend

Eine erhebliche Bedeutung hat immer noch die technische Kontrolle, d. h. die maschinelle Vorgabe des Arbeitsrhythmus (20 %). Auch die hierarchische Kontrolle durch Vorgesetzte (33,9 %), die Einbindung in organisatorische Kooperationsstrukturen und die Vorgabe quantifizierter Mengen- und Qualitätsvorgaben (46,9 %) haben eine erhebliche Bedeutung für die Arbeitsweise der Beschäftigten. Insbesondere die klassischen Fach- und Fabrikarbeiter sind immer noch stark in hierarchisch-bürokratisch-technische Kontrollstrukturen eingebunden. Die Unternehmen verzichten somit keinesfalls auf eine Vorstrukturierung der Tätigkeiten und eine umfassende Ergebniskontrolle.

Allerdings verändern sich die Formen, in der Organisationen die Tätigkeit ihrer Mitarbeiter vorstrukturieren: Neben der klassischen hierarchischen und technischen Kontrolle hat die Abstimmung zwischen Kollegen und in Arbeitsteams eine überragende Bedeutung: 41,1 % bzw. 68,7 % der befragten deutschen Arbeitnehmer geben an, dass ihre Arbeitsgeschwindigkeit von der Tätigkeit ihrer Kollegen bzw. von den direkten Anforderungen anderer Menschen (etwa Kunden) abhängt. Eine höhere Eigenverantwortung der Beschäftigten geht also keinesfalls mit einem Verzicht auf organisatorische Kontrollen einher – wohl aber mit einem Formwandel: Organisatorische Regeln und Leistungsziele werden weniger durch Vorgesetzte und technische Anlagen als durch Kollegen und Kunden vorgegeben. Insbesondere im Dienstleistungssektor haben solche Kontakte zu

Kunden und anderen externen Akteuren eine erhebliche Bedeutung. Dies verweist darauf, dass Marktanforderungen – neben technischen, hierarchischen und kollegialen Koordinationsformen – in erheblichem und zunehmendem Maße zur Steuerung organisatorischer Prozesse genutzt werden; sie sind eine wichtige Grundlage für die Eigensteuerung der Beschäftigten und damit für wissensbasierte Arbeitsformen.

Höhere Forderungen an Eigenverantwortung und Lernbereitschaft

42% der befragten Arbeitnehmer wurden im Jahr vor der Befragung an organisatorischen Veränderungsprozessen beteiligt. Insbesondere Fach- und Führungskräfte kommen in den Genuss dieser betrieblichen Partizipationsangebote. Festgehalten werden kann, dass sich die Verantwortlichkeiten, die Entscheidungsspielräume und die anspruchsvolleren Aufgaben bei Selbständigen, betrieblichen Führungskräften und qualifizierten Experten konzentrieren. Komplementär hierzu werden jedoch auch einfachere Dienstleistungs- und Produktionsaufgaben in erheblichem Maße mit komplexen Problemen konfrontiert. Auch ausführend tätige Arbeiter und Angestellte übernehmen in erheblichem Maße Verantwortung für die Art, die Organisation und das Tempo ihrer Arbeit und sind mit komplexen Aufgaben und Lernanforderungen konfrontiert. Komplementär hierzu behalten organisatorische Vorgaben (technische, hierarchische, kollegiale und ergebnisbezogene Koordinierungsformen) einen wichtigen Stellenwert. Möglich wird eine stärkere Einbeziehung der Beschäftigten in die Verantwortung für die Organisation ihrer Arbeit zum einen durch einen direkten Kundenbezug der Tätigkeiten, zum anderen durch klare Ergebniserwartungen und drittens durch betriebliche Partizipationsangebote. Kundenkontakte, Ergebnisorientierungen und Partizipationschancen erweisen sich als wichtige Rahmenbedingungen für wissensbasierte Arbeitsformen.

4 Arbeitseinstellungen

Die Tendenzen zur Subjektivierung der Arbeit

Mit dem Wandel der Arbeit verändern sich auch die Einstellungen zur Arbeit. Die klassischen Pflicht- und Akzeptanzwerte (die in der Industrie die berühmten 5S inspiriert haben: Sortieren, systematisieren, sauber machen, standardisieren, Selbstdisziplin) und instrumentell-materialistische Orientierungen bestimmen keinesfalls mehr allein das Bild (vgl. Kapitel 8: Werte): Man arbeitet nicht nur, um Geld zu verdienen, sondern auch, um eigene Ideen umzusetzen, mit anderen an spannenden Projekten zu arbeiten und seine eigenen Möglichkeiten auszunutzen und zu erweitern. Das Verhältnis zwischen Unternehmen und Beschäftigten reduziert sich nicht mehr auf den Austausch von Lohn gegen Leistung. Geld ist keinesfalls mehr die einzige Motivation für die Beschäftigten. Ihre Erwerbsarbeit »subjektiviert«* sich: Von den Beschäftigten wird nicht nur ein höheres Maß an Eigenständigkeit, Ergebnisverantwortung, Kommunikations- und Kooperationsfähigkeit verlangt, diese Entwicklung verändert auch die Einstellungen der Beschäftigten zur Arbeit. Sie wollen eigenständig Situationen deuten, zwischen Handlungsalternativen wählen, Verantwortung übernehmen sowie Chancen und Risiken des eigenen Handelns reflektieren und sie sind bereit, sich mit einer Arbeitsrolle zu identifizieren oder sich von ihr zu distanzieren, wenn ein höheres Engagement, Eigeninitiative und Eigenverantwortung auch neue Einflussmöglichkeiten und vielleicht sogar Aufstiegschancen eröffnen.

Es können zwei Erklärungen für die Subjektivierung* der Arbeit unterschieden werden. Eine Erklärung verweist auf eine gestiegene Bildungsbeteiligung und stärkere gesellschaftliche Partizipationschancen von Beschäftigten. Höher qualifizierte Mitarbeiter sind an anspruchsvollen und inhaltlich herausfordernden Tätigkeiten interessiert; sie identifizieren sich mit ihren Arbeitsinhalten und artikulieren Autonomie- und Selbstorganisationsansprüche. Eine andere Erklärung verweist darauf, dass eine systematischere und umfassendere Ausnutzung der subjektiven Leistungspotenziale von Mitarbeitern auch ein Ergebnis veränderter Organisationsformen von Arbeit ist. Durch den organisatorischen Wandel nimmt der Bedarf der Unternehmen an eigenständigem Arbeitshandeln, an flexiblen Arbeitsformen und -zeiten, an Kreativität und Innovationsbereitschaft zu. Komplementär zu Arbeitsformen, die in erheblichem Maße auf die Kompetenzen und Problemlösungsfähigkeiten der Beschäftigten setzen, entwickeln die Mitarbeiter stärkere arbeitsinhaltliche Interessen und verlangen mehr eigene Entscheidungs- und Gestaltungsmöglichkeiten. Anzunehmen ist somit eine Wahlverwandtschaft zwischen veränderten Arbeitsformen und den eher an Selbstbestimmungs- und Selbstverwirklichungswerten orientierten Arbeitseinstellungen der besser gebildeten jüngeren Arbeitnehmergruppen.

Die zweischneidigen Folgen der Subjektivierungsprozesse

Von der Subjektivierung* der Arbeit profitieren insbesondere betriebliche Fach- und Führungskräfte. Bei ihnen sind das Gefühl der Zugehörigkeit zum Unternehmen oder zur Einrichtung, die wahrgenommenen

Gelegenheiten zum Lernen und zur eigenen Weiterentwicklung oder auch die Existenz von Freunden am Arbeitsplatz weit höher als bei den gering qualifizierten Beschäftigten (etwa den Maschinenbedienern). In der Privatwirtschaft ist die Subjektivierung der Arbeit stärker ausgeprägt als im öffentlichen Dienst.

Die Subjektivierung der Arbeit ist ein zutiefst ambivalentes Phänomen, da die neuen Chancen (Selbständigkeit, Eigenverantwortung, Einbringen der eigenen Interessen) auch häufig mit neuen Risiken, etwa mit einer erhöhten Arbeitsintensität, mit Stress, Überforderung und Scheiternsängsten einhergeht. Einige Autoren interpretieren Subjektivierungsprozesse als neue Form der Entfremdung und verweisen auf die Gefahr abnehmender sozialer Bindungen (Boltanski/Chiapello 2003; Sennett 1998). Auch profitiert nur ein Teil der Beschäftigten von zunehmenden Qualifikationsanforderungen, einer höheren Arbeitsautonomie und abwechslungsreicheren und inhaltlich interessanteren Aufgaben, während die Tätigkeit vieler Beschäftigter im Dienstleistungsbereich nach wie vor gering bezahlt und als unqualifiziert angesehen wird (insbesondere bei personenbezogenen Dienstleistungen).

Die Grenzen zwischen Erwerbsarbeit und privatem Leben verschwimmen

Die neue Regulierungsformen fördern auch eine Entgrenzung* von Arbeit, indem sie bisherige Grenzen zwischen Berufsarbeit und privatem Leben untergraben. Arbeit beschränkt sich immer weniger auf einen bestimmten Ort (den Betrieb), eine bestimmte Zeit (die Arbeitszeit), ein bestimmtes soziales Gefüge (den Kollegenkreis), bestimmte Qualifikationen und Organisationsstrukturen und ein geregeltes Arbeitsverhältnis (das so genannte »Normalarbeitsverhältnis«). Die räumliche Entgrenzung etwa durch internetbasierte Arbeitsformen und eine ständige Erreichbarkeit, die Flexibilisierung der Arbeitszeiten, der ständige Wandel der Qualifikationsanforderungen und Organisationsstrukturen, die Erosion fester Sozialbezüge durch ständig wechselnde Projekte und Kooperationsnetzwerke und die zunehmende Verwischung der Grenzen zwischen Arbeitszeit und privater Zeit verweisen auf verschiedene Facetten dieser Entgrenzungsprozesse.

Auch wenn noch vier Fünftel aller Arbeitnehmer die Lage der Arbeitszeit als vereinbar mit familiären und anderen privaten Verpflichtungen ansehen, geben mehr als ein Fünftel der Befragten (insbesondere gehobene Fach- und Führungskräfte) an, auch zu Hause für berufliche Angelegenheiten erreichbar sein zu müssen. Arbeit wird multilokal. Der Anteil von Tele- und Heimarbeit beträgt allerdings nur 3,5%. 70% der Beschäftigten sind immer noch vorwiegend an ihrem Arbeitsplatz im Unternehmen tätig. Ein Indikator für den höheren betrieblichen Flexibilitätsbedarf ist die Tatsache, dass ein Siebtel der Erwerbstätigen mittlerweile schon befristet beschäftigt ist (1992: 10,5 %; 2008: 14,7 %) – insbesondere Jugendliche und Beschäftigte in akademischen und Dienstleistungsberufen.

Die sozialen und individuellen Konsequenzen des Entgrenzungsprozesses

Mit der Entgrenzung und Subjektivierung der Arbeit sind die Beschäftigten zunehmend darauf angewiesen, eigene Strategien und Strukturen zur Sicherung der Vereinbarkeit von beruflichem und privatem Leben zu entwickeln – trotz Termindruck, Angst um den Job und eigenen Leistungs- und Karriereinteressen. Diese so genannte Work-Life-Balance zielt auf die Vereinbarkeit von Erwerbsarbeit, Familie, Freizeit und anderen Aktivitäten. Diese Balance, die zumeist mit Blick auf Frauen diskutiert wird, ist eine zentrale Herausforderung für jeden einzelnen und jede Lebensgemeinschaft, für Unternehmen und andere Arbeitgeber und für die Arbeits-, Sozial- und Familienpolitik. Das Scheitern dieser Balance dokumentiert sich auf individueller Ebene u. a. in familiären Problemen, der Verkümmerung sozialer Kontakte, Medikamenten- oder Drogenmissbrauch oder auch in psychischen Krankheiten bis hin zum so genannten Burn-out, einer tiefgreifenden körperlichen und emotionalen Erschöpfung, die mit Leistungs- und Antriebsschwächen einhergeht. Auch ein zunehmender Anteil von Fehlzeiten aufgrund psychischer Erkrankungen verweist auf die Schwierigkeit, Familie und Beruf zu vereinbaren. Auf betrieblicher Ebene wird mit zahlreichen Maßnahmen zur Schaffung familienfreundlicherer Arbeitsbedingungen experimentiert – etwa mit planbaren Arbeitszeiten, flexiblen Freistellungsregelungen und betrieblichen Betreuungsangeboten.

Fazit

Festgehalten werden kann: Zu beobachten ist ein intensiverer Zugriff auf das Leistungsvermögen und ein höherer Anspruch an das Engagement der Beschäftigten im Rahmen veränderter Arbeitsanforderungen. Dies geht mit erheblichen, auch psychischen Belastungen, aber auch steigenden Lernchancen und Verantwortlichkeiten einher. Insgesamt jedoch ist die Arbeitszufriedenheit sehr hoch. Hierzu tragen insbesondere die wahrgenommene Arbeitsplatzsicherheit, die Zugehörigkeit zu einem Unternehmen, die Gelegenheit zum Lernen und zur eigenen Weiterentwicklung und die Chance, soziale Beziehungen auch am Arbeitsplatz zu knüpfen und zu pflegen, bei.

5 Pluralisierung oder Prekarisierung von Beschäftigungsformen?

Hannah Arendt befürchtete in den 1950er-Jahren, dass der Arbeitsgesellschaft die Arbeit ausgehe, also »die einzige Tätigkeit, auf die sie sich noch versteht«, nachdem die »vita activa«, das Herstellen und Handeln, in der Neuzeit die »vita contemplativa«, die Suche nach dem Sinn verdrängt habe. Auf dem Bamberger Soziologentag 1982 war sogar vom Ende der Arbeitsgesellschaft die Rede. Niemals zuvor in der Menschheitsgeschichte seien so wenige Arbeitskräfte nötig gewesen. Damit wurde ein altes Thema der Industriegesellschaft aufgegriffen – die Befürchtung, dass durch immer neue Technologien die menschliche Arbeit schließlich überflüssig werden würde. Diese Befürchtung hat sich nicht bewahrheitet. So ist in Deutschland die Beschäftigungsquote in den letzten Jahrzehnten sogar von 60% (1983) auf 70,9% (2009) angestiegen.

Der Rückgang des Normalarbeitsverhältnisses

Grundlegend verändert hat sich allerdings die hochgradig standardisierte und industriell geprägte Beschäftigungsordnung der europäischen Nachkriegszeit. Im Zentrum dieser Beschäftigungsordnung stand ein arbeits- und sozialrechtlich abgesichertes Normalarbeitsverhältnis, das durch abhängige, dauerhafte, unbefristete, sozial- und arbeitsvertraglich abgesicherte, existenzsichernde Vollzeiterwerbstätigkeiten gekennzeichnet ist. Dieses zumeist von Männern eingegangene Normalarbeitsverhältnis entsprach den Bedingungen der industriellen Massenproduktion mit ihren hochgradig regulierten Arbeitnehmer-Arbeitgeber-Beziehungen. Dieses Normalarbeitsverhältnis beruhte auf der geschlechtlichen Arbeitsteilung zwischen männlicher Erwerbsarbeit und weiblicher Hausarbeit (bei temporärem weiblichen Zusatzverdienst), einer ununterbrochenen Arbeitstätigkeit vom 15. bis zum 65. Lebensjahr und auf einer kaum höheren Lebenserwartung, einem Sozialversicherungssystem, das sich auf abhängige, lebenslange und versicherungspflichtige Tätigkeiten stützte und mit relativ geringen Beiträgen für Alter, Armut, Arbeitslosigkeit und Krankheit auskam. Dem entsprachen ein Ausbildungssystem, das auf klar voneinander abgegrenzte und sich kaum verändernde Berufsbilder ausgerichtet war, und einem System kollektiver Arbeits- und Tarifvertragsbeziehungen, das von leistungsbereiten männlichen Facharbeitern und ihren Interessen geprägt wurde. Ermöglicht wurde damit eine Lebensführung, die auf einem gesicherten Lebensstandard, auf kontinuierlicher Erwerbsarbeit und auf biographischer Planungssicherheit beruhte.

Dieses Normalarbeitsverhältnis hat durch höhere Qualifikationsanforderungen an die Beschäftigten, die angespannte Arbeitsmarktlage, eine veränderte Arbeitseinstellung und die gewachsene Erwerbsorientierung von Frauen und eine damit zusammenhängende Schwächung bzw. Pluralisierung kollektiver Interessenvertretungsmuster seine Grundlage verloren. Neue institutionelle Formen von Erwerbsarbeit gewinnen an Bedeutung (vgl. dazu Kapitel 12: Arbeitsmarkt, 4.)

Festgehalten werden kann eine Flexibilisierung und Pluralisierung der Beschäftigungsformen insbesondere durch Teilzeitarbeit und befristete und geringfügige Beschäftigungen. Mit der abnehmenden Bedeutung von Normalarbeitsverhältnissen – in denen aber immer noch zwei Drittel aller Beschäftigten tätig sind – entwickelt sich eine neue Sozialverfassung von Erwerbsarbeit, die weniger auf dem Versprechen einer dauerhaften Absicherung zumindest der männlichen Hauptverdiener als auf einer höheren Mobilität und Flexibilität gut ausgebildeter Männer und Frauen beruht – bei einer weniger umfassenden betrieblichen, arbeitsrechtlichen, tarifvertraglichen und sozialstaatlichen Absicherung.

6 Neue Regulierungsformen der Arbeitswelt

Mit dem Wandel der Arbeitsgesellschaft verändern sich auch die Anforderungen an die gesellschaftliche Regulierung von Arbeit. Durch die Institutionen, die sich in der Industriegesellschaft entwickelt und konsolidiert haben, wurden die Arbeits- und Einkommenssituation der Beschäftigten innerhalb eines Landes weitgehend einheitlich geregelt. Zu nennen sind hier insbesondere die Ausbildungssysteme, die sozialstaatlichen Absicherungen, das Arbeitsrecht und die Tarifvertragsbeziehungen zwischen den Interessenvertretern von Arbeitnehmern und Arbeitgebern, die üblicherweise als industrielle Beziehungen bezeichnet werden. Dieses industriegesellschaftliche Institutionenset stößt nun an seine Grenzen. Zum einen verringern sich nationalstaatliche Regulierungsmöglichkeiten als Folge zunehmender Transnationalisierungs- und Globalisierungsprozesse (Vgl. Kapitel 21: Supranationalisierung). Zum anderen wandeln sich auch die Regulierungsmuster komplementär zur Flexibilisierung der Arbeitszeiten, der Pluralisierung der Arbeitsorte und der Diversifizierung von Beschäftigungsformen. Der Wandel nationalstaatlicher Regulierungsformen von Arbeit soll im Folgenden am Beispiel zweier zentraler Institutionen illustriert werden, am Beispiel der industriellen Beziehungen und des dualen Berufsausbildungssystems.

Die gewandelten industriellen Beziehungen

Die industriellen Beziehungen, also die überbetrieblichen Verhandlungssysteme zwischen Unternehmerverbänden und Gewerkschaften wie die betrieblichen zwischen Betriebsräten und Unternehmensführungen, sind eine zentrale Institution zur Regelung von Arbeitsbedingungen und Entlohnung. In den Tarifvertragsverhandlungen zwischen Arbeitgeber- und Arbeitnehmerverbänden wurde in der Nachkriegszeit die Entwicklung von Arbeitsproduktivität und Einkommen und damit das Wachstum von Produktion und Kaufkraft aufeinander abgestimmt. Kennzeichnend für das deutsche Modell ist einerseits die Dualität von Tarifautonomie* und Betriebsverfassung, andererseits das hohe Maß an Verrechtlichung der Arbeitsbeziehungen. Tarifverhandlungen sind die »Arena«, in der kollektive Akteure (Gewerkschaften, Arbeitgeberverbände) Arbeits- und Einkommensbedingungen festlegen. In der betrieblichen »Arena« regeln die Akteure (Unternehmensleitung und Betriebsrat) die konkreten Arbeitsbedingungen. Das hohe Maß an Verrechtlichung verdankt sich dem Staat, der einerseits Mindeststandards festlegt (Kündigungsschutzgesetz, Arbeitszeitgesetz, Bundesurlaubsgesetz etc.), andererseits durch prozedurale Regelungen (Tarifvertragsgesetz, Betriebsverfassungsgesetz) den Rahmen für die Aushandlungen zwischen Arbeitgebern und Arbeitnehmern absteckt.

Die in Deutschland üblichen, branchenweit gültigen »Flächentarifverträge« haben durch die Festlegung von Mindestbedingungen zu einer Vereinheitlichung der Arbeits- und Entlohnungsbedingungen und damit auch zu einer Homogenisierung der Industriestruktur beigetragen. Obwohl nur knapp ein Fünftel aller Beschäftigten (2007: 19,9 %) gewerkschaftlich organisiert ist, werden die Entlohnungsbedingungen von 64 % der westdeutschen und 51 % der ostdeutschen Beschäftigten entweder durch Branchen- oder durch Firmentarifverträge geregelt (2009). Hierdurch werden die Lohnunterschiede zwischen verschiedenen Beschäftigtengruppen, zwischen verschiedenen Branchen und zwischen größeren und kleineren Unternehmen und ansatzweise auch zwischen Ost- und Westdeutschland gering gehalten und der soziale Friede im Land gesichert.

Mit der Verschärfung der Wettbewerbsbedingungen tritt jedoch zunehmend die unterschiedliche Leistungsfähigkeit der einzelnen Unternehmen in den Vordergrund; dies dokumentiert sich in erheblichen Spannungen im Arbeitgeberlager, in Austritten aus Arbeitgeberverbänden und in anderen Formen der Tarifflucht. Viele Unternehmen setzen auf eine Verbetrieblichung der industriellen Beziehungen. Betriebsbezogene Regelungen und betriebliche Interessenvertretungen haben dadurch an Bedeutung gewonnen. Auf Seiten vertretungsstarker Beschäftigtengruppen (Ärzte,

Piloten, Fluglotsen, Lokführer) ist mit der Infragestellung des Grundsatzes der Tarifeinheit (»Ein Betrieb, ein Tarifvertrag«) eine komplementäre Entwicklung zu beobachten, die sich in der zunehmenden Bedeutung von Berufsgewerkschaften und damit in der Konkurrenz verschiedener Gewerkschaften innerhalb desselben Unternehmens dokumentiert.

Der abnehmende gewerkschaftliche Organisationsgrad (der noch 1978 und 1991 – nach der Wiedervereinigung – 36 % betrug) ist auch ein Ergebnis der weiter oben beschriebenen wirtschafts- und sozialstrukturellen Wandlungsprozesse. Die traditionelle Grundlage der gewerkschaftlichen Interessenvertretung war die Facharbeiterschaft in den industriellen Kernbereichen. Diese Gruppe schrumpft und die Zahl der schwerer organisierbaren Beschäftigten (Angestellte, Dienstleister, Frauen) wächst. Andere Gruppen sind für die die Gewerkschaften kaum erreichbar (Jugendliche, Beamte, Selbständige). Deshalb haben die im DGB zusammengeschlossenen Gewerkschaften in den letzten Jahren massive Mitgliederverluste hinnehmen müssen: Die nunmehr 8 Mitgliedsgewerkschaften hatten Ende 2009 6,3 Mio. Mitglieder. Vor der Wende lag diese Zahl noch bei 7,9 Mio. Mitgliedern (1990).

Der abnehmende gewerkschaftliche Organisationsgrad, der geringere Anteil von Beschäftigten, die in tarifgebundenen Unternehmen mit Betriebsrat arbeiten, und das zunehmende Gewicht beruflicher, betrieblicher und individueller Interessenvertretungsformen weisen somit auf die Grenzen des verrechtlichten, vereinheitlichten und repräsentativen Modells der industriellen Beziehungen hin, das sich in der Nachkriegszeit durchgesetzt hat.

Das Duale System der Berufsausbildung

Eine zweite zentrale Säule der deutschen Arbeitsgesellschaft ist das duale System der Berufsausbildung* (vgl. Kapitel 6: Bildung). Trotz der Expansion weiterführender Ausbildungsgänge beginnen immer noch etwa zwei Drittel aller Schulabgänger eine Lehre oder eine schulische Berufsausbildung in einem der derzeit 349 anerkannten Ausbildungsberufe (2008: 67,7 %). Dieses System hat seine Bedeutung in der Nachkriegszeit ganz erheblich steigern können. Die Besonderheit dieses Systems liegt in dem Versuch, anwendungsbezogenes Erfahrungswissen und systematisierte, vorrangig schulisch vermittelte Wissensbestände zu integrieren. Die Berufsschule und der Betrieb sind die beiden zentralen Lernorte dieses deshalb dualen Systems.

Mit dem Wandel zu einer Dienstleistungs- und Wissensgesellschaft verdichten sich die Hinweise auf Grenzen des dualen Ausbildungssystems.

Bei vielen anspruchsvolleren Dienstleistungstätigkeiten greifen die Unternehmen in verstärktem Maße auf schulisch und akademisch ausgebildete Beschäftigte zurück. Im Bereich der einfacheren Dienstleistungstätigkeiten hat sich das Berufsausbildungssystem allerdings gut behaupten können. Seit Mitte der 90er-Jahre werden mehr Ausbildungsplätze in Dienstleistungsberufen als in Fertigungsberufen angeboten (2008: 349 691 im Vergleich zu 247 924). Auch ist die Ausbildungsquote, d. h. der Anteil der Auszubildenden an allen Beschäftigten des jeweiligen Sektors, im Verarbeitenden und im Dienstleistungsgewerbe mit 6,5 % (2007) gleich hoch. Diese Ausbildungen konzentrieren sich allerdings auf geringer entlohnte und weniger attraktive Tätigkeiten im Gastgewerbe, im Einzelhandel und in den personenbezogenen Dienstleistungen. Ein weiteres Problem ergibt sich aus der Tatsache, dass betriebliche Investitionen in eine berufliche Ausbildung nach der Ausbildung durch einen Arbeitsplatzwechsel verloren gehen können. Daher bilden in Westdeutschland nur jeder vierte (2007: 25,5 %) und in Ostdeutschland nur jeder fünfte Betrieb (18,8 %) aus. Vielfach wird auch kritisiert, dass das berufliche Ausbildungssystem von überholten, industriegesellschaftlichen Organisationskonzepten geprägt ist und mit übertriebenem Spezialistentum, Verkrustungen, Versäulungen und hierarchischen Abschottungen einhergeht.

Festgehalten werden kann, dass das duale Berufsausbildungssystem jahrzehntelang eine zentrale Stärke des deutschen Produktionsmodells war. Die Diversifizierung der Ausbildungs- und Arbeitsformen erschwert jedoch zunehmend die überbetriebliche Regulierung des Systems, während die Zunahme anspruchsvoller Dienstleistungstätigkeiten schulische Ausbildungs- und Rekrutierungskonzepte begünstigt.

7 Ausblick

Die Arbeitswelt in Deutschland hat sich in den letzten Jahrzehnten mit dem Wandel von einer nationalstaatlich regulierten Industriegesellschaft zu einer innovationszentrierten Wissensgesellschaft grundlegend verändert. Auf der *gesamtgesellschaftlichen Ebene* dokumentiert sich dies insbesondere in einem zunehmenden Anteil produktionsnaher und sozialer Dienstleistungen, die durch komplexere, nur begrenzt planbare, interaktionsintensive Tätigkeiten gekennzeichnet sind. Damit verändern sich die Regulierungsformen von Arbeit und Ausbildung. Bisherige kollektive Interessenvertretungsmuster werden durch betriebliche und individuelle Aushandlungen unterminiert. Auch gewinnen schulische und universitäre Ausbildungsformen im Vergleich zur dualen Ausbildung an Bedeutung. Auf *organisatorischer Ebene* wird von den Beschäftigten durch neue, entgrenzte Arbeitskonzepte und durch die zunehmende Bedeutung atypischer Beschäftigungsformen ein erhebliches Maß an Flexibilität, Mobilität, Verantwortungs-, Lern- und Veränderungsbereitschaft abverlangt. Neue, wissensbasierte Organisationsformen gehen nicht nur mit einer höheren Eigenständigkeit, sondern auch mit psychischen Belastungen und Verunsicherungen einher. Auf der *individuellen Ebene* geht dies mit veränderten, subjektivierten Arbeitseinstellungen einher.

Für die Zukunft wird entscheidend sein, inwieweit die individuellen und gesellschaftlichen Folgekosten einer Subjektivierung und Entgrenzung der Arbeit gerade auch bei den »Subjektivierungsgewinnern« in Grenzen gehalten werden können, inwieweit die Vereinbarkeit beruflicher und familiärer Anforderungen sichergestellt werden kann, inwieweit insbesondere auch Menschen mit Migrationshintergrund stärker in berufliche Ausbildungsformen einbezogen werden können und inwieweit eine gesellschaftliche Polarisierung durch die Schaffung weniger anspruchsvoller Tätigkeiten bei personenbezogenen Dienstleistungen, durch eine stärkere Aktivierung von (Langzeit-) Arbeitslosen und eine deutliche Senkung der Abbrecherquoten auf allen Ebenen des Ausbildungssystems vermieden werden kann.

Weiterführende Literatur

Böhle, Fritz/G. Günter Voss/Günther Wachtler (Hg.) (2010): *Handbuch Arbeitssoziologie*, Wiesbaden: VS.

Ein umfassender Überblick über den aktuellen Strukturwandel der Arbeitswelt durch die deutsche Arbeitssoziologie.

Castells, Manuel (2001): *Das Informationszeitalter Band 1: Der Aufstieg der Netzwerkgesellschaft*, Opladen: Leske + Budrich Verlag.

Schlägt die Metapher der Netzwerkgesellschaft vor, um die Herausbildung eines grenzüberschreitenden, »informationellen Kapitalismus« zu deuten, in dem Wissen und Informationen zu zentralen Produktivkräften werden und sich Unternehmen global vernetzen.

Hirsch-Kreinsen, Hartmut (2009): *Wirtschafts- und Industriesoziologie*, Weinheim/München: Juventa.

Lehrbuch der deutschen Industriesoziologie – mit einem besonderen Akzent auf Innovationen und Wissen und der Globalisierung wirtschaftlicher Beziehungen.

KOCKA, JÜRGEN/CLAUS OFFE (HG.) (2000): *Geschichte und Zukunft der Arbeit*, Frankfurt a. M./New York: Campus.

Die Autoren beleuchten den Stellenwert der Arbeit in der Geschichte, diskutieren die gegenwärtige Beschäftigungskrise und zeigen Perspektiven für den Umgang mit der gewandelten Erwerbsarbeit in der Zukunft auf.

SENNETT, RICHARD (1998): *Der flexible Mensch. Die Kultur des neuen Kapitalismus*, Berlin: Berlin-Verlag.

Analyse der Auswirkungen des »flexiblen Kapitalismus« auf das Individuum. Durch höhere Anforderungen an Flexibilität und Anpassungsfähigkeit geraten traditionelle Sicherheiten und Werte wie Verantwortungsbewusstsein und Verlässlichkeit unter Druck.

Kapitel 14

Demokratie
Deutschlands schwieriger »Weg nach Westen«

Manfred G. Schmidt

Die ergänzenden Materialien zu diesem Kapitel finden sich auf der Website: www.bpb.de/sozialkunde/demokratie

1 Deutschlands schwieriger Weg zur Demokratie

Deutschland hat einen schwierigen Weg zur Demokratie hinter sich. Auf ihm ereigneten sich mehr fundamentale Regimewechsel als in anderen westlichen Ländern. Die Ablösung der konstitutionellen Monarchie durch die Weimarer Republik nach dem Ende des Ersten Weltkrieges war der erste Anlauf zur Demokratie in Deutschland. Doch diese wurde schon nach 14 Jahren – 1933 – von der nationalsozialistischen Diktatur abgelöst. Zwölf Jahre später brach die NS-Diktatur zusammen. Nun folgte die Besatzungszeit. In ihr gabelte sich der Weg für rund viereinhalb Jahrzehnte: In der Sowjetischen Besatzungszone errichtete die Sowjetische Militäradministration im Verein mit der Sozialistischen Einheitspartei Deutschlands (SED) einen diktatorischen Sozialismus. In den westlichen Besatzungszonen hingegen wurde der Boden für eine föderative verfassungsstaatliche Demokratie bereitet. Das geschah zunächst noch im Rahmen einer von den Besatzungsmächten gelenkten »Liberalisierungsdiktatur« (Lutz Niethammer), die sich politisch auf die Zusammenarbeit hauptsächlich mit den christdemokratischen, sozialdemokratischen und liberalen Parteien der westdeutschen Länder stützte. Mit den Landtagswahlen vor 1949 und der Gründung der Bundesrepublik Deutschland im Jahre 1949 begann der zweite Übergang zur Demokratie in Deutschland. Er blieb zunächst auf den Westteil des geteilten Landes beschränkt. In seinem Ostteil wurde noch im gleichen Jahr die Deutsche Demokratische Republik (DDR) gegründet. Die aber stand im Zeichen des Aufbaus des Sozialismus, der einerseits sowjetischen Traditionen folgte, andererseits an kommunistische und linkssozialistische Konzepte der Weimarer Republik anknüpfte. Die Teilung Deutschlands wurde 41 Jahre später, 1990, durch die Herstellung der staatsrechtlichen Einheit Deutschlands beendet. Das bedeutete zugleich die Auflösung der DDR. Nun konnten West- und Ostdeutschland im Verfassungsgewande der Demokratie nach bundesrepublikanischer Spielart zusammenwachsen.

Die demokratische Staatsverfassung der Bundesrepublik Deutschland

Die Demokratie der Bundesrepublik Deutschland gründet auf eine Repräsentativverfassung* mit allgemeinem, freiem und gleichem Wahlrecht für Männer und Frauen – seit 1970 ab dem 18., zuvor ab dem 21. Lebensjahr. Ihre politische Willensbildung ist konkurrenzoffen. In ihr spielen politische Parteien eine verfassungsrechtlich anerkannte Rolle. Diese ist so bedeutend geworden, dass viele Beobachter von einer ›Parteiendemokratie‹ oder einem ›Parteienstaat*‹ sprechen (vgl. Kapitel 16: Regierungssystem und Kapitel 17: Parteien). Allerdings müssen die Parteien, so die Vorgabe des Grundgesetzes, für innerparteiliche Demokratie sorgen und über die Herkunft ihrer Finanzen und ihres Vermögens öffentlich Rechenschaft ablegen.

Eingebettet ist die Demokratie der Bundesrepublik in einen Verfassungsstaat mit weit ausgebautem Grundrechteschutz. Zudem schreibt ihre Verfassungsurkunde, das Grundgesetz, eine Republik* vor und stellt die Weichen auf ein parlamentarisches Regierungssystem. Außerdem verlangt das Grundgesetz einen Bundesstaat und erklärt mit seinem Artikel 24 die Abgabe von Souveränitätsrechten an inter- oder supranationale Organisationen für zulässig.

Repräsentative statt direkter Demokratie

Die verfassungspolitischen Weichenstellungen für die Demokratie in Deutschland verkörpern zugleich Entscheidungen gegen Alternativmodelle. Das Votum für die Repräsentativverfassung etwa spiegelt die Frontstellung gegen die Direktdemokratie* wider. Diese galt zur Zeit der Beratung des Grundgesetzes weithin als »Prämie für jeden Demagogen«, so die Worte des ersten Bundespräsidenten der Bundesrepublik, Theodor Heuss. Die Direktdemokratie schien im besonderen Maße störanfällig und stabilitätsbedrohend zu sein und kam allein aus diesen Gründen nicht in Frage – bis auf Ausnahmen wie im Falle der Länderneugliederung. Stabilisierung erhofften sich die Architekten des Grundgesetzes von der Repräsentativverfassung und vom parlamentarischen Regierungssystem. Dieses sollte den Semipräsidentialismus* verhindern, der in der Weimarer Reichsverfassung durch den politisch einflussreichen und aufgrund der Direktwahl durch das Volk eigenständig legitimierten Reichspräsidenten entstanden war.

Die »streitbare Demokratie«

Stabilisieren sollten auch die Selbstverteidigungsinstrumente der Demokratie, allen voran das Verbot verfassungsfeindlicher Organisationen und die Beschneidung von Grundrechten von Verfassungsgegnern. Die darin dokumentierte Abwehrbereitschaft, die sogenannte »streitbare Demokratie«, unterscheidet die Bundesrepublik ebenfalls von der Weimarer Republik. Diese hatte äußerste Toleranz auch für Demokratiegegner gewahrt.

Vorgaben des Grundgesetzes für die Staatsverfassung

Das Grundgesetz legt Prinzipien fest, die einerseits der Demokratie eine verfassungsstaatliche Grundlage geben und andererseits den Spielraum der Volksherrschaft nachhaltig eingrenzen und ihre Bewegungsrichtung vorbestimmen. Keine unbeschränkte Volksherrschaft sieht das Grundgesetz vor, sondern eine konstitutionelle Demokratie*, die an Lehren der Mischverfassung* erinnert. Gezügelt wird der demokratische Prozess insbesondere durch den Rechtsstaat, durch die Grundrechte, sodann durch den Bundesstaat*, der die konstitutionelle Gewaltenteilung* um eine vertikale (zwischen Bund und Ländern) ergänzt, und durch den Souveränitätstransfer an inter- und supranationale Organisationen. Zudem verpflichtet das Grundgesetz die Demokratie auf einen pro-sozialstaatlichen Kurs und schreibt ihr die Gestalt einer Republik* vor. Eine Monarchie wäre unzulässig.

Gemessen an den wichtigsten politischen Konfliktregelungsmustern ist die Bundesrepublik Deutschland eine Mischform aus Mehrheits- und Konkordanzdemokratie. Die Mehrheitsdemokratie*, in der Konflikte nach dem Mehrheitsprinzip geregelt werden, ist vor allem im Parteienwettbewerb und in den Wahlen verankert. Die Konkordanzdemokratie* hingegen, die Konflikte durch Kompromissbildung auf dem Verhandlungswege und erforderlichenfalls mit Einstimmigkeit regelt, kommt insbesondere durch die Willensbildung im Bund-Länder-Beziehungsgeflecht zum Zuge. Bestärkt werden die konkordanzdemokratischen Strukturen durch die Zustimmungshürden für Grundgesetzänderungen, die die Zweidrittelmehrheit im Bundestag und im Bundesrat erfordern.

Deutschlands Demokratie im internationalen Vergleich

Mittlerweile hat die Demokratie in Deutschland tiefe Wurzeln geschlagen. Im Westen des Landes ist sie seit 1949 ohne Unterbrechung die Staatsverfassung geblieben. Damit hat sie mit über 60 Jahren ein Alter erreicht, das auch im internationalen Vergleich beachtlich ist. Jünger ist die Demokratie in Ostdeutschland. Infolge der 40-jährigen Vorgeschichte der DDR existiert die Demokratie dort erst seit 1990. Das Deutschland von heute umfasst demnach zugleich eine junge Demokratie und eine Demokratie mittleren Alters. Dass die demokratische Staatsverfassung hierzulande aber insgesamt fest verwurzelt ist, zeigen alle Demokratiemessungen (Schmidt 2010: 392–398). Ein Beispiel ist die Politische Rechte-Skala von *Freedom House*, einer US-amerikanischen Non-Profit-Organisation, die seit 1972 in ihren Berichten *»Freedom in the World. The Annual Survey of Political Rights & Civil Liberties«* über den Stand der politischen Rechte und der bürgerlichen Freiheitsrecht in allen souveränen Staaten der Welt informiert. *Freedom House* zufolge ist die Bundesrepublik Deutschland ein Staat mit den höchsten Werten auf der Skala der Politischen Rechte. Gleiches gilt für die Skala der bürgerlichen Freiheitsrechte, die *Civil Liberties*-Skala. Beide Skalen zeigen, dass die Bundesrepublik Deutschland, ihrer Verfassung und ihrer Verfassungswirklichkeit nach zu urteilen, eine effektive konstitutionelle Demokratie* ist.

Die Bundesrepublik Deutschland gehört zu den konstitutionellen Demokratien, die seit mehreren Jahrzehnten politisch und sozial stabil geblieben sind. Dieser Kreis umfasst nur rund drei Dutzend Staaten: neben den nordamerikanischen und den westeuropäischen Ländern beispielsweise Japan und Australien (Lijphart 1999). Dass die Bundesrepublik Deutschland diesem exklusiven Klub angehören würde, hatte in ihrem Gründungsjahr kaum jemand erwartet. Zu ungünstig schienen die Erfahrungen mit der ersten Demokratie, der Weimarer Republik, zu sein, zu groß die Erblasten des NS-Staates, zu schwer die Hinterlassenschaft des Krieges, zu schmal die wirtschaftliche Basis, zu gering die Souveränität und zu gewaltig die innen- und außenpolitischen Herausforderungen des neuen, noch unter dem Besatzungsstatut stehenden Staates.

Gründe für die Verwurzelung der Demokratie in Deutschland

Warum in der Bundesrepublik Deutschland trotz schwerer Erblasten eine stabile Demokratie entstand, hat viele Ursachen. Zahlreiche Umstände begünstigten sowohl die Wiedereinrichtung der Demokratie als auch ihre Konsolidierung. Zu den begünstigenden Umständen ihrer Einrichtung gehörten die vollständige Diskreditierung des NS-Regimes, der Flankenschutz, den die Demokratisierung von den westlichen Besatzungsmächten bekam, und das abschreckende Beispiel des Sozialismus in der DDR und den anderen Ostblockstaaten. Zugute kam der Redemokratisierung Deutschlands auch eine weitsichtigere Politik der westlichen Siegermächte als 1918/1919: Diese bot der Bundesrepublik die Chance, an den inter- und supranationalen Organisationen des Westens, wie NATO und europäische Staatengemeinschaft, mitzuwirken und an den Früchten der Integration teilzuhaben.

Günstige wirtschafts- und sozialpolitische Rahmenbedingungen

Wirtschafts- und sozialpolitische Bedingungen förderten die Demokratie in Deutschland ebenfalls. Besonders förderlich war das hohe Wirtschaftswachstum der 1950er- und 1960er-Jahre, das zusammen mit dem Ausbau der öffentlichen Daseinsvorsorge* und der Sozialpolitik den Lebensstandard der Bevölkerung spürbar erhöhte. Das kam der Anerkennungswürdigkeit der demokratischen Staatsform und ihrer faktischen Anerkennung spürbar zugute, ein klassischer Fall von Output-Legitimität*. Vorteilhafte innenpolitische Konstellationen trugen das Ihre zur Demokratisierung bei. Unter ihnen ragen die auf Interessenausgleich und Verständigung zielenden Spielregeln der Verfassung und der Arbeitsbeziehungen* heraus. Diese Spielregeln begünstigten die Einübung einer demokratischen politischen Kultur.

Stabilität des Regierungssystems

In die gleiche Richtung wirkten die Strukturen des politischen Systems. Viererlei war besonders wichtig.

1. Das politische System der Bundesrepublik schuf nicht nur stabile Regierungen, es sorgte auch für die Einbindung der parlamentarischen Opposition, und zwar nicht nur im Parlament und in der Gesellschaft, sondern auch in der Staatsorganisation. Denn aufgrund der Gliederung in Bund und Länder hatte beispielsweise der Verlierer einer Bundestagswahl, wie die SPD in den Jahren von 1949 bis 1965, die Chance, durch Siege bei Landtagswahlen in den Ländern und gegebenenfalls über den Bundesrat auch im Bund mitzuregieren. Die Einbindung der Opposition entschärfte potentiell gefährliche Spannungen zwischen den parteipolitischen Lagern.
2. Zudem stärkte die Einbindung der Opposition den Basiskonsensus zumindest zwischen dem Führungspersonal der demokratischen Parteien.
3. Großes Gewicht hatten ferner die Stärke des demokratischen Lagers einerseits und die Schwäche der Gruppierungen, die in fundamentaler Opposition zur neuen Herrschaft standen, andererseits.
4. Zugute kamen der Demokratisierung auch die gemäßigteren Konfliktlinien in Westdeutschland. Hier dominierten Interessenkonflikte zwi-

schen Arbeit und Kapital sowie Spannungen zwischen den Konfessionen, die allesamt entschärft werden konnten, während die Weimarer Republik bürgerkriegsähnliche Schlachten zwischen Weltanschauungslagern erlebt hatte.

Mechanismen der Aufrechterhaltung der Demokratie

Wer die erfolgreiche Demokratisierung Deutschlands nach 1949 verstehen will, muss auch die Mechanismen berücksichtigen, die zur Aufrechterhaltung der Demokratie beitrugen. Diese Mechanismen hat insbesondere die Theorie der Funktionsvoraussetzungen der Demokratie identifiziert (Überblick bei Schmidt 2010: 412–430). Diese Funktionsvoraussetzungen können mit einem Basismodell erfasst werden, das um landes- und periodenspezifische Besonderheiten anzureichern ist. Dem Basismodell zufolge ist eine Demokratie umso funktionsfähiger, je mehr sie die folgenden Bedingungen erfüllt:

a. Aufteilung und Neutralisierung staatlicher Exekutivgewalt* vor allem durch zivile Kontrolle polizeilicher und militärischer Gewalten;
b. breite Streuung der ökonomischen, gesellschaftlichen und politischen Machtressourcen an Stelle der Konzentration der Ressourcen;
c. eine politische Kultur, in der ein hoher Anteil der Bevölkerung vitalen »Selbstentfaltungswerten« (Inglehart/Welzel 2005, siehe Kapitel 8: Werte) anhängt;
d. die Wertschätzung individueller Autonomie und Freiheit, wie insbesondere in Ländern, die kulturell vom christlichen oder jüdisch-christlichen Glauben, von der Trennung von Staat und Kirche und von einem hohen Säkularisierungsgrad geprägt sind;
e. das Fehlen einer größeren Anti-System-Partei oder mehrerer nennenswerter demokratiefeindlicher Parteien;
f. tief verwurzelte liberal-konstitutionelle Traditionen der Zügelung der Staatsgewalten;
g. eine ethnisch relativ homogene Bevölkerung oder im Falle ethnischer Heterogenität die friedliche, typischerweise konkordanzdemokratische Regelung von Konflikten zwischen den Ethnien;
h. völkerrechtliche Unabhängigkeit (bzw. legitimierte Übertragung nationaler Souveränitätsrechte auf supranationale Organisationen) und unstrittige Grenzen;
i. ein internationales Umfeld, in dem demokratische Nachbarn anstelle von Autokratien vorherrschen;
j. Barrieren gegen Einparteiendominanz im Parlament und in der Regierung sowie

k. mit einiger Regelmäßigkeit erfolgende Regierungswechsel, sodass die Verlierer von Wahlen auf die Chance eines Machtwechsels zählen können.

Die Bundesrepublik Deutschland erfüllt die meisten dieser Funktionsvoraussetzungen – mit Ausnahme der Spaltung Deutschlands bis 1990. Das erklärt einen beträchtlichen Teil ihres Demokratisierungserfolges. Und dass die Weimarer Republik einen gewichtigen Teil der Funktionsvoraussetzungen nicht erfüllte – insbesondere die fehlende Gewaltzügelung, die schwachen Selbstentfaltungswerte, die Existenz von Anti-System-Parteien und strittige Grenzen sind dabei zu nennen -, trägt zur Erklärung ihres Misserfolges bei.

2 Einstellungen zur Demokratie

Gründe der anfänglichen Demokratieskepsis

Wer von der Instabilität der Weimarer Republik und ihrem Zerfall nach nur 14 Jahren traumatisiert worden war, blickte auf den zweiten Anlauf zur Demokratie in Deutschland voller Skepsis. Und wer im Deutschen Kaiserreich den besseren Staat gesehen hatte, dem schien die Demokratie eine schlechte Wahl zu sein. So dachte noch in den 1950er-Jahren ein nennenswerter Teil der Bevölkerung. Allerdings nahm die Zustimmung zur Demokratie in dem Maße zu, in dem Erinnerung an das Kaiserreich und die Weimarer Republik allmählich verblasste und in dem sich die Bundesrepublik als ein politisch stabiles Gemeinwesen erwies, das obendrein eine beträchtliche Wohlstandssteigerung zustande brachte. Noch aber werteten einflussreiche Beobachter diese Art der Demokratieakzeptanz als zerbrechlich.

Wissenschaftliche Zweifel an der Demokratie in Deutschland

Der einflussreichen *Civic-Culture*-Studie von Gabriel Almond und Sydney Verba (1963) zufolge gründete die Akzeptanz der Demokratie in Deutschland nach 1949 auf einer »Untertanenkultur«, einer autoritätsgläubigen, vor allem am Output interessierten Politischen Kultur. Diese Politische Kultur entspräche noch nicht dem Standard der »Bürgerkultur«, den Almond und Verba am ehesten in Großbritannien und den USA verwirklicht sahen.

Von tiefen Zweifeln an der zweiten deutschen Demokratie zeugte auch das Buch »Gesellschaft und Demokratie in Deutschland«, das Ralf Dahrendorf (1929–2009), ein bekannter Soziologe, im Jahre 1965 veröffentlichte. Zutiefst beeinflusst vom angelsächsischen Liberalismus hatte Dahrendorf die Bundesrepublik als eine konfliktscheue Gesellschaft gesehen, der es an der Flexibilität, Offenheit und Beweglichkeit der angloamerikanischen Demokratie mangle. Bei der Distanz zu Deutschland blieb Dahrendorf auch später. Bis zuletzt war Deutschland ihm ein Land, dem »die Atemluft der Freiheit« fehle – aufgrund zu weitgehender »bürokratischer Zumutungen«, so Dahrendorf in einem in der Frankfurter Allgemeinen Zeitung vom 26.3.2005 abgedruckten Interview.

Die Demokratiekritik der Linken

Auch die Linke hielt sich mit Kritik an der Demokratie der Bundesrepublik nicht zurück: Wirtschaftsinteressen und militärischen Interessen diene der demokratische Staat vor allem und verstricke sich insgesamt mehr und mehr in »Krisen des Krisenmanagements« (Claus Offe) und in strukturelle »Legitimationsprobleme« (Jürgen Habermas). Innenpolitisch sei die Demokratie schon längst zu einer Veranstaltung degeneriert, bei der Parteien um die Macht kämpften, die sich als »Allerweltsparteien« (Otto Kirchheimer) nur noch durch ihre Verpackung voneinander unterschieden. Und außenpolitisch paktierten die Regierungen der Bundesrepublik Deutschland gar mit Mächten, die Krieg gegen schwächere Staaten führten, wie die USA in Vietnam. Wo sollte da Spielraum für die vielbeschworene Freiheit, Gleichheit, Teilnahme und Teilhabe der Bürger sein?

Huntingtons Messlatten erfolgreicher Demokratiekonsolidierung

Auch Parteigänger der westlichen Demokratien, wie Samuel Huntington (1991), hatten mit ihren Messlatten mitunter kritische Fragen an die deutsche Demokratie losgetreten. Ab wann ist eine Demokratie konsolidiert? Huntington zufolge war das erst der Fall, wenn eine Demokratie zwei große Machtwechsel an der Regierung ohne Krisen überstanden hatte. Wer in Deutschland nur die Wechsel der Bundesregierungen von 1969 und von 1982 als große Machtwechsel deutete, konnte mit Huntingtons Faustformel glauben, die Demokratie sei hierzulande erst nach dem 33. Jahr ihres Bestehens gefestigt worden.

Doch das war eine krause Vorstellung. Gegen sie sprachen die Befunde des zeitgeschichtlichen Vergleichs. Der hatte alsbald gezeigt, dass Bonn nicht Weimar ist. Auch die neuere politische Kulturforschung hatte nachgewiesen, dass die Demokratie als Staatsform insgesamt und als Verfassung der Bundesrepublik zunehmend akzeptiert wurde, und zwar schon lange vor 1982 (Fuchs 1989: 93 ff.). Überdies mehrten sich seit der zweiten Hälfte der 1960er-Jahre die Anzeichen eines Vormarsches der partizipatorischen politischen Kultur in Deutschland. Auch die beträchtliche Stabilität der Regierungen und des gesamten Regierungssystems schon seit den 1950er-Jahren deutete eher auf Demokratiekonsolidierung als auf Instabilität. Von Demokratiekonsolidierung weit vor 1982 kündeten zudem die größere Akzeptanz des Parteienwettbewerbs (Fuchs 1989: 190) sowie das Fehlen nennenswerter Anti-System-Parteien. Und dass die Demokratie hierzulande schon lange vor 1982 Fuß gefasst hatte, zeigte nicht nur die stattliche Anzahl von Regierungswechseln in den Ländern seit den 1950er-Jahren, sondern auch der Regierungswechsel im Bund vom Dezember 1966, der mit der Bildung einer Großen Koalition erstmals die SPD an der Führung der Bundesregierung beteiligte.

Deutschlands Demokratie im Urteil ihrer Bürger

Nicht zuletzt war die Zustimmung der Bevölkerung zur Demokratie schon längst auf höhere Werte als in den frühen 1950er-Jahren gestiegen. Dabei blieb es – mit Schwankungen – bis auf den heutigen Tag.

Besonders viel Zuspruch erfährt die Idee der Demokratie. Seit langem wertet die große Mehrheit der Bürger hierzulande die Demokratie als die beste Staatsform. Rund 80% der Befragten sprachen sich beispielsweise 2008 entweder »sehr« oder »ziemlich für die Idee der Demokratie« aus (Niedermayer 2009: 386). Auch die Frage, ob die im Grundgesetz festgelegte Demokratie die beste aller Staatsformen sei, beantworten beachtliche Mehrheiten zustimmend.

Die Wertschätzung der Demokratie als Staatsform in West- und Ostdeutschland (in %)

	West-deutschland	Ost-deutschland
»Die Demokratie ist die beste Staatsform«	85	64
»Es gibt eine andere Staatsform, die besser ist«	6	22
»Die Demokratie in Deutschland ist die beste Staatsform«	89	63
»Es gibt eine andere Staatsform, die besser ist«	3	12
»Zufriedenheit mit dem Funktionieren der Demokratie in Deutschland«	61	33

Fuchs/Roller 2008: 397, 399. Die Angaben in der zweiten und dritten Zeile sind für 2005, die in der vierten und fünften für 2006/2007. Die Angaben in der letzten Zeile stammen aus dem Jahr 2006.

Erheblich kritischer wird allerdings die Funktionsweise der Demokratie in Deutschland, ihre Verfassungswirklichkeit, zensiert. 2006 etwa waren 55 % aller Befragten in Deutschland mit dem Funktionieren der Demokratie zufrieden – in Westdeutschland waren es 61 %, in Ostdeutschland allerdings nur 33 % (Tabelle 1). Doch im internationalen Vergleich sind beide Werte unterdurchschnittlich, im Falle Ostdeutschlands sogar weit unterdurchschnittlich.

Ost-West-Unterschiede

Die ostdeutsche Bevölkerung ist insgesamt erheblich demokratieskeptischer als die westdeutsche. Wie schon erwähnt, gilt das im besonderen Maße für die Zufriedenheit mit der Funktionsweise der Demokratie. Gewichtige Ost-West-Unterschiede kennzeichnen aber auch die Bewertung der Demokratie als beste Staatsform und die Antworten auf die Frage, ob die im Grundgesetz festgeschriebene Demokratie in Deutschland die beste Staatsform sei.

Die größere Demokratieskepsis in Ostdeutschland hat drei Hauptursachen: Erstens meinen viele ostdeutsche Bürger, dass ihre Interessen im vereinten Deutschland nicht gebührend zum Zuge kommen. Zweitens spielt die Wertschätzung anderer Ordnungsmodelle eine Rolle, insbesondere die größere Sympathie für die Idee des Sozialismus. Drittens kommt die Überzeugung hinzu, die beste Staatsordnung sei eine, in der die staatlichen Leistungen, insbesondere die Sozialpolitik, stärker ausgebaut werden als in Deutschland.

Mehr Kritiker in den neuen Bundesländern

In der Umfrageforschung wird nach dem Typus der Demokratieeinstellungen zwischen »Antidemokraten«, »systemkritischen Demokraten«, »politikkritischen Demokraten« und »zufriedenen Demokraten« unterschieden (Niedermayer 2009: 394). »Antidemokraten« (im Sinne von prinzipiellen Demokratiegegnern) sind in Ost wie West mit drei bzw. sechs Prozent eine kleine Minderheit. »Systemkritische Demokraten« gibt es im Osten fast doppelt so viele wie im Westen: 27 versus 15 %. Das sind diejenigen Bürger, die die Idee der Demokratie wertschätzen, aber weder mit ihrer tatsächlichen Funktionsweise in Deutschland zufrieden noch mit der im Grundgesetz festgesetzten Demokratieform einverstanden sind. Bei den »politikkritischen Demokraten«, die die Verfassungswirklichkeit kritisieren, aber ansonsten für die Demokratie und auch für die im Grundgesetz festgeschriebene Demokratie eintreten, sind die Anteile in West und Ost mit 31 und 30 % nahezu gleich groß. Bei den »zufriedenen Demokraten« schließlich ist der Anteil im Westen mit 42 % spürbar größer als der im Osten (26 %) (Niedermayer 2009: 394): das sind die Bürger, die mit der Idee der Demokratie, ihrer grundgesetzbasierten Form und ihrer Verfassungswirklichkeit einverstanden sind.

Sind die Ost-West-Unterschiede in der Einstellung zur Demokratie potentiell systemgefährdend? Die Antwort ist solange »Nein«, wie sich die Demokratiekritik nicht »in antisystemisches kollektives Verhalten breiter Bevölkerungskreise« umsetzt (Niedermayer 2009: 397). Und davon ist Deutschland bislang weit entfernt.

3 Anlässe und Ursachen von Demokratiezufriedenheit und -unzufriedenheit

Zufriedenheit und Unzufriedenheit mit der Demokratie haben viele Ursachen. Neben den schon erwähnten Gründen der demokratiekritischeren Einstellungen in Ostdeutschland sind zwei weitere Faktoren wichtig: ein deutschlandspezifisches Ungleichgewicht zwischen der Input-Seite der Demokratie und ihrer Output-Dimension und ein nicht nur auf Deutschland beschränktes Problem: größere Lücken zwischen dem Angebot und der Nachfrage auf demokratischen politischen Märkten.

Hohe Beteiligungschancen

In der Demokratie geht, dem Anspruch nach, die Herrschaft vom Volk aus. Besonderen Antrieb bekommt sie durch rege politische Beteiligung der Abstimmungsberechtigten. Beides ist in Deutschland gegeben. Darüber sollte die sinkende, aber im Niveau immer noch relativ hohe Wahlbeteiligung nicht hinwegtäuschen. Mehr noch: Die Chancen politischer Beteiligung hierzulande sind groß. Das hängt nicht nur an der Partizipationsfähigkeit der Bürger, insbesondere am insgesamt beachtlichen Ausbildungsstand und einem erklecklichen Anteil politisch gut informierter Bürger. Nicht minder wichtig ist die Vielzahl der Beteiligungsmöglichkeiten in Deutschland. Diese sind auch im internationalen Vergleich hoch – mit Ausnahme der Direktdemokratie, die in Deutschland in nennenswertem Umfang nur in den Ländern und in den Gemeinden gegeben ist. Der Bundesstaat vergrößerte die Beteiligungschancen. Neben der Bundestagswahl finden im vier- bis fünfjährigen Turnus Landtagswahlen in den 16 Bundesländern statt. Hinzu kommen die Wahl des Europäischen Parlaments und die Kommunalwahlen. In den Bundesländern sehen die Verfassungen überdies etliche direktdemokratische

Beteiligungsmöglichkeiten auf Landes- und auf Gemeindeebene vor. Beteilungschancen bestehen zudem in der Arbeitnehmermitbestimmung sowie in den Selbstverwaltungsinstitutionen im Ausbildungswesen und zum Teil auch in der Sozialpolitik. Überdies wird die konventionelle Partizipation (im Sinne legaler und legitimer Beteiligung in verfassungsrechtlich geregelten Bahnen) ergänzt durch Mitwirkung an Bürgerinitiativen und durch unkonventionelle politische Partizipation, beispielsweise Beteiligung an Demonstrationen, Streiks und Besetzungen. Beide Beteiligungsformen werden in Deutschland genutzt, die nichtverfassten und unkonventionellen Beteiligungschancen sogar in zunehmendem Maße. Das sorgt für einen lebhaften politischen Willensbildungsprozess – selbst im Falle rückläufiger konventioneller Beteiligung (z. B. in Gestalt sinkender Wahlbeteiligung – siehe hierzu Kapitel 17: Parteien). Angetrieben wird der politische Willensbildungsprozess in Deutschland zudem durch den Beinahe-Dauerwahlkampf, den die Vielzahl von bundesweit wichtigen Wahlen verursacht.

Die langsamen Mühlen politischer Entscheidungsprozesse

Der dynamischen politischen Beteiligung und Willensbildung steht allerdings auf Seiten der politischen Entscheidungsprozesse ein anderes Muster entgegen: Dort mahlen die Mühlen langsamer – aufgrund eines hohen Koordinations- und Kooperationsbedarfs im bundesstaatlichen Beziehungsgeflecht –, und dort sind die Entscheidungsspielräume enger. Beides ist der komplexen Architektur des politischen Systems in Deutschland geschuldet (Schmidt 2011). Diese ist durch eine komplizierte Mischverfassung aus Mehrheits- und Konkordanzdemokratie gekennzeichnet. Ferner wirkt eine überdurchschnittlich große Zahl von Vetospielern* und Mitregenten* am Willensbildungs- und Entscheidungsprozess mit. Das verlangsamt in der Regel den Entscheidungsprozess und engt oft den politischen Gestaltungsspielraum ein. Zudem überlagert in Deutschland die »Verfassungssouveränität« die Volkssouveränität: Die Instanz des letzten Wortes ist nicht das Volk, wie in der Schweizer Referendumsdemokratie, oder das Parlament, wie in Großbritannien vor der »Devolution«, der Übertragung von Rechten und Vollmachten auf Schottland und Wales, sondern das Bundesverfassungsgericht.

Grenzen des Mehrheitsprinzips

Der hohe Koordinations- und Kooperationsbedarf im Willensbildungs- und Entscheidungsprozess kollidiert allerdings mit dem Mehrheitsprinzip, das im Parteienwettbewerb und bei Wahlen herrscht. Das Mehrheitsprinzip prämiert Kampf, Vorteilserlangung, Streben nach Machterwerb und Machterhalt und nährt obendrein die Vorstellung, der Gewinner einer Wahl könne »durchregieren«. Just dies aber scheitert an dem Koordinations- und Kooperationsbedarf, der in der Regel nur durch zeitaufwendige Verhandlungen gestillt wird. Der Koordinations- und Kooperationsbedarf sowie die verengten Handlungsspielräume kollidieren außerdem mit den hohen Erwartungen, die die rege politische Beteiligung erzeugt. Das erzeugt Reibungen, erschwert das Regieren und kann sowohl die Steuerungsfähigkeit der Politik beeinträchtigen wie auch ihre Legitimation schwächen. Nicht selten verzögern sich hierdurch auch die Wahrnehmung politischer Probleme und ihre Behandlung. Und ungünstigstenfalls werden Entscheidungsprozesse blockiert.

Ein derart komplexes politisches System ruft mitunter heftige Kritik hervor. Sie lässt sich an Formeln wie »blockierte Republik«, »politischer Immobilismus«, »Reformstau« oder »verstaubte Verfassung« ablesen. Dass diese Kritik auf die Einstellungen der Bürger zur Demokratie abfärben kann und Unzufriedenheit mit der Funktionsweise der Regierung zu schüren vermag, ist nicht verwunderlich, selbst wenn die Kritik keineswegs immer berechtigt ist.

Lücken zwischen Nachfrage und Angebot in der demokratischen Politik

Solche Lücken zwischen der Nachfrage und dem Angebot der demokratischen Politik entstehen unter anderem durch die hohe Komplexität moderner Politik. Damit stößt die Demokratie an ein Problem, das der italienische Politikwissenschaftler Giovanni Sartori so beschrieb: Die Demokratie könne nur fortbestehen, wenn ihre Grundsätze und Mechanismen den geistigen Horizont des Durchschnittsbürgers nicht übersteigen (Sartori 1992: 23). Just solche Überlastung ist in einer Zeit nicht selten, in der sich die Bürger mit einem nur schwer durchschaubaren Geflecht von Politik im Zeichen von »Denationalisierung« (siehe Kapitel 21: Supranationalisierung) und von »Mehrebenensystemen*« wie im Fall der Europäischen Union (siehe hierzu Kapitel 20: Europa) konfrontiert sehen.

Mangel an qualifziertem politischem Personal

Das personelle Angebot lässt in den Augen vieler Wähler zu wünschen übrig. Sie hat Schwierigkeiten, qualifiziertes Führungspersonal zu gewinnen. Die Aufgaben für Politiker in einer modernen Demokratie sind anspruchsvoll, doch das Risiko ihres Scheiterns etwa durch Abwahl ist groß. Zudem liegt der Sold vieler Politiker mitunter weit unter der Honorierung verantwortlicher Tätigkeit außerhalb der Politik. Das und der aufreibende Tagesablauf der meisten Politiker erschweren die Rekrutierung von qualifiziertem Führungspersonal in der Politik.

Überdies können die Leistungen, die die politische Führungsschicht dem Volk bietet, keineswegs immer überzeugen. Eine große Mehrheit der Politiker neigt dazu, komplexe Streitfragen zu dichotomisieren, zu skandalisieren und die Schuld immer nur beim Gegner zu sehen. Doch das wirkt auf die Dauer öde und untergräbt die Glaubwürdigkeit der politischen Kommunikation. Kommen die für einen Politiker typischen Merkmale hinzu – wie forciertes Konkurrenzdenken, ausgeprägtes Machtstreben und beträchtliches Selbstwertgefühl -, und paart sich dies gar mit Arglist, Anfälligkeit für Täuschung und Wortbruch, und mit der habitualisierten Weigerung, Wahl- oder Abstimmungsergebnisse anzuerkennen, bekommt man eine Vorstellung von der Schwäche der Angebotsseite der demokratischen Politik. Verstärkt wird diese Schwäche in den Ländern, in denen die politischen Parteien ihre politischen Positionen so weit angeglichen haben, dass ihre Unterscheidbarkeit fraglich und mithin die Wahlmöglichkeit der Wähler drastisch verringert wird.

Die gewachsenen Ansprüche der Bürger

Die Wählerschaft ist dank längerer Ausbildung, besserer Informiertheit und nachlassender Bindung an alte gesellschaftliche Milieus auch in der Politik viel anspruchsvoller geworden, urteilsfreudiger und mitunter auch verurteilungsfreudiger. Überdies ähneln die Wähler den Konsumenten. So wie sie als Kunden möglichst niedrige Preise und möglichst vorzüglichen Service wertschätzen, und so wie sie als Anleger nach möglichst hoher Rendite streben, so erwarten die meisten Wähler in der Politik für wenig Einsatz hochwertige Leistung, ferner intelligente, lautere, vertrauenserweckende und für geringen Lohn tätige Politiker, und obendrein ein möglichst unterhaltsames politisches Spektakel. Doch nur an Letzterem herrscht in den modernen Demokratien kein Mangel. Alle anderen Erwartungen aber werden oft enttäuscht – von löblichen Ausnahmen abgesehen. Daraus entstehen Nachfrage-Angebots-Lücken auf den demokratischen Märkten. Diese Lücken beklagen mittlerweile alle Demokratien, auch die besten unter ihnen.

Zunehmender Anteil »unzufriedener Demokraten«

Ein Anzeiger für diese Lücken ist z.B. die sinkende Wahlbeteiligung bei Bundestagswahlen und mehr noch bei Landtagswahlen (siehe Kapitel 17: Parteien). Zu denken gibt auch der beachtliche Anteil der »unzufriedenen Demokraten«, also derjenigen Bürger, die grundsätzlich für die Demokratie sind, aber vor allem mit dem tatsächlichen Funktionieren der Demokratie unzufrieden sind. Auch die geringe Reputation der meisten Politiker, der politischen Parteien und der Parlamente spricht für erhebliche Angebots-Nachfrage-Lücken. Zudem bringen die Wähler den gewählten Volksvertretern und den Regierungen nur verhaltenes Vertrauen entgegen. In Deutschland ist das Vertrauen in die Regierung, das Parlament, die Parteien und die Beamten sogar niedriger als die USA, in Großbritannien und Frankreich (Dalton 2008: 244, 247).

4 Bilanz

Auf die Demokratie in der Bundesrepublik Deutschland fallen Licht und Schatten. Das spiegeln auch ihre Bewertungen wider. Neben sehr guten Noten bekommt die Demokratie in Deutschland auch scharfe Kritik. Und neben hohem, mitunter zunehmendem Engagement der Bürger vor allem in nichtverfassten Bahnen der Beteiligung, etwa in Bürgerinitiativen, gibt es Distanzierung von der Politik oder Rückzug von ihr.

Deutschlands Demokratie im historischen und internationalen Vergleich

Gemessen an den einschlägigen institutionellen Indikatoren der Demokratiemessung schneidet die Demokratie in der Bundesrepublik Deutschland erfolgreich ab. Das lehrt der historische Vergleich. Dass Bonn nicht Weimar ist, weiß man seit der gleichnamigen Schrift von Fritz René Allemann (1956). Diese Lehre ist auch seither nicht in Frage gestellt worden. Vielmehr repräsentiert die Bundesrepublik insbesondere im Vergleich mit ihrer Geschichte vor 1949 eine »geglückte Demokratie« (Wolfrum 2006). Der internationale Vergleich erhärtet den für die Demokratie ermutigenden Befund: Deutschland gehört, den institutionellen Indikatoren der Demokratiemessungen nach zu urteilen, zu den besten Demokratien (Schmidt 2010: 485).

Facettenreicher, mitunter ungünstiger fällt der Befund im Lichte politisch-kultureller Indikatoren aus. Das geringe Vertrauen in Deutschlands Parteien, Politiker und Parlamente, das Dalton (2008) nachweist, ist ein Beispiel. Diese Daten verweisen auf Spannungen zwischen Institutionen und kulturellen Dimensionen der Demokratie, auf Inkongruenz zwischen Spielregeln und Kultur. Von solcher Inkongruenz befürchtet die Demokratietheorie Instabilität. Man wird die Inkongruenz aber zusammen mit gegenläufigen Befunden sehen müssen: Gemessen an den Selbstentfaltungswerten beispielsweise schneidet Deutschland viel günstiger ab (Inglehart/Welzel 2005: 57, 63).

Die Demokratie hat es in Deutschland nicht leicht

Das Für und Wider stützt eine nicht gänzlich neue Einsicht: Die Demokratie hat es in Deutschland nicht leicht. Davon zeugte schon ihr erster, missglückter Anlauf von 1919 bis 1933. Die Demokratie hat es hierzulande zudem nicht leicht, weil sie seit Jahr und Tag dem Kreuzfeuer einer harschen Kritik ausgesetzt ist – von rechts und links, von wertkonservativer und libertärer Seite, von Materialisten und Postmaterialisten. Und die Demokratie hat es in Deutschland nicht leicht, weil ein beachtlicher Teil ihrer Bürger die Verfassungswirklichkeit im Lande mitunter außerordentlich kritisch bewertet.

Die vergleichsweise niedrige Zahl der mit der Demokratie Zufriedenen erweckt den Eindruck, die demokratische Staatsverfassung Deutschlands sei im internationalen Vergleich minderwertig. Doch davon kann im Lichte der meisten anderen Indikatoren des Demokratievergleichs nicht die Rede sein: In ihrem Spiegel zeigt sich Deutschland als eine stabile, fest verankerte konstitutionelle Demokratie mit beachtlichem Leistungsprofil bei den Demokratiestrukturen und bei etlichen Ergebnissen des demokratischen Prozesses, etwa bei der Sozialpolitik, der Umweltpolitik, der Aufteilung und Zähmung politischer Macht und gemessen am beträchtlichen wirtschaftlichen Wohlstand (Schmidt 2010, 2011). Mehr noch: Die Bundesrepublik Deutschland gehört gerade nicht zu den zahlreichen höchst mängelbehafteten,»defekten Demokratien« (Merkel/Puhle/Croissant u.a. 2003) wie z.B. Argentinien, Bangladesch und Venezuela (Schmidt 2010: 392ff.). Sie ist vielmehr eine der intakten Demokratien.

Weiterführende Literatur

Brodocz, André/Llanque, Markus/Schaal, Gary S. (Hg.) (2008): *Bedrohungen der Demokratie*, Wiesbaden:VS.

Sammelband mit wichtigen Beiträgen insbesondere zu Herausforderungen und Grenzen der Demokratie.

Freitag, Markus/Wagschal, Uwe (Hg.) (2007): *Direkte Demokratie. Bestandsaufnahmen und Wirkungen im internationalen Vergleich*, Münster: Lit.

Informativer Sammelband über Strukturen, Leistungsvermögen und Leistungsgrenzen der direkten Demokratie.

Habermas, Jürgen (1999): *Drei normative Modelle der Demokratie*, in: Habermas, Jürgen 1999, *Die Einbeziehung des Anderen. Studien zur Politischen Theorie,* Frankfurt a.M.:Suhrkamp, S. 277–292.

Grundlegender Beitrag zur normativen Demokratietheorie.

LEPSIUS, M. RAINER (1993): *Demokratie in Deutschland. Soziologisch-historische Konstellationsanalysen*, Göttingen:Vandenhoeck-Ruprecht.

Sammlung von grundlegenden, an Max Weber geschulten politisch-soziologischen Analysen zu Gesellschaft und demokratischer Politik in Deutschland.

LIPSET, SEYMOUR MARTIN (HG.) (1995): *The Encyclopedia of Democracy*, 4 Bde., London: Routledge.

Die bislang umfassendste und beste Enzyklopädie zu empirisch- und normativ-analytischen Fragen der Demokratiepraxis und Demokratietheorie.

TOCQUEVILLE, ALEXIS DE ²1984 (E. A. FRANZ. 1835/40): *Über die Demokratie in Amerika*, München: dtv.

Klassiker der geschulten Demokratiebeobachtung – am Fall der USA im ersten Drittel des 19. Jahrhunderts.

Kapitel 15

Zivilgesellschaft
Ein Leitbild

Annette Zimmer

Die ergänzenden Materialien zu diesem Kapitel finden sich auf der Website: www.bpb.de/sozialkunde/zivilgesellschaft

1 Die verschiedenen Dimensionen der Zivilgesellschaft

Historischer Rückblick

»Zivilgesellschaft« als Begriff und Konzept kann auf eine lange Tradition zurückblicken. In der Klassischen Antike war »societas civilis« Synonym für die ideale Lebensweise von freien Bürgern. Alexis de Tocqueville, ein französischer Adeliger, der zu Beginn des 19. Jahrhunderts die Vereinigten Staaten bereiste, war fasziniert von der Dynamik der amerikanischen Zivilgesellschaft mit ihrer Vielfalt von freiwilligen Vereinigungen (Assoziationen, Vereine) und ihrer Bedeutung für friedliches Zusammenleben, Problembewältigung, Demokratie und Selbstorganisation. Tocquevilles Beschreibung der damaligen Gesellschaft in den USA bietet die Blaupause für das Konzept einer »Zivilgesellschaft«, in der die gesellschaftliche Selbstorganisation auf dem Engagement von Bürgern und Bürgerinnen beruht, das sich weder an den Kalkülen des Marktes orientiert, noch sich den Hoheitsansprüchen des Staates widerspruchslos beugt. Seitdem wird eine enge Verbindung zwischen der Fähigkeit einer Gesellschaft zur Selbstorganisation und der Robustheit ihrer demokratischen Verfasstheit gesehen.

Die normativen Implikationen der Zivilgesellschaft

Meinungsbildung im Diskurs und unter Austausch gegensätzlicher Standpunkte sind seitdem zentrale Komponenten des Konzeptes. Auch hat »Zivilgesellschaft« seit den frühen Anfängen eine normative Dimension (Kneer 1997). »Zivilgesellschaft« fungiert als Leitbild eines guten und gerechten Zusammenlebens in der Demokratie und hat als solches immer auch eine kritische Funktion gegenüber den herrschenden Entscheidungsinstanzen der Politik, Wirtschaft und öffentlichen Verwaltung. Insofern erklärt sich die Nähe des Konzeptes zu sozialen Bewegungen, wie etwa der Frauen-, Umwelt- oder Anti-Atomkraftbewegung (Roth/Rucht 2007; vgl. Klein 2001). Mehr noch besteht in autoritär oder autokratisch regierten Ländern ein enger Bezug von Zivilgesellschaft und Regimegegnern. So sind die Friedensnobelpreisträger Aung San Suu Ky (1991) aus Myanmar und Liu Xiaobo (2010) aus China aufgrund ihres Einsatzes für die gewaltlose Einführung von Demokratie und Rechtsstaatlichkeit in ihren Ländern wichtige Vertreter der Zivilgesellschaft.

Gewaltlosigkeit, d. h. der »zivile« Umgang miteinander ist eine weitere zentrale Komponente des Konzepts »Zivilgesellschaft«. Strittige Themen oder Pläne sollen unter beiderseitigem Respekt der Beteiligten gewaltfrei diskutiert und einem Kompromiss zugeführt werden. Insofern können zivilgesellschaftliche Aktivitäten auch wirksam sein als »Schule der Demokratie«, in der Verfahren des Meinungsaustausches sowie das Prozedere von Kompromissbildung und Verständigung erlernt werden.

»Zivilgesellschaft« steht somit für eine Gesellschaft, die sich durch »Zivilität« im Sinne von Demokratie, Toleranz, Verantwortung und Vertrauen auszeichnet.

Zivilgesellschaftliche Akteure und ihre Motive

»Zivilgesellschaft« ist ein Bereich, in dem freiwillige Vereinigungen (Vereine), Stiftungen, Initiativen, Nicht-Regierungsorganisationen* bzw. Non-gouvernemental Organizations (NGOs), Nonprofit-Organisationen (NPOs) tätig sind. Der Übergang zu sozialen Bewegungen ist fließend, da Bewegungen zivilgesellschaftliche Organisationen umfassen, aber als solche keine Organisationen sind. Ziele und Zwecke zivilgesellschaftlicher Akteure können auf allgemeingesellschaftliche Probleme wie auch auf Anliegen und Bedürfnisse spezieller Gruppen gerichtet und lokaler, regionaler oder internationaler Natur sein. Zivilgesellschaft bildet den Rahmen, innerhalb dessen sich bürgerschaftliches Engagement entfalten kann. Dabei geht es um die Schaffung bzw. Erbringung gemeinwohlorientierter Güter und Leistungen (z. B. Tafeln für Bedüftige, Hospizbewegung), wie um die Einflussnahme auf die öffentliche Meinung durch die Beteiligung an Debatten, Protesten und anderen öffentlichkeitswirksamen Aktionen (Leserbriefe, Partei-, Gewerkschafts- oder Bürgerinitiavenengagement).

In dieser Absicht übernehmen gemeinnützige Einrichtungen (Stiftungen, Genossenschaften, GmbHs) sowie Vereine, Verbände und Initiativen als freiwillige Vereinigungen Aufgaben in einem breiten Tätigkeitsspektrum: Sie informieren über Menschenrechtsverletzungen oder Umweltschädigungen, helfen Opfern von Naturkatastrophen, organisieren Armenküchen, betreiben Krankenhäuser und Kindergärten, markieren Wanderwege oder ermöglichen Sporttreiben von Aerobic bis Fußball. Das konkrete Engagement von Bürgern und Bürgerinnen bezieht sich also auf ein weites Feld gesellschaftlicher Probleme und Bedürfnisse, es dient karikativen, politischen Anliegen wie auch der Freizeitbereicherung. Und es findet in traditionsreichen Organisationen ebenso statt wie in mitunter nur temporären sozialen Bewegungen.

Die Enquete-Kommission des Deutschen Bundestages

Die Enquete-Kommission des Deutschen Bundestages »Zukunft des Bürgerschaftlichen Engagements« verwendete die Begriffe »Zivilgesellschaft« und »Bürgergesellschaft«synonym (vgl. Enquete-Kommission 2002: 59) obgleich »Bürgergesellschaft« und insbesondere »bürgerliche Gesellschaft« hierzulande lange Zeit mit einem Negativimage behaftet waren. Die Kommission hat eine umfassende Bestandsaufnahme des Forschungsstandes zur »Zivilgesellschaft« geleistet und dieser eine weite Definition des Begriffs des bürgerschaftlichen bzw. zivilgesellschaftlichen Engagements zu Grunde gelegt. Dementsprechend zählen dazu das politische und soziale Engagement, Aktivitäten in Vereinen, Verbänden und Kirchen sowie die Übernahme öffentlicher Funktionen (z. B. Schöffen), Formen der Gegenseitigkeit (z. B. Nachbarschaftshilfen), Selbsthilfe und Engagement in und von Unternehmen (Corporate Citizenship und Corporate Social Responsibility) (Enquete-Kommission 2002: 65 f.). Es ist ein sehr umfassendes Verständnis von zivilgesellschaftlichem Engagement, das hier zugrunde gelegt wurde, wobei auch von der Enquete-Kommission mit dem Leitbild der Bürger- bzw. Zivilgesellschaft die Vision einer gerechteren und demokratischeren sowie wesentlich auf Partizipation beruhenden Gesellschaft verbunden wurde . Konkret benennt der Bericht der Kommission Ziele, Inhalte und Verfahrensweisen von Bürger- bzw. Zivilgesellschaft:

»In der Bürgergesellschaft geht es um die Qualität des sozialen, politischen und kulturellen Zusammenlebens, um gesellschaftlichen Zusammenhalt und ökologische Nachhaltigkeit. So verstanden bildet das bürgerschaftliche Engagement in der Bundesrepublik einen zentralen Eckpfeiler in einer Vision, in der die demokratischen und sozialen Strukturen durch die aktiv handelnden, an den gemeinschaftlichen Aufgaben teilnehmenden Bürgerinnen und Bürger mit Leben erfüllt, verändert und auf zukünftige gesellschaftliche Bedürfnisse zugeschnitten werden. Bürgergesellschaft betreibt eine gesellschaftliche Lebensform, in der sowohl den bürgerschaftlich Engagierten als auch ihren vielfältigen Formen und Vereinigungen mehr Raum für Selbstbestimmung und Selbstorganisation überlassen wird.« (Enquete-Kommission 2002: 59)

Die verschiedenen Sichtweisen auf Zivilgesellschaft

Zivilgesellschaft kann also unter einer normativen, einer habituellen bzw. handlungsorientierten sowie einer akteurszentrierten Perspektive betrachtet werden. Aus *normativer* Perspektive wird Zivilgesellschaft gleichgesetzt mit dem positiv in die Zukunft gerichteten Projekt eines demokratischen Gemeinwesens und einer gerechten Gesellschaft. Diese Sichtweise wurde insbesondere von den Dissidentenbewegungen in Osteuropa sowie von oppositionellen Kräften gegen die Militärdiktaturen in Lateinamerika vertreten: Zivilgesellschaft als demokratischer Gegenentwurf gegenüber dem bestehenden autoritären oder diktatorischen gesellschaftlichen und politischen Status quo (Klein 2001). Diese Perspektive wird immer dann eingenommen, wenn auf Zivilgesellschaft als Alternative und kritisches Potential verwiesen wird, wie es in den Medien bei Berichten über autoritäre oder anti-demokratische Regimes in Afrika, Asien, Lateinamerika sehr oft der Fall ist. Demgegenüber wird in etablierten Demokratien Zivilgesellschaft nicht als Alternative zum Status quo betrachtet, sondern vor allem mit Reformprojekten sozialer Bewegungen unter direkter Beteiligung von Bürgern und Bürgerinnen in Verbindung gebracht.

Die *habituelle* oder *handlungsorientierte* Perspektive auf Zivilgesellschaft bezieht sich auf einen bestimmten Typus sozialen Handelns, nämlich auf den zivilen Umgang miteinander, gewaltfrei und kompromissorientiert: eine Gesellschaft, die sich durch Zivilität auszeichnet.

Dass ihre Mitglieder »zivil« miteinander umgehen, wird unterstützt durch politische Rahmenbedingungen, die ebenfalls durch »Zivilität« geprägt sind. Hierzu zählen die verfassungsrechtlich garantierten Menschen- und Grundrechte ebenso wie die Gleichheit vor dem Gesetz sowie die Ermöglichung menschenwürdiger Lebensumstände etwa im Sinne der Sicherung eines Existenzminimums (Rucht 2010a: 88). Zivilgesellschaft ist insofern Ausdruck einer politischen Kultur, die sich durch Gewaltfreiheit, Toleranz und Kompromissbereitschaft auszeichnet.

Die dritte Perspektive auf Zivilgesellschaft ist *akteurszentriert*. Das heißt, dass hier der Fokus auf konkret handelnden Personen und Organisationen liegt, die selbstorganisiert tätig werden. Dies geschieht nicht in traditionellen Familienstrukturen und auch nicht im Rahmen von privatwirtschaftlichen Unternehmen oder staatlichen Behörden, sondern primär in einem gesellschaftlichen Bereich jenseits von Markt, Staat und Privatsphäre und damit im Kontext von Vereinen, Verbänden, Stiftungen Netzwerken, informellen Zirkel, sozialen Beziehungen und Bewegungen sowie Nichtregierungsorganisationen (NGOs).

2 Zivilgesellschaft in Zahlen

Stärke und Ausprägung der Zivilgesellschaft können durch die Häufigkeit und Intensität des individuellen Engagements der Bürger und Bürgerinnen, durch die Anzahl der zivilgesellschaftlichen Organisationen, die Breite des Spektrums ihrer Tätigkeitsbereiche und durch die Art ihrer Zusammenarbeit mit staatlichen Stellen und privatwirtschaftlichen Unternehmen erfasst werden.

Bürgerschaftliches Engagement

Wichtigste Grundlage zur Erfassung des individuellen Engagements in Deutschland ist der Freiwilligensurvey, eine regelmäßige Befragung von jeweils 15 000 zufällig ausgewählten Personen über 15 Jahre (http://www.bmfsfj.de; BMFSFJ: 2010). Es wird differenziert nach *Gemeinschaftsaktivität* als »aktive Beteiligung«, die mehr umfasst als passive Mitgliedschaft (z. B. in einem Verein), und *»freiwilligem Engagement«* in Form regelmäßig und dauerhaft wahrgenommener Tätigkeiten (Gensicke u. a. 2006). Ein solches Engagement ist z. B. die Mitarbeit im Vorstand eines Vereins oder die regelmäßige, wenn auch informelle Übernahme von Aufgaben in einem Altenheim.

Die Ergebnisse der Befragung zeigen: Deutschland verfügt über eine aktive Zivilgesellschaft. Mehr als jeder Dritte ist freiwillig engagiert und regelmäßig unentgeltlich tätig. Ferner ist knapp ein weiteres Drittel zum Engagement bereit, wenn sich die Gelegenheit bieten und er oder sie konkret angesprochen würde. Männer sind in der Regel engagierter als Frauen. Allerdings spielen hierbei der Bildungsgrad sowie die Lebenssituation eine wichtige Rolle. Gut ausgebildete Frauen stehen den Männern im Engagement nicht nach. Frauen mit einer Doppelbelastung von Beruf und Familie sind weniger engagiert als ihre Partner. Bürgerschaftliches Engagement findet in der Regel in zivilgesellschaftlichen Organisationen und damit in einem Verein oder Verband, in einer Stiftung, Gewerkschaft, Partei oder Selbsthilfegruppe statt. Bürgerschaftliches Engagement in kommunalen oder staatlichen Einrichtungen, wie etwa als Ehrenamtlicher in der Stadtbücherei oder im Kontext von Schulen, ist noch selten, aber in der Tendenz zunehmend. Die beliebtesten Engagementbereiche sind Sport und Freizeit, danach folgen Soziales, Schule und

Kindergarten. Vergleichsweise weniger attraktiv sind politische Engagementbereiche (Parteien, Gewerkschaften).

Das abnehmende Interesse an klassischen politischen Organisationen, nämlich Parteien und Gewerkschaften, zeigt sich auch deutlich an deren Mitgliederschwund. Während Sportvereine über die letzten Jahre Mitgliederzuwächse verzeichneten, geht die Attraktivität von Parteien und Gewerkschaften als traditionsreiche zivilgesellschaftliche Organisationen, die im Kontext der Arbeiterbewegung im 19. Jahrhundert entstanden sind, kontinuierlich zurück.

Doch ist es eine Gefahr für unsere Demokratie, wenn wir uns eher im Sportverein als in einer Partei engagieren? Befürworter sehen in einer aktiven Gesellschaft – ganz gleich, ob das Engagement im Sportverein, in der Kirche, in einer Gewerkschaft oder in einer Partei stattfindet – einen Unterpfand für Gemeinschaft und »starke Demokratie« (Barber 1994).

Kritiker wenden dagegen ein, dass regelmäßiger Sport im Verein, Singen im Chor und Sitzungsleitung im Elternverein wenig mit »Zivilgesellschaft« als Projekt für die Verbesserung von Demokratie und Gemeinschaft zu tun hätten. Es sei daher zielführender, vor allem auf politisches Engagement zu fokussieren wie z. B. die Beteiligung an politischen Aktivitäten einschließlich des Sammelns von Unterschriften und der Teilnahme an Demonstrationen.

Doch auch in dieser Hinsicht ist die Bevölkerung über die Jahre politisch interessierter und aktiver geworden. Allerdings verlagert sich das Engagement von traditionellen Formen wie der Mitgliedschaft in Parteien und Gewerkschaften oder der Wahlbeteiligung auf allen Ebenen (Europa, Bund, Land und insbesondere Kommune) auf die direktdemokratischen Beteiligungsformen wie Volksbegehren und Volksentscheide. Mit dem Aufkommen der »Neuen Sozialen Bewegungen« – der Friedens-, Frauen- und Ökologiebewegung – ab Ende der 1960er-Jahre haben die Protestaktivitäten im Vergleich zur Anfangszeit der Bundesrepublik deutlich zugenommen (Roth/Rucht 2007).

Deutschland verfügt also über eine aktive Zivilgesellschaft. Deren Schwerpunkt liegt zwar – rein quantitativ betrachtet – vor allem in freizeitnahen Bereichen (Sport, Geselligkeit). Doch auch in karitativen Einrichtungen, in Schulen und Kindergärten sowie bei der freiwilligen Feuerwehr und im Unfall- und Rettungsdienst ist bürgerschaftliches Engagement in beträchtlichem Ausmaß festzustellen. Ebenso hat das nicht-organisationsgebundene politische Engagement kontinuierlich zugenommen, ein deutliches Indiz für eine aktive Zivilgesellschaft und starke Demokratie.

Zivilgesellschaftliche Organisationen und ihre Tätigkeitsfelder

In Deutschland gibt es heute mehr als 550 000 Vereine, mehr als sechsmal so viele wie noch vor einem halben Jahrhundert. Infolge der DDR-Vergangenheit verfügten die Bundesländer in Ostdeutschland zunächst über eine geringe Vereinsdichte. Inzwischen haben sie fast das Niveau der westlichen Bundesländer erreicht (Alscher u.a. 2009: 73).

Aufgrund ihrer großen Zahl sind Vereine die zentrale Grundlage der zivilgesellschaftlichen Infrastruktur: In den Kommunen sind sie bedeutende Dienstleister (z.B. Sportvereine oder Kindergärten), sie bilden gleichzeitig ein Forum für gesellschaftliches Miteinander und Integration uns sie tragen zur politischen Sozialisation bei (Zimmer 2007). Viele derjenigen, die heute in leitenden Ämtern in der Politik tätig sind, haben ihre »Karriere« im Verein begonnen, z.B. bei den Pfadfindern, im Sportverein oder auch bei einer als eingetragener Verein organisierten Umwelt- oder Dritte-Welt-Initiative. Doch der Gründungsboom der Vereine scheint an seine Grenzen zu kommen (Alscher u.a. 2009: 71). Auch klagen inzwischen viele Vereine über Schwierigkeiten bei der Gewinnung und dauerhaften Bindung von Mitgliedern. Besonders wird auf die Probleme bei der Besetzung von Leitungs- und Führungsposition im Verein hingewiesen (npm 2009). Die Bereitschaft, sich dauerhaft und auch längerfristig insbesondere für eine Leitungsaufgabe zu verpflichten, geht deutlich zurück. Daher ist das Gesamtbild durchaus gemischt: Einerseits blicken die Vereine in Deutschland auf eine Erfolgsgeschichte im Hinblick auf Größenwachstum und Aufgabenvielfalt zurück, andererseits wird die Vereinslandschaft zunehmend durch Konkurrenz um Mitglieder, ehrenamtliches Leitungspersonal, private Sponsoren- und Fördergelder wie Zuschüsse der öffentlichen Hand geprägt.

Allerdings haben auch zivilgesellschaftliche Organisationen mit Problemen des Managements und der Finanzierung zu kämpfen haben. In Deutschland sind Vereine traditionell auch maßgeblich in eine umfängliche Zusammenarbeit mit staatlichen Stellen eingebunden. Beispielsweise ist das Sportangebot vor Ort auch deshalb so umfangreich, weil die Sportvereine eng mit den Kommunen zusammenarbeiten und diese die Vereine sowohl finanziell wie durch Zurverfügungstellung von Sportstätten unterstützen. Eine sehr enge Kooperation zwischen zivilgesellschaftlichen Organisationen und dem Staat hat sich historisch in den Bereichen Soziale Dienste und Gesundheit entwickelt. Bei Kindergärten, Alten- und Pflegeheimen und Behinderteneinrichtungen überwiegen private gemeinnützige Organisationen. Die überwiegende Mehrheit der im sozialen und Gesundheitsbereich tätigen zivilgesellschaftlichen Organisationen ist den Wohlfahrtsverbänden angeschlossen.

Das Stiftungswesen

Die Zahl der Stiftungen in Deutschland ist mit gut 15 000 (Bundesverband Deutscher Stiftungen 2009) deutlich geringer als die der Vereine, obgleich auch hier beachtliche Zuwächse gerade in jüngster Zeit zu beobachten waren und wohl auch künftig zu erwarten sind.

Während es sich bei Vereinen in der Regel um einen Zusammenschluss von Personen handelt (Mitgliederorganisation), wird die Stiftung durch einen auf Dauer gestellten Zweck (Stifterwille) konstituiert, zu dessen Verwirklichung ein Stifter oder eine Stifterin Vermögenswerte zur Verfügung stellt, deren Erträge zur Realisierung des Stiftungszwecks investiert werden. Als zivilgesellschaftliche Organisationen stehen Stiftungen vor allem deshalb im Zentrum der Aufmerksamkeit, weil sie im Unterschied zur Mitgliederorganisation Verein eher dem individualistischen Zeitgeist entsprechen. Um maßgebliche Akzente zu setzen und auch als Financier jenseits von Markt und Staat zivilgesellschaftliche Projekte und Organisationen effektiv unterstützen zu können, fehlt es vielen Stiftungen allerdings an einer soliden Finanzausstattung. Das Vermögen der meisten Stiftungen in Deutschland liegt unter 500 000 Euro. 18 % sind sogar Kleinststiftungen mit einem Vermögen bis zu 50 000 Euro (Alscher u. a. 2009: 74 f.). Zweifellos gibt es herausragende Beispiele für zivilgesellschaftliche Stiftungsaktivität. Ein solches ist Jan Philipp Reemtsma, der infolge des Verkaufs der ererbten Zigarettenfabrik zu einem die politische Kultur der Bundesrepublik prägenden Mäzen und Stifter wurde. Die Bosch- wie auch die Körber-Stiftung sind Beispiele für eine enge Verzahnung von Wirtschaftsunternehmen und zivilgesellschaftlichem Engagement im sozialen wie Wissenschafts- und Erziehungsbereich. Entsprechendes gilt für die Bertelsmann-Stiftung, die nicht zuletzt aufgrund ihrer engen Bindung an ein weltweit tätiges Medienunternehmen in vielen Bereichen, wie etwa bei der Reform bzw. Verbetriebswirtschaftlichung der öffentlichen Verwaltung, einschließlich Hochschulen und Stadtverwaltungen, meinungsbildend tätig wurde.

Neben diesen Stiftungen einzelner Personen oder Unternehmen gibt es »Bürgerstiftungen«, deren Anzahl inzwischen auf 237 angewachsen ist. Bürgerstiftungen sind eine Mischform zwischen Verein und klassischer Stiftung, indem sie zum einen auf einer Vielzahl von größeren und kleineren Zustiftungen beruhen und zum anderen ihren Stiftungszweck im Rahmen von Projekten verwirklichen, die nicht primär eigenkapitalfinanziert sind, sondern durch projektbezogene Spenden- und Sponsoringmittel sowie durch bürgerschaftliches Engagement realisiert werden. Gerade die kleinen Bürgerstiftungen mit einem Volumen von weniger als 500 000 €

machen in den Gemeinden den Vereinen bei der Einwerbung von Spenden und Sponsoringmitteln sowie bei der Anwerbung von freiwilligen Mitarbeitern und Leitungspersonal zunehmend Konkurrenz.

Zusammenfassend bleibt festzustellen, dass das Stiftungswesen in Deutschland zwar nur ein Teil der Zivilgesellschaft in Deutschland und nicht ihr prägendster ist, aber vermutlich an Bedeutung zunehmen wird.

3 Die aktuellen Probleme der Zivilgesellschaft

Die Rolle zivilgesellschaftlicher Aktivitäten für die gesellschaftliche Integration

Läßt sich von einer hohen Anzahl von Sportvereinen und einem hohen Niveau der von karitativen Organisationen erbrachten Dienstleistungen auf eine besondere Ausprägung der Zivilgesellschaft in unserem Land schließen? Sind wir zivil, weil wir Vereinsmitglieder sind? Bringen Stiftungen die Demokratie voran?

Zweifellos ist hier Skepsis angebracht. Eine Vielfalt zivilgesellschaftlicher Organisationen mit einem hohen Grad an aktiver Beteiligung ihrer Mitglieder allein ist noch kein Indiz für eine starke Demokratie. Die Weimarer Republik ist hier das »Paradebeispiel« (Berman 1997). Es bestand ein hoher Organisationsgrad der Bevölkerung in einer bemerkenswert großen Anzahl freiwilliger Vereinigungen. Doch diese wurden nicht durch Zivilität geprägt, sondern agierten meist wenig kompromissbreit primär für die Durchsetzung ihrer oft ideologisch sehr geprägten Forderungen.

Der Grund für solches die gesellschaftliche Integration nicht gerade förderndes Organisationsverhalten liegt darin, dass sich in freiwilligen Vereinigungen häufig Menschen zusammenschließen, die aufgrund ihrer Zugehörigkeit zu einer Religion oder Ethnie über Gemeinsamkeiten verfügen und diese auch bewahren wollen. Ferner entstehen freiwillige Vereinigungen, weil man bestimmte politisch-ideologische Ziele erreichen will und sich einer ganz bestimmten politischen Richtung stark verbunden fühlt. Zivilgesellschaftliche Organisationen bilden sich deshalb häufig entlang gesellschaftlicher Konfliktlinien heraus und drängen ihre Mitglieder dann dazu, die eigene ideologische, politische oder religiöse Position und Identität zu bewahren und zu festigen und sich von anderen gesellschaftlichen Gruppen abzugrenzen. »Zivil« aber können freiwillige Vereinigungen nur dann handeln, wenn die ideologische, normative, ethnische oder religiöse Prägung der Organisation bereits deutlich abgeschwächt ist und die Mitgliedschaft eher für ein friedliches Nebeneinander plädiert, als dass sie »kulturelle Hegemonie« anstrebt und unbedingt die eigene Position durchsetzen will.

Ein Beispiel hierfür sind die den beiden großen Kirchen nahestehenden Wohlfahrtsverbände, die katholische Caritas und die evangelische Diakonie. Ursprünglich entstanden in einem Klima religiöser Konkurrenz zwischen Katholiken und Protestanten, arbeiten sie heute bei der Erfüllung sozialstaatlicher Aufgaben (vgl. Kapitel 19: Sozialstaat) eng zusammen. Ein aktuelles Beispiel sind die »Migrantenselbstorganisationen« (vgl. Kapitel 4: Migration). Heftig wird derzeit diskutiert, ob z. B. Moscheevereine der Ausbildung von Zivilität dienen oder ob sie, im Gegenteil, mehr die Entstehung religiös und auch ethnisch abgeschotteter sogenannter Parallelgesellschaften fördern.

Ob und inwiefern Akteure der Zivilgesellschaft – engagierte Einzelpersonen und freiwillige Vereinigungen – zu mehr Zivilität beitragen, muss also von Fall zu Fall untersucht werden. Auch der Anspruch, dass zivilgesellschaftliche Akteure auf soziale Missstände und politische Fehlentwicklungen aufmerksam machen, ist nicht pauschal als erfüllt zu betrachten, sondern muss empirisch überprüft werden.

Die Erwartungen an die Zivilgesellschaft steigen

Vor dem Hintergrund knapper öffentlicher Kassen und der damit einhergehenden Reduzierungen der Leistungen des Sozialstaats genießt die Idee einer Gesellschaft, die diese Entwicklung kompensieren kann, in den Medien und der öffentlichen Meinung seit gut zwei Jahrzehnten hohe Aufmerksamkeit. Dabei vollzieht sich auch eine stillschweigende Neubestimmung dessen, was wir unter öffentlich verstehen. Nicht mehr jede öffentliche Aufgabe ist Sache des Staates. Da aber elementare Aufgaben, deren Erfüllung Voraussetzung für den Bestand eines funktionierenden Gemeinwesens ist, wie z. B. die Energieversorgung, die Reinhaltung von Luft und Wasser oder die Sicherung vor atomaren Risiken, nicht einfach privatisiert werden können, gewinnt die »Zivilgesellschaft« aktuell als öffentliche Sphäre der Auseinandersetzung und des Diskurses an Bedeutung. Ökonomische Interessen und davon beeinflusste politische Entscheidungen werden immer stärker Gegenstand kritischer Beurteilung seitens der Zivilgesellschaft, was die Zunahme von Bürgerprotesten gegen Großprojekte und Privatisierungsvorhaben insbesondere auf der lokalen Ebene deutlich macht. Wenn sich zivilgesellschaftliche Akteure im Sinne einer kritischen Begleitung gesellschaftlicher und politischer Entwicklungen in Zukunft verstärkt einbringen, werden sie maßgeblich zur Belebung der demokratischen Kultur und der Mobilisierung bürgerschaftlichen Engagements beitragen.

Weiterführende Literatur

Jean L. Cohen/Andrew Arato (1994): *Civil Society and Political Theory*, Cambridge: MIT Press

Ein Klassiker, mit dem die Renaissance der Zivilgesellschaft als Konzept der Politischen Theorie und Philosophie begann. Der Band ist eingeteilt in drei Großkapitel, die in die Debatte zu Zivilgesellschaft einführen (I. The Discourse of Civil Society), sich kritisch mit Zivilgesellschaft aus einer theoretischen Perspektive auseinandersetzen (II. The Discontent of Civil Society) und die Anschlussfähigkeit von Zivilgesellschaft an aktuelle Debatten herausarbeiten (III. The Reconstruction of Civil Society).

Ansgar Klein (2001): *Der Diskurs der Zivilgesellschaft. Politische Kontexte und demokratietheoretische Bezüge der neueren Begriffsverwendung*, Opladen: Leske + Budrich

Das Pendant für den deutschsprachigen Leserkreis und ein nach wie vor sehr lesenswerter Überblick bzw. ein Klassiker der Zivilgesellschaftsliteratur, der Zivilgesellschaft in jeweiligen politischen Kontext diskutiert, die Bedeutung der internationalen Zivilgesellschaft herausstellt und die ideengeschichtliche Bezüge von Zivilgesellschaft als Konzept der Politischen Philosophie und Theorie behandelt.

Ralph Jessen/Sven Reichardt/Ansgar Klein (Hg.) (2004): *Zivilgesellschaft als Geschichte. Studien zum 19. Und 20. Jahrhundert*, Wiesbaden:VS

Die Beiträge des Sammelbandes gehen auf die historische Entwicklung von Zivilgesellschaft im Hinblick auf die normativ-ethische und religiöse Bindung des Konzepte, die unterschiedlichen Traditionen von Zivilgesellschaft in Deutschland und den USA sowie auf die Träger von zivilgesellschaftlichem Engagement (z. B. Liberale oder Adelige) und schließlich auf Tendenzen der Ungleichheit in der Zivilgesellschaft, vor allem im Hinblick auf bestimmte gesellschaftliche Gruppen (z. B. Frauen oder Juden) ein.

Frank Adloff (2005): *Zivilgesellschaft: Theorie und politische Praxis*, Frankfurt/New York: Campus

Überblick über verschiedene Zugänge zur Zivilgesellschaft anhand ausgewählter Theoretiker (z. B. de Tocqueville, Gramsci), deren Position jeweils sehr knapp und vereinfachend dargelegt werden. Daran anschließend wird auf die historische Entwicklung von Zivilgesellschaft in Deutschland eingegangen sowie in den Folgekapiteln der Bezug von Zivilgesellschaft als sozialwissenschaftliches Konzept zu aktuellen Ansätzen in den Sozialwissenschaften (z. B. Sozialkapital, Soziale Bewegungen) behandelt.

Schmidt, Jürgen (2007): *Zivilgesellschaft. Bürgerschaftliches Engagement von der Antike bis zur Gegenwart. Texte und Kommentare*, Reinbek: Rowohlt

Zusammenstellung von Textauszügen von Klassikern, die einen Eindruck von den Ursprüngen, dem Wandel und den neueren Ansätzen des Konzeptes Zivilgesellschaft vermittelt. Es wird ein breites Spektrum abgedeckt und aufgrund der Kürze der Textauszüge zu intensiverer Lektüre angeregt.

Frantz, Christiane/Kolb, Holger (Hg.) (2009): *Transnationale Zivilgesellschaft in Europa. Traditionen, Muster, Hindernisse, Chancen*, Münster: Waxmann Verlag

Der Band ist insofern interessant, als verschiedene Stränge der aktuellen Zivilgesellschaftsdiskussion aufgegriffen werden, und zwar die internationale, transnationale und europäische Dimension von Zivilgesellschaft wie auch der Bezug zwischen Zivilgesellschaft und Religion sowie die Charakterisierung von Zivilität.

Kapitel 16

Regierungssystem
Herausforderungen für Regierung und Verfassung

Roland Sturm

Die ergänzenden Materialien zu diesem Kapitel finden sich auf der Website: www.bpb.de/sozialkunde/regierungssystem

1 Einleitung

Das deutsche Regierungssystem ist geprägt durch die Vorgaben des Grundgesetzes. Die Arbeitsweise der hier genannten Institutionen verrät uns am meisten über die Verfassungsrealität. Zu dieser gehört auch die Ausgestaltung des Föderalismus*, der wesentlichen Einfluss auf das Regieren in Deutschland hat.

Die verschiedenen Ebenen des Regierens

Unter Regieren wird in erster Linie das Handeln des Staates verstanden. Neben dem Staat haben auch Vertreter von Spezialinteressen, Experten und Betroffene bei politischen Entscheidungen häufig eine wichtige Stimme. Der Staat begegnet den Bürgerinnen und Bürgern auf unterschiedlichen politischen Ebenen, in den Kommunen, in den Ländern, auf der Ebene des Bundes und weniger direkt, aber dennoch einflussreich, in Gestalt der Europäischen Union. Die Gemeinden haben das Recht, alle Angelegenheiten der örtlichen Gemeinschaft in Selbstverwaltung zu regeln. Auch wenn die kommunale Entscheidungsfreiheit durch gesetzliche Pflichtaufgaben weitgehend eingeschränkt wurde und Kommunalrecht aus den Länderparlamenten kommt, bleiben die Gemeinden für das Wohlergehen ihrer Bürger letztlich verantwortlich.

Die wichtigste politische Ebene ist die des Bundes. Hier wird, wie es in der deutschen Verfassung, dem Grundgesetz (GG), in Artikel 20, Absatz 2, Satz 2 heißt, alle Staatsgewalt »durch besondere Organe der Gesetzgebung, der vollziehenden Gewalt und der Rechtsprechung ausgeübt«. Konkret sind damit die fünf obersten Bundesorgane gemeint, also für die Gesetzgebung der Deutsche Bundestag und der Bundesrat, für die vollziehende Gewalt der Bundespräsident und die Bundesregierung und für die Rechtsprechung das Bundesverfassungsgericht.

Die Bindung an das Grundgesetz

Grundlage jeglichen staatlichen Handelns in Deutschland ist das Grundgesetz. Das Grundgesetz ist mehr als ein Aufgabenkatalog für die obersten Bundesorgane. Es ist eine Werteordnung. Dass Regierungshandeln nicht nur danach beurteilt werden kann, ob Gesetze befolgt werden, sondern auch danach beurteilt werden muss, ob diese Gesetze die Menschenrechte beachten, ist eine der wichtigsten Lehren, welche die Verfassungsgeber aus den Erfahrungen der nationalsozialistischen Herrschaft in Deutschland der Jahre 1933–1945 gezogen haben. »Die Würde des Menschen ist unantastbar« wurde deshalb zum unveränderbaren Leitsatz und ersten Satz des Grundgesetzes. Er gilt für alle Menschen, die in Deutschland leben, nicht nur für deutsche Staatsbürger. Die im GG garantierten Grundrechte binden Gesetzgebung, vollziehende Gewalt und Rechtsprechung. Ihrer Bedeutung entsprechend stehen sie deshalb auch am Anfang des Grundgesetzes.

Der Neubeginn nach 1945

Nach dem Ende der nationalsozialistischen Diktatur bot sich 1945 die Chance für einen demokratischen Neubeginn. Im Kalten Krieg, also in der Nachkriegskonfrontation von westlichen Demokratien und unter der Vorherrschaft der UdSSR[1] stehenden sozialistisch regierten Ländern, geriet auch Deutschland zwischen die Fronten. In Mittel- und Ostdeutschland setzte die UdSSR eine sozialistische Diktatur Moskauer Prägung durch. In Westdeutschland erteilten die drei westlichen alliierten Siegermächte, USA, Großbritannien und Frankreich am 1. Juli 1948 mit den sogenannten Frankfurter Dokumenten den elf westdeutschen Ministerpräsidenten den Auftrag, eine Verfassung auszuarbeiten. Diese sollte Demokratie und Föderalismus verankern und individuelle Rechte und Freiheiten gewährleisten. Die Ministerpräsidenten hielten an der deutschen Einheit fest und waren deshalb nur zögerlich bereit, einen Staat im Westen Deutschlands

1 UdSSR = Union der Sozialistischen Sowjetrepubliken. Von Russland dominierte Föderation, die am Ende des Kalten Krieges zerbricht. 1991 schließen sich 11 der 15 ehemaligen Sowjetrepubliken zur Gemeinschaft unabhängiger Staaten (GUS) zusammen. Am 31.12.1991 löst sich die UdSSR als völkerrechtliches Subjekt selbst auf.

zu gründen. Das Gremium, das die Verfassung des neuen Staates beriet, nannte sich deshalb nicht »Verfassungsgebende Versammlung«, sondern »Parlamentarischer Rat«. 65 von den Landtagen gewählte Abgeordnete versammelten sich in Bonn vom 1.9.1948 bis zum 8.5.1949. Die von ihnen verabschiedete Verfassung bezeichneten sie, erneut um den Charakter des Provisorischen der Verfassungsgebung zu betonen, als Grundgesetz. Da das gesamte deutsche Volk wegen der Teilung des Landes nicht über eine deutsche Verfassung abstimmen konnte, behalf man sich mit Abstimmungen in den westdeutschen Länderparlamenten. Alle Landtage, mit Ausnahme des bayerischen, der sich eine stärker föderale Verfassung wünschte, stimmten dem Grundgesetz zu. Am 23. Mai 1949 trat das Grundgesetz in Kraft.

2 Die Garantien des Grundgesetzes

Im Laufe der Nachkriegsgeschichte ist aus dem Grundgesetz eine bewährte und allgemein anerkannte Verfassung geworden, auch wenn es den Namen »Verfassung« nicht trägt. Artikel 146 des Grundgesetzes sah bereits vor, dass das GG nach »Vollendung der Einheit und Freiheit Deutschlands für das gesamte Volk gilt«. Eben dies geschah nach der deutschen Einheit am 3. Oktober 1990. Die ostdeutschen Länder traten dem Grundgesetz bei. Die zweite Möglichkeit, die Artikel 146 bietet, nämlich die Entscheidung über eine neue Verfassung, wurde im Prozess der deutschen Einigung zwar diskutiert, aber mehrheitlich verworfen. Der unabänderliche Verfassungskern des Grundgesetzes findet sich in Artikel 1 des GG, der die Menschen- und Grundrechte garantiert, sowie in Artikel 20 GG. Hinzu kommt, dass das GG die Gliederung des Bundes in Länder, sowie deren Mitwirkung bei der Gesetzgebung des Bundes garantiert. Artikel 20 GG ist so etwas wie eine Verfassung im Kleinen. Er definiert die Bundesrepublik Deutschland als föderale Demokratie, als Rechtsstaat und Sozialstaat.

Das Konzept der »wehrhaften Demokratie«

In der Geschichte der Bundesrepublik hat sich das Verständnis dieser Verfassungsprinzipien immer wieder verändert. Dies ist zulässig. Nicht zulässig ist aber deren Beseitigung. Artikel 20, Absatz 4, gibt allen Deutschen ein Widerstandsrecht, sollte andere Abhilfe nicht möglich sein, um den Kernbestand des Grundgesetzes zu schützen. Als Reaktion auf die Erfahrungen mit antidemokratischen Bewegungen in der Weimarer Republik (1919–1933), welche die Freiheiten der Weimarer Reichsverfassung dazu nutzen, sich für die Abschaffung der Demokratie einzusetzen, vertritt das Grundgesetz den Gedanken der »wehrhaften Demokratie«. Damit ist gemeint, dass das GG Bestimmungen enthält, die den Handlungsspielraum von Personen und Organisationen einschränkt, die die »freiheitlich demokratische Grundordnung« bedrohen. Das Bundesverfassungsgericht hat in einem Urteil von 1952, das das Verbot der rechtsextremistischen Sozialistischen Reichspartei begründete, den Kern der freiheitlich demokratischen Grundordnung so zusammengefasst:

»Die Achtung vor den im Grundgesetz konkretisierten Menschenrechten, vor allem vor dem Recht der Persönlichkeit auf Leben und freie Entfaltung, die Volkssouveränität, die Gewaltenteilung, die Verantwortlichkeit der Regierung, die Gesetzmäßigkeit der Verwaltung, die Unabhängigkeit der Gerichte, das Mehrparteienprinzip und die Chancengleichheit für alle politischen Parteien mit dem Recht auf verfassungsmäßige Bildung und Ausübung einer Opposition.« (BVerfGE 2: 1 ff.).

Zu den »Waffen« des GG gegen Bestrebungen, diese Grundsätze einzuschränken oder zu beseitigen, gehören die Verwirkung von Grundrechten, das Verbot verfassungswidriger Parteien (hierzu bedarf es einer Entscheidung des Bundesverfassungsgerichts) oder Vereinigungen oder der Ausschluss vom öffentlichen Dienst. Diese »Waffen« wurden bisher sparsam angewendet, aber meist bei hoher politischer Aufmerksamkeit. Ob das deutsche Regierungssystem von Rechts- oder Linksextremen bedroht wird, ist auch eine Frage der politischen Auseinandersetzung. Einigkeit ist nach der Erfahrung mit dem Nationalsozialismus und seinen Verbrechen leichter darüber zu erzielen, dass rechtsextreme Vereinigungen und Parteien verboten werden sollten. In der Praxis zeigte sich, dass das Bundesverfassungsgericht im Falle des Parteienverbots genau prüft und schlecht vorbereitete Verbotsverfahren, wie der Antrag von 2002, die NPD zu verbieten, scheitern können. Umstritten waren Maßnahmen, die auch den Linksextremismus betrafen, wie der Extremistenbeschluss der Regierungschefs von Bund und Ländern aus dem Jahre 1972. Mit ihm wurde zeitweise eine Überprüfung der Verfassungstreue von Bewerbern für eine Stelle im öffentlichen Dienst eingeführt. Anlass zu Kontroversen gab auch der Umgang mit den Verantwortlichen der SED-Diktatur in der DDR. Im politischen Alltag der Menschen sind die Diktaturerfahrungen mit Nationalsozialismus und Kommunismus vergessen und verdrängt worden. Nach Jahrzehnten ungefährdeter Demokratie ist Freiheit selbstverständlich. Das Konzept der wehrhaften Demokratie wird von Kritikern »als bedenklich oder überflüssig« (Rudzio 2006: 39) betrachtet. Es bleibt aber – nicht zuletzt im Umfeld neuer internationaler terroristischer Bedrohung – eine wichtige »rote Linie«, die das Grundgesetz für den Erhalt demokratischer Mindeststandards zieht.

Das Grundgesetz schützt die individuelle Freiheit

Für die Staatsbürger ist der Grundrechtsschutz ein wesentliches Element der Freiheitsgarantie. Aus historischer Perspektive wird deutlich, wer die individuelle Freiheit einschränkte. Freiheit heißt vor allem Freiheit vor dem Staat: »In der Vergangenheit war es vor allem der Staat, der den Menschen in den Herrschafts- und Machtverhältnissen fesselte, ihn nicht nach seiner ›façon selig werden ließ‹, sondern mit Vorschriften, Verpflichtungen und willkürlichen Maßnahmen gängelte. Heute erscheint es uns [...] selbstverständlich, sich frei zu bewegen, den Wohnort zu wechseln, zu machen, was wir wollen. Wir müssen uns keine Sorgen machen, wenn ein Polizist an der Haustür klingelt.« (Gramm/Pieper 2008: 68)

Dass dies garantiert bleibt, hierfür stehen die Grundrechte, wie das Recht auf freie Entfaltung der Persönlichkeit, das Recht auf Leben und körperliche Unversehrtheit (Verbot der Todesstrafe), die Glaubens- und Gewissensfreiheit, die Meinungs- und Informationsfreiheit, die Freiheit von Kunst und Wissenschaft, der Schutz von Ehe und Familie, die Erziehungsrechte der Eltern, die Versammlungs- und Vereinigungsfreiheit, der Schutz des Post- und Fernsprechgeheimnis, die Freizügigkeit, die Freiheit der Berufswahl, die Unverletzlichkeit der Wohnung, die Gewährleistung des Eigentums und das Erbrecht oder das Asylrecht. Wie wichtig für jeden Einzelnen diese Rechte sind, macht das Gedankenexperiment klar, sich ein Land ohne solche Rechte vorzustellen. Dass dies keine Phantasterei ist, wird jedem klar, der Nachrichten aus anderen Weltgegenden verfolgt. Die Freiheit von staatlicher Willkür ist eine Errungenschaft der deutschen Demokratie, die allerdings stets im Detail umstritten bleibt. Viele der genannten Grundrechte werden durch Gesetzgebung konkretisiert, d. h. in der Regel eingeschränkt. Fragen wie: Was darf Kunst?, Wie stark darf der Staat in die Erziehungsrechte der Eltern zum Schutz der Kinder eingreifen?, Sind islamistische Hasspredigen durch die Religionsfreiheit geschützt?, Wie stark darf der Staat zur Kriminalitätsbekämpfung in das Fernsprechgeheimnis oder die Unverletzlichkeit der Wohnung eingreifen? Solche Fragen werden immer wieder gestellt und zum Teil auch auf dem Wege der Gesetzgebung entschieden.

Für Bürgerinnen und Bürger bleibt neben dem Vertrauen auf den Gesetzgeber aber auch die Möglichkeit, selbst aktiv zu werden, haben sie den Eindruck, ihre Grundrechte würden eingeschränkt. Das Grundgesetz sieht hierfür den Weg der Verfassungsbeschwerde vor. Sie kann von jedermann, der sich durch die öffentliche Gewalt in seinen Grundrechten verletzt fühlt, vor dem Bundesverfassungsgericht vorgebracht werden. In der Vergangenheit war die Verfassungsbeschwerde der weitaus häufigste Grund für die Anrufung des Verfassungsgerichts. Dies liegt nicht an einer allgemeinen Bedrohung der Grundrechte in Deutschland, sondern eher an der positiv zu wertenden Bekanntheit und einer entsprechenden »Grundrechtsempfindlichkeit« der Deutschen, der großen Zahl der Antragsberechtigten sowie dem hohen Ansehen des Bundesverfassungsgerichts in der Öffentlichkeit.

Die Problematik von Verfassungszusätzen

Im Hinblick auf die besondere Stellung, die das Grundgesetz den Menschen- und Grundrechten einräumt ist es eine sehr moderne Verfassung, die nicht nur verstanden hat, dass die Staatsgewalt vom Volk ausgeht, sondern auch, dass es eine Balance zu finden gilt zwischen den notwendigen Regeln des gesellschaftlichen Zusammenlebens und den unantastbaren Rechten jedes Einzelnen. Weniger vorbildlich ist der Umgang mit der Verfassung durch den Gesetzgeber. Viele tagespolitische Kompromisse haben inzwischen Eingang in die Verfassung gefunden und sie zu einem immer schwieriger zu lesenden Dokument gemacht. Hier wurde ohne Not ein Stück Bürgernähe geopfert um der Absicherung von Detailregelungen willen, die auch in Begleitgesetzen zu den jeweiligen Verfassungsänderungen hätten Platz finden können.

Die Parteienblindheit des Grundgesetzes

Nicht auf der Höhe der Zeit ist das weitgehende Ignorieren politischer Parteien als gestaltende Elemente der deutschen Politik durch das Grundgesetz. Die Bundesrepublik ist zwar eine parlamentarische Demokratie mit den fünf obersten Bundesorganen, deren Kompetenzen und Bestellung das Grundgesetz regelt. Sie ist aber auch ein Parteienstaat. Parteipolitisch geprägte Entscheidungen formen und durchdringen alle Institutionen der deutschen Politik. Zu der Rolle der Parteien im Regierungssystem findet sich im Grundgesetz nur der magere und viel zu bescheidene Satz in Artikel 21, Absatz 1: »Die Parteien wirken bei der politischen Willensbildung des Volkes mit.«

Das Grundgesetz stellt ganz im Sinne der klassischen Teilung der drei politischen Gewalten (gesetzgebende, ausführende und richterliche Gewalt) das Parlament (gesetzgebende Gewalt) der Regierung (ausführende Gewalt) gegenüber. Dies verkennt die heute herrschende, durch die Parteipolitik verankerte *Gewaltenverschränkung*. Nicht das Parlament steht in Opposition zur Regierung, sondern die parlamentarische Minderheit *ist* die politische Opposition. Diejenigen Parteien, welche die Mehrheit der Abgeordneten hinter sich versammeln, gehören den Regierungsfraktionen an und unterstützen die Regierung. Auch wenn das Parlament weiterhin für die Gesetzgebung zuständig ist, stammen die meisten Gesetzesvorschläge nicht aus der Mitte des Parlaments, sondern kommen von der Regierung. Die Regierung tut also weit mehr als Gesetze auszuführen, sie ist das eigentliche politische Machtzentrum der Bundesrepublik Deutschland. Sie kontrolliert mit ihrer parteipolitischen Mehrheit weitgehend das parlamentarische Geschehen. Regierung und parlamentarische Mehrheit bilden eine politische Handlungseinheit. Die Geschlossenheit der parlamentarischen Mehrheit wird in der Regel durch das Einhalten der Fraktionsdisziplin garantiert. In seltenen Fällen kommt es zu abweichenden Voten oder die Fraktionen verzichten auf einheitliches Stimmverhalten. Es ist bezeichnend, dass bei Abstimmungen über Moralfragen, wie dem Einsatz der Gentechnik oder die Erlaubnis der Sterbehilfe, das Stimmverhalten der Abgeordneten von den Fraktionen eigens »freigegeben« wird. Die damit vorausgesetzte Bindung des Stimmverhaltens eines Abgeordneten »im Normalfall« verträgt sich nur schwerlich mit dem Grundgesetz. Dieses legt in Artikel 38 fest, dass die Abgeordneten Vertreter des ganzes Volkes sind, an Aufträge und Weisungen nicht gebunden und nur ihrem Gewissen unterworfen. Erklärbar wird die Diskrepanz zwischen Verfassungstext und Verfassungswirklichkeit erneut durch die »Parteienblindheit« des Grundgesetzes, denn es ist die Logik der Parteidisziplin, die den Abgeordneten in die Fraktionsdisziplin einbindet.

3 Der Bundestag und seine Aufgaben

Das Schwinden der Macht des Bundestags

Dem Bundestag wird nachgesagt, er verliere an Bedeutung im deutschen Regierungssystem. Beobachten wir in Deutschland, wie in anderen westlichen Demokratien, einen Prozess der »Entparlamentarisierung« oder gar der vom Parlament abgekoppelten »Postdemokratie« (Crouch 2008)? Unter Entparlamentarisierung ist ein stetiger Aufgaben- und Funktionsverlust des Bundestages zu verstehen, der dadurch verursacht wird, dass dieser Kompetenzen an andere politische Institutionen und gesellschaftliche Kräfte abgeben muss. Eine Quelle des Machtverlusts können wir ausschließen, nämlich diejenige des vermehrten Einsatzes von Volksabstimmungen. Das Grundgesetz legt die Grundlagen einer repräsentativen Demokratie, also einer indirekten Beteiligung der Staatsbürger an der politischen Willensbildung durch die Wahl der Abgeordneten des Parlaments. Eine direkte Beteiligung der Bürgerinnen und Bürger durch Abstimmungen über politische Streitfragen am Parlament vorbei, deren Ergebnisse dennoch die Parlamentarier bindet, ist auf Bundesebene nicht vorgesehen, sieht man einmal von dem politisch nicht bedeutenden Artikel 29 GG ab, der die Verfahren bei einer Neugliederung der deutschen Länder regelt.

Die zunehmende Einschränkung nationaler Souveränität

Unbestritten ist aber, dass der Anteil der Gesetze im Deutschen Bundestag, mit denen die Gesetzgebung der Europäischen Union (EU) in nationale Gesetzgebung umgesetzt wird, stetig wächst. Je nach Politikfeld kann dies weit über die Hälfte der Gesetzgebung sein. Europäische Politik wurde so zur deutschen Innenpolitik. Nationalstaatliche Alleingänge Deutschlands, beispielsweise in der Währungspolitik (Euro) oder der Agrarpolitik (Milchquote), sind nicht mehr möglich.

Eine informelle Bindewirkung für das Parlament können auch die von der Bundesregierung eingegangenen internationalen Vereinbarungen entfalten, denn die parlamentarische Mehrheit wird die Entscheidung der von ihr getragenen Regierung nicht in Frage stellen. Für eine nachgeordnete Rolle des Parlaments und vor allem der parlamentarischen Opposition spricht auch der Wissensvorsprung der Regierung, nicht nur in internationalen Angelegenheiten. Dies ist so lange unproblematisch, so lange die Opposition Politik nicht mitgestalten soll. Eben dies wird aber im Gesetzgebungsprozess von der Opposition erwartet, bis hin zur Fähigkeit, alternative Gesetzentwürfe zu präsentieren.

Expertengremien und Interessengruppen gewinnen an Einfluss

Regierungen steht zwar der Sachverstand der Ministerien zur Verfügung. Sie misstrauen aber auch gelegentlich den Fähigkeiten ihrer Ministerien zur innovativen Gesetzesarbeit, sei es weil sie eine bestimmte politische Zielvorstellung verfolgten, wie die zweite Regierung Gerhard Schröder (2002–2005) bei der Erarbeitung der Hartz I-IV Gesetzgebung, sei es weil sie meinten, ihre Ministerien hätten nicht die Fähigkeit, zeitnah Gesetzesentwürfe im Umweltrecht, im Arzneimittelrecht oder zur Überwindung der Banken- und Finanzkrise zu liefern. Die Folge ist eine Auslagerung der Gesetzesvorbereitung in Expertenzirkel. Je weiter die Gesetzgebung sich so vom Parlament entfernt, desto schwieriger wird es insbesondere für die Regierungsparteien, effektiv an der Gesetzgebung mitzuwirken, aber auch den Betroffenen und den Bürgerinnen und Bürgern das politische Ergebnis zu vermitteln. Die Rechtfertigung von Gesetzgebung mit dem Hinweis auf die wichtige Rolle von Experten reicht in der Regel nicht aus, um den demokratischen Willensbildungsprozess im Parlament zu ersetzen und noch viel schwieriger wird diese Rechtfertigung, wenn ausgelagerte Gesetzgebung in den Verdacht gerät, von Interessengruppen gesteuert zu sein.

Die Möglichkeiten der Opposition

Gegen die Aushöhlung der Möglichkeiten des Bundestages zur Gesetzesinitiative kann sich die Opposition kaum zur Wehr setzen. Zwar können Oppositionsfraktionen alternative Gesetzesinitiativen in den Bundestag einbringen, deren Erfolgsaussichten sind aber verschwindend gering.

Der politische Schlagabtausch im Parlament und den Medien

Der Opposition verbleiben damit erstens die Möglichkeiten des politischen Schlagabtausches auf der parlamentarischen Bühne mit der Hoffnung auf eine Wirkung in der Öffentlichkeit, die ihre Wahlchancen verbessert. Allerdings beobachten wir auch hier einen Funktionsverlust parlamentarischer Möglichkeiten. Aktuelle Ankündigungen zu Vorhaben der Regierung wandern in die Medien aus. Das Parlament diskutiert keine Neuigkeiten mehr. Das Bedürfnis nach politischer Kontroverse befriedigen abendliche Fernseh-Talk-Shows, zu denen Politiker bereitwillig pilgern, im – aus der Sicht der Bürger – markanten Gegensatz zu den leeren Bänken im Bundestag selbst bei wichtigen Themen, insbesondere wenn die Debattenzeit nicht mehr in den Zeitraum der Medienberichterstattung fällt.

Der parlamentarische Untersuchungsausschuss

Zweitens kann die Opposition sich auf die Kontrollrechte des Parlaments besinnen. Diese werden von ihr, was wenig überrascht, weit häufiger wahrgenommen als von der die Regierung tragenden parlamentarischen Mehrheit. Zu den schärfsten Waffen der Opposition gehört die Einrichtung eines parlamentarischen Untersuchungsausschusses, der auf Verlangen eines Viertels der Mitglieder des Bundestages eingesetzt wird. Der Untersuchungsausschuss gibt dem Parlament Gelegenheit, sich selbst nach eigenem Gutdünken Informationen zu beschaffen, auch Zeugen zu hören und Auskünfte von Behörden zu verlangen. Hinderlich kann allerdings sein, dass gleichzeitig die Strafjustiz ermittelt, was zur Auskunftsverweigerung von Zeugen führen kann. Wichtig für die Opposition ist aber die öffentliche Aufmerksamkeit, die sie für das Thema und beschuldigte Mitglieder der Regierung erzeugt. Ein Untersuchungsausschuss kann niemanden verurteilen. Die Mehrheit im Untersuchungsausschuss ist mit der parlamentarischen Mehrheit identisch, so dass kaum zu erwarten ist, dass diese die von ihr gestützte Regierung angreift.

Der »Gang nach Karlsruhe«

Ein weiteres Instrument der Opposition ist die Klage vor dem Bundesverfassungsgericht in Karlsruhe, um die Vereinbarkeit von Regierungshandeln mit dem Grundgesetz überprüfen zu lassen. Dies ist ebenfalls ein Weg, öffentliche Aufmerksamkeit zu erregen. Er hat aber zwei gravierende Nachteile. Zum einen entwertet der Weg zum Bundesverfassungsgericht das Parlament als Ort politischer Auseinandersetzung, insbesondere dann, wenn die Überprüfung sich weniger verfassungsrechtlichen Bedenken als parteipolitischer Taktik verdankt. Zum anderen hilft das Anrufen des Bundesverfassungsgerichts der Opposition in der Tagespolitik relativ wenig, vor allem weil Urteile nicht auf einen bestimmten Termin »bestellt« werden können. Es ist durchaus schon vorgekommen, dass ein Urteil erging als die frühere Oppositionspartei schon wieder Regierungspartei war und dann mit den ungeliebten Folgen des von ihr selbst angeregten Urteils von 1989 auch noch politisch leben musste. (Ein Beispiel ist das Urteil zur Kreditaufnahme im Bundeshaushalt 1981.)

Das Interpellationsrecht

Zu den traditionellen Kontrollinstrumenten des Bundestages gehören die Fragerechte (Interpellationsrecht*). Anfragen müssen von mindestens fünf Prozent der Abgeordneten eingebracht werden. Die Regierung antwortet auf solche Fragen juristisch korrekt. Der Opposition gelingt es aber nur selten, die Regierung damit zum Offenlegen unbequemer Tatbestände zu bewegen. Selbst die durch Anfragen gewonnenen Zusatzinformationen können der Opposition nur bedingt neue Argumente liefern.

Der Prozess der Gesetzgebung

Der Bundestag nimmt seine Gesetzgebungskompetenzen in mehreren Arbeitsschritten und in Zusammenarbeit mit dem Bundesrat wahr (Reuter 2007). Der Bundesrat ist der Ort an dem die erwähnte Forderung des Grundgesetzes verwirklicht wird, dass die Länder an der Gesetzgebung des Bundes mitwirken. Bei der Gesetzesformulierung in den Ministerien versuchen Interessengruppen regelmäßig, Einfluss zu nehmen, bzw., wenn ihr Rat gefragt ist, spezielle Sachverhalte für die zuständigen, in der Regel juristisch geschulten Beamten verständlich zu machen. Das »Juristenmonopol« in den deutschen Verwaltungen erweist sich als Vorteil für die Ausformulierung von Gesetzen und das Wahren von Prinzipien des Rechtsstaats. Es ist in der heutigen Zeit aber auch zunehmend problematisch, weil es dazu führt, dass es den Ministerien an ökonomisch und naturwissenschaftlich geschultem Personal fehlt, das sich mit den komplexen Zusammenhängen einer wirtschaftlich verflochtenen und hochtechnisierten Welt kompetent auseinandersetzen kann, ohne auf den im Eigeninteresse gegebenen Rat von Interessenvertretern angewiesen zu sein. Hinzu kommt, dass das Denken in den Kategorien der deutschen juristischen Ausbildung schon innerhalb der EU an Grenzen stößt, weil es hier der Zusammenarbeit von 27 Ländern mit zum Teil deutlich unterschiedlichen Verwaltungstraditionen bedarf.

Der zweite Ort der detaillierten Gesetzesberatung ist die Ausschussphase der Gesetzgebung, die nach der ersten Lesung im Plenum des Bundestages beginnt. Hier bietet sich der Opposition, ebenso wie Vertretern von Interessengruppen die Chance, bei Feinjustierungen Erfolge zu erzielen, die durchaus weitreichende (finanzielle) Konsequenzen haben können. Letztendlich kehrt dies nicht die Entscheidung der Mehrheitsfraktionen um. Aber es findet ein wichtiger Abstimmungsprozess statt, der Folgen hat, anders als die Debatten im Plenum während der zweiten und dritten Lesung. Der Bundestag ist im Unterschied z. B. zum britischen Parlament kein Redeparlament, er ist ein Arbeitsparlament, das der Opposition auch bei der Organisation der Ausschussarbeit eine Chance gibt. Die Ausschussvorsitzenden werden von allen Fraktionen im Bundestag gestellt. Entsprechend ihrer Stärke erhalten sie eine bestimmte Zahl von Vorsitzendenstellen.

Die Besetzung politischer Ämter

Wenn auch der Bundestag als Forum des politischen Wettstreits, als Ort der Gesetzgebung und als politische Kontrollinstanz an Bedeutung verloren hat, so ist ihm die Aufgabe geblieben, wichtige politische Ämter zu besetzen. Ein Wahlausschuss des Deutschen Bundestages, in dem zwölf Abgeordnete nach Fraktionsstärke vertreten sind, wählt mit zwei Drittel-Mehrheit die Hälfte der Richter des Bundesverfassungsgerichts. Die andere Hälfte wählt der Bundesrat mit der gleichen Mehrheit. Die »politische« Bestellung der Richter ist immer wieder in die Kritik geraten. Der Kritik wird entgegengehalten, dass es keinen Beleg für eine parteipolitische »Kolonialisierung« des Bundesverfassungsgerichts gibt. Für die einzelnen Richter besteht auch kein Anreiz für parteipolitisches Wohlverhalten, da ihre Wiederwahl ausgeschlossen ist. Verglichen mit den Alternativen der Ernennung der Richter aus ihrem Berufsstand oder gar durch die amtierende Bundesregierung ist die Wahl der Richter durch Bundestag und Bundesrat sicherlich das kleinere Übel.

Die Wahl des Bundeskanzlers und das konstruktive Misstrauensvotum

Eine noch bedeutendere Aufgabe des Bundestages ist die Wahl des Bundeskanzlers bzw. seine Abwahl. Der Wahlvorschlag kommt formal vom Bundespräsidenten. Die Wahl des Bundeskanzlers vollzieht in der Regel das Wahlergebnis nach, wobei allerdings, wegen der Notwendigkeit, Koalitionen zu bilden, um Regieren zu können, nicht unbedingt die stärkste Fraktion im Deutschen Bundestag den Bundeskanzler stellt. So blieb Helmut Schmidt (SPD) in einer SPD/FDP-Koalition sowohl nach der Wahl 1976 als auch nach der Wahl 1980 Bundeskanzler, obwohl die CDU/CSU jeweils die stärkste Fraktion stellte. Die Abwahl des Bundeskanzlers ist an die Neuwahl einer anderen Person zum Bundeskanzler gekoppelt. Der Bundestag kann nur unter dieser Voraussetzung dem Bundeskanzler sein Misstrauen aussprechen (konstruktives Misstrauensvotum).

Das Grundgesetz legt also großen Wert auf zweierlei: Erstens die Wahlperiode von vier Jahren wird als Amtsperiode der Regierung eingehalten, auch wenn der Kanzler wechselt. Zweitens es gibt keine kanzlerlose Zeit, kein Vakuum an der entscheidenden Stelle der Politik in Deutschland. Die Stabilität und Kontinuität der Regierung, die in der Weimarer Republik fehlte, sollte durch das Grundgesetz garantiert werden. Das fehlende Selbstauflösungsrecht des Parlaments stellte für parteipolitische Strategien ein Hindernis dar. Es wurde in der Praxis dadurch umgangen, dass die ebenfalls im Grundgesetz vorgesehene Vertrauensfrage parteipolitisch instrumentalisiert wurde. Ein gescheiterter Antrag des Bundeskanzlers, ihm das Vertrauen auszusprechen, gibt dem Bundespräsidenten die Möglichkeit auf Vorschlag des Bundeskanzlers den Bundestag aufzulösen. Sowohl 1983 in der Regierungszeit Helmut Kohls (CDU) als auch 2005 gegen Ende der Amtszeit Gerhard Schröders (SPD) inszenierten die Regierungsfraktionen eine Vertrauenskrise gegenüber ihrem eigenen Kanzler, um einen Vorwand für die politisch gewollte Parlamentsauflösung zu liefern. Bundespräsident und Bundesverfassungsgericht stellten sich dem nicht in den Weg. Das Bundesverfassungsgericht erfand 2005 die »auflösungsgerichtete Vertrauensfrage«. Diese Konstruktion bindet die Zulässigkeit der auflösungsgerichteten Vertrauensfrage zudem an die »höchstpersönliche Wahrnehmung« des Bundeskanzlers und seine abwägende Lagebeurteilung. Damit wurde de facto dem Bundeskanzler das Recht gegeben, den Bundestag aufzulösen.

4 Bundespräsident und Bundesregierung

Die Mitglieder der Bundesregierung werden auf Vorschlag des Bundeskanzlers vom Bundespräsidenten ernannt. Der Bundespräsident hat hier zwar einen Ermessensspielraum, aber keinen politischen. »Das Ermessen des Bundespräsidenten erstreckt sich allenfalls auf Sachverhalte, welche die Autorität des Staates berühren, wie die Ablehnung eines Ministerkandidaten wegen NS-Vergangenheit, Amtsmissbrauch oder Straftaten.« (Beyme 2004: 305). Das Amt des Bundespräsidenten ist primär parteifern konzipiert. Der Bundespräsident soll das ganze Volk repräsentieren und wirkt durch das mahnende Wort. Seine Aufgabe, Gesetze zu unterzeichnen, damit sie in Kraft treten können, ist allerdings nicht nur als Automatismus zu verstehen. Es besteht Einigkeit dahin, dass der Bundespräsident berechtigt ist, auf ein korrektes Verfahren bei der Gesetzgebung zu achten und dass er Gesetze nicht unterzeichnen muss, von deren Übereinstimmung mit der Verfassung er nicht überzeugt ist. Im Unterschied zu einem Staatsoberhaupt in einem präsidentiellen Regierungssystem wie in den USA, das unmittelbar Regierungsaufgaben wahrnimmt, ist der Bundespräsident in der Tagespolitik nur präsent, wenn er sich »einmischen« möchte.

Die Kompetenzen und Handlungsspielräume des Bundeskanzlers

Der Bundeskanzler kann sich seine Ministerkandidatinnen und -kandidaten innerhalb und außerhalb des Parlaments suchen. Gebunden in der Ministerwahl ist er nicht durch die Verfassung, sondern wiederum durch die Logik der Parteiendemokratie. Diese erfordert, dass er den innerparteilichen Proporz (Regionen, politische Flügel, Geschlechter, Altersgruppen etc.) bewahrt. Vor allem aber muss sich der Bundeskanzler den Wünschen seiner Koalitionspartner beugen. Mit diesen handelt er nicht nur die Zahl der Minister für jede Partei in der Regierungskoalition aus, er überlässt ihnen auch in der Praxis sein verfassungsmäßiges Recht, die Bundesminister aus den Reihen der Koalitionspartner zu ernennen und entlassen.

Trotz der Notwendigkeit von Koalitionsregierungen zur Bildung regierungsfähiger Mehrheiten besteht über die herausgehobene Stellung des Bundeskanzlers sowohl im Grundgesetz als auch in der Staatspraxis kein Zweifel. In Großen Koalitionen wurde vom zweiten Koalitionspartner versucht, ein informelles Vizekanzleramt einzurichten und die Geltung von Artikel 65 GG einzuschränken. Dieser legt fest: »Der Bundeskanzler bestimmt die Richtlinien der Politik.« Dennoch blieb das Amt des Bundeskanzlers prägend für die Regierungstätigkeit und wurde nur in den seltensten Fällen von der Ressortverantwortung einzelner Minister überstrahlt. Selbst der Außenminister hat Probleme, die mediale Konkurrenz mit dem Regierungschef (bzw. der Regierungschefin) für sich zu entscheiden, weil dieser jederzeit die außenpolitische Vertretung des Landes an sich ziehen kann. Die Medien unterstützen, wie man dies auch in anderen Demokratien beobachten kann, den Trend zur »Präsidentialisierung« des Amtes des Regierungschefs. Sie ermöglichen eine quasi direkte Ansprache des Amtsinhabers an die Bevölkerung an Kabinett und Parlament vorbei. Kanzler(innen) profitieren von der Personalisierung der Politik, die das Kerngeschäft der Medien ist.

Deutschland ist in diesem Sinne eine »Kanzlerdemokratie«, obwohl Sichtbarkeit des Kanzlers nicht mit Machtfülle gleichgesetzt werden sollte. Am ehesten noch bei dem ersten Bundeskanzler, Konrad Adenauer, lassen sich entsprechende Übereinstimmungen finden. Spätere Kanzler hatten sich immer mit vielen ihre Macht einschränkenden Faktoren, unter anderem dem Koalitionspartner, den Wünschen einflussreicher Interessen, außenpolitischer Rücksichtnahme oder ökonomischen Zwängen, auseinanderzusetzen. Deutschland entwickelte sich zur »Koordinationsdemokratie«, in der Entscheidungen auf unterschiedlichen Politikfeldern in unterschiedlicher Weise von der Regierung gemanagt werden müssen.

5 Das Bundesverfassungsgericht: Politik mit Richtern

Das Bundesverfassungsgericht gilt im internationalen Vergleich als eines der politisch einflussreichsten Gerichte. Es spielt eine große Rolle in der deutschen Politik, obwohl es nur tätig wird, wenn es angerufen wird. Die wichtigsten Zuständigkeiten des Gerichts sind neben der bereits erwähnten Verfassungsbeschwerden, die abstrakte Normenkontrolle (die Überprüfung von Rechtsnormen mit dem Grundgesetz bzw. Bundesrecht), die konkrete Normenkontrolle (Überprüfung auf Vorlage eines Gerichts), sowie Verfassungsstreitigkeiten zwischen Verfassungsorganen.

Schon bei der Gesetzesvorbereitung wird daran gedacht, Gesetzentwürfe »karlsruhesicher« zu machen. Vor allem aber haben die Entscheidungen des Gerichts in vielen Politikfeldern der Politik entscheidende Vorgaben gemacht. »Ohne die Rechtsprechung des Bundesverfassungsgerichts wäre Deutschland vermutlich ein anderes Land geworden. Jedenfalls wurde die Bundesrepublik von den Beschlussfassungen des Bundesverfassungsgerichts grundlegend geprägt. [...] Deutschland ohne das Bundesverfassungsgericht wäre höchstwahrscheinlich ein Staat mit einem ungleich größeren Aktionsradius der Politik und einem geringeren Ausmaß an Bürgerrechten und Bürgerrechtsschutz geworden.« (Schmidt 2007: 235)

Dennoch ist umstritten, ob das Bundesverfassungsgericht tatsächlich zum »Ersatzgesetzgeber« geworden ist, und in welchem Maße politische Entscheidungsträger aus taktischen Gründen Probleme nach Karlsruhe abschieben. Das Bundesverfassungsgericht hat wegen seiner gelegentlich sehr detaillierten Rechtsprechung den Vorwurf provoziert, es lese zuviel aus der Verfassung heraus, bzw. es lasse dem Gesetzgeber zu wenig Spielraum. Regiert wird in Deutschland sicher mit den Richtern des Bundesverfassungsgerichts, aber sie sind keine Gegenregierung. Auf vielen Politikfeldern spielen sie keine Rolle. Das Gewicht des Bundesverfassungsgerichts wird zudem in zunehmendem Maße durch die wachsende Bedeutung des Gerichtshofs der Europäischen Union (EuGH) in Frage gestellt. Zu diesem pflegt das Bundesverfassungsgericht zwar ein Kooperationsverhältnis. Es sieht sich aber durchaus auch in Konkurrenz zum EuGH, wenn es um den Schutz der Grundrechte in Deutschland geht, wie sein Urteil zum EU-Lissabon-Vertrag 2009 deutlich machte.

6 Föderalismus

Die Rolle der Länder: Gesetzgebung und Kontrolle

Der deutsche Föderalismus findet seine Begründung in erster Linie in der Idee der »vertikalen Gewaltenteilung«, also der Gewaltenteilung zwischen den politischen Ebenen des Bundes und der Länder in Ergänzung zur klassischen horizontalen Gewaltenteilung zwischen ausführender, gesetzgebender und rechtsprechender Gewalt. Das Grundgesetz geht in seinem Artikel 30 davon aus, dass alle Kompetenzen, die es nicht ausdrücklich dem Bund zuweist, Aufgaben der Länder bleiben. Dies kann als Ausdruck des Subsidiaritätsprinzips* verstanden werden, zumal das Grundgesetz (Artikel 72, Absatz 2) die Ausweitung möglicher Aufgaben des Bundes im Bereich der konkurrierenden Gesetzgebung* teilweise an eine Reihe von Voraussetzungen bindet (Herstellung gleichwertiger Lebensverhältnisse, Wahrung der Rechts- oder Wirtschaftseinheit). Der Bund soll also nur Gesetzgebungskompetenzen an sich ziehen, wenn er die staatlichen Aufgaben besser erledigen kann als die Länder, eine solche Art der Aufgabenerledigung also im gesamtstaatlichen Interesse erforderlich ist, wie es im Grundgesetz heißt. Die Landesebene ist nach föderalem Verständnis eine weitere Ebene der deutschen Demokratie, die in doppelter Weise dazu beitragen soll, diese zu sichern: Zum einen durch die Möglichkeiten der zusätzlichen Teilhabe und der Bürgernähe, welche die Landesebene bietet, und zum anderen durch die Kontrolle der Bundespolitik, die durch eine Machtteilung erreicht wird, da die Länder im Bundesrat die Bundesgesetze mitgestalten.

Dieses Bild eines von den Ländern nachhaltig beeinflussten Bundesstaates und des Gewichtes der Demokratiesicherung durch die föderale Ordnung muss mit Blick auf die Entwicklung des deutschen Föderalismus nach 1949 allerdings deutlich eingeschränkt werden. Eine Reihe von Gründen ist hierfür verantwortlich.

Konflikte im Bundesrat

Erstens ist zu beobachten, dass Argumente der Effizienz von Regierungshandeln auf Bundesebene in Konkurrenz traten mit der Forderung nach Teilhabe der Länder. Die Abwertung einer kritischen Haltung der Länder im Bundesrat als »Blockade« ist ein typisches Beispiel für eine Erwartungshaltung, die effizientes Regieren höher bewertet als die Mitwirkung der Länder. Allerdings geht es nicht immer um Länderinteressen im Bundesrat, so dass der Blockadevorwurf nicht von vorneherein unangemessen ist. Der deutsche Föderalismus, so wie ihn die Verfassung konzipiert hat, stellt den Parteienwettbewerb nicht in Rechnung. Parteien rekrutieren das Personal für Regierungen auch der Länder und geben so als Richtschnur von Länderpolitik parteiliche Geschlossenheit bei bestimmten Themen bundesweit vor. Im Parteienwettbewerb steht der Konkurrenzgedanke im Vordergrund, der nicht immer mit dem durch den Bundesrat verkörperten Kooperationsgedanken (»die Länder wirken mit«) vereinbar ist. Hinzu kommt, dass das Ministerpräsidentenamt in den Ländern nicht selten als wichtiger Schritt für eine bundespolitische Karriere gilt, so dass schon das Eigeninteresse der politisch Handelnden sich nicht ausschließlich an der Landespolitik und an der Konfliktschlichtung parteipolitischer Kontroversen orientiert.

Der Bedeutungsverlust der Länder im Zuge der Europäischen Einigung

Der zweite Grund, weshalb die Landespolitik als wichtige politische Arena weniger Beachtung findet, ist der Bedeutungsverlust der Länder in Zeiten einer sich immer stärker internationalisierenden Politik, die viele Bereiche des politischen Lebens betrifft und vor allem im Hinblick auf eine fortschreitende Europäisierung der deutschen Politik greifbar wird. Der Versuch der Länder, dem durch die Europäisierung der deutschen Politik erzeugten Bedeutungsverlust, also ihrer Herabstufung zur dritten Ebene der Politik nach der EU und dem Bund, durch stärkere Beteiligung an der Politikgestaltung auf europäischer Ebene entgegenzuwirken, war bisher nur mäßig erfolgreich. Die Föderalismusreform des Jahres 2006 hat deutlich gemacht, wo die Länder unangefochten für die Bundesrepublik Deutschland in der EU sprechen können, weil sie auf diesen Politikfeldern zuständig sind. Artikel 23, Absatz 6, GG nennt schulische Bildung, Kultur und Rundfunk.

Die Gewährleistung »einheitlicher Lebensverhältnisse« in allen Bundesländern

Ein dritter Grund für die Verschiebung der Gewichte im deutschen Föderalismus zugunsten des Bundes ist im deutschen Verständnis des sozialen Bundesstaates zu suchen. Der Ausbau des Sozialstaates bedeutete einen Aufgabenzuwachs für den Bund. Dieser wurde größtenteils in Form der systematischen Zusammenarbeit von Bund und Ländern im Grundgesetz festgeschrieben (Politikverflechtung*). Im großen Steuerverbund teilen sich Bund, Länder und Kommunen 75 % des gesamten Steueraufkommens. Vor allem aber weckte der Ausbau des Sozialstaats die Erwartung, »einheitliche Lebensverhältnisse« seien garantiert – eine Haltung, die sich nach der deutschen Einheit politisch noch stärker bemerkbar machte. Das Grundgesetz verpflichtet den Gesetzgeber nicht zu einer solchen Politik der »einheitlichen Lebensverhältnisse«. Aber der deutsche Föderalismus wurde in der öffentlichen Debatte längst nicht mehr an den Chancen gemessen, die er für politische Beteiligung und landesspezifische Innovation bot, sondern vielmehr an seinem Beitrag zu politischen Entscheidungen, die individuelle Lebensstandards verbessern.

7 Regieren im Parteienstaat

Anders als es die Lektüre des Grundgesetzes nahelegt, ist Regieren in Deutschland in erster Linie eine Aufgabe des von den Parteien rekrutierten Personals (vgl. Kapitel 17: Parteien). Die Logik der Parteipolitik hat allen Institutionen ihren Stempel aufgedrückt und beherrscht alle Ebenen der Politik. Deutschland ist in erster Linie eine Parteiendemokratie. Dies ist weder ein negativer, noch ein positiver Befund. Entscheidend ist, wie der parteipolitische Wettbewerb mit den Vorgaben des Grundgesetzes umgeht. Nicht zu rütteln ist, auch Dank der Arbeit des Bundesverfassungsgerichts, an den Menschen- und Bürgerrechten. Bundestag, Bundesrat und Bundesregierung unterliegen dagegen in großem Maße dem sich wandelnden Verhältnis der Parteien zu diesen Institutionen. Die Herausforderung für das Regieren im Parteienstaat* besteht darin, eine Balance zwischen der langfristig angelegten Werteordnung des Grundgesetzes und den an Wahlzyklen orientierten Erwartungen der Parteien an politische Institutionen zu finden. Zu dieser Balance gehört in erster Linie das Anerkennen politischer Spielregeln, die sich parteipolitischer Einflussnahme entziehen (Pehle/Sturm 2009).

Weiterführende Literatur

HELMS, LUDGER (2005): *Regierungsorganisation und politische Führung in Deutschland*, Wiesbaden: VS

Eine Analyse der Ausgestaltung politischer Führung durch die deutschen Kanzler.

ISMAYR, WOLFGANG (1999): *Der Deutsche Bundestag*, Opladen: Leske + Budrich, 5. Aufl. 2001

Ausführliche Darstellung aller Aspekte des Wirkens des Bundestages.

LEUNIG, SVEN (2007): *Die Regierungssysteme der deutschen Länder im Vergleich*, Opladen & Farmington Hills: Barbara Budrich Verlag

Darstellung der Besonderheiten der Regierungssysteme der Länder.

SEBALDT, MARTIN/ALEXANDER STRASSNER (2004): *Verbände in der Bundesrepublik Deutschland*, Wiesbaden: VS

Ausführliche Darstellung der deutschen Interessengruppenlandschaft und des Einflusses von Interessengruppen.

STURM, ROLAND (2010): *Föderalismus*, Baden-Baden: Nomos.

Vergleichende Darstellung föderaler politischer Systeme unter besonderer Berücksichtigung Deutschlands.

STURM, ROLAND/PEHLE, HEINRICH (2001,): *Das neue deutsche Regierungssystem*, Wiesbaden: VS, 3. Aufl. 2012

Eine Untersuchung der Veränderungen des deutschen Regierungssystems durch die Folgen der Integration Deutschlands in die Europäische Union.

Kapitel 17

Parteien und Wahlen
Die Entwicklung des politischen Wettbewerbs

Oskar Niedermayer

Die ergänzenden Materialien zu diesem Kapitel finden sich auf der Website: www.bpb.de/sozialkunde/parteienundwahlen

1 Historischer Rückblick auf die Entwicklung in der alten Bundesrepublik

Die Parteienlandschaft in den ersten Nachkriegsjahren

In den ersten Jahren nach Kriegsende bildete sich, zunächst unter der Kontrolle der alliierten Siegermächte, in den Westzonen ein Parteiensystem heraus, das zum einen in der Kontinuität des Weimarer Systems stand, zum anderen aber auch wesentliche Züge des Neubeginns trug. Die SPD und KPD knüpften an Weimar an, während die Liberalen durch die Gründung der FDP ihre traditionelle Spaltung in eine linksliberale und eine nationalliberale Richtung überwanden. Die wichtigste Neugründung waren jedoch die CDU und in Bayern die CSU, die sich im Gegensatz zum Zentrum der Weimarer Republik als konfessionsübergreifend-christliche Parteien verstanden. Hinzu kam eine Reihe von Splitterparteien. In den 50er-Jahren kam es zu einem deutlichen Rückgang der Fragmentierung und einer zunehmenden Dominanz der beiden Volksparteien, wobei sich eine Asymmetrie zugunsten der Union herausbildete.

Der Konsolidierungsprozess der 50er-Jahre

Für den Wandel des Parteiensystems waren Veränderungen der Rahmenbedingungen und der Nachfrage- bzw. Angebotsseite des Wettbewerbs verantwortlich: (1) eine Wahlrechtsänderung (ab 1953 galt für das gesamte Bundesgebiet die Fünf-Prozent-Klausel), (2) der Bedeutungsverlust der Konfliktlinie zwischen Einheimischen und Flüchtlingen/Vertriebenen infolge der positiven wirtschaftlichen Entwicklung und des Lastenausgleichs, (3) die geschickte Vereinnahmung des »Wirtschaftswunders«

durch die Union und (4) deren aktive Integrationsstrategie, durch die es gelang, das bürgerlich-konservative Kleinparteienspektrum weitgehend aufzusaugen und sich gegenüber der SPD in eine strukturelle Vorteilsposition zu bringen. Der zwischenparteiliche Wettbewerb wurde vor allem bestimmt durch den ökonomischen Gegensatz zwischen einer mittelständisch-freiberuflichen Orientierung und einer Arbeitnehmer-/Gewerkschaftsorientierung und durch den gesellschaftspolitischen Konflikt zwischen religiös-kirchlich-konfessioneller Bindung und Säkularisierung. Die FDP war dabei ökonomisch an der Seite der Union und gesellschaftspolitisch eher an der Seite der SPD zu finden. Die anfangs starke Polarisierung im wirtschaftlichen Bereich wurde gegen Ende des Jahrzehnts durch einen – durch das Godesberger Grundsatzprogramm von 1959 verdeutlichten – ideologischen Wandel der SPD abgemildert. Zudem schieden durch das Verbot der Sozialistischen Reichspartei 1952 und der Kommunistischen Partei Deutschlands 1956 zwei systemoppositionelle Parteien aus dem Wettbewerb aus.

Das relative stabile Dreiparteiensystem der 60er- und 70er-Jahre

Der Konsolidierungsprozess der 50-Jahre mündete in das relativ stabile Dreiparteiensystem der 60er- und 70-Jahre. Die Fragmentierung war gering und die beiden Volksparteien Union und SPD dominierten nun eindeutig, indem sie über 90% der Bundestagsmandate auf sich vereinigten. Allerdings kam der kleinen FDP durch ihre Mehrheitsbeschaffungs- und Korrekturfunktion dennoch eine wichtige Rolle zu. Im Verhältnis der beiden Volksparteien blieb die strukturelle Asymmetrie zugunsten der Union bestehen: Die SPD konnte die Union nur einmal knapp schlagen, und zwar bei der Ausnahmewahl von 1972, bei der das personelle und inhaltliche Angebot (Willy Brandt, die neue Ostpolitik und das Credo »Mehr Demokratie wagen«) optimal zugunsten der SPD wirkte. Die zwei Konfliktlinien des Parteienwettbewerbs blieben bestehen. Allerdings entwickelten sich beide Konflikte seit Ende der 60er-Jahre durch die Veränderung der Erwerbsstruktur, den Wertewandel, die Säkularisierung, die Bildungsexpansion, die Mobilitätssteigerung und die Individualisierung der Gesellschaft immer mehr zu reinen Wertekonflikten und begannen an Bedeutung zu verlieren. Die inhaltlichen Distanzen zwischen den Parteien und die Stimmenanteile systemoppositioneller Parteien hielten sich in Grenzen, und in diesem Zeitraum waren die drei Parteien untereinander prinzipiell koalitionsfähig und bewiesen dies auch (Union-FDP 1961–66, Union-SPD 1966–69, SPD-FDP 1969–82).

Die Zersplitterung der Parteienlandschaft in den 80er- und 90er-Jahren

In den 80er-Jahren entwickelte sich eine neue, gesellschaftspolitische Konfliktlinie zwischen libertären und autoritären Wertesystemen[1], die sich parteipolitisch organisierte. Während die den autoritären Pol repräsentierenden rechtsextremen Parteien (NPD, Republikaner und DVU) keine Chance auf parlamentarische Repräsentation hatten, gelang den libertären Grünen schon 1983 der Sprung in den Bundestag. Dies brachte nicht nur eine größere Zersplitterung, sondern auch eine Segmentierung des Parteiensystems mit sich, da eine Koalitionsfähigkeit der Grünen mit den anderen Parteien von beiden Seiten her zunächst nicht gegeben war.

Durch die Wiedervereinigung 1990 spaltete sich das Parteiensystem weiter auf, da im kurzzeitig-demokratischen Parteiensystem der DDR von 1989/90 noch eine weitaus stärkere Zersplitterung herrschte und mit der PDS eine als nicht koalitionsfähig angesehene Partei die gesamtdeutsche Bühne betrat. Eine starken Regionalisierung mit einer klaren Trennung zwischen einem ost- und westdeutschen Teilsystem auf der Bundesebene hat die Vereinigung jedoch nicht gebracht (zur weiteren Entwicklung s. u. Abschnitt 5).

2 Das Wahlsystem

Die politische Beteiligung der Bürgerinnen und Bürger in Form von Wahlen findet auf allen Ebenen statt: Der Bundestag wird – wenn das Parlament nicht vorzeitig aufgelöst wird – alle vier Jahre gewählt, das Europäische Parlament alle fünf Jahre und auch auf der Landes- und Kommunalebene beträgt die Wahlperiode meistens fünf Jahre, lediglich die Bürgerschaften in Bremen und Hamburg werden alle vier Jahre gewählt. Nach den im Grundgesetz (Art. 28 und 38) festgelegten Grundsätzen sind die Wahlen allgemein (mit wenigen Ausnahmen können alle Staatsbürger ab 18 Jahre wählen und gewählt werden), unmittelbar (die Abgeordneten werden direkt gewählt),

1 Die Gründe hierfür liegen vor allem in der durch eine gleichzeitige Zunahme von Chancen und Risiken gekennzeichneten Globalisierung, deren individuelle Verarbeitung entweder in Form einer Öffnung hin zu kultureller Vielfalt oder in Form einer schutzsuchenden Schließung und Zuflucht zu autoritären Werten erfolgen kann. Teilaspekte des traditionellen konfessionell-religiösen Konflikts wurden in diese neue Konfliktlinie einbezogen, die verbleibenden (z. B. die Frage der Haltung zur Abtreibung) verloren immer mehr an Bedeutung, so dass der Konflikt zwischen religiös-kirchlich-konfessioneller Bindung und Säkularisierung für den Parteienwettbewerb keine große Rolle mehr spielte.

frei (es darf kein Druck auf die Wähler ausgeübt werden und es besteht keine Wahlpflicht), gleich (jede Stimme zählt gleich viel) und geheim.

Die Wahl zum Bundestag

Für die Bundestagswahlen gilt ein als »personalisierte Verhältniswahl« bezeichnetes Wahlsystem, das die wesentlichen Zielsetzungen der Mehrheits- und der Verhältniswahl kombinieren soll. Für den Bundestag sind, wenn nicht so genannte Überhangmandate* hinzukommen, 598 Mandate zu vergeben. Die eine Hälfte der Abgeordneten wird nach dem Grundsatz der relativen Mehrheitswahl in 299 Einerwahlkreisen gewählt, d. h. jeder Wahlkreis wird nur von einem Abgeordneten im Bundestag vertreten und zwar von dem Bewerber, der dort die meisten Stimmen bekommen hat.

Die Auswahl der Wahlkreiskandidaten

Wird ein Bewerber nicht von einer Partei vorgeschlagen, so muss der Wahlvorschlag von mindestens 200 Wahlberechtigten des Wahlkreises unterzeichnet sein. Das Vorschlagsrecht ist somit nicht auf Parteien beschränkt und in den ersten Bundestag wurden auch drei parteilose Abgeordnete gewählt. Seither haben jedoch nur noch Parteikandidaten gewonnen, sodass sich bei Bundestagswahlen faktisch ein Parteienmonopol für die Auswahl der Wahlkreiskandidaten herausgebildet hat. Die andere Hälfte der Abgeordneten wird nach den Grundsätzen der Verhältniswahl über Parteilisten in den einzelnen Bundesländern gewählt, d. h. hier haben die Parteien schon rechtlich ein Vorschlagsmonopol. Die Kandidaten müssen laut Bundeswahlgesetz von einer Mitglieder- oder Delegiertenversammlung der einzelnen Parteien in geheimer Abstimmung gewählt werden. Wichtige Auswahlkriterien für Wahlkreiskandidaten sind die Bekanntheit und Beliebtheit im Wahlkreis sowie die Medientauglichkeit, aber auch die innerparteiliche Verankerung. Bei den Bewerbern für die Landeslisten spielen vor allem innerparteiliche Proporzgesichtspunkte (Geschlecht, regionale Herkunft, Konfession, Zugehörigkeit zu innerparteilichen Flügeln und Gruppen usw.) und das Expertentum in bestimmten Politikbereichen eine Rolle. Zudem dienen Listenplätze auch zur Absicherung gefährdeter und für die Partei wichtiger Direktkandidaten.

Die Erst- und die Zweitstimme

Die Wähler haben zwei Stimmen: die »Erststimme« für die Wahl des Wahlkreiskandidaten und die »Zweitstimme« für die Wahl der Landesliste einer Partei. Maßgeblich für das Stärkeverhältnis der Parteien im Bundestag ist die Zweitstimme. Die Berechnung und Verteilung der Mandate erfolgt in drei Schritten. Im ersten Schritt werden für alle Parteien die auf die einzelnen Landeslisten entfallenden Zweitstimmen zusammengezählt. Nach dem Verhältnis dieser Gesamtstimmenzahlen wird die jeder Partei zustehende Gesamtzahl der Mandate ermittelt. An der Mandatsverteilung nehmen allerdings nur Parteien teil, die entweder mindestens 5 % der insgesamt abgegebenen gültigen Zweitstimmen oder in mindestens drei Wahlkreisen ein Direktmandat erhalten haben. Mit dieser Regelung soll der Gefahr der zu großen Zersplitterung des Parteiensystems begegnet werden. Im zweiten Schritt werden die den Parteien auf Bundesebene zugesprochenen Mandate auf die einzelnen Landeslisten verteilt. Dann zieht man die in den Wahlkreisen des jeweiligen Bundeslandes gewonnenen Direktmandate von der Gesamtzahl der Mandate ab und die verbleibenden Mandate werden aus der Landesliste besetzt. Hat eine Partei in einem Bundesland mit den Erststimmen mehr Direktmandate gewinnen können, als ihr nach dem Anteil der Zweitstimmen insgesamt zustehen, so bleiben ihr diese so genannten »Überhangmandate« erhalten. Damit erhöht sich bis zur nächsten Wahl die Gesamtzahl der Abgeordneten des Bundestages.

Die Schlüsselrolle der Parteien

Den Parteien kommt somit bei Wahlen durch das faktische Monopol bei der Auswahl des politischen Führungspersonals eine dominierende Rolle zu; mehr noch: Vereinigungen von Bürgern werden überhaupt erst zu Parteien, wenn sie dauerhaft organisiert sind und an Wahlen teilnehmen[2]. Die ihnen zugeschriebenen Aufgaben reichen aber weit über die Funktion der Personalrekrutierung hinaus. Als in beiden Bereichen verankertes Verbindungsglied zwischen Gesellschaft und Staat sollen sie die Interessen der Bürger in politische Handlungsalternativen umsetzen (Interessenvermittlung), durch ihre Amtsinhaber in den Verfassungsorganen politische Entscheidungen treffen (Politikformulierung) und diese Entscheidungen an die Bürger rückvermitteln (Politikvermittlung). Zur Funktion der Interessenvermittlung gehört es, den Bürgern die Möglichkeit zur politischen Beteiligung zu eröffnen (Partizipation) bzw. sie dazu zu bewegen (Mobilisierung) sowie die vielfältigen Interessen der Bürger aufzunehmen (Interes-

2 Vereinigungen, die zum ersten Mal an einer Bundestagswahl teilnehmen wollen, müssen zur Feststellung der Parteieigenschaft dem Bundeswahlleiter ihre Satzung, das Wahlprogramm sowie einen Nachweis über die satzungsgemäße Bestellung ihres Vorstands vorlegen, und für jede der eingereichten Landeslisten müssen von einem Tausendstel der Wahlberechtigten des Landes (höchstens jedoch 2000) bei der letzten Bundestagswahl unterzeichnete Unterstützungslisten beiliegen.

senartikulation), durch Gewichtung, Auswahl und Integration zu bündeln (Interessenaggregation) und in programmatische Aussagen zu überführen (Programmbildung). Die Politikvermittlungsfunktion umfasst die Aufgaben, die Bürger mit dem Regierungssystem und seinen politischen Entscheidungen vertraut zu machen (Sozialisation), und die Entscheidungen gegenüber den Bürgern zu rechtfertigen, um damit zur Anerkennung des Systems beizutragen (Legitimation).

Die wichtige Rolle der Parteien im politischen Prozess wird unterstrichen durch ihren Verfassungsrang (Art. 21 GG), ihre breite Aufgabenbeschreibung (Art. 21 GG, § 1 Parteiengesetz)[3], die Freiheit der Parteigründung und die hohen Hürden für ein Parteienverbot, das nur durch das Bundesverfassungsgericht ausgesprochen werden kann. Andererseits werden den Parteien von der Verfassung auch Pflichten auferlegt, nämlich die Pflicht zur finanziellen Rechenschaftslegung und das Gebot der innerparteilichen Demokratie (Art. 21 GG). Letzteres wird formal von allen relevanten Parteien erfüllt. Ihre Satzungen schreiben u. a. die Wahl aller Parteiorgane vor, bestimmen den Bundesparteitag als oberstes Organ der von unten nach oben verlaufenden Willensbildung und gewährleisten die verschiedenen Beteiligungsrechte der Parteimitglieder. Die Realität innerparteilicher Demokratie weicht jedoch in von Partei zu Partei unterschiedlichem Maße von der Norm ab, wofür je nach Standpunkt entweder die Abkopplungstendenzen der Parteieliten von der Basis oder deren zu gering ausgeprägte Beteiligungsbereitschaft verantwortlich gemacht werden.

3 Die Parteien als Scharnier zwischen Gesellschaft und Staat

Ihre vielfältigen Aufgaben können die Parteien nach Meinung der meisten Beobachter nur erfüllen, wenn sie weder ihre gesellschaftliche Verankerung verlieren noch sich zu Quasi-Staatsorganen entwickeln. Über beide Gefahren wird heftig diskutiert.

Die Mitgliederentwicklung der Parteien

Parteien sind durch ihre Mitglieder in der Gesellschaft verankert. Seit längerer Zeit ist jedoch ein Mitgliederschwund zu beobachten, der die Par-

3 Kritik ziehen die Parteien immer dann auf sich, wenn sie diese Aufgabenfülle auch noch überdehnen, also zu viele gesellschaftliche Bereiche und Institutionen (wie z. B. die Rundfunkräte) unter parteipolitischen Einfluss bringen.

teien allerdings unterschiedlich stark trifft. Die Hochzeit der Mitgliedergewinnung in der alten Bundesrepublik lag zum einen in den ersten Nachkriegsjahren und zum anderen in der Zeit von Ende der 60er- bis zur Mitte der 70er-Jahre. Für die SPD markierte das Jahr 1976 den Wendepunkt, bei den anderen Parteien hielten die Mitgliederzuwächse in sehr abgeschwächter Form noch bis in die 80er-Jahre hinein an, danach war jedoch auch hier ein Rückgang zu verzeichnen. Die Wiedervereinigung bescherte allen Parteien – mit Ausnahme der auf Bayern begrenzten CSU – Mitgliederzuwächse, allerdings in höchst unterschiedlichem Maße. Die Zuwächse waren jedoch sehr bald wieder aufgezehrt und der Mitgliederschwund setzte sich fort. Allerdings sind die Mitgliederzahlen der FDP 2008/09 und der Grünen in den letzten drei Jahren gestiegen und die PDS gewann seit ihrer Vereinigung mit der WASG zur Linkspartei Mitglieder hinzu.

Betrachtet man statt der absoluten Mitgliederzahlen die Rekrutierungsfähigkeit – also den Anteil der Parteimitglieder an den Parteibeitrittsberechtigten – dann verändern sich die Größenordnungen zwischen den Parteien, da sie unterschiedliche Mindestalterbestimmungen haben (ab 14 bzw. 16 Jahren) und die CDU ihre Mitglieder nur außerhalb Bayerns rekrutieren kann, während die CSU auf Bayern beschränkt ist. Die SPD war bis zum Frühjahr 2008 die mitgliederstärkste Partei, hinsichtlich der Fähigkeit zur Mitgliederrekrutierung wurde sie allerdings schon 1999 von der CDU überholt, wobei beide Parteien wiederum weit hinter der CSU zurückliegen. Insgesamt waren 1980, nach dem Hinzukommen der Grünen, in der alten Bundesrepublik knapp 2 Mill. Bürger, d. h. fast 4 % der beitrittsberechtigten Bevölkerung, in einer der fünf Parteien organisiert. Ende 1989 waren es noch 3,6 %, nach der Vereinigung und dem Hinzukommen der damaligen PDS 1990 im gesamten Deutschland 3,7 %. Ende 2009 gehörten in Westdeutschland nur noch knapp 2,2 %, in Ostdeutschland gar nur noch knapp 1,1 % und in Gesamtdeutschland knapp 2 % der beitrittsberechtigten Bevölkerung (fast 1,4 Mill. Bürger) einer der sechs wichtigen deutschen Parteien an[4].

Die abnehmende gesellschaftliche Verankerung der Parteien

Die Gründe hierfür sind äußerst vielfältig und von den Parteien selbst nur zum Teil zu beeinflussen. Sie umfassen zum einen Veränderungen der

4 Zudem repräsentieren die Parteimitgliedschaften nicht gleichmäßig die verschiedenen Bevölkerungsgruppen: So sind z. B. die Jüngeren in allen Parteien mehr oder weniger stark unter- und die Älteren (außer bei den Grünen) überrepräsentiert.

verschiedenen gefühlsmäßigen, normativen, wertbezogenen, politischen und materiellen Anreize zum Parteibeitritt[5] und zum anderen Veränderungen der Beitrittshemmnisse in Form von Beitritts-, Verbleibe- und Partizipationskosten. Hinzu kommen die Verschärfung der Mitgliederkonkurrenz durch neue Parteien, die zunehmende Konkurrenzsituation mit anderen politischen Beteiligungsformen wie Bürgerinitiativen und neuen sozialen Bewegungen und die Vervielfachung der unpolitischen Freizeitgestaltungsmöglichkeiten (z. B. durch das Internet). Angesichts dieser Entwicklung wurde den Parteien vielfach geraten, die Anstrengungen zur Gewinnung neuer Mitglieder aufzugeben und sich zu Fraktions-, Medien-, Netzwerk- oder sonstigen neuen Parteiformen zu entwickeln.

Die Bedeutung einer breiten Mitgliederbasis für die Parteien

Alle Parteien halten jedoch am Ziel der Mitgliedergewinnung fest, da die Mitglieder eine Reihe von unverzichtbaren Funktionen haben: Mitglieder sind für Parteien wichtig als Seismographen gesellschaftlicher Entwicklungen und Prozesse, als Vermittler der Parteipositionen an andere Bürger im Alltagsleben und in Wahlkampfzeiten als Reservoir von freiwilligen, unbezahlten Helfern, die als Multiplikatoren in die Gesellschaft hinein wirken und durch ihre Präsenz und Arbeit vor Ort auf vielfältige Weise zur Übermittlung der Wahlkampfbotschaften der Partei an die Wähler beitragen. Zudem gehören die Mitglieder in der Regel zu den Stammwählern der Parteien. Auch innerparteilich ist eine genügend große Mitgliederbasis von großer Wichtigkeit: Die Mitglieder sind Ideengeber bei der Formulierung inhaltlicher Positionen, sie bilden das personelle Rückgrat der Partei bei der Besetzung von innerparteilichen Ämtern und der Auswahl von Bewerbern für öffentliche Wahlämter, sie stellen der Partei

5 So verringern z. B. die allgemeine Abnahme sozialer Integration und insbesondere die Erosion der die gesellschaftliche Basis des deutschen Parteiensystems von Anfang an prägenden sozialen Milieus die normativen Beitrittsanreize. Durch die Erosion der Milieus verlieren zudem deren Vorfeldorganisationen – z. B. die Gewerkschaften im sozialdemokratischen und die kirchlichen Organisationen im katholischen Milieu – als Rekrutierungsfelder für potenzielle Mitglieder der jeweiligen Milieupartei zunehmend an Bedeutung. Hinzu kommen zum einen der Wandel traditioneller Lebensstile wie z. B. der traditionellen Familienstrukturen, die über die Vermittlung von Parteibeitrittsnormen zwischen den Generationen die Mitgliederbasis der Parteien gestützt haben, und zum anderen der Rückgang der allgemeinen demokratischen Beteiligungsnormen, der sich z. B. in einer altersabhängig zurückgehenden »Wahlnorm« (Wählen als Bürgerpflicht) zeigt.

unentgeltlich Zeit und Arbeitskraft zur Verfügung und spielen auch bei der Gewinnung neuer Mitglieder eine zentrale Rolle. Zudem tragen sie als Beitragszahler dazu bei, der Partei die notwendigen finanziellen Mittel zur Erfüllung ihrer Aufgaben zu beschaffen.

Die staatliche Parteienfinanzierung

Parteien können auf den Mitgliederschwund und die damit rückläufigen Beitragseinnahmen auch dadurch reagieren, dass sie sich verstärkt dem Staat zuwenden, um sich neue finanzielle Mittel durch staatliche Parteienfinanzierung zu erschließen. Im Extremfall könnten die etablierten Parteien ein Kartell bilden, das sich immer mehr staatliche Mittel bewilligt und neuen Parteien den Zutritt verwehrt.

In der Tat wurde 1959 in der Bundesrepublik erstmals eine staatliche Parteienfinanzierung eingeführt. Die im Bundestag vertretenen Parteien erhielten zunächst jährliche Finanzmittel zur Erfüllung ihrer Aufgaben. Nachdem das Bundesverfassungsgericht diese Regelung 1966 für verfassungswidrig erklärt hatte, trat ab 1967 eine Wahlkampfkostenpauschale an ihre Stelle, die 1994 jedoch wiederum durch eine allgemeine staatliche Teilfinanzierung der Parteien abgelöst wurde, die jedes Jahr neu berechnet wird. Anspruch auf staatliche Mittel haben danach alle Parteien ab einer bestimmten Größe, ausgedrückt in Stimmenprozenten bei den jeweils letzten Bundestags-, Europa- und Landtagswahlen. Für jede Stimme bei diesen Wahlen gibt es einen Zuschuss und zusätzlich erhalten die Parteien einen staatlichen Zuschuss für jeden Euro, den sie im vorangegangenen Jahr von natürlichen Personen an Mitgliedsbeiträgen, Mandatsträgerbeiträge und Spenden bis zu einer bestimmten Höhe erhalten haben. Allerdings darf die jährliche Summe der staatlichen Mittel für alle Parteien eine Obergrenze nicht überschreiten und zudem die staatliche Finanzierung bei den einzelnen Parteien die Summe ihrer im Vorjahr selbst erwirtschafteten Einnahmen nicht überschreiten.

Zusammenfassend lässt sich feststellen, dass die konkrete Ausgestaltung der Parteienfinanzierung (insbesondere die niedrigen Anspruchsvoraussetzungen hinsichtlich der Wahlerfolge und die beiden Obergrenzen) einer Kartellbildung der Parteien und einer »Ausplünderung« des Staates Grenzen setzt[6].

6 Kritik an der Parteienfinanzierung entzündet sich – befördert durch dubiose Praktiken der Parteien bis hin zu handfesten Skandalen – vor allem an den Spenden von Personen und Firmen an die Parteien, da hiermit die Frage nach einer intransparenten politischen Einflussnahme verbunden ist.

4 Der politische Wettbewerb um Wählerstimmen

Wahlen sind der sichtbarste Ausdruck des politischen Wettbewerbs, der sich in demokratischen Systemen vollzieht. Wie jede Art von Wettbewerb, wird auch der politische Wettbewerb durch Angebot, Nachfrage und Rahmenbedingungen bestimmt. Die Angebotsseite bilden die einzelnen Parteien, die durch den Einsatz von Ressourcen (z. B. Spitzenkandidaten, Mitglieder und Wahlkampfmittel), durch inhaltliche Politikangebote (z. B. die Betonung sozialer Gerechtigkeit oder die Position zu Europa) und mit Hilfe unterschiedlicher Strategien (z. B. Koalitionsaussagen) versuchen, die Wahl in ihrem Sinne zu beeinflussen bzw. für sich zu entscheiden. Die Nachfrageseite bilden als Wahlberechtigte die Bürgerinnen und Bürger – mit ihren schichtspezifischen Präferenzen und Orientierungen.

Die gesetzlichen und gesellschaftlichen Rahmenbedingungen

Der Wettbewerb wird zudem durch eine Reihe von Rahmenbedingungen beeinflusst, die von den Teilnehmern einerseits beachtet werden müssen, andererseits aber auch zum Teil – zumindest bis zur nächsten Wahl – beeinflusst werden können. Hierzu gehören als erstes die rechtlichen Bestimmungen (also das Wahlgesetz, das Parteiengesetz und die rechtlichen Voraussetzungen für ein Parteienverbot), die festlegen, wer an einer Wahl teilnehmen kann und wie sie ablaufen muss. Die zweite Gruppe von Rahmenbedingungen bilden die Medien, Verbände und sozialen Bewegungen, die einerseits durch ihre Aktivitäten die Wahl beeinflussen und andererseits Adressaten der Parteien sind, die sie in ihrem Sinne zu instrumentalisieren versuchen. Vor allem die Rolle der Medien, insbesondere des Fernsehens und in neuester Zeit auch des Internets, bei Wahlen ist dabei immer wieder Gegenstand kontroverser Diskussionen. Zusätzlich werden Wahlen noch von einer ganzen Reihe von ökonomischen, sozialen, demographischen, innen- und außenpolitischen, ökologischen und technologischen Entwicklungen bzw. Ereignissen beeinflusst, wenn diese zu Veränderungen der Aktivitäten bzw. inhaltlichen Positionen der Parteien oder der Orientierungen bzw. Verhaltensweisen der Bürger führen[7].

7 Zu nennen sind hier z. B. die Wirtschaftsentwicklung, insbesondere die Globalisierung, die zunehmende Alterung der Gesellschaft, der gesellschaftliche Wertewandel, der Säkularisierungsprozess, politische Skandale, Terroranschläge, kriegerische Auseinandersetzungen, der Klimawandel und Veränderungen der Kommunikationstechnologien.

Die verschiedenen Dimensionen des Parteiensystems

Auch die Gestalt des Parteiensystems gehört vor einer Wahl zu den Rahmenbedingungen. Sie definiert für die Wahlberechtigten die Gesamtheit des politischen Angebots und für die einzelnen Parteien ihre Wettbewerbssituation. Unter dem Parteiensystem eines Landes versteht man die Gesamtheit der in diesem Land existierenden Parteien und ihre strukturellen wie inhaltlichen Wechselbeziehungen bzw. Abgrenzungen.

Grundlegend für die Struktur eines Parteiensystems ist die Anzahl der an einer Wahl teilnehmenden bzw. parlamentarisch vertretenen und der darüber hinaus nach einem bestimmten Kriterium als relevant angesehenen Parteien. Bedeutsam sind auch die an den Stimmen- bzw. Mandatsanteilen gemessenen Größenverhältnisse zwischen den Parteien, aus denen sich der Grad der Fragmentierung (Zersplitterung) eines Parteiensystems ergibt. Wenn zwei große Volksparteien dominieren, ist es sinnvoll, ihren gemeinsamen Stimmen- bzw. Mandatsanteil zu betrachten und danach zu fragen, ob das Parteiensystem durch eine strukturelle Asymmetrie, d.h. eine längerfristige Vorteilsposition einer der beiden Parteien im politischen Wettbewerb, gekennzeichnet ist. In föderativen Systemen kommt die Regionalisierung, also das Ausmaß an Strukturunterschieden des Parteiensystems in den einzelnen Bundesländern, hinzu[8].

Zur inhaltlichen Charakterisierung eines Parteiensystems ist es notwendig, die zentralen gesellschaftlichen Konflikte und Streitfragen zu kennen und herauszufinden, in welchem Maß sich an ihnen der Parteienwettbewerb polarisiert und wie deutlich sich die Programmprofile der Parteien unterscheiden. Mit der Polarisierung hängt auch die Segmentierung eines Parteiensystems zusammen, die umso höher ist, je mehr einzelne Parteien die Bildung von Koalitionen mit anderen Parteien ausschließen. Das Parteiensystem in Deutschland ist nicht stark segmentiert, weil die Parlamentsparteien bis auf wenige Ausnahmen prinzipiell bereit sind, miteinander Koalitionen einzugehen.

Die Entwicklung der Wahlbeteiligung

Die Wahlbeteiligungen bei Bundestagswahlen lagen in der alten Bundesrepublik – mit Ausnahme der ersten Wahl 1949 – zwischen 85 und 90%. Die höchste jemals erreichte Beteiligung wurde mit 91,1% bei der Ausnahmewahl von 1972 gemessen. Danach ging sie zurück, erreichte mit der

8 Gemeint sind hier nicht die unterschiedlichen Landesparteiensysteme, sondern die Strukturunterschiede des Bundesparteiensystems in den einzelnen Ländern, die sich aus dem unterschiedlichen Wahlverhalten bei Bundestagswahlen ergeben.

Wiedervereinigungswahl von 1990 ihren vorläufigen Tiefpunkt, erholte sich bei den nächsten beiden Wahlen wieder etwas und fiel 2009 auf den historischen Tiefpunkt von 70,8%. Damit hat Deutschland in westeuropäischen Vergleich eine unterdurchschnittliche Wahlbeteiligung, liegt aber noch deutlich vor Großbritannien, dem Mutterland der parlamentarischen Demokratie (2010: 65,1%), und auch Frankreich (2007: 60%).

Bei der ersten Europawahl 1979 gingen noch 65,7% der Wahlberechtigten zur Wahl, während sich 2004 und 2009 nur noch rund 43% beteiligten. Die Wahlbeteiligungen an den Landtagswahlen differieren zwischen den einzelnen Bundesländern deutlich, waren seit den 60er-Jahren aber mit ganz wenigen Ausnahmen geringer als bei Bundestagswahlen, und die durchschnittlichen Beteiligungsraten in den Wahlperioden gehen seit Mitte der 70er-Jahre kontinuierlich zurück. Die bisher geringste Beteiligung an einer Landtagswahl wurde 2006 in Sachsen-Anhalt mit 44,4% gemessen.

Ursachen des Rückgangs der Wahlbeteiligung

Der allgemeine Trend rückläufiger Wahlbeteiligungen auf allen drei Wahlebenen wird in den Medien und der Öffentlichkeit meist auf eine zunehmende »Parteien-« oder »Politikverdrossenheit« zurückgeführt. Doch der Blick auf die vielfältigen möglichen Einflüsse, denen die Entscheidung eines Wahlberechtigten über seine Wahlteilnahme unterliegt, zeigt, dass eine monokausale Erklärung unwahrscheinlich ist. Da die die Wahlbeteiligung beeinflussenden Rahmenbedingungen wie z.B. das Wahlsystem für eine bestimmte Wahl konstant sind, hat sich die Wahlbeteiligungsforschung auf die Eigenschaften der Wahlberechtigten konzentriert und gezeigt, dass es »den« Nichtwähler nicht gibt. Es können vier Typen von Nichtwählern unterschieden werden: der unechte, der politikferne, der unzufriedene und der abwägende Nichtwähler.

Die verschiedenen Typen von Nichtwählern

Unechte Nichtwähler, die etwa 3–4% der Wahlberechtigten ausmachen, sind Personen, die in der Wahlstatistik als Nichtwähler auftauchen, obwohl überhaupt nicht bekannt ist, ob sie sich willentlich für oder gegen eine Wahlteilnahme entschieden haben, bzw. obwohl sie dem Kreis der Wahlberechtigten gar nicht (mehr) angehören. Als Nichtwähler zählt jeder im Wählerverzeichnis aufgenommene Wahlberechtigte, der bis 18 Uhr am Wahlabend weder durch Briefwahl noch durch persönliches Erscheinen im Wahllokal seine Stimme abgegeben hat. Fehler im Wählerverzeichnis oder die nicht (rechtzeitig) erfolgte Zustellung (z.B. bei Umzug) bzw.

Rücksendung von Briefwahlunterlagen können somit zur Registrierung als Nichtwähler führen. Das Gleiche gilt auch für Wahlberechtigte, die wegen einer Erkrankung bzw. eines Unfalls kurz vor dem Wahltag nicht zur Wahl gehen können oder diejenigen, die verstorben sind, ohne aus dem Wählerverzeichnis gelöscht worden zu sein.

Die *politikfernen Nichtwähler,* die immer noch die Mehrheit der gesamten Nichtwähler stellen, zeichnen sich durch fehlendes Interesse am politischen Geschehen aus. Sie sind in bestimmten sozialen Gruppen stärker zu finden als in anderen, weil soziale Merkmale wie z. B. die Bildung einen positiven Einfluss auf das politische Interesse und damit auch auf die Wahlbeteiligung haben. Die Abhängigkeit der Wahlbeteiligung vom politischen Interesse kann aber den allgemeinen Beteiligungsrückgang ab Mitte der Siebzigerjahre nicht erklären, da das politische Interesse in diesem Zeitraum nicht wesentlich zurückgegangen ist. Es müssen also zusätzliche Erklärungsfaktoren hinzukommen, die vor allem in der Stärke der gesellschaftlichen Einbindung und/oder einer verinnerlichten »Wahlnorm« gesehen werden. Mit zunehmender sozialer Integration steigt die Wahlbeteiligung. Dies ist nicht nur auf einen bloßen »Mitnahme-Effekt« bei der gemeinsamen Unternehmung »Urnengang« zurückzuführen, sondern auch auf den sozialen Druck durch das Umfeld. Am wirksamsten ist die soziale Kontrolle in fest gefügten sozialen Milieus, d. h. in alltagsweltlich begründeten, durch Verbände und Vereine gestützten Gesinnungsgemeinschaften. Zudem werden die sich dort herausbildenden Normen durch Sozialisationsprozesse auch stark verinnerlicht, sodass sie zur Verhaltenswirksamkeit gar keines äußeren Drucks bedürfen. Durch eine verinnerlichte Wahlnorm oder eine starke gesellschaftliche Einbindung kann ein Teil der politisch nicht sehr interessierten Bürger dazu gebracht werden, zur Wahl zu gehen. Werden diese Faktoren schwächer oder fallen ganz weg, wie es in Deutschland durch den Prozess der gesellschaftlichen Individualisierung seit längerer Zeit der Fall ist, bleiben die Uninteressierten vermehrt zu Hause und die Wahlbeteiligung sinkt.

Zentrales Kennzeichen des dritten Nichtwählertyps, des *unzufriedenen Nichtwählers,* ist seine Unzufriedenheit mit den politischen Führungspersonen (bzw. ihrer Politik) und/oder den politischen Institutionen (insbesondere den Parteien) und/oder der demokratischen politischen Ordnung insgesamt. Manche Autoren definieren denjenigen Teil dieser Gruppe, der sich zusätzlich noch durch ein hohes politisches Interesse auszeichnet, als einen eigenen, neuen Nichtwählertyp, was aber nicht sehr tragfähig ist.

Während die bisherigen Nichtwählertypen zur permanenten Wahlenthaltung neigen, trifft der *abwägende Nichtwähler* seine Entscheidung über die Wahlteilnahme bei jeder Wahl neu, und zwar unter Abwägung der ihm dabei entstehenden Kosten und des zu erwartenden Nutzens. Solche Personen lassen sich z. B. eher zur Wahl bewegen, wenn der Wahlausgang sehr knapp ist. Sie sind auch wesentlich für die unterschiedliche Wahlbeteiligung auf den verschiedenen Ebenen verantwortlich, da sie sich an von ihnen als wichtig angesehenen Wahlen eher beteiligen als an unwichtigen. Die Bundestagswahl gilt generell als die wichtigste und die Europawahl als die unwichtigste Wahl, so dass dort Nichtwähler dieses Typs verstärkt anzutreffen sind.

Was die Wahlentscheidung beeinflusst

Die Entscheidung eines Wählers, seine Stimme einer bestimmten Partei zu geben, hängt vom Angebot der Parteien, den Rahmenbedingungen und seinen persönlichen Einstellungen und Präferenzen ab. Im Schaubild ist stark vereinfacht wiedergegeben, welche Faktoren die Wahl einer Partei beeinflussen und wie sie miteinander zusammenhängen.

Schaubild: Erklärungsfaktoren der Parteienwahl

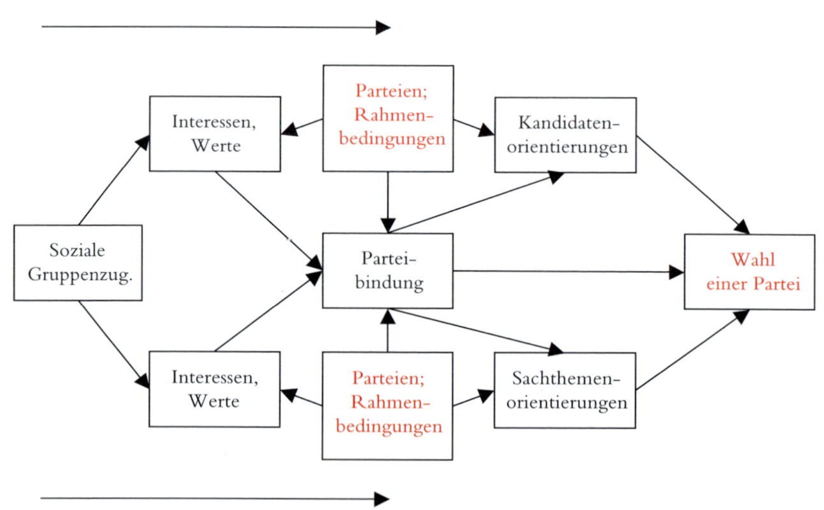

Kurzfristige Faktoren: Personen und inhaltliche Versprechen

Kurzfristige Faktoren: Personen und inhaltliche Versprechen

Das Wahlverhalten wird zunächst einmal durch zwei kurzfristige und daher auch im Rahmen von Wahlkämpfen beeinflussbare Faktoren geprägt: den Orientierungen der Wähler gegenüber dem personellen und inhaltlichen Angebot der Parteien, also gegenüber den (Spitzen-)Kandidaten und den zu Sachthemen eingenommenen Parteipositionen. Das allgemeine Urteil der Wähler über die einzelnen Spitzenkandidaten fußt auf der Beurteilung ihrer Sachkompetenz, ihrer Glaubwürdigkeit und ihrer Führungsqualitäten sowie auf der ihnen entgegengebrachten persönlichen Sympathie. Bei den Sachthemenorientierungen kommt es zum einen darauf an, welche politischen Themen und Probleme von den Wählern als wichtig angesehen werden (Themenrelevanz), und zum anderen, welcher Partei die Wähler am ehesten zutrauen, diese Probleme in ihrem Sinne in den Griff zu bekommen (Problemlösungskompetenz). Präferiert wird somit die Partei, die den eigenen inhaltlich-politischen Vorstellungen am nächsten kommt.

Langfristige Parteibindungen

Der dritte Einflussfaktor auf das Wahlverhalten, die Parteibindung, ist langfristiger Art. Sie stellt eine Art »psychologischer« Parteimitgliedschaft dar, eine längerfristige Bindung an eine bestimmte Partei aufgrund politischer Sozialisationsprozesse. Wähler mit einer starken Parteibindung wählen in der Regel auch diese Partei, und zwar auch deswegen, weil die Parteibindung sozusagen als »rosa Brille« wirkt, durch die das personelle und inhaltliche Parteiangebot gesehen wird.

Parteibindungen sowie Kandidaten- und Sachthemenorientierungen der Wähler werden einerseits durch das Parteienangebot und die verschiedenen Rahmenbedingungen des politischen Wettbewerbs und andererseits durch die unterschiedlichen Interessen und Wertvorstellungen der Wähler selbst beeinflusst. Letztere wiederum hängen u. a. von der Zugehörigkeit der Wähler zu sozialen Gruppen ab. Insbesondere wenn sich auf der Grundlage zentraler gesellschaftlicher Konfliktlinien abgeschlossene soziale Milieus herausbilden, entwickeln sich enge Bindungen der Milieuangehörigen an die das Milieu politisch vertretende Partei.

Historisch gesehen, haben in Deutschland vor allem zwei Konfliktlinien das Wahlverhalten geprägt: der Konflikt Kapital versus Arbeit und der Konflikt zwischen (protestantisch dominiertem) Staat und (katholischer) Kirche. Daher bilden die gewerkschaftlich organisierten Arbeiter die traditionelle Kernwählerschaft der SPD und die gläubigen Katholiken die traditionelle Kernwählerschaft zunächst der Zentrumspartei und danach –

trotz ihrer Gründung als konfessionsübergreifende Sammlungsparteien – der CDU und CSU.

Die Parteibindungen sind lockerer geworden

All diese Faktoren beeinflussen das Wahlverhalten unabhängig von Zeit, Ort und Wahlebene, wobei das Gewicht der einzelnen Faktoren natürlich variiert. Doch die Wahlergebnisse der letzten Zeit haben gezeigt, dass die Wähler unberechenbarer geworden sind: Die enge Beziehung zwischen sozialer Gruppenzugehörigkeit und Wertorientierungen wurde aufgeweicht, Prozesse des ökonomischen und kulturellen Wandels haben die traditionellen, bestimmten Parteien zuzuordnenden Kernwählergruppen schrumpfen lassen, die zentralen gesellschaftlichen Konfliktlinien sind heute Wertekonflikte, die traditionellen Milieus lösen sich auf und die langfristigen Parteibindungen nehmen ab. So hat z. B. von der Bundestagswahl 2005 zur Wahl 2009 ein Fünftel der Wähler die Partei gewechselt. Zählt man diejenigen dazu, die aus der oder in die Nichtwahl gewechselt sind, so hat sich deutlich mehr als ein Drittel der bei beiden Wahlen wahlberechtigten Bürger 2009 anders verhalten als 2005.

5 Die Entwicklung des Parteiensystems seit der Wiedervereinigung

Die Herausbildung eines Fünfparteiensystems

Das gesamtdeutsche Parteiensystem entwickelte sich bis zur Bundestagswahl 2005 in den Struktureigenschaften und den sich daraus ergebenden Wettbewerbsmustern allmählich zu einem »fluiden Fünfparteiensystem«. Die neu hinzugekommene PDS konnte sich schon Mitte der 90er-Jahre in Ostdeutschland als eine der drei großen Parteien etablieren, blieb im Westen jedoch eine marginale Partei, sodass sie 1990 und 1994 gesamtdeutsch an der Fünf-Prozent-Hürde scheiterte. Dennoch war sie von Anfang an im Bundestag vertreten: 1990 aufgrund der Teilung in zwei Wahlgebiete und 1994 aufgrund ihrer 4 Direktmandate. Somit waren seit 1990 fünf Parteien im Bundestag vertreten, mit der Bundestagswahl 2005 waren zum ersten Mal alle fünf auch koalitionsstrategisch relevant[9].

9 Als koalitionsstrategisch relevant gelten Parteien, wenn mit ihnen rein rechnerisch »minimale Gewinnkoalitionen« gebildet werden können, das sind Mehrheitskoalitionen, die beim Wegfall einer der Koalitionsparteien ihre Mehrheit verlieren.

Die FDP büßte ihre Stellung als jahrzehntelang unangefochtene »dritte Kraft« des deutschen Parteiensystems Mitte der 90er-Jahre ein und musste nun mit den Grünen konkurrieren. Durch die Überwindung der Fünf-Prozent-Hürde 1998 schickte sich die PDS an, in diesen Wettbewerb einzugreifen, mit der Bundestagswahl 2002, wo sie nur 2 direkt gewählte Abgeordnete in den Bundestag entsenden konnte, schien das Gastspiel aber schon wieder beendet zu sein. Dies war jedoch ein Trugschluss, da das Wahlergebnis auf eine Reihe von selbst verschuldeten Faktoren zurückzuführen war, und bei der Bundestagswahl 2005 überflügelte die PDS – in Zusammenarbeit mit der WASG – sogar die Grünen. Danach hatten wir es mit einer offenen Wettbewerbssituation zwischen den drei kleineren Parteien zu tun, d.h. es stand bei Wahlen nicht mehr von vorneherein fest, wer dritte Kraft im Parteiensystem ist.

Die veränderte Wettbewerbssituation zwischen CDU/CSU und SPD

Im Laufe der 90er-Jahre baute sich die jahrzehntelang bestehende, auf langfristig wirkende Faktoren der sozialstrukturellen Zusammensetzung und der politischen Grundorientierungen der Wähler begründete Vorteilsposition der Union ab. CDU/CSU und SPD näherten sich auf niedrigerem Niveau einander an, und bei der Bundestagswahl 1998 gelang es der SPD nach einem Vierteljahrhundert erstmals wieder, die Union zu überflügeln. Das Wahlergebnis war einerseits auf eine Reihe von kurzfristigen Faktoren zurückzuführen, andererseits aber auch Ausdruck langfristiger Entwicklungen: (1) Der traditionelle Kern der CDU/CSU-Wählerschaft, die kirchengebundenen Katholiken, schmolz in den letzten Jahrzehnten zusehends und wurde nach der Wiedervereinigung noch deutlich kleiner, weil in Ostdeutschland nur wenige Katholiken leben. (2) In vielen Regionen entfremdete sich die Partei von den sie traditionell tragenden lokalen Honoratiorenschichten, (3) mit dem Ende des Ost-West-Konfliktes und dem Ansteuern der politischen Mitte durch die SPD entfiel der Antikommunismus als verbindende Klammer der verschiedenen Wählerschichten und (4) die unionsnah politisch sozialisierten Wähler der Adenauer-Generation mit starker lebenslanger Unionsprägung verschwanden immer mehr aus der Wählerschaft. Da sich somit nicht nur zwischen den drei kleineren, sondern auch zwischen den beiden großen Parteien eine prinzipiell offene Wettbewerbssituation herausbildete, konnte das Parteiensystem im Vergleich zu dem früheren starren Gefüge als »fluide« bezeichnet werden.

Die ökonomischen Probleme als neue Herausforderung für die Parteien

Das fluide Fünfparteiensystem des Jahres 2005 trug jedoch schon den Keim der Neustrukturierung in sich, was vor allem auf Veränderungen der Polarisierung zurückzuführen war. Zwar spielte der gesellschaftspolitische Konflikt zwischen libertären und autoritären Werten immer noch eine Rolle im Parteienwettbewerb, immer wichtiger wurde aber wieder die ökonomische Konfliktlinie: Wesentliche Veränderungen der Rahmenbedingungen durch einen verschärften Konkurrenzkampf im Zuge der fort schreitenden Globalisierung, die demographische Alterung der Gesellschaft und die vereinigungsbedingten finanziellen Lasten ließen den deutschen Sozialstaat zunehmend an die Grenzen seiner Finanzierbarkeit gelangen. Dies hat zu einer Wiederbelebung des Sozialstaatskonflikts geführt, der als Wertekonflikt um die Rolle des Staates in der Wirtschaft zwischen marktfreiheitlichen und an sozialer Gerechtigkeit orientierten Positionen ausgetragen wird.

Die besonderen Probleme der SPD

SPD und Union haben die Veränderungen der Realität zunächst längere Zeit ignoriert, dann haben beide Parteivorsitzenden versucht, ihre Parteien im Sozialstaatskonflikt neu zu positionieren, indem sie den Akzent der Sozial- und Wirtschaftspolitik von der staatlichen Intervention hin zu mehr Marktfreiheit verschoben. Letztlich konnten jedoch weder Gerhard Schröder noch Angela Merkel den Kurswechsel in ihren Parteien vollständig durchsetzen. Die Probleme Gerhard Schröders mit der SPD waren dabei besonders groß und führten letztendlich zu einer Strukturveränderung des Parteiensystems: Schon vor der – wegen der SPD-Probleme – vorgezogenen Bundestagswahl 2005 spaltete sich ein Teil der gewerkschaftsorientierten Parteilinken von der SPD ab, bildete die »Wahlalternative für Arbeit und soziale Gerechtigkeit« (WASG) und konnte ausgerechnet den früheren SPD-Vorsitzenden Oskar Lafontaine als Frontmann gewinnen. Die Führung der PDS erkannte schnell, dass die WASG ihr als Vehikel für die bisher nicht gelungene Westausdehnung dienen konnte, und beide Parteien schlossen sich nach teilweise schwierigen Verhandlungen schließlich Mitte 2007 zur neuen Partei »DIE LINKE« zusammen, die bei den Landtagswahlen 2008 im Westen Fuß fassen und bei der Bundestagswahl 2009 in allen Bundesländern gute Ergebnisse erzielen konnte.

Mit der Linken als bundesweit etablierter Konkurrenz zur SPD wurde die Grundlage für eine mögliche neue Asymmetrie zugunsten der Union gelegt. Die Vorteilsposition der Union wäre von der SPD bei der Bundestagswahl 2009 nur zu überwinden gewesen, wenn ihr personelles und inhaltliches Angebot an die Wähler das der Union weit übertroffen hätte, was jedoch nicht der Fall war. Daher fuhr die SPD ihr mit Abstand schlechtestes Ergebnis seit Bestehen der Bundesrepublik ein. Aber auch die Union musste das zweitschlechteste Ergebnis ihrer Geschichte hinnehmen. Beide Parteien konnten zusammen im Bundestag nur noch 61,9 % der Mandate erringen (Union 38,4 %, SPD 23,5 %), während die FDP auf 15 % kam.

Ausblick: Das Ende der Zweiparteiendominanz

Damit erfüllt das Parteiensystem zum ersten Mal seit Bestehen der Bundesrepublik nicht mehr die Kriterien eines Systems mit Zweiparteiendominanz. Mit der Wahl erfolgte ein Typwechsel zu einem pluralistischen Parteiensystem. (zur Typologie von Parteiensystemen vgl. Üb. 4 auf der Website). Diese Entwicklung ist nicht auf einen allgemeinen Niedergang der Volksparteien zurückzuführen, denn alle anderen Parteiensysteme mit Zweiparteiendominanz – wie z. B. Griechenland, Spanien, Portugal und das Vereinigte Königreich – haben keinen Typwechsel vollzogen. Auch in Deutschland bedeutet der bisherige Erosionsprozess noch nicht, dass damit schon das Ende der Volksparteien eingeläutet wäre. Dies zeigt allein schon die Tatsache, dass 2009 fast jeder zweite ehemalige Wähler der SPD und über drei Fünftel der ehemaligen CDU-Wähler zu den kurzfristig abgewanderten Wählern zu zählen sind, die weiterhin über eine langfristige Bindung an die jeweilige Partei verfügen und bei denen die Partei in der allgemeinen Bewertung weiterhin sehr gut abschneidet, so dass diese Wähler prinzipiell wieder für die Volksparteien mobilisierbar erscheinen. Auch wenn die Glanzzeiten der beiden Volksparteien vorbei sind, ist Deutschland von einem zersplitterten Parteiensystem mit fünf in etwa gleich starken Parteien noch weit entfernt. Zudem haben in neuester Zeit (2011) die Grünen die Führungsposition unter den kleinen Parteien übernommen.

Weiterführende Literatur

Decker, Frank/Neu, Viola (Hg.) (2007): *Handbuch der deutschen Parteien*, Wiesbaden: VS

Lexikon mit Kurzdarstellungen aller Parteien und einigen Querschnittsartikeln.

Falter, Jürgen W./Schoen, Harald (Hg.) (2005): *Handbuch Wahlforschung*, Wiesbaden: VS

Umfassendes Handbuch zu allen Aspekten der Wahlforschung.

Niedermayer, Oskar (Hg.) (1999 ff.): *Die Parteien nach der Bundestagswahl*, Opladen: Leske + Budrich.

Buchreihe mit Einzelportraits aller relevanten Parteien und einer Darstellung der Entwicklung des gesamten Parteiensystems; erschienen für die Bundestagswahlen 1998 bis 2009 (ab 2005 Wiesbaden: VS).

Niedermayer, Oskar (2008): *Parteiensysteme*, in: Gabriel, Oscar W./Kropp, Sabine (Hg.): Die EU-Staaten im Vergleich, Wiesbaden: VS (3., akt. u. erw. Aufl.), 351–388

Vergleichende Darstellung der Entwicklung der Parteiensysteme aller 27 EU-Staaten.

Roth, Dieter (2008): *Empirische Wahlforschung*, Wiesbaden: VS (2., aktualisierte Aufl.)

Gut verständliche Einführung in die Theorie und Praxis der Wahlforschung.

Kapitel 18

Medien

Die »vierte Gewalt«?

Jürgen Wilke

Die ergänzenden Materialien zu diesem Kapitel finden sich auf der Website: www.bpb.de/sozialkunde/medien

1 Die Vielfalt von Medien

Begriffsbestimmungen

Moderne Gesellschaften sind ohne technische Mittel der Kommunikation nicht denkbar. Diese Mittel werden heute üblicherweise als Medien bezeichnet. Allerdings wird dieser Begriff unterschiedlich weit oder eng definiert. Marshall McLuhan, ein berühmter Kommunikationstheoretiker des 20. Jahrhunderts, fasste darunter alle Erfindungen, die zur Überwindung menschlicher (Organ-)Mängel dienen, also z. B. auch die Eisenbahn, das Auto, die Uhr und das Geld (McLuhan 1968). Andere haben zwischen Primärmedien, Sekundärmedien und Tertiärmedien unterschieden (Pross 1972:127–262): Der ersten Gruppe werden die Formen des menschlichen Elementarkontaktes zugerechnet, also Gestik, Mimik, Laute, aber auch der Redner, der Demonstrant oder der Bote. Zur zweiten gehören die zur Kommunikation eingesetzten Mittel wie Bild, Sprache, aber auch Brief, Buch und Presse. Als tertiäre Medien gelten schließlich diejenigen, die auf der Sender- wie auf der Empfängerseite das Vorhandensein von Geräten voraussetzen, d. h. Telegrafie, Telefon, Radio und Fernsehen. Diese Systematik ist aber verwirrend, weil sie unterschiedliche Ebenen miteinander vermengt und beispielsweise Druck-(Print-)Medien und elektronische Medien trennt. Außerdem werden Arten von Zeichen selbst schon zu Medien erklärt.

Die Massenmedien

Enger und zweckmäßiger definiert ist der Begriff, wenn unter Medien lediglich die Mittel der Massenkommunikation* verstanden werden, also Presse, Film, Hörfunk und Fernsehen. Charakteristisch war für diese bis in die jüngste Zeit, dass Inhalte indirekt und einseitig mit Hilfe einer Vervielfältigungs- oder Übertragungstechnik (Druck, Funkwellen) an eine Vielzahl von verstreuten Empfängern verbreitet werden (disperses Publikum). Damit wurde eine kategoriale Trennlinie gezogen zwischen der medienvermittelten (Massen-)Kommunikation und der unmittelbaren persönlichen Kommunikation des Gesprächs (»face to face«). Demzufolge wäre auch das Telefon in seiner herkömmlichen Form nicht als »Medium« anzusehen, sondern bloß als eine Übertragungstechnik.

Die »neuen« Medien und das Internet als neuer Kommunikationsraum

Die Entwicklung der Informations- und Kommunikationstechnik hat diese Trennlinien jedoch inzwischen hinfällig werden lassen. Das betraf weniger noch die seit den 1970er-Jahren so genannten »neuen Medien«, also Kabel- und Satellitenrundfunk sowie Videotext* (heute Teletext*). Tief greifender war die Veränderung durch Personal Computer und das Internet, die seit den 1990er-Jahren hinzu traten. Dabei ist das Internet selbst weniger ein eigenes Medium als ein »Kommunikationsraum«, in dem verschiedene Kommunikationsmodalitäten Platz haben: Briefeschreiben (Email), Gespräch und Diskussion (Chatten), Spielen. Den klassischen Medien am nächsten steht das World Wide Web* (www) mit seiner mittlerweile unüberschaubaren Zahl von »Seiten«, die Botschaften auf unterschiedlichste Art – Text, Bild, Video, Audio – präsentieren und (über so genannte Links) miteinander verknüpfen. Damit wurde die Einseitigkeit der Massenkommunikation aufgehoben und ein interaktiver Umgang möglich. Nochmals gesteigert wurde diese Möglichkeit durch das 2004 eingeführte Web 2.0.* Jetzt können die Menschen im Netz durch Herstellung, Bereitstellung, Tausch und Weiterverarbeitung von Inhalten miteinander in Verbindung treten. Damit begann im Internet das Zeitalter des User Generated Content: Der Empfänger ist nicht mehr zur Passivität verurteilt, sondern kann selbst aktiv als »Sender« auftreten (z. B. als »Blogger«).

Medienkonvergenz als Folge der Digitalisierung

Einen weiteren Entwicklungsschub zieht die technische Digitalisierung* nach sich. Elektronische Signale, die bisher analog übertragen wurden, können in eine Folge binärer Zeichen (0 und 1) umgewandelt werden, sozusagen in ein »neues Alphabet«. Dies erlaubt eine störungsfreie Übertragung und somit eine Qualitätssteigerung. Darüber hinaus eröffnet die Digitalisierung die Chance, die übertragenen Signale zu reduzieren. Unwichtige Signale können weg gelassen werden. Auf diesem Wege kommt es zu einer Datenkompression, die den Kapazitäts- und Speicherbedarf von Übertragungswegen wesentlich verringert bzw. die Kanalkapazität erhöht. Schließlich ermöglicht die einheitliche »digitale Währung« die Zusammenführung der verschiedenen Kommunikationsmedien. Man spricht hier von Multimedia und Medienkonvergenz*. Dieser Konvergenz unterliegen nicht nur die klassischen Massenmedien, sondern auch andere Endgeräte, also Personal Computer, (Mobil-)Telefon sowie weitere Speicher wie MP3-Player, iPod, Smartphone, iPad.

2 Verbreitung und Nutzung der Medien

Die Bedeutung der Medien ergibt sich aus ihrer Verfügbarkeit und ihrer Nutzung. Radio- und Fernsehgeräte sind schon seit längerem in fast jedem Haushalt in Deutschland vorhanden, oft sogar mehrere davon, so dass Familienmitglieder auch unabhängig voneinander dazu Zugang haben. Erheblich gewandelt hat sich im letzten Jahrzehnt die Ausstattung mit anderen der Kommunikation dienlichen Geräten. Stark zugenommen hat die Zahl der Personal Computer (2009: 61 %) und der Laptops/Notebooks (39,3 %). Modems und Internet-Anschlüsse erreichten eine Verbreitung von 72 %. Zwei von fünf Bundesbürgern besitzen im Durchschnitt einen MP3-Player. Vor allem in Haushalten mit Jugendlichen hat es Entwicklungssprünge im Gerätebesitz gegeben (Klingler 2008). Über ein Handy verfügten 2008 95 % der 12- bis 19jährigen (1998: 8 %), über einen MP3-Player/iPod 86 % (1998: noch nicht erhoben), über einen CD-Player 76 % (1998: 31 %) und über einen Computer/Laptop 71 Prozent (1998: 35 %).

Die Veränderungen der Mediennutzung

Die Mediennutzung durch die Bevölkerung hat in Deutschland erheblich zugenommen und sie hat sich diversifiziert. Für den Konsum von Fernsehen, Hörfunk und Presse wurden 1988/89 im Durchschnitt täglich noch 330 Minuten aufgewandt, 2000 waren es 425 und 2009 480 Minuten, d. h. acht Stunden (das ist mehr als im Durchschnitt mit Schlafen verbracht wird) (Media Perspektiven: Basisdaten 2009). Diese Erhöhung ist im Wesentlichen auf die Erweiterung es Medienangebots durch private Programmanbieter seit den 1980er-Jahren zurückzuführen. Hinzu kommt heute die Nutzung des Internet und anderer Kommunikationsangebote. Im Internet surften die Bundesbürger 2009 täglich im Gesamtdurchschnitt 70 Minuten, im Jahr 2000 waren es erst 17 Minuten gewesen. Die durchschnittliche Verweildauer bei den tatsächlichen Internet-Nutzern betrug 2009 bereits 136 Minuten pro Tag. Eine weitere Steigerung ist zu erwarten.

Spezifische Züge weist wiederum die Mediennutzung von Kindern und Jugendlichen auf. Während sich das Fernsehen bei den 12- bis 19jährigen bisher noch behaupten konnte, haben die Printmedien deutlich an Nutzung verloren. Die tägliche Reichweite der Tageszeitungen ist bei den 14- bis 29jährigen von 72,3% (1980) auf 41,1% (2008) zurück gegangen. Aber auch die Zeitschriftenlektüre wird sporadischer. Es werden z. B. nicht mehr fortlaufend alle Ausgaben des »Spiegel« oder von »Bravo« gelesen. Allerdings werden gleichartige Angebote heute über das Internet rezipiert. Während auch die Radionutzung sinkt, steigt die Beliebtheit von Tonträgern (MP3-Player) und Videospeichermedien (DVD-Player) an.

3 Struktur und Organisation der Medien

Die Organisation von Medien ist grundsätzlich abhängig vom politischen System. In Diktaturen werden die Medien in der Regel vom Staat gelenkt, so wie es in Deutschland unter dem Nationalsozialismus oder in der DDR der Fall war. Anderswo in der Welt gibt es das auch heute noch, so in der Volksrepublik China, in Kuba oder Nordkorea. Ein ungehinderter Zugang zum weltweiten Internet ist in diesen Ländern beispielsweise nicht möglich. Auch autoritäre Regimes, die gesellschaftlich nur einen begrenzten Bewegungsspielraum erlauben, instrumentalisieren die Medien zu amtlichen Zwecken. Das ist noch in zahlreichen Entwicklungsländern in Afrika üblich. Demokratien basieren hingegen auf der Meinungs- und Pressefreiheit. Im Prinzip sollen sich alle Bürger(innen) an der Meinungsbildung beteiligen können und diese soll sich von unten nach oben vollziehen, vom Staatsvolk zu denjenigen, die (auf Zeit) die Herrschaft ausüben. Nach der liberalen abendländischen Tradition ist dies am ehesten durch eine privatwirtschaftliche, vom Staat unabhängige bzw. »staatsferne« Organisation zu erreichen. Deshalb gibt es in der Bundesrepublik Deutschland ein privatwirtschaftliches Pressewesen, das von Verlegern geführt und dessen Inhalte von Journalisten erarbeitet werden. Eine besondere Stellung haben die öffentlich-rechtlichen Sendeanstalten des Rundfunks, die erst in den 1980er-Jahren Konkurrenz von privaten Sendern bekamen (s. dazu weiter unten).

Presse

Die gedruckte Presse ist das älteste Medium der Massenkommunikation. Während die (Tages-)Zeitung vor allem für die allgemeine Unterrichtung der Bevölkerung sorgt, dient die zweite Pressegattung, die Zeitschrift, Zwecken der Unterhaltung und der fachlichen Information.

Drei Typen von Zeitungen sind in Deutschland zu unterscheiden: die lokale/regionale Abonnementzeitung, national verbreitete Zeitungen sowie Straßenverkaufszeitungen. Der erste Typ ist im föderalistischen Deutschland traditionell am weitesten verbreitet, hat noch eine hohe Titelvielfalt und macht etwa knapp drei Viertel der gesamten Tagesauflage aus. National verbreitete Zeitungen im Abonnementbezug gibt es dagegen nur wenige, streng genommen sind dies nur die »Frankfurter Allgemeine Zeitung« und »Die Welt« (mit dem insbesondere für junge Leser bestimmten Ableger »Welt Kompakt«). Der Auflagenanteil dieses Typs ist entsprechend gering (ca. 7%). Eine überregionale Verbreitung hat auch die »Süddeutsche Zeitung«. Sie wird aber überwiegend in München und in Bayern abgesetzt. Den dritten Typ, die Straßenverkaufszeitung, verkörpert in Deutschland vor allem die »Bild«-Zeitung, die allein eine Auflage von 2,9 Mio. Exemplaren täglich hat. Man spricht hier auch von »Boulevardzeitung«, weil das Blatt reißerisch aufgemacht ist und »Human Interest«-Themen in den Vordergrund stellt (Unglücke, Verbrechen, Prominenz, Sex etc.). Es macht sich populistisch für den »kleinen Mann« stark. Mit einigen weiteren lokal/regional verbreiteten Titeln besitzt die Straßenverkaufspresse einen Anteil von rund 20% an der Gesamtauflage der deutschen Tagespresse. In anderen, stärker zentralistisch ausgerichteten Ländern dominiert die Hauptstadt- oder überregionale Presse (z. B. Frankreich, Großbritannien). Auch die Boulevardzeitung hat anderswo einen noch höheren Stellenwert (z. B. in Großbritannien mit »The Sun« und »Daily Mail«). Ähnliches gilt für Sonntagszeitungen. Außer Sonntagsausgaben einiger Regionalblätter ist dieser Typ in Deutschland vor allem durch drei Titel vertreten, die »Frankfurter Allgemeine Sonntagszeitung«, die »Welt am Sonntag« und »Bild am Sonntag«. »Die Zeit« sieht im Format einer Zeitung ähnlich, ist aber wegen der wöchentlichen Erscheinungsweise den Zeitschriften zuzurechnen.

Im internationalen Vergleich ist die Leserdichte ein Maß für die Versorgung der Bevölkerung mit Zeitungen. Dabei liegt Deutschland mit seiner Leserdichte von 279 Zeitungsexemplaren pro tausend Einwohnern (2009) im Mittelfeld, vor den Ländern Südeuropas (z. B. Italien 94), aber hinter nordeuropäischen Ländern (z. B. Norwegen 538).

In die Zehntausende geht die Zahl der in Deutschland erscheinenden Zeitschriften. Bei den meisten handelt es sich um Fachzeitschriften für bestimmte Berufe, Spezialgebiete oder Teilgruppen der Gesellschaft. Von allgemeinerem Interesse sind die Publikumszeitschriften, die sich an größere Leserschaften wenden. Auch darunter gibt es zahlreiche Untertypen, z. B. Frauen- und Männerzeitschriften (z. B. »Brigitte«, »Men's Health«), Illustrierte und Modezeitschriften (z. B. »Bunte«, »Super Illu«, »Burda

Moden«), Kinder- und Jugendzeitschriften (z.B. »Micky Maus«, »Bravo«), Programmzeitschriften (z.B. »TV 14«, »Hörzu«), Motorzeitschriften (z.B. »ADAC Motorwelt«), Sportzeitschriften (z.B. »Kicker«), Computerzeitschriften (z.B. »Computer Bild«) etc. Von politischer Bedeutung sind die Nachrichtenmagazine (»Spiegel«, »Focus«, »Stern«).

Der öffentlich-rechtliche Rundfunk

Der Rundfunk (Hörfunk und Fernsehen) wurde in der Bundesrepublik Deutschland nach 1945 in öffentlich-rechtlicher Form organisiert (Wilke 1999). Dies geschah vor allem unter dem Einfluss der westlichen Besatzungsmächte. Man wollte einen Missbrauch des Mediums für Propaganda wie im Dritten Reich künftig ausschließen und orientierte sich am Vorbild der British Broadcasting Corporation (BBC). Ein privatwirtschaftlicher Rundfunk, wie er in den Vereinigten Staaten besteht, war aus mehreren Gründen zunächst ausgeschlossen, u.a. wegen fehlender Sendefrequenzen. Gewollt war aber ein staatsferner Rundfunk. Deshalb wurde für die zunächst sechs in den Besatzungszonen errichteten Rundfunkanstalten eine Form der gesellschaftlichen Kontrolle eingeführt. Die Aufsicht üben Gremien aus, die pluralistisch aus Vertretern verschiedener gesellschaftlicher Gruppen zusammengesetzt sind. Im Rundfunkrat, der die Programmkontrolle ausübt, sind die Parteien, Religionsgemeinschaften, Gewerkschaften, Verbände und Bildungseinrichtungen vertreten. Zugleich erhielten die Sender einen Programmauftrag, der Information, Unterhaltung und Bildung einschließt. Zur Finanzierung werden Gebühren erhoben, in begrenztem Umfang betreiben die Anstalten auch Werbung.

Insgesamt gibt es heute in Deutschland 12 öffentlich-rechtliche Rundfunkanstalten: Bayrischer Rundfunk (BR), Hessischer Rundfunk (HR), Mitteldeutscher Rundfunk (MDR), Norddeutscher Rundfunk« (NDR), Rundfunk Berlin Brandenburg (RBB), Radio Bremen (RB), Saarländischer Rundfunk (SR), Südwestrundfunk (SWR), Westdeutscher Rundfunk (WDR). Die Landesrundfunkanstalten sind in der ARD zusammengeschlossen (= Arbeitsgemeinschaft der öffentlich-rechtlichen Rundfunkanstalten in Deutschland). Hinzu kommen das Zweite Deutsche Fernsehen (ZDF) und Deutschlandfunk/Deutschlandradio mit landesweiter Zuständigkeit sowie die Deutsche Welle (DW), deren Programme sich an Zuhörer und Zuschauer im Ausland richten. Wenngleich die öffentlich-rechtliche Organisationsform bis heute Bestand hat, so ist sie doch nicht unumstritten geblieben: Kritik entzündet(e) sich am durchaus vorhandenen Staatseinfluss (bei der Besetzung von Leitungspositionen wie

z. B. dem Chefredakteur), an mangelnder politischer Ausgewogenheit (z. B. in Magazinen wie »monitor«), am Umgang mit Gebührengeldern, an der wachsenden Kommerzialisierung (Einschaltquoten) und der Marktmacht insgesamt.

Die privaten Rundfunksender

Einen privatwirtschaftlichen Rundfunk gab es in der Bundesrepublik Deutschland zunächst nicht. Dafür fehlten die technischen, rechtlichen und wirtschaftlichen Voraussetzungen. Die begrenzte Zahl vorhandener terrestrischer Frequenzen verhinderte die Etablierung konkurrierender Sender. Als Mitte der 1970er-Jahre neue Übertragungstechniken verfügbar waren (Kabel, Satellit), nahte jedoch das Ende der Frequenzenge. Damit erwuchs die Möglichkeit, auch privatwirtschaftliche Hörfunk- und Fernsehanbieter zuzulassen. Davon wurde in der Bundesrepublik Deutschland jedoch nur zögerlich und unter Widerständen Gebrauch gemacht. Die Gegner einer solchen Öffnung befürchteten eine Programmverflachung und Reizüberflutung mit seichten Unterhaltungsprogrammen. Andererseits war eine ausschließliche Beibehaltung des öffentlich-rechtlichen Systems nicht tunlich, zumal wegen der im Grundgesetz (neben der Meinungs- und Pressefreiheit) eigens garantierten Rundfunkfreiheit.

Der Beginn des dualen Rundfunksystems

Erst 1984, mit dem Ludwigshafener Kabelpilotprojekt, begann die Zulassung eines privaten Rundfunks und damit die Etablierung des dualen Rundfunksystems* in Deutschland. Dieses umfasst heute neben den öffentlich-rechtlichen Anstalten eine Vielzahl von Radio- und Fernsehangeboten. Dazu gehören neben den großen Vollprogrammen von RTL, SAT.1, und ProSieben weitere Kanäle (Kabel 1, RTL II, Vox), Spartensender für Nachrichten (ntv, N24), für Sport (Sport 1, Eurosport) sowie für Musik und Videoclips (VIVA, VH1). Nicht zu vergessen sind regionale TV-Angebote und gemeinnützige Offene Kanäle*, in denen Bürgerinnen und Bürger selbst Sendungen produzieren können. Zahlreich sind auch in den Bundesländern die privaten Radios, die teils länderweit senden (z. B. Radio Schleswig Holstein, Radio FFH), teils regionale und lokale Sendegebiete abdecken (z. B. Radio Regenbogen in Mannheim, Radio Charivari in München).

Vor der Einführung des privaten Fernsehens verteilte sich das TV-Publikum in der Bundesrepublik Deutschland auf drei Fernsehprogramme, das erste und die dritten (der ARD) sowie das zweite (des ZDF). Durch das private Fernsehen haben sich die Zuschauer auf mehr Kanäle verstreut, es ist zu einer Segmentierung des Publikums gekommen. Die Reichweiten der vier großen Vollprogramme liegen im Jahresdurchschnitt heute nur noch zwischen ca. sieben und 14% (früher waren es mehr als 40% bei ARD und ZDF). Dennoch beschränken sich die meisten Zuschauer auf wenige Programme. Knapp ein Drittel der Bundesbürger nutzt nur einen Kanal, knapp zwei Drittel drei Kanäle, nur die anderen noch mehr. Aufgespalten hat sich die TV-Nutzung zwischen den Generationen. Junge Menschen präferieren Programme der privaten Anbieter, ältere die der öffentlich-rechtlichen Anstalten.

Der Niedergang des Kinofilms

Der Kinofilm litt seit den 1960er-Jahren unter der Ausbreitung des Fernsehens. In der Nachkriegszeit hatte dieses Medium für die Befriedigung der Unterhaltungsbedürfnisse der Menschen noch großen Anklang gefunden. Diese Funktion ging dann zunehmend auf das Fernsehen über. Es kam zu einer Film- und Kinokrise. Diese betraf alle drei Bereiche der Filmwirtschaft: die Filmproduktion, den Filmverleih und die Kinotheater. Dabei wuchs der Anteil ausländischer, insbesondere amerikanischer Filme, die in Deutschland vorgeführt werden. Ging noch 1961 ein Fünftel der Bundesbevölkerung zumindest einmal im Jahr ins Kino, schwankt deren jährlicher Anteil seit Mitte der 1970er-Jahre zwischen 6 und 8%.

Dem Niedergang des Kinofilms hat man in Deutschland auf mehrfache Weise zu begegnen gesucht. Einerseits durch die Filmförderung, die die Produktion wirtschaftlich erfolgreicher und künstlerisch wertvoller Filme ermöglichen soll. Zum anderen wurden Großkinos gebaut, die so genannten Multiplexe, in denen zahlreiche Vorführsäle ein breites Programm von Filmen anbieten. Diese Kinos tragen der Tatsache Rechnung, dass überwiegend Jugendliche und junge Erwachsene ins Kino gehen. Sie wollen dort mit Freunden und Freundinnen zusammen sein. Überdies sind andere Präsentations- und Vertriebswege von Filmen hinzu getreten. Anfänglich waren dies Videorecorder und VHS-Bänder, deren Ära jedoch 2008 zu Ende ging. An ihre Stelle sind DVD-Spieler und DVDs als Trägermedium getreten. Damit kann man Filme auch zuhause sehen. Das hat auch den Verkauf und den Verleihmarkt für Filme verändert (Turecek/Bärner/Roters 2009).

Telemedien und Online-Medien

Durch die technische Entwicklung sind neben den klassischen Massenmedien so genannte Telemedien* entstanden, worunter eine Vielzahl elektronischer Informations- und Kommunikationsdienste fallen. Nicht zu verwechseln sind sie mit den Telekommunikationsdiensten herkömmlicher

Art (Telefon, Fax). Die Telemedien basieren nahezu alle auf dem Internet und werden deshalb auch Online-Medien genannt. Es handelt sich beim Internet um ein ausgedehntes elektronisches Netzwerk, das ursprünglich militärischen Zwecken diente und seit den 1990er-Jahren der Allgemeinheit zur Verfügung steht. Zu den Telemedien gehören heute beispielsweise Webshops (amazon.de etc.), Online-Auktionshäuser (ebay.de etc.), Suchmaschinen (google.de etc.), Webmail-Dienste (freenet.de, gmx.de etc.), Chatrooms und Webportale (www.gesundheit.de. etc.). So weit es sich nicht um Rundfunk handelt, sind Telemedien nicht zulassungsbedürftig und können privatwirtschaftlich betrieben werden.

Computertechnik und Internet haben jedenfalls den Anlass gegeben zu zahlreichen unternehmerischen Neugründungen – so genannten »Start ups«. Manche davon wurden zu Großunternehmen, wie der Software-Konzern Microsoft, die Suchmaschinen Google und Yahoo, soziale Netzwerke wie Facebook und Myspace, der Kurznachrichtendienst Twitter, Online-Shops wie Amazon oder Ebay. Durch das Web 2.0 ist es schließlich möglich geworden, dass jede(r) Einzelne im Internet als Anbieter auftreten kann, sei es durch Verfassen von Texten (als Blogger), sei es durch das Einstellen von Fotos und Videos (z. B. bei Youtube). Ein Musterfall kollaborativer Produktion ist die Online-Enzyklopädie Wikipedia. Hinsichtlich der Technik zu unterscheiden sind noch IPTV und Web-TV. IPTV bedeutet Fernsehen, das im Internet-Protokoll über ein breitbandiges Datennetz übertragen wird und auf den Bildschirm eines Fernsehgeräts gespielt wird. Fernseh- und Videoangebote, die für den Empfang mittels PC produziert werden, sind als Web-TV einzustufen.

Video- und Computerspiele

Video- und Computerspiele sind ein interaktives Medium, bei dem ein oder mehrere Personen an Bildschirmen nach bestimmten Regeln Spiele spielen. Mit der Verbreitung von Personal Computern haben diese Spiele insbesondere im Leben von Jugendlichen eine immer größere Bedeutung gewonnen. Bereits im Jahr 2001 übertrafen in den USA die Einnahmen der Computerspiel-Industrie mit 9,4 Milliarden US-Dollar die Umsätze der Filmindustrie. Im Jahr 2008 war Deutschland in Europa der drittgrößte Markt für Computer- und Videospiele mit einem Jahresumsatz von 1,57 Milliarden Euro. Sowohl die Plattformen als auch die Arten von Videospielen haben sich diversifiziert. Am Anfang standen einfache Telespiele (Atari 2006, Super Nintendo). Neben den PC traten dann Spielkonsolen als Play Station. Weitere Play Stations sind heute das Internet, so genannte Handhelds und auch das Mobiltelefon.

4 Rechtliche Rahmenbedingungen der Medien

Presse- und Informationsfreiheit

Kommunikation über Medien verlangt auch in der Demokratie einen Rechtsrahmen. Die Grundlage dafür bildet in Deutschland das Grundgesetz. Art. 5 hat folgenden Wortlaut:

1. Jeder hat das Recht, seine Meinung in Wort, Schrift und Bild frei zu äußern und zu verbreiten und sich aus allgemein zugänglichen Quellen ungehindert zu unterrichten. Die Pressefreiheit und die Freiheit der Berichterstattung durch Rundfunk und Film werden gewährleistet. Eine Zensur findet nicht statt.
2. Diese Rechte finden ihre Schranken in den Vorschriften der allgemeinen Gesetze, den gesetzlichen Bestimmungen zum Schutze der Jugend und in dem Recht der persönlichen Ehre.

In der Bundesrepublik Deutschland herrscht damit grundsätzlich Pressefreiheit (in einem Ausmaß, wie nie zuvor in der deutschen Geschichte). Die Informationsfreiheit garantiert auch den freien Zugang zum Empfang der Medien. Ferner sind Rundfunk- und Filmfreiheit eigens gewährleistet. Eine vorherige amtliche Kontrolle von Veröffentlichungen ist untersagt (Vor-Zensur). Schranken der Pressefreiheit liegen in den Gesetzen, die allgemeine Rechtsgüter schützen. So dürfen die Medien nicht zur Verleumdung, zur üblen Nachrede und zur Beleidigung (Schmähkritik) verwendet werden. Das Grundgesetz räumt der persönlichen Ehre eine besondere Rolle als Schranke der Pressefreiheit ein. Gleichwohl kann mit der Berufung darauf nicht jegliche öffentliche Erörterung auch von persönlichen Belangen – zumal von Politikern und sonstigen Prominenten – unterbunden werden. Zwischen dem öffentlichem Interesse und dem Schutz der Privatsphäre, zwei gleichermaßen legitimen Prinzipien, entzünden sich immer wieder Konflikte. Das betrifft insbesondere prominente Politiker, Filmstars, aber auch Privatleute, die öffentliche Aufmerksamkeit auf sich ziehen. Prinzessin Caroline von Monaco hat mit einigem Erfolg dazu in Deutschland mehrere Gerichtsverfahren angestrengt (sog. »Caroline-Urteile«).

Gesetzliche Regelungen im Rundfunkbereich

Die öffentlich-rechtlichen Landesrundfunkanstalten basieren in der Bundesrepublik Deutschland auf Landesgesetzen bzw. (soweit mehrere Länder beteiligt sind) auf Staatsverträgen. Darin sind ihr Programmauftrag und ihre innere Kontrolle festgelegt. Für den privaten Rundfunk wurden Landesmediengesetze geschaffen. Sie enthalten Bestimmungen über die Zulassung und Kontrolle privater Programmveranstalter. Die Kontrolle, die durch die Landesmedienanstalten ausgeübt wird, ist beschränkt auf Einhaltung von Werberegeln und auf bestimmte Programmvorschriften. Laut Bundesverfassungsgericht müssen die privaten Sender nur einen »Grundstandard« bieten, während die öffentlich-rechtlichen zu einer »Grundversorgung« verpflichtet sind, die auch die Berücksichtigung von Minderheiten einschließt. Zur Vereinheitlichung des Rundfunkrechts haben die Bundesländer erstmals 1987 einen Staatsvertrag geschlossen. Dieser wird seitdem in immer kürzeren Abständen den technischen Veränderungen angepasst.

Der Jugendschutz als Schranke der Medienfreiheit

Das Grundgesetz hebt durch ausdrückliche Nennung den Jugendschutz als wichtige Schranke der Medienfreiheit hervor. Im Prinzip ist unstrittig, dass Kinder und Jugendliche im Sinne einer gedeihlichen Entwicklung vor schädlichen Medieneinflüssen – beispielsweise durch Gewaltdarstellungen, Pornografie und politischen Extremismus – bewahrt werden sollen. Durch die jüngste Entwicklung der Medien ist diese Aufgabe schwieriger, aber dadurch nur noch bedeutsamer geworden. Im Jahre 2003 wurde die Zuständigkeit dafür neu aufgeteilt. Das vom Bund erlassene Jugendschutzgesetz betrifft alle Trägermedien (d. h. Schriften, Filme, Kassetten). Den Jugendschutz in den elektronischen Medien (Telemedien) haben die Bundesländer 2003 in einem eigenen Jugendmedienschutz-Staatsvertrag geregelt, der wiederholt geändert wurde.

Insbesondere durch das Internet ist die Sicherung des Jugendschutzes schwieriger geworden. Nationale Rechtsvorschriften lassen sich in der weltweiten Vernetzung heute kaum mehr durchsetzen. Zudem gibt es in der »Netzgemeinde« erhebliche Widerstände gegen jegliche Einschränkungen. Umso wichtiger erscheinen vorbeugende Maßnahmen. Ihnen liegen staatliche, gesellschaftliche oder individuelle Initiativen zugrunde. Jugendschutz.net wurde 1997 von den Jugendministern der Bundesländer gegründet, um Angebote im Internet zu überprüfen und einzustufen. Der Jugendmedienschutz-Staatsvertrag hat die Kommission für Jugendschutz (KJM) als Organ der Landesmedienanstalten ins Leben gerufen. Sie überprüft den privaten Rundfunk und die Telemedien anhand von grundlegenden gesellschaftlichen Wertekriterien (Menschenwürde, Sozialverträglichkeit). Andere Projekte wenden sich an die Eltern oder sollen Kindern und Jugendlichen Medienkompetenz vermitteln. Speziell für Kinder wurde eine Datenbank erstellt, die als unbedenklich eingestufte

Internetseiten verzeichnet. Das Deutsche Kinderhilfswerk hat ein werbefreies Videoportal für Kinder gestartet (www.clipklapp.de). Eltern stehen zudem Filterprogramme und technische Mittel der Sperrung von Inhalten zur Verfügung. Ein Gesetz zur Sperrung von Kinderpornografie wurde vom Deutschen Bundestag 2008 beschlossen, hatte vor dem Bundesverfassungsgericht aber keinen Bestand.

5 Funktionen und Probleme der Medien

Unter Funktionen versteht man Leistungen, die Institutionen oder Organisationen zur Bestandserhaltung der Gesellschaft oder ihrer Teilsysteme beitragen. Dabei wird unterschieden zwischen »manifesten« Funktionen, also solchen, die bewusst und offensichtlich sind (wie Information, Beratung), und »latenten« Funktionen, die unbewusst sind und/oder nicht direkt beobachtet werden können (wie Selbstbestätigung; Wirklichkeitsflucht). Die Medien erfüllen Funktionen in beiderlei Hinsicht. Sie dienen dazu, Probleme zu lösen, werfen ihrerseits aber selbst wiederum Probleme auf.

Die Rolle der Medien im Bereich der Politik

Medien erfüllen grundlegende Funktionen für politische Systeme. Dies gilt insbesondere für Demokratien. Erwartet wird von ihnen, dass sie die Bürger (zutreffend) unterrichten, durch Kritik und Diskussion zu deren Meinungsbildung beitragen und damit Partizipation ermöglichen. Nach einer Formel des Bundesverfassungsgerichts sind Medien sowohl Vermittler als auch Faktor der öffentlichen Kommunikation und sollen einen vielfältigen Meinungsmarkt herstellen.

Inwieweit die Medien diese Funktionen tatsächlich erfüllen, ist strittig. Solange sie durch Zensur und andere Maßnahmen kontrolliert werden konnten, waren sie der Dominanz der politischen Herrschaft unterworfen. Durch die Expansion und den Bedeutungsgewinn sind die Medien jedoch zunehmend aus ihrer untergeordneten Rolle herausgetreten.

Einerseits werden Indizien deutlich, dass die Medien immer mehr Einfluss auf die Politik gewinnen. Politische Entscheidungen, so wird argumentiert, würden nicht mehr nach der politischen Sachlogik getroffen, also je nach dem, welche Mittel bestimmte Zwecke erfordern (z.B. in der Gesundheitspolitik, der Sozialpolitik, der Außenpolitik usw.); ausschlaggebend sei vielmehr die Medienlogik mit ihren Aufmerksamkeitswerten. Neben die Herstellung politischer Entscheidungen (»Herstellungspolitik«)

sei deren Vermittlung in der Öffentlichkeit (»Darstellungspolitik«) immer wichtiger geworden (Sarcinelli 2009). Es reicht nicht, ein Gesetz beispielsweise zur Gesundheitsreform oder ein Neubauprojekt zu beschließen. Diese Entscheidungen müssen vielmehr auch mit Kommunikationsmaßnahmen »verkauft« werden (Pressekonferenzen, Pressemeldungen, Interviews, Talkshow-Auftritte etc.).

Deshalb ist von einer »Mediatisierung« der Politik die Rede und von einem »symbiotischen« Verhältnis von Politik und Medien. Mitunter werden die Medien auch als »vierte Gewalt« (im Englischen: »fourth estate«) bezeichnet und den drei klassischen Staatsgewalten (Legislative, Exekutive, Jurisdiktion) hinzugefügt. Diese Gleichsetzung mit den konstitutionellen und durch den Volkswillen demokratisch legitimierten Gewalten ist aber problematisch, gerade weil die Medien staatsfrei sein sollen. Allenfalls im metaphorischen Sinne kann man den Begriff »vierte Gewalt« gebrauchen, um die Macht der Medien zu unterstreichen. Andere gehen heute so weit, von einer »Mediokratie«, ja einer »Kolonisierung« der Politik durch die Medien zu sprechen (Meyer 2001). Das erscheint in Deutschland zumindest bisher noch übertrieben und verkennt, dass innerhalb politischer Institutionen (z.B. im Bundestag und in den Parteien) durchaus noch nach politischen Prioritäten verhandelt und entschieden wird. Anderswo ist der beschriebene Prozess aber weiter fortgeschritten. Beispielsweise in Italien, wo mit Silvio Berlusconi ein erfolgreicher Medienunternehmer Regierungschef wurde.

Die Instrumentalisierung der Medien durch die politischen Akteure

Dennoch suchen auch hierzulande die politischen Akteure ihre Macht gegenüber dem Mediensystem zu behaupten. Der klassische Weg über die Medienpolitik (Ordnungspolitik) bietet dazu wegen der Garantie der Kommunikationsfreiheiten nur begrenzte Möglichkeiten. Am wenigsten gibt es diese wegen der Freiheitsgarantie bei der Presse, am ehesten noch im (öffentlich-rechtlichen) Rundfunk. Umso wichtiger geworden sind Öffentlichkeitsarbeit und politische PR. Abteilungen und Personal für solche Aufgaben sind auf Regierungs-, Partei- und Organisationsebene heute gängig. Dabei machen sich diese außer den herkömmlichen publizistischen Medien inzwischen auch das Internet zunutze. Insbesondere Wahlkämpfe sind heute stark an den Erfordernissen der Medien ausgerichtet, wofür eigene medienerfahrene Berater, so genannte »spin-doctors«, angestellt werden, die im Hintergrund »die Fäden spinnen«. Beispielgebend gewesen sind hierfür die Vereinigten Staaten und in Europa Großbritannien.

Die problematischen Wirkungen der Massenmedien

Kritisch wird ferner diskutiert, ob die Medien ein zutreffendes und verlässliches Bild der Realität wiedergeben und ob sie das Meinungsspektrum der Gesellschaft hinreichend abbilden. Zweifel daran bestehen wegen der Auswahl der Informationen nach aufmerksamkeitsträchtigen Ereignismerkmalen bzw. so genannten Nachrichtenfaktoren. Dazu zählen u. a. die Personalisierung, die politische oder kulturelle Nähe, die Präferenz für Prominenz und Elite-Personen, auch für Elitenationen. Als besonders problematisch gilt die Bevorzugung von Skandalen, Konflikten, Schäden und Unglücksfällen, also von negativen Ereignissen. Deshalb hat man den Massenmedien auch vorgeworfen, sie seien schuld an Politikverdrossenheit und einem negativen Weltbild. Sie trügen zu einer Entfremdung zwischen Bürgern und politischem System bei und schwächten das Vertrauen in die Kompetenz der politischen Akteure. Das könne wiederum zu schwindender Wahlbeteiligung oder zum Abwandern in Protestaktionen führen.

Die Nachrichtenauswahl wird aber auch durch die Berufsauffassung und die persönlichen Merkmale, Einstellungen und Meinungen der Journalisten beeinflusst. Viele von ihnen wollen nicht nur informieren, sondern auch Kritik üben. Grundsätzlich neigen Journalisten dazu, Informationen, die mit ihren Überzeugungen übereinstimmen, zu betonen oder hochzuspielen, Informationen, die gegen diese sprechen, aber herunterzuspielen oder zu unterdrücken (»instrumentelle Aktualisierung«).

Perspektiven der weiteren Medienentwicklung

Die politischen Funktionen der Medien sind in Deutschland (wie in anderen Ländern) nicht unberührt geblieben von der fortschreitenden Kommerzialisierung. »Infotainment« und »Boulevardisierung« bezeichnen den Trend zur Vermischung von Information und Unterhaltung. Während dergleichen in Teilen der Presse bisher schon präsent war, in Straßenverkaufszeitungen wie der »Bild«-Zeitung und in der so genannten »Regenbogenpresse«, hat dies inzwischen auch im Fernsehen Einzug gehalten. Und zwar nicht nur bei den Privatsendern, in Nachrichtensendungen ebenso wie in anderen Formaten des so genannten »Reality TV«. Tendenzen zur Boulevardisierung sind vielmehr auch im öffentlich-rechtlichen Fernsehen zu beobachten.

Wie kann den zuvor beschriebenen Problemen der politischen Funktionserfüllung der Medien begegnet werden? Gewiss lassen sich Erscheinungen der Mediatisierung* der Politik kaum mehr rückgängig machen. Und auch Postulate allein, sei es an die Politiker, die Journalisten und die Mediennutzer, werden nicht viel fruchten. Dennoch hängt von dem Verhalten aller drei Gruppen Entscheidendes ab. Die politischen Akteure selbst sind gefragt, inwieweit sie sich einem Diktat der Medien und ihrer Formate unterwerfen. Andererseits sind die Journalisten zur Wahrung ihrer professionellen Normen und zu einem demokratisch funktionsgerechten Rollenverständnis aufgerufen. Das erfordert auch, nicht bloß die Botschaften der Öffentlichkeitsarbeit und PR weiterzugeben, die jeweils Eigeninteressen verfolgen. Die Konkurrenz des Internet und die damit zusammenhängenden ökonomischen Probleme (s. dazu weiter unten) bergen die Gefahr des Verlusts an professioneller journalistischer Qualität. Das »Blogging« oder auch eine Plattform wie Wikileaks sind zu einer Herausforderung für den herkömmlichen Journalismus geworden. Jeder kann heute selbst im Internet Informationen verbreiten, Kommentare und Bewertungen abgeben. Dabei steht jedoch in Frage, wie verlässlich und vertrauenswürdig diese sind.

Die wirtschaftlichen Probleme der Medien

Die wirtschaftlichen Probleme der Medien sind mehrdimensional. Zum einen sind Medien selbst (auch) wirtschaftliche Unternehmen. Die Presse ist in Deutschland privatwirtschaftlich organisiert und finanziert sich herkömmlich aus zwei Quellen: dem Vertrieb und den Anzeigen. Die Anzeigen sind in einer Marktwirtschaft ein wichtiges Mittel zur Regulierung von Angebot und Nachfrage. Ohne sie würde es an Wettbewerb und Markttransparenz fehlen. Die Kombination der beiden Erlösarten (»Kuppelprodukt«) wurde erst im 19. Jahrhundert üblich und hat die Massenpresse hervorgebracht, denn die Anzeigenerlöse ermöglichen Verkaufspreise unterhalb der Produktions- und Vertriebskosten. Damit werden Zeitungen für eine breitere Leserschaft erschwinglich und große Auflagen möglich. Im Prinzip gilt das auch für Zeitschriften, zumindest für die populäre Publikumspresse.

Der Rückgang des Anzeigengeschäfts und der Auflagen der Tagespresse

Die Anzeigen bergen aber auch Probleme. Ihretwegen ist die (Tages-)Presse abhängig von der konjunkturellen Entwicklung. Zeiten der Prosperität wirken sich positiv auf Werbung und Anzeigen aus. Das kommt dann auch der Presse zugute. In Zeiten der Stagnation oder Rezession werden die Werbebudgets in der Regel aber gekürzt, worunter dann auch die Presse leidet. So geschah es zu Anfang des neuen Jahrtausends, nach dem Platzen des durch das Internet entstandenen »Neuen Marktes« (auch »Dotcom-Blase« genannt). Nach einer gewissen Erholung gingen die Werbeinvestitionen infolge der Finanz- und Wirtschaftskrise erneut zurück (2009: minus 6 %).

Neben die konjunkturellen sind strukturelle Probleme getreten. Zunehmend sind Anzeigen aus den Printmedien in das Internet abgewandert. Das gilt insbesondere für die klassischen Rubrikenmärkte. Von 1994 bis 2006 sind 60% der Stellenanzeigen, 40% der Immobilienanzeigen und ein Drittel der KfZ-Anzeigen ins Internet eingestellt worden. Damit werden der gedruckten Tagespresse wichtige Einnahmen entzogen.

Üblicherweise finanzierten sich die Tageszeitungen bis in die 1990er-Jahre zu einem Drittel aus Verkaufs- und zu zwei Dritteln aus Anzeigenerlösen. Dieses Verhältnis hat sich inzwischen zu hälftigen Anteilen verschoben. Zudem gehen die Zeitungsauflagen wie auch in anderen Ländern langsam, aber kontinuierlich zurück. 1989 betrug die Verkaufsauflage der Tageszeitungen in Deutschland noch 20,3 Millionen Exemplare, stieg nach der Wiedervereinigung bis 1995 auf 25,0 Millionen (1995) und sank dann bis 2008 wieder auf 20 Millionen Exemplare, also so viele, wie in der alten Bundesrepublik vor der Wiedervereinigung. Die Tagespresse erreichte 2009 noch 71,4% der Bundesbürger (7% weniger als 1996). Seit längerem rückläufig ist das Zeitungslesen vor allem bei jungen Menschen. Die höchste Reichweite verzeichnet die Tageszeitung bei den 60- bis 69-Jährigen (2009: 83%).

Die Notwendigkeit von Kosteneinsparungen und neuen Geschäftsmodelle

Bedingt durch die finanziellen Einbußen sehen sich die Tageszeitungen gezwungen, ihre publizistischen Leistungen zu reduzieren (Wilke 2006): Seitenumfänge wurden verringert, Zeitungsausgaben fusioniert, auf Journalisten und Mitarbeiter(innen) verzichtet, Teilleistungen zentralisiert oder in andere Betriebe ausgelagert. Die Informations- und Meinungsvielfalt (vor allem im lokalen Bereich) droht weiter abzunehmen. Daher suchen die Zeitungs- und Zeitschriftenverlage nach anderen, zusätzlichen Einnahmen und Geschäftsmodellen. Mehrere Zeitungen vertreiben auch Bücher, DVDs und andere Produkte.

Die Zeitungsverlage begannen in den 1990er-Jahren mit dem Aufbau von Internet-Auftritten. Sie taten dies zunächst zögerlich, mit begrenzten Mitteln. Während sich manche damit begnügten, ihre Produkte unverändert auch online zu stellen, investierten andere mehr und bauten eigenständige Internet-Portale auf. Alle Tageszeitungen haben heute eigene Websites. Besonders aufwändig sind diejenigen der »Bild«-Zeitung (bild.de) und des Nachrichtenmagazins »Spiegel« (spiegel.de). Inzwischen haben sich die Zeitungsportale weiterentwickelt. Dennoch lassen sich dadurch für die Presse bisher zumeist keine großen Erträge erzielen. Im Internet herrscht bisher eine Kostenlos-Mentalität. Die Bereitschaft der User, für

Angebote zu zahlen, ist gering, zumal bei Inhalten, die woanders kostenlos zu bekommen sind. Nur bei der Erfüllung spezieller Bedürfnisse ist das anders. Um das Internet für sich zu nutzen, drängen die Presseverlage insbesondere darauf, die Online-Aktivitäten der öffentlich-rechtlichen Rundfunkanstalten zu begrenzen. Sie erheben den Anspruch, für »elektronische Presse« zuständig zu sein. Damit haben sie sich aber nicht durchsetzen können.

Die Einnahmen der öffentlich-rechtlichen Rundfunkanstalten

Weitgehend wirtschaftlich sorgenfrei können die öffentlich-rechtlichen Rundfunkanstalten dank ihrer Gebühreneinnahmen von gegenwärtig gut 7 Milliarden Euro pro Jahr agieren. Künftig soll an die Stelle des gerätebezogenen Gebühreneinzugs eine Haushaltsabgabe treten. Hinzu kommen noch Anzeigeneinnahmen. Allerdings haben diese infolge der Zulassung privater Programmanbieter abgenommen. Deswegen verlangen die Landesrundfunkanstalten der ARD und das ZDF auch immer wieder, dass die Gebühren erhöht bzw. – wie sie selbst sagen – angepasst werden. Letztlich müssen die Parlamente der Bundesländer über solche Erhöhungen beschließen. Um trotzdem die gebotene Staatsfreiheit des Rundfunks zu gewährleisten, wurde ein kompliziertes Verfahren ersonnen, in dem die Kommission zur Ermittlung des Finanzbedarfs der öffentlich-rechtlichen Rundfunkanstalten (KEF) das Ausmaß der Gebührenerhöhung ermittelt und vorschlägt. Die beträchtlichen Gebühreneinnahmen ermöglichen es den öffentlich-rechtlichen Rundfunkanstalten, mehr als 60 Radio- und mehr als 20 Fernsehprogramme zu veranstalten. Außerdem nutzen sie inzwischen ebenfalls das Internet, nicht nur für sendungsbegleitende Informationen, sondern auch für Zusatzangebote. Sie berufen sich dabei auf die ihnen vom Bundesverfassungsgericht zugestandene Bestands- und Entwicklungsgarantie. Die beiden Hauptprogramme, das Erste und das Zweite, haben so genannte Mediatheken eingeführt, über die man Teile ihres Programms befristet auch zeitversetzt abrufen kann (Video on Demand*).

Die Finanzierungsbedingungen der privaten Sender

Die seit den 1980er-Jahren in Deutschland entstandenen privaten Rundfunkanbieter müssen sich ganz aus Werbeeinnahmen finanzieren, verfügen aber auch über zusätzliche Erträge (Programmverkäufe, Shopping). Tatsächlich hat sich durch sie der Werbemarkt in Deutschland beträchtlich vergrößert. Da die Preise für die Werbespots von der Zahl der Zuschauerkontakte abhängig sind, müssen die privaten Anbieter publikumsattraktive Programme bieten. Deshalb haben sie eine strenge Programmformatierung und neue Programmformate eingeführt. Vor allem die privaten Radios gestalten ihren Programmablauf zum »Durchhören« ganz nach bestimmten »Musikfarben«: Es dominieren Adult Contemporary (AC) und Contemporary Hit Radio (CHR). Die privaten Fernsehprogramme führten Talkshows ein, wiederbelebten das Quiz (»Wer wird Millionär?«), setzten auf in- und ausländische Serien und entwickelten vor allem Reality TV- und Casting-Sendungen (z. B. Big Brother, Dschungelcamp, Bauer sucht Frau, Germany's Next Top Model). Die Letzteren bieten oft Anlass für Kritik und öffentliche Entrüstung.

Die Konkurrenz im dualen Rundfunksystem

Konsequenzen hatte die private Konkurrenz auch für die öffentlich-rechtlichen Programme. Zwar ist bei ihnen der Informationsanteil immer noch größer als bei den Privatsendern, doch wurde manches davon gekürzt oder auf späte Sendezeiten verschoben. Schon die Etablierung des Sprachraumprogramms 3sat und des deutsch-französischen Kulturkanals »arte« war dazu genutzt worden, primär dort Sendungen für Minderheiten zu platzieren. ARD und ZDF übernahmen auch kommerzielle Sendeformate, sowohl in ihren Radio- als auch in den TV-Programmen (Jugendwellen, Doku-Soaps). Auch gibt es bei ihnen Anzeichen der Boulevardisierung selbst in Nachrichten- und Magazinsendungen. Deshalb hat man von einer Anpassung (Konvergenz) öffentlich-rechtlicher an private Programme gesprochen, aber auch eine mitunter gegenläufige der privaten an die öffentlich-rechtlichen konstatiert. Die Werbung in den privaten Programmen unterliegt gewissen Einschränkungen zeitlicher Art. Doch wurden die einschlägigen Vorschriften hierzu in den letzten Jahren gelockert (z. B. Erlaubnis von Split-Screen-Werbung). Auch die privaten Rundfunkanbieter haben z. T. umfangreiche Online-Portale aufgebaut (rtl.de, sat1.de; prosieben.de). Sie kritisieren wie die Zeitungsverleger die Online-Präsenz der gebührenfinanzierten öffentlich-rechtlichen Rundfunkanstalten.

Die wirtschaftliche Bedeutung des Internets

Das Internet ist wirtschaftlich in mehrfachem Sinne von Bedeutung. Zum einen dient es als ein neuer Verkaufs- und Vertriebskanal. Viele Produkte können heute über das Internet bestellt, zahlreiche Dienstleistungen darüber abgewickelt werden (Telebanking, Buchung von Reisen etc.). Nicht alle Unternehmen haben das rechtzeitig erkannt. Außerdem ist das Internet ein expandierender Werbemarkt mit eigenen Werbeformen (z. B. Button, Banner, Wallpaper, Videos etc.). In zehn Jahren ist der Anteil der Online-Werbung am gesamten Werbebudget erheblich angestiegen. Der Löwenanteil davon entfällt auf Google. Woran es jedoch im Internet immer noch fehlt, sind ertragreiche Geschäftsmodelle. Infolgedessen haben sich viele Investitionen von Unternehmen bislang nicht rentiert.

Das Internet hat zudem bisherige Geschäftsmodelle der Medien zum Einsturz gebracht oder zumindest einen rapiden Preisverfall bewirkt. Dies gilt vor allem für Tonträger, nachdem es möglich geworden war, Musiktitel von Servern »herunterzuladen« und in Tauschbörsen (z. B. Napster) einzustellen. Dies geschah großenteils, ohne dass dafür ein Entgelt bezahlt wurde. Dies hatte dramatische Folgen für die großen Plattenfirmen wie Universal, Sony-BMG, EMI etc., denen die Einnahmen wegbrachen. Der Absatz von Musikalben halbierte sich seit der Jahrtausendwende. Bertelsmann, das größte deutsche Medienunternehmen, musste seine Musiksparte abstoßen. Den wirtschaftlichen Zusammenbruch der Tonträgerindustrie hat man international und national in Deutschland durch Gesetze einzudämmen gesucht, die das Urheberrecht an die veränderten technischen Gegebenheiten anpassen. Das 2008 erlassene »Gesetz zur Verbesserung der Durchsetzung von Rechten des geistigen Eigentums« will die Produktpiraterie (mittels illegalem »Downloadens«) bekämpfen. Allerdings wird auch der Verbraucher vor horrenden Abmahnungssummen wegen kleinerer Urheberechtsverletzungen geschützt.

Die Rolle der Medien im Alltag

Medien dienen dem einzelnen Menschen zur Unterrichtung und zur Orientierung in seiner Umwelt. Von ihnen erfährt er wichtige Informationen und Argumente (zumindest sollte er sie erfahren). Diese Funktion erfüllen herkömmlich vor allem die Printmedien und neuerdings auch bestimmte Angebote im Internet. Außer zur Information werden Medien aber auch zur Unterhaltung, zum Zeitvertreib, zur Stimmungsregulierung und zur Aufrechterhaltung von sozialen Kontakten genutzt. Diesen Bedürfnissen dienen insbesondere das Radio, der Film und das Fernsehen. Musik wird zudem über Speichermedien genutzt, ist aber auch über das Internet empfangbar oder kann auf Träger wie den MP3-Player überspielt werden. Damit ist auch die mobile Mediennutzung möglich geworden. MP3-Player werden vorzugsweise dazu genutzt, sich auch in der Öffentlichkeit vor der Umwelt zurückzuziehen.

Der Aufschwung der Computerspiele und virtuellen Realität

Wichtige Funktionen des Zeitvertreibs und der Ablenkung erfüllen vor allem für Jugendliche die Computer- und Videospiele. Über Spielkonsolen verfügen zwei Drittel der Haushalte mit Jugendlichen. Gespielt werden kann ferner über den PC (online), mobil mittels Handheld oder Handy. 2008 wurden weltweit mehr als 1,5 Milliarden Euro mit Videospielen umgesetzt. Probleme betreffen einerseits die z. T. illegale Beschaffung, zum anderen aber die Art der Spiele (Fun-, Sport-, Geschicklichkeitsspiele, Rollenspiele, Shooter). Manche von ihnen (z. B. CounterStrike) werden wegen ihres Gewaltpotentials für sozial schädliche Folgen (bis hin zu Amokläufen) verantwortlich gemacht. Als eine der erfolgreichsten Spielserien entpuppte sich World of Warcraft.

Noch einen Schritt weiter geht das »Eintauchen« in die virtuelle Realität selbst. Furore machte in dieser Hinsicht in den letzten Jahren Second Life. Jeder einzelne User kann darin als virtuelle Persönlichkeit auftreten (Avatar*) und als solche handeln. Dies geschieht nach bestimmten sozialen, wirtschaftlichen und organisatorischen Regeln. Echte Unternehmen wurden in Second Life aktiv, entdeckten die virtuelle Welt und betreiben dort Werbung und Marketing. Nach Eigenangaben der Software-Firma Linden Lab hatte Second Life 2010 rund 650 000 Besucher pro Woche. Die Gesamtzahl der Benutzerkonten wurde mit 15 Mio. angegeben. Allerdings gibt es Anzeichen, dass derartige Phänomene wie z. B. das »Second Life«-Fieber nach gewisser Zeit wieder abflauen, also teilweise nur vorübergehende Modeerscheinungen, »Hypes«, sind.

Die Medien als Sozialisationsagenturen

Medien spielen eine wichtige Rolle für die individuelle Sozialisation und die gesellschaftliche Integration, denn sie vermitteln Wissen, Normen, Leitbilder, Rollenerwartungen, Verhaltensweisen etc. Dies geschieht nicht nur auf dem Wege der Information, sondern auch durch fiktive Programminhalte, beispielsweise durch Familienserien und Doku-Soaps im Fernsehen (z. B. Gute Zeiten-schlechte Zeiten, Marienhof) Die Medien tragen somit zur Persönlichkeitsentwicklung und zur Auseinandersetzung mit der Umwelt bei. Sie treten neben die herkömmlichen Sozialisationsinstanzen wie Familie und Schule. Man kann sogar behaupten, dass sie deren Einfluss schwächen. Eltern können viel weniger als früher kontrollieren und bestimmen, was ihre Kinder erfahren und was sie durch den Medienkonsum erleben. War das bei der Auswahl der Lektüre von Büchern noch einfach, so hat schon das Fernsehen die Schwelle zwischen den Erwachsenen und den Kindern abgebaut. Erst recht vermag dies heute das Internet, dessen Inhalte schier unerschöpflich sind und zu denen man sich mit der nötigen technischen Fertigkeit leicht Zugang verschaffen kann. Auch dem einstigen »Bildungsmonopol« der Schule haben die Medien zunehmend den Boden entzogen.

Die zwiespältige Bedeutung der Medien für die gesellschaftliche Integration

Der gesellschaftlichen Integration dienen Medien auf mehrfache Weise. Einerseits durch gemeinsamen Medienkonsum (in der Familie oder Gruppe), andererseits durch Bereitstellung von Informationen und Inhalten, die allen zur Verfügung stehen und die Gegenstand von Gedankenaustausch und Gesprächen sowie Anlass für soziales Handeln sind. Allerdings wird die Integrations-Leistung der Medien auch in Zweifel gezogen. Zum einen weil die bevorzugte Darstellung von abweichendem Verhalten die Geltung gesellschaftlicher Normen schwächen kann. Zum anderen hat man die Vermehrung der Medienangebote (insbesondere im Fernsehen) für eine Fragmentierung des Publikums und einen Verlust an Gemeinsamkeiten verantwortlich gemacht. Es kann weniger als früher unterstellt werden, dass die Bürgerinnen und Bürger das gleiche aktuelle Wissen haben. Dabei besteht heute hinsichtlich der Migranten noch ein zusätzlicher Integrationsbedarf (Klingler/Kutteroff 2009). Generell wird die Individualisierung der Gesellschaft von einer Individualisierung des Medienkonsums begleitet, ja durch sie vorangetrieben und gefördert.

Neue Formen der Integration und der sozialen Beziehungen hat das Web 2.0 mit seinen interaktiven Möglichkeiten eröffnet (Schmidt/Paus-Hasebrink/Hasebrink 2009). Man kann im Internet Menschen in Partnerbörsen kennen lernen und mit ihnen virtuell kommunizieren. Zahlreiche soziale Netzwerke sind entstanden, in denen man heute geradezu Mitglied sein muss. Das gilt vor allem für SchülerVZ und StudiVZ. Facebook hat sich international als größtes Netzwerk etabliert (2009: 400 Mio. Mitglieder, 12 Mio. in Deutschland). Dort werden immer mehr Informationen, Fotos, Videos, Musikstücke und Blogbeiträge konsumiert und weiter empfohlen. Bemerkenswert ist die Unbefangenheit, mit der viele Nutzer ihre persönlichen Daten und Bilder in diese Netzwerke zur Selbstdarstellung und Partizipation präsentieren (Richard/Grünwald/Recht/Metz 2010). Warnungen vor potentiellem Missbrauch und »digitalen Nachstellungen« blieben vielfach ungehört.

Der »digital divide« als gesellschaftliches Problem

Indessen hat das Aufkommen des Internets auch neue Hürden in der Gesellschaft aufgerissen. Man spricht von »digital divide*« – der Kluft zwischen denen, die sich der digitalen Medien bedienen, und jenen, die keinen Zugang zu ihnen haben. Zwar hat sich das Medium in Deutschland so rasch verbreitet wie kein anderes vor ihm. Aber bis zur Sättigung fehlt noch einiges. Durchgesetzt hat sich das Internet primär bei den jüngeren Menschen, und zwar vor allem bei Männern. Die weiblichen User haben mittlerweile aber aufgeholt. Eine Kluft besteht noch zu älteren Menschen. Zwar haben auch diese in der Internet-Nutzung zugelegt (»silver surfer«), aber ihnen fehlen nicht selten die technischen Fertigkeiten und die Motive zur interaktiven Nutzung von Computern. Abhängig ist diese generell vom Bildungsgrad, und sie kann ihrerseits Bildungsabstände vergrößern. Der digitalen Kluft muss zunächst einmal durch das Bildungswesen entgegengewirkt werden. Allerdings lässt die Ausstattung mit PCs in den Schulen in Deutschland noch zu wünschen übrig.

Die internationale Dimension des »digital divide«

Mehr als auf nationaler Ebene besteht heute international noch eine große digitale Kluft. Das hat mit der unterschiedlichen Verbreitung von Computern, Servern und Telefonverbindungen zu tun. Diese gibt es vor allem in den entwickelten und industrialisierten Staaten. Hohe Internetverbreitung findet sich in den skandinavischen Ländern (Dänemark: 84,2%; Finnland 83,5%), in Großbritannien (76,4%), der Schweiz (75,5%), in Deutschland (65,9%), in den USA (74,2%), auch in Südkorea (77,3%) und Japan (75%). Die größte Internetgemeinde hat weltweit inzwischen jedoch die Volksrepublik China. Allerdings machen die 360 Millionen Internet-Nutzer nur gut ein Viertel der dortigen Bevölkerung aus. Gering ist die Verbreitung des Internet vor allem in den unterentwickelten Regionen Afrikas (im Durchschnitt 14,6%, in einzelnen Ländern noch unter 1%) und in Asien (Indien: 7%; Laos: 1,9%; Myanmar: 0,2%) (www.internetworldstats.com, Daten von 2009).

Die Zugänglichkeit des Internet hängt nicht nur von den infrastrukturellen technischen und wirtschaftlichen Voraussetzungen ab, sondern auch von der politischen Herrschaftsordnung. Hindernisse gibt es vor allem in Ländern ohne Pressefreiheit wie China, Iran, Kuba, Vietnam und Libyen. Dort wird vor allem der Zugang zu Websites gesperrt, die politisch und gesellschaftlich unerwünscht sind. Dokumentiert wird dies durch internationale Organisationen wie Reporter ohne Grenzen (www.reporter-ohne-grenzen.de).

Mediennutzung als Suchtproblem

Mediennutzung kann individuell zu einem Suchtphänomen werden. Beim Fernsehen kennt man seit längerem das Vielseher-Syndrom. Das sind Zuschauer, bei denen der Fernsehkonsum überdurchschnittlich hoch ist (über fünf Stunden täglich). Dabei handelt es sich vorwiegend um ältere Menschen, die zur Häuslichkeit und zur Passivität verurteilt sind. Sie pflegen nur wenige soziale Kontakte, ja ihnen dient der Fernsehkonsum als

Ersatz dafür (»para-soziale Interaktion*«). Allerdings wird das Fernsehen heute mehr als früher (wie schon das Radio) als Kulisse eingeschaltet, wobei andere Tätigkeiten gleichzeitig ausgeführt werden. Zumal bei älteren Menschen hat solche »Parallelnutzung« zugenommen (auf 44% im Jahr 2007). Befunde der Medienforschung belegen, dass die Wahrnehmung der Wirklichkeit bei Vielsehern besonders stark vom Fernsehen beeinflusst wird.

Suchtgefahren bestehen vor allem bei Computer- und Videospielen. Durch sie kann der Mensch besonders leicht der Wirklichkeit entfliehen (Eskapismus). Das Spielen in Gilden vermag aber auch Gefühle von Stärke und Gebrauchtwerden zu vermitteln. 5% gelten als Intensivspieler, 24% als Gewohnheitsspieler. 28% spielen täglich, manche mitunter bis zu zehn Stunden.

Auch das Internet generell kann seine Nutzer »süchtig« machen. Deshalb sind diese auch schon ins Visier der Drogenbeauftragten der Bundesregierung getreten. In deren Suchtbericht (2011) wird die Anzahl der Internet-Süchtigen mit 560000 angegeben. Solche User versinken gewissermaßen stundenlang in der virtuellen Welt des Cyberspace. Präventive Maßnahmen sind hier angesagt.

6 Ausblick: Das Mediensystem im Umbruch

Das Mediensystem in Deutschland befindet sich – wie in vielen anderen Ländern gegenwärtig auch – in einem tiefgreifenden Umbruch. Manche sagen, es sei der größte, seitdem Johannes Gutenberg Mitte des 15. Jahrhunderts die Drucktechnik erfand und die Entstehung von Massenmedien in der Neuzeit überhaupt einleitete. Tatsächlich scheint das von den Printmedien beherrschte Zeitalter, die »Gutenberg-Galaxis«, wie Marshall McLuhan in Bezug auf den Buchdruck sagte, zunehmend durch neue Medien abgelöst zu werden.

Von einer Substitution der »alten« Medien durch das Internet kann aber bisher noch nicht die Rede sein. So spielt dieses für die aktuelle Information der Gesamtbevölkerung immer noch eine untergeordnete Rolle. Nur bei den Menschen zwischen 20 und 29 Jahren ist es schon das Informationsmedium Nummer 1. Zugleich ändern sich die Kommunikationsweisen in der Gesellschaft tiefgreifend. Während für ältere Menschen immer noch das persönliche Gespräch die angenehmste Form der Kommunikation ist, bevorzugen die jüngeren das ausgiebige Telefonieren, das Email-Schreiben, das Chatten im Internet, das Twittern und das Verschicken von SMS

(Allensbacher Berichte Nr.3/2009). Die Möglichkeiten der neuen Technologien lassen aus passiven Rezipienten und Konsumenten aktive Produzenten und Akteure werden. Dies verändert die soziale Welt grundlegend.

Weiterführende Literatur

Bevc, Tobias/Zapf, Holger (Hg.) (2009): *Wie wir spielen, was wir sind. Computerspiele in unserer Gesellschaft* Konstanz: UVK

Überblick über Ansätze und Ergebnisse der Forschung zu Computerspielen und ihrer Nutzung.

Noelle-Neumann, Elisabeth/Schulz, Winfried/Wilke, Jürgen (2009): *Fischer Lexikon Publizistik/Massenkommunikation.* Aktualisierte Aufl. Frankfurt/M.: Fischer Taschenbuch Verlag

Umfassende lexikalische Zusammenfassung des Kenntnisstandes der Kommunikations- und Medienforschung.

Sarcinelli, Ulrich (2009): *Politische Kommunikation in Deutschland. Zur Politikvermittlung im demokratischen System.* 2. überarb. u. erw. Aufl. Wiesbaden: VS

Überblick zu den politischen Funktionen der Medien aus politikwissenschaftlicher Sicht.

Weischenberg, Siegfried/Malik, Maja/Scholl, Armin (2006): *Die Souflleure der Mediengesellschaft. Report über Journalisten in Deutschland.* Konstanz: UVK

Auf einer repräsentativen Befragung beruhende, breit angelegte Studie über Journalisten in Deutschland.

Wilke, Jürgen (Hg.) (1999): *Mediengeschichte der Bundesrepublik Deutschland.* Köln, Weimar, Wien: Böhlau. (Zugleich Bonn: Bundeszentrale für politische Bildung)

Überblick über die Medienentwicklung der Bundesrepublik Deutschland in thematisch gegliederten Teilkapiteln.

Kapitel 19

Sozialstaat
Eine Institution im Umbruch

Josef Schmid

Die ergänzenden Materialien zu diesem Kapitel finden sich auf der Website: www.bpb.de/sozialkunde/sozialstaat

1 Der Sozialstaat – was ist das überhaupt?

Die Kennzeichnung des Staates in Deutschland wie in anderen westlichen Ländern als Sozial- oder auch Wohlfahrtsstaat markiert ein bedeutsames politisches Phänomen: Sein soziales Sicherungssystem und die Grundsätze der Sozialpolitik prägen die Struktur seiner Institutionen und die politischen Handlungsspielräume bei der Aufstellung des jährlichen Staatshaushalts. Sozialpolitik verändert die Lebenschancen eines Großteils der Bevölkerung.

Soziale Gerechtigkeit im Parteienwettbewerb (aus Wahlkampfreden des Jahres 2005)
Reinhard Bütikofer, Grüne: »Gerechtigkeit meint Parteinahme für die Schwächsten. Sie will mehr als Verteilungsgerechtigkeit. Es geht darum, den Menschen zu ermöglichen, ihr eigenes Leben zu leben.«
Franz Müntefering, SPD: »Zur sozialen Gerechtigkeit gehört Chancengleichheit, vor allem gleiche Bildungschancen für alle. Auch gleiche Berufschancen für Frauen und Männer. Verteilungsgerechtigkeit gehört dazu; sie muss Leistungswilligkeit berücksichtigen, aber auch Leistungsfähigkeit. Die Stärkeren müssen mehr leisten als die Schwächeren.«
Angela Merkel, CDU: »Sozial gerecht ist, was Menschen befähigt, für sich selbst sorgen zu können, und dort zum Ausgleich verpflichtet, wo diese Fähigkeit unzureichend ist.«
Guido Westerwelle, FDP: »Sozial gerecht ist, wenn sich Politik vor dem Verteilen um das Erwirtschaften kümmert. Eine Neidkultur, die Fleiß und Anstrengung bestraft, ist sozial ungerecht, denn sie treibt eine Gesellschaft in die kollektive Pleite.«

http://www.stern.de/politik/deutschland/standpunkte-was-ist-sozial-gerecht-522170.html

Damit erzeugt sie einerseits politische Legitimation, andererseits wird sie dadurch auch Gegenstand großer politischer Kontroversen. Das Spektrum der Schlagworte aus der aktuellen Diskussion reicht von Renten- und Gesundheitsreform über Arbeitslosigkeit bis zu Fragen der sozialen Gerechtigkeit. Ein Blick auf entsprechende Aussagen im Wahlkampf 2005 belegt, wie unterschiedlich die Positionen zum Beispiel bei den politischen Parteien sind.

Drei Grundbegriffe: Sozialstaat, Wohlfahrtsstaat, Soziale Marktwirtschaft

Um den Rahmen und die Zielrichtung von Sozialpolitik näher zu bestimmen, sind zunächst drei nicht bloß analytische, sondern immer auch schon politisch gefärbte Grundbegriffe zu definieren: Sozialstaat, Wohlfahrtsstaat und Soziale Marktwirtschaft. Unter Sozialstaat wird in einem Handwörterbuch des politischen Systems der Bundesrepublik Deutschland begriffen »die Gesamtheit staatlicher Einrichtungen, Steuerungsmaßnahmen und Normen innerhalb eines demokratischen Systems, mittels derer Lebensrisiken und soziale Folgewirkungen einer kapitalistisch-marktwirtschaftlichen Ökonomie aktiv innerhalb dieser selbst politisch bearbeitet werden. Der Marktprozess sorgt neben der Versorgung mit Gütern auch für eine Vielzahl sozialer Risiken und Problemlagen, die nicht vom Markt selbst reguliert werden können.« (Andersen/Woyke 2009: 627)

Der Begriff *Wohlfahrtsstaat* dient eher als neutrale Kategorie zur Analyse und zum Vergleich der Aktivitäten von modernen Staaten. So wird er in einem Lexikon der Politikwissenschaft definiert als »eine institutionalisierte Form der sozialen Sicherung. [Er] gewährleistet ein Existenzminimum für jeden Menschen, schützt vor den elementaren Risiken der modernen Industriegesellschaft (vor allem Alter, Arbeitslosigkeit, Gesundheit, Unfall, Pflege) und bekämpft das Ausmaß gesellschaftlicher Ungleichheit durch Redistribution. Der Wohlfahrtsstaat bildet in westlichen Ländern zusammen mit Demokratie und Kapitalismus ein komplexes Gefüge wechselseitiger Abhängigkeit und Durchdringung und ist für diese Systeme charakteristisch. Gleichwohl existieren markante nationale Unterschiede und das Terrain ist von politischen Konflikten geprägt.« (Nohlen/Schultze 2010: 1235)

In der deutschen Politik wird in Anlehnung an die ordoliberale Tradition (vgl. dazu Kapitel 11: Wirtschaftsordnung) sehr häufig der Begriff *Soziale Marktwirtschaft* verwendet. Dem liegt die Idee zugrunde, dass der Staat in den an sich effizienten Marktmechanismus nur bei Fehlentwicklungen korrigierend eingreift, um soziale Ungleichgewichte auszugleichen. Hartwich, der dieses Sozialstaatsmodell als »sozialen Kapitalismus« charakterisiert, bezeichnet als dessen Leitprinzipien:« Förderung des Privateigentums, Autonomie der Wirtschaftsprozesse im Rahmen staatlicher Wirtschaftsordnungsmaßnahmen, besondere Förderung des selbständigen Mittelstandes, Anerkennung des gesellschaftlichen Status quo auch in der Sozialpolitik (»Schutz der natürlichen Rechte und Freiheiten der einzelnen und aller Gesellschaftsgruppen«), sozialpolitische Korrekturen bei Notlagen, Unternehmerverantwortung, betriebliche Partnerschaft, keine einheitliche Sozialversicherung, Solidarität* als Grundprinzip der Sozialversicherung, Fürsorge subsidiär bei Bedürftigkeit.« (1970: 149).

Diese letzte Definition verweist auf ein relativ enges Konzept, das vorwiegend an der Bewältigung der klassischen Risiken der Industriegesellschaft (Armut, Alter, Krankheit, Unfall) ausgerichtet ist und eher geringe Aktivitäten des Sozialstaates impliziert. Dem steht ein weitreichendes, vor allem in Skandinavien praktiziertes Konzept von Wohlfahrtsstaat gegenüber, das alle nicht-militärischen Staatsaufgaben – also auch Bildungs- und Familienpolitik sowie aktive Wirtschafts- und Arbeitsmarktpolitik als Politikfelder des Sozialstaats begreift.

Der Versuch, den »Pudding an die Wand zu nageln«, also einen widersprüchlichen und komplexen Gegenstand zu erfassen, soll im Folgenden durch einen kurzen Blick auf die über hundertjährige Geschichte des Sozialstaates (Abschnitt 2) sowie eine Darstellung der aktuellen Strukturen und Leistungen erfolgen. Dabei erweisen sich vor allem Stabilität und Ausdifferenzierung als charakteristische Tendenzen. Gleichwohl existiert eine ganze Reihe von Herausforderungen und Problemen, über die derzeit viel und kontrovers diskutiert wird (Abschnitt 5). Ferner ist es nötig, den in der Bundesrepublik realisierten Sozialstaat in seinen rechtlichen Grundlagen, den funktionalen Teilgebieten und beteiligten Organisationen bzw. Institutionen sowie den Steuerungsinstrumenten darzustellen (Abschnitt 3) sowie die Dynamik der Ausgaben zu analysieren (Abschnitt 4).

2 Historischer Rückblick

Die Ursprünge des Sozialstaats im Kaiserreich

Die Ursprünge des deutschen Sozialstaates liegen im späten 19. Jahrhundert und sind untrennbar mit der Einführung der ersten Sozialversicherungen durch Otto von Bismarck verbunden. Nach einer kaiserlichen Botschaft Wilhelms I. passierte nach langwierigen Vorbereitungen und Untersuchungen 1883 das *Krankenversicherungsgesetz* den Reichstag. Es folgten 1884 das Unfallversicherungsgesetz und 1889 das Invaliditäts- und

Altersversicherungsgesetz. Zwar gab es zuvor schon ähnliche Regelungen in Form von berufsbezogenen Unterstützungskassen, aber erst mit den Sozialversicherungen entstand das Modell einer national organisierten, umfassenden und obligatorischen Solidargemeinschaft von Arbeitnehmern in Form einer Selbstverwaltungskörperschaft. Damit war auch ein institutioneller Mechanismus gefunden, der für die Sozialpolitik bis heute seine Gültigkeit hat: Sozialversicherungen stellen das wesentliche Organisationsprinzip sozialstaatlicher Aktivitäten dar, und die Beitragsfinanzierung mit von der Höhe der Beiträge abhängigen und damit statussichernden Leistungsansprüchen gilt als Richtschnur deutscher Sozialpolitik.[1]

Diese Entwicklung hin zu einem Sozialstaat hängt nicht nur mit gesellschaftlichen Veränderungen und neuen Risiken (Industrialisierung, Urbanisierung, Bevölkerungswachstum und Erosion traditioneller Unterstützungssysteme) zusammen, sondern ebenso mit dem Interesse der herrschenden Eliten an der Erhaltung ihrer Machtposition. Bismarck nutzte nämlich die Sozialversicherungspolitik auch als Möglichkeit zur Schwächung von Sozialdemokratie und sozialistischen Gewerkschaften (vgl. Schmidt 2005: Teil 1).

Die Zwischenkriegszeit

Im Jahr 1927 trat die *Arbeitslosenversicherung* als weitere wichtige Säule neben der Kranken-, Renten- und Unfallversicherung in Kraft. Damit wurde eine Reichsanstalt für Arbeitsvermittlung und Arbeitslosenversicherung mit einem Unterbau aus 13 Landesarbeitsämtern und 361 Arbeitsämtern etabliert. Bei der Machtübernahme im Jahr 1933 verfügte die NSDAP über keinerlei konkrete sozialpolitische Leitvorstellungen. Doch haben auch in diesem Bereich machtpolitische, antidemokratische und rassistische Eingriffe wie die Auflösung der Gewerkschaften, die Aufhebung der Koalitionsfreiheit und des Streikrechts, die Beseitigung der Grundrechte sowie die allgemeine Gleichschaltung und Einführung von »Führerprinzipien« ihre Spuren hinterlassen. Alles in allem aber zeigten die nationalsozialistischen Machthaber durchgehend ein bemerkenswertes sozialpolitisches Desinteresse, weil insbesondere die Sozialversicherung sich nur schlecht politisch instrumentalisieren ließ. So überdauerten die bereits existierenden institutionellen Grundstrukturen auch die Phase des Nationalsozialismus.

1 Dieses Phänomen wird auch als »Politikerbe« (so M. G. Schmidt) oder als »Pfadabhängigkeit*« bezeichnet.

Der Ausbau des Sozialstaats nach dem Zweiten Weltkrieg

Nach dem 2. Weltkrieg setzte dann eine immense Expansion und Ausdifferenzierung des Sozialstaates ein, die sich bis in die 1970er-Jahre hinzog. Der Ausbau des Gesundheitswesens und eines weiten Spektrums sozialer Dienste (etwa im Bereich der Kinder-, Jugend- und Sozialarbeit oder ambulante Pflege), eine zunehmend aktiver werdende Arbeitsmarkt- und Qualifizierungspolitik, das Programm zur Humanisierung der Arbeitswelt, die Weiterentwicklung der Sozialversicherung und die Einführung der *dynamischen Rente* veränderten auch qualitativ das wohlfahrtsstaatliche Gefüge.

Die Rentenreform unter Adenauer

Mit der Rentenreform im Jahre 1957 wurde die Rentenversicherung im alten Bundesgebiet grundlegend umgestaltet. Mit Zustimmung der oppositionellen SPD stellte die Regierung Adenauer vom bisherigen Kapitaldeckungsverfahren* auf das Umlageverfahren* um, was die Rentenhöhe spürbar (genauer: um mehr als 60 %) erhöhte und die Renten dynamisch an die Bruttolohnentwicklung anpasste. Ziel der Reform war es, den Lebensstandard der Beitragszahler ihrer gesellschaftlichen Position entsprechend im Alter nachhaltig zu wahren. Zugleich sprach man von nun an vom Generationenvertrag* als einem fiktiven gesellschaftlichen Konsens darüber, dass die Generationen füreinander Verantwortung tragen. Finanzierungstechnisch bedeutet dies, dass in einer Wirtschaftsperiode die jeweils sozialversicherungspflichtigen Erwerbstätigen mit ihren Beiträgen, die sie in die Rentenversicherung einbezahlen, für die Leistungen aufkommen, die an die aus dem Erwerbsleben Ausgeschiedenen transferiert werden. Dadurch erwerben sie selbst einen Anspruch auf ähnliche Leistungen, die dann wiederum von den nachfolgenden Generationen zu erbringen sind.

Die Ausweitung des Sozialstaats unter der sozialliberalen Koalition

Eine nächste Phase der Ausweitung und des Wachstums des Sozialstaates leitete Ende der 60er-Jahre die sozialliberale Regierung ein, die damit gewachsenen Ansprüchen der Bürger auf soziale Teilhabe entgegenkam sowie auf neue Problemlagen (wie das Ende des starken Wirtschaftswachstums, Strukturwandel usw.) reagierte. Das Arbeitsförderungsgesetz von 1969 sah zum Beispiel die Ergänzung der bislang vorwiegend passiven Arbeitsmarktpolitik um die aktive Arbeitsmarktpolitik vor (vgl. Kapitel 12: Arbeitsmarkt). Ein anderes wichtiges Reformfeld bildete die Bildungspolitik, mit der man Bildungsprivilegien reduzieren, die Öffnung des Bildungswesens einschließlich der Hochschulen für untere Gesellschaftsschichten erreichen und zugleich Bildungsniveau und Leistungsfähigkeit der Erwerbsbevölkerung verbessern wollte (vgl. Kapitel 6: Bildung).

Der Beginn der sozialen Einschnitte und Kürzungen seit den 1970er-Jahren.

Mit der Öl- und Wirtschaftskrise der Jahre 1973/74 und den folgenden konjunkturellen Schwächeperioden kam es zu einem ersten Wendepunkt (nicht nur) der deutschen Sozialpolitik. Es begann eine Politik der sozialen Einschnitte und Kürzungen, die mit Antritt der Regierung Kohl 1982 verschärft wurde; allerdings wurden gleichzeitig etwa im Bereich der Familienpolitik und beim Kindergeld wichtige Leistungserweiterungen beschlossen sowie die Pflegeversicherung eingeführt.

Übersicht zu den Sparmaßnahmen der Ära Kohl (1990–98)

Rente	Flexibilisierung der Vorruhestandsregelung; Anhebung der Altersgrenze für Altersrente wegen Arbeitslosigkeit; Verkürzung der Anrechnungszeiten, Einschränkungen im Bereich des Fremdrentenrechts; Einführung des Demografie-Faktors
Gesundheit	Einführung eines kassenübergreifenden Risikostrukturausgleichs; Einschränkung der Lohnfortzahlung auf 80%; Leistungskürzungen bei den Kassen und erhöhte Zuzahlungen durch Patienten
Arbeitsmarkt	Zeitliche Begrenzung der Arbeitslosenhilfe; Senkung der Leistungssätze; verschärfte Überprüfung der Arbeitsunfähigkeit; Erleichterung befristeter Arbeitsverträge und Einschränkungen des Kündigungsschutzes; Verstärkung der Zumutbarkeitsregeln.

Die Folgen der Wiedervereinigung

Mit der *deutschen Einheit* im Jahre 1990 sind, abgesehen von einigen Übergangsregelungen, die sozialpolitischen Institutionen des Westens weitgehend unverändert in den neuen Bundesländern übernommen worden, was einen radikalen Bruch mit dem Sozialsystem der DDR bedeutete, das durch Zentralismus und Egalisierung auf niedrigem Niveau gekennzeichnet war. Damit stiegen auf allen Feldern der Sozialpolitik die vereinigungsbedingten Ausgaben an, die größtenteils durch die Sozialversicherungen finanziert wurden. Zudem schwächte sich das Wirtschaftswachstum Mitte der 90er-Jahre deutlich ab, was die Arbeitslosigkeit wieder ansteigen ließ. Eine neue Herausforderung des Wohlfahrtsstaates bildete zunehmend auch der demografische Wandel. All dies erforderte Maßnahmen in verschiedenen Leistungsbereichen, die in verschiedenen Gesetzen verabschiedet wurden. Vielfach beinhalten diese eine Erhöhung der Beiträge und eine Kürzung der Leistungen, die oft hinter »technischen« (wie demografischer Faktor) und neutralen Begriffen (wie Gesundheitsstrukturgesetz, das 1992 eine Budgetierung der Gesundheitsleistungen mit sich brachte; vgl. ausführlicher Schmidt 2005: 105 ff.).

Die Strukturreform der rot-grünen Koalition

Doch erst die rot-grüne Koalition hat nach 1998 erhebliche Reformschritte mit strukturveränderndem Charakter eingeleitet. Zu den wesentlichen Maßnahmen zählen die Einführung der *Riester-Rente* als kapitalgedeckte, privat organisierte Ergänzung der gesetzlichen Rentenversicherung sowie die Hartz-Reformen am Arbeitsmarkt. Mit letzteren wurden zum einen ein Umbau der Organisation der Arbeitsverwaltung und ein Schritt in die Richtung der Aktivierung (nach dem Motto: Fördern und Fordern) vollzogen; zum anderen wurde mit dem ALG II (dem so genannten Hartz IV-Geld) die Leistung für Arbeitslose, die länger als ein Jahr erwerbslos sind, vom vorherigen Einkommen abgekoppelt und damit eine deutliche Abkehr vom traditionellen Sozialversicherungsprinzip vollzogen (vgl. Schmid 2009: 6). In diesem Prozess spielten Kommissionen (wie die Hartz- und die Rürup-Kommission) eine immer wichtigere Rolle. Mit ihnen sollte nicht nur Expertenwissen mobilisiert, sondern zugleich eine Konzertierung von unterschiedlichen Interessen- und Sachpositionen erfolgen, sowie nicht selten die öffentliche Aufmerksamkeit auf diese hin und von der Regierung weg gelenkt werden. Die schrittweise Einführung der Rente mit 67 durch die anschließend regierende Große Koalition ist zwar vor allem eine Konsequenz des demografischen Wandels, stellt aber ebenfalls – zumindest in den Augen der Bevölkerung – einen Bruch mit den institutionellen Strukturen des deutschen Sozialstaates dar. Vor allem, wenn sich die bisherigen Beschäftigungsmuster und Präferenzen von Arbeitnehmern und Arbeitgebern nicht ändern, droht ein erheblicher Rückgang der Rentenhöhen und eine Gefahr der Altersarmut für die heutigen Beitragszahler (vgl. Schmid 2010: 149 ff und 459 ff.; s. a. zum Gesamten auch Leisering 2004). In den vergangenen 10 Jahren sind aber die Erwerbsquoten der älteren Arbeitnehmer schon angestiegen, problematisch bleibt es aber bei den sogenannten »bad jobs« und nicht-kontinuierlichen Erwerbsbiographien.

Zwischenfazit: Kontroverse Urteile

Was lehrt uns der Blick auf die über hundert Jahre Geschichte des Sozialstaates? Schaut man hauptsächlich auf das Ende, also auf die Gegenwart, dann sind »Hartz 4« und »Rente mit 67« inzwischen die Symbole für einen *Abbau* des Sozialstaates geworden oder werden als Wende zum Neoliberalismus* gebrandmarkt, denn sie bedeuten bei den Kritikern dieser Entwicklung eine nicht unerhebliche Abkehr vom etablierten Sozialstaatsmodell und den etablierten Leistungsstandards. Ähnliches gilt für den in der Koalition von CDU/CSU und FDP diskutierten Systemwechsel zur Kopfpauschale (Gesundheitsprämie) im Gesundheitswesen. Hier werden – so die kritische Interpretation – nun die Marktmechanismen und Gestaltungsprinzipien der Leistungskonkurrenz beziehungsweise betriebswirtschaftlicher Effizienz bestimmend für die Organisationsstruktur des Sozialstaates (vgl. Butterwegge 2008: 174 f.; s. a. generell auch Castel 2005). Ferner werden Leistungen in vielen Bereichen massiv gekürzt.

In der historischen Gesamtschau ist allerdings die bemerkenswerte *Kontinuität* des deutschen Sozialstaates nicht zu übersehen. Die Sozialversicherungen als institutioneller Kern des Bismarck-Modells bleiben von den politischen Regimewechseln (Kaiserreich, Weimarer Republik, Nationalsozialismus, Bundesrepublik und deutsche Einheit) weitgehend unberührt. Zudem sind die Ausgaben weiterhin hoch – sowohl im internationalen Vergleich und im Längsschnitt gesehen sind eher die Grenzen des Wachstums erreicht – und manche sozialpolitischen Entwicklungen von einer gewissen Widersprüchlichkeit gekennzeichnet.[2] Insofern ist ein genauerer Blick vor allem auf die Ausgabendimension nötig (s. dazu weiter unter).

3 Der Sozialstaat in der Bundesrepublik: Recht und Organisation

Rechtliche Grundlagen

In der Bundesrepublik bestimmt das Grundgesetz in Art. 20 (1): »Die Bundesrepublik Deutschland ist ein demokratischer und sozialer Bundesstaat«.

2 So ist zum Beispiel die viel kritisierte Hartz 4-Regelung nicht eindeutig: Zum einen bringt sie für die Gruppe der Langzeitarbeitslosen mit langer und guter Beschäftigung Leistungseinschränkungen und zusätzliche Pflichten im Rahmen der nun mehr verfolgten Aktivierungsstrategie mit sich, zum anderen kam es für andere Gruppen (bislang nicht in der Arbeitslosenversicherung erfasste Menschen wie Studierende) zu einer Besserstellung und damit insgesamt auch zu erheblichen Mehrausgaben. Dahinter verbergen sich widerstreitende Zielvorstellungen, nämlich das der generellen sozialen Inklusion durch Aktivierung gegenüber dem Ziel des Statuserhaltes, das im deutschen Modell stets Vorrang hatte (vgl. auch Vogel 2009, der die kritischen Effekte auf die Mittelschichten thematisiert).

In diesem Sinne ist der Gesetzgeber verfassungsrechtlich verpflichtet, sich um einen »erträglichen Ausgleich der widerstreitenden Interessen und um die Herstellung erträglicher Lebensbedingungen für alle zu bemühen« (BverfGE 1, 97 [105]). Konkretisiert wird das *Sozialstaatsprinzip* durch die beiden zentralen Rechtsbegriffe der »sozialen Gerechtigkeit« und der »sozialen Sicherheit«. Daneben enthält das Grundgesetz weitere hier relevante Artikel:

- Aus Art. 1 (1), (Unantastbarkeit der Würde des Menschen) ist vom Bundesverfassungsgericht in einer Entscheidung aus dem Jahr 1954 der Anspruch auf die Gewährung des Existenzminimums hergeleitet worden (BverfGE 1, 159).
- Aus dem allgemeinen Gleichheitsgrundsatz in Art. 3 (1) ergibt sich ein Recht auf Sozialleistungen, wenn andere in vergleichbaren Situationen Sozialleistungen erhalten. Damit ist in den vergangenen Jahren die sozial- und arbeitsrechtliche Gleichstellungspolitik von Frauen und Männern begründet worden.
- Art. 6 (1) stellt Ehe und Familie unter den besonderen Schutz der staatlichen Ordnung und hat daher auch für das Sozialrecht Bedeutung. So hat das Bundesverfassungsgericht 1998 der Politik ein bemerkenswertes familienpolitisches Versagen attestiert und die steuerliche Berücksichtigung der elterlichen Betreuungspflichten gefordert (BverfGE 82, 60, 86; s. dazu etwa Leisering 2004: 10 f.).

Die Kernprinzipien des Sozialstaats

Daneben existiert eine Reihe von normativen Leitprinzipien und ordnungspolitischen Ideen, die für die handelnden Akteure ebenfalls wichtige Orientierungs- und Legitimationsfunktionen haben. Sie begründen und regulieren ein komplexes Geflecht gegenseitiger Pflichten und Rechte, grenzen Kollektiv- von Individualverantwortlichkeiten ab und bilden die sozialethische Grundlage für die Umverteilungsmaßnahmen, die notwendig zu einem Wohlfahrtsstaat gehören.

Die Gestaltung der sozialen Sicherungssysteme bestimmt drei »Kernprinzipien«, die die Art der Risikovorsorge und der Finanzierung regeln:

- Versicherungsprinzip
- Fürsorgeprinzip
- Versorgungsprinzip

Das *Versicherungsprinzip* gilt für die Abdeckung sozialer Risiken durch Beiträge. Sie sind aber nicht individuell, sondern kollektiv ausgerichtet. Die Leistungen sind im Falle der Rente stark an die Beitragshöhe gekoppelt, was nur geringe Umverteilungsspielräume eröffnet; in der Krankenversicherung hingegen gilt die Orientierung am medizinischen Bedarf. Das *Fürsorgeprinzip* begründet den Rechtsanspruch Bedürftiger auf Sozialhilfe für den Fall, dass sie sich nicht selbst helfen können und keine Leistungen von anderer Seite erbracht werden. Die Finanzierung erfolgt hier aus Steuermitteln und hat erhebliche Umverteilungseffekte. Das *Versorgungsprinzip* gilt für die Entschädigungen (ebenfalls aus Steuermitteln) in besonderen Fällen (z.B. Kriegs- oder Katastrophenfolgen) und für die soziale Sicherung der Beamten, da diese in einem besonderen Dienst- und Treueverhältnis zum Staat stehen und deshalb deren Pensionen und Beihilfen (vor allem für medizinische Versorgung) aus Haushaltsmitteln übernommen werden.

Die Konkretisierung der Zuständigkeitsordnung für soziale Sicherungsfunktionen erfolgt ferner nach dem Prinzip der Subsidiarität*. Dieser Organisationsgrundsatz stammt aus der katholischen Sozialethik, vor allem der päpstlichen Enzyklika »Quadragesimo anno« (1931), deren Einfluss auf die deutsche Sozialpolitik kaum zu überschätzen ist. Dabei wird der Gedanke der »Vorrangigkeit der kleineren Einheit« entfaltet und ein Spannungsverhältnis zwischen den Pflichten der individuellen Selbstverantwortung und der kollektiven Fremdhilfe definiert. D.h. konkret, dass es einen Vorrang der Familie oder freier (privater und gemeinnütziger) Träger gibt, sofern und so lange sie in der Lage sind, die entsprechenden Aufgaben selbst wahrzunehmen. Die nächst höhere staatliche Einheit darf erst danach eingreifen, was vielfach in einer ersten Stufe über finanzielle Zuwendungen erfolgt und erst am Ende soll die vollständige staatliche Aufgabenübernahme stehen. Das betrifft neben der Familie vor allem die Trägerorganisationen der freien Wohlfahrtspflege (s.u.).

Die funktionale Ausdifferenzierung des Sozialstaats

Die verschiedenen Zweige der Sozialversicherung sind in der Bundesrepublik keine Untergliederungen des Staates, sondern selbstverwaltete Institutionen, die das Ziel einer kollektiv organisierten Selbsthilfe verfolgen. Das heißt, die Sozialversicherungsträger sind selbständige Körperschaften des öffentlichen Rechts* mit Selbstverwaltung. Selbstverwaltung bedeutet, dass Arbeitnehmer und Arbeitgeber über gewählte Vertreterinnen und Vertreter in den Organen der Versicherungsträger an der Willensbildung, Leitung und Aufgabenerfüllung beteiligt sind. Weitere wichtige Institutionen der Sozialpolitik sind die Bundesministerien (je nach konkreter Einteilung Arbeit, Soziales, Gesundheit, Frauen und Familie), die Trägerorganisationen der freien Wohlfahrtspflege (Caritas, Diakonisches Werk, Paritätischer Wohlfahrtsverband etc.) sowie schließlich die Sozialgerichte.

Diese organisatorische Vielfalt reflektiert die starke funktionale Ausdifferenzierung des Sozialstaates in verschiedene Teilbereiche und Handlungsfelder.

Aufgrund des föderativen Aufbaus spielen auch die Bundesländer in der Sozialpolitik eine Rolle, denn sie verfügen über (die Bundespolitik) ergänzende Gestaltungsmöglichkeiten in der Familien-, Gesundheits-, Bildungs- und Wohnungspolitik sowie in der Umsetzung von Bundesgesetzen. Teilweise zeigen sich hier auch eigenständige landespolitische Profile und parteipolitische Färbungen, und in einigen Gebieten der Sozialpolitik jenseits der Sozialversicherungen hat sich vor allem in den 70er-Jahren die Landesebene als Feld der Experimente und Innovationen erwiesen. Dies gilt etwa seit den 90er-Jahren für die aktive Arbeitsmarktpolitik. Auch die Kommunen haben vor allem in den Teilgebieten Gesundheitswesen, soziale Dienste und Wohnungsbau eine wichtige Gestaltungsfunktion. Auf kommunaler Ebene werden die meisten Einrichtungen organisiert, geplant und koordiniert, was auch die enge Zusammenarbeit mit den Verbänden der freien Wohlfahrtspflege einschließt. Das heißt, hier werden eigentlich die konkreten Leistungen für die Bürger und Bürgerinnen erbracht, und hier zeigen sich dann auch die sozialen Brennpunkte sowie gegenwärtig die ärgsten Finanznöte.[3]

Die staatlichen Steuerungsinstrumente

Schließlich verfügt der moderne Sozialstaat über verschiedene Instrumente und Interventionsprogramme, die sich nach ihrer grundsätzlichen Wirkung, den dahinter zum Tragen kommenden Steuerungsprinzipien und ihrer konkreten Beschaffenheit unterscheiden lassen.

3 Nicht mehr zu den sozialpolitischen Institutionen im engeren Sinne, aber doch verstärkt auf diese einwirkend, agieren die Medien mit ihrer Tendenz zur Verkürzung, der Vereinfachung und Unterhaltung sowie dem Druck, andauernd Neues zu produzieren. Denn überall mangelt es – bei Journalisten in den Medien wie bei den Lesern – an basalen Kenntnissen über die Funktionsmechanismen und Wirkungen der Sozialpolitik und ihrer Reformen: Wer denkt schon – wie etwa bei der Rente – an die Jahre 2040 und folgende? Wer durchschaut denn, wie problematisch die Bescheide der öffentlichen Rentenversicherungsträger und der privaten Anbieter sind? Lange Zeiträume versprechen nämlich mehr nominelle Auszahlungen als sie inflationsbereinigt und bezogen auf die Durchschnittseinkommen (in der Zukunft) erreichen werden. Last but not least: Wer vergegenwärtigt sich denn, dass bei den Sozialversicherungsträgern gar keine Kassen und Konten existieren, auf denen die Beiträge angesammelt werden und später ausbezahlt werden – im Sinne eines Sparprogramms?

- Bezogen auf die *Wirkung* unterscheidet man nach Instrumenten, die eine Ressourcen- und Leistungsverteilung zugunsten bestimmter Leistungsempfänger erbringen, ohne dabei auf Kosten anderer zu gehen (distributiv), und solchen, die eine Umverteilung zur Folge haben (redistributiv). Im ersteren Fall handelt es sich um Zuschüsse des Bundes oder der Länder an die Gemeinden, beispielsweise zur Förderung der lokalen Beschäftigungspolitik. Für den zweiten Fall steht die Sozialhilfe.[4]
- Im Hinblick auf *Steuerungsprinzipien* kommen Gebote/Verbote, Anreize, Angebote, Formen der Aufklärung, aber auch staatliche Modellmaßnahmen zum Tragen. Redistributive Programme arbeiten oft mit Leistungsanforderungen (Hilfe zur Arbeit), während Distribution meist über finanzielle Anreize läuft (z. B. Eingliederungsbeihilfen). Aufklärung und Information sind in der präventiven Gesundheitspolitik unverzichtbar geworden. Die Karriere des »best practice«-Gedankens in vielen Bereichen der Sozialpolitik zeigt außerdem, dass auch Modellvorhaben und Vorbilder (beziehungsweise Wissen) eine durchaus steuernde Wirkung haben können. So haben die Niederlande (»Polder-Modell«) und Großbritannien (»Dritter Weg«) oder die dänische Job-Rotation auch die deutsche Debatte beeinflußt.
- Die *Beschaffenheit eines Politikprogramms* richtet sich schließlich nach der Art der Leistungen (materiell/immateriell), die damit verbunden sind. Materielle Leistungen beinhalten wie das Bafög entweder positive Transfers oder wie im Fall von Abgaben und Steuern negative Transfers. Immaterielle Leistungen sind entweder soziale Dienstleistungen oder Sachdienstleistungen. Programme ohne Leistungscharakter werden, sofern sie auf eine Verhaltensnormierung zielen, auch als regulative Programme bezeichnet (z. B. Jugendschutz); selbst-regulative Politikprogramme gewähren das Recht auf eigenständige Regelung gesellschaftlicher Organisationen, zum Beispiel durch die Selbstverwaltung in der Sozialversicherung.

Für die Frage der Finanzierung ist die Unterscheidung zwischen Kapitaldeckung* und Umlageverfahren* relevant. Letzteres wird im Rahmen der deutschen Sozialversicherungen angewendet und bedeutet, dass die Ausgaben aus den Einnahmen (vor allem Beiträgen) der laufenden Wirt-

4 Dieses Beispiel zeigt aber, dass Umverteilung immer auch politische Wahrnehmung und Interessenlagen beinhaltet und mit Stichworten wie »soziale Hängematte« oder »Leistungsmissbrauch« eine erhebliche Brisanz gewinnen kann.

schaftsperiode bezahlt werden – und was gegenwärtig nicht da ist, kann auch nicht verteilt werden.

Das konservative, das sozialdemokratische und liberale Modell des Wohlfahrtsstaats

Die spezifischen Ausprägungen des deutschen Sozialstaats werden auch als »konservativer« Typ bzw. als Regime des Wohlfahrtsstaats (mit Frankreich, Italien, Deutschland, Niederlande) klassifiziert, der bei Gösta Esping-Andersen (siehe dazu als Überblick Schmid 2010: 104 ff.) vom sozialdemokratischen (Dänemark, Schweden) und dem liberalen Modell (Großbritannien, USA) abgegrenzt wird. Diese Regime, die ein ganzes Bündel an Faktoren umfassen, haben sich im Laufe der Geschichte entwickelt und verfestigt, was sich in der Kontinuität wesentlicher Merkmale des jeweiligen Wohlfahrtsstaates ausdrückt.

Die idealtypischen Besonderheiten des *konservativen* Modells sind, dass die Politik zwar in Wirtschaft und Gesellschaft interveniert, allerdings eher temporär und stark aus staatspolitischen Gründen (historisch: politische Gefahr durch Arbeiterbewegung; nach dem 2. Weltkrieg: Systemwettbewerb mit dem Ostblock) sowie vorwiegend mit Geldleistungen. Es ist ferner stark lohnarbeitszentriert mit der Folge, dass soziale Rechte stark an den beruflichen Status – und nicht an universelle Menschen- oder Bürgerrechte – gebunden sind, und die Ansprüche auf Beiträgen basieren. Das führt dazu, dass auch die Leistungen unterschiedlich ausfallen. Als Norm dominiert Sicherheit über Gleichheit und Freiheit, die zentralen Normen der beiden anderen Wohlfahrtstaatsmodelle.

Kurz skizziert sehen die beiden anderen Typen so aus: Im sozialdemokratischen Wohlfahrtsstaat, wie er sich dank einer starken Arbeiterbewegung und langjähriger *sozialdemokratischer* Regierungsaktivitäten in Schweden, Norwegen und Dänemark herausgebildet hat, wird eine allgemeine Versorgung auf höchstem (qualitativen und quantitativen) Niveau angestrebt, wobei soziale Bürgerrechte die Anspruchsgrundlage bilden. Die Sozialausgaben sind hier sehr hoch, zum Beispiel in Schweden über 50% des Staatshaushaltes, die Wirtschaftspolitik ist antizyklisch und die Arbeitsmarktpolitik aktiv ausgerichtet, um eine annähernde Vollbeschäftigung und ein relativ hohes Maß an sozialer Gleichheit zu erreichen.

Die *liberalen* Wohlfahrtsstaaten, also die USA, Kanada, Australien und seit Thatcher verstärkt Großbritannien, bilden dazu den Gegenpol. Hier fällt die Dekommodifizierung* nur gering aus, da vor allem die zentrale Rolle des freien Marktes und der Familie betont werden und die Arbeiterbewegung, beziehungsweise die Sozialdemokratie nur eine geringe Rolle spielen. Soziale Anspruchsrechte sind niedrig bewertet, mit individuellen Bedürftigkeitsprüfungen und geringen Leistungen verbunden sowie mit sozialer Stigmatisierung behaftet. Insgesamt herrscht damit ein starker, institutionalisierter Zwang zur Lohnarbeit, zumal soziale Unsicherheit als Motor ökonomischer Entwicklung betrachtet wird. Andererseits ist die Beschäftigungsdynamik hoch, Steuern sind niedrig, was – im günstigen Fall – einen hohen privaten Wohlstand entstehen läßt.

Unterschiedliche Wohlfahrtsstaatstypen – unterschiedliche Probleme

Jeder Wohlfahrtsstaatstypus[5] produziert auf diese Weise seine charakteristischen sozial- und arbeitsmarktpolitischen Programme, Leistungen und Leistungsansprüche. Zugleich bestehen unterschiedliche normative Muster und Orientierungen über soziale Ungleichheit und Gerechtigkeit. Und – last but not least – stößt jeder dieser drei Typen gegenwärtig auf (unterschiedliche) Probleme und Grenzen der Entwicklung, was Anlass zu Kritik und Reformvorschlägen gibt, die für jeden Wohlfahrtsstaatstypus anders ausfallen.

Will man sich einmal vergegenwärtigen, was dies ganz konkret bedeutet, beziehungsweise wie diese Modelle wirken, so ist es hilfreich, sich vorzustellen, wo man denn leben wollte. Im Falle eines Beamten oder Facharbeiters ist der konservative Wohlfahrtsstaat immer noch ein Hort der Sicherheit und des Wohlstandes. Ist man jedoch arbeitslos, dann sind die hohen Lohnersatzleistungen und die massiven Qualifizierungs- und Betreuungsangebote der sozialdemokratischen Welt interessanter und wichtiger. Wenn man dagegen jung, gegebenenfalls auch Frau ist und über eine sehr gute Qualifikation verfügt, dann lockt der liberale Wohlfahrtsstaat mit seiner hohen Aufstiegsdynamik und den geringen Steuern.

5 Dabei handelt es sich um eine idealtypische Betrachtung, die deswegen durchaus Kritik erfahren hat. In dem Arbeitsmaterial bilden die idealen Welten die Ecken, während die realen Fälle innerhalb des Dreiecks zu verorten sind. Die Niederlande sind dabei der problematischste Fall, der eigentlich in die Mitte gehört und von allen Modellen etwas hat.

4 Struktur und Dynamik von Sozialausgaben

Das Sozialbudget

Die im vorhergehenden Abschnitt beschriebenen rechtlichen und organisatorischen Grundlagen vermitteln eine Übersicht über die Strukturen des Sozialstaates und ihre inzwischen erreichte Bedeutung. Dabei handelt es sich aber lediglich um qualitative Daten, mit denen das quantitative Ausmaß der Sozialtransfers noch nicht fassbar ist. Dafür muss man monetäre Indikatoren in Form des *Sozialbudgets* heranziehen. Zu den Sozialleistungen werden dabei üblicherweise gezählt:

- direkte monetäre Transfers wie Renten, Sozialhilfe oder Arbeitslosengeld/Arbeitslosenhilfe,
- indirekte monetäre Transfers in Form von Steuerermäßigungen wie Kinderfreibeträge und
- die sozialen Sach- und Dienstleistungen (Realtransfers) insbesondere im Gesundheitsbereich und in Form sozialer Dienste.

Natürlich sind damit nicht die Sozialleistungen vollständig erfasst, aber dazu sind genaue Daten im Längs- und Querschnitt relativ gut verfügbar. Man darf aber nicht übersehen, dass solche aggregierten Daten, wie zum Beispiel die Höhe der gesamten Ausgaben für Renten, nichts über deren individuelle Verteilung aussagen, dass also hohe Gesamtausgaben keinen Schutz vor Altersarmut (vor allem bei Frauen und Alleinerziehenden) garantieren. Auch sagen monetäre Indikatoren nichts über die Qualität der rechtlichen Grundlagen (sog. Muss-, Soll- oder Kann-Leistungen) sowie die Organisationsformen (etwa zentralisiert-bürokratisch vs. bürgernah).

Die Dynamik des Sozialbudgets

Mittlerweile sind über 90% der Bevölkerung gegen die Standardrisiken Alter, Invalidität, Krankheit, Arbeitslosigkeit und Pflege abgesichert, es ist hier also ein hohes Maß an Inklusion erreicht, und praktisch niemand mehr wird vom Sozialstaat nicht erfasst. Die Dynamik der Entwicklung wird aus der Tatsache ersichtlich, dass 1950 nur 36,4% der Bevölkerung über 60 Jahre Altersrente bezogen, während es 2002 schon 78,7% waren. Der Anstieg des Anteils der Sozialleistungen am Bruttoinlandsprodukt [BIP]* (im Sinne von Transfers im Rahmen der Sozialversicherungen) ist ähnlich rasant (vgl. Schaubild). Im Jahr 2008 wurden für soziale Sicherung in Deutschland insgesamt fast 770 Mrd. € aufgewendet, was einer Sozialleistungsquote von 27,9% entspricht. Im internationalen Vergleich ist dies relativ hoch; beschränkt man sich auf die EU-15 (das heißt vor der Erweiterung), dann sind das etwa 1,2%-Punkte über dem Durchschnitt. Blickt man auf andere europäische Länder als Vergleichsmaßstab, dann liegen Schweden und Frankreich mit ca. 31 % an der Spitze.[6]

Ein etwas genauerer Blick auf den Verlauf der Kurve, die die *Sozialleistungsquote* abbildet, zeigt einen starken Anstieg im Kaiserreich und in der Weimarer Republik, ein weiterer Wachstumsschub erfolgt in der Sozialliberalen Koalition, zum Teil schon in der vorangegangenen Großen Koalition. Der anschließende Abbau wird durch die deutsche Einheit gestoppt, weil zum einen erhebliche Transfers nach Ostdeutschland fließen und weil (im Westen) die Wirtschaft boomt. Erst seit 2005 ist wieder ein leichter Rückgang zu konstatieren.

Tab.: Sozialleistungsquoten in verschiedenen Sicherungsbereichen in Deutschland 1960–2007 (in % des BIP.)

	Insgesamt	**Alter/ Hinter-bliebene**	**Krank-heit/ Invalidität**	**Ehe/ Familie**	**Arbeits-losigkeit**	**Übrige***
1960	19,9	9,1	6,1	3,6	0,4	0,7
1965	21,2	9,3	6,6	4,3	0,3	0,6
1970	23,0	9,8	7,4	4,7	0,5	0,6
1975	28,5	11,3	9,8	5,2	1,4	0,7
1980	28,1	11,2	10,2	4,8	1,1	0,8
1985	27,5	11,1	10,0	4,0	1,6	0,9
1990	25,6	10,5	9,5	3,5	1,5	0,6
1995	29,2	11,2	10,8	3,9	2,5	0,8
2000	30,1	11,8	10,6	4,6	2,3	0,8
2005	30,1	12,1	10,3	4,5	2,1	1,1
2007	28,1	11,4	10,0	4,1	1,6	1,0
2008	27,9	11,3	10,1	4,0	1,6	0,9

* *Leistungen in den Bereichen Wohnen und allgemeine Lebenshilfe. Quelle: BMAS (2009)*

Die Ausgaben für Gesundheit (vgl. Tabelle, Spalte 3) wachsen am stärkten zwischen 1960 und 1980. Die Ausgaben für Arbeitslosigkeit (Sp. 5) folgen

6 Auf den ersten Blick widerspricht dies der Typologie von Esping-Andersen, in der Frankreich wie Deutschland den konservativen Welten zugerechnet werden; aber wichtiger als die Höhe ist die Verwendung der Mittel. Zudem ist Schweden erheblich egalitärer.

erwartungsgemäß der jeweiligen wirtschaftlichen Konjunktur. Aus den Daten lässt sich herauslesen, dass die Absenkung der Sozialleistungsquote seit 2005 erheblich durch sinkende Ausgaben für Arbeitslosigkeit und ein höheres BIP zustande kommen.[7] Im internationalen Vergleich kommt die Differenz zwischen Brutto- und Nettoleistungen des Sozialstaates hinzu, die etwa durch Besteuerung von Sozialleistungen entsteht, wenn wie in Skandinavien Renten der Steuer unterliegen, was in Deutschland erst jetzt teilweise eingeführt wird. (Salopp formuliert existieren dadurch politisch fehlinterpretierbare Grauzonen von jeweils 1–2%-Punkten).

Der Sozialstaat wandelt sich

Diese Schlaglichter aus den Daten entsprechen den Ergebnissen einer systematischen Längsschnittanalyse der Verschiebungen im deutschen Sozialstaat, die Manfred G. Schmidt folgendermaßen zusammenfasst:»Trotz aller Hemmnisse wandelt sich der Sozialstaat. Gleiches gilt für seine verschiedenen Abteilungen. Die meisten von ihnen sind im Trend gewachsen, manche aber blieben konstant oder schrumpften, teils wegen Programmbeendigung, teils aufgrund von Alterung« (2005: 173). Zu den »Schrumpfungsbranchen« – wie er es nennt – gehören vor allem die sozialpolitisch motivierte Steuerentlastung, die Soziale Entschädigung einschließlich der Kriegsopferversorgung und der Lastenausgleich. »Wachstumsbranchen« des Sozialstaates bilden, allen voran, trotz zahlreicher Kürzungen, die Renten- und die Krankenversicherungen, ferner die Sozialhilfe und sozialen Dienste.

Die finanziellen Quellen der Sozialleistungen

Woher kommt das Geld für Sozialleistungen? Im Jahr 2008 stammen aus Beiträgen der Versicherten 463 Mrd. € (207 Mrd. € Arbeitnehmeranteil, 256 Mrd. € Arbeitgeberanteil). Das entspricht auf dem ersten Blick dem Typus des konservativen Sozial(-versicherungs-)staates. Aber es fehlt noch ein gutes Drittel. Diese Mittel kommen aus dem Staatshaushalt und belaufen sich derzeit auf 292 Mrd. €. Insofern spielt die Steuerfinanzierung inzwischen eine tragende Rolle auf der Einnahmeseite des Wohlfahrtsstaates.

Aber auch hier hat sich ein erheblicher – und vielleicht sogar überraschender – Wandel vollzogen. Bei ähnlich hoher Sozialleistungsquote im

7 Insofern können hohe Sozialausgaben vor allem für Arbeitslosengeld auch negativ interpretiert werden: als Versagen der Wirtschafts- und Beschäftigungspolitik. D.h. mehr ist nicht immer besser.

Jahre 1975 reduzierte sich im Vergleich zu 2008 der Anteil der Arbeitgeber von 38% auf 33%, der des Staates von 37% auf 38, während sich der Anteil der Arbeitnehmer von 21% auf 27% erhöhte, was durchaus eine bemerkenswerte Änderung darstellt. (Die restlichen Prozentwerte sind sonstige Einnahmen).

Wie kam es zu dieser dynamischen Entwicklung des Sozialstaats?

Die wichtigsten Gründe für die die skizzierte Entwicklung des deutschen Wohlfahrtsstaates (vgl. dazu Schmidt 2005: 174 ff. und Schmid 2010: 98 ff. sind folgende:

1. Höhe, Wachstum und Ausdifferenzierung der Sozialausgaben verdanken sich zum einen der guten wirtschaftlichen Entwicklung, die ausreichend Ressourcen zur Verfügung stellt. Allerdings ist diese Grundlage im Laufe der Zeit immer prekärer geworden. Zugleich spiegelt sich darin die Modernisierung der Gesellschaft wider, etwa im Bereich Familie und Kinder, wo aus einer ehemals vorwiegend privaten Aufgabe eine öffentliche geworden ist, was sich konkret etwa in der erhöhten Zahl an Grippen- und Kindergartenplätzen, aber auch am Elterngeld zeigt.
2. Zum anderen spielt die Stärke von SPD und CDU/CSU eine Rolle, Schmidt nennt sie die *»Sozialstaatsparteien«*, die gerade in der Sozialpolitik intensiv im Wettbewerb stehen, was sich als ausgabensteigernd erwiesen hat. Dahinter stecken durchaus unterschiedliche Motive: Zum einen verfolgen Parteien das Prinzip der Stimmenmaximierung und da der Sozialstaat alle Menschen erfasst, lassen sich auf diesem Feld mit »Geschenken« gut Wahlen gewinnen. Zum anderen folgen Parteien ihren normativen Leitlinien: bei den Sozialdemokraten das gleichheitsorientierte Konzept des »demokratischen Sozialismus«, bei den Christdemokraten das Subsidiaritätsprinzip* (- was Leistungen für die Familie an die freien Träger begründet).
3. Die Kontinuität wohlfahrtstaatlicher Arrangements basiert zudem auf der Macht von »Vetospielern*« (vor allem Bundesrat, Bundesverfassungsgericht, Tarifparteien), die erfolgreich eine Reform des Sozialstaats verhindern können, was lange unter dem Stichwort »Reformstau« diskutiert worden ist. Diese Situation führt wiederum oft zu einer Strategie des wenig auffälligen und wenig radikalen »Umgehens und Täuschens«, d. h., man versucht die Kürzungen und Änderungen zu tarnen, indem man z. B. Ersatzzeiten (etwa aus der Ausbildung) nicht mehr voll anrechnet, die Bezugswerte verringert usw.
4. Schließlich spielt das Moment der Pfadabhängigkeit * eine große Rolle, die sich aus der Bindung von finanziellen Ressourcen durch die Ent-

scheidungen in der Vorperiode ergibt. In einem Bundeshaushalt sind eben allenfalls noch 5% der Mittel frei veränderbar, der Rest ist langfristig verplant. Pfadabhängigkeit entsteht ferner dadurch, dass positive Feedback-Effekte und komplementäre Strukturentwicklungen eine institutionelle Komplexität haben entstehen lassen, die sich nur unter hohem Aufwand und mit riskantem Ausgang verändern lassen.[8] So hat sich die Dynamisierung der Renten (besonders in der Wachstumsphase) auch positiv auf die allgemeine wirtschaftliche Nachfrage ausgewirkt, die Frühverrentung die Produktivität gesteigert und die Sozialpolitik auf diese Weise mit dem Beschäftigungssystem verknüpft. Zudem haben sich entsprechende Akteurskonstellationen gebildet, die politisch sehr einflussreich sind wie etwa in der Interessenvertretung der Rentner.

Die ungleiche Verteilung der Sozialausgaben

Das Bild lange wachsender und anhaltend hoher Sozialausgaben täuscht in mancher Hinsicht: Erstens sind die Daten hoch aggregiert und langfristig erfasst. Das allein ergibt eine Tendenz zugunsten von Kontinuität. Zweitens werden »nur« Tendenzen wiedergegeben, die mit einer gewissen Wahrscheinlichkeit auftreten, daher sind auch immer Ausnahmen (für einzelne Politikfelder und Personenkreise wie etwa im Rahmen von Hartz 4) möglich. Noch wichtiger als solche methodischen Relativierungen sind drittens die unterschiedlichen politischen Gewichte und Betroffenheiten: Wenn ich als Rentner von Rentenkürzungen betroffen bin, dann ist es mir egal, ob die aktive Arbeitsmarktpolitik oder die Familienpolitik ausgeweitet wird. Die über die vergangenen Jahrzehnte zu beobachtende Ausgabendynamik vermittelt somit fälschlich den Eindruck einer »heilen Wohlfahrtswelt«, denn dazu sind die Herausforderungen und absehbaren Veränderungen zu groß.

8 Politische Pfade werden demnach gegebenenfalls trotz ihrer ökonomischen Ineffizienz fortgeführt, weil sie eben so komplex sind und kaum realistische Alternativen existieren, da Akteure sich hierzu moralisch verpflichtet fühlen, beziehungsweise die Institutionen als normativ rechtens empfunden werden und legitimiert sind. Ein Beispiel dafür ist die deutsche Praxis der Frühverrentung, die die Rentenversicherung belastet, Arbeitskräftepotenzial nicht ausnutzt und problematische Allokationseffekte aufweist (vereinfacht: von Kleinbetrieben mit hohem Beschäftigungswachstum zu Großbetrieben mit Arbeitsplatzabbau).

5 Probleme und Zukunftsperspektiven des Sozialstaates

Seit einigen Jahren ist der Sozialstaat vor allem durch die kontroversen Debatten über Kürzungen von Sozialleistungen, den Umbau und die Reformfähigkeit der sozialen Sicherungssysteme präsent. Ursache dafür sind eine Reihe von tiefgreifenden Veränderungen und Entwicklungen, die sich in ihrer Wirkung in den nächsten Jahren noch verschärfen werden. Dabei spielen sowohl interne (aus dem Sozialstaat selbst hervorgegangene) als auch externe Faktoren eine Rolle. Dazu gehören

- der demografische Wandel,
- die soziokulturellen Herausforderungen,
- die politisch-ökonomischen Veränderungen,
- die Globalisierungsfolgen und
- die zunehmende Europäisierung.

Der demografische Wandel

Der demographische Wandel (vgl. dazu Kapitel 3: Bevölkerung) gehört zu den früh prognostizierten Veränderungen der gegenwärtigen Gesellschaft. Im Jahr 2002 hat die vom Deutschen Bundestag eingesetzte Enquete-Kommission »Demographischer Wandel« nach dreijähriger Arbeit eine umfassende Analyse der demografischen Veränderungen (mit Modellrechnungen bis zum Jahr 2050) und ihrer Folgen für das Gefüge des Sozialstaates vorgelegt. Dabei ist grundsätzlich von folgenden vier miteinander verknüpften Trends auszugehen:

a. Die Geburtenrate (Fertilität) wird auf einem niedrigen Niveau verharren. Gleichzeitig nimmt durch Fortschritte in der medizinischen Diagnostik, bei den Therapiemöglichkeiten, vor allem aber durch eine weit entwickelte Gesundheitsvorsorge die Lebenserwartung zu;
b. eine zahlenmäßig kleinere Bevölkerung wird zu einer abnehmenden Bevölkerungsdichte mit starken regionalen Unterschieden führen;
c. die Verschiebungen in der Altersstruktur der Bevölkerung sind voraussichtlich stärker als vielfach angenommen. Auch eine kontinuierliche Zuwanderung kann diese nicht ausgleichen, sondern bestenfalls abmildern;
d. immer weniger junge Menschen stehen immer mehr älteren Menschen gegenüber, das Durchschnittsalter der erwerbsfähigen Bevölkerung und der Gesamtbevölkerung nehmen deutlich zu.

Die Alterung der Gesellschaft – eine Herausforderung für den Sozialstaat

Diese demografische Herausforderung wirkt sich auf einschneidende Weise in den verschiedenen Bereichen des Sozialstaates aus.

- Zum einen lässt sie den Generationenvertrag* brüchig werden; vor allem bei geringem Wirtschaftswachstum und hoher Arbeitslosigkeit gerät das Verhältnis zwischen beitrags- und steuerzahlenden Erwerbspersonen auf der einen und den Rentnern auf der anderen Seite aus dem Gleichgewicht. Zugleich entstehen wegen der unterschiedlichen Belastungen beziehungsweise Leistungen neue politische Konfliktzonen zwischen Jungen und Alten sowie zwischen familialen und nicht-familialen Lebensformen, die wiederum zu neuem Handlungsbedarf für die Sozialpolitik führen und den Sparbestrebungen entgegenlaufen.
- Für den Arbeitsmarkt (vgl. dazu Kapitel 12: Arbeitsmarkt) hat der demografische Wandel ambivalente Folgen: Die gesellschaftlich notwendige Arbeit muss in Zukunft von einem kleineren Erwerbspersonenpotenzial bewältigt werden, was die Belastungen durch erhöhte Sozialversicherungsbeiträge verstärkt. Auf der anderen Seite dürfte die Nachfrage nach Arbeitskräften steigen und damit die Arbeitslosigkeit erheblich verringert werden, was dann entsprechende Kosten senkt.
- Das Gesundheitssystem steht schon seit längerem unter hohem Kostendruck, der einerseits auf – durch neue und teurere Therapiemöglichkeiten entstandene – erhöhte Lebenserwartung zurückgeführt werden kann, andererseits auch auf Qualitäts- und Effizienzmängel eines sehr fragmentierten Systems aus einer Vielzahl von Kassen und Anbietern. Der demografische Wandel wird Auswirkungen auf der Einnahmen- und Ausgabenseite der Gesetzlichen Krankenversicherung haben, da ältere Menschen durchschnittlich mehr Leistungen beanspruchen, gleichzeitig aber nur geringere Beiträge zur Krankenversicherung gezahlt werden. Zugleich ist mit einer wachsenden Bedeutung sozialer Dienste wegen der Zunahme von chronischer Erkrankung, Behinderung und Pflegebedürftigkeit zu rechnen (vgl. Schmid 2010: 72 ff.; s. a. Kaufmann 1997).

Die soziokulturellen Herausforderungen

Die soziokulturellen Herausforderungen beruhen vor allem auf der drastischen Veränderung der Familienstrukturen (vgl. Kap. 5: Familie) und kleinräumigen Gemeinschaften, die sich mit Pluralisierung und Individualisierung* kennzeichnen lässt. Hieraus resultiert zweierlei: Zum einen nehmen die Leistungen der informellen Wohlfahrtsproduktion in Familie und Nachbarschaft massiv ab, zum anderen sind nicht mehr nur »großflächige« staatliche Maßnahmen, die sich auf größere Bevölkerungsgruppen mit ähnlichen sozialen Problemen richten, gefragt. Dies ist einer der Gründe, weshalb immer mehr die negativen Folgen einer

Bürokratisierung der sozialstaatlichen Institutionen und ihre zunehmende Distanz zu den Bürgern beklagt und ein Ausgleich durch eine Aktivierung der Zivilgesellschaft gesucht wird. Auch die normativen Fundamente des Wohlfahrtsstaates, die auf Solidaritätsbereitschaft, Gerechtigkeitssinn und Gemeinwohlorientierung gebaut sind, scheinen ins Wanken zu geraten (so Kaufmann 1997). Die Diskussion um das mittlerweile auch schon in der Mittelschicht zum Kampfbegriff mutierte Stichwort der sozialen Gerechtigkeit weist auf zunehmende Verteilungskonflikte und einen gleichzeitig anscheinend abnehmenden Gemeinsinn hin (vgl. Vogel 2009 und die Beiträge in: Aus Politik und Zeitgeschichte 47/2009).

Die Benachteiligung von Frauen

Seit den 70er-Jahren nimmt zudem eine Kritik gegenüber dem deutschen Sozialstaat zu, welche auf die Benachteiligung von Frauen und die Auswirkungen auf das Geschlechterverhältnis zielt. Letztendlich fehlen in Deutschland eine ausreichende öffentliche Infrastruktur (zum Beispiel Kindergartenplätze) und entsprechende Arbeitsplätze für Frauen. Dieses Defizit wird umso dringender, je mehr Frauen infolge der erwähnten Veränderungen der Sozial- und Wertestrukturen (Individualisierung, Pluralisierung, Wandel der Familie) auf den Arbeitsmarkt drängen und dort aus demografischen Gründen auch gebraucht werden. Diese Entwicklung wurde forciert durch die Wiedervereinigung aufgrund der höheren Erwerbsquote und Erwerbsbereitschaft von Frauen in Ostdeutschland. Diese soziokulturellen Veränderungen stehen in einem engen Zusammenhang mit dem, was als neue soziale Risiken der postindustriellen Gesellschaften thematisiert wird. Hier geht es nicht mehr um den klassischen Arbeiter, sondern um alleinerziehende Mütter, Bildungsungleichheit und Migration.

Die politischen und ökonomischen Herausforderungen

Zu all dem kommen als politisch-ökonomische Besonderheit in Deutschland die Folgelasten der deutschen Wiedervereinigung hinzu. Sie umfassen umfangreiche Transferleistungen, die über Steuern und vor allem Sozialversicherungsbeiträge finanziert sind. Gerade im Hinblick auf die noch immer gravierende wirtschaftliche Struktur- und Wachstumsschwäche in den neuen Bundesländern öffnet sich auf diese Weise die Schere zwischen Einnahmen und Ausgaben. Zu den strukturellen Problemen können ferner konjunkturelle Krisen hinzutreten, die negative Folgen für den Sozialstaat haben. Erschwerend kommt hinzu, dass sich die Grenzen sowohl in der Belastbarkeit der Ökonomie als auch in der Wirksamkeit des keynesianischen »deficit-spendings*« und der strukturpolitischen Hilfen zeigen. Damit sind dem weiteren Anstieg der Sozialausgaben (samt entsprechender Transfers von West nach Ost) deutliche Grenzen gesetzt.

Die Globalisierungsfolgen

Die im Zuge der Globalisierung zunehmende Bedeutung transnationaler Beziehungen bringen auch für den traditionell national geregelten Sozialstaat ganz neue ökonomische, politische und rechtliche Herausforderungen mit sich.

Unter den Begriff der Globalisierung wird eine Vielzahl von Phänomenen gefasst:

- das enorme Wachstum des Welthandels;
- die Internationalisierung der Geldmärkte und eine gewachsene Bedeutung von Aktienkapital und Börsenfinanzierung;
- die schnellere und dichtere Kommunikation über neue elektronische Medien, die Intensivierung transnationaler Verkehrsströme und die Vernetzung im Produktions- und Unternehmensbereich;
- der Funktionswandel der Direktinvestitionen im Ausland von einer Absicherung des Exports hin zur direkten Erschließung ausländischer Märkte;
- das schnelle Wachstum internationaler Konzerne ohne nationale Zuordnung;
- die grenzüberschreitende Ausweitung politischer Wahrnehmungshorizonte, die Verbreitung von Ideen, Leitbildern und die Suche nach international bewährten Praktiken der Problemlösung sowie
- die Entwicklung transnationaler Regulierungsregimes, Organisationen, Netzwerke und Akteure.

Zu den unmittelbar sozialstaatlich relevanten Folgen dieser Entwicklungen gehört der Druck auf die Sozialausgaben, von deren Reduzierung man sich eine Erhöhung der Wettbewerbsfähigkeit verspricht. Dieser Druck muss nicht nur zum Abbau von Leistungen führen, er kann auch einen Umbau zum aktivierenden und vorsorgenden Sozialstaat mit positiven Effekten für die Wirtschaft befördern. Das Verhältnis von Sozialpolitik und Wirtschaft ist zweischneidig; es gibt hemmende wie fördernde Tendenzen. So verbraucht der Sozialstaat Ressourcen, die er über Steuern und Beiträge dem Wirtschaftsystem entzieht; zugleich stellt er aber via Bildungs- und Gesundheitswesen »gute« Arbeitskräfte zur Verfügung. Auch reduziert er soziale Spannungen und Konflikte zwischen Kapital und Arbeit (vgl. ausführlich Schmidt 2005: 257 ff.). Weil es zum konservativen

Typus des Sozialstaats in Deutschland gehört, dass er hauptsächlich über Beiträge finanziert wird, beeinflussen Veränderungen in den Beschäftigungs- und Entlohnungssystemen seine Leistungsfähigkeit ganz unmittelbar. So erzeugt die Tatsache, dass mittlerweile ein Niedriglohnsektor und neue Formen der Selbständigkeit mit geringen Einkommen existieren, neue Armutsrisiken für viele Erwerbstätige und künftige Rentenbezieher (vgl. auch Schmid 2010: 75 ff.).

Die zunehmende Europäisierung

Zu den neuen Rahmenbedingungen des nationalen Sozialstaates gehört die europäische Union, die mit ihren Regulativen und Vorgaben in die Sozialpolitik einwirkt, zugleich aber auch gegen den Druck der Globalisierung abpuffert (vgl. Kap. 20: Europa). Lange hat die EU ihren Schwerpunkt auf die wirtschaftlichen und bürgerlichen Rechte (vor allem der Freizügigkeit von Arbeitskräften, Waren, Dienstleistungen und Kapital), und weniger auf die sozialen Ansprüche und Ausgleich gelegt. Die in den Artikeln 136–148 des EG-Vertrages festgelegten sozialpolitischen Kompetenzen weisen den europäischen Behörden – wenn überhaupt – nur eine sekundäre Rolle zu.

Als einen Erfolg des Amsterdamer Vertrages von 1997 beziehungsweise als wichtige politische Neuerung kann daher die Eingliederung des (dem vorherigen Vertrag von Maastricht noch angehängten) Sozialprotokolls in den Vertrag gewertet werden. Demnach können in folgenden Bereichen Entscheidungen nun mit qualifizierter Mehrheit getroffen werden:

- Sicherheit und Gesundheitsschutz am Arbeitsplatz sowie bei Arbeitsbedingungen,
- Unterrichtung und Anhörung der Arbeitnehmer,
- berufliche Eingliederung auf dem Arbeitsmarkt,
- Chancengleichheit von Männern und Frauen in der Arbeitswelt.[9]

Die Europäische Sozialagenda

Seit dem Jahr 2000 hat die EU sozialpolitische Leitlinien in Form der Europäischen Sozialagenda aufgestellt und 2008 aktualisiert. Schließlich wird im Entwurf der Verfassung der Union folgendes Ziel vorgegeben:

9 Die Einstimmigkeit gilt hingegen weiter für die soziale Sicherheit und den sozialen Schutz sowie dem Arbeitnehmerschutz bei Ende des Arbeitsverhältnisses, der Vertretung und Wahrnehmung von Arbeitnehmer- und Arbeitgeberinteressen, den Beschäftigungsbedingungen der Staatsangehörigen dritter Länder sowie den finanziellen Beiträgen zu Förderung der Beschäftigung.

»Sie bekämpft soziale Ausgrenzung und Diskriminierungen und fördert soziale Gerechtigkeit und sozialen Schutz, die Gleichstellung von Frauen und Männern, die Solidarität zwischen den Generationen und den Schutz der Rechte des Kindes.« (Teil II, Art.3, Abs. 3). Nach Art. 143, 145 EGV[10] hat die Kommission jährliche Berichte über den Stand der Verwirklichung der sozialpolitischen Ziele der Union sowie die soziale Lage in den Mitgliedstaaten zu erstellen und dem Rat, dem Parlament sowie dem Wirtschafts- und Sozialausschuss zu übermitteln (vgl. Schmid 2010: 78ff). Damit hat sich der sozialpolitische Handlungsspielraum der Kommission erheblich ausgeweitet, und viele Felder wohlfahrtsstaatlicher Politik werden zunehmend durch Regelungen und Rückwirkungen aus Brüssel beeinflusst, dass sogar schon von einer »Sozialstaatswerdung Europas« die Rede ist (Knelangen 2005).

In diesem Zusammenhang muss darauf hingewiesen werden, dass der Haushalt der Europäischen Union nur einen Bruchteil der Staatsausgaben der Mitgliedsländer ausmacht. Wegen dieser geringen Mittelausstattung verfolgt die Kommission vor allem die Strategie, die Mitgliedsländer verpflichtende sozialrechtliche (Mindest-)Standards festzulegen, die den EU-Etat nicht belasten. Nur auf diese Weise, so sehen es viele Beobachter, lässt sich gegenwärtig die schwierige Gratwanderung zwischen der europäischen Einheit und der nationalen Vielfalt wohlfahrtsstaatlicher Strukturen und wirtschaftlicher Möglichkeiten bewältigen.

Perspektiven und mögliche Entwicklungen

Was folgt aus alledem? Der Sozialstaat gehört zu den institutionell, kulturell und mental tief verankerten Elementen der modernen westlichen Gesellschaften; er vermittelt zwischen Demokratie und Kapitalismus und trägt zur Funktionsfähigkeit fast aller Lebensbereiche und Teilsysteme bei. Dabei muss jede Zeit ihre speziellen sozialstaatlichen Arrangements finden, abhängig von den jeweiligen ökonomischen, politischen und soziokulturellen Rahmenbedingungen.

Damit wird freilich die hohe Kontinuität gerade des deutschen Sozialstaates teilweise zu einem Problem: Angesicht der drastischen neuen Herausforderungen droht ein »mismatch« von sozialen Problemlagen auf der einen sowie den sozialstaatlichen Institutionen und politischen Lösungsstrategien und Instrumenten auf der anderen Seite. Franz-Xaver Kaufmann (1997, Kap 5.) spricht in diesem Zusammenhang von einem »Veralten« der

10 EGV = Vertrag über die Arbeitsweise der Europäischen Union; er hieß bis zum 30.11.2009 Vertrag zur Gründung der Europäischen Gemeinschaft.

etablierten Arrangements. Die Lösung liegt daher in vielen Fällen nicht mehr in einem Ausbau der etablierten Leistungen und Interventionsmuster, sondern in ihrer grundlegenden Reform und Ergänzung um neue Elemente – eben im Umbau (vgl. Frech/Schmid 2004). Zu denken wäre hier etwa an die Bildungspolitik, die zunehmend im Zusammenhang mit der Sozialpolitik gesehen wird (vgl. Schmid 2010: Kap. 20).

In seinem Essay »Warum brauchen wir eine Reform des Sozialstaats?« geht Esping-Andersen von einer ähnlichen Lage aus. Er konzentriert sich in seiner Antwort auf die Aspekte Kinder, Frauen und Bildung, weil dies den demografischen Wandel abfedert, einen positiven Effekt des Wohlfahrtsstaates auf die Wirtschaft ausübt und die Menschen in ihrer Startphase für den gesamten Verlauf ihres Lebens mit wichtigen Ressourcen ausstattet. Das rechnet sich ebenfalls langfristig und sogar für die Älteren: »Es mag paradox aussehen, aber eine Strategie, in unsere Kinder zu investieren, muss das Flaggschiff unserer umgestalteten Rentenpolitik sein. Die zukünftigen Kohorten von Menschen im Arbeitsalter sind klein, also sollten sie maximal produktiv sein.« (Esping-Andersen 2006: 66).

Drei mögliche Szenarien der künftigen Entwicklung

Man kann nun versuchen, die skizzierten Verschiebungen und neuen Herausforderungen aus den Rahmenbedingungen des Sozialstaats einerseits und die darauf bezogenen bzw. bislang erfolgten Reformen und (Umbau- oder Kürzungs-) Maßnahmen andererseits perspektivisch zu bündeln, und drei Szenarien zu entwickeln, die mittelfristig denkbar sind:

a. *Der Wohlfahrtsstaat als Risikomanager durch Infrastruktur und Aktivierung*
Globalisierung und Internationalisierung der Wirtschafts- und Sozialräume reduzieren in diesem Szenario die Relevanz des nationalen Sozialstaates und lassen seine Finanzierungsspielräume erheblich schrumpfen. Materielle Gleichheit als Leitprinzip sozialer Gerechtigkeit oder gar die Garantie eines hohen Lebensstandards werden abgelöst durch die Prinzipien der Fairness, der Chancengleichheit und der Grundsicherung. Sozialpolitik wird hier weit verstanden und ist vornehmlich aktivierend und investiv, das heißt sie versteht sich als Infrastrukturpolitik mit dem Ziel, Benachteiligungen zu minimieren und eine Verwirklichung von Marktchancen via Beschäftigung für alle in Aussicht zu stellen. Kurz: Es wird verstärkt von passiven auf aktive Leistungen umgestellt (nach dem Motto »fördern und fordern« in der Arbeitsmarktpolitik beziehungsweise dem o. a. Zitat von Esping-Andersen), und das oberste Ziel ist die Integration Aller – also auch Älterer, Frauen und Behinderter – in den Arbeitsmarkt.

b. *Dominanz des Sozialversicherungsstaates, Spaltung und Ende der Umverteilung*
Ein zweites Szenario betont die Stärkung des Versicherungsprinzips und das Zurückdrängen von bedarfsorientierten beziehungsweise beitragsfreien Versorgungsleistungen sowie Zuschüssen aus dem Bundeshaushalt. Die Umverteilungszumutungen gegenüber den Beitragszahlern werden damit geringer – und das ethisch anspruchslose Äquivalenzprinzip (d. h. Leistungen entsprechen voll den Beiträgen) beziehungsweise die Beitragsgerechtigkeit reguliert dann den Sozialstaat, dem dann enge Grenzen gesetzt sind. Für Alle außerhalb der sozialpolitischen Normalitätsfiktion (Normalarbeitsverhältnis, Normalfamilie) und den Standardrisiken bleibt nur die Sozialhilfe. Damit würde eine Spaltung der Sozialen Sicherung eintreten, die eigentlich dem Ziel des Sozialstaats widerspricht.
c. *Abbau des Sozialstaates und Privatisierung der Sozialen Sicherung*
Eine dritte Variante läuft darauf hinaus, dass mit der Schwächung der Nationalstaaten auch deren sozialpolitische Aktivitäten reduziert werden. Solidarische Hilfe und Ausgleich gegen die Risiken des Marktes finden nur noch in kleinformatigen, subsidiären beziehungsweise kommunitaristischen[11] und zivilgesellschaftlichen Zusammenhängen statt. Der Sozialstaat kann und soll nur noch in besonderen Notlagen unterstützen. Hinzu kommt eine verstärkte Hinwendung zur privaten Sicherung – aus der sich aber neue Risiken von Unterversorgung und eine erhebliche soziale Ungleichheit entwickeln können.

Diese Szenarien jenseits der aktuellen, konkreten Debatten und Krisendiagnosen stellen die Optionen und Perspektiven der Entwicklung unseres Sozialstaates dar (vgl. dazu ausführlicher Schmid 2010: 497 ff. und die Beiträge in Frech/Schmid 2004).

11 Der Kommunitarismus ist ein vor allem in den USA verbreiteter Ansatz, der sich zum einen kritisch mit der modernen Gesellschaft und ihren Tendenzen zur sozialen Desintegration, moralischen Desorientierung und zum überzogenen Egoismus auseinandersetzt. Gleichzeitig wird auch der bürokratische, bevormundende Staat abgelehnt. Stattdessen wird an Tugenden wie Solidarität, Verantwortungsbewusstsein und vor allem Gemeinsinn appelliert, die Stärke der Zivilgesellschaft betont und die gegenseitige Hilfe der Bürger in überschaubaren kleinen Räumen betont.

Weiterführende Literatur

Esping-Andersen, G. (2006): *Warum brauchen wir eine Reform des Sozialstaats?* In: Leviathan, Vol. 34 (1), 61–81

Skizze interessanter Lösungsvorschläge in Form eines Interviews.

Kaufmann, Franz -Xaver (1997): *Herausforderungen des Sozialstaats*, Frankfurt: Suhrkamp

Grundlegender Überblick zu den tieferliegenden Ursachen der Probleme des Sozialstaats.

Leisering, Lutz (2004): *Der deutsche Sozialstaat. Entfaltung und Krise eines Sozialmodells 1949–2003*, in: Frech/Schmid, 172–180

Kleine Einführung in den deutschen Sozialstaat.

Schmid, Josef (2010): *Wohlfahrtsstaaten im Vergleich. Soziale Sicherung in Europa: Organisation, Finanzierung, Leistungen und Probleme*, Wiesbaden: VS (3. Aufl.)

Einführung in die Wohlfahrtsstaatsforschung und den Vergleich; nach Ländern und Themen aufgebaut.

Schmidt, Manfred (2005): *Sozialpolitik in Deutschland. Historische Entwicklung und internationaler Vergleich*, Wiesbaden: VS (3. Aufl.)

Darstellung der historischen Entwicklung in Deutschland und im Vergleich; auch mit statistischen Analysen.

Kapitel 20

Die Europäische Union

Der schwierige Weg zur Integration

Maurizio Bach

Die ergänzenden Materialien zu diesem Kapitel finden sich auf der Website: www.bpb.de/sozialkunde/europaeischeunion

1 Einleitung

»Europa«, ein unbestimmter Begriff

Mit dem Begriff »Europa« sind höchst unterschiedliche Vorstellungen verbunden. Europa wird als geographischer Raum oder als kulturelle Einheit, als ökonomisches und politisches Machtgebilde oder auch als europäische Gesellschaft gedacht. Eine diese verschiedenen Aspekte integrierende Konzeption der Einheit und Identität Europas existiert bis heute nicht, denn es mangelt den jeweiligen Europabildern an eindeutigen Grenzen ihrer Projektionsflächen.

Die geografischen Grenzen Europas sind, besonders im Osten und Südosten seit jeher unbestimmt. Lange hielt man den Ural für die natürliche Kontinentalgrenze im Osten. Mittlerweile ist auch diese geographische Konvention umstritten. Ähnlich stellt sich die Problematik hinsichtlich der Wertefrage: Diejenigen Werte, die üblicherweise mit der griechisch-römischen Antike, dem jüdisch-christlichen Abendland, der Renaissance, der Aufklärung und der modernen Demokratie verbunden werden, haben zwar historisch ihre Ursprünge in Europa, sie sind aber lange schon integraler Bestandteil der globalen Kultur, mithin weitgehend universalisiert. Eine spezifisch europäische Kulturidentität lässt sich darauf nicht gründen.

Europa – ein Konglomerat von Nationalstaaten

Ebenso wenig klar konturiert stellt sich die politische, ökonomische und gesellschaftliche Einheit Europas dar. In dieser Hinsicht ist Europa in erster Linie ein Konglomerat von in sich geschlossenen Nationalstaaten. Die über Jahrhunderte prägende Dominanz des Nationalstaates als politisches und gesellschaftliches Ordnungsmodell in Europa bestimmt auch maßgeblich den Gesellschaftsbegriff. Gemeinhin wird unter Gesellschaft eine regionale, territorial begrenzte Einheit verstanden, so dass zum Beispiel Deutschland eine andere Gesellschaft bildet als Italien oder Frankreich. Angesichts der vielfältigen grenzüberschreitenden Prozesse im Rahmen der Europäischen Union hat diese verbreitete Auffassung allerdings ihre bisherige Selbstverständlichkeit eingebüßt. Heute stellt sich die Frage, ob eine europäische Gesellschaft existiert und ob man von einer europäischen Sozialstruktur sprechen kann. Die Beantwortung dieser Frage hängt wesentlich davon ab, worin man die Grundlagen und die Zielrichtung der europäischen Integration sieht.

2 Historischer Rückblick

Den Weg zur politischen Einheit Europas im Geiste der friedlichen Zusammenarbeit und Solidarität beschritten die westeuropäischen Staaten mit Entschlossenheit und greifbaren Erfolgen erst nach der Katastrophe des Zweiten Weltkrieges.

Die Vision eines »Pan-Europa«

Ein früher und einflussreicher Vordenker der europäischen Integration war Richard N. Coudenhove-Kalergi (1923), der bereits unmittelbar nach dem Ersten Weltkrieg sein bahnbrechendes Projekt für ein modernes »Pan-Europa« entwickelte. Er sah Europa politisch und kulturell im Niedergang begriffen und von einer schweren Krise heimgesucht. Eine der Hauptursachen dafür erblickte er in der Konkurrenz und Feindschaft der europäischen Staaten, die den Krieg in Europa zum Dauerzustand zu machen drohten. Coudenhove-Kalergi propagierte die Utopie der Vereinigten Staaten von Europa. Bindende internationale Verträge, der Grundsatz der Gleichberechtigung der Staaten, territoriale Grenzgarantien und Minoritätenschutz waren die normativen Eckpfeiler des anvisierten europäischen Staatenbundes. Dazu gehörte auch die Trennung von Nation und Staat sowie die Schaffung eines einheitlichen Wirtschaftsgebietes auf der Grundlage einer Zollunion. Diese »Pan-Europa«-Vision basierte auf einer analytisch brillanten und politisch weitsichtigen Zeitdiagnose, die auf dem Höhepunkt des Nationalismus und Chauvinismus dem dominierenden Nationalstaatsprinzip die Idee einer europäischen Föderation entgegensetzte. Damit wurden sowohl die zentralen Leitideen als auch das institutionelle Grundgerüst der nach dem Zweiten Weltkrieg im Rahmen der Europäischen Union und ihrer Vorläuferorganisationen Wirklichkeit gewordenen europäischen Integration antizipiert.

Jean Monnet, der gedankliche Wegbereiter der europäischen Integration

Die Katastrophe des Zweiten Weltkrieges, die Europa als ein Schlachtfeld ungeheueren Ausmaßes zurückließ, motivierte hellsichtige politische Köpfe diesseits und jenseits des Atlantiks dazu, darüber nachzudenken, wie sich in Zukunft der Frieden in Europa wieder herstellen und vor allem dauerhaft sichern ließ. Jean Monnet (1888–1979), ein Unternehmer und parteiunabhängiger Politiker mit langjährigen Erfahrungen im Völkerbund, erfand eine spezielle Organstruktur, die dem europäischen Integrationsprojekt bis heute Stabilität und Kohärenz verleiht. Sie enthielt im Kern zwei strategische Komponenten: Zum einen basierte sie auf dem Prinzip der *funktionalen Integration*, d. h. der schrittweisen Ausdehnung des europäischen Handlungsfeldes von begrenzten Politikfeldern (Montanindustrie, Zoll, Markt) auf weitere interdependente Politikfelder (Arbeitnehmerwanderung, Ausbildung, Gesundheitsschutz etc.) bis die Vollendung einer politischen Union der europäischen Staaten erreicht sein würde.

Das Organisationsprinzip der Supranationaliät

Zum anderen sah Jean Monnet die Institutionalisierung eines neuartigen politischen Organisationsprinzips vor: das der *Supranationalität*. Sein Modell zielte damit auf die Schaffung eines autonomen Dritten, der den Mitgliedstaaten übergeordnet sein und über eigene Befugnisse verfügen sollte. Dieses Organ hieß ursprünglich »Hohe Behörde«, heute nennt man es *Kommission*. Davon versprach sich Monnet, die Entscheidungs- und Kompromisswilligkeit der Mitgliedstaaten zu erhöhen. Nicht letztere, sondern das supranationale Organ sollte die inhaltlichen Integrationsziele definieren, den Mitgliedstaaten Vorschläge unterbreiten und deren Umsetzung überwachen. Mit dieser Übertragung von Souveränität auf das nach eigenem Recht agierende supranationale Organ sollte eine nachhaltige Loslösung der europäischen Integrationspolitik von den nationalen Interessen und Bürokratien erreicht sowie eine eigene Handlungs- und Rechtsebene für die Europapolitik geschaffen werden.

Die politische Situation in Europa nach dem Zweiten Weltkrieg

Unter dem Druck der USA, die sich zu Beginn der 1950er-Jahre im Zusammenhang des Marshall-Plans für einen friedlichen Wiederaufbau der Länder Europas, darunter auch Deutschlands, entschieden hatten, fiel der Monnet'sche Gedanke der europäischen Einheit bei mehreren europäischen Regierungen auf fruchtbaren Boden. Die damalige innereuropäische Interessenkonstellation erwies sich als günstig für dieses historisch einmalige Experiment: Frankreich wollte Deutschlands Kohle- und Stahlvorkommnisse kontrollieren. Die Bundesrepublik Deutschland strebte nach Wiedergewinnung der nach dem Krieg verlorenen staatlichen Souveränität.

Die Gründung der »Europäischen Gemeinschaft für Kohle und Stahl« (1951)

Mit dem Schuman-Plan von 1951 gründeten Deutschland und Frankreich die *Europäische Gemeinschaft für Kohle und Stahl* (EGKS), der auch Italien, Belgien, Luxemburg und die Niederlande beitraten. Der Pariser Vertrag zur Gründung der EGKS sah neben der »Hohen Behörde«, deren erster Präsident Jean Monnet wurde, allerdings noch weitere Organe vor. Dazu gehörten: ein spezieller Ministerrat, in dem die Mitgliedstaaten vertreten sind, eine Parlamentarische Versammlung und ein Gerichtshof zur Regelung von Streitigkeiten. Das mit der EGKS etablierte supranationale Organisationsmodell blieb mit nur wenigen Änderungen[1] auch für die Grundstruktur sowohl der Europäischen Wirtschaftsgemeinschaft (gegründet 1957) als auch der daraus hervorgegangenen Europäischen Union (gegründet 1991) maßgebend.

3 Verhandlungs- und Rechtssystem

Supranationale Institutionen stehen im Vordergrund

Schon der Blick auf die Ursprünge des europäischen Projekts macht deutlich, dass es sich dabei in erster Linie um ein Experiment der Institutionenpolitik handelt. Europäische Politik hängt wesentlich von politischen Entscheidungen ab und von der Handlungsfähigkeit der neu gebildeten supranationalen Institutionen. Weder die Entstehung einer europäischen Gesellschaft, noch die Gründung eines europäischen Staates stehen dabei im Vordergrund. Vielmehr geht es darum, die verbindliche und kontinuierliche Kooperation der Mitgliedstaaten so zu institutionalisieren, dass Rückfälle in nationale Interessenpolitik ebenso erschwert werden wie Vertragsbrüche.

1 Einführung der Direktwahlen zum Europäischen Parlament (1974); Institutionalisierung des Europäischen Rates der Staats- und Regierungschefs (1993); Gründung der Europäischen Zentralbank (1998)

Die Balance von nationaler Souveränität und Verpflichtung auf gemeinsame Ziele

Auch sollte sich die Europapolitik, gemäß den inhaltlichen Zielvorgaben der Verträge, ständig weiter in die Richtung einer »immer engeren Union der Völker Europas« entwickeln, wie es in der Präambel zum Vertrag über die Gründung der Europäischen Union heißt. Da die Staaten durch den europäischen Verbund nicht aufgelöst werden sollen, kann Integration nur unter zwei Voraussetzungen gelingen: Einerseits muss die Souveränität der Mitgliedstaaten weitgehend respektiert werden; andererseits müssen sie aber auch zur gemeinsamen Verfolgung und Umsetzung genuin europäischer Ziele verpflichtet werden. Der Aufbau und die Funktionsweise der europäischen Institutionen entsprechen weitgehend diesem Grunderfordernis der Integration.

Das europäische Verhandlungssystem

Das europäische Entscheidungssystem folgt im Wesentlichen der Logik zwischenstaatlicher Verhandlungssysteme. Verhandlungssysteme sind Institutionen der Konfliktregelung und Entscheidungsfindung, in denen Verhandlungen an die Stelle von Entscheidungen nach dem Mehrheitsprinzip oder nach dem Hierarchieprinzip treten. Grundbedingungen erfolgreicher Verhandlungen sind erstens die prinzipielle Gleichrangigkeit und *Gleichberechtigung* der Verhandlungspartner. Zweitens gilt ein *Vetorecht*, d.h. die Möglichkeit durch Einspruch eines einzelnen Staates oder einer Institution das Zustandekommen oder das Wirksamwerden eines Beschlusses zu verhindern.

Der Europäische Rat und der Ministerrat

Das europäische Verhandlungssystem wird durch die im Ministerrat und Europäischen Rat versammelten Mitgliedstaaten gebildet. Im Rat sind die Mitgliedstaaten, unabhängig von der Landesgröße, der Bevölkerungszahl oder der Wirtschaftskraft, prinzipiell gleichrangige Akteure. Bei ihnen liegt die Letztentscheidungs-Kompetenz. Sämtliche Beschlüsse der EU, seien es Vereinbarungen über neue politische Ziele, Vertragsänderungen und institutionelle Reformen, Aufnahmen von weiteren Mitgliedstaaten oder sonstige »Verordnungen« und »Richtlinien«, werden von den Mitgliedstaaten im jeweils sachlich zuständigen Ministerrat getroffen.

Die Abstimmungsregeln

Von herausragender Bedeutung sind dabei die Abstimmungsregeln. Zweifellos am wichtigsten ist die Einstimmigkeitsnorm. Bei Beschlüssen, die

Vertragsänderungen, institutionelle Reformen, Erweiterungen, den Haushalt sowie »sensible« Politikfelder, wie etwa die Außen-, Bildungs-, Sozial- und Steuerpolitik betreffen, ist Einstimmigkeit nötig. Sie entspricht dem Erfordernis des Vetorechts und schützt, im Falle von Dissens und Verletzungen nationaler Interessen, die Autonomie der Mitgliedstaaten. Es ist daher kein Zufall, dass die EU-Politik, wenn sie in die verbliebenen Kernbereiche nationaler Souveränität eingreift, der Zustimmung aller Mitgliedstaaten bedarf bzw. durch Veto schon eines einzigen Staates gestoppt werden kann.

Die Europapolitik in der Politikverflechtungsfalle

Dieses für Verhandlungssysteme typische Konsensprinzip hat auf europäischer Ebene zu komplizierten, langwierigen und sich zum Teil selbst blockierenden Entscheidungsverfahren geführt. Auch hat sich in der Praxis eine von außen schwer zu durchschauende Kompromissfindung auf der Grundlage von Kompensationszahlungen, Koppelgeschäften sowie Paketlösungen eingespielt. Vielfach verfängt sich die Europapolitik deswegen in der sogenannten »Politikverflechtungsfalle*« (Fritz Scharpf). Das bedeutet: Ineffiziente und problem-unangemessene Entscheidungen sind häufig das Resultat dieses Verhandlungsmodus auf europäischer Ebene. Ein Beispiel dafür ist die Gemeinsame Agrarpolitik: Ein fragwürdiges System zur Preisstützung im Agrarsektor, das die wirtschaftliche Existenz der europäischen Bauern sichern sollte, führte unter anderem zur massenweisen Vernichtung von landwirtschaftlichen Produkten und Flächenstilllegungen im großen Stil, zu überteuerten Lebensmittelpreisen, zu einer enormen Subventionsbürokratie und zur direkten oder indirekten Subventionierung des agro-industriellen Sektors durch die öffentliche Hand.

Die qualifizierte Mehrheitsentscheidung

Zur Vereinfachung und Beschleunigung der Entscheidungsverfahren ging man in der EU in den vergangenen Jahrzehnten immer mehr dazu über, bestimmte Politikbereiche für die qualifizierte Mehrheitsentscheidung zu öffnen, wobei die Mitgliedstaaten je nach Größe ein unterschiedliches Stimmengewicht erhalten. Den Anfang machte Mitte der 1980er-Jahre die erste Vertragsreform im Zusammenhang mit der Einheitlichen Europäischen Akte*, mit der im Politikfeld des Binnenmarktes (s. u.) die qualifizierte Mehrheit als Abstimmungsmodus eingeführt wurde. Später weiteten sich die Bereiche, in den mit qualifizierter Mehrheit entschieden werden kann, immer mehr aus. Mit dem Vertrag von Lissabon (2009 in Kraft getreten) wurde die qualifizierte Mehrheitsentscheidung noch einmal deutlich ausgeweitet.

Trotz dieser Entwicklung auf dem Gebiet der Abstimmungsverfahren hat sich der Charakter der EU als Verhandlungssystem jedoch nicht grundlegend geändert. Nach wie vor ist in allen vitalen Interessensbereichen der Staaten grundsätzlich die Vetomöglichkeit gegeben. Außerdem stellt auch die qualifizierte Mehrheitsentscheidung aufgrund der Stimmengewichtungen formal eine hohe Hürde für die Beschlussfassung dar, die dem Einstimmigkeitserfordernis ziemlich nahe kommt. Somit bleibt der Charakter der Europäischen Union als zwischenstaatliches Verhandlungssystem im Kern unangetastet.

Die Europäische Kommission

Ein Gegengewicht zur starken Stellung der Mitgliedstaaten bildet die Europäische Kommission. Sie verleiht dem europäischen Verband durch die Einführung des Organisationsprinzips der Supranationalität seinen besonderen Systemcharakter, den man als doppelgesichtig oder auch als hybrid bezeichnen kann. Jean Monnet hatte, wie wir sahen, mit einer eigens geschaffenen »dritten Instanz«, die organisatorisch und rechtlich gegenüber den Mitgliedstaaten selbständig ist, das europäische Gemeinwohl vertritt und die Vertiefung der Integration mit neuen Projekten und Initiativen voranzubringen verpflichtet ist, eine innovative und tragfähige Lösung für die dauerhafte Einbindung der Mitgliedstaaten in den europäischen Verband gefunden.

Die Kommission schlägt vor, der Ministerrat entscheidet

Entscheidend ist dabei die Übertragung des Vorschlagsrechts in der Gesetzgebung auf die Kommission. Das führte zu einer für legislative Institutionen ungewöhnlichen und folgenreichen Trennung der Vorschlags- von der Beschlusskompetenz. Bei dem Ministerrat, dem Organ der versammelten Mitgliedsregierungen, verbleibt die Letztentscheidung über die Richtlinien und Verordnungen der Europäischen Union. Damit können die Mitgliedstaaten die europäische Gesetzgebung in der letzten Stufe der Beschlussfassung kontrollieren. Die Erarbeitung der inhaltlichen Gesetzesvorlagen aber obliegt nahezu ausschließlich der Kommission. Sie hat das Initiativmonopol. Dadurch werden die konkreten europäischen Vorhaben inhaltlich von der supranationalen Agentur, ihren Fachbürokratien und Generaldirektionen vorbereitet. Das hat zur Folge, dass aufgrund der Verselbständigung und Entkopplung der Kommission von der gesellschaftlichen Basis die Europapolitik stark technokratische Züge trägt.

Die »verschränkte Gesetzgebung«

Der legislative Prozess auf europäischer Ebene basiert letztlich auf einer »verschränkten Gesetzgebung« (Hans Peter Ipsen): Zu verbindlichen Beschlüssen der EU kommt es nur durch das Zusammenwirken der zwischenstaatlichen Ebene (Ministerrat) auf der einen Seite und der supranationalen Ebene (Kommission) auf der anderen Seite. Das Europäische Parlament wird gemäß dem Mitentscheidungsverfahren in bestimmten Politikfeldern zwar einbezogen. Obwohl es aus direkten Wahlen in den europäischen Ländern hervorgeht und damit als demokratisch legitimiert gilt, ist es an der zentralen Willensbildung und Entscheidungsfindung der EU nur relativ schwach beteiligt. Das Europaparlament hat weder eine originäre parlamentarische Gesetzgebungsbefugnis, noch vermag es den Rat oder die Kommission, die vereinte Legislative und die Exekutive, effektiv zu kontrollieren.

Weder Staat noch Demokratie

Die Unterschiede der Europäischen Union im Vergleich mit den bekannten staatlichen und insbesondere demokratischen politischen Systemen sind offensichtlich. Zwar finden sich in ihrer Organstruktur alle Grundelemente politischer Ordnungen – demokratische Legitimation, Legislativkompetenzen, personelle und finanzielle Ressourcen – in ein Gefüge von *checks and balances*, d. h. der wechselseitigen Kontrollen und des Ausgleichs, gebracht. Aber die Art ihrer institutionellen Zuordnung entspricht nicht annähernd dem üblichen Modell parlamentarischer Demokratien, und so lässt sich der europäische Staatenverband mit herkömmlichen Kategorien der Verfassungslehre wie Staatlichkeit, Gewaltenteilung, Demokratie nicht angemessen beschreiben und analysieren. Stattdessen handelt es sich um ein Gebilde *»sui generis«*, d. h. ohne Vorbild und singulär, das man ganz allgemein als »Mehrebenensystem*« bezeichnen kann.

Das Demokratiedefizit der Europäischen Union

Zweifelhaft ist, ob die Europäische Union überhaupt demokratiefähig sei, da es kein einheitliches europäisches Volk oder »Demos« gibt und auch in Zukunft voraussichtlich nicht geben wird. Die Völker Europas sind bereits politisch in ihren Nationalstaaten organisiert. Die Nationalstaaten verkörpern heute optimal das Demokratieprinzip. Höchst umstritten ist, ob sich die in den europäischen Nationalstaaten eingespielten Formen wohlfahrtstaatlicher Demokratie auf die Europäische Union übertragen lassen. Das sogenannte »Demokratiedefizit« der Europäischen Union ist so gesehen kein einfach, etwa durch Stärkung der Kompetenzen des Europaparlaments, behebbarer Defekt, sondern ein Strukturproblem des europäischen politischen Verbandes.

Integration durch Recht

Ein weiteres grundlegendes Systemmerkmal der Europäischen Union ist die Rechtsgemeinschaft. Die europäische Integration hat ein eigenes Rechtssystem hervorgebracht: das Europarecht. Es besteht aus dem Vertragsrecht (»EU-Vertrag« und »Vertrag über die Arbeitsweise der EU«), den Richtlinien und Verordnungen, die vom Ministerrat und der Kommission erlassen werden, sowie aus der Rechtssprechung des Europäischen Gerichtshofes. Zusammen bilden sie den sog. *acquis communautaire*, die Gesamtheit der europäischen Normen, die einen Bestandschutz genießt, der über dem der nationalen Verfassungen liegt. Das Europarecht ist dem nationalen Recht übergeordnet und der Europäische Gerichtshof beansprucht die oberste Rechtssetzungskompetenz.

Europarecht bricht Landesrecht

Die flächendeckende Rechtsintegration in der Europäischen Union basiert auf den vom Europäischen Gerichtshof konkretisierten »Doktrinen« der unmittelbaren und direkten Geltung des europäischen Rechts in allen Mitgliedstaaten (1), der prinzipiellen Höherrangigkeit des Gemeinschaftsrechts (2) sowie der exklusiven Zuständigkeit der Gemeinschaft für bestimmte Felder, auf denen die Nationalstaaten keine Rechtsbefugnisse mehr haben (3). Die Rechtsgemeinschaft bildet das stabile Gerüst der Europäischen Union. Ihre Normen sind für alle verbindlich und können von keinem Mitgliedstaat verändert werden. Europarecht bricht Landesrecht. Wenn innerhalb der Europäischen Union in zahlreichen Bereichen, von der Marktordnung über den Umweltschutz und die Regionalförderung bis zur Gleichstellungspolitik, die gleichen Rechtsstandards gelten, dann ist dies eine unmittelbare Wirkung der Rechtsintegration. Ihre Bedeutung kann gar nicht hoch genug eingeschätzt werden. In der Tat ist davon auszugehen, »dass die Europäische Gemeinschaft maßgeblich als eine juristische Konstruktion Europas zu begreifen ist.« (Münch 2008: 20) Selbst die Organstruktur und das Entscheidungssystem der Europäischen Union sind bis ins kleinste Detail rechtlich, d. h. in der Form der Gründungsverträge geregelt. Dadurch haben die europäischen Verträge Verfassungscharakter, ohne eine echte staatliche Verfassung wie etwa das deutsche Grundgesetz zu sein.

Die EU – ein besonderes supranationales Verhandlungs- und Rechtssystem

Als Zwischenresümee kann festgehalten werden: Die Europäische Union ist kein Staat und weit davon entfernt demokratisch legitimiert zu sein. Sie ist ein supranationales Verhandlungs- und Rechtssystem *sui generis*. Die unbestreitbaren Erfolge der europäischen Integration in den ersten fünfzig Jahren ihrer Geschichte sind wesentlich auf die einzigartige Kombination von Verhandlungsregime, Supranationalität und Rechtsintegration im »europäischen Mehrebenesystem« zurückzuführen. Eines ausgeprägten europäischen Bewusstseins auf Seiten der Bürger bedurfte es dazu nicht. Europa wurde durch die Bindekräfte der institutionellen Integration politisch und ökonomisch geeint. Die Systemmerkmale des supranationalen Institutionenverbandes sind aber auch verantwortlich für Fehlentwicklungen und Fallstricke des europäischen Integrationsprojektes. Sie ergeben sich unter anderem aus der »Politikverflechtungsfalle«, den Legitimationsdefiziten, der schwachen Parlamentarisierung und der bürokratisch-technokratischen Überregulierung.

4 Die Schaffung eines europäischen Binnenmarkts

Der Wirtschaftsbereich als Ausgangspunkt der Integration

Die Architekten und Gründungsväter der europäischen Integration erkannten, dass die sofortige Gründung einer politischen Union die Nationalstaaten überfordern würde und damit das Projekt zum Scheitern gebracht hätte. Stattdessen einigten sie sich auf einen Modus der stufenweise fortschreitenden Integration. Als Ausgangspunkt wählten sie die Integration der Wirtschaft, die zu Vertiefungen der Integration in benachbarten und weiteren Politikbereichen führen sollte. Dem lagen zwei Annahmen zugrunde: Erstens, dass sich Kooperation zwischen Staaten, aufgrund der Logik der Sachzwänge, in technisch-unpolitischen Bereichen, wie z.B. dem Eisenbahnverkehr, der Wettervorhersage oder den Industriestandards, leichter verwirklichen lässt als in anderen. Zweitens, dass sich Integrationserfolge in einem Sektor auch auf andere, damit verflochtene Bereiche übertragen lassen. Diesen Mechanismus des institutionellen Lernens bezeichnet man als *»spill over«*, was so viel heißt wie überschießen oder überschwappen.

Die Gründung der Europäischen Wirtschaftsgemeinschaft (EWG)

Lange Zeit schien die reale Entwicklung der europäischen Einigung diese Überlegungen zu bestätigen. Die Entscheidung für das Wirtschaftssystem als erstes Integrationsfeld erwies sich im historischen Rückblick als zweckmäßig. Aufgrund der starken funktionalen Interdependenzen in diesem Bereich, die durch Handels- und Kapitalverflechtungen und vielfältigem internationalen Austausch zustande kommen, folgten auf die ersten Schritte zur Europäisierung, der Montanunion, schon bald weitere, wie die Schaffung der Europäischen Wirtschaftsgemeinschaft (1957) mit einem gemeinsamen Zolltarif sowie der Aufbau und die Entwicklung der europäischen Atomgemeinschaft.

Die stufenweise Integration bis zur Währungsunion 2002

Durch die Binnenmarktpolitik, die Mitte der 1980er-Jahre unter der Kommissionspräsidentschaft Jacques Delors' einsetzte, wurde eine weitere Spirale der Europäisierung in Gang gesetzt, die immer mehr Funktionsbereiche der Regulierung durch die Europäische Union unterwarf. Ziel des Binnenmarktprojektes war der Abbau sämtlicher Hindernisse, die dem grenzüberschreitenden Waren- und Kapitalverkehr im Wege standen. Es basierte auf den sog. »vier Freiheiten«: a) dem ungehinderten Warenverkehr, b) den unbeschränkten Kapitalverkehr, c) der Arbeitnehmerfreizügigkeit sowie c) der Niederlassungsfreiheit für freie Berufe. Später folgten unter anderem die Europäisierung der Bildung (u.a. Anerkennung der Diplome), des Umweltschutzes, der Gesundheit, der Forschungs- und Technologiepolitik, der Energiepolitik und der Beschäftigungspolitik. Seinen vorläufigen Höhepunkt erreichte der Prozess der stufenweisen Integration mit der Wirtschafts- und Währungsunion, die 2002 zur Einführung des Euro als gemeinsames Zahlungsmittel in Europa führte.

Wohlstandsmehrung als Leitidee

Die Wirtschaft mit dem europäischen Binnenmarkt als Angelpunkt und Triebkraft kann als das wichtigste und erfolgreichste Integrationsfeld der Europäischen Union angesehen werden. Die dabei erzielten Integrationsfortschritte werden vielfach dem Umstand zugeschrieben, dass es sich um Wirkungen der »negativen Integration« handelt, einer Form der Integration also, die durch die Abschaffung bestimmter rechtlicher Vorgaben und Normen zustande kommt. Außerdem bedeutet »negative Integration«, dass die Strategie an technisch-ökonomischen und unpolitischen Zielen ausgerichtet ist. Von der Aufhebung der Binnengrenzen im internationalen Wirtschaftsverkehr und von der Schaffung eines großen Binnenmarktes erwarteten die Regierungen ein nachhaltiges Wirtschaftswachstum und als Folge davon eine allgemeine und greifbare Wohlstandsmehrung für die Bürger. Die gemeinsame Währung sollte die monetären Kosten im europäischen Binnenhandel senken, eine europaweite Preistransparenz schaffen und dadurch ein reibungsloses Funktionieren des Binnenmarktes sicherstellen. Es wurden mithin vor allem positive Wohlstandseffekte und Kostenersparnisse versprochen. Dazu bedurfte es keiner Verständigung über grundlegende Wertvorstellungen oder über das angestrebte europäische Gesellschaftsmodell. »Negative Integration« erleichtert somit die Kompromissfindung und ist der Integration förderlicher als inhaltliche Abstimmungen über Wertideen und konkrete Ordnungsvorstellungen.

5 Die Sozialstruktur Europas

Europäisierung sozialer Ungleichheit?

Die Strategie der »negativen Integration« und der Fokus auf die Wirtschaft stoßen aber auch an Grenzen und führen zu Problemen durch unerwünschte Nebenfolgen und Fehlentwicklungen. Verbreitet ist die Kritik, dass die europäische Wirtschaftspolitik die Entfesselung der negativen Seiten des Kapitalismus und einen Abbau von Sozialstandards in den Mitgliedstaaten betreibe sowie einen ruinösen Standortwettbewerb begünstige. Die Frage, ob die europäische Integration tatsächlich damit zu verschärfter sozialer Ungleichheit, gar zu einer neuartigen Ungleichheitsdynamik in der Europäischen Union führt, beschäftigt seit Beginn des 21. Jahrhunderts verstärkt auch die soziologische Europaforschung. Die vorliegenden empirischen Befunde zeigen, dass die Europäisierung direkten Einfluss auf die Lebensumstände von immer mehr Menschen und sozialen Gruppen nimmt. Der soziale Raum des integrierten Europas ist durch tiefgreifende strukturelle Spaltungen und Konfliktlinien charakterisiert, welche die Lebenschancen ausgedehnter Bevölkerungsgruppen bestimmen.

Das innereuropäische Wohlfahrtsgefälle und regionale Disparitäten

Eine bedeutende Rolle spielt das doppelte innereuropäische Wohlfahrtsgefälle zwischen Nord- und Südeuropa einerseits sowie zwischen West und Ost anderseits. Hinzu kommen erhebliche soziale Polarisierungen auf regionaler Ebene. In der reichsten Region Europas, Inner London, beträgt zum Beispiel das BIP pro Kopf 303 % des europäischen Durchschnitts, in der rumänischen Nord-Ost-Region nur 24 %. Auch gibt es große Unterschiede hinsichtlich des Bruttosozialprodukts pro Kopf, der Beschäftigung, der Arbeitslosigkeit sowie der Armutsrisiken innerhalb der Mitgliedsländer. In einigen Regionen liegt die Arbeitslosigkeitsquote bei etwa 2,5 %, während andere Regionen Quoten über 20 % aufweisen. Außerdem gibt es unterschiedliche Muster der Entwicklung im Vergleich ländlicher und städtischer Regionen Die große Mehrheit der städtischen Räume hat ein Pro-Kopf-Einkommen, das über dem EU-Durchschnitt liegt. »Die Hauptstadtregionen gehören überall in Europa zu den größten Wachstumszentren und sind Magneten für Arbeitskräfte und Investoren ... Regionen in Randlagen hingegen haben häufig ein niedriges Pro-Kopf-Einkommen und überdurchschnittliche Arbeitslosigkeit.« (Mau/Verwiebe 2009: 268) Darüber hinaus zeigen Untersuchungen, dass die ungleiche Ausstattung von Regionen mit Humankapital (Ausbildungs- und Qualifizierungsgrad der Bevölkerung) als eine mögliche Ursache für das Fortbestehen oder sogar die Verschärfung von Disparitäten angesehen werden kann. Es ist ein Kennzeichen der europäischen Sozialstruktur, dass soziale Ungleichheit im europäischen Maßstab deutlich stärker durch regionale und räumliche Disparitäten als durch Klassen- und Schichtenlagen, wie in den Nationalstaaten, geprägt wird.

Gewinner und Verlierer der Integration

Große Bedeutung haben auch die Prozesse der Marktbildung und Deregulierung, die spezifische Gruppen von Gewinnern und Verlierern hervorbringen. Insbesondere schwächere Marktteilnehmer und Standorte mit veralteten Industrien (u.a. Landwirte, Stahlindustrie, öffentliche Unternehmen, Staatsangestellte) geraten unter Druck. Als Folge davon gibt es eine wachsende Kluft zwischen jenen, die sich aufgrund ihrer Qualifikationen und Wettbewerbsfähigkeit auf den Märkten behaupten können, und jenen, die zu Marktverlierern und zu Outsidern des Arbeitsmarktes werden. Zu letzteren gehören insbesondere niedrig Qualifizierte, Arbeitnehmer mit veralteten Qualifikationen und ältere Menschen.

Die Grenzen der sozialen Solidarität in Europa

Als Gegengewicht zur »Vermarktlichung« der Lebenslagen entstanden auch neue Formen der sozialen Solidarität in Europa. Die europäische Solidarität bleibt aber im Wesentlichen auf Regional- und Agrarförderung beschränkt, die durch Transferzahlungen der diversen europäischen Strukturfonds (Sozialfonds, Fonds für Regionale Entwicklung, Kohäsionsfonds u. a.) finanziert wird. Eine darüber hinaus gehende »umverteilungsfeste«, d. h. mit nennenswerten Transferzahlungen einher gehende Sozialpolitik (Vobruba 2007), wie sie sich in den europäischen Wohlfahrtsstaaten nach dem Zweiten Weltkrieg entwickelt hat, gibt es auf europäischer Ebene nicht und ist auf absehbare nicht zu erwarten.

Die positiven sozialen Wirkungen der europäischen Integration

Der Europäisierung sozialer Ungleichheit stehen allerdings auch schwer quantifizierbare soziale Verbesserungen und Wohlstandsgewinne gegenüber. Es gibt nicht nur Verlierer, es gibt auch Gewinner der Integration. Die neuen Möglichkeiten des Konsums, des Tourismus, der grenzüberschreitenden Mobilität, die Einführung europäischer Standards in vielen Lebensbereichen (z.B. bei der Gleichstellung der Geschlechter), die Entwicklung einer europäischen Infrastruktur des Transports und der Kommunikation und nicht zuletzt der europäische Studentenaustausch führen auch zu spürbaren Verbesserungen der Lebenslagen und -chancen von unterschiedlichen Bevölkerungsgruppen. Fest steht, dass sich die Volkswirtschaften von Beitrittsländern im Zuge ihrer Umstrukturierung und Modernisierung in ihrer ökonomischen Produktivität, den Einkommensverhältnissen und der Beschäftigung mittel- und langfristig den Entwicklungsniveaus der Länder des ökonomischen Zentrums annähern. Das gilt in besonderem Masse für die neuen mittelost- und osteuropäischen Länder. Damit nimmt die ökonomische und soziale Konvergenz in der Europäischen Union tendenziell zu (vgl. Mau/Verwiebe 2009: 246ff.).

6 Die Erweiterungsdynamik der Europäischen Union

Die europäischen Verträge sind grundsätzlich für die Aufnahme neuer Mitgliedstaaten offen. Die europäische Integration ist somit ein dynamisches und auf räumliche Erweiterung angelegtes Projekt. Die Grenzen des Verbandes liegen nicht fest, sondern expandieren mit dem Beitritt neuer Mitgliedstaaten. Den EU-Erweiterungen, die von den Mitgliedstaaten einstimmig beschlossen werden müssen, fehlt die mit der stufenweisen Integration verbundene Dynamik. Stets handelt es sich bei Erweiterungen um letztlich *politisch* motivierte Entscheidungen der nationalen Regierungen.

Die fehlende Festlegung von geografischen Grenzen

In den Gründungsverträgen finden sich keine Festlegungen zu den Grenzen des Integrationsraums. Sie enthalten weder geografische noch kulturelle Präzisierungen, auf deren Grundlage man eine eindeutige Unterscheidung zwischen Europa einerseits und nicht zu Europa gehörigen Ländern andererseits treffen könnte. Obwohl laut EU-Vertrag Anträge auf Mitgliedschaft nur von »europäischen Staaten« (EUV Art. 49 EUV) angenommen werden können, bleibt in den Vertragstexten das Attribut »europäisch« (z. B. »europäischer Kontinent«, »europäische Völker«) ebenso vage wie die mögliche räumliche Ausdehnung Europas.

Die Konstruktion Europas als Wertegemeinschaft

Konkretere Aufnahmebedingungen finden sich hingegen dort in den Verträgen, wo von Werten die Rede ist. Zu den besonders hervorgehobenen gemeinsamen Werten gehören: die Achtung der Menschenwürde, Freiheit, Demokratie, Gleichheit, Rechtsstaatlichkeit, Wahrung der Menschenrechte und Minderheitenschutz. Dabei handelt es sich allerdings um *universale Werte*, die nicht als spezifisch europäisch gelten können. Demnach verkörpert die EU in dem, im Reformvertrag von Lissabon (Art. 2) nochmals bekräftigten Bekenntnis zu Wertbeziehungen keinen autonomen Werteraum, sondern, »ein ›Weltmodell‹, aus dem kein spezifisch europäischer Eigenwert folgt, auf dem eine Identifikation aufbauen könnte.« (Lepsius 2006: 118).

Osterweiterung

Seit den 70er-Jahren gab es insgesamt sechs Erweiterungsrunden: 1973 traten Irland, Großbritannien und Dänemark bei; 1981 Griechenland; 1986 Portugal und Spanien; 1995 Österreich, Schweden und Finnland; 2004 Estland, Polen, Slowenien, die Tschechische Republik, Ungarn, Zypern, Lettland, Litauen, Malta und die Slowakei; 2008 Bulgarien und Rumänien. Die letzten beiden Erweiterungsrunden, die sogenannte »Osterweiterung«, stellten die Europäische Union vor die größten politischen und institutionellen Herausforderung ihrer bisherigen Geschichte. Mit den zwölf neuen Beitrittsstaaten vorwiegend aus Mittelost- und Osteuropa, die früher zum kommunistischen Machtblock gehörten, wurde die Europäische Union nicht nur in wirtschaftlicher, politischer und kultureller Hinsicht viel heterogener. Durch die große Zahl der Beitrittsländer war auch ihre politische Handlungsfähigkeit ernsthaft gefährdet. Hinzu kommt, dass die Europäische Union im Osten dem Einflussbereich Russlands immer näher gerückt ist, was eine neue geopolitische Lage schuf.

Die Kriterien für die Aufnahme in die EU

Die Zugehörigkeit der Länder Ost- und Ostmitteleuropas zum gemeinsamen »europäischen« Territorial- und Kulturraum stand sowohl für die betreffenden Staaten selbst als auch für die EU von vornherein außer Frage. Die Kopenhagener Beschlüsse von 1993, mit denen die EU-Osterweiterung eingeleitet wurde, konnten somit zwar von der Selbstverständlichkeit einer kulturellen Zugehörigkeit der mittel-osteuropäischen Länder ausgehen, was die öffentliche Akzeptanz der Erweiterungspolitik erhöhte. Gleichzeitig wurden aber drei Kriterien festgeschrieben, die alle Länder, die der Europäischen Union beitreten wollen, grundsätzlich erfüllen müssen: Erstens muss ein Land Demokratie, Rechtsstaatlichkeit, Menschenrechte und Minderheitenschutz gewährleisten sowie über stabile Institutionen verfügen. Zweitens muss es eine funktionsfähige Marktwirtschaft aufweisen und dem Wettbewerbsdruck innerhalb des europäischen Binnenmarktes gewachsen sein. Drittens muss das gesamte Regelwerk der EU vollständig übernommen und die Ziele der EU müssen unterstützt werden. Auch dies sind allgemein politische und funktionale und keine kulturraumspezifischen Merkmale. Sie waren aber letztlich ausschlaggebend bei der Heranführung der Staaten Mittelosteuropas an die Europäische Union.

Erweiterung in konzentrischen Kreisen

Die Dynamik der räumlichen Expansion der Europäischen Union gründet nicht auf kultureller oder gesellschaftlicher Homogenität, sondern erfolgt durch Beitritte bestehender Staaten zum Rechtsraum der EU auf der Basis von zwischenstaatlichen Verhandlungen und politischen Entscheidungen. Im Rückblick auf die Erweiterungen seit den 1990er-Jahren ist dabei ein Muster konzentrischer Kreise zu erkennen (Vobruba 2007). Dies ist Ausdruck des folgenden Mechanismus: Der wohlhabende Kern der EU bietet den Nachbarländern diverse Formen von ökonomischer und politischer Unterstützung und eine zukünftige Mitgliedschaft an. Dafür kooperieren die Nachbarländer bei der Behebung ihrer ökonomischen Rückständigkeit, ihrer politischen Instabilität und der Probleme, die sich daraus ergeben: Grenzüberschreitende Umweltverschmutzung, Kriminalität, Migration etc. Probleme, die auf die EU übergreifen, sollen also dort bekämpft werden, wo sie entstehen. Diese Expansion durch Beitritte hat eine Tendenz sich immer wieder zu wiederholen. Denn jedes neue EU-Mitglied macht sich zum Anwalt der Beitrittsinteressen seiner Nachbarn, um so deren grenzüberschreitende Probleme in den Griff zu bekommen und negative Auswirkungen auf das eigene Territorium abzuwehren. Daraus ergibt sich einerseits, dass die wohlhabende Kernzone der EU durch einen »Sicherheitsgürtel« abgesichert wird. Andererseits entspricht das einem grenzüberschreitenden Zentrum-Peripherie-Muster, das dem europäischen Sozialraum eine neue räumliche Ungleichheitsstruktur aufprägt: In der Form konzentrischer Kreise entstehen mit zunehmender Entfernung vom Zentrum soziale Grenzen, die von Wohlstandsgefällen geprägt sind. Bei Wohlstandsgefällen handelt es sich darum, dass zwei geographische Räume mit deutlichen Einkommensdifferenzen aneinanderstoßen. Innerhalb der EU besteht ein markantes Wohlstandsgefälle an der Grenzlinie, die bis zum Fall des Eisernen Vorhangs 1989 das kommunistische Europa von Westeuropa trennte. Die EU-Außengrenzen im Süden (südliches Mittelmeer), Südosten (Türkei) und Osten (Ukraine, Weißrussland, Russland) bilden zusammen eine weitere relativ hohe Wohlstandsschwelle.

Migration und die EU-Außengrenze

Wohlstandgefälle sind in dem Maße sozial und politisch relevant, wie sie Ursache für grenzüberschreitende soziale Prozesse werden. Ein besonderes Problem für die Europäische Union stellt die Zuwanderung aus den Anrainerstaaten und weiter entfernten Weltregionen (Afrika, Asien und Lateinamerika) dar. Daher entwickelt die Europäische Union im Zuge ihrer Erweiterungen ein eigenständiges europäisches Grenzenregime zur Kontrolle und Abwehr unerwünschter Immigration. Dieses trägt nicht nur zur Befestigung der EU-Außengrenzen sondern auch zur Regulierung der Beziehungen zu den Anrainerstaaten bei. Der Handlungsbedarf auf europäischer Ebene ergibt sich aus dem gemeinsamen Interesse der EU-Mitgliedsländer, nach Wegfall der Binnengrenzkontrollen im Rahmen des Schengen-Besitzstands, verstärkte Kontrollen an den EU-Außengrenzen sicherzustellen. Betroffen sind in erster Linie grenzüberschreitende kriminelle Aktivitäten und unerwünschte Zuwanderung.

Die Etablierung eines europäischen Grenzregimes

Mit der Übernahme des Schengen- Übereinkommens in den EU-Rechtsbestand im Jahre 1999 beseitigten die Unterzeichnerstaaten die Personenkontrollen sowie die materiellen Grenzkontrollanlagen an den Binnengrenzen und schufen gemeinsame Regelungen über Kontrollen an den Außengrenzen. Dazu gehört eine gemeinsame Visapolitik, flankierende Maßnahmen wie verbesserte polizeiliche und justizielle Zusammenarbeit sowie der Aufbau des Schengener Informationssystems (SIS), eine zentrale Datenbank für gesuchte Personen, Gegenstände und Fahrzeuge. Zugleich betrieb die EU-Kommission planmäßig die Institutionalisierung eines weitgehend verselbstständigten supranationalen Grenzenregimes. Die rechtliche Grundlage dafür ist der Schengener Grenzkodex von 2006, mit dem die EU ihren Randstaaten strenge und verbindliche Vorgaben macht, wie die EU-Außengrenzen zu schützen und abzusichern sind. Die Herausbildung des europäischen Grenzensystems ermöglicht es den an verschärften Außengrenzkontrollen interessierten Mitgliedstaaten die Kosten für das Grenzregime entweder der EU oder den Peripheriestaaten aufzubürden. Zugleich gestattet das europäische Grenzenmanagement, insbesondere an den Seeaußengrenzen der EU, eine effektive Vorverlagerung der Grenzkontrollen in die Hoheitsgebiete im Vorfeld der territorialen EU-Außengrenzen, etwa auf hoher See im Mittelmeer und im Atlantik, auf Schiffen oder auch in den Abfahrtshäfen in den Maghrebstaaten. Dem aus dem Wohlstandsgefälle resultierenden Einwanderungsdruck versucht die Europäische Union somit durch Grenzschließung an den Außengrenzen und eine Vorverlagerung der Kontrollgrenzen in die Anrainerstaaten entgegenzuwirken.

7 Krisen und Zukunftsprobleme

Kehrseiten der stufenweisen Integration

Die europäische Integration ist weitgehend gleichbedeutend mit europäischer Wirtschaftsintegration. Das integrierte Europa ist primär eine wirtschaftliche Einheit und ein neues System der grenzüberschreitenden funktionalen Arbeitsteilung mit offenen Grenzen im Inneren und relativer Geschlossenheit nach außen gegenüber den Weltmärkten. Wirtschaftliches Wachstum und Wohlstand haben spätestens seit Mitte der 80er-Jahre die Friedensziele der Gründungsphase als zentrale Leitideen des europäischen Projektes abgelöst. Diese Integrationsmethode hat sich auf dem Gebiet der Wirtschaft und in wirtschaftsnahen Funktionssystemen – Umweltschutz, Beschäftigung, Verbraucherschutz, Forschung und Technologie usw. – im Großen und Ganzen bewährt und zu einer kontinuierlichen Erweiterung der Befugnisse der Europäischen Union in einzelnen Politikbereichen geführt.

Das Fehlen einer Zukunftsvision

Die in Stufen erfolgende Integration hat aber auch eine problematische Kehrseite: Die endgültige Gestalt der Integration – ihre »Finalität« –, bleibt sowohl als Verfassungsform als auch in der geografischen Ausdehnung äußerst vage. Gleichzeitig eignet sich die ungewisse Zukunftsvision bestens dazu, Integrationsvorhaben in bestimmten und begrenzten Bereichen als Etappenziele auf dem Weg zur Endgestalt voranzubringen und dies zu rechtfertigen. Dieser (funktionale) Integrationsmodus entpuppt sich somit als »verschleierte Integration« mit paradoxen Folgen: Integrationsfortschritte in einzelnen Politikbereichen werden als Nebenfolgen von politischen Entscheidungen betrachtet, die als Fernziel die politische Union verfolgen. Der Prozess der europäischen Integration gründet somit immer mehr auf einer Politik der Nebenfolgen. Das erklärt die auffällige Neigung der politischen Akteure in der Europäischen Union, Prozess und Resultat zu vertauschen. Hinzu kommt, dass die hohen Risiken, die mit den »historischen« Beschlüssen (zum Binnenmarkt, zur Währungsunion, zur Osterweiterung) verbunden sind, im Interesse der Fortsetzung des Integrationsprozesses als solchem, in der Regel vernachlässigt werden. Rhetorische Risikoausblendung und verborgene Risikoabwälzung sind ebenfalls direkte Folgen einer solchen Vorgehensweise.

Der Integrationsprozess gerät ins Stocken

Die europäische Integration erlebte nach mehreren Jahrzehnten der langsamen Entwicklung und der Stagnation seit Mitte der 1980er-Jahre eine etwa zwei Jahrzehnte währende, außerordentlich dynamische Phase, die durch bedeutende Integrationsfortschritte gekennzeichnet war. In diese Phase fällt die Verwirklichung des Binnenmarktes, die Erweiterung der Kompetenzen und die institutionellen Reformen im Rahmen des Maastrichter Vertrages sowie die Vorbereitung und Durchführung der fünften Beitrittsrunde, der EU-Osterweiterung, nach dem Fall des Kommunismus in Ostmitteleuropa. Seit Beginn des 21. Jahrhunderts mehren sich allerdings Zeichen einer tieferen Krise. Deren Ursachen liegen teils in strukturellen Problemen der Europäischen Union, teils in den grundlegend veränderten europa- und weltpolitischen Rahmenbedingungen nach dem Zusammenbruch der Sowjetunion und dem Ende des Kalten Krieges.

Die Erweiterungskrise als Folge des Wohlstandsgefälles zwischen West und Ost

Für die Europäische Union erwies sich die sog. Osterweiterung als historische Chance, aber mittel- und langfristig auch als schwere Bürde. Die politische Wiedervereinigung des europäischen Kontinents und damit die Stärkung des weltpolitischen Gewichts Europas, die Ausdehnung des Binnenmarktes und die wirtschaftliche sowie gesellschaftliche Modernisierung der Beitrittsländer gehören zur Erfolgsgeschichte der Osterweiterung. Zur Verschärfung der Krise der europäischen Integration trug die Osterweiterung vor allem dadurch bei, dass die politische und soziale Heterogenität der Europäischen Union dramatisch zunahm. Das Wohlstandsgefälle zwischen West- und Osteuropa wurde zu einem *inneren* Spaltungsproblem des europäischen Sozialraums. Allerdings verfügt die Europäische Union nur über begrenzte Möglichkeiten, kompensatorisch gegenzusteuern. Auch verschärften sich die Konflikte um die Verteilung der EU-Fördermittel. Schließlich drohte eine Überforderung des supranationalen Entscheidungs- und Verwaltungssystems, das für deutlich weniger als 27 Staaten konzipiert ist. Mit der Zahl der Beitrittsländer vervielfältigten sich auch die möglichen Vetopositionen, zumal der Einfluss nationaler Interessen in den alten wie in den neuen Mitgliedstaaten zunahm. Insgesamt gefährdete somit die Osterweiterung die politische und institutionelle Handlungsfähigkeit des europäischen Verbandes.

Die Eingliederung der Balkanstaaten

Auch die Beitritte im Zusammenhang mit der sog. Osterweiterung haben die endgültige Grenze der Europäischen Union noch nicht geschlossen. Ein besonderes Problem stellt die Eingliederung der Balkanstaaten (Kroatien, Serbien, Bosnien-Herzegowina, Montenegro, Kosovo, Mazedonien und Albanien) dar. Deren Zugehörigkeit zu Europa kann nicht bestritten werden, doch sind sie zum Teil nationalstaatlich noch nicht ausreichend konsolidiert, und ethnische Konflikte erschweren vielerorts die politische Stabilisierung. Doch die Mitgliederzahl der Europäischen Union wird sich voraussichtlich von gegenwärtig 27 auf 35 vergrößern.

Der Streitpunkt Türkei

Einen Sonderfall stellt die Türkei dar, deren Aufnahme in den Verband heftig umstritten ist. Ein Beitritt der Türkei gilt aus geographischen, kulturellen und historischen Gründen nicht als selbstverständlich. Die Integration der Türkei würde die europäische Grenze in die unmittelbare Nachbarschaft der Krisenherde des Nahen Ostens und der Kaukasusregion rücken. Und hinter der Türkei steht schon die Ukraine auf der Liste der Beitrittsbewerber. Die Türkeifrage verweist deshalb wieder auf das Grundproblem der Grenzen Europas: Wo endet Europa im Osten und Südosten.

Die Grenzen der Erweiterungsfähigkeit

Die Expansion der Europäischen Union stößt an Grenzen ihrer Erweiterungsfähigkeit. Es zeichnet sich ein Bruch mit dem bisherigen Entwicklungsmuster der konzentrischen Kreise ab. Damit steht auch der bisherige Mechanismus der abgestuften Absicherung ihres wohlhabenden Kerns in Frage. Ein Ende der Erweiterungen durch Beitritte von Staaten zur Union im Zeichen Europas als geografischer Raum ist abzusehen. Seit etwa 2004 versucht die Union sich deshalb auf Expansion *ohne* Beitritte umzustellen. Dazu wurde das Programm der Europäischen Nachbarschaftspolitik (ENP) entwickelt (vgl. Vobruba 2010). Das Angebot der EU an seine Peripherie lautet nun: Vielfältige ökonomische und politische Hilfe – aber keine zukünftige EU-Mitgliedschaft. Zur Zeit ist freilich offen, wie sich das Verhältnis zwischen der Union und ihren Nachbarländern auf der Grundlage dieses abgesenkten Angebots längerfristig entwickeln wird.

Die gescheiterte Verfassung

Auch das gescheiterte Projekt einer Neugründung der Union auf der Basis einer europäischen Verfassung ist Teil der krisenhaften Entwicklung der europäischen Integration in neuerer Zeit. Mit der EU-Verfassung sollte die Handlungsfähigkeit des Systems gestärkt und die Kluft zwischen den Bürgerinnen und Bürgern überbrückt werden. Davon versprachen sich die Regierungen vor allem eine Überwindung der Legitimationsdefizite des supranationalen politischen Systems insgesamt.

Nach vielen Jahren der Beratungen im EU-Verfassungskonvent ist das Projekt nicht nur an zwei negativen Volksabstimmungen, in Frankreich und den Niederlanden (beide 2005), gescheitert, sondern letztlich auch daran, dass es die in es gesetzten Erwartungen nicht erfüllen konnte. Zentrale institutionelle Reformen des Verfassungsvertrages, darunter die Schaffung des Postens eines Ratspräsidenten mit mehrjähriger Amtszeit sowie eines »EU-Außenministers«, wurden im Lissabonner Vertrag übernommen. Zu einer Neugründung der Europäischen Union auf der Basis eines Verfassungsvertrages kam es aber nicht. Der hybride Charakter der Union als zwischenstaatliches Verhandlungsregime und supranationales Rechtssystem blieb unverändert erhalten.

Ausblick

Zu Beginn des zweiten Jahrzehnts des 21. Jahrhunderts steht die Europäische Union vor neuen, teilweise unerwarteten Herausforderungen, ohne die vorausgegangenen Erweiterungs- und Verfassungskrisen vollständig bewältigt zu haben. In der Finanz- und Wirtschaftskrise von 2008/09 und noch mehr in der Eurokrise 2011 hat sich gezeigt, dass die Europäische Union nicht ausreichend gerüstet ist für ein internationales Krisenmanagement. Es fehlen ihr die erforderlichen Finanzmittel, um effiziente Krisenbewältigungsprogramme auflegen zu können. Erstmals wurden auch die Schwächen und Risiken der europäischen Währungsunion deutlich. Diese haben damit zu tun, dass Europa aufgrund der Heterogenität seiner Volkswirtschaften und des unterentwickelten europäischen Arbeitsmarktes, kein optimaler Währungsraum ist. Außerdem mangelt es an einer zentralen Wirtschaftsregierung auf europäischer Ebene. In globalen wie europäischen Wirtschaftskrisen erweist sich die Europäische Union somit eher als schwacher Akteur. Es dominieren die Einzelstaaten, die bemüht sind in erster Linie die Ursachen und Folgen der ökonomischen Krisen auf nationaler Ebene und im Interesse der eigenen Volkswirtschaften zu bekämpfen. Das ist Ausdruck eines langfristigen Trends zur Abnahme der Integrationskraft der Union und zum Einflussgewinn nationaler Präferenzen selbst in der Europäischen Union. Bereits die »historischen« Entscheidungen zur Verwirklichung der Währungsunion und zur Einführung des Euro sowie für die EU-Osterweiterung, ganz zu schweigen von den Entwicklungen in der Gemeinsamen Außen- und Sicherheitspolitik, wurden in erster Linie von den Regierungen der Mitgliedstaaten initiiert und umgesetzt. Das führte zu einem tendenziellen Machtverlust der supranationalen Kommission.

Aber auch die großen Herausforderungen der Gegenwartsgesellschaft, wie die demografische Schrumpfung, der Umbau der Sozialversicherungssysteme und der Ausbau der Bildungssysteme, lassen die Bedeutung der Europapolitik gegenüber den nationalen Reformbestrebungen zurücktreten. Unter diesen Rahmenbedingungen werden sich die Erwartungen der Bürger verstärkt auf die nationale Ebene mit ihren Kompetenzen für Sozialpolitik sowie für Bildungs-, Gesundheits- und Erziehungswesen richten.

Die Europäische Union befindet sich mithin zu Beginn der zwanziger Jahre des 21. Jahrhunderts erneut in einer Situation, die zu einem Überdenken ihrer grundlegenden Leitideen und Ordnungsvorstellungen auffordert. Dabei stellt sich das Problem, ob die Europäische Union sich zu einem europäischen Bundesstaat weiterentwickeln soll (und kann) oder ob sie sich auf ihre Kernkompetenzen konzentrieren sollte und als wirtschaftspolitischer Zweckverband bestehen bleiben sollte.

Weiterführende Literatur

Bach, Maurizio (2008): *Europa ohne Gesellschaft. Politische Soziologie der europäischen Integration*, Wiesbaden: VS

Ein Beitrag zur politischen Soziologie der europäischen Integration mit Schwerpunkt auf dem Spannungsverhältnis zwischen nationaler Gesellschaft und europäischer Systembildung.

Beck, Ulrich/Grande, Edgar (2004): *Das kosmopolitische Europa*, Frankfurt a. M.: Suhrkamp

Eine thematisch breit angelegte Analyse der Dialektik von Globalisierung und Europäisierung unter Zugrundelegung des Ideals eines europäischen Kosmopolitismus.

Heidenreich, Martin (Hg.) (2006): *Die Europäisierung sozialer Ungleichheit. Zur transnationalen Klassen und Sozialstrukturanalyse*, Frankfurt a. Main: Campus

Theoretische und empirische Beiträge zur transnationalen Klassen- und Sozialstruktur Europas.

MAU, STEFFEN/VERWIEBE, ROLAND (2009): *Die Sozialstruktur Europas*, Konstanz: UVK

Umfangreiche Datensammlung zur Entwicklung der gesellschaftlichen Europäisierung in international vergleichender Perspektive.

VOBRUBA, GEORG (2007): *Die Dynamik Europas*, Wiesbaden: VS

Grundlegende soziologische Analyse der Erweiterungsdynamik der Europäischen Union und der Krise nach der Osterweiterung.

Kapitel 21

Supranationalisierung
Die Zukunft der Staatlichkeit

Die ergänzenden Materialien zu diesem Kapitel finden sich auf der Website: www.bpb.de/sozialkunde/supranationalisierung

Michael Zürn

1 Einleitung

Wer zu Beginn des neuen Jahrzehnts im Frühjahr 2010 nach den dringendsten politischen Problemen unserer Zeit fragt, wird eine Liste erhalten, bei der die Begriffe »Klimawandel« und »Finanzkrise« weit oben stehen. Während die Bedeutung dieser beiden Problemlagen angesichts zunehmender Naturkatastrophen und der größten Wirtschaftskrise seit 1945 immer deutlicher wird, kann die Politik bisher kaum Erfolge bei ihrer Bewältigung aufweisen. Das schadet allerdings den Regierungsparteien in der westlichen Welt nur wenig. Die Lösung der Probleme wird nämlich nicht von ihnen, sondern von internationalen Organisationen erwartet. 54,9 % der deutschen Bevölkerung äußerten im Jahre 2005 die Ansicht, dass Globalisierungsfolgen am Besten auf der internationalen Ebene bewältigt werden können (Mau 2007: 190). Von den internationalen Organisationen und nicht vom Nationalstaat, dem nur 11 % der Befragten diese Problemlösungskompetenz zuweisen, wird also die Lösung der großen Probleme unserer Zeit wie Klimawandel, Finanzkrise, Verbreitung von Massenvernichtungswaffen oder Bekämpfung des Terrorismus erwartet.

Internationalen Organisationen wird eine große Bedeutung zugeschrieben

Die Bevölkerung hält die Lösung von globalisierungsinduzierten Problemlagen durch internationale Organisationen nicht nur für *wünschenswert*, sie schreibt ihnen auch realpolitisch bereits einen erheblichen Einfluss zu. Die Bundesbürgerinnen und Bundesbürger halten internationale Organisationen wie die Weltbank, den internationalen Währungsfond (IWF), die Welthandelsorganisation (WTO), die G 8/20 oder die Vereinten Nationen für deutlich *einflussreicher* in der Weltpolitik als die Bundesregierung. Selbst auf die Entwicklungen in Deutschland weisen zwischen 46 und 53% der Befragten internationalen Organisationen einen erheblichen Einfluss zu, auch wenn die Bundesregierung und die EU diesbezüglich an erster Stelle stehen (Zürn/Ecker-Ehrhardt 2011). Die Bedeutung, die dem Regieren jenseits des Nationalstaates inzwischen zugemessen wird, zeigt sich auch in der Debatte über die Frage, wie hoch der Anteil der nationalen Gesetzgebung ist, bei dem *de facto* internationale Vorgaben parlamentarisch nachvollzogen werden. Zwar haben sich dabei Vermutungen, wie die des ehemaligen Bundespräsidenten Roman Herzog, wonach dies auf 80% der legislativen Akte des Parlaments zutrifft, als übertrieben erwiesen. Der selbst von Skeptikern der These der Fremdbestimmtheit ermittelte Prozentsatz liegt aber allein für die EU bei etwa 30% mit je nach Problemfeld erheblichen Unterschieden.

Ist Deutschland noch ein souveräner Staat?

Aus diesen Beobachtungen leiten sich eine Reihe von Fragen ab, die auf grundlegende Merkmale, ja eigentlich das Wesen der politischen Ordnung der Bundesrepublik Deutschland abzielen und in diesem Beitrag diskutiert werden. Handelt es sich noch um einen souveränen Staat, der die exklusive Autorität besitzt, Recht innerhalb eines bestimmten Territoriums zu setzen und durch zu setzen? Haben sich die internationalen Organisationen und Institutionen im Zuge der Globalisierung grundlegend verändert und einen supranationalen Charakter erlangt? Welche politische Ordnung zeichnet sich im Zusammenspiel von Nationalstaaten wie der Bundesrepublik mit den internationalen Institutionen ab? Welche politischen Perspektiven ergeben sich angesichts dieser Entwicklungen?

Zur Beantwortung dieser Fragen werden im folgenden Abschnitt die institutionelle Entwicklung der Weltpolitik seit dem Zweiten Weltkrieg grob skizziert und einige zentrale Begrifflichkeiten geklärt. In Abschnitt 3 werden die gegenwärtigen Trends und die Merkmale internationaler Institutionen erläutert, ehe die Umrisse einer globalen Mehrebenenordnung und deren Defizite skizziert werden (Abschnitt 4 und 5). Abschließend werden die politischen Perspektiven diskutiert, die sich angesichts dieser Entwicklung ergeben.

2 Die internationale Nachkriegsordnung

Die internationalen Beziehungen nach dem Zweiten Weltkrieg waren durch zwei institutionelle Rahmensetzungen geprägt. Auf der einen Seite gelang es erstmals, die ökonomische Interdependenz zwischen den entwickelten Industrieländern im Rahmen der *Bretton-Woods*-Institutionen*, zu denen das internationale Handelsabkommen (GATT), die Weltbank und der internationale Währungsfonds (IWF) gehörten, nutzbringend zu regeln. Auf der anderen Seite wurde in der Charta der Vereinten Nationen (UN) ein Verbot zwischenstaatlicher Gewaltanwendung festgelegt. Obgleich diese nach dem Zweiten Weltkrieg geschaffenen internationalen Institutionen auf den Schutz des *status quo* und der nationalstaatlichen Souveränität zielten, stießen sie jedoch gleichzeitig eine zunehmende gesellschaftliche Denationalisierung an, die im Ergebnis zur Unterminierung der Nachkriegsordnung führte.

Begriffliche Vorklärungen

Bevor diese Entwicklung in groben Zügen nachgezeichnet werden kann, bedarf es begrifflicher Vorklärungen. *Internationale* Institutionen* bezeichnen Normen, Regeln, Programme und das dazugehörige Netzwerk von Akteuren, die das Handlungsrepertoire von Staaten und/oder nicht-staatlichen Akteuren beeinflussen, da sie etwas verbieten, ermöglichen oder verlangen. Der Begriff Institution umfasst in dieser Verwendung sowohl formale Organisationen mit Akteursqualität als auch normgeleitete, stabilisierte Handlungsmuster. Demgegenüber verweist der Begriff der Organisation exklusiv auf die Akteursqualität einer Einrichtung. Sowohl internationale Institutionen als auch internationale Organisationen lassen sich in zwei Grundtypen unterteilen. *Zwischenstaatliche* Institutionen (z.B. das Welthandelsregime) und Organisationen (z.B. die Welthandelsorganisation) sind von Staaten begründet. *Transnationale* Institutionen (wie etwa der Forest Stewardship Council) und Organisationen (Amnesty International) werden hingegen von gesellschaftlichen Akteuren getragen. Sie werden als transnationale Regime bzw. transnationale Nichtregierungsorganisationen (NGOs)* bezeichnet. Von all diesen internationalen Institutionen ist der Prozess der gesellschaftlichen Denationalisierung* (oder Globalisierung) zu unterscheiden, der die schubartige Zunahme grenzüberschreitender Aktivitäten in so unterschiedlichen Bereichen wie Wirtschaft, Umwelt, Kultur und Wissenschaft beschreibt.

Das Prinzip des »abgefederten Liberalismus« und die Schwächung nationaler Politik

Entscheidend für die Gestaltung der Wirtschaftsbeziehungen innerhalb der westlichen Welt waren nach dem Zweiten Weltkrieg zunächst das internationale Handelsregime (GATT) und die Regime zur Regelung von Währungs- und Finanzangelegenheiten. Mittels dieser Institutionen sollte verhindert werden, dass sich die desaströse Protektionismus- und Subventionsspirale, die nach dem »Schwarzen Freitag« 1929 einsetzte und erst die große Weltwirtschaftskrise verursachte, wiederholt (Keohane 1984). Die in der Logik der kapitalistischen Wirtschaft angelegte Grenzüberschreitung der Märkte fand damit erstmals eine regulative Entsprechung. Die unter amerikanischer Führung etablierten sog. *Bretton-Woods*-Institutionen waren lange Zeit sehr erfolgreich. Sie unterstützten fast 30 Jahre lang das stabile Wachstum in den westlichen Industriestaaten, sie förderten die Integration der Weltwirtschaft und stärkten damit die Rolle der exportorientierten, an internationaler Stabilität interessierten Wirtschaftszweige innerhalb der nationalen politischen Systeme. Insbesondere trugen diese Institutionen dazu bei, eine Spirale von Protektionismus und Abwertung während wirtschaftlicher Rezessionen zu verhindern. Aus der Sicht der Theorie der Internationalen Beziehungen sind dies Erfolge von historischem Maßstab. Internationale Kooperation, Wohlstand und Demokratie stärkten sich in diesem Arrangement gegenseitig und mündeten in einen äußerst stabilen Frieden zwischen den demokratischen Wohlfahrtsstaaten.

Das diesen internationalen Institutionen zugrunde liegende Prinzip wurde im Begriff des »embedded liberalism« (abgefederten Liberalismus) zusammengefasst. Unter *embedded liberalism** wird eine freihändlerische und grenzöffnende Grundorientierung verstanden, die allerdings fest in nationale politische Systeme eingebettet ist, welche durch den Weltmarkt verursachte Schocks und Ungleichheiten abfedern können (vgl. Ruggie 1983). Innerhalb dieses Rahmens konnten sich sowohl liberale Demokratien wie die USA als auch demokratische Wohlfahrtsstaaten, die wie beispielsweise Schweden über 50 Prozent des Bruttosozialprodukts verfügten, ungestört entwickeln. Die *Bretton-Woods*-Institutionen entfalteten jedoch eine fortlaufende Dynamik von sich vertiefender Liberalisierung und beschleunigter technologischer Entwicklung, die im Zusammenspiel einen Denationalisierungsschub verursachten und damit die nationalstaatliche Säule des Arrangements unterminierten. In der Folge waren *nationale Politiken* immer weniger in der Lage, die gewünschten sozialen Ergebnisse zu erreichen. Die Möglichkeiten wirkungsvoller nationaler Marktinterventionen und sozialer Schutzprogramme wurden insbesondere durch die schnelle Erhöhung der Direktinvestitionen und die hochsensiblen Finanzmärkte merklich eingeschränkt. Das augenfällige Paradox des Nachkriegsliberalismus liegt somit darin, dass er seine eigenen institutionellen Abfederungsmechanismen angegriffen hat.

Das zwischenstaatliche Gewaltverbot und die Denationalisierung der Sicherheitsbedrohungen

Im Sicherheitsbereich konnte sich ein einigermaßen erfolgreiches Interdependenzmanagement nur langsam über die Jahrhunderte entwickeln. Erst die Charta der Vereinten Nationen schrieb im Jahr 1945 erstmals ein vollständiges Verbot von zwischenstaatlicher Gewaltanwendung fest. Von diesem Verbot sollte es nur zwei Ausnahmen geben: die individuelle oder kollektive Selbstverteidigung im Falle eines Angriffs sowie ein Beschluss des Sicherheitsrates der Vereinten Nationen, der den Einsatz von Gewalt zum Zwecke der Sicherung des internationalen Friedens vorsieht. Die Durchsetzung der Norm des Gewaltverbots in zwischenstaatlichen Angelegenheiten durch Beschlüsse des Sicherheitsrates der Vereinten Nationen blieb lange Zeit blockiert (vgl. Rittberger/Zangl 2003: Kap. 8). Ein entsprechender Beschluss des Sicherheitsrates kam unter Beteiligung aller Großmächte erstmals 1991 zustande, als der Irak als Aggressor gebrandmarkt und aus Kuwait zurückgeschlagen wurde. Mit dem Erfolg dieser Aktion schien der letzte Schritt in der Etablierung und institutionellen Absicherung des Gewalt- und Interventionsverbotes in der internationalen Politik gegangen worden zu sein. Sie implizierte die Anerkennung des internationalen status quo, womit die Möglichkeit des gezielten politischen Wandels exklusiv auf den innenpolitischen Bereich beschränkt wurde.

Im Schatten dieser institutionellen Arrangements haben sich aber auch im Sicherheitsbereich Veränderungen mit einer ungewollten Dynamik ergeben. Die durch den *embedded liberalism* ermöglichten ökonomischen, ökologischen und kulturellen Denationalisierungsprozesse einerseits und die Ausgrenzung von anti-westlichen Positionen andererseits führte zu einem seit gut zwei Jahrzehnten langsam fortschreitenden Prozess der *Verringerung zwischenstaatlicher Auseinandersetzungen*. Im Zuge dieses Prozesses nimmt die Bedeutung der klassischen Kriege zwischen Staaten und den rein innerstaatlichen Bürgerkriegen ab, während die oft auch als »neue Kriege« bezeichneten Auseinandersetzungen an Bedeutung gewinnen. Nun rücken Sicherheitsbedrohungen, bei denen die Grenzen zwischen Bürgerkrieg, Terrorismus, Staatsterror und Kriminalität verschwimmen und die einen dezidiert transnationalen Charakter haben – wie etwa die Kriege im ehemaligen Jugoslawien – in den Vordergrund (Zangl/Zürn 2003: Kap. 7).

Parallel zur Denationalisierung der Sicherheitsprobleme hat sich im Schatten der durch den Ost-West-Gegensatz eingefrorenen institutionellen Ordnung eine normative Dynamik entfaltet. Die durch die demokratischen Staaten im Ost-West-Konflikt lautstark vertretene Forderung nach der Universalität der Menschenrechte hat ihre Wirkung nicht verfehlt. Menschenrechte gelten heute als weitgehend universell und massive Menschenrechtsverletzungen – ganz gleich wo sie auftreten – können einen Handlungsbedarf hervorrufen. Insofern hat die Menschenrechtsrhetorik des Kalten Krieges eine Art Bumerangeffekt erzeugt (vgl. Risse et al. 1999). Massive Menschenrechtsverletzungen in weit entfernten Teilen der Welt erzeugen für die etablierten westlichen politischen Systeme heute auch dann einen Handlungsdruck, wenn Eingriffe zur Verhinderung der Menschenrechtsverletzungen äußerst kostenintensiv sind und schwerlich mit den unmittelbaren Interessen zu vereinbaren sind.

In der Folge dieser Entwicklungen greift das *status-quo*-orientierte zwischenstaatliche Gewalt- und Interventionsverbot ins Leere. Ehemals nur separat auftretende Formen der Gewaltanwendung gehen in einer diffusen transnationalisierten Gewaltgemengelage ineinander über. Zudem behindert die Logik des zwischenstaatlichen Gewaltverbots die Intervention in solche Kriege und damit die Beendigung oder zumindest Linderung der häufig damit verbundenen humanitären Katastrophen und drastischen Menschenrechtsverletzungen. Die Beendigung neuer Kriege von außen erfordert normativ betrachtet nicht selten die Verletzung des Interventionsverbotes. Die Denationalisierung der Sicherheitsbedrohungen sowie die beschriebene normative Eigendynamik haben im Ergebnis zur Herausforderung der internationalen Nachkriegsinstitutionen geführt.

3 Neue Regelungsformen internationaler Problemlagen

Die internationalen Institutionen der Nachkriegszeit trugen mithin zu ihrer eigenen Transformation bei. Im Zuge dieses Wandels hielt der Begriff *Governance** Einzug in die Analyse internationaler Angelegenheiten. Governance allgemein bezeichnet die Gesamtheit der kollektiven Regelungen, die auf eine bestimmte Problemlage oder einen bestimmten gesellschaftlichen Sachverhalt zielen und mit Verweis auf das Kollektivinteresse der betroffenen Gruppe gerechtfertigt werden. Der Begriff Governance bezieht sich also nicht auf einzelne Regelungen, wie etwa die Festlegung eines Zollsatzes, sondern auf die *Summe der Regelungen*, wie etwa die internationale Handelspolitik, die eine Problemlage betreffen. Er umfasst sowohl den Regelungsinhalt als auch die Normen, die den Prozess des Zustandekommens und der Durchsetzung des Regelungsinhalts bestimmen. Die betroffenen *Problemlagen und Sachverhalte*, die als zweite

Komponente der Definition angesprochen werden, können beispielsweise die Klimafrage, die Handelsbeziehungen, die Finanzbeziehungen oder die Menschenrechte betreffen. Es kann aber drittens nur dann von Governance gesprochen werden, wenn von den beteiligten Akteuren der Anspruch erhoben wird, das *gemeinsame Interesse eines Kollektivs* oder stärker noch, das Gemeinwohl einer Gesellschaft *absichtsvoll* zu befördern. Es muss also das postulierte Ziel sein, durch eine Regelung eine gesellschaftliche Problemlage abzubauen. Dabei geht es explizit um die Rechtfertigung des Handelns, keinesfalls um die reale Motivationslage.

Governance mit oder ohne Regierungen

Das analytische Konzept der Governance verweist im Kern zum einen darauf, dass die autoritative Regelung gesellschaftlicher Problemlagen nicht zwingend an Staaten gebunden ist. Neben der *Governance by Government* kann es auch *Governance without Government* geben: nämlich dann, wenn gesellschaftliche Akteure in Form der Selbstregulierung ohne Beteiligung eines hierarchisch agierenden Staates sich selbst Normen und Regeln auferlegen, wenn etwa multinationale Unternehmen sich auf Verhaltensregeln *(code of conduct)* einigen. Im Falle der internationalen Beziehungen tritt noch ein weiterer Typus der Governance hinzu: *Governance with Governments.* In diesem Falle verpflichten sich Staaten im Umgang miteinander auf bestimmte Normen und Regeln, ohne dass diese von einem übergeordneten Akteur beschlossen und durchgesetzt werden können. Die Verwendung des Konzepts der Governance im Bereich der internationalen Beziehungen verweist zum zweiten aber auch darauf, dass internationale Regelungen nicht mehr nur einfache Koordinationsleistungen erbringen, um einen *modus vivendi* des Umgangs miteinander zu finden. Vielmehr zielen sie häufig auf eine aktive und mit normativen Zielsetzungen verbundene Behandlung gemeinsamer Angelegenheiten der internationalen Staatengemeinschaft bzw. der Weltgesellschaft, wie etwa bei der allgemeinen Anerkennung der Menschenrechte. Governance setzt also die Vorstellung gemeinsamer Interessen und Zielorientierungen jenseits der nationalen Gemeinschaft zumindest in einer rudimentären Form voraus, ohne freilich grundlegende Konflikte und Differenzen darüber zu leugnen.

Die neue Qualität internationaler Regelungen

Dieser Wandel zeigt sich an den neuartigen Regelungen jenseits des Nationalstaates, die im Zuge der gesellschaftlichen Denationalisierung notwendig wurden. Traditionelle internationale Institutionen beinhalteten zumeist Vorschriften für *Staaten*, bestimmte Verhaltensweisen zu *unterlassen*. Beispielsweise verpflichteten sich Staaten in internationalen Vereinbarungen dazu, bestimmte Rüstungsmaßnahmen nicht zu ergreifen (Rüstungsabkommen) oder bestimmte Zölle (Handelsabkommen) nicht zu erheben. Bei den heutigen Abkommen haben sich jedoch sowohl die Adressaten als auch die Art der Verpflichtung verändert: Regelungsadressaten sind zunehmend *gesellschaftliche Akteure* (im Gegensatz zu Staaten) und diese müssen zumeist etwas *tun* (im Gegensatz zu unterlassen), wenn beispielsweise eine internationale Umweltvereinbarung eine Reduktion der Schadstoffemissionen von 30% vorsieht. Darüber hinaus haben heutige internationale Regelungen eine ganz andere Eingriffstiefe. Während beispielsweise im Handelsbereich lange Zeit primär an der Grenze auftretende *Schnittstellenprobleme*, wie etwa Zollregelungen, durch internationale Institutionen geregelt worden sind, geraten nun zunehmend Regelungen in den Blick, die hinter den Grenzen greifen wie etwa Subventions- oder Produktsicherheitsregelungen oder auch Menschenrechte. Es geht also bei vielen der neuen internationalen Regelungen darum, dass gemeinsame, normativ begründete Ziele verfolgt werden und nicht mehr nur ein pfleglicher Umgang miteinander gesucht wird, damit kein unnötiger Schaden entsteht.

Politische Autorität jenseits des Nationalstaates

Entscheidend für unseren Zusammenhang ist nun, dass sich mit diesen neuen Governance-Inhalten eine *Supranationalisierung** und *Transnationalisierung** ihrer institutionellen Form vollzog. Supranationalisierung bezeichnet einen Prozess, in dem internationale Institutionen Verfahren ausbilden, die sich von dem zwischenstaatlichen Konsensprinzip lösen. Dadurch können für nationale Regierungen Verpflichtungen entstehen, Maßnahmen auch dann zu ergreifen, wenn sie selbst nicht zustimmen. Infolge der Supranationalisierung verschiebt sich ein Teil der politischen Autorität von einzelnen Staaten zu internationalen Institutionen. Insofern bezeichnet Supranationalisierung einen Prozess, der politische Autorität jenseits des Nationalstaates erwachsen lässt. Internationale Institutionen besitzen dann politische Autorität, wenn seitens der Staaten formal oder *de-facto* anerkannt ist, dass Entscheidungen auf der internationalen Ebene getroffen werden können, die die eigene Jurisdiktion betreffen und auch dann als bindend anzusehen sind, wenn sie sich von den eigenen Politiken und Präferenzen unterscheiden. In diesem Sinne stellt die Delegation einer Entscheidungskompetenz an den internationalen Strafgerichtshof, ebenso wie die Bereitschaft Mehrheitsentscheidungen des

Sicherheitsrates der UNO zu akzeptieren, ein Beispiel für die Entstehung politischer Autorität jenseits des Nationalstaates dar. Eine so verstandene Autorität ist eine spezifische Form politischer Herrschaft und bedarf der Legitimation.

Transnationalisierung bezeichnet einen Prozess, bei dem nicht-staatliche Akteure die Träger internationaler politischer Regelungen und Aktivitäten sind, ohne dass Staaten die Aufgabe an die nicht-staatlichen Akteure formal delegiert haben. Solche Regelungen beruhen auf dem Prinzip der Selbstorganisation und erzeugen *private authority*. Darunter fallen dann beispielsweise sogenannte *Codes of Conduct*, die zwischen Unternehmen vereinbart werden und möglicherweise Verpflichtungen beinhalten, denen die nationale Regierung des Landes, in dem sich der Stammsitz eines Unternehmens befindet, nicht zugestimmt hätte. Aber auch die Übernahme von Funktionen durch transnationale NGOs im Rahmen internationaler Institutionen – beispielsweise übernimmt Amnesty International zu einem erheblichen Ausmaß die Überwachungsaufgabe des internationalen Menschenrechtsregimes – bringt eine solche Transnationalisierung zum Ausdruck. Auch die Transnationalisierung kann im Ergebnis dazu führen, dass das Konsensprinzip und Nichtinterventionsgebot internationaler Politik *de facto* umgangen wird.

Anzahl internationaler Vereinbarungen

Welche Indizien können dafür angeführt werden, dass sich die beschriebenen Veränderungen in der Governance internationaler Beziehungen vollzogen haben? Ein erstes Maß für die beschriebene Dynamik ist die Entwicklung der bloßen Anzahl internationaler Verträge. So stieg die Anzahl aller bei der UNO registrierten internationalen Verträge von 1960 mit 8776 Verträgen auf 63419 im Jahr 2010). Wenn man nur die wichtigeren multilateralen Verträge anschaut, die bei der UNO offiziell hinterlegt und gegengezeichnet sind, ergibt sich ein vergleichbares Wachstum: von 942 im Jahr 1969 bis auf 6154 im Jahr 2010. Hinter diesem Anstieg verbirgt sich auch eine Ausweitung der Problemfelder, die von internationalen Institutionen bearbeitet werden. Lange Zeit standen die Sicherheitsfrage und die Wirtschaftsbeziehungen im Mittelpunkt der Bemühungen; heute befassen sich internationale Institutionen mit fast allen denkbaren Problemfeldern.

Neben der wachsenden Quantität und der Ausweitung internationaler Vereinbarungen müsste als zweites Maß der Dynamik eine neue, autoritätsbegründende Qualität internationaler Institutionen entlang aller Phasen der Politikentwicklung zu beobachten sein.

Mehrheitsentscheidungen in internationalen Verhandlungen

Während der Entwicklung einer Regelung ergibt sich zunächst eine *Verhandlungs- bzw. Entscheidungsphase.* In ihr lässt sich zunächst eine relative Zunahme von Mehrheitsentscheidungen in internationalen Institutionen beobachten. Mehrheitsentscheidungen erhöhen die Handlungsfähigkeit internationaler Institutionen, die im Zuge des wachsenden Regelungsbedarfs auf der internationalen Ebene zunehmend gefordert wird, indem sie das Veto einzelner Staaten aushebeln und Blockaden überwinden. Auch wenn das Instrument der Mehrheitsentscheidung in internationalen Verhandlungen weit weniger genutzt wird, als es formal zur Verfügung steht, übt es dennoch auf Vetospieler einen Druck zur Kompromissbereitschaft aus. So haben heute grob zwei Drittel aller internationalen Organisationen mit Beteiligung von mindestens einer großen Macht die Möglichkeit, Mehrheitsentscheidungen zu fällen. Eine detaillierte Untersuchung über internationale Umweltregime erbringt ein ähnliches, aber differenzierteres Bild. Auch hier sind vertraglich häufig Mehrheitsentscheidungen vorgesehen. Es zeigt sich allerdings, dass die Staaten in der Praxis tatsächlich stärker konsensorientiert vorgehen: in nur 20,2% der untersuchten Fälle werden Konsensentscheidungen vorgeschrieben, sie bilden aber in 58,4% der Fälle die Praxis der Entscheidungsfindung ab. Die formale Möglichkeit Mehrheitsentscheidungen durchzusetzen, bei gleichzeitiger Konsensorientierung in der Praxis, stellt insofern den Versuch dar, die sich widersprechenden Ziele der Handlungsfähigkeit der internationalen Institutionen und der Implementationsbereitschaft der Mitgliedstaaten auszubalancieren. Im Ergebnis erhöht dies die Wahrscheinlichkeit, dass einzelne Staaten Maßnahmen gegen ihren ursprünglichen Willen umsetzen.

Die Überwachung internationaler Regelungen

Die *Überwachung (monitoring)* und Verifikation internationaler Regelungen erfolgt gleichfalls zunehmend von Akteuren, die nicht direkt der staatlichen Kontrolle unterliegen. Generell nimmt der Überwachungsbedarf zu, wenn die internationalen Normen nicht mehr nur an den Grenzen zwischen Staaten wirksam werden, sondern Aktivitäten innerhalb von Staatsgebieten regeln. So ist die Überwachung von Zollregelungen, die an den Grenzen zur Anwendung kommen, vergleichsweise einfach. Schwieriger wird es, wenn etwa staatliche Subventionen für nationale Unternehmen unterbunden werden sollen, wie etwa die Diskussionen über den Auslauf der Subventionen für die Steinkohle zeigen. Die gegenseitige Beobachtung der Vertragsstaaten reicht in diesen Fällen häufig nicht aus, weshalb der Bedarf an unabhängigen Akteuren, die Informationen über die Regeleinhaltung bereitstellen, anwächst. Diese können zum einen durch die Vertragsorganisationen bereitgestellt werden. Der Internationale Währungsfonds und das Regime zur Nichtverbreitung von Atomwaffen sind dafür bekannte Beispiele. Außerdem hat in den letzten Jahren die Rolle internationaler Sekretariate bei der Regelüberwachung zugenommen. Ebenso wichtig ist in diesem Zusammenhang die Bedeutung von transnationalen Nichtregierungsorganisationen, die im Zusammenwirken mit den gesellschaftlichen Akteuren, die von einer Regelverletzung negativ betroffen sind, eine informelle, aber unabhängige Regelüberwachung vornehmen. So ist beispielsweise die Überwachung von international genormten Menschenrechten informell längst Menschenrechtsorganisationen wie Human Rights Watch übertragen worden. Insofern kann die deutlich gewachsene Zahl transnationaler Nichtregierungsorganisationen, die vom ECOSOC (Economic and Social Council) der Vereinten Nationen akkreditiert sind, als ein Indikator für diese Entwicklung gelten: Waren im Jahr 1948 nur 50 NGOs zugelassen, so belief sich deren Zahl im Jahr 1996 auf 1041 und im Jahr 2009 auf nicht weniger als auf 3287.

Internationale Schiedsgerichte

Der Blick auf strittige Fälle der *Regelinterpretation* zeigt eine Bedeutungszunahme unabhängiger Schiedsgerichtsverfahren und internationaler Gerichtshöfe. In dem Maße, wie die Anzahl internationaler Verpflichtungen wächst, nehmen auch die Kollisionen sowohl zwischen internationalen und nationalen als auch zwischen unterschiedlichen internationalen Regelungen zu. Außerdem erschwert eine wachsende Komplexität der Regelungsgegenstände die Regelinterpretation. Die Einrichtung von gerichtsförmigen Verfahren ist eine Möglichkeit, mit diesen Problemen umzugehen. Gleichzeitig führt dieser Mechanismus aber dazu, dass die Regelinterpretation dem Zugriff der Staaten weitgehend entzogen wird. Der *Dispute Settlement Body* der WTO beispielsweise entscheidet bei Streitigkeiten über die Anwendung der Regeln des Handelsregimes. Die entsprechenden Urteile können nur durch eine einstimmige Stellungnahme aller Mitgliedsstaaten zurückgewiesen werden. Von derartigen quasigerichtlichen Einrichtungen gab es im Jahre 1960 nur 27; inzwischen ist die Anzahl auf 97 angestiegen (2004). Wenn man eine enge Definition anlegt und nur solche Einrichtungen berücksichtigt, die alle Bedingungen eines gerichtlichen Verfahrens erfüllen, dann stieg die Zahl von 5 im Jahre 1960 auf 28 im Jahre 2004 an.

Sanktionen gegen Regelverletzer

Hinsichtlich der *Regeldurchsetzung* kann eine gestiegene Bereitschaft beobachtet werden, materielle Sanktionen gegen Regelverletzer einzusetzen. Der Bereich des *ius cogens** (zwingendes, von der Zustimmung der Staaten unabhängiges Völkerrecht) reicht inzwischen über das Aggressionsverbot hinaus und umfasst auch das Verbot von genozidartigen Handlungen und der Apartheid. Darüber hinaus hat die internationale Staatengemeinschaft auch im Falle massiver Menschenrechtsverletzungen insbesondere seit 1989 zunehmend militärische Zwangsmaßnahmen und ökonomische Sanktionen ergriffen (Zangl/Zürn 2003). In einigen Fällen, wie etwa im Kosovo oder Ost Timor, haben die Vereinten Nationen nach 1989 sogar internationale Übergangsverwaltungen eingesetzt, die mit weitreichenden exekutiven, legislativen und judikativen Befugnissen ausgestattet sind. Normativ werden solche externen Eingriffe durch das – teilweise noch umstrittene – Prinizip der *responsibility to protect* abgestützt, das den Staaten eine Verantwortung zuschreibt, ihre Bevölkerungen vor humanitären Notlagen zu schützen. Kommen sie dieser Verantwortung nicht nach, kann die Staatengemeinschaft legitimerweise in innere Angelegenheiten eingreifen – im Extremfall auch unter Einsatz militärischer Gewalt wie z. B. in Somalia. Diese Entwicklungen sind aber nicht auf den Sicherheitsbereich beschränkt. Die Weltbank etwa setzt seit gut zwei Jahrzehnten verstärkt auf konditionale Kredite – solche, die mit der Erfüllung von drastischen Sparprogrammen durch den Empfänger verbunden sind, wie etwa bei den Austeritätsprogrammen in Lateinamerika.

Transnationale Agendasetzung

Schließlich haben die Staaten auch bei der *Politikevaluation und der damit verbunden Agendasetzung* Konkurrenz bekommen. Es sind wiederum sowohl internationale Sekretariate als auch transnationale Nichtregierungsorganisationen, die diese Governance-Funktion übernehmen. Demnach gewinnen zum einen die mit den Sekretariaten der internationalen Organisationen verbundenen Wissensagenturen wie etwa das *International Panel for Climate Change* an Bedeutung in dieser Phase des Policy-Zyklus. Gleichermaßen hat die Bedeutung von transnationalen Nichtregierungsorganisationen, die internationale Problemlagen identifizieren und dementsprechende internationale Regelungen einfordern, deutlich zugenommen. Die Rolle von *Transparency International* bei der Entwicklung der UN-Anti-Korruptions-Konvention ist nur ein Beispiel dafür. Der normative Druck, der sich über die Autorität solcher Wissensorganisationen entfaltet, schwächt jedenfalls die Fähigkeit einzelner Regierungen, sich internationalen Normentwicklungsprozessen zu widersetzen (vgl. hierzu generell Meyer 2005).

Im Ergebnis haben sich internationale Institutionen entwickelt, die tief und machtvoll in nationale Gesellschaften hineinwirken, ohne dass dies durch die nationale Regierung einfach unterbunden werden kann. Pointiert formuliert üben daher internationale Institutionen inzwischen Autorität und Herrschaft aus. Sie sind nicht mehr ohne weiteres als Instrument der Nationalstaaten zu sehen. Es handelt sich dabei nicht mehr um *Governance by Government*, sondern um *Governance with Governments*.

Transnationale Institutionen

Hinzu kommt, dass sich in den letzten zwei Jahrzehnten auch *transnationale Institutionen* herausgebildet haben, die sich der Kontrolle der Nationalstaaten gleichfalls partiell entziehen. Hier kann man von *Governance without Government* sprechen. Beispiele für private Formen transnationaler Governance sind etwa die »International Chamber of Commerce«, das »International Accounting Standards Board« (IASB) oder die zahllosen Verhaltenskodizes (»codes of conduct«) und Zertifizierungssysteme (»Forest Stewardship Council«, »Rugmark« etc.). So hat sich die Zahl von sektoralen und firmenweiten *codes of conduct* seit Anfang der 1990er-Jahre vervielfacht.

Eine zweite Form transnationalen Regierens besteht in der gemeinsamen Erbringung von Governance-Leistungen durch wirtschaftliche und/oder gesellschaftliche Akteure in Verbindung mit Staaten innerhalb so genannter *public-private partnerships** (vgl. z. B. Reinicke/Deng 2000). Beispiele dafür sind das ICANN, das die Vergabe von Internetadressen regelt, die »Consultative Group on International Agricultural Research«, die »Roll Back Malaria Initiative« oder das »African Programme for Onchocerciasis Control« (APOC). In all diesen Fällen erbringen gesellschaftliche Akteure unmittelbar eine Reihe von Governance-Leistungen oder produzieren öffentliche Güter, die von Staaten nicht oder nicht allein bereitgestellt werden können. Dabei sind private Akteure neben der Regelsetzung auch in die Regelüberwachung und -interpretation sowie bei der Um- und Durchsetzung der Governance-Inhalte involviert. Die Anzahl derartiger regulativer Standardsetzungen und die relative Bedeutung der privaten Akteure darin haben im Laufe der Zeit zugenommen.

All die genannten Formen der transnationalen politischen Regulierung sind nicht völlig neuartig. Es spricht jedoch viel dafür, dass die Transnationalisierung insgesamt zunimmt. So stieg in den letzten Jahrzehnten die Zahl grenzübergreifend agierender nicht-staatlicher Akteure wie transnationaler Konzerne und transnationaler NGOs auf ca. 51 500.

Zwischenbilanz

Angesichts der skizzierten Entwicklungen lässt sich in der Tat von einer Supra- und Transnationalisierung der Governance denationalisierter Problemlagen sprechen. Dieser Prozess ist zwar im Bereich der Wirtschaft und der Umwelt am deutlichsten zu beobachten, aber auch in Politikfeldern wie Sicherheit und Herrschaft, die lange als besonders schwierig zu verregeln galten: Das schon erwähnte internationale Menschrechtsregime, die Gründung des internationalen Strafgerichtshofs und die aktive Rolle des Sicherheitsrates der Vereinten Nationen seit 1990 unterstreichen dies eindrucksvoll. Und selbst in den Kernbereichen moderner Staatlichkeit, nämlich dem Steuermonopol und dem Gewaltmonopol, lassen sich entsprechende Tendenzen erkennen. Somit sind diese Entwicklungen nicht auf die OECD-Welt beschränkt, sondern haben globale Reichweite.

4 Transformation der Staatlichkeit

Welche Auswirkungen haben die beschriebenen Entwicklungen auf die Rolle des Staates in der Politik? Geht die Ära der Souveränität und mit ihr die des westfälischen Staatensystems* zu Ende, das mit dem westfälischen Frieden 1648 entstanden ist? Lässt sich ein Wandel der Staatlichkeit beobachten?

Die fortbestehende Bedeutung des Nationalstaats

Die Herausbildung von transnationalen und internationalen Institutionen mit eigenständigem Autoritätsanspruch macht den Nationalstaat nicht überflüssig. So handelt es sich beim Verlust der Effektivität nationalstaatlicher Politiken nicht um einen absoluten Prozess, sondern um eine relative Gewichtsverschiebung. Es gibt nach wie vor Sachbereiche, in denen internationale und transnationale Institutionen keinen oder bestenfalls nur einen begrenzten und indirekten Einfluss auf nationalstaatliche Politiken haben. Die Kulturpolitik, weite Teile der Sozialpolitik oder die Verkehrspolitik sind Beispiele dafür. Der Anteil an legislativen Akten nationaler Parlamente, die *de facto* nur eine Umsetzung europäischer Vorgaben sind, liegt in Deutschland bei nicht mehr als einem Drittel (vgl. Kapitel 20: Europa). Selbst wenn man davon ausgeht, dass bei einem weiteren Drittel der nationalen Gesetzgebung erhebliche direkte und indirekte Einflüsse von transnationalen und internationalen Institutionen vorliegen, dann bleibt immerhin ein Drittel der Politik eine exklusiv nationale Angelegenheit.

Aber auch in den Bereichen, in denen jenseits des Nationalstaates weit gehende Vorgaben erfolgen, können die damit verbundenen Ziele kaum ohne den Nationalstaat erreicht werden. Der Terrorismus, das organisierte Verbrechen, die Risiken globaler Umweltschädigungen oder die sozialen Ungleichheiten können ohne Hilfe der Nationalstaaten nicht ausgeräumt werden. Der Nationalstaat ist nämlich notwendig, um die Politiken umzusetzen, die jenseits des Nationalstaates formuliert worden sind. Von zentraler Bedeutung sind dabei seine Ressourcen. Ohne das staatliche Gewaltmonopol und die finanziellen Ressourcen, die sich durch Steuereinnahmen ergeben, kann die Um- und Durchsetzung von internationalen oder transnationalen Regelungen schwerlich gelingen.

Staat bleibt wichtiger Adressat von politischen Ansprüchen

Zudem bleibt der Nationalstaat in vielen Fragen nach wie vor der erste Ansprechpartner für die Bevölkerung und zwar auch dann, wenn es sich um originär internationale Angelegenheiten handelt. Die eingangs erwähnten Umfragedaten machen deutlich, dass auch in dieser Frage der Staat kein Monopol mehr besitzt. Tatsächlich werden internationale und auch transnationale Institutionen zunehmend Adressaten von politischen Ansprüchen und Forderungen. Gleichwohl kann festgehalten werden, dass der Staat gleichsam der Normaladressat für politische Forderungen und Ansprüche bleibt. Gerade im Zuge wachsender Kritik an internationalen Institutionen ist es auch wichtig, dass die Nationalstaaten territoriale Interessenlagen bündeln und sichtbar in den internationalen und transnationalen Verhandlungsprozess einbringen.

Zusammenfassend kann also gesagt werden, dass der Staat im 21. Jahrhundert an Bedeutung verliert, da viele Entscheidungen zumindest im Grundsatz jenseits des Nationalstaates getroffen werden. Der Staat bleibt aber für die Umsetzung all dieser Regelungen zentral. Darüber hinaus fungiert der Staat als der primäre Adressat politischer Forderungen und Ansprüche, er verliert allerdings auch hier sein Monopol (Zürn/Ecker-Ehrhardt 2011). Wenn man davon ausgeht, dass der moderne demokratische Wohlfahrtsstaat des 20. Jahrhunderts sich dadurch auszeichnete, dass er diese drei Dimensionen der Governance in einer Organisationsform gebündelt hat und insofern moderne Staatlichkeit durch die Zusammenführung dieser Dimensionen gekennzeichnet war, dann kann vor dem Hintergrund der beschriebenen Prozesse von einer Zerfaserung von Staatlichkeit gesprochen werden (Zürn/Leibfried 2005). Daraus ergibt sich aber keinesfalls das Ende des Staates als Akteur, nicht einmal seine zentrale Rolle in der Politik wird in Frage gestellt: Er bleibt das zentrale Scharnier einer postnationalen Konstellation der Staatlichkeit und wird vom Herrschaftsmonopolist zum Herrschaftsmanager.

5 Struktur- und Legitimationsprobleme des globalen Mehrebenensystems

Der Nationalstaat wird also bleiben und es gibt auch gute Gründe sein Bleiben zu begrüßen. Freilich erfolgt die Governance denationalisierter Probleme zunehmend durch das Zusammenspiel unterschiedlicher politischer Ebenen. Sie greifen innerhalb eines Problemfeldes arbeitsteilig ineinander, so dass die einzelnen Ebenen voneinander abhängig sind. Jede dieser Ebenen besitzt Autorität, d.h. das Recht und die Fähigkeit zumindest einige Entscheidungen in einem Sachgebiet treffen zu können, ohne dass sie von anderen Ebenen einseitig im Rahmen festgelegter Verfahren zurückgenommen werden können. Autorität* jenseits des Nationalstaates heißt, dass manche Governanceaufgaben von der internationalen oder transnationalen Ebene übernommen werden, ohne dass sie durch einzelne Staaten, die davon betroffen sind, daran gehindert werden kann. Autorität auf den unteren Ebenen bedeutet, dass bestimmte Governancefunktionen übernommen werden, ohne dass die höheren Ebenen legitimerweise eingreifen können. Wenn aber mehr als eine Ebene politische Autorität besitzt, dann müssen »Entscheidungen zwischen Ebenen koordiniert werden« und man kann von einem Mehrebenensystem* sprechen (vgl. Benz 2004).

In einer Welt, in der rein nationalstaatliche Regelungen angesichts denationalisierter Problemlagen häufig zu kurz greifen, verspricht eine so verstandene Mehrebenen-Governance eine Reihe von Vorteilen. Sie schafft Ebenen oberhalb des Nationalstaates, die die Effektivität von Regelungen im Falle von denationalisierten Problemlagen ermöglichen. Gleichwohl kann durch die Beachtung des Prinzips der Subsidiarität sichergestellt werden, dass die lokale Verwurzelung der Politik erhalten bleibt. Durch das Zusammenspiel verschiedener autonomer Ebenen gewinnt das in nationalen politischen Systemen im Zuge der Denationalisierung häufig geschwächte Prinzip der *checks and balances* wieder an Bedeutung, so dass vielfältige Kontrollmechanismen etabliert werden.

Typen der Mehrebenen-Governance

Es gibt freilich unterschiedliche Typen von Mehrebenen-Governance. Die globale Mehrebenen-Governance unterscheidet sich von Mehrebenensystemen wie etwa föderalen politischen Systemen und dem europäischen Mehrebenensystem. Die Besonderheiten der globalen Mehrebenen-Governance verweisen zugleich auf die Nachteile und Strukturprobleme der Governance von denationalisierten Problemlagen.

Drei Typen von Mehrebenen-Governance

	deutscher Föderalismus	**Europäisches Mehrebenensystem**	**Globale Mehrebenen Governance**
Implementation	2-stufig	2-stufig	2-stufig
Legitimation	1-stufig	1-stufig/2-stufig	2-stufig
Koordination	zentralisiert	dezentralisiert	Nur rudimentär vorhanden

Alle drei genannten Typen der Mehrebenen-Governance weisen einen *zweistufigen Implementationsprozess* auf. Sowohl im deutschen Föderalismus* als auch im europäischen Mehrebenensystem und in der globalen Mehrebenen-Governance werden die Entscheidungen, die von der oberen Ebene getroffen werden, zumeist von dezentralen politischen Apparaten umgesetzt. Eine internationale oder europäische Vereinbarung, wonach beispielsweise CO_2 – Emissionen zu reduzieren sind, bedarf der Umsetzung durch die nationalen Regierungen und Administrationen. Und fast alle im Bundesparlament verabschiedeten Gesetze werden durch die Verwaltungen in den deutschen Bundesländern implementiert.

Unterschiedliche Legitimationsmechanismen

Erhebliche Unterschiede zwischen den drei Typen der Mehrebenen-Governance zeigen sich aber mit Blick auf die *Herrschaftsbeziehungen* bzw. die *Legitimation* (vgl. hierzu Scharpf 2009). So können einstufige von zweistufigen Legitimationsmechanismen unterschieden werden. Im deutschen Föderalismus besteht – ähnlich wie in einem zentralistischen Einheitsstaat – eine direkte Beziehung zwischen den gesellschaftlichen Adressaten und der zentralen Entscheidungsebene. Im deutschen Föderalismus etwa sind die Entscheidungsträger auf der Bundesebene den Individuen und gesellschaftlichen Akteuren direkt rechenschaftspflichtig. Sie werden durch Wahlen bestellt und wenden sich bei der Rechtfertigung der geplanten Gesetze und Maßnahmen auch direkt an ihre gesellschaftlichen Konstituenten. Hier handelt es sich um einen einstufigen Legitimationsmechanismus. Im Falle des europäischen Mehrebenensystems ist das nur sehr bedingt der Fall. Zwar gibt es Wahlen zum Europäischen Parlament, wesentliche Entscheidungsträger in der EU wie die Kommission und der

Ministerrat sind aber als Kollektiv den Wählern nicht direkt rechenschaftspflichtig. Noch weniger trifft dies auf internationale Institutionen zu. Der *Executive Board* der Weltbank beispielsweise wendet sich zur Rechtfertigung seiner Maßnahmen nicht direkt an die Bevölkerungen in den betroffenen Ländern und umgekehrt haben diese Bevölkerungen auch kaum eine Möglichkeit, diese Entscheidungsträger direkt zu sanktionieren. Sie müssen normalerweise den Umweg über ihre nationale Regierung nehmen.

Systeme mit einem solchen zweistufigen Legitimationsmechanismus treten vor allem jenseits des Nationalstaates auf. Dabei übertragen die gesellschaftlichen Akteure Legitimität an ihre Regierungen, die dann in Interaktion miteinander die höhere Ebene jenseits des Nationalstaats konstituieren. Im Gegenzug dazu muss fast jede Entscheidung, die in einem Mehrebenensystem jenseits des Nationalstaates gefällt wird, auf der Ebene der Mitgliedsstaaten organisiert und implementiert werden. Die Bürgerinnen und Bürger eines Nationalstaates treten in einem solchen zweistufigen Herrschaftsverhältnis mit den internationalen Institutionen nur selten in direkten Kontakt.

Die Koordinierung unterschiedlicher Politiken.

Die globale Mehrebenen-Governance unterscheidet sich sowohl vom unitarischen Föderalismus als auch dem europäischen Mehrebenensystem noch in einer anderen Hinsicht. Es fehlt der globalen Mehrebenen-Governance eine Instanz, die autorisiert ist, die *Koordination unterschiedlicher Politiken über Problemfelder* hinweg zu übernehmen. Regelungen in einem Problemfeld produzieren immer auch Effekte in anderen Bereichen. Wer erfolgreich mehr Wachstum initiiert, erhöht *ceteris paribus* auch die CO_2-Emissionen. Wer eine bestimmte Gesundheitsanforderung an Produkte stellt, schränkt den Handel mit den Produkten ein, die diese Anforderungen nicht erfüllen. Deshalb bedarf es auch der Koordination verschiedener Politiken und Maßnahmen, die auf verschiedenen Ebenen und in verschiedenen Problemfeldern formuliert werden.

Im deutschen Föderalismus wird diese Koordination sowohl in Form von formalen Prozeduren auf Seiten der Entscheidungsträger, z. B. durch Kabinettsbeschlüsse oder Entscheidungen der Verfassungsgerichte, als auch durch öffentliche Debatten auf Seiten der gesellschaftlichen Adressaten vollzogen. Öffentliche Debatten zeichnen sich dadurch aus, dass ein öffentlicher Austausch von Meinungen und die dabei geäußerten Positionen und Ansichten gleichsam zur Disposition gestellt werden. Solche Debatten können in einer breiten Öffentlichkeit erfolgen, die über Grundsatzfragen und politische Zielkonflikte in den Massenmedien wie Zeitung und Fernsehen debattiert. Sie finden aber auch in sektoralen Öffentlichkeiten statt, die über problemfeldspezifische Fragen in Medien wie dem Internet, der Fachpresse oder durch den persönlichen Austausch auf Konferenzen und Meetings diskutieren und mithin nicht zur *problemfeldübergreifenden* Koordination in der Lage sind.

In dieser Hinsicht kann die EU als ein Typ eines Mehrebenensystems jenseits des Nationalstaates beschrieben werden, in dem unterschiedliche Problemfelder mit weitgehend überlappenden Jurisdiktionen zusammen geführt werden und sich aus einer begrenzten Anzahl von politischen Ebenen zusammen setzen. Die Koordination verschiedener Problembereiche erfolgt durch solche Institutionen wie den Kommissionspräsidenten, den Europäischen Gerichtshof und insbesondere den Ministerrat. Es erwachsen auch hin und wieder breite öffentliche Debatten über europäische Politiken, die politische Grundsatzfragen und Zielkonflikte thematisieren, wenngleich sie weitgehend innerhalb nationaler Kommunikationsgemeinschaften stattfinden. Insgesamt beruht das europäische Mehrebenensystem auf einer institutionellen Architektur, die vergleichsweise stabil und deutlich öffentlich im Charakter ist.

Demgegenüber erweist sich die globale Mehrebenen-Governance als ein komplexes *Patchwork* von sich wenig überlappenden Jurisdiktionen. In diesen Fällen hat jeder Bereich seine eigenen Normen und Regeln entwickelt und die Mitgliedschaften variieren von Bereich zu Bereich. So unterscheidet sich beispielsweise die Mitgliedschaft der Welthandelsorganisation deutlich von der der OECD. Debatten und Diskurse finden fast ausschließlich innerhalb der sektoralen Öffentlichkeiten statt, die die Nebenwirkungen ihres Handelns auf andere gesellschaftliche Problemfelder kaum thematisieren. Zudem gibt es keine institutionalisierten Mechanismen der Koordination unterschiedlicher problemfeldspezifischer Regime, bestenfalls entstehen informelle Mechanismen.

Regelbefolgungsprobleme

Aus den beschriebenen Besonderheiten der globalen Mehrebenen-Governance ergeben sich deren strukturelle Defizite. Zum einen weist die globale Mehrebenen-Governance *besondere Regelbefolgungsprobleme (compliance)* auf. Zwar hängt eine ausreichende Regelbefolgung nicht notwendigerweise von einer zentralen Sanktionsgewalt ab. Es gibt auch andere Mechanismen der Erwirkung von Regelbefolgung, die allerdings auf der internationalen Ebene bestenfalls partiell gegeben sind. So setzt der Appell an die Legitimität einer Regelung und deren Absicherung durch rechtsförmige

Verfahren voraus, dass der potentielle Regelverletzer gegenüber guten Argumenten und Legitimitätserwägungen aufgeschlossen ist. Ob ein Appell an das Rechtsbewusstsein beispielsweise bei Idi Amin, dem ugandischen Diktator der 1970er-Jahre, wirklich greift, ist aber zu bezweifeln. Und eine erfolgreiche nicht-hierarchische Sanktionierung beruht auf der Bereitschaft eines anderen Mitgliedsstaats, die Kosten der Sanktionierung zu tragen. Diese Bedingungen sind in der globalen Mehrebenen-Governance nicht regelhaft gegeben, so dass mangelnde Regelbefolgung ein deutlich größeres Problem darstellt als bei anderen Formen der Mehrebenen-Governance. Freilich wird auf dieses Defizit reagiert. Dabei tun sich insbesondere transnationale Nichtregierungsorganisationen hervor, die mittels ihrer Kampagnen Normverletzer durch *shaming and blaming* sanktionieren.

Legitimationsprobleme

Die globale Mehrebenen-Governance erzeugt zudem *besondere Legitimationsprobleme*. So lange sich internationale Institutionen auf das bloße Interdependenzmanagement beschränkten, welches das Einverständnis jedes Mitgliedstaates voraussetzte, stellte der zweistufige Legitimationsprozess kein Problem dar. Durch die zunehmende Autorität internationaler Institutionen hat sich das jedoch geändert. Es entsteht ein wachsendes Bedürfnis nach der direkten Legitimierung von internationalen Entscheidungen.

Freie Wahlen, diskursive Willensbildung und Parteiensysteme, die jene Parteien begünstigen, die eine breite Interessenmehrheit repräsentieren, sind die Mechanismen, die die politische Beteiligung eines beträchtlichen Anteils der Öffentlichkeit im Nationalstaat möglich machten und durch die Legitimität an die zentralen Entscheidungsträger übertragen wird. Jenseits des Nationalstaates jedoch fehlen diese aus der parlamentarischen Demokratie bekannten Mechanismen der Legitimierung weitgehend.

Zwei neuere Entwicklungen in der globalen Mehrebenen-Governance können als Reaktion auf dieses Problem interpretiert werden. Auf der einen Seite wächst die Bedeutung von transnationalen NGOs. NGOs sind wichtige Komponenten sektoraler Öffentlichkeiten, die dabei helfen, die Entscheidungen internationaler und transnationaler Institutionen mit den gesellschaftlichen Adressaten zu verbinden. So werden Umweltdebatten inzwischen durch NGOs wie Greenpeace oder den World Wildlife Fund (WWF) erheblich geprägt. Damit wird der zweistufige Legitimationsprozess internationaler Institutionen informell um eine direkte Verbindung ergänzt. Auf der anderen Seite werden in internationalen Institutionen deutlich mehr Entscheidungen im Konsensmodus getroffen, als dies die formalen Prozeduren verlangen (siehe oben). Damit wird zwar die Akzeptanz der Entscheidungen erhöht, es hat aber auch seinen Preis: es kommen weniger effektive Interventionen und deutlich weniger Umverteilungspolitiken zustande als dies in nationalen Demokratien möglich ist. Die globale Mehrebenen-Governance neigt also dazu, langsam und wenig entscheidungsfreudig zu sein sowie Ungleichheitsfragen auszuklammern.

Koordinationsprobleme

Das Fehlen *einer zentralen Koordination von verschiedenen Politiken* verweist auf einen dritten strukturellen Mangel in der globalen Mehrebenen-Governance. Zwar interagieren die unterschiedlichen internationalen Institutionen miteinander und passen sich dabei auch kontinuierlich einander an, aber eine grundwertorientierte Gesamtkoordination bleibt weitestgehend aus. Da der Koordinationsbedarf aber angesichts quantitativ stark zunehmender internationaler Regulierungen anwächst, scheinen sich funktionale Äquivalente herauszubilden. Insbesondere die G8/20 Treffen erbringen eine gewisse Koordinationsleistung, indem sie dringende Themen identifizieren und allgemeine Zielvorgaben für mehrere internationale Institutionen formulieren. Auch der UN-Sicherheitsrat übernimmt bei der Abwägung der Ziele Frieden und Menschenrechte eine koordinierende Rolle.

Diese informellen Koordinationsinstitutionen haben allerdings gemeinsam, dass sie überhaupt nicht zum Zwecke der Koordination gegründet worden sind und eine stark exklusive Mitgliedschaft aufweisen. Ihnen fehlt also ein Mandat und es bestehen keinerlei Verbindungen zwischen diesen Institutionen und den gesellschaftlichen Regelungsadressaten. Die Koordinationsleistungen der globalen Mehrebenen-Governance erweisen sich daher als beschränkt und zugleich zufällig.

6 Die Politisierung internationaler Institutionen als Perspektive

Angesichts der wachsenden Legitimationsprobleme in der globalen Mehrebenen-Governance erscheint es naheliegend, bei der Gestaltung internationaler Institutionen darauf zu achten, dass sie so autonomieschonend sind wie möglich. Falls die Bundesbürgerinnen und Bundesbürger mit der Leistung internationaler Institutionen unzufrieden sind, können sie bei gewahrter Autonomieschonung die Bundesregierung dafür verantwortlich machen. Die Legitimationsprobleme internationaler Institutionen sind aus dieser Sicht das Resultat von überzogenen Kompetenzaneignungen internationaler Institutionen und von zu tiefen Eingriffen in nationale Gesellschaften. Die Vertreter des Prinzips der sparsamen, auf das Notwendige beschränkte und damit autonomieschonenden Gestaltung internationaler Institutionen warnen vor weiteren Autoritätszuweisungen an internationalen Institutionen und bestehen auf einen konsequent zweistufigen Legitimationsmechanismus. Sie betrachten die beschriebene Supra- und Transnationalisierung als den Kern des Problems und fordern daher die weitestgehend mögliche Beachtung des zwischenstaatlichen Konsensprinzips. Diese Position wird in Deutschland insbesondere mit Blick auf den europäischen Integrationsprozess vertreten. So erhielt das Lissabon-Urteil des Bundesverfassungsgerichts von 2009 intellektuelle Unterstützung, insofern es als Warnschild gegen demokratisch nicht legitimierte Übergriffe europäischer Institutionen gegenüber dem Modell der sozialen Marktwirtschaft gelesen wird.

Grenzen der Autonomieschonung

Eine solche Position blendet freilich den Sachverhalt aus, dass die Entstehung autoritätsausübender Institutionen mit supranationalen Komponenten sich weniger freiwilliger Kompetenzabgabe der Nationalstaaten verdankt, sondern dem wachsenden Regelungsbedarf auf der internationalen Ebene geschuldet ist. Die Regelungen, die zunehmend nötig werden, um denationalisierte Problemlagen erfolgreich zu bewältigen, erfordern eben häufig starke internationale und transnationale Institutionen mit eigener Autorität und unterminieren daher die Funktionstüchtigkeit eines zweistufigen Legitimationsmechanismus. Die Supranationalisierung und Transnationalisierung internationaler Institutionen ist insofern als Trend strukturell bedingt und kann nicht einfach zurückgedreht werden, ohne signifikante Regelungsdefizite auf der internationalen Ebene zu erzeugen. Die eingangs zitierten Umfragedaten verweisen darauf, dass dieses Problem von weiten Teilen der deutschen Bevölkerung durchaus erkannt wird.

Internationale Institutionen erlangen öffentliches Interesse

Eine andere Perspektive des Umgangs mit den konstitutionellen Problemen der globalen Mehrebenen-Governance setzt daher auf der gesellschaftlichen Ebene an. Der wachsende Legitimationsbedarf internationaler Angelegenheiten zeigt sich nämlich gerade daran, dass nationale Öffentlichkeiten, Parlamente und die transnationale Zivilgesellschaft nicht mehr ohne weiteres bereit sind, die Ergebnisse großer internationaler Verhandlungen als dringend notwendigen Erfolg der internationalen Zusammenarbeit durchzuwinken. Zustandekommen und inhaltliche Ergebnisse internationaler Politikprozesse bedürfen zunehmend der Rechtfertigung. Dafür stehen zahlreiche sogenannte globalisierungskritische Gruppen wie Attac ebenso wie der im Nationalen organisierte Widerstand gegen die Unterhöhlung demokratischer Souveränität etwa bei Referenden über die Europäische Integration.

Die Thematisierung internationaler Institutionen und Verträge vollzieht sich aber nicht allein durch Protest. Opposition erfasst nur einen Teil der gegenwärtigen Auseinandersetzung mit internationalen Institutionen. Gleichzeitig fordern nämlich viele transnationale Nichtregierungsorganisationen und soziale Bewegungen stärkere internationale und transnationale Organisationen und zielen damit auf den ungedeckten Regelungsbedarf. So treten beispielsweise viele Umweltgruppen für eine zentrale Weltumweltorganisation und eine drastische Verschärfung klimapolitischer Maßnahmen auf der internationalen Ebene ein. Viele gesellschaftliche Gruppierungen fordern also stärkere internationale Institutionen: Die Finanzkrise machte dies zuletzt deutlich.

Die Politisierung internationaler Angelegenheiten

Es ist diese Doppelbewegung, bestehend aus wachsenden Protesten gegen, bei gleichzeitig intensivierter Nutzung von internationalen Institutionen, die auf eine zunehmende *Politisierung** der Weltpolitik verweist – also die öffentliche Thematisierung von internationalen Angelegenheiten und Bedeutungszuweisung an internationale Institutionen. Im Zuge dieser Politisierung wird eine direkte, einstufige Verbindung zwischen den internationalen Institutionen und ihren gesellschaftlichen Adressaten hergestellt.

In einem Land wie der Bundesrepublik, das sowohl aus ökonomischen als auch aus historischen Gründen besonders stark in internationale Institutionen eingebettet ist, scheint die Politisierung internationaler Angelegenheiten besonders ausgeprägt. Auch internationale Entscheidungen können potentiell ins Licht der Öffentlichkeit gezerrt werden. Daher müssen alle Entscheidungen so getroffen werden, dass sie potentiell rechtfertigbar sind und sich gegen die Möglichkeit des Einspruchs wappnen. Die Nutzung internationaler Institutionen zur Manipulation innenpolitischer Fragen wird damit ebenso erschwert wie der Verweis auf technokratische Sachzwänge. Damit wandeln sich internationale Institutionen grundlegend. In der politischen Gestaltung dieses Wandels kann die Bundesrepublik Deutschland eine wichtige Rolle spielen. Dies könnte im Ergebnis auch die Demokratie in Deutschland revitalisieren.

Weiterführende Literatur

Keohane, Robert O. (1984): *After Hegemony. Cooperation and Discord in the World Political Economy*, Princeton, NJ: Princeton University Press

Untersuchung der Möglichkeiten, wie Kooperation auf der internationalen Ebene auch angesichts des Niedergangs eines hegemonialen Staates aufrechterhalten werden.

Jachtenfuchs, Markus/Kohler-Koch, Beate (1996) (Hg.): *Europäische Integration*, Opladen: Leske + Budrich

Analyse der Möglichkeiten des Regierens im Mehrebenensystem der EU.

Rittberger, Volker/Zangl, Bernhard (2003): *Internationale Organisationen. Politik und Geschichte. Europäische und weltweite zwischenstaatliche Zusammenschlüsse*, Wiesbaden: VS

Politikwissenschaftliches Lehrbuch der Geschichte internationaler Organisationen und der Erforschung ihrer Aktivitäten in den Politikfeldern Sicherheit, Wohlfahrt und Herrschaft.

Scharpf, Fritz W. (2009): *Legitimität im europäischen Mehrebenensystem*, in: Leviathan 37:2, 244–280.

Analyse der aufweisbaren »republikanischen« Legitimitätsmerkmale des Mehrebenensystem der EU und deren Bedrohung durch die Rechtsprechung des europäischen Gerichtshofs.

Zürn, Michael (1998): *Regieren jenseits des Nationalstaats. Globalisierung und Denationalisierung als Chance*, Frankfurt a. M.: Suhrkamp

Historischer Rückblick auf die Entstehung und Entwicklung des Nationalstaates und Bestandsaufnahme der bereits abgelaufenen gesellschaftlichen Denationalisierung bzw. Globalisierung sowie der politischen Reaktionen auf diese.

Zürn, Michael/Ecker-Ehrhardt, Matthias (2011) (Hg.): *Politisierung der Weltpolitik*, Frankfurt am Main: Suhrkamp

Empirisch fundierte Beiträge zur Debatte über die Demokratisierung internationaler Institutionen, zum Kosmopolitismus, zur postnationalen Konstellation und zur Transformation der politischen Ordnung.

Kapitel 22

Zukunftsszenarien für Deutschland

Stefan Hradil

1 Unser Bedürfnis, in die Zukunft zu schauen

Im Laufe der Modernisierung richteten die Menschen ihre Handlungen und Entscheidungen immer mehr in die Zukunft aus. Begreiflicherweise wollten die Menschen dann auch die künftigen Handlungsbedingungen kennenlernen, um die Ergebnisse ihres Handelns einschätzen zu können. Dies gilt für individuelle Alltagshandlungen (wie etwa einen Hauskauf) genauso wie für kollektive ökonomische und politische Entscheidungen (zum Beispiel die Reform einer sozialpolitischen Regelung oder die Investition in neue Energiequellen). Deshalb entwickelten die Menschen immer ausgeprägtere Bestrebungen, die Zukunft kennenzulernen.

Freilich ist das Streben nach Zukunftswissen dann nicht sehr ausgeprägt, wenn Zuversicht herrscht, die Zukunft nach eigenem Wollen gestalten zu können. Wer von vornherein an die Realisierbarkeit seiner Wünsche glaubt, meint die Zukunft zu kennen und auf viele Auskünfte darüber verzichten zu können. Verglichen mit dem Gestaltungs- und Planungsoptimismus, der zum Beispiel in Deutschland in den 1970er-Jahren herrschte, ganz zu schweigen von der Realisierungszuversicht früherer kommunistischer oder faschistischer Gesellschaftsutopien, hält sich heute aber die Erwartung in Grenzen, die Zukunft nach eigenen Vorstellungen gestalten zu können. Wir leben nicht in einer Zeit gesellschaftlicher Utopien und Zukunftskonzepte, sondern eher in einer Phase allgemeiner Unsicherheit über die Herausforderungen der Zukunft und oft widersprüchlicher Meinungen, auf welche Weise ihnen begegnet werden kann. Diese Ungewissheit stärkt das Verlangen nach viel Wissen über die Zukunft: Wenn das Kommende nur bedingt oder teilweise gestaltbar erscheint, weil viele Entwicklungen und Aktionen anderer dem entgegenstehen können, dann möchten die Handelnden über die zukünftigen Bedingungen ihres Handelns so weit wie möglich Bescheid wissen, um sich rechtzeitig darauf einstellen zu können.

2 Wie lässt sich in die Zukunft schauen?

Es gibt im Wesentlichen drei Arten, in die Zukunft zu schauen: Prognosen, Vorausrechnungen und Szenarien. Prognosen benennen mehr oder minder genau Ort, Zeitpunkt, Umfang und Wahrscheinlichkeit zukünftiger Gegebenheiten. Vorausrechnungen bestehen aus exakten, bestimmte Trends in ihrem Zeitverlauf quantifizierenden Berechnungen, die oft mehrere Varianten enthalten, je nachdem, welche Annahmen über Voraussetzungen und Begleiterscheinungen (z. B. die künftigen Zuwanderungen) zugrunde gelegt werden. Szenarien hingegen sind Vereinfachungen, die bestimmte Entwicklungen bewusst überzeichnen, um z. B. auf gefahrvolle Konsequenzen, auf zu treffende Maßnahmen oder verfügbare Optionen aufmerksam zu machen.

Prognosen, erst recht Vorausrechnungen, die sich auf gesellschaftliche, wirtschaftliche und politische Prozesse beziehen, gelten als schwierig und riskant. Denn sie müssen unter anderem die Entscheidungen »eigensinniger« individueller und kollektiver Akteure einkalkulieren, die sich nicht hinreichend vorhersagen lassen. Zudem erzeugt eine Vielzahl von Einflussfaktoren in ihrem Zusammen- und Entgegenwirken schwer prognostizierbare Gesamtwirkungen. Schließlich können die Voraussagen selbst die Gesellschaft verändern. Es fragt sich nur, in welcher Richtung: als »self-fulfilling«- oder als »self-destroying-prophecies«. Oft kommt es daher ganz anders, als vorauszusehen war. Viele Prognosen und Vorausrechnungen haben sich in der Geschichte der Sozial- und Wirtschaftswissenschaften als falsch erwiesen.

Dies schließt nicht aus, dass auf Teilgebieten gesellschaftliche, wirtschaftliche oder politische Prognosen (und sogar Vorausberechnungen) mit großer Sicherheit erstellt werden können. So lässt sich mit Gewissheit prognostizieren, dass die Bevölkerung Deutschlands schrumpfen wird. Wenn nämlich die seit Mitte der 1970er-Jahre geborenen geburtenschwachen Jahrgänge nun nach und nach in das Elternalter kommen, werden so wenige Eltern vorhanden sein, dass ein großes Geburtendefizit unausweichlich ist, unabhängig davon, wie sich Geburtenraten, Lebenserwartung und Zuwanderung im Rahmen realistischer Erwartungen verändern werden. Wie stark die Bevölkerung schrumpfen wird, lässt sich jedoch nicht genau vorhersagen. Das hängt hauptsächlich davon ab, wie viele Migranten nach Deutschland kommen werden. Daher wird vorausberechnet, dass die Bevölkerung Deutschlands im Jahre 2060 wahrscheinlich auf nur noch 65 bis 70 Millionen Menschen zurückgehen wird (Statistisches Bundesamt 2009). Auch wenn die Prognose eines Bevölkerungsschwunds sich nur bedingt vorausrechnen lässt, ist sie durchaus nützlich, denn sie erlaubt weitere Vorhersagen, so zum Beispiel eine Tendenz zum Fachkräftemangel auf dem Arbeitsmarkt (vgl. Kapitel 12) oder zur Entleerung ländlicher Regionen (vgl. Kapitel 3).

In vielen anderen Bereichen (so zum Beispiel bezüglich der längerfristigen ökonomischen und technologischen Entwicklung) erscheinen Prognosen oder gar Vorausrechnungen aber so ungewiss, dass sie nur selten gewagt werden, obgleich viel von der Entwicklung dieser Bereiche abhängen wird. Denn zu viele unbekannte Faktoren und unvorhersehbare Verhaltensweisen können diese Vorhersagen zu Makulatur werden lassen.

Wenn also einerseits ein starkes Bedürfnis besteht, Kenntnisse über die Zukunft zu erlangen, andererseits Prognosen unverantwortlich erscheinen, dann bietet es sich an, Szenarien zu entwerfen. Sie sagen nicht voraus, wie die Zukunft sein wird, sondern wie sie möglicherweise sein könnte.

3 Was sind und wozu dienen Szenarien?

Ein Szenario ist ein vereinfachendes Konstrukt, das einen möglichen Weg in die Zukunft sowie einen möglichen zukünftigen Zustand beschreibt. Da in der Regel unterschiedliche künftige Entwicklungen möglich sind, aus denen sich entsprechend unterschiedliche Verhältnisse ergeben können, werden meist verschiedenartige Szenarien einander gegenüber gestellt.

Wirtschaftliche, gesellschaftliche und politische Szenarien stellen in der Regel eine Mischung von normativen, also an Werten und Zielvorstellungen ausgerichteten und nicht-normativen, das heißt faktenorientierten Vorausschauen dar. Denn es werden sowohl an Zielen orientierte Handlungsweisen von Menschen (normativ geprägte Entwicklungen) als auch zwangsläufig sich ergebende Folgen und Wechselwirkungen (nichtnormative Entwicklungen) in Rechnung gestellt.

Bei aller Vereinfachung und trotz normativer Komponenten: Szenariokonstruktionen sind keine Phantasieprodukte oder Ausdruck von Angst- oder Wunschvorstellungen, sie erheben vielmehr den Anspruch, Möglichkeiten der Zukunftsentwicklung zu beschreiben, die mit einer gewissen Wahrscheinlichkeit eintreten können. Um realistische Szenarien zu schaffen, werden die einbezogenen Entwicklungen, Verhaltensweisen und (Wechsel-)Wirkungen nicht nur auf die Wahrscheinlichkeit ihres Auftretens, sondern auch auf ihre Widerspruchsfreiheit hin geprüft (vgl. Kosow/Gaßner 2008: 57).

Dienen Prognosen und Vorausrechnungen dazu, die künftigen Bedingungen des eigenen Handelns rechtzeitig kennenzulernen und so dessen Folgen antizipieren zu können, so haben Szenariokonstruktionen den Zweck, mögliche Zukunftsentwicklungen und -gegebenheiten erst einmal bekannt zu machen, darin eingeschlossen die eigenen und fremden Verhaltensweisen, die diese Entwicklungen mit bedingen (zum Beispiel eine Energieversorgung allein durch regenerative Energien oder eine Stadt ohne Pendlerverkehr durch Autos). Szenarien sollen weiterhin dazu anregen, sich mit diesen möglichen künftigen Entwicklungsprozessen und Gegebenheiten auseinanderzusetzen und diese zu bewerten. Dazu hilft auch, die Folgeerscheinungen und Wechselwirkungen möglicher zukünftiger Zustände auszuloten. Schließlich sollten Szenarien helfen, die Ziele und Maßnahmen zu klären, die geeignet erscheinen, gewünschte künftige Gegebenheiten herbeizuführen oder aber unerwünschte künftige Zustände nicht entstehen zu lassen.

Mittlerweile liegen auf vielen Feldern Erfahrungen mit Szenariotechniken vor, so im Bereich politischer Strategiediskussionen, des unternehmerischen Marketings, militärischer Planungen, ökologischer Entwicklungen, der Stadtplanung etc. Dadurch haben sich verlässliche Konventionen der Szenarioerstellung herausgebildet. Sie können auch für Zwecke der politischen Bildung genutzt werden.

Szenarien werden üblicherweise in fünf Arbeitsschritten erstellt (nach Kosow/Gaßner 2008:57)

1. Zunächst ist zu bestimmen, welchen Gegenstand die zu erstellenden Szenarien umfassen sollen: So gibt es mittlerweile Szenarien zur Zukunft der Zuwanderung, des Verkehrs, der Sozialpolitik und viele andere. Ferner ist festzulegen, welchen Zeithorizont die Szenarien aufweisen sollen. Häufig werden kurz- (bis ca. 5 Jahre), mittel- (10–20 Jahre) und langfristige Szenarien unterschieden.
   Die im Folgenden dargestellten Szenarien haben einen mittelfristigen Zeithorizont, aber im Unterschied zu vielen anderen Szenarien einen sehr breit gehaltenen Gegenstandsbereich: Er erstreckt sich auf die gesellschaftliche, wirtschaftliche und politische Entwicklung im Ganzen. Daher wird es sich nicht um quantifizierte, sondern um qualitative Szenarien handeln.
2. Alsdann werden die wichtigsten Schlüsselfaktoren identifiziert, die die Zukunft des gewählten Feldes bestimmen (z. B. die technologische Entwicklung, das Bruttoinlandsprodukt, die Bildungsentwicklung, etc.). Es wird analysiert, welche Entwicklung die einzelnen Faktoren nehmen könnten und inwieweit sie dabei abhängig von der Entwicklung anderer Faktoren sind.

3. Im nächsten Arbeitsschritt werden die wechselseitigen Einwirkungen der Schlüsselfaktoren umfassend analysiert. Ziel ist es, innerhalb eines Szenarios eine möglichst widerspruchsfreie Gesamtentwicklung der einzelnen Schlüsselfaktoren herauszuarbeiten. So macht es zum Beispiel keinen Sinn, eine starke Steigerung der Wirtschaftsleistung bei gleichzeitig starker Verminderung der Zahl der Erwerbstätigen und einer gleichzeitig geringen Bildungsexpansion vorzusehen. Jede dieser drei Einzelentwicklungen ist zwar möglich, aber sie passen nicht zusammen, sie würden sich ggf. gegenseitig behindern. Nur ein in sich konsistentes Szenario ist glaubwürdig und wahrscheinlich. Diese Konsistenzanalyse stellt den vielleicht wichtigsten Arbeitsschritt dar.
4. Sodann werden das Gesamtszenario formuliert und der mögliche Endzustand sowie dessen Auswirkungen beschrieben. Er wird interpretiert und mit einem möglichst griffigen Titel versehen.
5. Schließlich werden, da sich als Ergebnis des Arbeitsprozesses in der Regel mehrere Szenarien herauskristallisieren, die einzelnen Szenarien verglichen und die ermittelten Unterschiede interpretiert.

4 Die Wachstumsgesellschaft und die nachhaltige Gesellschaft: Zwei Szenarien

Im Folgenden werden zwei Szenarien vorgestellt und ansatzweise interpretiert. Beide stellen insofern Positivszenarien dar, als diese Entwicklungen von großen Teilen der Bevölkerung gewünscht werden. Es handelt sich dabei allerdings um zwei sehr unterschiedliche Zukunftsentwicklungen, die jeweils nur von Teilen der Bevölkerung angestrebt werden und an denen sich die Geister scheiden.

Im Folgenden wird das Szenario von der »Wissens- und Wohlstandsgesellschaft« mit einer immensen Steigerung von Information, Effizienz und Wohlstand dem Szenario der »nachhaltigen und ausgleichenden Gesellschaft« mit der Regulierung des technisch und informationell Machbaren zugunsten von Nachhaltigkeit und gesellschaftlichem Zusammenhalt einander gegenübergestellt.

Zweifellos werden viele Leser ihre Prioritäten haben und das eine oder das andere Szenario als »gute« oder »schlechte« Entwicklung wahrnehmen. Es wäre jedoch viel gewonnen, wenn über solche pauschalen Beurteilungen hinaus auch die jeweiligen Eigenlogiken bzw. Eigendynamiken sowie die Vor- und Nachteile der gezeigten Entwicklungen im Einzelnen deutlich werden würden.

4.1 Szenario I: Die Gesellschaft des Wissens und des Wachstums

Dieses Szenario folgt teilweise Überlegungen von Kreibich (2010: 14ff.) und Perry (2007).

Die Bedeutung technologischer Innovationen

Die Entwicklung hin zur Wissensgesellschaft erhält ihre stärksten Impulse durch die Wissensproduktion in wissenschaftlichen Hochschulen und anderen Forschungseinrichtungen, durch die Hochtechnologieentwicklung besonders im Bereich der Informationstechnologien und durch die wissenschaftlich fundierte Qualifizierung immer größerer Teile der Bevölkerung. Diese Triebkräfte unterscheiden die Wissensgesellschaft von denen der Industriegesellschaft, in der die Mechanisierung die treibende Kraft ist.

Am deutlichsten kommt die Wissensgesellschaft in den modernen Informations- und Kommunikationstechniken zum Ausdruck: Intelligente Maschinen, Mikroprozessoren sowie Netz- und Funktechniken dringen mehr und mehr in alle Lebensbereiche vor. In einer Wissensgesellschaft findet sich keine Produktionsstraße, kein Büro, keine Küche, kein Wohnzimmer und keine Freizeiteinrichtung mehr ohne moderne Informations- und Kommunikationstechniken. Sie setzen sich durch, weil sie die menschlichen Fähigkeiten und die bisherigen technischen Leistungen dramatisch erweitern und teilweise ersetzen.

Deshalb ermöglichen die modernen Informations- und Kommunikationstechniken eine enorme ökonomische Effizienzsteigerung. Jeder Erwerbstätige kann bedeutend mehr hervorbringen als zuvor. Weltweit vernetzte Produktionsprozesse und Dienstleistungen, neue Organisationsformen von Unternehmen und Infrastrukturen entstehen bis hin zu virtuellen Unternehmen und hochleistungsfähigen Logistiksystemen. Diese Entwicklungen spiegeln sich auch in neuen Formen der weltweiten Arbeitsteilung sowie sekundenschnellen globalen Informations- und Kommunikationsprozessen mit der Folge eines dramatisch intensivierten Produkt-, Preis- und Innovationswettbewerbs.

Die sozialen und politischen Folgen dieser Prozesse gehen sehr weit. Sie erst bringen insgesamt die Gesellschaft des Wissens und des Wachstums hervor.

Die Ausweitung von Bildung und Ausbildung ist zugleich Voraussetzung und Folge der neuen Informations- und Kommunikationstechnologien. Einerseits bedarf es erheblicher Kenntnisse, um deren Vorteile zu nutzen.

Andererseits verschaffen die modernen Informations- und Kommunikationstechnologien eine Fülle von Informationen, die zuvor nur mit viel Aufwand zu erhalten waren. Aber nur wer die Zusammenhänge kennt, wer Informationen im Hinblick auf ihre Auswirkungen und ihre Relevanz beurteilen kann, wer wesentliche von unwesentlichen Informationen unterscheiden kann, der verfügt über nützliches Wissen. Immer mehr Menschen besuchen daher immer länger Lehrgänge, Schulen und Hochschulen, die ihnen Überblick und Urteilsfähigkeit vermitteln.

Die Veränderungen auf dem Arbeitsmarkt und die Folgen der Ökonomisierung

Der Bedarf an Arbeitskräften in einer Wissensgesellschaft ist hoch, weil zahlreiche Betätigungsfelder vor allem im Dienstleistungsbereich wachsen oder überhaupt erst neu erschlossen werden. Das Angebot an Arbeitskräften geht jedoch infolge der demografischen Entwicklung zurück. Das wird dazu führen, dass fast alle Menschen im mittleren Lebensalter erwerbstätig sein werden, auch die »jungen Alten« und die Mütter. Die flächendeckende Bereitstellung von staatlichen oder privaten Kinderbetreuungseinrichtungen wird daher unerlässlich werden. Gleichwohl wird das Zeitbudget vieler Menschen angespannt sein: Die Pflege der eigenen Eltern und die Sorge für die eigenen Kinder, gegenseitige Unterstützung von Nachbarn werden zu den Verpflichtungen der Erwerbstätigkeit hinzu kommen.

Wenn die Produktivitätszunahme in einer Wissensgesellschaft größer ist als die Abnahme der Erwerbstätigen und das dadurch verminderte Arbeitsvolumen, dann wächst die Wirtschaftsleistung. Damit ist die Grundlage gelegt, um Löhne, Renten und Renditen zu erhöhen, Infrastruktur und Sozialleistungen zu verbessern oder wenigstens aufrechtzuerhalten und insoweit den Herausforderungen des demografischen Wandels zu begegnen. Weil die Menschen im erwerbsfähigen Alter aber gleichzeitig, ergänzend zu gesetzlichen Renten, für ihren Lebensabend selbst sorgen und auch immer mehr Familienangehörigen helfen müssen, wird die Wohlstandsmehrung in großen Teilen der Bevölkerung zwar als Einkommenszuwachs, aber nur ein Teil hiervon als disponible, konsumierbare Wohlstandsmehrung ankommen.

Die Prinzipien der Effizienzsteigerung und der Rentabilitätsmehrung, der Beschleunigung und somit der Ökonomisierung der Gesellschaft setzen sich in der Wissens- und Wachstumsgesellschaft mehr und mehr durch. Dies macht sich auch in Bereichen außerhalb des Arbeitslebens bemerkbar: in der Familie, im Bildungsleben, in der Politik usw. verbreiten sich Leistungsmotivation und individuelle Konkurrenz. Die Beanspruchung der Menschen wird steigen, aber auch die Belohnung individueller Erfolge.

Die Globalisierung von Informationen, des Handels, der Arbeitskräftemigration, des Tourismus und des Kapitalverkehrs beschleunigt sich in der Wissens- und Wachstumsgesellschaft. Effiziente Produktion bedient sich der internationalen Arbeitsteilung, unterstützt von Informationssystemen nimmt der Kapitalverkehr globale Gewinnchancen wahr. Weil sich die englische Sprache als lingua franca durchsetzt, haben Arbeitskräfte es leichter, ihre Entlohnungschancen durch grenzüberschreitende Migration zu verbessern.

Individuelle Freiheiten und soziale Ungleichheit nehmen zu

In Wissens- und Wohlstandsgesellschaften haben die Einzelnen einen großen Gestaltungsspielraum. Die persönlichen Freiheiten steigen, unter anderem weil die meisten Menschen wohlhabend sind und über viel Bildung verfügen. Aber auch die kulturell vorherrschenden Werte und Normen betonen und ermöglichen die Freiheit des Einzelnen, individuellen Wettbewerb und Eigeninitiative.

Die Menschen streben in wachsendem Maße nach Erfolg, Statusgewinn, Komfort und Prestige. Sozialer Aufstieg gilt als gesellschaftliches Ziel und wird entsprechend gefördert. Soziale Auf- und Abstiege nehmen zu. Die Gesellschaftsmitglieder streben weniger nach Sicherheit, entfalten aber mehr individuelle Aktivitäten. Es gibt mehr Menschen mit ausgeprägtem Selbstbewusstsein, aber auch mehr Menschen mit Angst.

Das Oben und das Unten rücken in der Wissens- und Wachstumsgesellschaft auseinander. Denn wegen der wachsenden Nachfrage einer Wissensgesellschaft nach gut ausgebildeten Menschen und des geringen diesbezüglichen Angebots der geburtenschwachen Jahrgänge steigen die Entlohnungen der Qualifizierten im Vergleich zu den Löhnen gering Qualifizierter. Eine gesellschaftliche Elite wird hervorgehoben und immer sichtbarer. Dagegen bilden Menschen mit geringer Bildung und diejenigen, die den wachsenden Anforderungen der Wissensgesellschaft nicht gerecht werden, die immer weniger respektierten unteren Schichten der Gesellschaft. Die Mittelschichten werden relativ kleiner. Auch die kulturelle und die politische Dominanz der Mittelschichten lässt nach. Die oberen und die unteren Schichten entwickeln zunehmend eigene Kulturen und Leitbilder und stellen diese auch nach außen dar.

In diesem Zusammenhang differenziert sich auch die politische Arena aus und richtet sich in wachsendem Maße auf die einzelnen sozialen Schichten aus. Die bisherige Konzentration der Volksparteien auf die Mitte der Gesellschaft lässt nach. Politik wird daher instabiler und konfliktreicher. Hierzu trägt auch bei, dass die meist gut ausgebildeten, oft wohlhabenden und auf persönliche Autonomie bedachten Menschen in einer Wissens- und Wohlstandsgesellschaft sich immer weniger mit den beschränkten Partizipationsmöglichkeiten einer rein repräsentativen Demokratie zufrieden geben. Forderungen nach politischer Mitwirkung nehmen zu. Elemente direkter Demokratie finden vermehrt Eingang in die Politik. Auf der anderen Seite verweigern die Verlierer der Wissens- und Wohlstandsgesellschaft selbst eine minimale politische Partizipation.

Die hohen beruflichen Mobilitätsanforderungen und die starke Konkurrenz in einer Wissensgesellschaft sowie die damit einhergehende Individualisierung der Menschen lassen Ehen unbeständiger und Haushalte kleiner werden. Die Auffächerung der Lebensformen nimmt stark zu: Immer mehr Menschen leben als Singles, leben bzw. stehen also im mittleren Lebensalter allein, oder als Alleinerziehende. Die Freiheiten im persönlichen Lebensumfeld werden größer, zumal bei steigendem Wohlstand. Aber auch die Risiken des persönlichen Scheiterns nehmen zu. Da Frauenerwerbstätigkeit die Regel ist, und Paare immer häufiger gleiche Bildung haben, leben in den Haushalten oft zwei Hochverdiener oder aber zwei Geringverdiener zusammen, dadurch werden die Einkommensverhältnisse der Haushalte nochmals ungleicher.

Kulturelle Pluralisierung und Segregation nehmen zu

Die Freiheiten der Lebensgestaltung werden mit dem Wohlstand und der Bildung immer größer. Die Mitglieder einer Wissens- und Wohlstandsgesellschaft wollen ihren eigenen Lebensentwurf leben, aber in der Regel zusammen mit Gleichgesinnten. Lebensstilgruppierungen und soziale Milieus setzen sich daher kulturell und lokal voneinander ab. Dies äußert sich in Nachbarschaften und Stadtvierteln, die zunehmend eigene Charakteristika aufweisen. Die Städte entmischen sich, vertikal und horizontal.

Wissens- und Wachstumsgesellschaften, in denen wenige Einheimische in den Arbeitsmarkt nachrücken, brauchen qualifizierte oder qualifizierbare Zuwanderer und sind auch ein begehrtes Ziel für Migranten. Diese Mittelschichtzuwanderer kommen aus sehr entfernten Erdteilen und geben ihre kulturellen sowie religiösen Eigenarten nicht ohne weiteres auf. Berufliche Integration und kulturelle Assimilation fallen auseinander.

Wer Wachstum und Wohlstand sehr schnell maximieren will, darf im Prinzip keine Rücksicht auf die Ausbeutung natürlicher Ressourcen nehmen. Diese kurzfristige Mehrung von Vorteilen beansprucht Umwelt und Natur. Allerdings schaffen Wachstum und Wohlstand auch die finanziellen und wissenschaftlichen Voraussetzungen dafür, Umweltschäden zu vermeiden oder natürliche Ressourcen (mittels wissenschaftlicher Erkenntnisse) zu ersetzen.

4.2 Szenario II: Die nachhaltige und ausgleichende Gesellschaft

Nachhaltigkeit als Leitziel des ökonomischen und technischen Wandels

Beruht die Wissens- und Wachstumsgesellschaft auf einer maximalen Stärkung und Freisetzung der technologischen, wirtschaftlichen und sozialen Produktionsfaktoren, so stützt sich die nachhaltige und ausgleichende Gesellschaft auf eine sehr viel stärkere Regulierung. Der technologische, ökonomische und soziale Wandel wird laufend auf die Zielsetzung hin befragt und kontrolliert, nachhaltige Entwicklungen hervorzubringen. Dazu ist viel Wissenschaft und Wissen notwendig. In dieser Hinsicht unterscheidet sich die nachhaltige und ausgleichende Gesellschaft nicht von der Wissensgesellschaft. Aber die Wissensproduktion und vor allem die Anwendung von Wissen richten sich zu wesentlichen Teilen nach den Zielen der Nachhaltigkeit und des sozialen Ausgleichs.

Unter anderem kommt diese Zielsetzung zum Ausdruck in der Blockierung als riskant eingeschätzter Technologien (wie zum Beispiel der Kernkraft und gentechnisch veränderter Lebensmittel) sowie in Verboten von Finanzmarkttransaktionen, die nicht als zukunftsfest angesehen werden. Auch in der Energiegewinnung sowie im Energieverbrauch erfolgen strikte Regelungen zugunsten nachhaltiger Lösungen; so werden regenerative Energien zulasten von fossilen gefördert.

Gemeinsinn geht vor Selbstverwirklichung

Während die Wissens- und Wohlstandsgesellschaft der Gewinnung des Wohlstands große Aufmerksamkeit schenkt, konzentriert sich die nachhaltige und ausgleichende Gesellschaft auf Fragen der Verteilung des Wohlstands. Zahlreiche Maßnahmen sind darauf gerichtet, bildungs- und einkommensschwache Gruppierungen direkt oder indirekt zu unterstützen und keine Kluft zwischen einer wenig produktiven Unterschicht und hochproduktiven Mittel- und Oberschichten aufkommen zu lassen. Eine Elitenbildung wird sorgsam vermieden. Die Lebensbedingungen der Menschen liegen der nachhaltigen und ausgleichenden Gesellschaft mehr am Herzen als die Wettbewerbs- und Aufstiegschancen.

Die gesellschaftliche Entwicklung beruht hierdurch sehr viel weniger auf der maximalen Entfaltung der Einzelnen als auf der Schaffung von Konsens und Ausgleich. Diese Zielsetzung drückt sich nicht nur immer wieder in einzelnen Maßnahmen aus, sie dominiert auch kulturell.

Die sozialen und politischen Folgen dieser Regulierungen reichen weit. Sie erst schaffen die nachhaltige und ausgleichende Gesellschaft:

Die Erhöhung der Effektivität und der Effizienz des Wirtschaftens gilt in einer nachhaltigen und ausgleichenden Gesellschaft zwar als wichtig, aber nicht als oberstes Ziel. Da zudem aus demografischen Gründen weniger und ältere Menschen erwerbstätig sind, erhöht sich die Wirtschaftsleistung nicht wie im bisherigen Maße. Die geringere Zahl der Erwerbstätigen muss für mehr ältere Menschen (und teilweise für die eigene Alterssicherung) aufkommen. Deswegen und wegen der Zielverschiebung zugunsten ökonomischer Nachhaltigkeit und des sozialen Ausgleichs stagnieren die Nettoeinkommen und die individuell disponiblen Einkünfte gehen spürbar zurück.

Die Folgebereitschaft der Menschen in einer demokratischen Ordnung beruht zu wesentlichen Teilen auf dem Versprechen materiellen Wohlstands. Dies wird in einer Wissens- und Wachstumsgesellschaft im Wesentlichen auch weiterhin der Fall sein, wenn auch in reduziertem Maße. Angesichts reduzierten Wohlstands wird die demokratische Herrschaft in einer nachhaltigen und ausgleichenden Gesellschaft sich auf andere Legitimitätsgrundlagen stützen müssen: Die Zielsetzungen einer verbesserten Qualität des Lebens, eines gesellschaftlichen Konsens, gleicherer Lebensbedingungen und eines guten Gewissens im Hinblick auf die nachfolgenden Generationen werden in einer nachhaltigen und ausgleichenden Gesellschaft an die Stelle des Wohlstandsziels treten und so die politische Ordnung legitimieren. (vgl. Miegel, 2010).

Förderung des gesellschaftlichen Zusammenhalts durch Angleichung der Lebensbedingungen

Das gesellschaftliche Oben und Unten, das sich in Deutschland wie in den meisten anderen Industrieländern seit den 1980er-Jahren auseinanderbewegte, rückt in der nachhaltigen und ausgleichenden Gesellschaft wieder zusammen. Gesellschaftliche und kulturelle Gräben zwischen sozialen Schichten werden vermieden. Kapitalbesitzende und Einkommensstarke werden durch Besteuerung in ihre Schranken verwiesen. Diese Bestrebungen müssen sich allerdings mit dem Problem der Kapital- und Qualifikationsflucht auseinandersetzen. Altersarmut, Niedrigeinkommen und die Armut der nicht Arbeitsfähigen werden durch Transferzahlungen und Mindestlohnregelungen vermieden. Werden die Lebensbedingungen unterer Schichten durch Zahlungen verbessert, so schafft das zwar noch keine Möglichkeiten des Erwerbs und einer respektablen Existenz, zudem wird die wirtschaftliche Leistungskraft beansprucht und nicht gestärkt. Aber der gesellschaftliche Zusammenhalt wird gewahrt.

Gelingt die Angleichung der Lebensbedingungen, so verbessert dies die Möglichkeiten, die Startchancen der Menschen anzugleichen, vor allem die Bildungschancen der Kinder verschiedener sozialer Schichten.

Verspricht sich eine Wissens- und Wachstumsgesellschaft, die Menschen anzuspornen und zu motivieren, indem sie ihren eigenen Vorteil mehren, wohlhabend werden und aufsteigen können, so sucht eine Gesellschaft der Nachhaltigkeit und des Ausgleichs die dabei entstehenden »Flurschäden« zu vermeiden: Wohlstand und Macht sollen begrenzt werden, die zu kurz Gekommenen sollen nicht entmutigt und nicht fatalistisch werden, die Ängste der Menschen, zu scheitern, sollen abgebaut werden.

Gegen die Angst der Konkurrierenden, in der Wachstumsgesellschaft zu verlieren oder am Ende doch nur entlassen zu werden, will die ausgleichende Gesellschaft Werte setzen – so den Wert, in einer Gemeinschaft zu leben, sozusagen in einem Boot zu sitzen, und Aufgaben auch gemeinsam zu bewältigen.

Die Zielsetzung, eine nachhaltige und ausgleichende Gesellschaft zu schaffen, ist ohne einen starken Staat nicht zu erreichen. Die Stärkung staatlicher Instanzen unterscheidet die nachhaltige und ausgleichende Gesellschaft deutlich von der Wissens- und Wachstumsgesellschaft. Diese stärkt die Einzelnen und damit auch staatsbürgerliche Aktivitäten zulasten staatlicher Macht, während die nachhaltige und ausgleichende Gesellschaft Partizipation an einem starken Staat zu realisieren versucht.

Eine Gesellschaft, die sozialen Ausgleich und Konsens sucht und findet, mag weniger Leistungsmotivation erreichen, sie vermeidet aber zahlreiche Reibungsverluste: Unter anderem minimiert sie Protest(-wahlen) der Benachteiligten, beseitigt Anlässe für Klassenkampf, erlaubt politischen Parteien die Ausrichtung auf eine gesellschaftliche Mitte, vermeidet Konflikte um Arbeitsmigranten, mindert Kriminalität, bietet weniger Anlass für Generationenkonflikte zwischen der mittleren Generation der Zahlenden und der älteren Generation der Anspruchsberechtigten.

5 Zur Einordnung der beiden Szenarien

Beide genannten Szenarien entsprachen in den vergangenen Jahren den Zielvorstellungen großer Bevölkerungsteile Deutschlands. Diejenigen, die marktgetriebenen Modernisierungsvorstellungen oder liberalen Weltsichten anhängen, wollen in der Regel die Wissens- und Wachstumsgesellschaft erreichen, jene, die es für richtig halten, dass der »spätmoderne« Mensch sich Zügel anlegt, um in Harmonie mit der Natur und den Mitmenschen zu leben, streben meist die nachhaltige und ausgleichende Gesellschaft an. Jede der beiden Gruppen erwartet, dass Politik, Wirtschaft und Gesellschaft ihre Bemühungen darauf hin ausrichten, den jeweils bevorzugten Zielzustand zu erreichen. Selbstverständlich stellen die Szenarien hierbei Vergröberungen der tatsächlichen Weltsichten der Einzelnen dar. Nicht alle dargestellten Merkmale müssen in den Köpfen der Menschen notwendigerweise in der aufgeführten Kombination auftreten.

Zwar sind Variationen der gezeigten Szenarien möglich, aber die Modifikationen können nicht so weit gehen, dass beide genannten Szenarien ohne Abstriche miteinander verschmolzen werden können, etwa um die Ziele aller Gesellschaftsmitglieder zu vereinbaren. Denn beiden Zielzuständen und den dahin führenden Entwicklungen liegt jeweils eine bestimmte Eigenlogik zugrunde. Jedes der beiden Szenarien beruht auf Mechanismen, die in sich weitgehend widerspruchsfrei sind und aufeinander aufbauen, aber mit denen des anderen Szenarios mehr oder minder stark kollidieren. So ist eine gleichzeitige Maximierung von schnell zu erreichendem Wohlstand (z.B. der heute Lebenden) und zukunftsfester Nachhaltigkeit (für die nächsten Generationen) genauso wenig möglich, wie die gleichzeitige Maximierung von Freiheit und sozialem Ausgleich.

Sicher sind in der gesellschaftlichen und politischen Realität Kompromisse zwischen den beiden skizzierten Zielvorstellungen möglich und wohl auch nötig. Wer Kompromisse sucht, sollte aber wissen, zwischen welchen grundsätzlichen Alternativen sie gesucht werden und in welcher Hinsicht dadurch Abstriche zu machen sind. Dies können Szenarien zeigen.

Die Szenarien zeigen auch, dass viele Maßnahmen und Entwicklungen nicht nur mit anderen vereinbar, sondern sogar aufeinander angewiesen sind, weil sie alleine nicht erfolgreich sein können. So muss derjenige, der der technologischen Entwicklung ihren Lauf lassen und viel Wachstum und Wohlstand will, unter den gegebenen Voraussetzungen auch eine Bildungsexpansion, eine verschärfte Leistungs- und Konkurrenzgesellschaft, eine Zuwanderung von qualifizierten Arbeitskräften, mehr Frauenerwerbstätigkeit, eine flächendeckende Kinderbetreuung und eine Hinausschiebung des Renteneintrittsalters anstreben.

Es wird aber auch deutlich, welche unbeabsichtigten oder verdrängten Konsequenzen bestimmte Zielrichtungen haben: So muss sich der, der für Wachstum und Wohlstandsmehrung eintritt, beispielsweise auch damit auseinandersetzen, was dies für diejenigen bedeutet, die wenig erreichen und welche gesellschaftlichen Konflikte das Scheitern von Menschen nach sich zieht, und er muss sich überlegen, wie man mit Zuwandernden umgeht.

6 Problematische Entwicklungen

Mehr Einigkeit als über die zuvor gezeigten, angestrebten Entwicklungen besteht in der Bevölkerung darüber, welche Entwicklungen vermieden werden sollten. Einige dieser weithin abgelehnten Entwicklungen liegen aber sehr wohl im Bereich des Möglichen oder sind sogar im Gange. Nachfolgend werden daher einige Negativszenarien skizziert, die aus diesen Entwicklungen erwachsen und im Jahre 2020 oder 2030 durchaus Realität sein könnten. Ihnen entsprechen bereits heute weit verbreitete Befürchtungen.

Wohlstandsstagnation

Die Zahl der Beschäftigten sinkt, und ihr Durchschnittsalter wird immer höher. Dadurch drohen sowohl die Produktivität als auch die Wirtschaftsleistung der Volkswirtschaft Deutschlands zurückzugehen. Geschieht das, so sinken die durchschnittlichen Bruttoeinkommen. Von ihnen wäre ein immer größerer Anteil zur Schuldentilgung der öffentlichen Haushalte sowie zur Sicherung der Altersrenten und der Krankenversorgung der zunehmenden Zahl älterer Menschen abzuzweigen. Die durchschnittlichen Nettoeinkommen gingen daher umso mehr zurück.

Hinzu käme, dass die privaten Haushalte über ihr Nettoeinkommen immer weniger nach Belieben verfügen können. Denn Rücklagen für die eigene Alterssicherung, Beteilungen an Krankheitskosten sowie Hilfen für Familienangehörige werden immer häufiger notwendig. Die Einkommen, die für den Konsum der Haushalte nach Belieben zur Verfügung stehen, gingen daher deutlich zurück.

Kommt es zu einer solchen Wohlstandsminderung, so wird das voraussichtlich viel Unzufriedenheit hervorrufen, die sich nicht zuletzt an die Adresse der politischen Instanzen richtet. Die Legitimität demokratischer Herrschaft, die nicht zuletzt durch das Versprechen steigenden Wohlstands aufrechterhalten wurde, geriete so in Gefahr.

Demokratieverlust[1]

Die Parteien schrumpfen. Debatten finden in Talkshows, aber immer seltener in Parlamenten statt. Opposition vollzieht sich zunehmend auf der Straße, wobei viele Opponenten sich kaum darum kümmern, ob zuvor demokratische Institutionen Entscheidungen getroffen haben. Denn die Unzufriedenheit der Menschen über Parteien, Parlamente und Regierun-

1 Dieser Abschnitt folgt teilweise Überlegungen von Michael Zürn 2011.

gen wächst. Demgegenüber haben unpolitische Institutionen, wie Zentralbanken und die Verfassungsgerichte ein deutlich höheres Ansehen. Sie legitimieren sich durch Expertise oder durch den Schutz individueller Rechte.

Die Rechtfertigung demokratischer Herrschaft wird auch dadurch prekär, dass sich auf internationaler Ebene ein dichtes Netz internationaler Regelungen und Organisationen entwickelt hat, die – oft durchaus zur Zufriedenheit vieler Menschen - tief in innerstaatliche Angelegenheiten eingreifen, aber kaum demokratisch legitimiert sind. Dies trifft unter anderen für die Weltbank, den Weltwährungsfonds, die Vereinten Nationen, die Europäische Union, aber auch für viele Nichtregierungsorganisationen wie amnesty international und für zahlreiche Naturschutzorganisationen zu.

Schließlich steht vielen sich entwickelnden Ländern, die unter scheinbar demokratischen, jedoch oft korrupten oder aus anderen Gründen nicht funktionierenden Regierungen leiden, ein faszinierendes Bild Chinas vor Augen. Dort ist es einer autoritären Einparteienherrschaft gelungen, den Wohlstand der meisten zu vermehren und Armut drastisch zu vermindern. Der Durchsetzung demokratischer Herrschaft ist der Eindruck, das Wohl der Menschen sei ohne Demokratie besser zu erreichen, nicht dienlich.

Im Ergebnis könnte eine Situation entstehen, dass in großen Teilen der Welt ein undemokratischer Autoritarismus an Boden gewinnt, in manchen europäischen Ländern dagegen punktuelle Forderungen nach Rechenschaftspflichtigkeit politischer Herrschaft bei ansonsten weitergehendem Vertrauensverlust in demokratische Einrichtungen die Oberhand gewinnen. Die Demokratie wäre in beiden Fällen auf dem Rückzug.

Privilegien

Zahl und Bevölkerungsanteil der Menschen im erwerbsfähigen Alter sinken. Trotz Bildungsexpansion schrumpft auch das Angebot an gut qualifizierten Arbeitskräften. Dem steht ein stark wachsender Bedarf gegenüber. Damit steigen die Verhandlungsmacht und die Einkommenschancen der Qualifizierten. In bestimmten Berufsfeldern eröffnen sich so Chancen, den Wettbewerb einzuschränken, die eigenen Vorteile weiterhin zu steigern und durch diese Schließungsprozesse außergewöhnlich hohe Einkünfte zu erzielen.

Wenn solche Einkünfte weder durch die Prinzipien der Bedürfnis- und der Leistungs- noch der Chancengleichheit gerechtfertigt werden können, geriete das Gerechtigkeitsverständnis der Bevölkerung und in der Folge der Zusammenhalt der Gesellschaft in Gefahr. Längst vergessen geglaubte »Fundamentalkritik« am privatwirtschaftlichen Wirtschaftssystem könnte wieder politisch relevant werden.

Generationenkonflikt

Die kleiner werdende mittlere Generation muss im Zuge der gesellschaftlichen Alterung für immer mehr ältere Menschen aufkommen. Die erwerbstätige mittlere Generation muss außerdem für ihre eigene Altersversorgung Rücklagen bilden. Außerdem wird von der mittleren Generation erwartet, ihre Eltern nötigenfalls zu pflegen, obwohl in der Regel beide Partner erwerbstätig sein werden. In der mittleren Generation könnte es daher dazu kommen, dass sich das Gefühl der Überlastung, sogar der Ausbeutung verbreitet.

In der älteren Generation könnte dagegen der Eindruck entstehen, dass wohl erworbene Rentenansprüche Stück um Stück geschmälert werden sollen. Von der ursprünglich versprochenen Aufrechterhaltung des Lebensstandards auch im Alter bliebe dann immer weniger übrig. Ältere, die auf eine unterbrochene oder niedrig entlohnte Erwerbstätigkeit zurückblicken, müssten befürchten, im Alter der Armut anheim zu fallen.

Diese Ausgangskonstellation erzeugt zwangsläufig einen »objektiven« Interessenkonflikt zwischen den Generationen: Die mittlere Generation strebt nach Entlastung, die ältere nach Aufrechterhaltung ihres Besitzstandes. Ein »objektiver« Interessenkonflikt lässt sich durch Kompromisse, Verständnis und gegenseitige Hilfe entschärfen. Das Negativszenario wird aber dann Realität, wenn diese Prozesse fehlschlagen und in einen »subjektiven« Kampf der Generationen münden, der politisch ausgetragen und vielleicht sogar in die Familien hineingetragen wird.

Gläserne Menschen

Die Allgegenwart moderner Informations- und Kommunikationstechniken bringt es mit sich, dass zahlreiche Informationen über Nutzer für andere Menschen greifbar sind. Diese Kenntnisse lassen sich analysieren, kombinieren, zu Profilen zusammenfügen und verraten so sehr viel mehr, als die einzelnen Nutzer oft vermuten. Dies wird von den Nutzern der Kommunikationstechniken teilweise in Kauf genommen, geschieht jedoch oft auch ohne deren Kenntnis.

Der Mensch droht dadurch durchsichtig (»gläsern«) für staatliche Stellen, private Unternehmen, die organisierte Kriminalität und für viele andere Instanzen zu werden. Er kann dadurch in vielfältiger Weise manipuliert werden. Die Autonomie und Handlungsfähigkeit des Einzelnen, eine der zentralen Voraussetzungen demokratischer Gesellschaften, würde so untergraben.

»Überflüssige« Menschen

Postindustrielle Gesellschaften entwickeln sich durch den Fortschritt der Wissenschaft und das Wissen der Menschen. Gut Ausgebildete haben vorzügliche Beschäftigungs- und Einkommenschancen. Menschen ohne marktgängige Ausbildung dagegen, seien sie nicht fähig oder nicht willig, Ausbildungsabschlüsse zu erwerben, stehen jedoch am Rande der Gesellschaft. Für sie werden kaum noch Arbeitsplätze angeboten, für sie ist aber auch ansonsten kaum Platz in einer Wissensgesellschaft. Die Einschätzung, im Grunde überflüssig und hilfsbedürftig zu sein, teilt sich selbst den Betroffenen mit.

Dass für die Bevölkerungsmehrheit gute Chancen bestehen, könnte die Lage dieser Menschen noch verschlimmern. Ihre Lage als Minderheit würde dann individualisiert, die »Schuld« würde eher ihnen als den Verhältnissen zugerechnet. Dies machte ihre Situation auch dann schwierig und würdelos, wenn ausreichende sozialpolitische Hilfestellungen geleistet werden. Dies war anders in einer Gesellschaft, die massenhaft (zum Beispiel durch De-Industrialisierungsprozesse) Arbeitslosigkeit entstehen ließ, die für alle offenkundig wenig mit den persönlichen Eigenschaften zu tun hatten. Frühere Gesellschaftsformationen hatten stets einigermaßen geachtete Plätze für Leistungsschwache zur Verfügung, wie bescheiden auch immer, postindustrielle Wissensgesellschaften möglicherweise nicht.

7 Ängste und Hoffnungen

Szenarien geben mögliche Entwicklungen wieder. Daran knüpfen sich manche Hoffnungen und Ängste der Menschen. Die Jahre nach der Jahrtausendwende waren durch beides geprägt. Die im vorhergehenden Abschnitt dargestellten Negativszenarien zeigten ausschnitthaft einige Anlässe für begründete Sorgen der Bürger. Sie betrafen unter anderem einen möglichen wirtschaftlichen Niedergang infolge des demografischen Wandels, wachsende technologische und ökologische Risiken, die hohe Verschuldung öffentlicher Haushalte und die den gesamten Euroraum gefährdende Überschuldung südeuropäischer Mitgliedsländer der Europäischen Union, die wachsende Schere zwischen Reich und Arm, den internationalen Terrorismus und die Gefahren, die mit den neuen Informations- und Kommunikationstechnologien einhergehen.

Freilich waren andere Erwartungen auch durchaus zuversichtlich: Die erfolgreiche Bewältigung der Finanzmarktkrise, der wirtschaftliche Aufschwung und der Rückgang der Arbeitslosigkeit eröffnete realistische Hoffnungen auch dahingehend, dass eine Abkehr von der lange vorherrschenden kurzfristig reaktiven Politik zugunsten längerfristig aktiver Gestaltung wieder möglich werden könnte. Die beiden wahrscheinlichsten Entwicklungsrichtungen zeigten die oben aufgeführten Szenarien.

Glossar

A

Äquivalenzeinkommen: Das Ä., auch »bedarfsgewichtetes Pro-Kopf-Haushaltseinkommen« genannt, wird errechnet, indem die addierten Nettoeinkommen aller Haushaltsmitglieder durch die (mittels sog. Äquivalenzskalen) gewichtete Personenzahl geteilt werden. Nach der »neuen OECD-Skala« geht der Hauptbezieher des Einkommens mit dem Faktor 1,0 in die Gewichtung ein, alle anderen Mitglieder des Haushalts über 14 Jahre mit 0,5 und alle jüngeren mit 0,3. Das Pro-Kopf-Einkommen größerer Haushalte wird auf diese Weise künstlich hoch gerechnet, um deren Ersparnisvorteile im Vergleich zu kleinen Haushalten auszugleichen und um den geringeren Bedarf von Kindern zu berücksichtigen.

Altenquotient: Der A. gibt an, wie viele ältere Menschen (älter als 65 Jahre) auf 100 Personen im erwerbsfähigen Alter (15 bis unter 65 Jahre) entfallen. Gelegentlich finden sich auch andere Abgrenzungen (z. B. 20/60 Jahre). Vom A. ist der Jugendquotient zu unterscheiden, der die Personen unterhalb des erwerbsfähigen Alters zu den Personen im erwerbsfähigen Alter ins Verhältnis setzt. Der Gesamtquotient stellt alle Personen ober- und unterhalb des erwerbsfähigen Alters den Personen im erwerbsfähigen Alter gegenüber. Die Quotienten geben einen Anhaltspunkt für die Belastung der Erwerbsbevölkerung durch die Finanzierung wohlfahrtsstaatlicher Leistungen im Zuge des Umlageverfahren (s. dort).

Altersstruktureffekt: Die Zahl der künftigen Geburten hängt nicht allein vom Verhalten der potenziellen Eltern (gemessen durch die Geburtenrate), sondern auch wesentlich von deren Zahl ab. Wenn in den kommenden Jahren die geburtenschwachen Jahrgänge ins Elternalter hineinwachsen, bewirkt der A., dass aufgrund der wesentlich geringeren Zahl potenzieller Eltern weniger Kinder geboren werden.

Angebotsorientierte Wirtschaftspolitik: Politische Strategie zur Ankurbelung der Wirtschaftstätigkeit, die darauf zielt, die Angebotsbedingungen der Wirtschaft zu verbessern. Dazu gehören Steuererleichterungen für Unternehmen, verbesserte Abschreibungsmöglichkeiten, Verringerung der Regulierungsdichte (Bürokratieabbau), eine moderate Lohnpolitik, die Privatisierung von Staatsbetrieben, die Bekämpfung der Inflation und die Konsolidierung der öffentlichen Haushalte.

Arbeitsbeziehungen: A. heißen die formellen und informellen Regeln der Beziehungen zwischen der Gesamtheit der Akteure in der Arbeitswelt, die Funktionsweise dieser Regeln und das Verhalten dieser Akteure. Dies sind insbesondere die Arbeitgeber und ihre Verbände, die Arbeitnehmer und ihre Organisationen (vor allem die Gewerkschaften), die Arbeitnehmervertretungen und ihre betrieblichen Repräsentanten (z. B. die Betriebsräte) sowie die Parlamente und politisch-administrativen Institutionen, soweit sie für die Gestaltung der Arbeitswelt zuständig sind.

Arbeitsproduktivität: Siehe produktivitätsorientierte Lohnpolitik.

Autorität (politische): Fähigkeit eines Akteurs, Entscheidungen zu treffen, die von den Adressaten im Prinzip als bindend anerkannt werden.

Avatar: Virtuelle Person im Cyberspace.

B

»Baby-Boom«-Generation: Umgangssprachliche Bezeichnung der geburtenstarken Jahrgänge der Nachkriegsgeneration. Da während des Zweiten Weltkriegs die Bedingungen für die Gründung einer Familie äußerst ungünstig waren, wurden in dieser darauffolgenden Periode zahlreiche Geburten nachgeholt. Die günstige wirtschaftliche Entwicklung (»Wirtschaftswunder«) und eine positive Grundstimmung beförderten diesen Prozess.

Beitragsbemessungsgrenze: Höchstgrenze, bis zu der aus einer Beschäftigung oder selbständigen Tätigkeit Rentenversicherungsbeiträge gezahlt werden müssen, was als Grenze der Umverteilung und Solidarität wirkt. Sie beträgt im Jahre 2010 in der Rentenversicherung der Arbeiter und Angestellten im Westen monatlich 5 500 € Euro, im Osten monatlich 4 650 €.

Beschäftigungs- bzw. Erwerbstätigenquote: Anteil der Erwerbstätigen an der Bevölkerung im erwerbsfähigen Alter (in der Regel 15- bis 64-Jährige). Nicht mit der Erwerbsquote (s. dort) zu verwechseln.

Bestandserhaltungsniveau: Die durchschnittliche Anzahl der Kinder, die jede Frau in ihrem Leben zur Welt bringen muss, damit die Bevölkerungszahl bei einem bestimmten Niveau der Mortalität und ohne Berücksichtigung der Außenwanderungen konstant bleibt. Der Wert liegt in entwickelten Gesellschaften derzeit bei etwa 2,1 Geburten pro Frau.

Bevölkerung: Alle Menschen, die ungeachtet ihrer Staatsangehörigkeit in einem bestimmten Gebiet längerfristig wohnen.

Bevölkerungsprozess: Die Größe und die Zusammensetzung der Bevölkerung entsteht ausschließlich durch drei B.e: durch die Gesamtheit der Geburten, der Sterbefälle und der Außenwanderungen.

Bevölkerungsstruktur: Untergliederung der Bevölkerung nach soziodemografischen Merkmalen wie dem Alter, dem Geschlecht oder der ethnischen Zugehörigkeit.

Bevölkerungsweise: Relativ stabile Proportionen der Geburten-, Sterbe- und Außenwanderungsprozesse während einer längeren Zeitdauer. So lassen sich eine vorindustrielle von einer industriegesellschaftlichen und einer postindustriellen Bevölkerungsweise unterscheiden.

Biografie: Sinn und Bedeutung des eigenen Lebensverlaufs. Erst die Moderne erhebt den Anspruch, dem Einzelnen eine eigenständige »Biografie« anzusinnen. Lange stellte die Gesellschaft allgemeine Muster für eine »Normalbiografie« bereit. An deren Stelle tritt heute oft die »Bastel-Biografie« als selbst gewählte Form der Sinngebung und Steuerung des eigenen Lebensverlaufs.

Bretton-Woods-Institutionen: Die nach dem Zweiten Weltkrieg unter Führung der USA gegründeten internationalen Institutionen zur Regelung der Weltwirtschaft.

Bruttoinlandsprodukt (BIP): Der geläufigste Indikator für die ökonomische Leistungsfähigkeit und den Stand der wirtschaftlichen Entwicklung eines Landes. Es misst den in Geldgrößen berechneten Wert der in einem Jahr hervorgebrachten Waren und Dienstleistungen eines Landes nach Abzug der Vorleistungen (d. h. der Leistungen, die eine Wirtschaftseinheit von einer anderen Wirtschaftseinheit erhalten hat). Brutto: Auch der Verschleiß von Kapitalgütern in der laufenden Produktion ist Bestandteil des BIP.

Bundesnachrichtendienst (BND): Ist neben dem Bundesamt für Verfassungsschutz und dem Militärischen Abschirmdienst einer der drei deutschen Nachrichtendienste des Bundes und zuständig für die Auslandsaufklärung.

Bundesstaat: Ein aus mehreren Gliedstaaten (»Bundesländer« in Deutschland, »Kantone« in der Schweiz, »states« in den USA) und ihrem Zusammenschluss, dem Bund, bestehender Gesamtstaat.

D

Daseinsvorsorge/Öffentliche Daseinsvorsorge: Die Gesamtheit der in Industrie- und Dienstleistungsgesellschaften überwiegend vom Staat gewährleisteten oder bereitgestellten Einrichtungen und Leistungen insbesondere in der Vorsorge-, der Sozial- und der Leistungsverwaltung.

Deficit spending: Nach der Lehre von Keynes eine vorübergehende Verschuldung des Staates, um durch Erhöhung der Nachfrage wieder Vollbeschäftigung zu erreichen.

Dekommodifizierung: Bezeichnet bei Esping-Andersen den Grad, inwieweit Menschen unabhängig von ihrer Marktposition Zugang zu Sozialleistungen haben. Im Konzept der D. wird der Wohlfahrtsstaat als eigenständige Verteilungsinstitution aufgefasst. Komplementär zum Markt hat dieser einen Einfluss auf die Verteilung von Ressourcen und Lebenschancen innerhalb einer Gesellschaft.

Demografie: Wissenschaftliche Untersuchung der Größe (Zahl) und Zusammensetzung der Bevölkerung (z. B. nach Geschlecht, Alter, Nationalität) sowie deren räumliche Verteilung und Entwicklung. Die drei Kernbereiche der D. sind die Erforschung der Fruchtbarkeit (z. B. die durchschnittliche Kinderzahl pro Frau), der Sterblichkeit (z. B. die Frage, wie lange Menschen heute und in der Zukunft leben werden) und der Migration (die Beschreibung und Erklärung von Wanderungsvorgängen).

Demografische Entwicklung s. demografischer Wandel

Demografischer Übergang: Erhebliche Wandlungen der drei grundlegenden Bevölkerungsprozesse Geburten, Sterbefälle und Außenwanderungen, sodass eine Abfolge von einer bestimmten Bevölkerungsweise (s. dort) in eine andere beobachtet werden kann. So wird der Wandel der Bevölkerungsprozesse zwischen Agrar- und Industriegesellschaft als erster d. Ü. bezeichnet. Der zweite d. Ü. vollzieht sich im Wandel von der industriellen zur postindustriellen Gesellschaft.

Demografischer Wandel: Veränderung der Größe und der Altersstruktur einer Bevölkerung infolge veränderter Geburten-, Sterbe- und Wanderungsprozesse.

Denationalisierung: Schubartige Zunahme grenzüberschreitender Aktivitäten in unterschiedlichen Bereichen wie Wirtschaft, Umwelt, Kultur und Wissenschaft.

Deregulierung: Abbau von Eingriffen des Staates in die Entscheidungen von privaten oder halbstaatlichen Unternehmungen. Der Begriff stammt aus den Vereinigten Staaten (deregulation) und bezeichnet dort die Korrektur der zu Beginn des 20. Jahrhunderts erfolgten staatlichen Kontrolle von öffentlichen Versorgungsunternehmen der Netzinfrastrukturbereiche Schienenverkehr, Telekommunikation, Elektrizität und Entsorgung.

Dezil: Ordnet man Daten (z. B. Erwerbseinkommen) der Größe nach und teilt sie dann in zehn gleich große Gruppen ein, so bezeichnet man die Werte, die jeweils an den Grenzen zwischen zwei Gruppen liegen, als Dezile. Das erste D. besagt also, dass 10% z. B. der Einkommen niedriger oder höchstens gleich dem ersten D. sind. Das mittlere oder fünfte D. entspricht dem Median (s. dort).

Dienstleistungsgesellschaft: In einer D. sind mehr als die Hälfte der Erwerbstätigen im tertiären Wirtschaftssektor tätig, wo Dienstleistungen hervorgebracht werden. Im Übergang von der Agrar-, über die Industrie- hin zur D. verschoben sich die dominanten Beschäftigungsverhältnisse vom ersten über den zweiten hin zum dritten Sektor. Dieser Prozess wird Tertiarisierung genannt.

Digital divide: Kluft zwischen Menschen und Gesellschaften, die durch die ungleiche Verfügbarkeit und Nutzung digitaler Medien entsteht.

Digitalisierung: Binäre Verschlüsselung von Signalen.

Direktdemokratie: Die Staatsverfassung, in der das abstimmungsberechtigte Volk seine Herrschaftsfunktionen direkt ausübt, insbesondere durch Volksbegehren, Volksinitiative und Volksentscheid.

Duales Rundfunksystem: Rundfunksystem mit dem Nebeneinander von öffentlich-rechtlichen und privatwirtschaftlichen Sendern.

Duales System der Berufsausbildung: Im Rahmen des dualen Berufsausbildungssystems erfolgt die Berufsausbildung in anerkannten Ausbildungsberufen überwiegend parallel in einem Ausbildungsbetrieb in der Privatwirtschaft, in der Verwaltung oder in einer Praxis eines freien Berufs, mit dem die auszubildende Person einen Berufsausbildungsvertrag geschlossen hat, und in der öffentlichen Berufsschule (duale Ausbildung). Während der berufspraktische Teil der Ausbildung im Betrieb erfolgt, wird der theoretische Teil der Berufsausbildung in der Berufsschule vermittelt. Somit sind beide Lernorte miteinander verzahnt. Obwohl das duale Berufsausbildungssystem in Deutschland als vorbildlich gilt, erfolgt die berufliche Ausbildung in zunehmendem Maße in vollzeitschulischen Ausbildungsgängen mit einem vergleichsweise geringeren Praxisbezug. Gründe hierfür sind neben den regional ungleichen Angeboten an dualer Ausbildung und der damit einhergehenden Nichtbesetzung von Lehrstellen nachlassende Ausbildungsbereitschaft der Betriebe angesichts der Kosten für die betriebsinterne Ausbildung sowie – bei gestiegenen Anforderungen in der Berufsausbildung – die unzureichende Ausbildungsreife von Jugendlichen mit schulischen Problemen und schlechten Schulleistungen.

Dubliner Übereinkommen: Übereinkommen über die Bestimmung des zuständigen Staates für die Prüfung eines in einem Mitgliedstaat der Europäischen Gemeinschaften gestellten Asylantrags (unterzeichnet am 15. Juni 1990 in Dublin). Die Anwendung dieses Abkommens bietet jedem Asylbewerber die Gewähr, dass – sofern kein »sicherer« Drittstaat zuständig ist – sein Asylantrag durch einen Mitgliedstaat geprüft wird. Dadurch wird vermieden, dass Asylbewerber zu lange im Ungewissen über den Ausgang ihres Asylverfahrens bleiben (da sie von einem Mitgliedstaat in den anderen abgeschoben werden, ohne dass sich einer dieser Staaten für die Prüfung des Asylantrags zuständig erklärt) und dass Asylbewerber mehrere Anträge nacheinander oder gleichzeitig stellen.

E

Eigenkapitalquote: Das Verhältnis des Eigenkapitals zum Gesamtkapital eines Unternehmens, bei einer Bank das Kapital, mit dem sie ihren Gläubigern gegenüber haftet im Verhältnis zu ihren risikobehafteten Geschäften, also den vergebenen Krediten und den Geldanlagen einer Bank. Eine der Ursachen der Finanzkrise seit 2007 wird allgemein darin gesehen, dass die internationalen Vorschriften die erforderliche E. einer Bank zu niedrig ansetzten.

Einbürgerungsquote: Der Quotient aus der Anzahl der Einbürgerungen und der Zahl der Ausländer/-innen im Inland. Bei der Interpretation der E. ist zu beachten, dass in die Berechnung alle ausländischen Staatsangehörigen einbezogen werden, unabhängig davon, ob sie die rechtlichen Voraussetzungen für eine Einbürgerung erfüllen.

Einbürgerungstest: Seit dem 1. September 2008 müssen Ausländer in Deutschland als zusätzliche Einbürgerungsvoraussetzung einen bundeseinheitlichen E. bestehen. Mit ihm sollen »Kenntnisse der Rechts- und Gesellschaftsordnung und der Lebensverhältnisse in Deutschland« nachgewiesen werden. Der Test kann auch ohne vorherigen Besuch eines Einbürgerungskurses abgelegt und ggf. auch wiederholt werden (www.einbuergerungstest-online.de).

Einwanderungsland: Überwiegt die grenzüberschreitende Zuwanderung die Abwanderung in einem Land über einen längeren Zeitraum, sodass der Wanderungssaldo positiv ausfällt, und verbleiben die Zugewanderten mit ihrem Wohnsitz in dem betreffenden Land, spricht man von einem E. Von diesem faktischen Verständnis des Begriffs ist ein normativer zu unterscheiden: Die Menschen in einem E. verstehen ihr Land als solches und ergreifen entsprechende Maßnahmen z. B. zur Integration der Zuwanderer.

Entgrenzung der Arbeit: Prozess, in dem die Grenzen zwischen Berufsarbeit und privatem Leben durchlässig werden und sich Arbeit immer weniger auf einen bestimmten Ort (den Betrieb), eine bestimmte Zeit (die Arbeitszeit), ein bestimmtes soziales Gefüge (den Kollegenkreis), bestimmte Qualifikationen und Organisationsstrukturen und ein geregeltes Arbeitsverhältnis (das sogenannte »Normalarbeitsverhältnis«) beschränkt .

Erlebnisgesellschaft: Eine Gesellschaft, die sich im historischen und interkulturellen Vergleich durch innenorientierte Auffassungen vom Leben auszeichnet (Gerhard Schulze). »Erleben« wird zum kategorischen Imperativ.

Erwerbslose: Alle Personen, die im jeweiligen Erhebungszeitraum nicht erwerbstätig waren, aber in den letzten vier Wochen aktiv nach einer Tätigkeit gesucht haben. Auf den zeitlichen Umfang der gesuchten Tätigkeit kommt es nicht an.

Erwerbsquote: Anteil der Erwerbspersonen (Erwerbstätige plus Erwerbslose) an der Bevölkerung im erwerbsfähigen Alter (in der Regel 15- bis 64-Jährige).

Erwerbstätige: Alle Personen, die als Arbeitnehmer (Arbeiter, Angestellte, Beamte, geringfügig Beschäftigte, Soldaten) oder als Selbstständige beziehungsweise als mithelfende Familienangehörige eine auf wirtschaftlichen Erwerb gerichtete Tätigkeit ausüben, unabhängig vom Umfang dieser Tätigkeit.

Erwerbstätigenquote: Anteil der Erwerbstätigen an der Bevölkerung im erwerbsfähigen Alter (in der Regel 15- bis 64-Jährige).

Eskapismus: Wirklichkeitsflucht als Nutzungsmotiv z. B. der Medien.

Europäischer Rat: Gremium der Staats- und Regierungschefs der Europäischen Union (EU). Er repräsentiert die Regierungen der EU-Mitgliedstaaten und bildet daher neben dem Rat der Europäischen Union – auch Ministerrat genannt – die zweite wichtige Institution der Europäischen Union, die die nationalen Regierungen zusammenführt. Er findet sich mindestens zweimal pro Halbjahr zu Treffen ein, die auch als EU-Gipfel bezeichnet werden.

Europol: Europäische Polizeibehörde mit Sitz in Den Haag. Sie soll die Arbeit der nationalen Polizeibehörden Europas im Bereich der grenzüberschreitenden organisierten Kriminalität (OK) koordinieren und den Informationsaustausch zwischen den nationalen Polizeibehörden fördern. Sie hat bislang keine eigenen Ermittlungskompetenzen in den einzelnen EU-Mitgliedstaaten.

Exekutive: Die ausführende oder vollstreckende Staatsgewalt. Nach klassischer Gewaltenteilungslehre ist die E. der aus Regierung und Verwaltung bestehende Teil der Staatsgewalt, dem die Ausführung und Vollstreckung der von der gesetzgebenden Gewalt getroffenen Entscheidungen zukommt.

F

Finanzierung (der Renten): Die Ausgaben der Rentenversicherung werden hauptsächlich durch Beiträge, die Versicherte und Arbeitgeber gemeinsam tragen, und durch den Bundeszuschuss finanziert. Die Art der F. ist das Umlageverfahren, d. h., dass mit den bei der Rentenversicherung eingehenden Beiträgen sofort die Ausgaben – wie z. B. Renten – bestritten werden. Die Beiträge werden also nicht als Kapital zur F. künftiger Rentenansprüche angesammelt. Die Rentenversicherungsträger haben einen Finanzverbund untereinander. Finanzielle Engpässe bei einem Träger werden mit Überschüssen bei anderen Trägern ausgeglichen. Reichen die liquiden Mittel der Schwankungsreserve der Rentenversicherung insgesamt nicht aus, um die Renten auszuzahlen, zahlt der Bund eine (zurückzuzahlende) zinslose Liquiditätshilfe. Auf diese Weise bleibt die Rentenversicherung stets zahlungsfähig (Bundesgarantie).

Finanzmarkt-Kapitalismus: Eine Form der kapitalistischen Wirtschaft, in der die Finanzmärkte und die dort tätigen Akteure – Banken, Investment- und Pensionsfonds – das wirtschaftliche Gesamtgeschehen dominieren, sich also unter dem Druck der Finanzmarkt-Akteure unternehmerisches Handeln in der »Realwirtschaft« immer stärker an kurzfristigen Renditezielen (Kurssteigerungen, Dividenden) orientieren muss.

Flächen- oder Branchentarifvertrag: Ein Tarifvertrag, mit dem Regelungen für eine bestimmte Branche in einer bestimmten Region getroffen werden (etwa die Metallindustrie in Baden-Württemberg). Diese Verträge gelten für alle Unternehmen, die Mitglied in dem vertragsschließenden Arbeitgeberverband sind, und für alle Beschäftigten, die der jeweiligen Gewerkschaft angehören. In der Praxis aber werden diese Bedingungen meist auch für die nicht organisierten Angehörigen der Belegschaft übernommen. Damit ist sichergestellt, dass in den entsprechenden Betrieben die gleichen Mindestarbeitsbedingungen gelten und Wettbewerbsvorteile durch Lohndumping ausgeschlossen sind. In Deutschland galt 2009 für 52 % der Beschäftigten ein solcher Branchentarifvertrag.

Föderalismus: Der Zusammenschluss von Gliedstaaten im Rahmen einer gemeinsamen Verfassung. Der F. ist eine Art »Vertrag« (lateinisch: foedus), der auf der gesellschaftlichen Anerkennung von territorial organisierten unterschiedlichen sozialen Identitäten, Interessen und politischen Kulturen beruht. Zu den Mindestanforderungen eines föderalen Staatsaufbaus gehört die Gliederung des Staates in territoriale Einheiten, die Teilhabe der Gliedstaaten an der Willensbildung des Zentralstaats, eine finanzielle Eigenständigkeit der Gliedstaaten, damit diese in der Lage sind, ihre Aufgaben zu erfüllen, sowie eigene Entscheidungskompetenzen der Gliedstaaten. Der deutsche F. zeichnet sich im internationalen Vergleich durch seine Betonung der Einheitlichkeit und einen Mangel an Nutzung der demokratischen Möglichkeiten der Ländervielfalt aus.

Fordismus/Postfordismus: Der in den 1920er-Jahren einsetzende Fordismus ist als Höhepunkt der Industriegesellschaft durch standardisierte Massenproduktion, Massenkonsum, Ausbau von Sozialstaatlichkeit und die Lebensform der Kleinfamilie mit männlichem Alleinverdiener gekennzeichnet. Der Postfordismus setzt mit den wirtschaftlichen Turbulenzen der 1970er-Jahre ein und ist durch das Vordringen von Dienstleistungsberufen, insbesondere in wissensintensiven Branchen, eine finanzmarktgetriebene Wirtschaftsform mit einem weitreichenden Umbau des Sozialstaats und eine Individualisierung der Lebensformen charakterisiert.

G

Geburtenziffer, zusammengefasste *(Total Fertility Rate)*: Die durchschnittliche Kinderzahl pro Frau. Genauer: die durchschnittliche Zahl an Kindern, die eine Frau bis zu ihrem 49. Lebensjahr bekommen würde, wenn ihr Geburtenverhalten im Lebensverlauf dem Verhalten der Frauen zwischen 15 und 49 Jahren in einem bestimmten Kalenderjahr entspräche.

Geheimdienst: Ein Nachrichtendienst oder Geheimdienst ist eine verdeckt operierende Behörde, die zur Gewinnung von Erkenntnissen über die außen-, innen- und sicherheitspolitische Lage Informationen auch mit nachrichtendienstlichen Mitteln sammelt und auswertet.

Gender-Mainstreaming: Ein Begriff, der die Verpflichtung von Institutionen bzw. der zuständigen Politikressorts bezeichnet, alle Maßnahmen bzw. Regelungen mit Blick auf die Gleichstellung der Geschlechter zu überprüfen bzw. zu gestalten. Ziel ist also, isolierte Gleichstellungspolitiken, die neben anderen Politik- oder institutionellen Prozessen herlaufen, zu vermeiden. G.-M. soll sich auch nicht nur auf Frauen, sondern auf beide Geschlechter richten und kann im Einzelnen sehr unterschiedlich umgesetzt werden.

Generalprävention: Es werden zwei Formen unterschieden: Die positive G. soll das Vertrauen der Gesellschaft in die Rechtsordnung stärken, die negative G. soll die Gesellschaft von der Begehung einer Tat abschrecken, indem ins Bewusstsein gerufen wird, welche Strafen folgen können.

Generationenvertrag: Zwischen Beitragszahlern und Rentenempfängern gilt das Prinzip, dass die arbeitenden Versicherten durch ihre Beiträge die Renten von heute finanzieren – in der Erwartung, dass die nachfolgenden Generationen bereit sind, für sie das Gleiche zu tun. Dieses wird G. genannt, der weder ausgesprochen noch schriftlich festgelegt wurde (s. Umlageverfahren).

Generatives Verhalten: Das Zusammenspiel aller Einstellungen und Verhaltensweisen, die unter anderem die durchschnittliche Kinderzahl je Frau, das Alter der Mütter bei der Geburt ihrer Kinder, den Anteil nichtehelich geborener Kinder, das Verhütungsverhalten und die Kinderwünsche bestimmen.

Gentrification: Soziale und bauliche Aufwertung von innerstädtischen Altbaugebieten durch den Zuzug von Haushalten mit höherem Einkommen, verbunden mit der Verringerung des Wohnungsangebotes für einkommensschwächere Haushalte.

Gerechtigkeit, soziale: Um Konflikte über die Verteilung begehrter Güter und Lasten in einer Gesellschaft zu vermeiden, existieren zumeist allgemeine Verhaltens- und Verteilungsregeln. Sind diese Regeln moralisch begründet, allgemein akzeptiert und in der Praxis wirksam, spricht man von Gerechtigkeit. Soziale G.: bezieht sich auf Regeln der Güter- und Lastenverteilung durch gesellschaftliche Einrichtungen (Behörden, Fiskus, Unternehmen) an eine Vielzahl von Gesellschaftsmitgliedern, nicht aber auf private Verteilungen (z. B. zwischen Eheleuten). Prinzipien sozialer G. orientieren sich z. B. an der Leistung (im Erwerbsleben), an den Startchancen (im Bildungsleben) oder am (persönlichen) Bedarf.

Gewaltenteilung: Die Verteilung der Staatsgewalt auf mehrere Staatsorgane zum Zwecke der Machtbegrenzung und der Sicherung von individueller Freiheit und Gleichheit. Nach historischem Vorbild werden dabei die drei Gewalten Gesetzgebung (Legislative), Vollziehung (Exekutive) und Rechtsprechung (Judikative) unterschieden. G. besteht in den modernen demokratischen Verfassungsstaaten weniger aus strikter Gewaltentrennung als vielmehr aus Funktionenaufteilung und -verflechtung.

Gewaltmonopol, staatliches: Bezeichnet die ausschließlich staatlichen Organen vorbehaltene Legitimation, physische Gewalt auszuüben oder zu legitimieren.

Ghettoisierung: Isolierung einer (zu einer Minderheit gehörenden) Bevölkerungsgruppe. Ghettos werden Stadtviertel genannt, in denen vorwiegend bestimmte Bevölkerungsgruppen leben, insbesondere soziale Randgruppen. Übertragen findet der Begriff G. auch ohne direkte räumlichen Bezug im Diskurs um abgrenzbare soziale Strukturen (Subkulturen, Soziale Netzwerke) Anwendung.

Globalisierung: Einbindung von Kontinenten und Nationen in ein zunehmend engeres weltweites Netzwerk von Produktion, Handel, Information und Kommunikation.

Governance: Summe kollektiver Regelungen, die auf eine bestimmte Problemlage oder einen bestimmten gesellschaftlichen Sachverhalt zielen und mit Verweis auf die Beförderung des Gemeinwohls einer Gesellschaft gerechtfertigt werden. Darunter werden sowohl der Regelungsinhalt als auch die Normen gefasst, die den Prozess des Zustandekommens und der Durchsetzung des Regelungsinhalts bestimmen.

Grundrechte: Wesentliche Rechte, die Mitgliedern der Gesellschaft gegenüber Staaten als beständig, dauerhaft und einklagbar garantiert werden. In erster Linie sind sie Abwehrrechte des Bürgers gegen den Staat, sie können sich jedoch auch auf das Verhältnis der Bürger untereinander auswirken (»Drittwirkung«). In Deutschland: Art. 1 bis 20 GG.

H

Habitus: Routinehafte Denk-, Wahrnehmungs- und Handlungsschemata, mit denen der Einzelne als Mitglied eines Kollektivs (wie Klassen und Berufsgruppen) sein Handeln in der Praxis steuert. Der H. kommt weitgehend unbewusst als Produkt von Geschichte und Sozialisation zustande. Der H. gilt als stabil und langlebig, selbst wenn sich die äußeren Umstände geändert haben (z. B. das kleinbürgerliche Gehabe eines neureichen Aufsteigers).

I

Individualisierung: Veränderung der Lebensweise von Gesellschaftsmitgliedern in Richtung erweiterter Wahl- und Entscheidungsmöglichkeiten in sämtlichen Fragen der Lebensführung und schwindender Bindungen an bestimmte Werte und Gemeinschaften. I. zeigt sich nicht notwendigerweise in individuell unterschiedlichen Lebensweisen. Vielmehr gleichen die Einzelnen ihre Lebensweisen häufig einander an, um Halt angesichts vieler Möglichkeiten zu finden.

Individualprävention: Prävention bezogen auf das konkret betroffene Individuum.

Informations- und Wissensgesellschaft: Gesellschaftliche Entwicklungsstufe, auf der insbesondere wissenschaftlich erzeugtes Wissen in immer mehr Lebensbereichen eine immer größere Bedeutung als Handlungsorientierung gewinnt.

Input-Legitimität: Anerkennungswürdigkeit oder faktische Anerkennung einer politischen Ordnung, die auf der Wertschätzung beruht, die der Eingabeseite des politischen Willensbildungs- und Entscheidungsprozesses (»politischer Input«), entgegengebracht wird. Gegensatz: Output-Legitimität.

Institution: Gesellschaftliche Einrichtungen, die vorbildliche und verbindliche Regelungen für bestimmte Lebensbereiche beinhalten. So z. B. Familie und Verwandtschaft für die biologische Reproduktion. Institutionalisierung meint den Prozess der Einrichtung und das »Auf-Dauer-Stellen« solcher Regeln.

Internationale Institutionen: Normen, Regeln, Programme und dazugehörige Netzwerke von Akteuren, die das Handlungsrepertoire von Staaten und/oder nicht-staatlichen Akteuren beeinflussen, da sie etwas verbieten, ermöglichen oder verlangen. Internationale I. und Organisationen lassen sich in zwischenstaatliche Institutionen (z.B. das Welthandelsregime) und Organisationen (z.B. die Welthandelsorganisation), die von Staaten begründet sind, und transnationale Institutionen (wie etwa der Forest Stewardship Council) und Organisationen (Amnesty International), die von gesellschaftlichen Akteuren getragen werden, unterscheiden.

Interpellationsrecht: Anfragen sind die am häufigsten angewandten Kontrollinstrumente des Bundestages. Dessen Geschäftsordnung unterscheidet zwischen Großen Anfragen (früher Interpellationen genannt), Kleinen Anfragen, Mündlichen Anfragen (in der Fragestunde des Bundestages) und schriftlichen Fragen. Große Anfragen ziehen in der Regel eine Aussprache im Bundestag nach sich. Kleine Anfragen werden grundsätzlich nur schriftlich beantwortet und in schriftlicher Form als Bundestags-Drucksache veröffentlicht.

Ius cogens: Zwingendes, von der Zustimmung der Staaten unabhängiges Völkerrecht, das weder durch völkerrechtliche Verträge noch durch Völkergewohnheitsrecht verändert oder ausgesetzt werden kann. Welche Normen unter ius cogens fallen, ist umstritten. Es herrscht jedoch weit verbreiteter Konsens, dass das Aggressionsverbot, das Verbot des Genozids, der Apartheid und die elementarsten Menschenrechte dazu zu zählen sind.

J

Judikative: Die rechtsprechende Gewalt, neben der Exekutive und der Legislative eine der drei Staatsgewalten.

K

Kapitaldeckungsverfahren: Eine der beiden prinzipiellen Methoden zur Finanzierung der sozialen Sicherung im Alter. Die andere Methode ist das Umlageverfahren (s. dort). Beim K. spart jeder Versicherte individuell das Deckungskapital an, aus dem später die Leistungen zu seiner Sicherung bezahlt werden sollen. Die Versicherung legt die eingezahlten Beträge am Kapitalmarkt an. Der Zinseszinseffekt erhöht die Versicherungsleistung. Es gilt als demografiefest, da die Höhe der Zahlung nicht vom Verhältnis der Zahl der Erwerbstätigen zu der Zahl der Rentner abhängt. Allerdings ist eine nach diesem Prinzip arbeitende Versicherung den Schwankungen des Kapitalmarkts ausgesetzt.

Kapitalintensität: Die durchschnittliche Ausstattung des Arbeitsplatzes eines Erwerbstätigen mit Kapital. Die dahinter liegende Vorstellung ist, dass das Sozialprodukt Y mit dem Einsatz von Kapital (K) und Arbeit (L) produziert wird: $Y = f(K,L)$. Für den Fall, dass das Sozialprodukt im gleichen Maße zunimmt (oder abnimmt) wie die Produktionsfaktoren Kapital und Arbeit, gilt: $Y/L = f(K/L,1) = F(k)$ mit k (das Zeichen für die Kapitalintensität) $= K/L$. Y/L, die Arbeitsproduktivität ist demnach eine Funktion der Kapitalintensität. So einfach diese Vorstellung ist, so schwierig ist die statistische Ermittlung des Zählers der Kapitalintensität. Das statistische Bundesamt berechnet den Kapitalstock (den Zähler also) als das jahresdurchschnittliche Bruttoanlagevermögen eines Landes in konstanten Preisen eines Basisjahres. Der Gesamtwert des Kapitalstocks gibt an, wie viele Anlagegüter im Jahresdurchschnitt zur Verfügung stehen, ohne Berücksichtigung verschleiß- und altersbedingter Wertminderungen.

Keynesianismus: Ökonomische Theorie, die sich als Gegenentwurf zur Neoklassik begreift. Im engeren Sinn die theoretische Begründung für eine Politik, mit fiskalpolitischen Mitteln Rezessionen zu überwinden. Während für die Neoklassik ein wirtschaftliches Gleichgewicht Vollbeschäftigung aller Faktoren impliziert, rechnet Keynes explizit mit der Möglichkeit eines Gleichgewichts bei Unterbeschäftigung. Da die Wirtschaft nach seiner Auffassung nicht in der Lage ist, aus sich heraus diesen Zustand zu überwinden, soll durch eine vorübergehende Verschuldung des Staats (deficit spending) die Nachfrage so stark erhöht werden, dass sich Vollbeschäftigung wieder einstellt.

Klasse, soziale: Die Zugehörigkeit zu einer sozialen K. bemisst sich an der jeweiligen Stellung eines Menschen innerhalb des Wirtschaftsprozesses. Entscheidende Merkmale können der (Nicht-)Besitz an Produktionsmitteln oder auch die Position auf dem Arbeitsmarkt bzw. in der Berufshierarchie sein. Entsprechend lassen sich zum Beispiel die Arbeiterklasse von der Bourgeoisie oder die »Dienstklasse« der qualifizierten Angestellten von der K. der unqualifizierten Arbeiter unterscheiden.

Konkordanzdemokratie: Eine Demokratie, für die die Konfliktregelung mit Kompromisstechniken, insbesondere Entscheidungsmaximen des Aushandelns oder des gütlichen Einvernehmens, kennzeichnend ist. Gegensatz: Mehrheitsdemokratie (s. dort).

Konkurrierende Gesetzgebung: Artikel 72 GG bestimmt: »Im Bereich der konkurrierenden Gesetzgebung haben die Länder die Befugnis zur Gesetzgebung, solange und soweit der Bund von seiner Gesetzgebungszuständigkeit nicht durch Gesetz Gebrauch macht.« Der Bund tritt also als »Konkurrent« der Länder auf und kann als solcher den Ländern ihre eigentliche Gesetzgebungsbefugnis nehmen. Es bedarf hierfür in der Regel der Zustimmung der Länder durch den Bundesrat.

Konsensdemokratie: Von Arend Lijphart geprägter Fachbegriff für eine Demokratie, in der die politische Willensbildung und der Entscheidungsprozess auf einem hohen Maß an Konsensus und nichtmajoritärer Konfliktregelung gründen. Ein Paradebeispiel ist von 1945 bis 1995 die Schweiz. Gegensatz: Mehrheitsdemokratie (s. dort).

Konstitutionelle Demokratie: Eine Demokratie, die durch verfassungsrechtliche Spielregeln in ihrer Funktionsweise und ihrer Reichweite eingegrenzt ist – im Unterschied zu einer Demokratie ohne geschriebene Verfassung, wie Großbritannien, zu einer sogenannten »Fassadendemokratie« und zu den sogenannten »Volksdemokratien« der sozialistischen Staaten in Mittel- und Osteuropa bis zum Fall des »Eisernen Vorhangs« zwischen Ost und West im Jahre 1990.

Korporatismus: Wirtschaftsordnung, in der die Verbände in staatliche Willensbildung, Politikformulierung und staatliche Aktivitäten einbezogen sind. Die deutsche Wirtschafts- und Sozialordnung gilt im internationalen Vergleich als hochgradig korporatistisch organisiert.

Kriege (neue): Konflikte, bei denen die Grenzen zwischen Bürgerkrieg, Terrorismus, Staatsterror und Kriminalität verschwimmen und die oft einen transnationalen Charakter haben. Solche Konflikte sind zumeist asymmetrisch, da sich staatliche Akteure und private Akteure gegenüberstehen und mit unterschiedlichen Mitteln arbeiten. In den neuen Kriegen ist die Tötung und/oder Misshandlung von Zivilisten oft ein strategischer Bestandteil der Kriegsführung.

Kriminalstatistik, polizeiliche (PKS): Die bekannteste und am häufigsten verwendete Kriminalstatistik. Sie wird seit 1953 jährlich vom Bundeskriminalamt herausgegeben. Die PKS enthält Informationen zu Fällen, Tatverdächtigen und Opfern. Die präsentierten Zahlen spiegeln (nur) das Hellfeld der (offiziell registrierten) Kriminalität in Deutschland wider. Vgl. www.bka.de – Berichte und Statistiken.

Kultur: Umfasst in einem engeren Sinne verbreitete Wissensbestände, Ideen, Ideale, Werte, Einstellungen und Normen. In einem weiteren Sinne ist K. alles, was sozial existiert bzw. von Menschen gemacht ist. In der Soziologie wird in der Regel mit dem engeren Konzept gearbeitet, um analytisch zwischen Natur, Gesellschaft und K. zu unterscheiden, aber auch zwischen Sozialstruktur und K.

L

Lage, soziale: Während sich die Position eines Menschen im sozialen Gefüge einer Gesellschaft durch Klassen- und Schichtbegriffe vornehmlich an der beruflichen Stellung orientiert, geht der Begriff der sozialen L. darüber hinaus. Dieser Begriff bezieht noch weitere Dimensionen sozialer Ungleichheit (z. B. Freizeit-, Umweltbedingungen, Integration) in die Positionierung eines Menschen mit ein und kann daher auch Gruppierungen außerhalb des Erwerbslebens (Hausfrauen, Kinder, Rentner) erfassen. Mit diesem komplexen Konzept lassen sich etwa die spezifische soziale L. von Alleinerziehenden, Facharbeitern oder Studierenden beschreiben.

Lebenschancen: L. werden durch Optionen, also Wahlfreiheiten, und Ligaturen in Gestalt sinnhafter Bindungen an Werte und Gemeinschaften bestimmt, wobei ein Optionswachstum zwar nicht zwangsläufig, aber doch oft mit einem Ligaturenverlust einhergeht.

Lebensform, private: Als private L. wird die Art der relativ dauerhaften Organisation der sozialen, haushaltsübergreifenden Nahbeziehungen einer Person bezeichnet. Eine wichtige Teilmenge von Lebensformen bilden »familiale Lebensformen«, deren spezifisches Merkmal das Vorhandensein von Eltern-Kind-Beziehungen ist.

Lebensführung, private: Der Gesamtprozess der Aufeinanderfolge von Lebensformen, Lebensphasen und familialen Übergängen im Lebenslauf.

Lebenslauf:. Die Abfolge objektiv bestimmbarer sozialer Positionen, Lebensformen und Lebensphasen im Leben eines Menschen. Der »Normallebenslauf« bezeichnet die durch die Gesellschaft institutionalisierte Form eines typischen Lebensverlaufs. So war in der Industriegesellschaft die Abfolge von Kindheit (in der Elternfamilie), Jugend (Ausbildung), Erwachsenenalter (Erwerbstätigkeit, eigene Familie) und Alter (Rente) vorherrschend. Dieser Standard hat sich teils ausdifferenziert und aufgelöst.

Lebensstil: Wiederkehrende Muster der Lebensgestaltung, die unter anderem von den verfügbaren materiellen und kulturellen Ressourcen, von der jeweiligen Familien- und Haushaltsform und den Werthaltungen bzw. Lebenszielen abhängen.

Legislative: Die gesetzgebende Versammlung, die mit der Gesetzgebung beauftragte Staatsgewalt. In der Demokratie ist die L. entweder direkt beim Wahlvolk verankert, so in der Direktdemokratie, oder – so der typische Fall – bei einer vom Volk gewählten Repräsentativvertretung, dem Parlament.

Leiharbeit s. Zeitarbeit

Lohnersatzleistung: Versicherungsleistungen (Krankengeld, Verletztengeld, Versorgungskrankengeld, Übergangsgeld, Unterhaltsgeld, Arbeitslosengeld oder Rente), die bei temporärem oder dauerhaftem Ausscheiden aus dem Erwerbsleben an die Stelle von Löhnen treten.

M

Marginalisierung: (von lateinisch margo = Rand) Ein Prozess, bei dem Bevölkerungsschichten an den Rand der Gesellschaft gedrängt werden und dadurch weniger am wirtschaftlichen und gesellschaftlichen Leben teilnehmen können.

Massenkommunikation: Kommunikation mittels technischer Medien an eine Vielzahl von Empfängern.

Median: Der M. (auch Zentralwert) ist eine statistische Maßzahl, die genau die Mitte einer Datenverteilung bezeichnet, sodass z. B. in einer Einkommensverteilung die Hälfte der Erfassten über und die andere Hälfte unter dem Medianwert liegen. Dieser Mittelwert wird in neuerer Zeit als Bezugsgröße zur Beschreibung von Einkommensungleichheit und Armut bevorzugt, weil Alternativen wie das arithmetische Mittel durch Höchsteinkommensbezieher stark nach oben verzerrt werden.

Mediatisierung: Prozess, in dem die Gesellschaft und ihre Teilsysteme immer stärker unter den Einfluss der Medien geraten und mit ihnen verschmelzen.

(Medien-)Konvergenz: Bezeichnet (1) die Angleichung öffentlich-rechtlicher und privater Fernsehprogramme und (2) die Verschmelzung unterschiedlicher Medien infolge der Digitalisierung.

Mehrebenensystem (politisches): Föderale politische Ordnung, die auf der institutionellen Verschränkung und dem Zusammenwirken lokaler, nationaler und – in der Europäischen Union – supranationaler Entscheidungsebenen basiert.

Mehrebenen-Governance: Zusammenspiel unterschiedlicher, voneinander abhängiger politischer Ebenen in der Entwicklung politischer Regelungen. Es lassen sich unterschiedliche Typen von Mehrebenen-Governance unterscheiden: die globale Mehrebenen-Governance, das europäische Mehrebenensystem und föderale politische Systeme innerhalb von Nationalstaaten.

Mehrheitsdemokratie: Eine Demokratieform, die im Unterschied zur nichtmajoritären Demokratie durch die Vorherrschaft des Mehrheitsprinzips und wenige niedrige institutionelle Sperren gegen die Herrschaft der Mehrheit im Parlament bzw. in der Exekutive gekennzeichnet ist. Als Hauptbeispiele gelten etwa Großbritannien, Neuseeland bis zur Wahlrechtsreform 1993 und Schweden.

Mehrheitswahl: Wahlsystem, das die Schaffung regierungsfähiger Mehrheiten in den Parlamenten zum Ziel hat.

Mentalität: Vorherrschende Denk- und Verhaltensweisen von Personen, Gruppen, Gesellschaften oder Epochen. Beispiele sind etwa die Krämer-M. des Kaufmanns, die Aufstiegsmentalität des Kleinbürgertums, die »can do all«-M. der Amerikaner oder die Fortschrittsmentalität (»höher, schneller, weiter«) der Moderne. Mentalitäten verweisen auf tief sitzende Dispositionen, die meist in Weltbildern oder Weltanschauungen verankert sind und das Handeln anleiten.

Mikrozensus: Eine jährlich durchgeführte Befragung von einem Prozent aller Haushalte in Deutschland über ihre wirtschaftliche und soziale Situation. Insgesamt nehmen etwa 370 000 Haushalte mit 820 000 Personen an der Erhebung teil. Das gleich bleibende Erhebungsprogramm beinhaltet soziodemografische Fragen zur Person, Fragen zum Familien- und Haushaltszusammenhang sowie zu den Bereichen Erwerbstätigkeit, Einkommen und Ausbildung. Für den Großteil der Fragen besteht Auskunftspflicht. Daneben werden auf freiwilliger Basis in jeweils vierjährigen Abständen zusätzliche Angaben etwa zur Gesundheit, Krankenversicherung, Wohnsituation oder Altersvorsorge erhoben.

Milieu, soziales: Gruppierung von Menschen mit ähnlicher Werthaltung und Mentalität und oftmals einer geteilten räumlich-sachlichen Umwelt (wie Stadtviertel, Region, Beruf, Bildung und Erziehung, Politik, Kultur). Bei kleineren Milieus kommen ein »Wir-Gefühl« und ein erhöhter Binnenkontakt hinzu, der für sozialen Zusammenhalt sorgt.

Minijob: Eine Erwerbstätigkeit unterhalb einer gesetzlich definierten Geringfügigkeitsgrenze (im Jahr 2011: höchstens 400 Euro regelmäßiger Monatsverdienst). Die Arbeitgeber sind zur Abgabe einiger Pauschalen für die Sozialversicherung und die Steuer verpflichtet; die Arbeitnehmer sind jedoch nicht kranken- und rentenversichert. Die gesetzlichen Details ändern sich relativ häufig.

Mischverfassung: Fachausdruck der vergleichenden Staatsformenlehre für eine Staatsverfassung, die sich durch die Mischung unterschiedlicher, mitunter gegensätzlicher Verfassungstypen auszeichnet, z. B. in der aristotelischen Staatsformenlehre die aus der Mischung der Demokratie und der Oligarchie hervorgehende gemäßigte Demokratie oder auch der Zwitter aus Mehrheits- und nichtmajoritärer Demokratie, so die Staatsverfassung der Bundesrepublik Deutschland.

Mitregent: Ein Individual- oder Kollektivakteur, der faktisch bei der Willensbildung und Entscheidungsfindung mitregiert, auch wenn er nicht den Status einer Regierung und nicht die formelle Einspruchsberechtigung eines Vetospielers besitzt.

Moderne/reflexive Moderne: Seit der Renaissance sich herausbildende und sich seit dem 19. Jahrhundert weltweit verbreitende Gesellschaftsform, die in einer ersten Phase alle traditionalen Gesellschaftsstrukturen Schritt für Schritt durch »fortschrittliche« neue verdrängt, um dann in eine zweite Phase einzutreten, in der sie zunehmend auf Unzulänglichkeiten und Risiken des selbsterzeugten »Fortschritts« reagieren muss.

N

Neoklassik: Wirtschaftswissenschaftliche Schule, die seit der Publikation von Alfred Marshalls *Principles of Economics* (1890) die Lehre und Forschung an den wirtschaftswissenschaftlichen Fachbereichen der Universitäten westlicher Länder bis auf den heutigen Tag dominiert. Das Paradigma der Schule ist die Allokation von Gütern in einer reinen Tauschwirtschaft.

Neokorporatismus: Ein System der Interessenvermittlung, dessen wesentliche Bestandteile organisiert sind in einer begrenzten Anzahl singulärer Zwangsverbände, die nicht miteinander in Wettbewerb stehen, über eine hierarchische Struktur verfügen und nach funktionalen Aspekten voneinander abgegrenzt sind. Sie verfügen über staatliche Anerkennung oder Lizenz, wenn sie nicht sogar auf Betreiben des Staates hin gebildet worden sind. Innerhalb der von ihnen vertretenen Bereiche wird ihnen ausdrücklich ein Repräsentationsmonopol zugestanden, wofür sie als Gegenleistung bestimmte Auflagen bei der Auswahl des Führungspersonals und bei der Artikulation von Ansprüchen oder Unterstützung zu beachten haben.

Neoliberalismus: Selbstbezeichnung unterschiedlicher Schulen (z.B. Chicago School, Ordoliberalismus und Österreichische Schule der Nationalökonomie) und Theorieansätze (z.B. Humankapitaltheorie, Monetarismus, Neue Institutionenökonomie und Public-Choice-Ansatz). Die gemeinsamen Prinzipien umfassen individuelle Freiheit, freies Unternehmertum, freien Markt, eine effektive Konkurrenzordnung, eine entsprechende gesetzliche und institutionelle Ordnung sowie eine Redefinition der Staatsfunktionen. Hierbei reichen neoliberale Positionen von staatsfeindlichen Haltungen bis zu weitreichenden Staatsinterventionen (immer im Sinne der Absicherung des Marktes und dessen »optimalen« Funktionierens). Der N. ist eine Weltanschauung, die zwar stark auf ökonomischen Theorien beruht, sich aber nicht auf diese beschränkt.

Nichtregierungsorganisation (NGO): Eine private, nicht vom Staat gegründete oder ausschließlich staatlich finanzierte Organisation. In einem engeren Verständnis, das Wirtschaftsverbände, professionelle Vereinigungen und Gewerkschaften ausschließt, fallen darunter zivilgesellschaftliche, nicht primär profitorientierte Organisationen, die sich für bestimmte, von den Mitgliedern festgelegte und häufig gemeinwohlorientierte Interessen einsetzen. Transnationale NGOs verfolgen diese Aktivitäten grenzüberschreitend und haben meist regionale Büros in mehreren Ländern. Hierzu zählen Amnesty International und Human Rights Watch, Transparency International, der WWF (World Wide Fund for Nature), Greenpeace und Friends of the Earth, Ärzte ohne Grenzen, die Entwicklungshilfeorganisationen Care International und Oxfam und die globalisierungskritische Attac.

Normalarbeitsverhältnis: Geht ein Arbeitnehmer einem unbefristeten Beschäftigungsverhältnis in einer Vollzeittätigkeit nach, so arbeitet er in einem N. Diese Personen sind voll in die sozialen Sicherungssysteme (Arbeitslosen-, Renten-, Krankenversicherung) integriert. In Abgrenzung dazu umfassen atypische Beschäftigungsverhältnisse befristete Tätigkeiten, Teilzeitarbeit unter 20 Std./Woche, Zeitarbeit und geringfügige Beschäftigung. Als prekäres Beschäftigungsverhältnis gilt eine Tätigkeit dann, wenn der Beschäftigte dadurch einem erhöhten Armutsrisiko ausgesetzt wird.

O

Öffentliche Ordnung: Die Gesamtheit der geschriebenen und ungeschriebenen Regeln, deren Beachtung als unerlässlich für ein geordnetes Zusammenleben empfunden wird.

Öffentliche Sicherheit: Das Schutzgut umfasst die Unverletzlichkeit der geschriebenen Rechtsordnung, der subjektiven Rechte und Rechtsgüter des Einzelnen sowie der Einrichtungen und Veranstaltungen des Staates oder sonstiger Träger der Hoheitsgewalt.

Ökonomisierung: Organisatorische Neuordnung staatlicher Verwaltungen, bei der durch interne Rationalisierung und die Übernahme marktpreissimulierter Kosten-Ertrags-Kalküle angestrebt wird, die Qualität öffentlicher Dienstleistungen zu verbessern und gleichzeitig deren Produktionskosten zu senken. Ökonomisierungsstrategien kommen vor allem in den öffentlichen Diensten im engeren Sinne (Bildungs- und Gesundheitswesen, Sozialwesen usw.) sowie in den klassischen »hoheitlichen« Bereichen staatlicher Tätigkeit (Polizei, Steuerwesen, Militär usw.) zur Anwendung.

Offener Kanal: Gemeinnütziger, der Allgemeinheit zugänglicher Kanal zur Produktion und Ausstrahlung von Fernsehsendungen durch jedermann.

Ordoliberalismus: Ökonomische Richtung, für die die wirtschaftliche Ordnung für den Wirtschaftsprozess von zentraler Bedeutung ist. Wirtschaftspolitik ist daher primär Ordnungspolitik zur Sicherung des freien Wettbewerbs.

Organisierte (transnationale) Kriminalität: Seit den späten 1980er-Jahren international verbreiteter Begriff für komplexe, rationale (Schwarzmarkt-) Kriminalität. Wird dabei über Staatsgrenzen hinweg operiert, spricht man von »transnationaler OK«. Ausdrücklich von der Definition ausgenommen sind Straftaten des Terrorismus. Wichtigste Einnahmequelle der OK ist nach wie vor der illegale Drogenhandel.

Output-Legitimität: Anerkennungswürdigkeit oder faktische Anerkennung einer politischen Ordnung, die auf der Wertschätzung beruht, die den Ergebnissen des politischen Willensbildungs- und Entscheidungsprozesses (»politischer Output«) entgegengebracht wird. Gegensatz: Input-Legitimität.

P

Para-soziale Interaktion: Medienfunktion, bei der reale durch fiktive oder virtuelle Beziehungen zu Personen in den Medien ersetzt werden.

Partei: Eine dauerhaft organisierte Vereinigung von Bürgern, die an Wahlen teilnimmt.

Parteienstaat: In der Weimarer Republik als polemisches Schlagwort gegen die Demokratie gebraucht, bedeutet in der deutschen Nachkriegsdemokratie, dass die Verfassungsrealität und staatliche Willensbildung in Parlamenten und der Regierung heute am stärksten durch Parteien bestimmt wird.

Parteiensystem: Die Gesamtheit der in einem Land existierenden Parteien und der durch ihre Koexistenz gebildeten Beziehungsmuster.

Pfadabhängigkeit: Die weitgehende Prägung politischer Steuerungen und gesellschaftlicher Einrichtungen durch Strukturen, Vorgänge und Maßnahmen zu früheren Zeitpunkten und dadurch gebahnte »Pfade«. Sie schränken zukünftige Handlungsmöglichkeiten ein bzw. schreiben zukünftige Problemlösungen fest. Problemadäquate Lösungen geraten dabei gegenüber eingefahrenen Standardprozeduren ins Hintertreffen.

Pillenknick: Umgangssprachlich das steile Absinken der Geburtenrate von Mitte der 1960er- bis Mitte der 1970er-Jahre in Deutschland. Die Verfügbarkeit der Antibabypille als Verhütungsmittel soll demnach der ausschlaggebende Grund gewesen sein. Hinter der Pillennutzung und dem Geburtenrückgang stand jedoch der Wunsch vieler Eltern nach weniger Kindern.

Pluralisierung der Lebensformen: Bezeichnung für zwei unterschiedliche Prozesse: die wachsende Anzahl unterschiedlicher Lebensformen und ihre zunehmende Häufigkeit. Entsprechend wird von struktureller und distributiver Vielfalt gesprochen.

Politikverflechtung: Zusammenarbeit von Bund und Ländern, der das Element der Freiwilligkeit fehlt, sich der Ansinnen des Bundes zu verweigern. Politisch kontroverse Projekte und brisante Entscheidungen werden deshalb eher ausgeblendet oder vertagt. Die P. ist wenig flexibel und führt zu einer Politik des kleinsten gemeinsamen Nenners.

Politikverflechtungsfalle: Das Selbstblockierungspotenzial von auf Einstimmigkeit basierenden föderalen Mehrebenensystemen (s. dort.) wie der Europäischen Union.

Politische Kultur: Die Gesamtheit der Werte und Glaubensüberzeugung der Bürger und ihrer Einstellungen zu den politischen Institutionen, den politischen Vorgängen und der Staatstätigkeit. Unterschieden wird häufig zwischen »parochialer Kultur« (eine kirchturmspolitikartige, nur auf die lokale Umwelt der Bürger bezogene politische Kultur), »Untertanenkultur« (die durch Orientierung an der Wohlfahrtssicherung durch Staat und Wirtschaft geprägte politische Kultur), »partizipatorische« politische Kultur (eine politische Kultur, die durch aktive politische Beteiligung der Bürger hervorsticht) und »Bürgerkultur« (eine Kombination der Hauptelemente der zuvor genannten drei reinen Typen politischer Kultur).

Politisierung: Prozess, mittels dessen Problemlagen und die Diskussion über den Umgang mit ihnen in die politische Sphäre gebracht werden.

Postmaterialismus: Das Streben einzelner Personen oder ganzer Bevölkerungsgruppen nicht nach materiellen Gütern (z.B. Geld) oder Befriedigung existenzieller Bedürfnisse (Nahrung, Kleidung, Wohnung, Sicherheit, usw.), sondern nach übergeordneten kulturellen, sozialen und intellektuellen Werten wie Freiheit, Glück, Selbstverwirklichung, Umweltschutz und Frieden.

Präsidentialisierung: Tendenz der Ablösung des Regierungschefs in parlamentarischen Demokratien von seiner Regierung und dem Parlament und zur direkten Ansprache an das Volk u.a. via Medien. Damit ist meist die kritisch gesehene Neigung zur »einsamen Entscheidung« verbunden.

Prävention: Vorbeugende Maßnahmen, um ein unerwünschtes Ereignis oder eine unerwünschte Entwicklung zu vermeiden. Man unterscheidet primäre (Erziehung), sekundäre (Intervention) und tertiäre (Resozialisierung, Rehabilitation) P.

Prekarität: In der Arbeitsmarktsoziologie bezeichnet man mit P. unsichere oder als unsicher erlebte Beschäftigungsverhältnisse. Die Unsicherheit kann u.a. aus der Befristung des Arbeitsvertrages, aus Niedriglöhnen oder der Ungewissheit über Unternehmensstrategien (etwa mögliche Beschäftigungsverlagerung ins Ausland) resultieren.

Private Autorität: Fähigkeit nicht-staatlicher Akteure, mittels Selbstorganisation politische Regelungen aufzustellen. Zu privaten transnationalen Institutionen, die solche Autorität ausüben, zählen z.B. der Forest Stewardship Council, der zum Zwecke des Waldschutzes die Bewirtschaftung von Wäldern anhand festgelegter Kriterien zertifiziert, und Rugmark, das Produkte der Teppichindustrie zertifiziert, die ohne Kinderarbeit hergestellt wurden.

Privatisierung: Im engeren Sinne die Verlagerung von bisher staatlichen Aktivitäten in den privaten Sektor der Volkswirtschaft, um die Allokation der Ressourcen über den (als effizienter eingestuften) Markt zu regeln. Im weiteren Sinne bedeutet P. die gesellschaftliche Tendenz der »Vermarktwirtschaftlichung« sämtlicher Produktionsbedingungen des Akkumulationsprozesses: der allgemeinen (staatliche Infrastruktur, öffentliche Dienstleistungen), der persönlichen (soziale Reproduktion) und der externen (natürliche Umwelt). Diese Bedingungen werden sukzessive den Verwertungsinteressen des privaten Kapitals unterworfen.

Produktivitätsorientierte Lohnpolitik: Eine Anfang der 1950er-Jahre gemeinsam von Arbeitgebern und Gewerkschaften getragene Neuorientierung der Lohnpolitik, welche die ältere Vorstellung ersetzt, dass jede Lohnsteigerung die Gewinne der Arbeitgeber schmälert (und umgekehrt). Die Arbeitgeberverbände stimmen demgemäß Tariflohnerhöhungen im Eigeninteresse zu, soweit sie die Lohnstückkosten nicht erhöhen. Im Gegenzug beschränken die Gewerkschaften ihre Lohnforderungen auf den durch die Produktivitätssteigerung umrissenen Spielraum.

Public-Private-Partnership: Gemeinsame Herstellung von Regelungen oder öffentlichen Gütern durch wirtschaftliche und/oder gesellschaftliche Akteure in Verbindung mit Staaten, wie zum Beispiel das ICANN, das die Vergabe von Internetadressen regelt.

Q

Qualitätszirkel: Zumeist auf unbestimmte Dauer angelegte Kleingruppen, in denen sich Arbeitnehmer zumeist ohne Vorgesetzte und oftmals unter Leitung eines Moderators während der Arbeitszeit treffen, um gemeinsam die Qualität und Wirtschaftlichkeit im eigenen Arbeitsbereich zu verbessern. Vorgeschlagen werden können Veränderungen der Produkte, der Prozesse und der Arbeitsbedingungen.

R

Religion: (von lat. »religio«, Gottesfurcht, Heiligkeit, Frömmigkeit) Kollektive Sinnsysteme, Kulte und Riten, Institutionen und Rollen, mit deren Hilfe sich die Menschen in ihrem Zusammenleben der Existenz von außerweltlichen Wirklichkeiten und Begebenheiten versichern. Religion stillt das Bedürfnis nach Gemeinschaft (die Gemeinde), stiftet Sinn (durch die Theodizee), eröffnet Chancen zur Idealisierung (dem traurigen Diesseits wird ein paradiesisches Jenseits gegenübergestellt), erlaubt Transzendenz (Anschluss an Dämonen, Geister oder Götter) und bietet eine Kosmologie (die religiöse Erklärung der Welt).

Responsibility to Protect: Ein (umstrittenes) Prinzip, das den Eingriff der internationalen Staatengemeinschaft in innere Angelegenheiten, im Extremfall auch unter Einsatz militärischer Gewalt, legitimiert, wenn ein Staat der Verantwortung, seine Bevölkerung vor humanitären Notlagen zu schützen, nicht nachkommt oder nicht nachkommen kann.

Richtlinienkompetenz: Die durch Artikel 65 GG garantierte Kompetenz des Bundeskanzlers, über die Grundsätze der Regierungstätigkeit zu entscheiden. Begrenzt wird die R. durch die Zuständigkeitsbereiche der Minister (Ressortprinzip). Es ist umstritten, wie stark ein Bundeskanzler in Ministerien »hineinregieren« darf.

Riesterrente: Seit 2002 staatlich geförderte private oder betriebliche Altersvorsorge durch Zulagen oder Vorteile beim steuerlichen Sonderausgabenabzug. Damit sollen Versicherte Kürzungen der gesetzlichen Rente ausgleichen.

Risiko: Bestimmte Risiken (Gesundheitsbeschwerden, Invalidität, Arbeitsunfähigkeit von Alters wegen, Verlust der Autonomie, Verlust der Unterstützung durch ein Familienmitglied wegen Tod oder Scheidung, erzwungene Umschulung, Arbeitslosigkeit) gefährden in modernen Gesellschaften die wirtschftliche Existenz vieler Menschen. Diese Risiken verlangen nach sozialstaatlichem Schutz (durch Pflege, Ersatzeinkommen, Ressourcengarantie, Dienstleistungen). Dabei stellt sich die Frage, welche kollektiven Leistungen nötig sind, um die Risiken individueller Lebenslagen zu vermindern.

S

Schicht, soziale: Menschen mit ähnlich hoher Stellung in einer berufsnahen Dimension sozialer Ungleichheit bezeichnet man als Bildungs-, Berufs(prestige)- oder Einkommensschicht. Von sozialen Schichten spricht man, wenn Menschen eine ähnlich hohe Stellung auf diesen drei Dimensionen sozialer Ungleichheit zugleich innehaben.

Segregation: Unter S. versteht man eine (oft räumliche) Trennung verschiedener Menschengruppen. S. des Arbeitsmarkts heißt die Verteilung von Personen mit unterschiedlichen Merkmalen (z. B. nach Geschlecht, ethnischer Zugehörigkeit oder Alter) auf unterschiedliche Berufe oder unterschiedliche Hierarchiepositionen.

Semipräsidentialismus: Mischform aus präsidentiellem und parlamentarischem Regierungssystem. Als Paradebeispiel gilt Frankreich seit der Verfassungsreform von 1962, welche die Direktwahl des Präsidenten durch das Volk einführte und eine Staatsspitze aus zwei mächtigen, teils kooperierenden, teils gegnerschaftlichen Akteuren schuf: den Regierungschef und den Staatspräsidenten.

Sicherheitsbericht, periodischer: Periodisch erscheinende, umfängliche und wissenschaftlich fundierte Einschätzung zur nationalen Kriminalitätslage. Vgl. www.bka.de – Berichte und Statistiken.

Solidarität: Zusammengehörigkeit, Verbundenheit. Politisch motivierte S. lässt sich auf republikanische, sozialistische und christliche Wurzeln zurückführen. Die republikanische (Volks-)Verbundenheit kommt im Patriotismus zum Ausdruck. Um Gegenmacht, Zusammenhalt und soziale Einrichtungen geht es der Arbeiterbewegung. Der Solidarismus der christlichen Sozialphilosophie argumentiert mit der Gleichheit vor Gott.

Soziale Kontrolle: Gewollte Lenkung des Einzelnen durch die Gruppe, im weiteren Sinne die beabsichtigte Herrschaft der Gesellschaft über das Individuum. Eine neuere Definition fasst unter dem Begriff jene Prozesse und Mechanismen, mit deren Hilfe eine Gesellschaft versucht, ihre Mitglieder zu Verhaltensweisen zu bringen, die im Rahmen dieser Gesellschaft positiv bewertet werden.

Soziale Ungleichheit: In allen Gesellschaften sind wertvolle Güter aufgrund gesellschaftlich strukturierter Verteilungsmechanismen nicht für alle Mitglieder gleich zugänglich. Was ein »wertvolles Gut« ist, kann zwischen Gesellschaften und Kulturen variieren, je nach den vorherrschenden Werten und Organisationen des Sozialsystems. In industrialisierten und postindustriellen Gesellschaften zählen Bildung, Erwerbschancen, berufliche Stellung, Macht, Einkommen und Vermögen zu den besonders wertvollen Gütern. Nicht jede Form s. U. gilt als illegitim. Sie werden dann infrage gestellt, wenn sie als ungerecht gelten.

Sozialer Wandel: Alle nachhaltigen Veränderungen gesellschaftlicher Strukturen.

Sozialstaatsprinzip: Die staatliche Gemeinschaft trägt in der Regel die Lasten mit, die aus gesellschaftlichen Standardrisiken entstehen und oft nur zufällig bestimmte Personen treffen. Daher sind die klassischen Systeme der sozialen Sicherung gegen Lebensrisiken (Alter, Krankheit, Unfall, Pflegebedürftigkeit und Arbeitslosigkeit) durch das S. legitimiert, ferner die Maßnahmen des sozialen Ausgleichs und der Hilfe in Notlagen (z. B. Kindergeld, Mutterschutz, Wohngeld und Sozialhilfe). Vgl. Art. 20 GG.

Stand, sozialer: Eine Gruppe von Menschen, deren Position im gesellschaftlichen Gefüge sozialer Ungleichheit im Wesentlichen durch ihre Geburt determiniert ist. Die Existenzbedingungen und Lebensweisen der jeweiligen Gruppen sind weitestgehend rechtlich geregelt, sozialer Auf- oder Abstieg ist nahezu unmöglich. Die Trennung zwischen sozialen Ständen war insbesondere für die vorindustrielle Gesellschaft kennzeichnend. Zu unterscheiden waren der Adel, der Klerus, das Bürgertum (in den Städten) und der Bauernstand. Mit dem Aufkommen der Industriegesellschaft verlor die soziale Ständestruktur gegenüber der Klassenstruktur an Bedeutung.

Status, sozialer: Position eines Menschen im Oben und Unten einer oder mehrerer Dimensionen sozialer Ungleichheit. Unterscheiden lässt sich z.B. der Bildungsstatus, Einkommensstatus, Prestigestatus und ein Gesamtstatus. Mehrere Personen mit ähnlich hohem S. bilden eine Statusgruppe. Ähnelt sich der S. eines Menschen über mehrere Dimensionen hinweg, liegt Statuskonsistenz vor. Die Bewegung von einem niedrigeren in einen höheren Status oder umgekehrt heißt vertikale soziale Mobilität.

Steuer: Grundsätzlich sind Steuern Zahlungen an den Staat, die keinerlei Anspruch auf eine bestimmte Gegenleistung begründen. Sie dienen in erster Linie der Befriedigung des öffentlichen Finanzbedarfs, das heißt dazu, dem Gemeinwesen die zur Erfüllung seiner Aufgaben und zur Deckung der notwendigen Ausgaben erforderlichen Geldmittel zuzuführen.

Subjektivierung der Arbeit: Die infolge betrieblicher Veränderungen zunehmende Bedeutung »subjektiver« Potenziale und Leistungen im Arbeitsprozess, als wachsende Chance, »Subjektivität« in den Arbeitsprozess einzubringen und umzusetzen, aber auch als Zwang, mit »subjektiven« Beiträgen den Arbeitsprozess auch unter »entgrenzten« Bedingungen im Sinne der Betriebsziele aufrecht zu erhalten und die eigene Arbeit mehr als bisher selbst zu strukturieren.

Subsidiaritätsprinzip: Eine höhere gesellschaftspolitische Ebene übernimmt eine Aufgabe nur dann, wenn die untere Ebene diese nach eigenem Bekunden nicht mehr erfüllen kann. Denn Probleme sollen möglichst nahe der Lebenswelt der Betroffenen gelöst werden. Daher sollen politische Regelungen nicht zentralisiert, sondern auf den unteren Stufen der Staatsorganisationen (Gemeinden, Länder) getroffen werden. Dabei werden sie von den höheren Stufen unterstützt (lateinisch subsidium, Hilfeleistung). Auf den Föderalismus übertragen hat dies zur Konsequenz, dass die zentralstaatliche Ebene nur dann Aufgaben übernimmt, wenn die Gliedstaaten durch deren Wahrnehmung überfordert sind und der Aufgabenwahrnehmung durch die bundesstaatliche Ebene zustimmen. Insbesondere christlich-demokratische Parteien wollen, dass bestimmte gesellschaftliche Aufgaben der Familie als »kleinster Zelle des Staates« vorbehalten bleiben. Einerseits zielt das S. auf den Schutz des Individuums oder sozialer Gruppen vor unberechtigten Eingriffen des Staates. Andererseits wird das S. als Hilfsverpflichtung des (Zentral-)Staates verstanden, wenn die kleinere soziale Einheit alleine der Aufgabe nicht mehr gewachsen ist.

Suburbanisierung: Die Ausdehnung städtischer Wohn- und Lebensformen in das Umland der großen Städte, verbunden mit einer Dekonzentration von Bevölkerung und Arbeitsplätzen und einer sozialen Polarisierung zwischen Kernstadt und Umland.

Supranationalisierung: Prozess, der politische Autorität jenseits des Nationalstaates erwachsen lässt, indem internationale Institutionen Verfahren ausbilden, die sich von dem zwischenstaatlichen Konsensprinzip lösen. Dadurch können für nationale Regierungen Verpflichtungen entstehen, Maßnahmen auch dann zu ergreifen, wenn sie selbst nicht zustimmen. Infolge der S. verschiebt sich ein Teil der politischen Autorität von einzelnen Staaten zu internationalen Institutionen.

Supranationalität (in der EU): Für bestimmte EU-Organe ein grundlegendes politisches Organisationsprinzip, das auf dem Vorrang des Europarechts gegenüber dem Recht der Mitgliedstaaten sowie auf der politischen Autonomie und dem Vorschlagsmonopol der Kommission in der europäischen Gesetzgebung basiert.

T

Tarifautonomie: Das im Grundgesetz (Artikel 9, Absatz 3) verankerte Recht, »zur Wahrung und Förderung der Arbeits- und Wirtschaftsbedingungen Vereinigungen« – insbesondere Gewerkschaften und Arbeitgeberverbände – zu bilden, die frei von staatlichen Eingriffen Tarifverträge aushandeln und abschließen können. Das Tarifvertragsgesetz regelt, was ein Tarifvertrag ist und welche Bedingungen Tarifvertragsparteien erfüllen müssen.

Telefongeheimnis: Art. 10 GG erklärt das Briefgeheimnis sowie das Post- und Fernmeldegeheimnis für unverletzlich. Beschränkungen dürfen nur aufgrund eines Gesetzes angeordnet werden.

Telemedien: Elektronische Informations- und Kommunikationsdienste, insbesondere Internetdienste.

Tertiarisierung: Spezifische Form des wirtschaftlichen Strukturwandels, in dessen Verlauf Dienstleistungen zum relativ oder absolut wichtigsten Zweig wirtschaftlicher Aktivitäten werden. Der Begriff fußt auf der Einteilung wirtschaftlicher Aktivitäten in drei Sektoren: Land- und Forstwirtschaft, Industrie (verarbeitendes Gewerbe einschließlich des Baugewerbes) und Dienstleistungen (Handel, Banken, Versicherungen, private und öffentliche Dienstleistungen).

Transferleistungen: Alle Zahlungen staatlicher Organe, die die Belastung von Haushalten und Privatpersonen mindern, welche durch das Eintreten bestimmter Bedürfnisse (etwa durch Mutterschaft oder Alter) oder Risiken (etwa Invalidität, Arbeitslosigkeit) entsteht, sofern diese Bedürfnisse und Risiken in den Bereich der »Sozialpolitik« fallen. Zahlungen von privaten Institutionen oder Nichtregierungsorganisation heißen nicht T., sondern Hilfe und wohltätige Unterstützung. Um als T. zu gelten, müssen staatliche Leistungen in erster Linie auf dem Grundsatz der Solidarität basieren, was einen Umverteilungsmechanismus voraussetzt.

Transnationalisierung: Prozess, bei dem nicht-staatliche Akteure die Träger internationaler politischer Regelungen und Aktivitäten sind, ohne dass Staaten die Aufgabe an die nicht-staatlichen Akteure formal delegiert haben. Solche Regelungen beruhen auf dem Prinzip der Selbstorganisation und erzeugen private Autorität. Darunter fallen dann beispielsweise sog. Codes of Conduct, die zwischen Unternehmen vereinbart werden sowie die Übernahme von Überwachungsfunktionen durch transnationale NGOs im Rahmen internationaler Institutionen.

U

Überhangmandate: Der Anteil an Abgeordnetenmandaten für eine Partei bestimmt sich in Deutschland nach der Gesamtzahl der für sie abgegebenen gültigen Zweitstimmen. Wenn eine Partei aufgrund der Erststimmen mehr Direktmandate in den einzelnen Wahlkreisen der Bundesländer gewinnt, als ihr gemäß der Anzahl ihrer Zweitstimmen an Mandaten zustehen, entstehen Ü., da keinem direkt gewählten Kandidaten der Sitz im Bundestag weggenommen werden kann.

Umlageverfahren: Neben dem Kapitaldeckungsverfahren (s. dort) eine der beiden prinzipiellen Methoden zur Finanzierung der sozialen Sicherung im Alter. Beim U. wird kein Kapital angespart, sondern die bei der Versicherung eingehenden Beiträge der erwerbstätigen Bevölkerung werden sofort an die Generation der Rentner weitergereicht. Die hinter dem U. steckende Idee ist der sog. Generationenvertrag. Diesem fiktiven Vertrag zufolge ist die noch im Erwerbsleben stehende Bevölkerung bereit, durch Abzüge vom Lohn die Generation der Rentner zu finanzieren, weil sie selbst darauf bauen kann, dass das Gleiche für die ihr nachfolgende Generation gilt. Das Grundproblem des U. besteht darin, dass das aus Versicherungsbeiträgen finanzierte Rentenniveau sinken muss, wenn die Zahl der Rentner pro Erwerbstätigen steigt und die Abzüge vom Lohn zur Sicherung der Rente eine Obergrenze erreicht haben, jenseits derer diese Bereitschaft schwindet und Verteilungskämpfe zwischen den Generationen drohen.

V

Verfassungsschutz: Das Bundesamt für Verfassungsschutz (BfV) ist ein deutscher Inlandsnachrichtendienst, dessen wichtigste Aufgabe die Überwachung von Bestrebungen gegen die freiheitliche demokratische Grundordnung der Bundesrepublik Deutschland ist.

Verhältnismäßigkeitsgrundsatz: Aus dem Rechtsstaatsprinzip abgeleiteter allgemeiner Grundsatz des öffentlichen Rechts, dass die Verwaltung bei Eingriffen in Rechte des Einzelnen unter mehreren (tatsächlich und rechtlich) möglichen Maßnahmen nur diejenige ergreifen darf, die den Betroffenen und die Allgemeinheit am wenigsten beeinträchtigt, dass diese Maßnahme nicht weiter gehen darf, als zur Erreichung des angestrebten Zweckes erforderlich ist (Grundsatz des mildesten Mittels, Grundsatz der Erforderlichkeit) und dass ein zu erwartender Schaden nicht in grobem Missverhältnis zu dem erstrebten Erfolg stehen darf. Vgl. Art. 20 GG.

Verhältniswahl: Wahlsystem, das die möglichst genaue Abbildung der Wählerstimmenverteilung in den Parlamenten zum Ziel hat.

Verhandlungsdemokratie: Eine Demokratie, deren Willensbildung und Entscheidungsfindung im Wesentlichen durch nichtmajoritäre Konfliktregelungen, insbesondere Aushandeln im Rahmen konkordanz-, konsens- oder proporzdemokratischer Arrangements geprägt sind. Gegensatz: Mehrheitsdemokratie.

Verhandlungssysteme: Institutionen der Konfliktregelung und Entscheidungsfindung, in denen prinzipiell gleichberechtigte politische Akteure, wie z. B. die Sozialpartner in Tarifsystemen oder die EU-Mitgliedstaaten, durch Verhandlungen und politischen Tausch statt aufgrund von Mehrheitsentscheidungen ohne hierarchische Koordination zu einem Interessenausgleich gelangen.

Versicherungsfremde Leistungen: Die Rentenversicherungsträger müssen auch solche Leistungen erbringen, die über die ursprüngliche Aufgabe der Rentenversicherung hinausgehen. Hierzu zählen als sog. v. L. die Ersatzzeiten (Kriegsfolgen), Auffüllbeträge und Zuschläge zu Renten in den neuen Ländern, Wiedergutmachung von Rentennachteilen durch DDR-Unrecht, volle Erwerbsminderungsrenten für Teilerwerbsfähige aufgrund der Arbeitsmarktlage, Mindestentgeltpunkte bei geringem Arbeitsentgelt (keine Gegenfinanzierung aus Beiträgen, weil hier höhere Leistungen gezahlt werden, als der Höhe der Beiträge entsprechen), die Höherbewertung der Berufsausbildungszeiten, die Höherbewertung von niedrigen Verdiensten während Kindererziehung.

Verstädterung: Verlagerung des Bevölkerungsschwerpunktes auf die Städte und die Ausbreitung städtischer Lebensformen.

Vetospieler: ein Individual- oder Kollektivakteur, dessen Zustimmung für eine Politikveränderung unabdingbar ist.

Videomalaise: Bezeichnet den Zusammenhang zwischen Fernsehnutzung und politischer Entfremdung.

Video on Demand: Bezeichnung für den Abruf von Video-/Fernsehsignalen durch den Nutzer.

Videotext (Teletext): Dienst, der in der Austastlücke der TV-Signale übertragen wird.

Volatilität der Finanzmärkte: Auf Finanzmärkten werden Wertpapiere (z. B. Aktien und Anleihen) gehandelt. Deren Preis hängt nicht von den Herstellungskosten eines Produkts ab, sondern von den Urteilen über die zukünftige Ertragslage von Unternehmen oder über die Zahlungsfähigkeit von Schuldnern. Daher sind die Kurse solcher Papiere viel flüchtiger oder unbeständiger (volatiler) als die Preise von Industriewaren, die in der langen Frist von den Produktionskosten bestimmt werden und nicht von Erwartungen darüber, was andere Marktteilnehmer erwarten.

Volkspartei: Partei mit einem breiten programmatischen Profil, einer großen Zahl und hinreichenden sozialen Bandbreite von Mitgliedern und Wählern, einer flächendeckenden Organisationsdichte und einer gewissen Bündnisoffenheit.

Vollbeschäftigung: Eine ökonomische Situation, in der die Zahl der offenen Stellen mit derjenigen der Arbeitsuchenden übereinstimmt. In der Praxis geht man bereits bei einer Arbeitslosenquote von zwei bis drei Prozent von V. aus, da eine gewisse Personenzahl sich immer im Zustand der friktionellen Arbeitslosigkeit (kurzfristige Sucharbeitslosigkeit) befindet. Volkswirtschaftlich sind von V. die Zustände der Über- und Unterbeschäftigung abzugrenzen.

Vorratsdatenspeicherung: Verpflichtung der Anbieter von Telekommunikationsdiensten zur Registrierung von elektronischen Kommunikationsvorgängen, ohne dass ein Anfangsverdacht oder eine konkrete Gefahr besteht (Speicherung bestimmter Daten auf Vorrat). Erklärter Zweck der V. ist die verbesserte Möglichkeit der Verhütung und Verfolgung von schweren Straftaten. Sie wird den EU-Mitgliedsstaaten durch eine Richtlinie (2006/24/EG) zwingend vorgegeben. Das deutsche Bundesverfassungsgericht urteilte am 2. März 2010, dass das deutsche Gesetz zur Umsetzung der EU-Richtlinie verfassungswidrig sei, da das Gesetz keine konkreten Maßnahmen zur Datensicherheit vorsehe und die Hürden für den Zugriff auf diese Daten zu niedrig seien. Das Prinzip der V. als solches wurde allerdings nicht generell verworfen.

W

Wahlsystem: Gesamtheit der Institutionen und Verfahren zur Umsetzung von politischen Präferenzen der Bürger in Wählerstimmen und von Wählerstimmen in Parlamentsmandate.

Web 2.0: Interaktive Nutzungsart des World Wide Web, in dem die User Angebote selbst erstellen, bearbeiten und verteilen können.

Wert(e): »Vorstellungen vom Wünschenswerten« (Clyde Kluckhohn), die explizit oder implizit für ein Individuum oder eine Gruppe gelten. W. leiten die Ziele und die Auswahl des Handelns an und gelten um ihrer selbst willen. W. sind tief und dauerhaft verankert im Menschen, sodass sie um ihrer selbst willen gelten.

Wertewandel: Übergang von einem Wertensemble zu einem neuen, insbesonderen von materialistischen zu postmaterialistischen Werten in den 1960er- und 1970er-Jahren in der westlichen Welt.

Westfälisches Staatensystem: Politische Ordnung in Europa nach dem Westfälischen Frieden von 1648. Sie beruhte auf dem Prinzip der inneren und äußeren Souveränität territorial abgegrenzter, untereinander formal gleichberechtigter Staaten. In diesem System besaß der Souverän die exklusive Verantwortung für alle Regelungen und Entscheidungen auf einem bestimmten Territorium. Er hielt das Gewaltmonopol, verfügte uneingeschränkt über finanzielle Ressourcen und war der exklusive Adressat politischer Forderungen und Ansprüche.

World Wide Web: Internetdienst mit Angeboten in unterschiedlichen Kodierungsformen (Schrift, Bild, Ton, Video).

Z

Zeitarbeit: Eine besondere Form der Erwerbstätigkeit, bei der Arbeitnehmer einen Arbeitsvertrag mit einer Zeitarbeitsfirma haben. Diese Firma verleiht die Arbeitnehmer kurz- oder mittelfristig an Unternehmen mit einem mutmaßlich nur vorübergehenden Bedarf an Arbeitskräften (daher auch »Leiharbeit« oder »Arbeitnehmerüberlassung«). Die Arbeitskräfte entleihenden Unternehmen erhalten so mehr Flexibilität; die Zeitarbeiter werden meist schlechter bezahlt als die reguläre Belegschaft.

Literatur

Abels, Heinz/Honig, Michael-Sebastian/Saake, Irmhild/Weymann, Ansgar (2008): *Lebensphasen. Eine Einführung*, Wiesbaden: VS.

Abelshauser, Werner (2004): *Deutsche Wirtschaftsgeschichte seit 1945*, München: C.H. Beck.

Achatz, Juliane (2008): *Geschlechtersegregation im Arbeitsmarkt*, in: Abraham, Martin/Hinz, Thomas, (Hg.): Arbeitsmarktsoziologie. Probleme, Theorien, empirische Befunde (2. Auflage), Wiesbaden: VS, 263–301.

Albrecht, Hans-Jörg (1999): *Die Determinanten der Sexualstrafrechtsreform*, in: Zeitschrift für die gesamte Strafrechtswissenschaft 111, 863–888.

Alemann, Ulrich von (2003): *Das Parteiensystem der Bundesrepublik Deutschland*, 3. Aufl., Opladen: Leske + Budrich.

Alemann, Ulrich von/unter Mitarbeit von Erbentraut, Philipp/Walther, Jens (2011): *Das Parteiensystem der Bundesrepublik Deutschland*, 4. vollst. überarb. u. erw. Aufl., Wiesbaden: VS.

Allmendinger, Jutta/Nikolai, Rita/ Ebner, Christian (2009): *Soziologische Bildungsforschung*, in: Tippelt, Rudolf/Schmidt, Bernhard (Hg.): Handbuch für Bildungsforschung, Wiesbaden: VS., 47–70.

Alscher, Mareike u. a. (2009): *Bericht zur Lage und zu den Perspektiven des bürgerschaftlichen Engagements in Deutschland*, Berlin, online verfügbar unter: http://www.bmfsfj.de.

Andersen, Uwe (Hg.) (2009): *Parteien – Parteiensystem – Parteienforschung* (politische bildung 1/2009), Schwalbach/Ts.: Wochenschau Verlag.

Andersen, Uwe/Woyke, Wichard (Hg.) (2009): *Handwörterbuch des politischen Systems*, 6. Aufl., Leske + Budrich.

Andorka, Rudolf (2001): *Einführung in die soziologische Gesellschaftsanalyse*, Opladen: Leske + Budrich.

Aus Politik und Zeitgeschichte (2009): *Heft B 47*, Themenschwerpunkt Soziale Gerechtigkeit, Bonn: Bundeszentrale für politische Bildung.

Autorengruppe Bildungsberichterstattung (2010): *Bildung in Deutschland 2010. Ein indikatorengestützter Bericht mit einer Analyse zu Perspektiven des Bildungswesens im demografischen Wandel*, Bielefeld: Bertelsmann.

Bach, Hans-Uwe/Hummel, Markus/Klinger, Sabine/Spitznagel, Eugen/Zika, Gerd (2009): *Arbeitsmarktprojektion 2010: Die Krise wird deutliche Spuren hinterlassen (IAB Kurzbericht 20/2009)*, Nürnberg: Institut für Arbeitsmarkt- und Berufsforschung.

Bäcker, Gerhard u. a. (2000): *Sozialpolitik und soziale Lage in Deutschland*, 4. Aufl. 2007, Wiesbaden: VS.

BAMF – Bundesamt für Migration und Flüchtlinge (2009): *Asyl in Zahlen 2008*, (www.bamf.de).

Barber, Benjamin (1994): *Starke Demokratie*, Hamburg: Rotbuch Verlag.

Barlösius, Eva (2007): *Die Demographisierung des Gesellschaftlichen. Zur Bedeutung der Repräsentationspraxis*, in: Barlösius, Eva/Schieck, Daniela (Hg.): Demographisierung des Gesellschaftlichen. Analysen und Debatten zur demographischen Zukunft Deutschlands, Wiesbaden: VS, 7–39.

Beauftragte der Bundesregierung für Migration, Flüchtlinge und Integration (2007): 7. *Bericht der Beauftragten der Bundesregierung für Migration. Flüchtlinge und Integration über die Lage der Ausländerinnen und Ausländer in Deutschland*, Berlin.

– (2009): *Integration in Deutschland. Erster Integrationsindikatorenbericht erstellt für die Beauftragte der Bundesregierung für Migration, Flüchtlinge und Integration*, Berlin.

Beck, Ulrich (1986): *Risikogesellschaft. Auf dem Weg in eine andere Moderne*, Frankfurt/M: Suhrkamp.

Beck, Ulrich/Beck-Gernsheim, Elisabeth (1989): *Das ganz normale Chaos der Liebe*, Frankfurt/M: Suhrkamp.

– (1994): *Individualisierung in modernen Gesellschaften – Perspektiven und Kontroversen einer subjektorientierten Soziologie*, in: Dies. (Hg.), Riskante Freiheiten. Frankfurt/M.: Suhrkamp, 10–39.

Beck, Ulrich/Bonß, Wolfgang (1989): *Verwissenschaftlichung ohne Aufklärung? Zum Strukturwandel von Sozialwissenschaft und Praxis*, in: Beck, Ulrich Bonß, Wolfgang (Hg.): Weder Sozialtechnologie noch Aufklärung? Analysen zur Verwendung sozialwissenschaftlichen Wissens, Frankfurt am Main: Suhrkamp, 7–45.

Becker, Rolf (2006): *Dauerhafte Bildungsungleichheiten als unerwartete Folge der Bildungsexpansion?*, in: Hadjar, Andreas/Becker, Rolf (Hg.): Die Bildungsexpansion – Erwartete und unerwartete Folgen. Wiesbaden: VS, 27–62.

– (2010): *Warum bildungsferne Gruppen von der Universität fernbleiben und wie man sie für das Studium an der Universität gewinnen könnte*, in: Krüger, Heinz-Hermann/Rabe-Kleberg, Ursula/Kramer, Rolf-Torsten/Budde, Jürgen (Hg.): Bildungsungleichheit revisited. Bildung und soziale Ungleichheit vom Kindergarten bis zur Hochschule, Wiesbaden: VS, 223–234.

– (2011): *Entstehung und Reproduktion von Bildungsungleichheiten*, in: ders. (Hg.): Lehrbuch der Bildungssoziologie. Wiesbaden: VS, 87–138.

- Schuchart, Claudia (2010): *Verringerung sozialer Ungleichheiten von Bildungschancen durch Chancenausgleich? Ergebnisse einer Simulation bildungspolitischer Maßnahmen*, in: Becker, Rolf/Lauterbach, Wolfgang (Hg.): Bildung als Privileg. Wiesbaden: VS (4., aktualisierte Aufl.), 413–436.

– / Walter Müller (2011): *Bildungsungleichheiten nach Geschlecht und Herkunft im Wandel*, in: Hadjar, Andreas (Hg.): Geschlechtsspezifische Bildungsungleichheiten. Wiesbaden: VS, 55–75.

Beicht, Ursula/Granato, Mona (2009): *Übergänge in eine berufliche Ausbildung. Geringere Chancen und schwierige Wege für Jugendliche mit Migrationshintergrund*, in: Friedrich-Ebert-Stiftung (Hg.), WISO-Diskurs.

Bellmann, Lutz/Fischer, Gabriele/Hohendanner, Christian (2009): *Betriebliche Dynamik und Flexibilität auf dem deutschen Arbeitsmarkt*, in: Möller, Joachim/Walwei, Ulrich (Hg.): Handbuch Arbeitsmarkt 2009, Bielefeld: W. Bertelsmann, 359–401.

Benz, Arthur (Hg.) (2004): *Governance – Regieren in komplexen Regelsystemen. Eine Einführung*, Wiesbaden: VS.

Berger, Johannes (1990): *Market and State in Advanced Capitalist Societies*, in: Martinelli, Alberto/Smelser, Neil J. , Economy and Society. Overviews in Economic Sociology, New York: Sage, 103–132.

Berger, Peter A./Hradil, Stefan (1990): *Lebenslagen*, Lebensläufe, Lebensstile, Sonderband 7 der Zeitschrift »Soziale Welt«, Göttingen: Schwartz.

Berger, Peter A./Kahlert, Heike (2006) (Hg.): *Der demographische Wandel. Chancen für die Neuordnung der Geschlechterverhältnisse*, Frankfurt/M.: Campus.

Berman, Sheri (1997): *Civil Society and the Collapse of the Weimar Republic*, in: World Politics 49, 3, 401–429.

Bertelsmann Stiftung (2009): *Zuwanderer in Deutschland. Ergebnisse einer repräsentativen Befragung von Menschen mit Migrationshintergrund*, Gütersloh.

Beyme, Klaus von (1979): *Das politische System der Bundesrepublik Deutschland*, 10. Aufl. 2004, Wiesbaden: VS Verlag.

Birg, Herwig (2001): *Die demographische Zeitenwende. Der Bevölkerungsrückgang in Deutschland und Europa*, München: C. H. Beck.

Blanchard, O. (2006): *European Unemployment: The Evolution of Facts and Ideas*, in: Economic Policy, Bd. 21, 5–59.

Blossfeld, Hans-Peter/Timm, Andreas (eds.) (2003): *Who marries whom? Educational systems as marriage markets in modern societies. A comparison of thirteen countries. European Studies of Population*, Dordrecht: Kluwer.

BMFSFJ (2010): *Informationen zum 3. Freiwilligensurvey (1999–2009)*, online verfügbar unter: http://www.bmfsfj.de.

Bogumil, Jörg/Holtkamp, Lars (2006): *Kommunalpolitik und Kommunalverwaltung. Eine policyorientierte Einführung*, Wiesbaden: VS.

Boltanski, Luc/Chiapello, Ève (2003): *Der neue Geist des Kapitalismus*, Konstanz: UVK.

Bolte, Karl Martin/Kappe, Dieter/Schmid, Josef (1980): *Bevölkerung*, 4. Aufl., Opladen: Leske + Budrich.

Borchardt, Knut (1982): *Die Bundesrepublik Deutschland in den säkularen Trends der wirtschaftlichen Entwicklung*, in: Conze, Werner/Lepsius, M. Rainer: Sozialgeschichte der Bundesrepublik Deutschland. Beiträge zum Kontinuitätsproblem, 20–45, Stuttgart: Klett-Cotta.

Bosbach, Gerd (2006): *Demografische Entwicklung – Realität und mediale Aufbereitung*, in: Berliner Debatte INITIAL 17/3, 59–66

Bosch, Gerhard/Haipeter, Thomas/Latniak, Erich/Lehndorff, Steffen (2007): *Demontage oder Revitalisierung? Das deutsche Beschäftigungsmodell im Umbruch*, in: Kölner Zeitschrift für Soziologie und Sozialpsychologie 59, 318–339.

Bosch, Gerhard (2010): *Strukturen und Dynamik von Arbeitsmärkten*, in: Böhle, Fritz/Voß, Gerd Günter/Wachtler, Günther (Hg.): Handbuch Arbeitssoziologie, Wiesbaden: VS, 643–670.

Bourdieu, Pierre (1982): *Die feinen Unterschiede*, Frankfurt/M.: Suhrkamp.

– (1998): *Gegenfeuer. Wortmeldungen im Dienste des Widerstands gegen die neo-liberale Invasion*, Konstanz: UVK.

Bowles, S., D. Gordon/Weisskopf, Th. (1983): *Beyond the Waste Land. A Democratic Alternative to Economic Decline*, New York: Anchor Press.

Brück-Klingberg, Andrea/Burkert, Carola/Damelang, Andreas/Deeke, Axel/Haas, Anette/Schweigard, Eva/Seibert, Holger/Wapler, Rüdiger (2009): *Integration von Migranten in Arbeitsmarkt und Bildungssystem*, in: Möller, Joachim/Walwei, Ulrich (Hg.): Handbuch Arbeitsmarkt 2009, Nürnberg/Bielefeld: Institut für Arbeitsmarkt- und Berufsforschung/W. Bertelsmann, 283–315.

Bude, Heinz/Willisch, Andreas (Hg.) (2006): *Das Problem der Exklusion. Ausgegrenzte, Entbehrliche, Überflüssige*, Hamburg: Hamburger Edition.

Bundesarbeitsgemeinschaft der Freien Wohlfahrtspflege e.V. (2009): *Einrichtungen und Dienste der Freien Wohlfahrtspflege: Gesamtstatistik 2008*, heruntergeladen am 13. Oktober 2010, online verfügbar unter: http://www.bagfw.de.

Bundesministerium für Arbeit und Soziales (BMAS) (2009): *Statistisches Taschenbuch 2008. Arbeits- und Sozialstatistik*. Bonn. Online verfügbar unter: http://www.bmas.de/portal/38586/statistisches__taschenbuch__2009.html.

Bundesverband Deutscher Stiftungen (Hg.) (2009): *StiftungsReport 2009/2010*, Berlin: Bundesverband Deutscher Stiftungen.

Bundesverfassungsgericht, *1 BvR 256/08* vom 2.3.2010, http://www.bverfg.de/entscheidungen/rs20100302_1bvr025608.html.

Burda, M.C. (2010): *Wirtschaft in Ostdeutschland im 21. Jahrhundert*, in: Aus Politik und Zeitgeschichte, Heft 30/31, 26–32.

Burzan, Nicole (2007): *Soziale Ungleichheit. Eine Einführung in die zentralen Theorien*, Wiesbaden: VS.

Butterwegge, Christoph (2006): *Demokratie als Ideologie? Zur Diskussion über Bevölkerungsschwund und Sozialpolitik in Deutschland*, in: Berger/Kahlert 2006, 53–80.

Butterwegge, Christoph/Lösch, Bettina/ Ptak, Ralf (2008): *Kritik des Neoliberalismus*, Wiesbaden: VS. (In gekürzter Fassung auch unter: http://www.memo.uni-bremen.de/docs/m3407.pdf).

Castel, Robert (2005): *Die Stärkung des Sozialen. Leben im neuen Wohlfahrtsstaat*, Hamburg: Hamburger Edition.

Claessens, Dieter/Klönne, Arno/Tschoepe, Armin (1985): *Sozialkunde der Bundesrepublik Deutschland*, Reinbek: Rowohlt.

Coudenhove-Kalergi, Richard N. (1923): *Pan-Europa*, Wien: Pan-Europa Verlag.

Crafts, N./Toniolo, G. (2008): *European Economic Growth 1950–2005. An Overview*, Centre for European Policy Research.

Crouch, Colin (2008): *Postdemokratie*, Frankfurt/M.: Suhrkamp.

Dalton, Russell J.(2008): *Citizen Politics. Public Opinion and Political Parties in Advanced Industrial Democracies*, 5. Aufl., Washington D. C.

Dahrendorf, Ralf (1957): *Soziale Klassen und Klassenkonflikt in der industriellen Gesellschaft*, Stuttgart: Enke.

– (1979): *Lebenschancen. Anläufe zur sozialen und politischen Theorie*, Frankfurt/M.: Suhrkamp.

Deutschmann, Christoph (2002): *Postindustrielle Industriesoziologie*, Weinheim: Juventa.

Die Ausländerbeauftragte des Senats von Berlin (1991): *Ausländer in der DDR. Ein Rückblick*, Berlin.

Dörre, Klaus (2009): *Prekarität im Finanzmarkt-Kapitalismus*, in: Castel, Robert/ Dörre, Klaus (Hg.): Prekarität, Abstieg, Ausgrenzung. Die soziale Frage am Beginn des 21. Jahrhunderts, Frankfurt/M.: Campus, 35–64.

Elias, Norbert (1939): *Der Prozeß der Zivilisation*, Frankfurt/M: Suhrkamp 1976.

Eichengreen, Barry J. (2007): *The European Economy since 1945. Coordinated Capitalism and Beyond*, Princeton: PUP.

Eisner, Manuel (1997): *Das Ende der zivilisierten Stadt?*, Frankfurt/M.: Campus.

Enquête-Kommission »Zukunft des Bürgerschaftlichen Engagements« (Hg.) (2002): *Bericht: Bürgerschaftliches Engagement auf dem Weg in eine zukunftsfähige Gesellschaft*, Opladen: Leske + Budrich.

Erbel, Günter (2002): *Öffentliche Sicherheit im Schatten des Terrorismus*, in: Aus Politik und Zeitgeschichte B 10–11, 14–21.

Esping-Andersen, G. (2006): *Warum brauchen wir eine Reform des Sozialstaats?*, in: Leviathan, Bd. 34 (1), 61–81.

Eucken, Walter, (1952): *Grundsätze der Wirtschaftspolitik*, Tübingen: Mohr 1959.

Europäischer Rat: *Schlussfolgerungen des Vorsitzes*, Tampere, 15. und 16. Oktober 1999, www.europarl.europa.eu/summits/tam_de.htm

Eurostat: *Crime and Criminal Justice. Statistics in focus*, Luxemburg, 36/2009.

Frech, Siegfried/Schmid, Josef (Hg.) (2004) : *Der Sozialstaat. Reform, Umbau, Abbau?*, Schwalbach: Wochenschau Verlag.

Frieder, Wolf (2008): *Bildungsfinanzierung in Deutschland*, Wiesbaden: VS.

Friedeburg, Ludwig von (1992): *Bildungsreform in Deutschland. Geschichte und gesellschaftlicher Widerspruch*, Frankfurt/M.: Suhrkamp.

Fuchs, Dieter (1989): *Die Unterstützung des politischen Systems der Bundesrepublik Deutschland*, Opladen.

Fuchs, Dieter/Roller, Edeltraud 2008: *Einstellungen zur Demokratie*, in: Statistisches Bundesamt (Destatis) u. a. (Hg.): Datenreport 2008. Ein Sozialbericht für die Bundesrepublik Deutschland, Wiesbaden, 397–402.

Fuchs, Johann (2002): *Prognosen und Szenarien der Arbeitsmarktentwicklung im Zeichen des demographischen Wandels*, in: Kistler, Ernst/Mendius, Hans Gerhard (Hg.), Demographischer Strukturbruch und Arbeitsmarktentwicklung. Probleme, Fragen, erste Antworten. SAMF-Jahrestagung 2001, (Demographie und Erwerbsarbeit), Stuttgart, 120–137.

Fuchs-Schündeln, Nicola/Krüger, Dirk/Sommer, Mathias (2009): *Inequality Trends for Germany in the Last Two Decades. A Tale of Two Countries* in: Review of Economic Dynamics, Band 13, 103–132.

Gabriel, Karl (2008): *Religion heute – öffentlich und politisch: Provokationen, Kontroversen, Perspektiven,* Paderborn: Schöningh.

Gabriel, Oscar W./Wessels, Bernhard/Falter, Jürgen W. (Hg.) (2009): *Wahlen und Wähler. Analysen aus Anlass der Bundestagswahl 2005*, Wiesbaden: VS.

Geissler, Rainer (2006): *Die Sozialstruktur Deutschlands*, 4. Aufl., Wiesbaden: VS.

Gender-Datenreport (2005). *1. Datenreport zur Gleichstellung von Frauen und Männern in der Bundesrepublik Deutschland*, im Auftrag des Bundesministeriums für Familie, Senioren, Frauen und Jugend hg. von Waltraud Cornelißen, München.

Gensicke, Thomas/Picot, Sibylle/Geiss, Sabine (2006): *Freiwilliges Engagement in Deutschland: 1999–2004*, Wiesbaden: VS.

Giddens, Anthony (1993): *Wandel der Intimität*, Frankfurt/M.: Fischer.

– (1990): *Konsequenzen der Moderne*, Frankfurt/M.,: Suhrkamp.

Gigerenzer, Gerhard/Gaissmaier, Wolfgang (2006): *Ironie des Terrors*, in: Gehirn & Geist 5, 14–16 (www.gehirn-und-geist.de/artikel/848414&_z=798884).

Glatzer, Wolfgang (2009): *Gefühlte (Un)Gerechtigkeit*, in: Aus Politik und Zeitgeschichte, Heft 47, 15–20.

GLOCK, BIRGIT (2006): *Stadtpolitik in schrumpfenden Städten. Duisburg und Leipzig im Vergleich*, Wiesbaden: VS.

GLOS, MICHAEL (1998): *Innere Sicherheit stärken*, in: Politische Studien 49, 21–29.

GRAMM, CHRISTOF/PIEPER, STEFAN ULRICH (2008): *Grundgesetz. Bürgerkommentar. Antworten der Verfassung auf gesellschaftliche Fragen*, Baden-Baden: Nomos.

GROSS, PETER (1994): *Die Multioptionsgesellschaft*, Frankfurt/M.: Suhrkamp.

HADJAR, ANDREAS (2006): *Bildungsexpansion und Wandel von sozialen Werten*, in: ders./Becker, Rolf (Hg.): Die Bildungsexpansion. Erwartete und unerwartete Folgen. Wiesbaden: VS, 207–233.

HÄUSSERMANN, HARTMUT/SIEBEL, WALTER (1995): *Dienstleistungsgesellschaften*, Frankfurt a. M.: Suhrkamp.

HÄUSSERMANN, HARTMUT/KRONAUER, MARTIN/SIEBEL, WALTER (HG.) (2003): *An den Rändern der Städte*, Frankfurt/M.: Suhrkamp.

HÄUSSERMANN, HARTMUT (2009): *Behindern ›Migrantenviertel‹ die Integration?* in: Gesemann, Frank/Roth, R. (Hg.): Lokale Integrationspolitik in der Einwanderungsgesellschaft. Migration und Integration als Herausforderung von Kommunen. 1. Aufl. Wiesbaden: VS, 235–246.

HALM, DIRK/SAUER, MARTINA (2006): *Parallelgesellschaft und ethnische Schichtung*, in: Aus Politik und Zeitgeschichte, 1–2, 18–24.

HALL, PETER A./SOSKICE, DAVID (HG.) (2001): *Varieties of Capitalism. The Institutional Foundations of Comparative Advantage*, Oxford: OUP.

HALL, PETER A./ GINGERICH, DANIEL W. (2004): *»Spielarten des Kapitalismus« und institutionelle Komplementaritäten in der Makroökonomie – ein empirische Analyse*, in: Berliner Journal für Soziologie, Bd. 14, 5–32.

HAN, PETRUS (2000): *Soziologie der Migration*, Stuttgart: Lucius & Lucius.

HARTMANN, MICHAEL (2007): *Eliten und Macht in Europa. Ein internationaler Vergleich*, Frankfurt/M.:Campus.

– (2009): *Reichtum und Eliten im europäischen Vergleich*, in: Druyen, Thomas/ Lauterbach, Wolfgang/Grundmann, Matthias (Hg.): Reichtum und Vermögen. Zur gesellschaftlichen Bedeutung der Reichtums- und Vermögensforschung, Wiesbaden: VS, 231–241.

HARTWICH, HANS-HERMANN (1970): *Sozialstaatspostulat und gesellschaftlicher status quo*, Köln/Opladen: Leske + Budrich.

HASSEMER, WINFRIED (2006): *Sicherheit durch Strafrecht*, in: HRRS Online-Zeitschrift für Höchstrichterliche Rechtsprechung im Strafrecht, 4, S. 130–143 (www.hrr-strafrecht.de/hrr/archiv/06-04/index.php?seite=6).

HAUG, SONJA/MÜSSIG, STEPHANIE/STICHS, ANJA (2009): *Muslimisches Leben in Deutschland*, Nürnberg: Bundesamt für Migration und Flüchtlinge.

Heckmann, Friedrich (1992): *Ethnische Minderheiten, Volk und Nation. Soziologie inter-ethnischer Beziehungen*, Stuttgart: Enke Verlag.

Heidenreich, Martin (2003): *Die Debatte um die Wissensgesellschaft*, in: Böschen, Stefan/Schulz-Schaeffer, Ingo (Hg.): Wissenschaft in der Wissensgesellschaft, Opladen: Westdeutscher Verlag, 25–51.

Hellwig, M. (2009): *Systemic Risk in the Financial Sector: An Analysis of the Subprime-Mortgage Financial Crisis*, in: De Economist, Band 157, 129–207.

Henseler-Unger, Iris (2010): *Die Regulierung von Netzindustrien in Europa*, in: Wirtschaftsdienst, Sonderheft: Europäischer Wettbewerb und der Binnenmarkt in Deutschland, 13–18.

Hirtenlehner, Helmut (2008): *Unwirtlichkeit, Unterstützungserwartungen, Risikoantizipation und Kriminalitätsfurcht*, in: Monatsschrift für Kriminologie und Strafrechtsreform 91, 112–130.

Höhn, Charlotte (1997): *Bevölkerungsentwicklung und demographische Herausforderung*, in: Hradil, Stefan/Immerfall, Stefan (Hg.): Die westeuropäischen Gesellschaften im Vergleich, Opladen: Leske + Budrich, 71–96.

– (2000): *Demographische Probleme des 21. Jahrhunderts aus deutscher Sicht*, in: Zeitschrift für Bevölkerungswissenschaft, Jg. 25, H. 3–4, 375–398.

Höpner, M., 2003: *Wer beherrscht die Unternehmen? Shareholder Value, Managerherrschaft und Mitbestimmung in Deutschland*, Frankfurt/M.: Campus.

Hondrich, Karl Otto (2007): *Weniger sind mehr. Warum der Geburtenrückgang ein Glücksfall für unsere Gesellschaft ist*, Frankfurt/M.: Campus.

Hradil, Stefan (1995): *Die Single-Gesellschaft*, München: Beck.

– (2001): *Soziale Ungleichheit in Deutschland*, 8. Aufl., Wiesbaden: VS.

– (2004): *Die demographische Krise als Chance*, in: Gesellschaft-Wirtschaft-Politik, H. 4, 407–409.

– (2005): *Werden die Reichen immer reicher und die Armen immer ärmer? Zur Verschärfung der Einkommensungleichheit in entwickelten Ländern*, in: Gesellschaft – Wirtschaft – Politik (GWP), Heft 3, 367–388.

– (2006): *Die Sozialstruktur Deutschlands im internationalen Vergleich*, 2. Aufl., Wiesbaden: VS.

Hradil, Stefan/Spellerberg, Annette (2011): *Lebensstile und soziale Ungleichheit*, in: Gesellschaft-Wirtschaft-Politik (GWP), H. 1, 51–62.

Huinink, Johannes/Schröder, Torsten (2008): *Sozialstruktur Deutschlands*, Konstanz: UVK.

Huntington, Samuel P. (1991): *The Third Wave. Democratization in the Late Twentieth Century*, London: Norman.

Hurrelmann, Klaus (2003): *Der entstrukturierte Lebenslauf. Die Auswirkungen der Expansion der Jugendphase*, in: Zeitschrift für Soziologie der Erziehung und Sozialisation, 23. Jg. H. 2., 115–126.

Inglehart, Ronald (1977): *The Silent Revolution. Changing Values and Political Styles Among Western Publics*, Princeton: Princeton University Press.

– (1989): *Kultureller Umbruch. Wertewandel in der westlichen Welt*, Frankfurt/M.: Campus.

Inglehart, Ronald/Welzel, Christian (2005): *Modernization, Cultural Change and Democracy: The Human Development Sequence*, Cambridge.

Jun, Uwe/Niedermayer, Oskar/Wiesendahl, Elmar (Hg.) (2009): *Zukunft der Mitgliederpartei*, Opladen: Verlag Barbara Budrich.

Jungfer, Klaus (2005): *Die Stadt in der Krise. Ein Manifest für starke Kommunen*, München/Wien: Hanser.

Kaiser, Günther (1972): *Strategien und Prozesse strafrechtlicher Sozialkontrolle. Legitimation, Wirklichkeit und Alternativen.* Frankfurt: Juventa.

Kaufmann, Franz-Xaver (1973): *Sicherheit als soziologisches und sozialpolitisches Problem*. 2. Aufl., Stuttgart: Enke.

– (1997): *Herausforderungen des Sozialstaats*, Frankfurt: Suhrkamp.

– (2005): *Schrumpfende Gesellschaft. Vom Bevölkerungsrückgang und seinen Folgen*, Frankfurt/M.: Suhrkamp.

Kelling, George/Wilson, James (1982): *Broken Windows*, in: The Atlantic, (www.theatlantic.com/doc/198203/broken-windows).

Keohane, Robert O. (1984): *After Hegemony.Cooperation and Discord in the World Political Economy*, Princeton, NJ: Princeton University Press.

Keynes, John Maynard (1936): *Allgemeine Theorie der Beschäftigung, des Zinses und des Geldes (A General Theory of Employment)*, Berlin: Duncker & Humblot.

Klages, Helmut (2001): *Werte und Wertewandel*, in: Schäfers, Bernhard/Zapf, Wolfgang (Hg.): Handwörterbuch zur Gesellschaft Deutschlands, 2. erw. und aktualisierte Aufl., Opladen: Leske + Budrich, 726–738.

Klein, Ansgar (2001): *Der Diskurs der Zivilgesellschaft. Politische Hintergründe und demokratietheoretische Folgerungen*, Opladen: Leske + Budrich.

Klingler, Walter/Kutteroff, Albrecht (2009): *Stellenwert der Nutzung der Medien in Migrantenmilieus*, in: media Perspektiven 6, 297–308.

Kneer, Georg (1997): *Zivilgesellschaft*, in: Kneer, Georg u.a. (Hg.): Soziologische Gesellschaftsbegriffe II, München: Fink Verlag, 229–251.

Knelangen, Wilhelm (2005): *Sozialstaatswerdung Europas? Integrationstheoretische Überlegungen zur Entwicklung der EU-Sozialpolitik*, in: Baum-Ceisig, Alexandra./Faber, Anne (Hg.), Soziales Europa? Perspektiven des Wohlfahrtsstaates im Kontext von Europäisierung und Globalisierung, Wiesbaden: VS, 20–44.

Knoblauch, Hubert (2009): *Populäre Religion. Auf dem Weg in eine spirituelle Gesellschaft*, Frankfurt/M.: Campus.

KOCKA, JÜRGEN/OFFE, CLAUS (HG.) (2000): *Geschichte und Zukunft der Arbeit*, Frankfurt/M.: Campus.

KOCKA, JÜRGEN (2008): *Bürger und Bürgerlichkeit im Wandel*, in: Aus Politik und Zeitgeschichte 9–10/08, 3–9.

KOSOW, HANNA/GASSNER, ROBERT (2008): *Methoden der Zukunfts- und Szenarioanalyse. Überblick, Bewertung und Auswahlkriterien*, Institut für Zukunftsstudien und Technologiebewertung, WerkstattBericht Nr. 103, Berlin.

KOST, ANDREAS/WEHLING, HANS-GEORG (HG.) (2003): *Kommunalpolitik in den deutschen Ländern. Eine Einführung*, Wiesbaden: Westdeutscher Verlag.

KRAUSE, PETER/OSTNER, ILONA (HG.) (2010): *Leben in Ost- und Westdeutschland. Eine sozialwissenschaftliche Bilanz der deutschen Einheit 1990–2010*, Frankfurt/M.: Campus.

KRAUSS, DETLEF (2008): *Menschenrechte zwischen Freiheit und Sicherheit*, in: Sessar, Klaus (Hg.), Herrschaft und Verbrechen. Kontrolle der Gesellschaft durch Kriminalisierung und Exklusion, Berlin: Lit-Verlag, 49–69.

KREIBICH, ROLF (2010): *Deutschlands Beitrag zur Zukunftsfähigkeit im 21. Jahrhundert*, Institut für Zukunftsstudien und Technologiebewertung, WerstattBericht Nr. 37, Berlin.

KRONAUER, MARTIN (2010): *Exklusion. Die Gefährdung des Sozialen im hoch entwickelten Kapitalismus*, 2., aktualisierte und erweiterte Aufl., Frankfurt/M.: Campus.

KRUG, ETIENNE U. A. (2003): *Weltbericht Gewalt und Gesundheit. Zusammenfassung*, Genf: World Health Organization.

KUSCHEL, ANNETT/LÜBKE, ANNE/KÖPPE, EVI/MILLER, YVONNE/HAHLWEG, KURT/SANDERS, MATTHEW R. (2004): *Häufigkeit psychischer Auffälligkeiten und Begleitsymptome bei drei- bis sechsjährigen Kindern: Ergebnisse der Braunschweiger Kindergartenstudie*, in: Zeitschrift für Kinder- und Jugendpsychiatrie und Psychotherapie, 32, 97–106.

KUWAN, HELMUT/THEBIS, FRAUKE/GNAHS, DIETER/SANDAU, ELKE/SEIDEL, SABINE (2006): *Berichtssystem Weiterbildung IX. Integrierter Gesamtbericht zur Weiterbildungssituation in Deutschland*, (Herausgegeben vom Bundesministerium für Bildung und Forschung). Bonn: BMBF.

LAMPERT, HANS/ALTHAMMER, JÖRG 2007: *Lehrbuch der Sozialpolitik*, 8. Aufl., Berlin: Springer.

LEGGEWIE, CLAUS (1993): *Multi-Kulti – Spielregeln für die Vielvölkerrepublik*, Berlin: Rotbuch.

LEHMER, FLORIAN/ZIEGLER, KERSTIN (2010): *Brückenfunktion der Leiharbeit: Zumindest ein schmaler Steg*, (IAB-Kurzbericht 13/2010), Nürnberg: Institut für Arbeitsmarkt- und Berufsforschung.

LEISERING, LUTZ (2004): *Der deutsche Sozialstaat. Entfaltung und Krise eines Sozialmodells 1949–2003*, in: Frech/Schmid 2004, 10–42.

Lepsius, M. Rainer (2000): *Die Europäische Union als rechtlich konstituierte Verhaltensstrukturierung*, in: Dreier, Horst (Hg.): Rechtssoziologie am Ende des 20. Jahrhunderts. Gedächtnissymposion für Edgar Michael Wenz, Tübingen: Mohr Siebeck, 289–305.

– (2006): *Identitätsstiftung durch eine europäische Verfassung*, in: Hettlage, Robert/ Müller, Hans-Peter (Hg.), Die europäische Gesellschaft, Konstanz: UVK.

Liebeskind, Uta (2004): *Arbeitsmarktsegregation und Einkommen – Vom Wert »weiblicher« Arbeit*, in: Kölner Zeitschrift für Soziologie und Sozialpsychologie 56, 630–652.

Liebig, Stefan/May, Meike (2009): *Dimensionen sozialer Gerechtigkeit*, in: Aus Politik und Zeitgeschichte, Heft 47, 3–8.

Lijphart, Arend (1999): *Patterns of Democracy: Government Forms and Performance in Thirty-Six Countries*, New Haven.

Lippl, Bodo/Wegener, Bernd (2004): *Soziale Gerechtigkeit in West- und Ostdeutschland*, in: Gesellschaft – Wirtschaft – Politik (GWP), Heft 2, 261–280.

Ludwig-Mayerhofer, Wolfgang (2008): *Arbeitslosigkeit*, in: Abraham, Martin/Hinz, Thomas (Hg.): Arbeitsmarktsoziologie. Probleme, Theorien, empirische Befunde, 2. Aufl., Wiesbaden: VS, 199–239.

Lutz, Burkart (1984): *Der kurze Traum immerwährender Prosperität. Eine Neuinterpretation der industriell-kapitalistischen Entwicklung im Europa des 20. Jahrhunderts*, Frankfurt/M.: Campus.

Mau, Steffen (2007): *Transnationale Vergesellschaftung. Die Entgrenzung sozialer Lebenswelten*, Frankfurt/M.: Campus.

Mau, Steffen/Verwiebe, Roland (2009): *Die Sozialstruktur Europas*, Konstanz: UVK.

McLuhan, Marshall (1968): *Die magischen Kanäle. »Understanding Media«*, Düsseldorf/Wien: Econ.

Media Perspektiven Basisdaten: *Daten zur Mediensituation in Deutschland* (jährlich)

Meier-Braun, Karl-Heinz (1988): *Zur Ausländerpolitik des Bundes und der Länder, insbesondere Baden-Württembergs*. Mainz: Grünwald, München: Kaiser.

Merkel, Wolfgang/Puhle, Hans-Jürgen/Croissant, Autriel/Eicher, Claudia/Thiery, Peter (2003): *Defekte Demokratie. Band 1: Theorien*, Opladen: Leske + Budrich.

Meulemann, Heiner (1985): *Bildung und Lebensplanung. Die Sozialbeziehung zwischen Elternhaus und Schule*, Frankfurt/M.: Campus.

– (1990): *Schullaufbahnen, Ausbildungskarrieren und die Folgen im Lebensverlauf: Der Beitrag der Lebenslaufforschung zur Bildungssoziologie*, in: Ulrich Mayer, Karl (Hg.): Lebensverläufe und sozialer Wandel. Sonderheft 31 der Kölner Zeitschrift für Soziologie und Sozialpsychologie, Opladen: Westdeutscher Verlag, 89–117.

Meyer, John W. (2005): *Weltkultur. Wie die westlichen Prinzipien die Welt durchdringen*, Frankfurt/M.: Suhrkamp.

Meyer, Thomas (2001): *Mediokratie*, Frankfurt/M.: Suhrkamp.

Miegel, Meinhard (2002): *Die deformierte Gesellschaft. Wie die Deutschen ihre Wirklichkeit verdrängen*, Berlin: Propyläen.

– (2010): *Exit. Wohlstand ohne Wachstum*, Berlin: Propyläen.

Mikl-Horke, Gertraude (2007): *Arbeits- und Industriesoziologie*, , 6. Aufl., München: Oldenbourg.

Ministerium für Generationen, Familie, Frauen und Integration (MGFFI) (2008): *Nordrhein-Westfalen: Land der neuen Integrationschancen, 1. Integrationsbericht der Landesregierung*, Düsseldorf.

Mooser, Josef (1984): *Arbeiterleben in Deutschland 1900–1970*, Frankfurt/M.: Suhrkamp.

Müller, Hans-Peter (1997): *Sozialstruktur und Lebensstile*, 3. Aufl., Frankfurt/M.: Suhrkamp.

Müller, Walter/Gangl, Markus/Scherer, Stefani (2002): *Übergangsstrukturen zwischen Bildung und Beschäftigung*, in: Wingens, Matthias/Sackmann, Reinhold (Hg.): Bildung und Beruf. Weinheim: Juventa, 39–64.

Müller, Walter/Steinmann, Susanne/Schneider, Reinhart, 1997: *Bildung in Europa*, in: Hradil, Stefan/Immerfall, Stefan (Hg.): Die westeuropäischen Gesellschaften im Vergleich. Opladen: Leske + Budrich, 177–244.

Müller Armack, Alfred (1947): *Wirtschaftslenkung und Marktwirtschaft*, Hamburg: Verlag für Wirtschaft und Sozialpolitik.

– (1947a): *Die Wirtschaftsordnung, sozial gesehen*, in: Stützel, Wolfgang u. a., Grundtexte zur Sozialen Marktwirtschaft, Stuttgart. Gustav Fischer Verlag 1981.

Münch, Richard (1991): *Dialektik der Kommunikationsgesellschaft*, Frankfurt/M.: Suhrkamp.

– (2008): *Die Konstruktion der europäischen Gesellschaft. Zur Dialektik von transnationaler und nationaler Desintegration*, Frankfurt/M.: Campus.

Münch, Ursula (1993): *Asylpolitik in der Bundesrepublik Deutschland. Entwicklungen und Alternativen*, 2. Aufl., Opladen: Leske und Budrich.

Münz, Rainer/Seifert, Wolfgang/Ulrich, Ralf (1999): *Zuwanderung nach Deutschland. Strukturen*, Wirkungen, Perspektiven, Frankfurt/M.: Campus.

Nickell, Stephen (1997): *Unemployment and Labor Market Rigidities: Europe versus North America*, in: Journal of Economic Perspectives, Bd. 11, 55–74.

Niedermayer, Oskar (2006): *Das Parteiensystem Deutschlands*, in: Niedermayer, Oskar/Stöss, Richard/Haas, Melanie (Hg.): Die Parteiensysteme Westeuropas, Wiesbaden: VS, 109–133.

– (2009): *Bevölkerungseinstellungen zur Demokratie: Kein Grundkonsens zwischen Ost- und Westdeutschen*, in: Zeitschrift für Parlamentsfragen 40, H. 2, 383–397.

Noelle-Neumann, Elisabeth/Schulz, Winfried/Wilke, Jürgen (Hg.) (2009): *Fischer Lexikon Publizistik/Massenkommunikation*, 5. aktual., vollst. überarb. Aufl. Frankfurt/M: Fischer Taschenbuch Verlag.

Nohlen, Dieter (2009): *Wahlrecht und Parteiensystem*, 6. Aufl., Opladen: Verlag Barbara Budrich.

Nohlen, Dieter/Schultze, Rainer O. (Hg.) (2010): *Lexikon der Politikwissenschaft*, München: C.H. Beck.

Npm (Zentrum für Nonprofit-Management) (2010): *Vereine ohne Vorstand. Eine Studie im Auftrag der Robert Bosch Stiftung*, Münster.

OECD (2005): *Die Arbeitsmarktintegration von Zuwanderern in Deutschland*, Paris.

– (2009): *Bildung auf einen Blick 2009: OECD-Indikatoren*, Paris: OECD.

– (2010): *Education at a Glance: OECD Indicators*. Internet.

Oltmer, Jochen (2010): *Migration im 19. und 20. Jahrhundert*, München: R. Oldenbourg Verlag.

Patzelt, Werner J. (2007): *Was für eine Art von »Demokratieerziehung« brauchen wir?*, in: Gesellschaft – Wirtschaft – Politik, H. 3, 343–354.

Pehle, Heinrich/Sturm, Roland (2009): *Ist Deutschland noch in guter Verfassung? Das Grundgesetz im Wandel: Normalzustände, Grenzfälle und Pathologien*, in: Mayer-Tasch, Cornelius/Oberreuter, Heinrich (Hg.): Deutschlands Rolle in der Welt des 21. Jahrhunderts, Zeitschrift für Politik, Sonderband 3.

Perry, thomas (Sinus) (2007): *Deutschland 2020*, in: Market 1/2007.

Picht, Georg (1964): *Die deutsche Bildungskatastrophe*, Olten/Freiburg im Breisgau: Walter.

Pollack, Detlef (2009): *Rückkehr des Religiösen?*, Tübingen: Mohr Siebeck.

Pries, Ludger (2008): *Die Transnationalisierung der sozialen Welt. Sozialräume jenseits von Nationalgesellschaften*, Frankfurt/M.: Suhrkamp.

Pross, Harry (1972): *Medienforschung. Film, Funk, Presse, Fernsehen*, Darmstadt: Carl Habel.

Pürer, Heinz/Raabe, Johannes (2007): *Presse in Deutschland*, 3., erw. Aufl. Konstanz: UVK.

Reinhart, Carmen M./Rogoff, Kenneth S. (2010): *Dieses Mal ist alles anders: Acht Jahrhunderte Finanzkrisen*, München: Finanzbuch.

Reinicke, Wolfgang H./Deng, Francis M. (2000): *Critical Choices. The United Nations, Networks, and the Future of Global Governance*, Ottawa: International Development Research Centre.

Reulecke, Jürgen (1985): *Geschichte der Urbanisierung in Deutschland*, Frankfurt/M.: Campus.

Reuter, Konrad (1990): *Praxishandbuch Bundesrat. Verfassungsrechtliche Grundlagen, Kommentar zur Geschäftsordnung, Praxis des Bundesrates*, 5. Aufl. 2007, Heidelberg: C.F. Müller.

REUTER, PETER/TRAUTMANN, FRANZ (2009): *Report on Global Illicit Drugs Markets 1998–2007 (Bericht über globale Drogenmärkte).* Brüssel: European Communities 2009 (http://ec.europa.eu/justice/doc_centre/drugs/studies/doc_drugs_studies_en.htm).

RICHARD, BIRGIT/GRÜNWALD JAN/RECHT, MARCUS/METZ, NINA (2010): *Flickernde Jugend – Rauschende Bilder. Netzkulturen im Web 2.0*, Frankfurt/M.: Campus.

RIPPL, SUSANNE (2006): *Die Abnahme von Fremdenfeindlichkeit – ein Effekt der Bildungsexpansion?*, in: Hadjar, Andreas/Becker, Rolf (Hg.): Die Bildungsexpansion. Erwartete und unerwartete Folgen. Wiesbaden: VS, 234–253.

RISSE, THOMAS/ROPP, STEPHEN C./SIKKINK, KATHRYN (HG.) (1999): *The Power of Human Rights. International Norms and Domestic Change*, Cambridge: Cambridge University Press.

RITTBERGER, VOLKER/ZANGL, BERNHARD (2003): *Internationale Organisationen. Politik und Geschichte. Europäische und weltweite zwischenstaatliche Zusammenschlüsse*, Wiesbaden: VS.

RITTER, GERHARD A. (2006): *Der Preis der deutschen Einheit. Die Wiedervereinigung und die Krise des Sozialstaats*, München: C. H. Beck.

RÖSSEL, JÖRG (2009): *Sozialstrukturanalyse*, Wiesbaden: VS.

ROTH, ROLAND/RUCHT, DIETER (HG.) (2007): *Die sozialen Bewegungen in Deutschland seit 1945. Ein Handbuch*, Frankfurt/M.: Campus.

RUCHT, DIETER (2010a): *Von Zivilgesellschaft zu Zivilität: Konzeptionelle Überlegungen und Möglichkeiten der empirischen Analyse*, in: Frantz, Christiane/Kolb, Holger (Hg.): Transnationale Zivilgesellschaft in Europa, 75–102, Münster: Waxmann Verlag.

– (2010b): *Engagement im Wandel: Politische Partizipation in Deutschland*, in: WZ Brief Zivilengagement 01/Mai 2010, Berlin: Wissenschaftszentrum Berlin für Sozialforschung .

RUDZIO, WOLFGANG (1983): *Das politische System der Bundesrepublik Deutschland*, 7. Aufl. 2006, Wiesbaden: VS.

RUGGIE, JOHN G. (1983): *International Regimes. Transactions, and Change: Embedded Liberalism in the Postwar Economic Order*, in: Krasner, Stephen D. (Hg.): International Regimes, Ithaca, 195–231. NY: Cornell University Press.

SAALFELD, THOMAS (2007): *Parteien und Wahlen*, Baden-Baden: Nomos.

SACHVERSTÄNDIGENRAT DEUTSCHER STIFTUNGEN FÜR INTEGRATION UND MIGRATION (SVR) (2010): *Einwanderungsgesellschaft 2010. Jahresgutachten mit Integrationsbarometer*, Berlin.

SACK, FRITZ/KÖNIG, RENÉ (HG.): *Kriminalsoziologie*, 3. Aufl., Wiesbaden: Westdeutscher Verlag 1979.

Sarcinelli, Ulrich (2009): *Politische Kommunikation in Deutschland. Zur Politikvermittlung im demokratischen System*, 2. Aufl., Wiesbaden: VS.

Sartori, Giovanni (1992): *Demokratietheorie*, Darmstadt: WBG.

Scharpf, Fritz W. (2009): *Legitimität im europäischen Mehrebenensystem*, in: Leviathan 37:2, 244–280.

– (2010): *The asymmetry of European integration, or why the EU cannot be a ›social market economy‹*, in: Socio-Economic Review, Band 8, 211–250.

Schirrmacher, Frank (2004): *Das Methusalem-Komplott*, München: Karl Blessing.

Schmid, Josef (2009): *Entwicklung der Arbeitsförderung*, in: Aus Politik und Zeitgeschichte, B 27/2009, 3–8.

– (2010): *Wohlfahrtsstaaten im Vergleich. Soziale Sicherung in Europa: Organisation, Finanzierung, Leistungen und Probleme*, 3. Aufl., Wiesbaden: VS.

Schmidt, Jan-Hinrik/Paus-Hasebrink, Ingrid/Hasebrink, Uwe (Hg.) (2009): *Heranwachsen mit dem Social Web. Zur Rolle von Web 2.0-Angeboten im Alltag von Jugendlichen und jungen Erwachsenen*, Berlin: Vistas.

Schmidt, Manfred. G. (2001): *Ursachen und Folgen wohlfahrtsstaatlicher Politik*, in: ders. (Hg.) Wohlfahrtsstaatliche Politik. Institutionen, politischer Prozess und Leistungsprofil, 33–54, Opladen: Leske + Budrich.

– (2003): *Ausgaben für Bildung im internationalen Vergleich*, in: Aus Politik und Zeitgeschichte (B 21-22/2003): 6–11.

– (2005): *Sozialpolitik in Deutschland. Historische Entwicklung und internationaler Vergleich*, 3. Aufl., Wiesbaden: VS.

– (2010): *Demokratietheorien. Eine Einführung*, 5. Aufl., Wiesbaden: VS.

– (2011): *Das politische System Deutschlands*, 2. Aufl., München: C. H. Beck.

Schmidt-Denter, Ulrich/Beelmann, Wolfgang (1995): *Familiäre Beziehungen nach Trennung und Scheidung: Veränderungsprozesse bei Müttern, Vätern und Kindern*, Forschungsbericht (Kurzfassung). Universität zu Köln.

Schneider, Norbert F./Rosenkranz, Doris/Limmer, Ruth: *Nichtkonventionelle Lebensformen*, in: Mueller, Ulrich/Nauck, Bernhard/Diekmann, Andreas (Hg.) (2000): Handbuch der Demographie 2, 980–1024, Berlin/Heidelberg: Springer.

Schneider, Norbert F./Rüger, Heiko (2007): *Der subjektive Sinn der Ehe und die Entscheidung zur Heirat*, in: Zeitschrift für Soziologie, 36, 2, 131–152.

Schönenberg, Regine (2000): *Internationaler Drogenhandel und gesellschaftliche Transformation*, Wiesbaden: Deutscher Universitätsverlag.

Schreyer, Franziska (2008): *Akademikerinnen im technischen Feld. Der Arbeitsmarkt von Frauen aus Männerfächern*, Frankfurt/M.: Campus.

Schulte, Axel (1990): *Multikulturelle Gesellschaft: Chance*, Ideologie oder Bedrohung?, in: Aus Politik und Zeitgeschichte, 23–24, 3–15.

Schulz, Florian/Blossfeld, Hans-Peter (2006): *Wie verändert sich die häusliche Arbeitsteilung im Eheverlauf. Eine Längsschnittstudie der ersten 14 Ehejahre in Westdeutschland* in: Kölner Zeitschrift für Soziologie und Sozialpsychologie, 58, 1, 23–49.

Schulze, Gerhard (1992): *Die Erlebnisgesellschaft. Kultursoziologie der Gegenwart*, Frankfurt/M.: Campus.

– (2005): *Die Erlebnisgesellschaft*, (Gekürzte Ausgabe mit einem aktuellen Vorwort) Frankfurt/M.: Campus.

Seifert, Wolfgang (2007): *Integration und Arbeit*, in: Aus Politik und Zeitgeschichte, 22–23, 12–18.

– (2010): *Der Mikrozensus als Basis für ein Integrationsmonitoring im Bereich Arbeitsmarkt – Ansatzpunkte und empirische Grunddaten*, in: Analysen und Studien 65, Düsseldorf: IT.NRW.

Sennett, Richard (1998): *Der flexible Mensch. Die Kultur des neuen Kapitalismus*, Berlin: Berlin-Verlag.

– (2006): *Der flexible Mensch*, (Taschenbuchausgabe), Berlin: BTV.

Siebert, Horst (2005): *Jenseits des sozialen Marktes. Eine notwendige Neuorientierung der deutschen Politik*, München: Deutsche Verlags-Anstalt.

Simmel, Georg (1900): *Philosophie des Geldes*, Frankfurt/M.:Suhrkamp 1995.

– (1903): *Die Großstädte und das Geistesleben*, in: G. Simmel (Hg.): Aufsätze und Abhandlungen 1901–1908, Band I. Frankfurt/M.: Suhrkamp 1995, 116–131.

Sinn, Hans-Werner (2004): *Ist Deutschland noch zu retten?*, Berlin: Econ.

Solga, Heike, 2005: *Ohne Abschluss in die Bildungsgesellschaft die Erwerbschancen gering qualifizierter Personen aus soziologischer und ökonomischer Perspektive*, Opladen: Verlag Barbara Budrich.

Statistisches Bundesamt (2008): *Bevölkerung und Erwerbstätigkeit. Bevölkerung mit Migrationshintergrund – Ergebnisse des Mikrozensus 2007*, Wiesbaden: Statistisches Bundesamt.

– (2009): *Bevölkerung Deutschlands bis 2060. 12. koordinierte Bevölkerungsvorausrechnung*, Wiesbaden:Statistisches Bundesamt

– (Hg.) Fachserie 14: *Finanzen und Steuern (Internetquelle)*

– (Hg.) (2010): *Statistisches Jahrbuch 2010 für die Bundesrepublik Deutschland*, Wiesbaden.

Statistisches Bundesamt (Destatis)/Gesellschaft Sozialwissenschaftlicher Infrastruktureinrichtungen (GESIS-ZUMA)/Wissenschaftszentrum Berlin für Sozialforschung (WZB) (Hg.) (2008): *Datenreport 2008*, Bonn: Bundeszentrale für politische Bildung (und folgende Auflagen).

Streeck, Wolfgang (2010): *Reply*, in: Socio-Economic Review, Band 8, 573–580.

Sturm, Roland (2006): *Die Föderalismusreform 2006. Deutschland in besserer Verfassung?*, in: Gesellschaft-Wirtschaft-Politik 55(4), 459–470.

Szydlik, Marc (2000): *Lebenslange Solidarität? Generationenbeziehungen zwischen erwachsenen Kindern und Eltern*, Opladen: Leske + Budrich.

Tilly, Richard H. (2010): *Gab es und gibt es ein ›deutsches Modell‹ der Wirtschaftsentwicklung?*, in: Wege der Gesellschaftsgeschichte Sonderheft 22 der Zeitschrift: Geschichte und Gesellschaft, 219–237.

v. Trotha, Trutz (Hg.): *Soziologie der Gewalt*, Sonderheft 37/1997 der Kölner Zeitschrift für Soziologie und Sozialpsychologie. Opladen: Westdeutscher Verlag 1997.

Ullmann, Hans-Peter (2010): *Im Strudel der Maßlosigkeit?*, in: Wege der Gesellschaftsgeschichte, Sonderheft 22 der Zeitschrift: Geschichte und Gesellschaft. 253–268.

United Nations Population Division (2008): *World Population Prospects 2008: The Revision.*

van Dijk, Jan/van Kesteren, Jan/Smit, Peter (2007): *Criminal Victimisation in International Perspective.* Key Findings from the 2004–2005 ICVS and EU ICS. Den Haag: Boom Juridische Uitgevers.

VBW; Prognos (Hg.) (2008): *Arbeitslandschaft 2030. Arbeitskräfte und Arbeitsplätze der Zukunft.* München, Basel (www.vbw-bayern.de).

Vester, Michael/Oertzen, Peter von/Geiling, Heiko/Hermann, Thomas/Müller, Dagmar (2001): *Soziale Milieus im gesellschaftlichen Strukturwandel*, Frankfurt/M.: Suhrkamp.

Vierteljahresschrift für Sozial- und Wirtschaftsgeschichte, 2009: *Die Wirtschaftsordnung der Bundesrepublik Deutschland. Von der Regulierung zur Deregulierung*, 2009, Band 96, Heft 4.

Vobruba, Georg (2007): *Die Dynamik Europas*, Wiesbaden: VS.

Vogel, Berthold (2009): *Wohlstandskonflikte. Soziale Fragen, die aus der Mitte kommen*, Hamburg: Hamburger Edition.

Voss, Gerd-Günter/Pongratz, Hans J. (1998): *Der Arbeitskraftunternehmer*, in: Kölner Zeitschrift für Soziologie und Sozialpsychologie 50, 131–158.

Wagner, Michael/Weiss, Bernd (2003): *Bilanz der deutschen Scheidungsforschung. Versuch einer Meta-Analyse*, in: Zeitschrift für Soziologie, 32, 1, 29–49.

Wieland, B. (2010): *Europäische Verkehrspolitik*, in: Wirtschaftsdienst Sonderheft: Europäischer Wettbewerb und der Binnenmarkt in Deutschland, 43–50.

Wiesendahl, Elmar (2006): *Parteien*, Frankfurt/M.: Fischer-Taschenbuch-Verlag.

Wilke, Jürgen (Hg.) (1999): *Mediengeschichte der Bundesrepublik Deutschland*, Köln, Weimar, Wien: Böhlau.

– (2006): *Unter Druck: Presse und Journalismus in wirtschaftlicher Rezession*, in: Blum, Roger/Meier, Peter/Gysin, Nicole (Hg.): Wes Land ich bin, des Lied ich sing? Medien und politische Kultur, Bern/Stuttgart/Wien: Haupt Verlag, 127–143.

WINDOLF, PAUL (2005): *Was ist Finanzmarkt-Kapitalismus?*, in: ders.(Hg.), Finanzmarkt-Kapitalismus. Analysen zum Wandel von Produktionsregimen. Sonderheft 45 der Kölner Zeitschrift für Soziologie und Sozialpsychologie. Wiesbaden: VS, 20–57.

WIRTSCHAFTSDIENST. ZEITSCHRIFT FÜR WIRTSCHAFTSPOLITIK., 2010: *Sonderheft. Europäischer Wettbewerb und der Binnenmarkt in Deutschland.*

WOLFRUM, EDGAR (2006): *Die geglückte Demokratie. Geschichte der Bundesrepublik Deutschland von ihren Anfängen bis zur Gegenwart*, Stuttgart:Klett-Cotta.

WORBS, SUSANNE (2008): *Die Einbürgerung von Ausländern in Deutschland*, Working-Paper 17, Nürnberg: Bundesamt für Migration und Flüchtlinge.

WOYKE, WICHARD (2005): *Stichwort: Wahlen*, 11., akt. Aufl., Wiesbaden: VS.

ZANGL, BERNHARD/ZÜRN, MICHAEL (2003): *Frieden und Krieg. Sicherheit in der nationalen und post-nationalen Konstellation*, Frankfurt/M.: Suhrkamp.

ZIMMER, ANNETTE (2007): *Vereine. Zivilgesellschaft konkret*, Wiesbaden: VS.

ZÜRN, MICHAEL(2011): *Die Rückkehr der Demokratiefrage*, in: Blätter für deutsche und internationale Politik, 6/2011, 63–74.

ZÜRN, MICHAEL/ECKER-EHRHARDT, MATTHIAS (HG.) (2011): *Gesellschaftliche Politisierung und internationale Institutionen*, Berlin: Suhrkamp.

ZÜRN, MICHAEL/LEIBFRIED, STEPHAN (2005): *A New Perspective on the State: Reconfiguring the national constellation*, in: Leibfried, Stephan/Zürn, Michael (Hg.): Transformations of the State, 1–36, Cambridge: Cambridge University Press.

ZUWANDERUNGSKOMMISSION (2001): *Bericht der unabhängigen Kommission »Zuwanderung«*, Berlin.

Die Autorin, die Autoren

Hans-Jörg Albrecht, geb. 1950, ist Direktor am Max-Planck-Institut für Ausländisches und Internationales Strafrecht, Freiburg.
Seine Interessen- und Forschungsschwerpunkte sind die Systeme strafrechtlicher Sanktionen, die Strafzumessung, die besonderen Ermittlungsmethoden sowie die empirische Strafverfahrensforschung und die Sicherheitsforschung. Er befasst sich ferner mit Fragestellungen des Betäubungsmittelstrafrechts und der Betäubungsmittelkriminalität, kriminologischen Grundlagenfragen und Einzelthemen wie Jugendkriminalität, Umweltkriminalität, organisierte Kriminalität, Hasskriminalität und Strafrechtsreformen in Übergangsgesellschaften.
Auswahl Publikationen: Internationale Tendenzen in der Entwicklung des Jugendstrafrechts. In: Handbuch Jugendkriminalität. Hg. B. Dollinger, H. Schmidt-Semisch, Wiesbaden 2010; Vergleichende Kriminologie, in: Internationales Handbuch der Kriminologie; Band 1: Grundlagen der Kriminologie, Hg. H.J. Schneider. Berlin 2007. Fußball und Gewalt. Entwicklungen, Erklärungsansätze und Prävention, Monatsschrift für Kriminologie und Strafrechtsform 89, 158–174 (2006; Bausteine zu einer Ethik des Strafens (Hg. mit H.-H. Gander umd M. Fludernik), Würzburg 2008.

Maurizio Bach, Ordinarius für Soziologie an der Universität Passau. Promotion am Europäischen Hochschulinstitut in Florenz (1989); Habilitation an der Universität Konstanz (2006).
Schwerpunkte in Forschung und Lehre: Allgemeine Soziologie, politische Soziologie und Europa-Soziologie. Mitherausgeber der »Zeitschrift für Politik«. Vorsitzender der Sektion »Europa-Soziologie« der Deutschen Gesellschaft für Soziologie.
Veröffentlichungen: Europa ohne Gesellschaft. Politische Soziologie der europäischen Integration, Wiesbaden 2008; Faschismus als Bewegung und Regime. Deutschland und Italien im Vergleich (gemeinsam mit Stefan Breuer), Wiesbaden 2010; Einführung in die Gesellschaftstheorie, Passau 2010 (2. Aufl.)

Rolf Becker, geb. 1960, Studium der Soziologie, Sozialpsychologie, Politikwissenschaft und Zeitgeschichte an der Universität Mannheim; 1987 Diplom; 1991 Promotion (FU Berlin); 1999 Habilitation (TU Dresden); seit 2004 Professor für Bildungssoziologie an der Universität Bern.
Forschungsgebiete: Bildungssoziologie, Sozialstrukturanalyse, Lebensverlaufsforschung, Methoden der empirischen Sozialforschung und angewandte Statistik, Rational-Choice-Theorien, Arbeitsmarkt- und Mobilitätsforschung, empirische Wahlforschung.

Jüngste Publikationen: (Hg.), 2011: Lehrbuch der Bildungssoziologie. Wiesbaden (2. aktualisierte und erweiterte Auflage); zus. Mit Walter Müller, 2011: Bildungsungleichheiten nach Geschlecht und Herkunft im Wandel, 55-75 in: Andreas Hadjar (Hg.), Geschlechtsspezifische Bildungsungleichheiten. Wiesbaden, 55–75.

Johannes Berger, geb. 1939, Dr. phil., Professor (em.) an der Universität Mannheim. 1974-1989 Professor für Soziologie an der Universität Bielefeld, 1989-2004 an der Universität Mannheim. 1993/94 German Professorship for European Studies an der Stanford University, Kalifornien. Nach der Pensionierung Gastprofessuren an den Universitäten Konstanz, Münster und Göttingen.
Arbeitsgebiete: Soziologische Theorie, Gesellschaftstheorie, politische Ökonomie, sozialer Wandel in Industriegesellschaften, Wirtschaftssoziologie. Jüngste Buchpublikation: Der diskrete Charme des Marktes. Zur sozialen Problematik der Marktwirtschaft,. Wiesbaden 2009.

Hartmut Häussermann, 1943–2011, war von 1993 bis 2008 Professor am Institut für Sozialwissenschaften der Humboldt-Universität zu Berlin. 1964–1970 Studium von Soziologie, Politik und Volkswirtschaft an der FU Berlin, 1970–1976 Wissenschaftlicher Assistent am Institut für Soziologie der FU Berlin; 1976–1978 Professor für Stadt- und Verwaltungssoziologie an der Universität (Gesamthochschule) Kassel, Fachbereich Architektur, Stadt- und Landschaftsplanung; 1978–1993 Professor für Stadt- und Regionalsoziologie an der Universität Bremen im Studiengang Sozialwissenschaft.
Thematische Schwerpunkte: Segregation in den Städten, Migranten in der Stadt, Soziale Stadt, Stadtpolitik. Letzte Veröffentlichungen: Stadtsoziologie. Eine Einführung (mit W. Siebel), Frankfurt/Main-New York 2004; Stadtpolitik (mit D. Läpple und W. Siebel), Frankfurt/Main 2008.

Martin Heidenreich, geb. 1956, Studium der Sozial- und Wirtschaftswissenschaften in Bielefeld, Bologna und Paris. Professor für Sozialstrukturanalyse und Inhaber des Jean Monnet Chair for European Studies in Social Sciences an der Universität Oldenburg. Arbeitsschwerpunkte: Sozialstrukturanalyse, Organisations-, Regional- und Europaforschung.
Wichtigste Publikationen: Heidenreich u. a., 2012: *Multinational Enterprises and Innovation: Regional Learning in Networks.* London: Routledge; Heidenreich/ Zeitlin (Hg.), 2009: *Changing European Employment and Welfare Regimes.* London: Routledge; Heidenreich, 2003: Territoriale Ungleichheiten in der erweiterten EU. KZfSS 55(1): 1-28; Cooke/Heidenreich/Braczyk (Hg.): *Regional Innovation Systems.* London: Routledge.

Stefan Hradil, geb. 1946 in Frankenthal (Pfalz), von 1991 bis 2011 Professor für Soziologie an der Johannes Gutenberg-Universität Mainz. Nach dem Studium

der Soziologie, Politologie und Slavischen Philologie an der Universität München (1968–1973) war er von 1974 bis 1989 wiss. Mitarbeiter am Institut für Soziologie der Universität München. Promotion 1979 und Habilitation 1985 an der Universität München. Von 1989 bis 1990 Professur für Sozialstrukturanalyse an der Universität Bamberg.
Stefan Hradil wurde 1994 Ehrendoktor der Universität für Wirtschaftswissenschaften Budapest, war 1995 bis 1998 Vorsitzender der Deutschen Gesellschaft für Soziologie, ist seit 2001 Vorstandsvorsitzender der Schader-Stiftung, Darmstadt und seit 2006 Mitglied der Akademie der Wissenschaften und der Literatur Mainz.
Arbeitsschwerpunkte sind die Sozialstrukturanalyse, auch im internationalen Vergleich, Soziale Ungleichheit, Soziale Milieus und Lebensstile, Sozialer Wandel.

Wolfgang Ludwig-Mayerhofer, geb. 1954, Professor für Empirische Sozialforschung an der Universtität Siegen.
Arbeitsschwerpunkte: Soziale Ungleichheit (Arbeismarkt, Armut, Arbeitslosigkeit), Bildungssoziologie, Familiensoziologie, sozialwissenschaftliche Forschungsmethoden, Soziologie des Wohlfahrtsstaates, Rechtssoziologie.
Publikationen: Auf der Suche nach der verlorenen Arbeit. Arbeitslose und Arbeitsvermittler im neuen Arbeitsregimes. Kostanz 2009 (mit Olaf Behrend und Adriadne Sondermann); Exklusion als soziologisches Konzept, in: Sozialer Sinn, 10. Jg., 2009, S. 3–28; Ausbildung im dualen System und Maßnahmen der Berufsvorbereitung, in: Möller, J. und Walwei, U. (Hg.): Handbuch Arbeitsmarkt 2009. Bielefeld 2009, S. 317–357 (mit Hans Dietrich, Kathrin Dressel und Florian Janik); (Hg. mit Eva Barlösius): Die Armut der Gesellschaft. Opladen 2001.

Hans-Peter Müller, geb. 1951 in Erfurt (Thüringen), ist seit 1992 Professor für Soziologie an der Humboldt-Universität zu Berlin. Nach dem Studium der Wirtschafts- und Sozialwissenschaften an der Universität Augsburg (1972–1977) berufliche Tätigkeit an den Universitäten Augsburg, Heidelberg, an der Universität der Bundeswehr München und an der Universität Heidelberg. Promotion 1982 und Habilitation 1989 an der Universität Heidelberg. 1986–1987 war er John F. Kennedy-Stipendiat an der Harvard University und 1997–1999 Max-Weber-Gastprofessor an der New York University.
Arbeitsschwerpunkte sind klassische und zeitgenössische Sozialtheorie, Sozialstruktur und soziale Ungleichheit, politische Soziologie und Kultursoziologie.
Ausgewählte Veröffentlichungen: Max Weber. Eine Einführung in sein Werk. Köln/Weimar/Wien: Böhlau Verlag 2007; mit R. Hettlage (Hg.), Die europäische Gesellschaft. Konstanz: UKV 2006; mit J. Mackert (Hg.), Moderne (Staats) Bürgerschaft 2007; mit A. Harrington und B. I. Marschall (hg.), Encyclopedia of Social Theory. London/New York: Routledge 2006; Sozialstruktur und Lebensstile. Frankfurt/M.: Suhrkamp 1992 (2. Aufl. 1993).

Oskar Niedermayer, geb. 1952 in Schönau bei Heidelberg; verheiratet; ein Kind; Studium der Betriebswirtschaftslehre, Volkswirtschaftslehre und Politischen Wissenschaft an der Universität Mannheim, seit 1993 Professor für Politische Wissenschaft an der FU Berlin, zahlreiche wissenschaftliche Publikationen zur Politischen Soziologie, insbesondere zur deutschen und international-vergleichenden Parteien- und Wahlforschung sowie zu den politischen Orientierungen und Verhaltensweisen der Bürger.

Schimank Uwe, geb. 1955 in Bielefeld. Studium der Soziologie an der Universität Bielefeld, Promotion 1981, Habilitation 1994 dortselbst. Von 1985 bis 1996 wissenschaftlicher Mitarbeiter. am Kölner Max-Planck-Institut für Gesellschaftsforschung. Von 1996 bis 2009 Prof. für Soziologie an der FernUniversität in Hagen, seitdem Prof. für Soziologie an der Universität Bremen.
Arbeitsschwerpunkte: Sozialtheorie, Theorien der modernen Gesellschaft, soziologische Zeitdiagnosen, Organisationstheorien, Hochschulforschung.

Josef Schmid, geb. 1956, seit 1998 Professor am Institut für Politikwissenschaft der Universität Tübingen. Studium und Promotion an der Universität Konstanz, berufliche Tätigkeiten an den Universitäten Bochum, Hamburg, Konstanz und Osnabrück.
Mitglied im Vorstand des Forschungsinstitut für Arbeit, Technik und Kultur (FATK) und des Europäischen Zentrums für Föderalismusforschung (EZFF); Mitglied der Rürup-Kommission, im beschäftigungspolitischen Beirat der Bertelsmann-Stiftung und im Wissenschaftlichen Beirat der Hans-Böckler-Stiftung sowie in verschiedenen Projektbeiräten der Stiftung; Mitglied im Editorial Board der Zeitschriften German Policy Studies, Sozialer Fortschritt, GWP (Gesellschaft, Wirtschaft, Politik). Mitherausgeber der Buchreihen »Wirtschaft und Soziales« (beim Nomos Verlag) und »Landespolitik« (beim Lit-Verlag).

Manfred G. Schmidt, Professor für Politische Wissenschaft an der Ruprecht-Karls-Universität Heidelberg.
Schwerpunkte in Forschung und Lehre: Demokratietheorien, Sozialpolitik im historischen und internationalen Vergleich, politische Institutionen und Staatstätigkeit in Deutschland.
Zahlreiche Buchpublikationen – zuletzt: Das politische System Deutschlands (2. Aufl. 2011), Demokratietheorien (5. Aufl. 2010), Wörterbuch zur Politik (3. Aufl. 2010), Sozialpolitik in Deutschland – Historische Entwicklung und internationaler Vergleich (3. Aufl. 2005).

Norbert F. Schneider, geb. 1955, ist seit 2009 Direktor des Bundesinstituts für Bevölkerungsforschung in Wiesbaden; zuvor war er zwölf Jahre Professor für Soziologie an der Johannes Gutenberg-Universität Mainz. Er ist Herausgeber der

Comparative Population Studies – Zeitschrift für Bevölkerungsforschung und Mitherausgeber der Zeitschrift für Familienforschung. 2008-2010 war er Präsident der European Society on Family Relations (esfr). 2010 wurde er als Mitglied in die Sachverständigenkommission zur Erstellung des Achten Familienberichts und in den Expertenrat Demografie beim Bundesminister des Innern berufen. Seine Arbeitsschwerpunkte liegen in der Familien-, Bevölkerungs- und in der Mobilitätsforschung. *Ausgewählte Pubklikationen*: (Hg.) Lehrbuch Moderne Familiensoziologie. Theorien, Methoden, empirische Befunde. Opladen: B. Budrich, (2008); Familiy and Parenthood in Contemporary Europe: Sociological Considerations and their Political Implications. *Familiy Science*, 2011, 1, 3–4, 135–143; Mobile Living Across Europe. Volume 2: Causes and Consequences of Job-Relagted Spatial Mobility in Cross-National Comparison. Opladen: B. Budrich, Hg. mit Beate Collet (2010):

Wolfgang Seifert, geb. 1959, ist Leiter des Referats für sozial- und wirtschaftsstatistische Analysen von IT.NRW, Geschäftsbereich Statistik, Nordrhein-Westfalen. Ausbildung: 1979 bis 1985 Studium der Soziologie an der Freien Universität Berlin, 1994 Promotion an der Freien Universität, 1999 Habilitation an der Humboldt Universität Berlin. Berufliche Tätigkeiten u. a. 1991–1995 am Wissenschaftszentrum Berlin für Sozialforschung, 1995–2000 Humboldt Universität Berlin. Seit dem Jahr 2000 am Landesamt für Datenverarbeitung und Statistik (jetzt IT.NRW). Arbeitsschwerpunkte sind die Integration von Immigranten, insbesondere in den Bereichen Bildung und Arbeitsmarkt.

Roland Sturm ist seit 1996 Inhaber des Lehrstuhls I für Politische Wissenschaft an der Friedrich-Alexander-Universität Erlangen-Nürnberg. Zuvor Professur für Politikwissenschaft an der Universität Tübingen (1991-1996) und Gastprofessuren an der University of Washington (Seattle, USA) und an der Universität Peking (VR China).
Arbeitsschwerpunkte sind Vergleichende Politikwissenschaft, Politik und Wirtschaft, Europäische Integration und deutsche Politik. Zahreiche Buchpublikationen – zuletzt: Politik in Großbritannien (2009), Föderalismus (2. Aufl. 2010), Wirtschaftspolitik kompakt (2010), Das neue deutsche Regierungssystem (3. Aufl. 2012).

Jürgen Wilke war bis 2011 Professor für Publizistik an der Johannes Gutenberg-Universität Mainz; Prof. h. c. der Lomonossow-Universität Moskau (2004), Korrespondierendes Mitglied der Österreichischen Akademie der Wissenschaften (2005), Gastprofessor an der University of Washington (Seattle, USA) (1993, 1999) und der Universitá della Svizzera italiana (Lugano, seit 2001), Vorsitzender der Deutschen Gesellschaft für Publizistik- und Kommunikationswissenschaft (1986-1989), Präsident der History Section der International Association for Media and Communication Research (IAMCR) (1996-2000).

Hauptarbeitsgebiete: Medienstruktur und Mediengeschichte, Nachrichtenwesen, Internationale Kommunikation, Politische Kommunikation.

Annette Zimmer, geb. 1954, studierte Politikwissenschaft, Geschichte und Philosophie an den Universitäten Mannheim und Heidelberg; 1986 Promotion zum Dr. phil., 1986–1988 Lehr- und Forschungsaufenthalt am Program on Nonprofit Organizations der Yale University; 1989–1995 Hochschulassistentin an der Universität-Gesamthochschule Kassel im Bereich Verwaltungsforschung; seit 1996 Professorin für Vergleichende Politikwissenschaft und Sozialpolitik am Institut für Politikwissenschaft der Westfälischen Wilhelms-Universität Münster, 1998/99 Visiting Professor an der University of Toronto; 2010 Visiting Fellow am American Institute for Contemporary German Studies, Johns Hopkins University, Washington D. C.; zahlreiche Publikationen zu Nonprofit-Organisationen, Vereinen, Verbänden, Stiftungen und zwar zu Fragen des Managements und der Governance der Organisationen sowie ihrer politikfeldspezifischen Einbettung.

Sascha Zirra, geb. 1976, Studium der Soziologie in Bamberg, Promotion in Oldenburg, ist wissenschaftlicher Mitarbeiter der Bundesagentur für Arbeit. Arbeitsschwerpunkte: Arbeitsmarkt- und Beschäftigungspolitiken, Europäisierungsprozesse. Wichtige Publikationen: Zirra, 2010: Die Europäisierung nationaler Beschäftigungspolitik. Wiesbaden: VS-Verlag; Explaining Selective Flexicurity in Continetal Countries. Les Cahiers européens de Sciences Po 1/2010; Preunkert/Zirra, 2009: Europeanization of Domestic Employment and Welfare. In: Heidenreich/Zeitlin (Hg.): Changing European Employment and Welfare Regimes. London: Routledge, 192–113.

Michael Zürn ist Direktor der Abteilung »Transnationale Konflikte und Internationale Institutionen« am Wissenschaftszentrum Berlin für Sozialforschung (WZB) und Professor an der Freien Universität Berlin. Er ist zudem u. a. »Permanent Senior Fellow« an der London School of Economics, »First Honorary Fellow« der Hertie School of Governance, Mitglied der Berlin-Brandenburgischen Akademie der Wissenschaften und Mitglied des Präsidiums des Evangelischen Kirchentags.
Zu seinen wichtigsten Buchpublikationen gehören »Regieren jenseits des Nationalstaates« (1998/2004) und »Krieg und Frieden in der postnationalen Konstellation« (2003, mit Bernhard Zangl). Jüngere Buchpublikationen sind: »Governance in einer sich wandelnden Welt«, PVS 2008, Sonderheft 41, (hg. mit G. F. Schuppert), »Analyzing International Environmental Regimes. From Case Study to Database«, Cambridge/Massachusetts und London/UK: The MIT Press, 2006, (mit Helmut Breitmeier, Oran R. Young), »Transformations of the State?« Cambridge: Cambridge University Press, 2005 (mit Stephan Leibfried) und »Law and Governance in Postnational Europe«, Cambridge University Press, 2004 (mit Christian Joerges).

Sachregister